윤석열 검찰의 하수인으로 전락한

조희대 사법부 해체

- 법조카르텔의 두 우두머리 윤석열 검찰과
조희대 사법부는 일란성 쌍둥이 -

- 사법부 개혁의 반역자 오동운 공수처장과
나창수 공수처 부장검사의 사건조작을 엄단하라 -

제9회 전국 동시 지방선거 결정판(제4판)

윤석열 검찰의 하수인으로 전락한

조희대 사법부 해체

임찬용 지음

(前 대전지검서산지청 수사과장)

★ 제9회 지방선거를 통하여 사법정의 실현 및 법조카르텔 척결을 위해 조희대 사법부 해체는 물론 보완수사권까지 박탈한 검찰청 및 혈세만 축내는 범죄 집단 공수처는 반드시 폐지되어야 합니다.

★ 이 책에서는 모든 국민, 특히 정치권 및 법조계에 종사하시는 분들께 아래와 같이 정치적 · 법적 책임을 묻고 있습니다.

☞ 왜 대한민국에서는 판 · 검사들의 사건조작 중대범죄가 처벌되지 않습니까? 또 이를 처벌하지 못한 이유가 무엇입니까?

☞ 판 · 검사들의 사건조작으로 인생이 망가진 전국의 사법피해자들이 동학농민혁명처럼 낫과 곡괭이로 들고 일어나 탐관오리 판 · 검사들을 찔러 죽여야만 이 땅에 법조카르텔이 사라지고 사법정의가 바로 설 수 있다는 말입니까?

정의로운 세상

| 제4판 발간사 |

존경하는 독자 여러분!

이 책자는 '관피모 사건'을 은폐 · 조작 수사해온 윤석열 검찰과 그 하수인으로 전락한 조희대 사법부가 윤석열 검찰을 움직여왔던 전관 변호사를 매개체로 삼아 위 '관피모 사건'을 은폐하기 위한 수사 및 재판과정을 그대로 담고 있습니다.

위 '관피모 사건' 핵심 요지는 주범 구수회가 수십 년간 자신이 카페지기로 있는 약 만 명에 이르는 '관청피해자모임' 카페 회원 등을 상대로 '① 변호사가 해야 할 일 90% 행정사가 가능하다, ② 행정사 20년 하면서 행정심판 1,900건 수임 진행하였고, 행정사 수수료 1억을 5번 받았다, ③ 무혐의 된 고소를 행정심판으로 살린다. 재개발 조합장을 징역 보내는 방법, 대법원 패소된 사건을 행정사가 살린다.'라는 허위 광고를 해대며 모든 민 · 형사 사건을 끌어 모은 다음 이를 자신의 뒤를 봐주는 검찰 고위직 출신 전관 변호사에게 갖다 바치고, 자신은 일정한 중개 수수료를 챙기면서 사건 브로커 역할을 해왔다는 것입니다.

따라서 위 '관피모 사건'은 유전무죄 · 무전유죄, 유권무죄 · 무권유죄, 전관예우를 모두 아우르는 법조카르텔의 정점에 위치할 수밖에 없고, 조희대 사법부가 허위내용의 판결을 통하여 위 '관피모 사건'을 은폐하려는 궁극적 목적 역시 수십 년간 변호사법위반과 고도의 사기행각을 해온 주범 구수회에 대하여 윤석열 검찰에 이어 또다시 치외법권 지위를 누리게 함으로써, 주범 구수회의 뒷배이자 윤석열 검찰을 움직여왔던 위 전관 변호사를 보호하고자 함에 있습니다.

네이버 검색창에서 '법조카르텔' 용어를 입력하면 "법률 시장에서 변호사, 법원, 정부 기관 등이 불공정하게 협력하여 경쟁을 제한하고 이익을 극대화하는 구조를 의미합니다."라고 뜹니다.

그러나 이는 순수하고 절제된 뜻풀이에 해당하고, 실상은 이 책에서 확인되는 바와 같이 판사, 검사, 전관 변호사(또는 로펌 변호사)가 삼위일체가 되어 모든 민·형사 사건을 은폐해 버리거나 조작해 버리는 중대 범죄행위를 의미합니다.

우리는 이 책에서 실체적 진실 추구와 정의사회 구현을 목숨처럼 여기며 살아가야 할 판·검사들이 자신들의 개인적 이익이나 영달 또는 조직의 기득권을 유지하기 위해서라면 한줌의 양심마저도 헌신짝처럼 내던져버리고 수십 년간 변호사법 위반과 고도의 사기행각을 해오면서 자신들의 밥그릇을 빼앗아왔던 중대 범죄자 구수회마저도 한 배를 탈 수밖에 없었던 범행 현장을 목도하게 됩니다.

더 나아가 독자 여러분들은 이 책자 속에서 법조카르텔의 각 주체들이 위 '관피모 사건'을 은폐하고 조작하기 위하여 이미 만들어진 각본에 따라 약속대련을 하고 있는 장면을 두 눈으로 똑똑히 확인할 수 있습니다.

즉, 법조카르텔 한 축인 윤석열 검찰 부역자들인 정치(비리) 검사들은 사법경찰관들에게 암묵적 지시를 통하여 위 '관피모 사건'에 대한 은폐·조작수사를 실시하도록 하고 있고, 또 그들의 변호를 맡은 법조카르텔 한 축인 로펌 소속 변호사들은 단 한 사람도 예외 없이 변호사법 제24조(품위유지의무 등) 제2항 및 형법 제347조(사기) 제2항까지 위반하면서 100% 허위 내용의 재판서류를 작성하여 이를 담당 재판부에 제출하고 있으며, 또 법조카르텔의 마지막 한 축인 조희대 사법부 부역자들인 정치(비리) 판사들은 초등학생마저도 알 수 있을 정도의 허접한 결정문이나 판결문을 허위내용으로 마구마구 작성해 대고 있습니다.

그리고 정작 위와 같은 법조카르텔의 진정한 피해는 필자의 경우처럼 정직하고 열심히 살아가고 있는 돈 없고 뒷배 없는 불쌍한 서민들에게 돌아오고 맙니다.

전국의 사법피해자 여러분!

판·검사들이 작성한 허위내용의 결정문이나 판결문 등으로 인하여 인생이 망가지고, 소중한 재산과 자존감이 그들로부터 강탈당한 사실에 얼마나 치가 떨리며 피눈물 나는 나날을 살아가고 계십니까?

동학혁명처럼 전국 각지에서 낫과 곡괭이로 무장한 채 들고일어나 사건조작을 일삼는 탐관오리 판·검사들을 솎아내 본보기로 단두대로 끌고 가 처형해야 하지 않겠습니까?

그래야만 지난 수십 년간 이어져온 판·검사들의 사건조작 중대 범죄 행위가 영원히 사라지지 않을까 싶습니다.

더더욱 현실로 돌아와 보면 사건조작을 일삼는 판·검사들은 처벌되기는커녕 오히려 더 빨리 출세하고 온갖 부귀영화까지 누리고 있으니, 이게 정상적인 국가 모습이 아닌 것은 분명합니다.

특히, 전관 변호사들이나 로펌 변호사들은 법조카르텔이라는 좁은

울타리 안에서 판사들에게 뒷거래를 통하여 허위내용의 판결문을 받아냈음에도 불구하고, 패소 상대방을 상대로 판결문상 소송비용까지 강제집행을 통하여 편취해 갑니다.

즉, 정치(비리)판사들은 뇌물수수에 따른 부를 축적하거나 법조카르텔이라는 기득권을 유지하기 위하여 전관 변호사나 로펌 변호사들로부터 로비를 받고 허위 내용의 판결을 내리는 것도 모자라 억울하게 패소 판결을 받은 당사자에게 상대방 측 변호사 소송비용까지 부담하도록 함으로써 그들을 두 번 죽이는 범행을 서슴없이 저지르고 있습니다.

결국 돈 없고 뒷배 없는 선량한 국민들만 민사든 형사든 법조카르텔 세 개의 축인 판사 · 검사 · 전관(로펌)변호사 사이에 샌드위치처럼 낀 상태에서 제대로 큰 소리 한번 치지 못하고 두 번 죽어가는 신세가 되고 맙니다.

이를 두고 우리 선조들이 '송사에 휘말리면 3대가 망한다'는 속담까지 생겨나지 않았나하는 생각을 하게 됩니다.

필자 역시 2017. 8. 16.경 '금 150억 원 검사비리사건' 민사소송 수행과 관련, 당시 태평양 법무법인 고문 변호사이자 박근혜 정부 검사장 출신 전관 변호사 성영훈으로부터 법조카르텔이 작동된 법원의 허위내용 판결로 인하여 필자가 청구한 8,000만 원의 손해배상 금액을 받기는커녕 오히려 약 1,300만 원 상당의 상대방 측 변호사 소송비용을 강제적으로 편취당한 사실이 있습니다.

위 '검사비리사건'이란 2012. 7.경 검찰총장 김진태가 위 성영훈 일당

(전관변호사 성영훈이 검찰 재직 당시 자신의 부하직원으로 근무한 적이 있는 대검찰청 감찰 제1과장 안병익, 서울고검 감찰검사 김훈, 백방준)과 공모하여 필자가 서울동부지방검찰청 수사과 제1호 수사사무관 직책으로 수사 중에 있던 금 54억 원의 소송사기 등 피의사건 무마를 통하여 금 150억 원의 범죄수익금을 착복할 목적 하에, 관련 증거까지 조작해 가면서 필자를 상대로 2차례 걸쳐 약 1년 8개월의 기간 동안 불법적인 감찰수사를 실시하여 자살을 강요하였으나, 필자의 자살 실패로 그 불법적인 감찰수사 전모가 만천하에 드러남에 따라 김진태 검찰총장과 위 성영훈 일당들의 금 150억 원 범죄수익금 착복 기회가 박탈되었다는 줄거리를 말합니다.

한편, 정치(비리)검사의 수괴 윤석열은 2014. 4.경부터 같은 해 7.경 사이에 필자와의 2차례 면담을 통해 위 '검사비리사건'의 내막을 너무나도 잘 알고 있었음에도 필자가 고소한 위 '검사비리사건' 수사와 관련, 2017. 5.경 서울중앙지검장, 2019. 7.경 검찰총장, 2022. 5.경 대통령의 자리까지 순차적으로 오르게 되자, 서울중앙지검장 재직 기간인 2018. 4. 11.경 위 '검사비리사건'을 수사 중에 있던 서울지방경찰청 지능범죄수사대 경위 한종구로 하여금 피해자인 필자에게 가해자로 뒤집어씌우기 위한 보복수사를 실시하도록 하였고, 검찰총장 재직기간인 2020. 2. 27.경 서울중앙지검 검사 나하나로 하여금 허위내용의 불기소결정서를 작성하는 수법을 통해 위 '검사비리사건'을 은폐해 버리도록 하였습니다.

그리고 대통령에 당선된 이후에도 위 '검사비리사건'의 주범격인 김진태 전 검찰총장을 자신의 정부 초대 검찰총장 추천위원회 위원장으로 임명하였습니다.

정치(비리)검사의 수괴 윤석열이 위 '검사비리사건'에 대한 이중적 태도 및 배신행위를 더 살펴보면, 필자가 위 '검사비리사건' 충격으로 인해 검찰조직을 떠나게 되자, 당시 위 '검사비리사건'에 연루된 검사들을 질책하면서 필자를 향해서는 검찰 내부 통신망을 통해 '사랑하고 존경한다'는 편지까지 보내주더니, 그 후 문재인 대통령으로부터 '박근혜 전 대통령 국정농단' 특검수사 공로를 인정받아 서울중앙지검장과 검찰총장이라는 자리에 발탁되자 갑자기 태도가 돌변하여 필자를 상대로 위와 같이 보복수사를 가하고, 아예 위 검사비리사건을 은폐해 버렸던 것입니다.

이는 필자에게는 정치(비리)검사의 수괴 윤석열이 대통령직 수행 기간 동안 내란 우두머리 죄책으로 탄핵될 것이라는 역사적 불행을 이미 예약해 놓은 것과 다름없었습니다.

즉, 필자는 위 검사비리사건을 은폐한 중대 범죄자 윤석열에 대하여 역사적 흔적이라도 남겨두기 위해 2023. 12. 15. "22대 총선 결정판(제3판), 정치(비리)검사 (윤석열) 대통령 탄핵론 (총 511면)"이라는 책자를 발간하였고, 2025. 4. 4. 헌법재판소 역시 "피청구인 대통령 윤석열을 탄핵한다"는 주문을 역사와 전체 국민 앞에 선포함에 따라 위 책자의 기본 취지와 내용은 헌법재판소가 윤석열 대통령을 탄핵하는데 큰 방향타가 되었음을 역사가 증명하게 되었습니다.

그런데 이 책에 등장하고 있는 위 '관피모 사건' 은폐 범죄와 관련된 민사 소송에 있어서도 법무법인 도원 대표 홍명호 변호사, 오로라 법률사무소 대표 김홍경 변호사, 법무법인 고원 담당변호사 김수환, 박지은, 성해윤, 이영규, 이영빈 등은 위 검사비리사건 민사소송과 마찬가지로 제1심 담당 재판부에 로비하여 허위내용의 승소판결문을 받아낸 상황에서, 이를 항소심, 대법원까지 법조카르텔이라는 강력한 무기로 허위내용의 승소 판결을 받아낸 다음 이에 터 잡아 필자로부터 수천만 원에 해당하는 자신들의 소송비용까지 강제적으로 편취해 가는 날강도 짓을 서슴없이 저지르고 말 것입니다.

이러한 경우가 닥쳤을 때 법원의 허위내용 판결을 통하여 억울하게 피해를 입은 사법피해자들은 '국가는 왜 존재하는지, 또 누구를 위해 존재하는지' 한없는 의구심과 원망을 가슴에 품고 죽는 날까지 살아갈 수밖에 없습니다.

전국의 변호사 여러분!

위 '관피모 사건' 핵심 요지는 앞서 살펴본 바와 같이 주범 구수회가 수십 년에 걸쳐 허위 · 과장 광고를 통한 사건브로커 역할을 해오면서 변호사 여러분의 밥그릇을 빼앗아 자신의 뒷배인 검찰 출신 전관 변호사에게 바쳤다는 것입니다.

요즘 변호사 업계는 예전과 달리 검사장이나 대법관 출신 전관 변호사를 영입해 가는 대형 로펌 중심으로 일거리가 몰리는 부익부 빈익빈 현상이 일상화 되어가고 있습니다.

전관예우를 받은 고위직 판·검사 출신 변호사들은 변호인 착수금만 억대를 호가한 반면, 그렇지 않는 변호사들은 사무실 경비마저도 내기 힘든 세상이 되고 말았습니다.

담당 재판부에 로비나 법 기술을 부리지 않고 변호사 본연의 업무에만 전념하고 있는 대부분의 변호사들은 큰 사건 하나 수임받기가 몹시 힘들지만, 전관예우를 받은 소수의 변호사들은 전화 한통화로 수억 원대의 사건 수임을 받곤 합니다.

그 이면에는 전관 변호사와 판·검사 간 사건조작이 뒤따르기 마련입니다. 그리고 그들은 서로 결탁하여 허위내용의 결정문이나 판결문을 죄의식 없이 만들어 냅니다. 이 책자 속에서도 이를 직접 목도할 수 있습니다.

당장 이 책에 기재되어 있는 조희대 대법원장을 비롯한 대법원 윤리감사관 최진수, 판사 한나라, 박상언, 도영오, 이화연, 서청운, 전호재, 법무법인 도원 대표변호사 홍명호, 오로라 법률사무소 대표변호사 김홍경 등을 상대로 필자가 작성한 고소장을 두루 살펴보면, 그들은 너무도 뻔뻔스럽게 작당하여 위 '관피모 사건'을 은폐하거나 조작할 의도를 가지고 삼척동자도 알 수 있을 정도의 허접한 수준으로 전혀 죄의식을 느끼지 아니한 채 허위내용의 대법원 공문서는 물론 해당 사건의 판결문이나 결정문 등을 거침없이 작성해대고 있습니다.

단 1%의 사법정의마저도 실현될 수 없는 법조카르텔이 아무런 제재나 통제를 받지 않은 채 작동되고 있는 상황에서, 대한민국이 어떻게 행정, 입법, 사법 등 삼권이 서로 견제와 균형을 이루고 있는 나라라고 말할 수 있으며, 대한민국이 어떻게 국민주권주의는 물론 '모든 국민은 법 앞에 평등하다'는 헌법 규정들이 제대로 이행되고 있는 나라라고 말할 수 있겠습니까?

법을 집행하고 해석하고 판단하는 판·검사들이 진짜 도둑놈이고 진짜 사기꾼인 마당에 도대체 누가 누구를 상대로 수사하고 누가 누구를 상대로 재판한다는 말입니까? 지나가는 소가 웃을 일입니다.

당장 공수처로 하여금 위 고소장에 대한 철저한 수사를 통하여 대법원장 조희대 등에 대한 형사처벌을 강력하게 요구해야 합니다.

이는 "변호사는 기본적 인권을 옹호하고 사회정의를 실현함을 사명으로 한다."는 변호사법 제1조 제1항의 규정을 충실하게 이행함은 물론, 윤석열 검찰 및 조희대 사법부에 의한 위 '관피모 사건' 은폐를 적극 저지함으로써 극소수 전관 변호사만 배불리게 하고 있는 현재의 사건수임 쏠림 현상도 어느 정도 해소할 수 있을 것입니다.

마지막으로 이재명 대통령에게 충언합니다.

조희대 사법부가 위에서부터 아래에 이르기까지 모두 썩고 부패하여 소속 법관들에게서 공정하고 신속한 재판을 기대하기 어려운 상황에 있는 만큼 대통령이 직접 나서서 이를 해결해야 합니다.

이는 헌법에 규정된 삼권분립과는 전혀 관련이 없으며, 대통령이 우리나라 헌법상 국가원수 자격으로 자정능력이 없는 사법부를 통제하고 개혁해야 하는 당위성에 바탕을 두고 있음을 의미합니다.

국가의 한 축을 구성하고 있는 사법부가 고쳐 쓸 수 없을 만큼 부패하고 썩어서 국민들이 공정하고도 신속한 재판을 받을 수 없는 지경에 이르렀는데, 어찌 헌법상 국민의 생명과 재산, 국가의 영속성을 최종 책임지고 있는 대통령이 이를 방관한 채 손 놓고 구경만 할 수 있다는 말입니까?

이는 대통령이 헌법상 직무를 의도적으로 수행하지 않는 명백한 직무유기에 해당합니다.

특히, 공수처는 대법원장 조희대가 포함된 위 고소장을 수사할 능력이나 의지가 부족할 뿐만 아니라, 공수처장 오동운 역시 윤석열 검찰 및 조희대 사법부와 마찬가지로 위 '관피모 사건'을 은폐해 버린 중대 범죄자입니다.

이 책자 '제4부 : 수원지방법원안양지원 판사 전호재의 사건조작 중대 범행' 항목에서 확인된 바와 같이 공수처장 오동운은 검찰청 검사들의 위 '관피모 사건'에 대한 은폐·조작수사 중대 범행을 은폐하기 위하여 2024. 12. 12.자 자신 명의의 답변서에 조작된 증거를 첨부하였고, 더 나아가 2025. 6. 24.자 '사실조회회보서'라는 공수처 직인이 날인된 공문서까지 허위로 작성하여 담당 재판부에 제출하고 있습니다.

공수처장 오동운의 위와 같은 사건조작 중대 범행은 여기에 그치지 아니하고 계속 이어지고 있습니다.

최근에 이르러서는 공수처장 오동운이 자신의 부하 직원인 나창수 공수처 부장검사로 하여금 이 책자 '제1부'에 편철되어 있는 '대법원장 조희대 등에 대한 고소장'에 대하여 수사 개시조차도 하지 않은 채 캐비넷에 처박아 놓았다가 약 3개월이 지난 시점인 2025. 9. 8.경 초등학생마저도 쉽게 알아볼 수 있을 정도로 불기소결정서를 허위 내용으로 작성하여 아예 각하처분을 하도록 하였습니다.

즉, 공수처 부장검사 나창수는 그의 상관인 공수처장 오동운의 지시 하에 사실은 위 고소장에 조희대 대법원장 등 피의자들의 범죄사실을 입증하고 있는 명백한 증거자료들이 산더미처럼 첨부되어 있었음에도 불구하고, 이를 깡그리 쓰레기통에 던져버린 채 증거가 불충분하다는 이유를 들어 각하처분을 하였습니다.

설사 백번 양보하여 나창수 공수처 부장검사 주장대로 위 고소장에 기재된 범죄사실을 입증할 만한 뚜렷한 증거를 발견하기 어렵다고 하더라도, 이는 공수처 사건사무규칙 제27조(사건의 결정) 제1항 및 검찰 사건사무규칙 제115조(불기소결정) 제2항에 의거 수사 진행을 전제로 "혐의없음(증거불충분)"으로 처분해야지, 수사개시조차도 하지 않는 채 "각하"로 처분해서는 안 된다는 것입니다.

결국 공수처장 오동운과 그의 부하이자 공수처 부장검사 나창수는 위 고소장에 기재된 대법원장 조희대 등의 중대 범죄사실에 대하여 수사개시조차도 하지 않은 채 허위내용의 불기소결정서를 작성하는 수법을 통해 은폐해 버림으로써 형법상 직무유기죄는 물론 직권남용 권리행사방해죄, 허위공문서작성죄 및 허위작성공문서 행사죄 등 중대 범죄를 저질렀습니다.

이쯤 되면, 공수처장 오동운 및 나창수 공수처 부장검사에 대해서는 당장 고위 관직을 박탈시키고 사법부 개혁 반역자로 낙인찍어 영원히 사회에서 격리시켜야 하지 않겠습니까?

그런데 문제는 위 고소장에 대한 불기소 각하처분은 이미 확정적으로 예견되어 있었다는데 있습니다.

즉, 이 책 '제4부'에서 확인되고 있는 것처럼 2025. 7. 22. 수원지법 안양지원 판사 전호재는 허위내용의 판결문 작성을 통하여 공수처장 오동운 및 공수처검사 윤상혁의 위 '관피모 사건' 은폐·조작수사와 관련된 중대 범행을 은폐해 버리자, 2025. 9. 8. 공수처장 오동운 및 공수처 부장검사 나창수 역시 그 은공을 갚기 위해 허위내용의 불기소결정서를 작성하는 수법을 통하여 대법원장 조희대 및 그 휘하 판사 한나라, 박상언, 도영오 등의 위 '관피모 사건'과 관련된 재판을 허위내용으로 판결한 중대 범행을 은폐해 버렸습니다.

또 공수처장 오동운과 공수처 부장검사 나창수는 대법원장 조희대 등에 대한 고소장을 은폐해 버리는 것도 분에 차지 않았던 탓인지 2025. 10. 2.경 이 책자 '제2부'에서 확인되고 있는 것처럼 나창수 공수처 부장검사 소속 이현주 공수처검사로 하여금 수원지방법원성남지원 판사 이화원, 서청운, 변호사 김홍경의 중대 범행에 대하여도 같은 범행수법으로 은폐해 버리도록 하였습니다.

그리고 공수처장 오동운은 2025. 10. 2.경 김홍경 변호사의 위 중대범행을 은폐해 준 댓가로 그에게 이 책자 제4부에서 언급되고 있는 위 '관피모 사건' 은폐와 관련된 자신의 항소심 사건 변론을 맡도록 하였습니다.

공수처장 오동운이 법조카르텔 척결과 사법정의 실현이라는 대의를 위해서라도 김홍경 변호사의 사건은폐·조작 중대범행에 대해 즉각 구속수사해도 모자랄 지경인데 부하 직원인 이현주 공수처검사로 하여금 이를 불기소결정서라는 허위 공문서를 작성하여 은폐해 버리도록 한 후 그 댓가로 패소가 확실한 자신의 항소심 사건 변론을 맡겼다니, 이게 법조인 이전에 임명직 최고 공직자로서 할 짓입니까?

부정처사후수뢰죄 등 관련법규 위반 여부를 떠나 고위 공직자 중 가장 청렴하고 공정과 정의사회를 책임져야 할 공수처장 오동운이 대한민국 전체 공직자 중 가장 추악하고 중대범죄를 밥 먹듯 저지르고 있는데, 이를 그대로 놔둬도 되겠습니까?

이러한 사정을 전혀 모르고 있는 집권 여당 민주당은 공수처를 폐지하기는커녕 오히려 공수처법을 더 강화하는 법안을 준비 중이라고 하는데, 도대체 대한민국은 어디까지 더 망가져야 하며, 인간이기를 포기한 공수처장 오동운을 상대로 누가 그 직을 박탈시켜야 하고, 누가 그의 위법행위를 통제해야 하며, 누가 그를 당장 감옥에 보내야 합니까?

한마디로 공수처장 오동운을 포함한 공수처 검사들과 대법원장 조희대를 포함한 사법부 소속 판사들은 어느 누구라고 할 것 없이 전혀 통제나 견제를 받지 아니한 채 법조카르텔이라는 기득권 보호를 위하여 서로 경쟁이라도 하듯이 자신들의 사건은폐·조작범행에 대하여 봐주기 수사 및 봐주기 재판을 거리낌 없이 주고받고 있습니다.

지금껏 판·검사들의 사건 조작에 의해 피해를 입은 사법피해자는 물론이거니와 사법정의 실현을 갈망해 오고 있는 모든 국민들은 민중혁명을 일으켜 위와 같이 사건 조작을 일삼고 있는 공수처 검사들 및 사법부 판사들에 대해 전원 관직을 박탈시키고 영원히 사회로부터 격리시키지 않고서야 어떻게 수사기관과 재판기관이 견제와 균형을 이루면서 국민의 인권을 보장할 것이며, 어떻게 사법정의를 실현시킬 수 있다는 말입니까?

이 점만 살펴보더라도 오동운 공수처는 윤석열 검찰과 마찬가지로 사건 조작을 위한 선택적 수사기법의 달인인 동시에 모든 국민들에게 공정과 정의를 담보하는 사법정의를 실현시켜 주는 것이 아니라 법조카르텔이라는 울타리 안에서 자신들의 기득권을 보호하기 위하여 수많은 사건을 은폐 · 조작해 버림으로써, 이 나라를 권력남용과 부패 소굴이라는 낭떠러지로 몰아가고 있으며, 더 나아가 국민들의 혈세만 낭비되는 폐지대상 기관이 되고 말았음이 여지없이 증명되고 있습니다.

공수처의 수사기능이 법조카르텔에 의해 위와 같이 마비된 상황에서 국민들로부터 직접 선출된 대통령이 행정부 수반이 아닌 헌법상 부여된 국가 원수 자격으로 특별검사를 임명하여 위 고소장에 기재된 대법원장 조희대를 비롯한 소속 법관들의 중대 범행에 대하여 철저한 수사를 실시하도록 하고, 이를 사후 관리까지 하여야 할 이유가 바로 여기에 있습니다.

이재명 대통령님!

이번 기회에 그동안 우리나라에서 계속 이어져오고 있는 유전무죄 · 무전유죄, 유권무죄 · 무권유죄를 모두 아우르는 법조카르텔을 반드시 척결하여 판 · 검사들의 사건조작으로 인해 한평생 억울하게 살아가고 계시거나 이미 세상을 떠나신 사법피해자들의 한을 풀어줘야 합니다.

사건조작을 일삼는 적폐청산 대상 중심에 윤석열 검찰과 조희대 사법부가 있음은 두말할 나위가 없습니다.

위 '관피모 사건'의 수사 및 재판과정을 살펴보더라도, 윤석열 검찰 및 조희대 사법부는 로펌이나 전관 변호사들을 매개로 사건을 은폐 · 조작하는 범죄단체 조직으로 변해 버렸습니다.

이는 대한민국이 법조카르텔에서 빠져 나오지 못하고 수사 권력과 재판 권력이 서로 작당하여 사건을 은폐 · 조작하고, 법조인들만으로 구성된 법원, 검찰이 그들의 기득권을 유지하면서 권력남용을 밥 먹듯 해대며, 대한민국을 특권계급사회 및 부패 소굴로 빠져 들게 하고 있음을 증명하고 있습니다.

헌법상 국가원수인 대통령의 권한으로 대법원장 조희대가 포함된 위 고소장에 대한 철저한 수사를 통하여 관련자들을 모두 중형으로 다스림으로써 우리나라 적폐 중에 적폐인 법조카르텔을 반드시 척결해 주십시오.

그렇지 않으면 이재명 대통령도 윤석열 검찰 및 조희대 사법부와 마찬가지로 역사의 심판을 면치 못할 것입니다.

수십 년간 변호사법위반과 고도의 사기행각을 해온 위 '관피모 사건' 주범 구수회가 윤석열 검찰의 봐주기 수사와 조희대 사법부의 허위 재판으로 인하여 계속적으로 치외법권 지위를 누린다면, 이는 법치주의를 지향하는 이재명 정부에서는 용납될 수 없는 일이라고 생각합니다.

이번 기회에 윤석열 검찰 및 조희대 사법부의 썩은 부위를 과감히 도려내는 인적 청산을 단행해야 합니다.

힘없고 돈 없고 뒷배 없는 평범한 대한민국 국민들이 무슨 죄가 있습니까?

왜 범죄 집단인 윤석열 검찰로부터 가짜 수사를 받는 것도 모자라 계속하여 또 다른 범죄 집단인 조희대 사법부로부터도 가짜 재판을 받아야 합니까?

국회와 이재명 정부가 나서서 정치(비리) 판·검사들이 사건조작을 못하게끔 법과 제도를 정교하게 다듬고 고치는 것도 중요하지만, 그 이전에 개인적 영달과 조직의 기득권 보호를 위하여 전혀 죄의식을 느끼지 아니한 채 사건조작을 밥 먹듯 해대는 판·검사들이 단 한명이라도 존재하는 한 제2, 제3의 괴물 대통령 윤석열이 또다시 출현하고 말 것입니다.

  조희대 대법원장이 위 '관피모 사건'을 은폐하기 위해 허위내용의 판결문이나 결정문을 마음대로 작성해대는 판사 한나라, 박상언, 도영오, 이화연, 서청운, 전호재 등을 두둔하고 감싸는 행위는 우리나라 헌법이 필자에게 부여하고 있는 신속하고도 공정한 재판을 받을 권리행사를 침해하는 중대한 범죄입니다.

  이는 2025. 5. 3.경 조희대 대법원장이 민주당 소속 이재명 후보의 대통령 선거 출마를 사전에 봉쇄하기 위하여 공직선거법위반 사건과 관련하여 서울고등법원에 유죄취지의 파기 환송한 지점과 그대로 일치하고 있는 바, 대법원의 부당한 판결에 대한 헌법재판소의 헌법소원이 절대적으로 필요함을 그대로 입증해주고 있습니다.

  결국, 필자는 이 대통령이 집권 초기부터 범죄 집단으로 변질해버린 윤석열 검찰 및 조희대 사법부에 대한 과감한 인적쇄신은 물론 기득권 유지에 찌들어 있는 검찰 및 사법부에 대한 법과 제도를 과감히 뜯어고침으로써 이 땅에 공정과 정의가 도도히 흐르고 사법정의가 실현되며 다시는 판·검사들의 사건조작에 의한 사법피해자가 발생하지 않도록 특단의 대책을 세워 주시기를 기대합니다.

2025. 10. 필자 임찬용

| 목차 |

제4판 발간사 … 5

> **【제1부】**
> **조희대 대법원과 윤석열 검찰은 법조카르텔의 쌍두마차**
> – 윤석열 검찰은 '관피모 사건' 주범 구수회와 그의 뒷배를 보호하기 위하여 허위내용의 불기소결정서를 작성하는 수법을 통해 위 '관피모 사건'등을 은폐해 버리는 중대 범행을 저질러 왔다.
> – 조희대 사법부 역시 법조카르텔의 범주에서 윤석열 검찰과 공모하여 허위내용의 결정문이나 판결문을 작성하는 수법을 통해 위 '관피모 사건' 등을 계속 은폐해 버리는 중대 범행을 저지르고 있다.
> (공수처에 제출한 고소장 전면 공개)

① 2025. 6. 4.자 대법원장 조희대 외 9명에 대한 고소장………… 34

②【첨부(입증)자료 1】2025. 2. 12.자 판사 한나라의 판결문 ……. 59

③【첨부(입증)자료 2】2025. 2. 19.자 피고 임찬용의 항소장 …… 71

④【첨부(입증)자료 3】2025. 5. 1.자 피고 임찬용의 구석명신청서
………………………………………………………………………114

⑤【첨부(입증)자료 4】이 사건 (성남지원 2024가단231123) 전자소송에 등재되어 있는 '진행내용 출력물' : 분량 과다로 생략

⑥【첨부(입증)자료 5】2024. 7. 15.자 이 사건 소장……………137

⑦【첨부(입증)자료 6】 2024. 8. 16.자 원고 준비서면 및 그 첨부물 각 1부..168

〔붙임1〕2024. 8. 11.자 "변협은 김홍경 변호사를 영구 제명하라!!" 제하의 KMS 신문기사 1부(갑 제20호증)...............170

〔붙임2〕2024. 3. 6.자 피고 문경석 외 3명에 대한 소장(위 신문기사 '첨부1' 자료, 갑 제20호증의 1).........................174

〔붙임3〕2024. 7. 18.자 원고의 사실조회신청서(위 신문기사 '첨부2' 자료, 갑 제20호증의 2)...................................185

〔붙임4〕2024. 8. 12.자 관련사건(성남지원 2024가단1957) 원고 준비서면(위 신문기사 '첨부3' 자료, 갑 제20호증의 3)....191

⑧【첨부(입증)자료 7】2024. 9. 4.자 피고들 소송대리인 홍명호 답변서 221

⑨【첨부(입증)자료 8】2024. 9. 5.자 피고18 임용규 답변서...........222

⑩【첨부(입증)자료 9】2024. 9. 6.자 원고 임찬용 준비서면.........225

⑪【첨부(입증)자료10】2025. 2. 19.자 (제1차) 소송비용담보제공 결정서 242

⑫【첨부(입증)자료11】2025. 2. 20.자 원고 참고서면 245

⑬【첨부(입증)자료12】2025. 2. 25.자 원고 참고서면 247

⑭【첨부(입증)자료13】2025. 2. 27.자 원고 이의신청서 및 그 첨부자료 (2025. 2. 19.자 이 사건 소송비용 담보결정서에 대한 이의신청 및 제2차 이 사건 원고 승소판결

　　　　강력 재촉구) 각 1부 253

⑮ 【첨부(입증)자료14】2025. 3. 6.자 판사 도영의 석명준비명령(도과 기간 확인) 262

⑯ 【첨부(입증)자료15】2025. 3. 7.자 원고 준비서면(2025. 3. 6.자 판사 도영오의 석명준비명령을 단호히 거부합니다) 및 그 첨부서류 각 1부 263

⑰ 【첨부(입증)자료16】 2025. 3. 8.자 원고 참고서면 266

⑱ 【첨부(입증)자료17】 2025. 4. 1.자 무변론 판결 선고 기일통지서 268

⑲ 【첨부(입증)자료18】 2025. 4. 2.자 소송대리인 홍명호의 준비서면 269

⑳ 【첨부(입증)자료19】 2025. 4. 3.자 원고 준비서면 272

㉑ 【첨부(입증)자료20】 2025. 4. 7.자 원고 탄원서 288

㉒ 【첨부(입증)자료21】 2025. 4. 16.자 (제2차) 소송비용담보제공 결정서 293

㉓ 【첨부(입증)자료22】 2025. 4. 16.자 기일변경명령(판사 도영오) 296

㉔ 【첨부(입증)자료23】 2025. 4. 17.자 원고 준비서면 (원고는 판사 도영오의 중대 범죄행위를 강력하게 규탄합니다) 297

㉕【첨부(입증)자료24】 2025. 4. 18.자 원고 참고서면(판사 도영오에 대한 제3차 진정서) 및 그 첨부서류 각 1부 313

㉖【첨부(입증)자료25】 2025. 5. 15.자 무변론 판결 선고 기일통지서 315

㉗【첨부(입증)자료26】 2025. 5. 28.자 이 사건 각하 판결문 316

㉘【첨부(입증)자료27】 2025. 2. 24.자 판사 한나라에 대한 진정서 및 그 입증자료 321

㉙【첨부(입증)자료28】 2025. 3. 7.자 판사 박상언에 대한 2차 진정서 및 그 입증자료 326

㉚【첨부(입증)자료29】 2025. 4. 18.자 판사 도영오에 대한 제3차 진정서 및 그 입증자료 : 위 (25)항과 동일................333

㉛【첨부(입증)자료30】 2025. 5. 20.자 대법원 회신공문 334

㉜ 공수처장 오동운과 공수처 부장검사 나창수는 공모하여, 2025. 9. 8.경 방금 앞서 살펴본 바와 같이 위 ①항의 고소장에는 대법원장 조희대를 비롯한 피의자들의 범죄사실을 입증하고 있는 증거자료들이 【첨부(입증)자료1】에서부터 【첨부(입증)자료30】까지 산더미처럼 첨부되어 있었음에도 불구하고, 이를 깡그리 무시한 채 "고소인의 주장 이외에 피의자들이 직권을 남용하였다거나 허위공문서를 작성하였다고 볼 만한 특별한 객관적 사정이나 뚜렷한 증거도 없는 상황이므로 수사를 개시할 만한 구체적인 사유나 정황이 충분하다고 보기 어렵다"는 막연하면서도 동문서답 · 유체이탈 화법을 총 동원하여 불기소(각하) 처분을 하였던 바, 그에 대한 허위내용의 불기소 결정서...336

【제2부】

'관피모 사건' 주범 구수회와 그의 뒷배를 보호할 목적으로, '법조카르텔'이 작동되고 있는 수원지방법원성남지원 2024가단1957 사건에 대하여,

수원지방법원성남지원 판사 이화원, 서청운, 변호사 김홍경의 사건조작 중대 범행

(해당사건 재판기록 전면 공개)

① 2024. 3. 6.자 소장 340

② 2024. 3. 6. 소장 서증(갑2),〔2024. 1. 29.자 피의자 구수회 등에 대한 불송치(각하) 결정 이의신청서〕 340

③ 2024. 4. 17. 보정명령(소장) 361

④ 2024. 4. 18. 보정서(원고 임찬용) 363

⑤ 2024. 4. 18. 보정서 첨부 : 갑 제3호증(원고 임찬용) 371

⑥ 2024. 7. 5. 답변서(피고들 대리인 김홍경) 372

⑦ 2024. 8. 9. 준비서면(피고들 대리인 김홍경) 374

⑧ 2024. 8. 12. 준비서면(원고 임찬용) 387

⑨ 2024. 8. 12. 원고 준비서면 서증(갑4) 387

⑩ 2024. 8. 12. 원고 준비서면 서증(갑5) 387

⑪ 2024. 8. 12. 원고 준비서면 서증(갑6) 387

⑫ 2024. 8. 12. 원고 준비서면 서증(갑7) 387

⑬ 2024. 8. 27. 준비서면(원고 임찬용) 387

⑭ 2024. 8. 27. 원고 준비서면 서증(갑8) 390

⑮ 2025. 8. 1. 기타 (원고 임찬용), (이 사건 담당 판사 서청운의 중대 범행에 따른 교체 요구서) 390

⑯ 2025. 8. 1. 기타 첨부 (원고 임찬용), 〔2025. 7. 30.자 판사 이화연, 서청운, 변호사 김홍경에 대한 (추가) 고소장〕 393

⑰ 2025. 8. 7. 기타 (원고 임찬용), (이 사건 소송비용담보제공명령 이행보고) 410

⑱ 2025. 8. 7. 기타 첨부 (원고 임찬용),〔금전 공탁서(재판상의 보증)〕 412

⑲ 2025. 9. 10. 변론기일 통지서〔변론기일 2025. 11. 11 (화) 16:40〕 413

【제3부】

'관피모 사건' 주범 구수회와 그의 뒷배를 보호할 목적으로, '법조카르텔'이 작동되고 있는 수원지방법원성남지원 2024가단231123 (항소심 : 수원고등법원 2025나12329) 사건에 대하여,

수원지방법원성남지원 판사 박상언, 도영오, 변호사 홍명호의 사건조작 중대 범행

(해당사건 재판기록 전면 공개)

① 2024. 7. 15.자 소장(원고 임찬용) 416

② 2024. 7. 15.자 소장 서증(갑 2~19, 목차 2~28)에 대해서는 다른 항목과 자료 중복 또는 이 책자 지면 부족으로 인하여 각 등재를 생략함.

㉙ 2024. 7. 17. 재배당 요청서 418

㉚ 2024. 8. 16. 원고 준비서면 419

㉛ 2024. 8. 16. 원고 준비서면 서증(갑 20) 419

㉜ 2024. 8. 27. 원고 준비서면 419

㉝ 2024. 8. 27. 원고 준비서면 서증(갑 21), (2024. 8. 26.자 KMS 신문 기사 : 지면 부족으로 등재 생략)

㉞ 2024. 9. 4. 답변서(피고들 소송대리인 홍명호) 419

㉟ 2024. 9. 5. 답변서 요약표(피고18 임용규) 420

㊱ 2024. 9. 5. 답변서(피고18 임용규) 420

㊲ 2024. 9. 5. 피고18 임용규 답변서 첨부(결정문) 421

㊳ 2024. 9. 6. 준비서면(원고 임찬용) 425

㊴ 2025. 2. 19. (제1차) 소송비용담보제공명령(판사 박상언) 425

㊵ 2025. 2. 27. 이의신청서(원고 임찬용) 425

㊶ 2025. 2. 27. 이의신청서 첨부(원고 임찬용) 425

㊷ 2025. 3. 6. 판사 도영오의 석명준비명령(도과기간확인) 425

㊸ 2025. 3. 7. 준비서면(원고 임찬용) 426

㊹ 2025. 3. 7. 원고 준비서면 서증(갑 22), "2025. 3. 6.자 판사 도영오의 석명준비명려을 단호히 거부합니다." 426

㊺ 2025. 3. 7. 원고 준비서면 첨부 427

㊻ 2025. 4. 1. 무변론 판결 선고 기일통지서 427

㊼ 2025. 4. 2. 피고들 소송대리인 홍명호의 답변서(준비서면 형식)
.... 427

㊽ 2025. 4. 3. 원고 임찬용의 준비서면 서증(갑 23) 427

㊾ 2025. 4. 7. 탄원서(원고 임찬용) 427

㊿ 2025. 4. 16. 기일변경명령(판사 도영오) 427

(51) 2025. 4. 16. (제2차) 소송비용담보제공명령(판사 도영오) 428

(52) 2025. 4. 17. 준비서면(원고 임찬용) 428

(53) 2025. 4. 17. 원고 준비서면 서증(갑 24), (원고는 판사 도영오의 중대 범죄행위를 강력하게 규탄합니다) 429

(54) 2025. 5. 28. 판결문(판사 도영오) 429

(55) 2025. 6. 6. 항소이유(원고 임찬용) 429

(56) 2025. 6. 26. 준비서면(피고들 소송대리인 홍명호) 442

(57) 2025. 6. 28. 준비서면(원고 임찬용) 444

(58) 2025. 6. 28. 원고 준비서면 서증(갑 25), (2025. 6. 26.자 소송대리인 홍명호의 준비서면에 대한 반박) 445

(59) 2025. 7. 1. 항소인용 석명준비명령(도과기간확인) 454

(60) 2025. 7. 1. 피항소인용 석명준비명령(도과기간확인) 456

(61) 2025. 8. 5. 준비서면(피고들 소송대리인 홍명호) 458

(62) 2025. 8. 6. 준비서면(원고 임찬용) 460

(63) 2025. 8. 6. 원고 준비서면 서증(갑 26), (2025. 8. 5.자 소송대리인 홍명호의 준비서면에 대한 반박) 461

【제4부】

'관피모 사건' 주범 구수회와 그의 뒷배를 보호할 목적으로,

'법조카르텔'이 작동되고 있는 수원지방법원안양지원 2024가소126262

(항소심 : 수원지방법원 2025나57361) 사건에 대하여,

수원지방법원안양지원 판사 전호재의

사건조작 중대 범행

(해당사건 재판기록 전면 공개)

---

① 2024. 7. 11. 소장(원고 임찬용) 472

② 2024. 7. 11. 소장 서증(갑1~갑4, 목차 ②~⑭에 해당됨)에 대해서는 다른 항목 자료들과 중복되거나, 또는 이 책자 지면 부족으로 인하여 각 등재를 생략함

⑮ 2024. 11. 27. 석명준비명령(도과기간확인), 판사 최복규 483

⑯ 2024. 12. 12. 답변서(피고1 오동운) 484

⑰ 2024. 12. 14. 원고 준비서면 (2024. 12. 12.자 피고 오동운 답변서에 대한 원고의 반박 의견) 488

⑱ 2024. 12. 14. 준비서면 서증(갑 5), (갑 6) : 이 책자 지면 부족으로 생략

⑲ 2025. 1. 2. 석명기간연장신청서(피고3 대라안 권영심) 504

⑳ 2025. 1. 2. 석명기간연장신청서 첨부(피고3 이형일의 소송 위임장) : 생략

㉑ 2025. 1. 2. 청구취지 및 청구원인 변경신청서(원고 임찬용)......505

㉒ 2025. 1. 14. 답변서(피고3 소송대리인 권영심) 516

㉓ 2025. 1. 14. 사실조회신청서(공수처), 신청자 : 피고3 대리인 권영심
....520

㉔ 2025. 1. 15. 사실조회서(공수처), 판사 최복규 522

㉕ 2025. 1. 24. 사실조회서(공수처), 판사 최복규 523

㉖ 2025. 3. 14. 답변서(준비서면 형식), 피고2 소송대리인 송민선
....524

㉗ 2025. 3. 17. 준비서면(원고 임찬용) 533

㉘ 2025. 3. 17. 원고 준비서면 서증(갑 7), (2025. 3. 14.자 피고2 윤상혁 답변서에 대한 원고의 반박의견) 534

㉙ 2025. 3. 29. 구석명신청서(대상자 : 피고3 이형열) 566

㉚ 2025. 3. 29. 구석명신청서(대상자 : 피고2 윤상혁) 571

㉛ 2025. 4. 19. 기일변경신청서(피고1 오동운 대리인 법무법인 고원)
....578

㉜ 2025. 4. 20. 준비서면(원고 임찬용) 580

㉝ 2025. 4. 20. 원고 준비서면 서증(갑 8), (원고는 피고1 오동운 소송대리인
  들의 기일변경신청서를 단호히 거부합니다)
 581

㉞ 2025. 4. 21. 사실조회회신 독촉신청서(피고3 대리인 권영심)
 595

㉟ 2025. 4. 22. 사실조회에 따른 독촉(대상기관 : 공수처) 596

㊱ 2025. 6. 20. 준비서면(피고3 소송대리인 권영심) 597

㊲ 2025. 6. 20. 피고3 대리인 준비서면 서증(을다1) 600

㊳ 2025. 6. 20. 준비서면(원고 임찬용)............................601

㊴ 2025. 6. 20. 원고 준비서면 서증(갑 9), (2025. 6. 20.자 피고3 소송
  대리인의 준비서며네 대한 반박 의견) 602

㊵ 2025. 6. 24. 변론조서(1회), 참여 이연옥 609

㊶ 2025. 6. 24. 공수처 사실조회 회신서 611

㊷ 2025. 6. 25. 원고 입증서면 제출 612

㊸ 2025. 7. 22. 판결문(판사 전호재) 624

㊹ 2025. 7. 25. 항소장(원고 임찬용) 626

【제1부】

조희대 대법원과 윤석열 검찰은 법조카르텔의 쌍두마차

- 윤석열 검찰은 '관피모 사건' 주범 구수회와 그의 뒷배를 보호하기 위하여 허위내용의 불기소결정서를 작성하는 수법을 통해 위 '관피모 사건' 등을 은폐해 버리는 중대 범행을 저질러 왔다.

- 조희대 사법부 역시 법조카르텔의 범주에서 윤석열 검찰과 공모하여 허위내용의 결정문이나 판결문을 작성하는 수법을 통해 위 '관피모 사건' 등을 계속 은폐해 버리는 중대 범행을 저지르고 있다.

(공수처에 제출한 고소장 전면 공개)

① 2025. 6. 4. 대법원장 조희대 및 그 휘하 판사 등의 사건 은폐
· 조작 범죄에 대한 고소장

고 소 장

(고소장 기재사항 중 * 표시된 항목은 반드시 기재하여야 합니다.)

1. 고소인*

성 명	임 찬 용	주민등록번호	590410-1560010
주 소	경기도 성남시 수정구 복정로96번길 20, 203호 (현 거주지)		
직 업	무직 (전 검찰수사과장)	사무실 주소	-
전 화	(휴대폰) 010-5313-7538　　(자택)　　　　(사무실)		
이메일	yimcy2@naver.com		

2. 피고소인 명단 (주소 및 직업 기재내용은 범행 당시)

가. 조희대
　　- 주소 : 대법원
　　- 직업 : 대법원장

나. 최진수
　　- 주소 : 대법원
　　- 직업 : 대법원 윤리감사관

다. 김제욱
- 주소 : 대법원
- 직업 : 대법원 윤리감사관실 총괄심의관

라. 장기규
- 주소 : 대법원
- 직업 : 대법원 윤리감사관실 담당관

마. 박정수
- 주소 : 대법원
- 직업 : 대법원 윤리감사관실 법원사무관

바. 이강민
- 주소 : 대법원
- 직업 : 대법원 윤리감사관실 법원주사보

사. 한나라
- 주소 : 서울중앙지방법원
- 직업 : 판사

아. 박상언
- 주소 : 수원지방법원성남지원
- 직업 : 판사

자. 도영오
- 주소 : 수원지방법원성남지원
- 직업 : 판사

차. 홍명호
- 주소 : 법무법인 도원
- 직업 : 대표 변호사

3. 고소취지*

(죄명 및 피고소인에 대한 처벌의사 기재)

고소인은 피고소인들을 직권남용권리행사방해죄, 허위공문서작성죄, 허위작성공문서 행사죄 등으로 고소하오니 엄히 처벌하여 주시기 바랍니다.*

4. 범죄사실*

【검토배경】

2023. 12. 15. 발행된 "정치(비리)검사, (윤석열) 대통령 탄핵론" 책자(총 511면, 이하, '별권책자') 제78~104쪽에 기재되어 있는 2021. 10. 5.자 '관피모 사건 고소장'의 핵심 요지는

주범 구수회가 수십 년간 자신이 카페지기로 있는 약 만 명에 이르는 '관청피해자모임' 카페 회원 등을 상대로 '① **변호사가 해야 할 일 90% 행정사가 가능하다**, ② 행정사 20년 하면서 행정심판 1,900건 수임 진행하였고, **행정사 수수료 1억을 5번 받았다**, ③ 무혐의 된 고소를 행정심판으로 살린다. 재개발 조합장을 징역 보내는 방법, 대법원 패소된 사건을 행정사가 살린다.'는 허위 광고를 해대며 모든 민·형사 사건을 끌어 모은 다음 이를 자신의 뒤를 봐주는 검찰 고위직 출신 전관 변호사에게 갖다 바치고, 자신은 일정한 중개 수수료나 챙기면서 사건 브로커 역할을 해왔다는 것이다.

그런데 윤석열 정부의 경찰, 검찰, 심지어 공수처에 이르기까지 모든 국가 수사기관은 윤석열 정부 권력 실세인 전관 변호사로부터 암묵적 지시를 받고 위 '관피모 사건'에 대한 은폐·조작수사를 실시해 오고 있는 상황에서, 2024. 1. 12. 구수회가 고소인 임찬용을 상대로 서울중앙지방법원에 손해배상 청구의 소(서울중앙지법 2024가단5215651, 2025나

6135)를 제기함을 계기로 조희대 대법원장이 이끄는 사법부까지 여기에 가담함으로써, 위 '관피모 사건'은 그동안 우리나라 사법정의 실현을 가로막고 엄청난 사법피해자를 발생시켜 왔던 유전무죄·무전유죄, 유권무죄·무권유죄, 전관예우를 모두 아우르는 전형적인 '법조카르텔'의 사건이 되어 버렸다.1)

【범죄사실】

가. 피고소인 한나라의 단독 범행

피고소인은 위 '관피모 사건'을 은폐하고, 윤석열 정부 경찰 및 검찰의 은폐·조작수사를 통하여 형사법상 치외법권 지위를 누려왔던 구수회에게 계속 그 지위를 유지하도록 하기 위하여 자신이 맡은 민사재판에 대하여 허위내용의 판결문을 작성하기로 마음먹었다.

이에 따라 피고소인은 2025. 2. 12. 구수회가 제기한 서울중앙지방법원 2024가단5215651호(본소) 사건을 판결함에 있어 구수회의 뒷배 성명불상자로부터 부정한 청탁을 받고 법관으로서의 자유심증주의를 훨씬 뛰어넘은 허위내용의 판결문을 작성하는 수법을 통해 원고(반소피고) 구수회에게는 일부 승소, 피고(반소원고) 임찬용에게는 전부 패소판결을 내렸다. 2),3)

---

1) 윤석열 정부 경찰과 검찰은 한통속이 되어 '관피모 사건' 및 거기서 파생되어 나온 각 사건에 대해 은폐·조작수사를 실시되어 왔다는 사실이 위 별권책자 전 과정을 통하여 관련 증거자료와 함께 자세히 수록되어 있다.

2) 입증자료 : 2025. 2. 12.자 서울중앙지법 판사 한나라가 작성한 판결문 1부 [이 고소장 첨부(입증)자료 1], 위 판결문이 100% 허위내용으로 작성되었다고 입증하고 있는 2025. 2. 19.자 피고 임찬용이 작성한 항소장 1부. [이 고소장 첨부(입증)자료 2], 위 사건 항소심 피고 임찬용이 재판장의 허가를 받아 원고 구수회에게 송달한 2025. 5. 1.자 '구석명신청서' 1부 [이 고소장 첨부(입증)자료 3]

3) 피고소인이 법관으로서의 자유심증주의를 훨씬 뛰어넘는 허위 판결문을 작성한 구체

이로써 피고소인은 법관으로서의 직권을 남용하여 공문서인 위 사건 판결문을 허위로 작성하여 이를 각 당사자에게 송달함으로써 고소인 임찬용에게는 헌법상 누려야 할 신속하고 공정한 재판을 받아야 할 권리 행사를 방해하였음은 물론 허위공문서작성죄 및 허위작성공문서 행사죄라는 중대 범죄를 범하였다.

나. 피고소인 박상언, 도영오, 홍명호의 공동범행

피고소인 박상언은 2024. 7.경부터 2025. 2.경까지 수원지방법원 성남지원 2024가단231123 손해배상 청구의 소(이하, '이 사건') 재판을 맡아온 자이고, 피고소인 도영오는 전임 판사 박상언의 인사발령으로 인하여 이 사건 기록을 인수받아 재판을 진행해오다가 2025. 5. 28. 각하판결(종국)을 내린 자이며, 피고소인 홍명호는 이 사건 피고 23명 중 18명 (피고1,2,3,4,5,6,7,8,9,12,15,17,18,19, 20,21,22,23)의 소송대리인으로서 로펌인 법무법인 도원 대표 변호사이다.[4]

피고소인들은 순차적으로 공모하여[5] 이 사건 조작을 통해 피고들

적인 사례 몇 가지를 들자면, 2025. 2. 19.자 위 사건 피고 항소장에서 살펴본 바와 같이, '관피모 사건' 주범 구수회의 승소 판결을 위해서라면 당시 피고 임찬용이 제출한 수많은 증거자료를 마음대로 휴지통에 던져버렸고, 그 일부를 채택하더라도 이마저도 구수회에게 유리하게 해석해버리고, 신성한 '대법원 판례'를 억지로 끌고 와 구수회 승소 판결에 꿰맞춤은 물론 심지어 허위내용으로 작성된 성남수정경찰서 사법경찰리 김경환이 작성한 결정문까지 몰래 훔쳐 베껴 쓰는 등 그야말로 법관으로서는 하지 말아야 할 금도를 서슴없이 넘나들고 있음.

[4] 고소인 임찬용은 피고소인 홍명호에 대하여 이 사건이 2025. 5. 28. 후임 판사 도영호에 의해 불법적으로 각하 판결이 내려지기까지 이 사건 피고들의 변론을 맡을 자격조차 없다고 주장해 오고 있었다. 즉, 피고소인 홍명호는 이 사건 피고들로부터 자의가 아닌 타의에 의해 변호인 선임계약을 체결하였고, 또 '관피모 사건' 주범 구수회의 뒷배 인물과 직·간접적으로 연계가 되어 있다는 것이다. 그에 대한 자세한 내용은 2025. 4. 3.자 원고 임찬용 준비서면 중 'Ⅰ. 총평' 항목 기재내용 참조 [이 고소장 첨부(입증)자료 19]

[5] 이 사건이 전형적인 법조카르텔이 작동되고 있다는 사실은 이미 수차례 살펴본 바와 같다. [2024. 7. 15.자 이 사건 소장 중 "Ⅱ. 피고들의 불법행위(손해해상책임의 발생), 1. 검토 배경" 항목 [이 고소장 첨부(입증)자료 5] , 2024. 9. 6.자 원고 준비서면 중

에게 승소판결을 안겨주기로 마음먹었다.[6]

이에 따라 피고소인들은 이 사건 소장 "Ⅱ. 피고들의 불법행위 (손해배상책임의 발생)" 항목 중 "2. 피고들의 구체적인 불법행위" 항목에서 각 피고의 불법행위를 입증하고 있는 증거자료들이 해당 주석란에 겹겹이 특정되어 있어[7] 정상적인 본안 소송 절차로는 이 사건 조작이 불가능하다는 사실을 깨닫고[8] 원고에 대한 소송조건을 문제 삼기로

"Ⅰ. 이 사건 변호인 선임계약건과 이 사건 배후세력과의 연관 관계" 항목 [이 고소장 첨부(입증)자료 9], 2025. 2. 20.자 원고 참고서면 [이 고소장 첨부(입증)자료 11], 2025. 2. 25.자 원고 참고서면 [이 고소장 첨부(입증)자료 12], 2025. 4. 3.자 원고 준비서면 중 "Ⅰ.총평, 1,가. 검토배경" 항목 [이 고소장 첨부(입증)자료 19], 2025. 4. 17.자 원고 준비서면 중 "검토 배경" 항목 [이 고소장 첨부(입증)자료 23] 등 각 참조

이에 터 잡아, 피고소인들이 순차적으로 공모하여 이 사건 범행을 저질러왔다는 근거를 제시하면, ① 피고소인 박상언은 피고소인 홍명호가 선임한 피고 18명이 약 7개월 이상 단 한 장의 답변서도 제출하지 못하고 있는 상황에서 그 피고 18명을 위하여 그들로부터 신청을 받아 원고 임찬용에 대한 허위내용의 소송비용 담보제공 결정서를 작성하였다는 사실 ② 피고소인 도영오 역시 위 ①항의 상황을 인식하고 있는 상황에서, 변호인이 선임되지 않는 데다 연락두절 상태까지 있는 나머지 피고 5명을 위한다며 직권으로 허위내용의 제2차 소송비용 담보제공 결정서를 작성하고, 2025. 5. 28. 원고 임찬용이 제1차 및 제2차 소송비용 담보제공 결정서를 이행하지 않았다는 이유로 이 사건 각하판결을 내려 버렸다는 사실에 있음, 입증자료 : 2025. 2. 27.자 원고 이의신청서 중 그 첨부 자료인 '2025. 2. 19.자 이 사건 소송비용 담보제공결정서에 대한 이의신청 및 제2차 이 사건 원고 승소판결 강력 재촉구'서면 [이 고소장 첨부(입증)자료 13], 2025. 4. 2.자 피고 18명 소송대리인 홍명호의 준비서면 [이 고소장 첨부(입증)자료 18], 2025. 4. 3.자 원고 임찬용의 준비서면 [이 고소장 첨부(입증)자료 19], 2025. 4. 7.자 원고 탄원서 [이 고소장 첨부(입증)자료 20], 2025. 4. 17.자 원고 준비서면(원고는 판사 도영오의 중대 범죄행위를 강력하게 규탄합니다) [이 고소장 첨부(입증)자료 23], 2025. 5. 28.자 이 사건 각하판결문 [이 고소장 첨부(입증)자료 26]

6) 피고소인들이 이 사건 조작을 통하여 피고들에게 승소판결을 안겨주려는 궁극적인 목적은 앞서 잠깐 언급한 바와 같이, 위 '관피모 사건'을 은폐하고, 윤석열 정부 경찰 및 검찰의 은폐·조작수사를 통하여 형사법상 치외법권 지위를 누려왔던 구수회에게 계속 그 지위를 유지하도록 함에 있다. 그 이유는 위 '관피모 사건'의 실체가 드러나고 주범 구수회가 형사 처벌될 경우, 그의 배후 세력들이 낱낱이 공개됨으로써 위 '관피모 사건'을 둘러싼 법조카르텔의 더러운 실상이 온 세상에 밝혀지는데 두려움을 느꼈기 때문이다.

7) 입증자료 : 이 사건 소장 '주석 8'부터 '주석 45'까지 각 참조

8) 이 사건 피고 18명을 선임한 소송대리인 홍명호는 약 8개월 가량 피고들의 답변서 한 장 마저도 제대로 작성하지 못하고 있다가, 피고소인 도영오가 피고들의 답변서를 제출하지

하였다.

(1) 피고소인 박상언, 홍명호의 공동범행

피고소인 박상언은 2025. 2. 19. 피고소인 홍명호가 소송대리인으로 선임되어 있는 이 사건 피고 18명으로부터 신청서를 받았다[9]며 "피신청인에게 수원지방법원 성남지원 2024가단231123 손해배상(기) 사건에 관한 소송비용에 대한 담보로 신청인들을 위하여 이 명령을 고지 받는 날부터 10일 이내에 13,000,000원을 공탁할 것을 명한다"는 소송비용담보제공 결정서(이하, '제1결정서')를 작성하여 이를 2025. 2. 27. 법원주사 김평구로 하여금 피신청인 집까지 특별송달토록 하였다.

그러나 피고소인 박상언이 민사소송법 제117조 제1항을 근거로 작성한 '제1결정서'는 허위내용일 뿐만 아니라[10], 당시 '제1결정서'에

않았다는 이유로 2025. 4. 1.자 무변론 판결 선고기일통지서를 송달하자, 부랴부랴 그 다음 날 준비서면 형식을 취한 답변서를 작성하여 그 즉시 담당 재판부에 제출하였던 바, 그 답변서 기재내용에는 이 사건 소장에 기재되어 있는 피고 18명의 불법행위를 입증하고 있는 증거자료에 대해서는 단 한마디 언급조차 하지 못하고 있으며, 오로지 동문서답 · 유체이탈 화법을 동원한 허위내용의 소송사기 내용만이 기재되어 있었다. 【입증자료 : 2025. 4. 2.자 소송대리인 홍명호의 준비서면(답변서) [이 고소장 첨부(입증)자료 18], 이를 반박하고 있는 2026. 4. 3.자 원고 임찬용의 준비서면 [이 고소장 첨부(입증)자료 19] 】

9) 피고소인 박상언이 피고소인 홍명호가 소송대리인으로 있는 이 사건 피고 18명으로부터 소송비용 담보제공 신청서를 실제 받았는지 분명하지 않다. 그 이유는 ① 이 사건 전자소송 기록에는 피고 18명의 소송비용담보제공 신청서가 존재하고 있지 않다는 점, ② 이 사건 소장에는 피고들에게 공동 책임을 묻고 있는 것이 아니라 개별 책임을 묻고 있음에도, 마치 피고들이 공동책임이 있는 것처럼 2024. 9. 4.경 로펌인 법무법인 도원에 우르르 몰려가 누군가 한사람에 의해 일률적으로 피고소인 홍명호를 소송대리인으로 선임계약서(위임장)를 작성하였고, 이는 피고들이 자의가 아닌 타의에 의해 선임계약서가 작성되어 있다는 사실은 물론 '관피모 사건' 등을 은폐하기 위해 '관피모' 배후세력으로부터 암묵적 지시를 받고 은폐 · 조작수사를 실시해 왔다는 사실을 자인하는 꼴이 되어 버렸다는 점, ③ 피고들이 약 7개월 이상 이 사건 답변서를 제출하지 않는 상황에서, 답변서 제출 의무 이행이 먼저 이루어져야 함에도 상대방인 원고 임찬용에게 허위내용의 소송비용 담보제공 신청서를 제출하였다는 것은 사회통념상 도저히 있을 수 없기 때문이다.

10) 입증자료 : 2025. 2. 27.자 이 사건 원고 임찬용 명의의 이의신청서 첨부 서류인

기재된 신청인 18명은 이 사건 소장 부본을 송달받았음에도 불구하고 이 사건 소장 '주석' 란에 겹겹이 첨부된 신청인들의 불법행위에 대한 명백한 증거자료들로 인하여 약 7개월 이상 답변서 한 장마저도 제대로 제출하지 못하고 있는 상황에 있었다.11), 12)

 이러한 경우 피고소인 박상언은 이 사건 피고들에게 소송관계를 분명하게 하기 위하여 민사소송법 제136조 제1항에 의거 석명준비명령(도과기간확인) 또는 민사소송법 제257조 제1항에 의거 무변론 판결

 "2025. 2. 19.자 이 사건 소송비용 담보제공결정서에 대한 이의신청 및 이 사건 원고 승소판결 강력 재촉구" 중 "Ⅱ. 피신청인의 반박의견" 항목 참조 [이 고소장 첨부(입증)자료 13]

11) 다만, 피고소인 홍명호가 선임한 이 사건 피고 18명 중 피고 임용규는 2024. 9. 5.자 답변서를 담당 재판부에 제출한 바 있으나, 이는 2024. 9. 6.자 원고 임찬용의 준비서면에 의해 100% 허위내용으로 작성된 사실이 확인되었다. 【 입증자료 : 2024. 9. 5.자 피고 임용규의 답변서 [이 고소장 첨부(입증)자료 8] 및 2024. 9. 6.자 원고 임찬용의 준비서면 [이 고소장 첨부(입증)자료 9] 】

12) 민사소송법 제256조(답변서의 제출의무) 제1항에는 "피고가 원고의 청구를 다투는 경우에는 소장의 부본을 송달받은 날부터 30일 이내에 답변서를 제출하여야 한다. 다만, 피고가 공시송달의 방법에 따라 소장의 부본을 송달받은 경우에는 그러하지 아니하다." 라고 규정되어 있고, 동 법 제257조(변론 없이 하는 판결) 제1항에는 "법원은 피고가 제256조 제1항의 답변서를 제출하지 아니한 때에는 청구의 원인이 된 사실을 자백한 것으로 보고 변론 없이 판결할 수 있다."라고 규정되어 있다. 그렇다면, 이 사건 재판을 맡고 있는 피고소인 박상언은 비록 피고 임용규가 허위내용의 답변서를 제출하였다고 하더라도 나중에 변론기일을 통하여 이를 확인할 필요가 있을 수 있다.

 그러나 피고 임용규를 제외한 나머지 17명의 피고들이 이 사건 소장에 첨부된 명백한 증거자료들로 인하여 자신들의 불법행위(사건 은폐‧조작수사 행위)가 탄로날까 봐 약 7개월 이상 답변서 한 장마저도 제대로 제출하지 못한 상황에서, 피고소인 박상언은 나머지 피고 17명에게 석명준비명령(도과기간 확인)을 내리던가, 그렇지 않으면 답변서 미체출로 인한 무변론 판결 선고기일 통지서를 송달해야지, 이와는 정반대로 원고를 상대로 소송비용담보제공결정서를 허위내용으로 작성하여 이를 원고에게 특별 송달하고 말았다. 피고소인 박상언의 위와 같은 어처구니없는 소송 진행 방식과 태도는 피고소인 홍명호의 로비 없이는 절대 불가능한 일로서 지나가는 소가 웃을 일이다.

 또 이는 한마디로 말하면 이 사건 재판을 책임지고 있는 피고소인 박상언과 이 사건 피고 측 소송대리인이자 로펌인 법무법인 도원 대표 피고소인 홍명호가 작성하여 서로 짜고 이 사건 재판을 갈아 엎어버리겠다는 법조카르텔의 최후 결정판을 보는 것 같아 경악을 금치 않을 수 없다.

선고기일통지서를 송달하여야 한다.

그럼에도 불구하고 피고소인 박상언은 2025. 2. 19. 피고소인 홍명호가 소송대리인으로 선임되어 있는 이 사건 피고 18명으로부터 신청을 받아 고소인 임찬용에 대한 허위내용의 '제1결정서'를 작성하고, 이를 같은 달 27. 고소인의 집까지 특별 송달하였다.

이로써 피고소인 박상언, 홍명호는 헌법상 누려야할 신속하고도 공정한 재판을 받을 고소인의 권리행사를 방해하였음은 물론 공문서인 '제1결정서'를 허위로 작성하여 이를 행사하는 중대 범죄를 범하였다.

(2) 피고소인 도영오, 홍명호의 공동범행13)

---

13) 입증자료 : 이 사건 전자소송에 등재된 재판서류를 날짜 순서대로 출력하여 이 사건 증거로 제시함

2025. 2. 20.자 원고 참고서면 [서울중앙지법 판사 한나라의 '관피모 사건' 은폐·조작을 위한 허위 판결문 작성 범죄발생과 관련, 이 사건 (성남지원 24가단1957, 성남지원 24가단231123)에 대한 신속한 원고 승소판결 이행 촉구], [이 고소장 첨부(입증)자료 11], 2025. 2. 25.자 원고 참고서면 [진정서 : '관피모 사건'을 은폐하기 위해 100% 허위내용의 판결문을 작성한 판사 한나라에 대한 파면 및 공수처에 구속수사 형사고발 조치 의뢰], [이 고소장 첨부(입증)자료 12], 2025. 2. 27.자 이 사건 원고 임찬용 명의의 이의신청서 및 그 첨부서류 (2025. 2. 19.자 이 사건 소송비용 담보제공 결정서에 대한 이의신청 및 이 사건 원고 승소판결 강력 재촉구) 각 1부 [이 고소장 첨부(입증)자료 13], 2025. 3. 6.자 판사 도영오 명의의 '석명준비명령(도과기간확인)' [이 고소장 첨부(입증)자료 14], 2025. 3. 7.자 원고 준비서면 (2025. 3. 6.자 판사 도영오의 석명준비명령을 단호히 거부합니다) 및 그 첨부서류 (2025. 3. 7.자 성남지원 판사 박상언에 대한 제2차 진정서) [이 고소장 첨부(입증)자료 15], 2025. 3. 8.자 원고 참고서면 [조희대 사법부는 이미 죽었습니다.!! -제2의 썩은 판사 한나라 탄생-] [이 고소장 첨부(입증)자료 16], 2025. 4. 1.자 무변론 판결선고 기일통지서 [이 고소장 첨부(입증)자료 17], 2025. 4. 2.자 피고 측 소송대리인 홍명호의 준비서면 형식을 취한 답변서 [이 고소장 첨부(입증)자료 18], 2025. 4. 3.자 원고 준비서면 (2025. 4. 2.자 소송대리인 홍명호의 답변서에 대한 원고의 반박의견) [이 고소장 첨부(입증)자료 19], 2025. 4. 7.자 원고 탄원서 [이 고소장 첨부(입증)자료 20], 2025. 4. 16.자 판사 도영오가 작성한 제2차 소송비용 담보제공결정서 (제2결정서) [이 고소장 첨부(입증)자료 21], 2025. 4. 16.자 판사 도영오 명의의 기일명령변경 [이 고소장 첨부(입증)자료 22], 2025. 4. 17.자 원고 준비서면 (원고는 판사 도영오의 중대 범죄행위를 강력하게 규탄합니다.) [이 고소장 첨부(입증)자료 23], 2025. 4. 18.자 원고 참고서면 (제3차 진정서) 및 그 첨부서류 (2025. 4. 17.자 원고 준비서면) [이 고소장

(가) 피고소인 도영오는 2025. 상반기 인사이동에 따른 피고소인 박상언의 후임으로 발령받아 이 사건 기록을 인수하여 검토하던 중 위 (1)항 증거자료인 2025. 2. 27.자 원고 임찬용 명의의 이의신청서 및 그 첨부 서면(2025. 2. 19.자 이 사건 소송비용 담보제공결정서에 대한 이의신청 및 이 사건 원고 승소판결 강력 재촉구)를 발견하고, 위 이의신청이 민사소송법 제121조에 따른 즉시항고에 해당하는 것인지 특정해 달라는 취지의 2025. 3. 6.자 '석명준비명령(도과기간확인)'을 고소인에게 발하였다.

그러나 고소인은 "2025. 3. 6.자 판사 도영오 명의로 원고에게 내린 석명준비명령은 전임 판사 박상언의 중대 범죄를 은폐하고, 그가 원고에게 불법적으로 내린 2025. 2. 19.자 소송비용담보제공 명령을 정당화하기 위한 고도의 술책에 불과하므로 원고는 이를 단호히 거부합니다."라고 기재되어 있는 2025. 3. 7.자 원고 준비서면을 제출함과 동시에, 거기에 대법원장 조희대를 수신으로 하고, "관피모 사건을 은폐하기 위해 100% 허위내용의 (소송비용 담보제공) 결정서를 작성한 판사 박상언에 대한 파면 및 공수처에 구속수사 형사고발 조치 의뢰"를 제목으로 하는 '제2차 진정서'를 첨부시켜 놓았다.

이에 피고소인 도영오는 전임 판사 박상언이 작성한 '제1결정서'의 내용에 문제가 있다는 사실을 인정하면서[14] 이 사건 피고들이 답변서를

첨부(입증)자료 24〕, 2025. 5. 15.자 무변론 판결선고 기일통지서〔이 고소장 첨부 (입증)자료 25〕, 2025. 5. 28.자 이 사건 각하 판결문〔이 고소장 첨부(입증)자료 26〕.

14) 피고소인 도영오가 '제1결정서'에 기재된 내용이 허위가 아닌 실체적 진실에 부합하였다고 판단했다면 '제1결정서'에 기재된 내용대로 소송비용 1,300만원을 공탁하지 않는 원고 임찬용에 대하여 변론 없이 판결로 소 각하판결을 내릴 일이지, 이와는 정반대로 이 사건 피고들이 답변서를 제출하지 않았다는 이유로 무변론 판결 선고 기일통지서를 각 당사자들에게 송달해야 할 일이 전혀 아니기 때문이다.

장기간 제출하지 않았다는 이유로 원고에게 승소판결을 안겨주기 위해 2025. 4. 1. 이 사건 선고기일과 관련 "일시 : 2025. 4. 16. (수) 10:00, 장소 : 성남지원 법정 제7호 (제4별관)"이라는 내용의 무변론 판결 선고 기일통지서를 당사자들에게 송달하였다.15)

한편, 피고소인 홍명호는 위 2025. 4. 1.자 무변론 판결 선고 기일통지서를 송달받고 이를 모면하기 위해 부랴부랴 2025. 4. 2.자 피고 18명에 대한 답변서를 준비서면 형식으로 작성하여 제출하였으나, 이는 2025. 4. 3.자 원고 준비서면에 의해 민사소송법에서 요구하는 답변서가 전혀 아닐 뿐만 아니라, 거기에 기재된 내용 역시 모두 허위사실로 확인되었다.

그럼에도 불구하고 피고소인 도영오는 피고소인 홍명호로부터 부정한 청탁을 받고16) 2025. 4. 16. 이 사건 무변론 판결 선고기일에 이르자 갑자기 당초 태도가 돌변하여 아무런 근거나 이유를 제시하지 아니하고 추후 선고기일마저도 확정하지 않은 채 기일변경명령을 내림과 동시에, 직권으로 변호인이 선임되지 않는 이 사건 피고 5명을 위한다며,17)

---

15) 피고소인 도영오가 이 사건 기록을 인수받은 초기에는 법조카르텔에 얽매이지 아니하고 제대로 된 기록 검토를 통하여 전임 판사 박상언과 달리 원고에게 승소판결을 안겨주기 위해 이 사건 피고들의 답변서 미제출에 따른 무변론 판결선고기일을 잡은 이유가 몹시 궁금하다. 그 이유는 당시 원고 임찬용이 전임 판사 박상언에 대한 제2차 대법원 진정으로 두려움을 느꼈던 탓인지 그렇지 않으면 로펌인 법무법인 도원 대표 홍명호로부터 로비가 제대로 들어오지 않았던 탓인지 도무지 알 수가 없다.

16) 이에 대한 직접적인 증거는 피고소인 홍명호가 작성한 2025. 4. 2.자 준비서면 중 "1. 소송절차 진행에 대한 의견" 항목 참조 〔이 고소장 첨부(입증)자료 18〕

17) 피고소인 도영오가 2025. 4. 16. 변호인이 선임되지 않는 이 사건 피고 5명(피고10 조민구, 피고11 이민호, 피고13 배보성, 피고14 이현철, 피고16 이승영)을 위하여 직권으로 원고 임찬용에 대한 '제2결정서'를 작성하였다는 자체는 어불성설이다. 그 이유는 피고소인 도영오가 '제2결정서'를 작성할 당시 위 피고 5명은 연락이 되지 않는 송달불능 상태에 있었을 뿐만 아니라, 이 사건 소장 부본을 송달받고도 그 답변서를 약 8개월 이상 피고소인 도영오에게 제출하지 않아 패소판결이 예정된 무변론 판결선고 대상자의 처지에 놓여 있었기 때문이다.

원고 임찬용에게 소송비용 400만 원을 공탁하라는 취지로 허위내용[18]의 소송비용 담보제공결정서 (이하 '제2결정서')를 작성하여 이를 고소인에게 송달하였다.

이로써 피고소인 도영오, 홍명호는 헌법상 누려야할 신속하고도 공정한 재판을 받을 고소인의 권리행사를 방해하였음은 물론 공문서인 '제2결정서'를 허위로 작성하여 이를 행사하는 중대 범죄를 범하였다.

(나) 피고소인 도영오, 홍명호의 위 가항의 범행으로 인하여 사법피해를 입은 고소인 임찬용은 이를 극복하기 위해 2025. 4. 17.자 준비서면 〔원고는 판사 도영오의 중대 범죄행위를 강력하게 규탄합니다〕 및 2025. 4. 18.자 원고 참고서면 〔제3차 진정서, 제목 : 판사 도영오에 대한 파면 및 공수처에 구속수사 형사고발 조치 의뢰〕를 담당 재판부에 각각 제출하였다.

이에 피고소인 도영오는 위 '3차 진정서'가 두려웠던 탓인지 위 (가)항의 범행 태도가 또다시 돌변하여 이 사건 피고들의 답변서 미제출을 이유로 원고에게 승소판결을 안겨주기 위해 2025. 5. 15. 이 사건 선고기일과 관련 "일시 : 2025. 5. 28. (수) 10:00, 장소 : 성남지원 법정 제7호 (제4별관)"이라는 내용의 무변론 판결 선고 기일통지서를 당사자들에게 송달하였다.

그러나 피고소인 도영오는 자신에 대한 위 3차 진정서가 2025. 5. 20.경 대법원에 의해 인용되지 않는 사실을 확인하고,[19] 위와 같이

---

[18] 입증자료 : 2025. 4. 17.자 원고 준비서면(원고는 판사 도영오의 중대 범죄행위를 강력 규탄합니다) 중 "Ⅲ. 제1차 결정서 및 제2차 결정서는 공히 100% 허위내용의 공문서임을 입증코자 함" 항목 참조

예정되어 있는 무변론 판결 선고 기일인 2025. 5. 28.에 이르자 또다시 태도가 돌변하여 피고들의 답변서 미제출로 인한 무변론 판결 선고를 내리겠다는 선고기일통지서 기재내용과 달리 피고소인들이 허위내용으로 작성한 '제1 결정서' 및 '제2 결정서'에 기재된 공탁 명령을 이행하지 않았다는 이유로 원고 임찬용에게 이 사건 소를 모두 각하한다는 패소판결을 하였다.

이로써 피고소인 도영오, 홍명호는 헌법상 누려야 할 신속하고도 공정한 재판을 받을 고소인의 권리행사를 방해하였음은 물론 공문서인 위 판결문을 허위로 작성하여 이를 행사하는 중대 범죄를 범하였다.

다. 피고소인 조희대, 최진수, 김제욱, 장기규, 박정수, 이강민의 공동 범행[20]

【증거자료 제출】

- 2025. 2. 24.자 서울중앙지법 판사 한나라에 대한 진정서 ('관피모 사건'을 은폐하기 위해 100% 허위 내용의 판결문을 작성한 판사 한나라에 대한 파면 및 공수처에 구속수사 형사고발 조치 의뢰) 및 그 입증자료[① 2025. 2. 12.자 서울중앙지법 판사 한나라가 작성한 이 사건 판결문 1부. ② 이 사건 판결문이 100% 허위내용으로 작성되었다고 입증하고 있는 2025. 2. 19.자 피고 임찬용이 작성한 항소장 1부. ③ 원고 구수회가 이 사건 담당 재판부에 제출한 재판 서류 일체 ④ 피고 임찬용이

---

[19] 대법원 윤리감사관실이 허위내용의 공문서 (제목 : 청원회신) 작성을 통해 피고소인 도영오의 중대 범행을 은폐해 버린 범죄사실에 대해서는 다음 항목에서 다뤄질 것임

[20] 2025. 5. 20.자 대법원 회신공문에 의하면 아래 진정서 3건에 대한 결재권자가 대법원 윤리감사관 소속 총괄심의관 김제욱의 전결로 되어 있으나, 이는 이 사건 피고소인이자 윤리감사관 최진수, 이 사건 피고소인이자 대법원장 조희대에 대해 법적책임에서 피해 나가보려는 꼼수에 불과함. 그 이유는 동 회신공문이 전형적으로 동문서답·유체이탈 화법을 동원한 허위내용으로 작성되어 있을 뿐만 아니라, 위 진정서에 등장하는 판사 3명에 대해 구속수사를 실시해야 하는 중대 범죄행위에 해당하기 때문임

이 사건 담당 재판부에 제출한 재판 서류 일체),[이 고소장 첨부(입증) 자료 27]

- 2025. 3. 7.자 수원지법성남지원 판사 박상언에 대한 제2차 진정서 ('관피모 사건'을 은폐하기 위해 100% 허위 내용의 '결정서'를 작성한 판사 박상언에 대한 파면 및 공수처에 구속수사 형사고발 조치 의뢰] 및 그 입증자료(① 2025. 2. 24.자 서울중앙지법 판사 한나라에 대한 진정서 1부.(생략 : 기 제출), ② 판사 박상언이 작성한 이 사건 소송비용 담보제공결정서 (2024카담70521 소송비용담보제공) 1부, ③ 위 결정서가 100% 허위내용으로 작성되었다고 입증하고 있는 진정인 임찬용이 작성한 2025. 2. 27.자 이의신청서 및 그 첨부서류 각 1부, ④ 이 사건 전자소송에 등재되어 있는 재판서류 일체),[이 고소장 첨부(입증)자료 28]

- 2025. 4. 18.자 수원지법성남지원 판사 도영오에 대한 제3차 진정서(판사 도영오에 대한 파면 및 공수처에 구속수사 형사고발 조치 의뢰)및 그 입증자료(2025. 4. 17.자 이 사건 원고 준비서면 및 이를 입증하고 있는 각 자료 17개 (1. 이 사건 전자소송에 등재된 사건번호 '2024가단231123'에 대한 '진행내용' 출력물 1부, 2. 2024. 7. 15.자 이 사건 소장 1부, 3. 2024. 9. 4.자 피고 측 소송대리인 법무법인 도원 홍명호 답변서 1부, 4. 2024. 9. 5.자 피고18 임용규 검사 답변서 1부, 5. 2024. 9. 6.자 원고 임찬용 준비서면 1부, 6. 2025. 2. 19.자 제1차 이 사건 소송비용담보결정서 1부, 7. 2025. 2. 20.자 원고 임찬용 참고서면 1부, 8. 2025. 2. 25.자 원고 임찬용 참고서면 1부, 9. 2025. 2. 27.자 원고 이의신청서 및 그 첨부서류 각 1부, 10. 2025. 3. 6.자 판사 도영오 명의의 석명준비명령(도과기간확인) 1부, 11. 2025. 3. 7.자 원고 임찬용 준비서면 1부, 12. 2025. 3. 8.자 원고 임찬용 참고서면 1부, 13. 2025. 4. 2.자 피고 소송대리인 홍명호 준비서면(답변서) 1부,

14. 2025. 4. 3.자 원고 임찬용 준비서면 1부, 15. 2025. 4. 7.자 원고 임찬용 탄원서 1부, 16. 2025. 4. 16.자 제2차 이 사건 소송비용담보 결정서 1부, 17. 2025. 4. 16.자 기일변경명령 (변경된 기일 : 추후지정) 등),(이 고소장 첨부(입증)자료 29)

- 2025. 5. 20.자 위 진정서 3건에 대한 대법원 회신공문 사본 1부. (이 고소장 첨부(입증)자료 30)

【2025. 5. 20.자 대법원 회신공문 기재내용】

제목 : 청원회신[21]

1. 2025. 2. 24.자, 2025. 3. 7.자, 2025. 4. 18.자로 대법원에 접수된 귀하의 청원(총 3건)에 대한 회신입니다.(이하, '**대법원 회신공문 제1항**')
2. 귀하의 청원서를 살펴보았습니다. 귀하가 제출한 청원서 기재내용에 의하면 구체적인 비위사실의 적시나 근거의 제시가 있다고 보기 어려워 더 이상 사실을 확인하거나 조사하기 어려웠음을 알려드립니다.(이하, '대법원 회신공문 제2항')
3. 그 외 귀하의 청원내용은 구체적인 사건의 재판에 관한 사항입니다. 헌법 제103조에 따라 법관은 헌법과 법률에 의하여 그 양심에 따라 독립하여 심판하므로, 담당 법관 외에 누구도 재판에 관여할 수

---

[21] 고소인은 비리 판사 3명에 대한 증거를 제시하면서 파면 및 공수처에 구속수사 형사고발을 해달라는 취지의 진정서를 대법원장에게 제출하였다. 그런데 대법원 공문 제목에는 '진정' 대신 '청원'으로 둔갑되어 있었다.

이는 대법원이 아직도 국민을 위해 봉사하는 것이 아니라, 법대 아래에 있는 국민을 내려다보면서 비록 비리가 있는 판사라고 하더라도 제 식구 감싸기 차원에서 사법기관 소속 구성원만을 위해 대법원이 존재하는 것이지, 국민에게 봉사하기 위해 존재하는 것이 아닌 이른바 관존민비 사상에 젖어 있다는 생각을 갖게 한다.

없고, 그 재판내용이나 진행에 관하여 이의가 있는 경우에는 법률이 정한 절차에 따라 불복하여야 함을 알려드리며, 진행 중인 재판과 관련하여 호소하거나 주장하실 내용이 있는 경우 관련자료 등을 직접 담당 재판부에 제출하여야 그 사정이 참작될 수 있습니다. **(이하, '대법원 회신공문 제3항')** 끝.

【범죄사실】

피고소인 조희대는 대법원장, 피고소인 최진수는 대법원 윤리감사관, 피고소인 김제욱은 대법원 윤리감사관 소속 총괄심의관, 피고소인 장기규는 대법원 윤리감사관 소속 담당관, 피고소인 박정수는 대법원 윤리감사관 소속 법원사무관, 피고소인 이강민은 대법원 윤리감사관 소속 법원주사보의 직에 각 종사하고 있다.

피고소인들은 위 3건의 진정서 처리 업무와 관련하여 진정인으로부터 제출받은 증거자료들을 근거로 정상적인 조사에 임하고, 그 조사결과에 따라 범죄혐의 등 비리가 발견되는 때에는 해당 법관에 대하여 파면 등 중징계에 착수함은 물론 형사소송법 제234조(고발) 제2항(공무원은 그 직무를 행함에 있어 범죄가 있다고 사료하는 때에는 고발하여야 한다)에 의거 공수처 등 수사기관에 고발하여야 할 업무상 의무가 있다.

그럼에도 불구하고 피고소인들은 위 3건의 진정서를 정상적으로 처리할 경우에는 위 '관피모 사건' 은폐·조작수사 불법행위에 윤석열 정부 경찰 및 검찰은 물론 대법원장 조희대가 이끄는 사법부까지 가담하였다는 사회적 비난과 더불어, 거기서 움트는 법조카르텔의 더러운 민낯까지 낱낱이 공개될 것이 염려된 나머지 '청원 회신'이라는 공문서를 허위로 작성한 후 이를 진정인에게 통보하는 수법을 통하여 아예 위 3건의 진정서를 몽땅 은폐해 버리기로 마음먹었다.

이에 따라 피고소인들은 위 3건의 진정서를 처분함에 있어 각 진정서에 첨부된 수많은 증거자료들에 대하여 전혀 조사에 착수하지 아니하고 일정기간 캐비닛에 처박아 놓았다가 3개월가량 지난 시점인 2025. 5. 20.경에 이르러 대법원 윤리감사관 사무실에서 위 '대법원 회신공문 제2항'[22] 및 '대법원 회신공문 제3항'[23]을 허위내용으로 작성하여 내부 결재과정을 거친 다음 이를 고소인에게 통보하였다.

---

[22] 위 【증거자료 제출】 항목에서 살펴본 바와 같이, 고소인은 위 진정서 3건에 첨부된 증거자료들을 말 그대로 산더미처럼 제출하였음에도 불구하고 (즉 고소인은 피진정인 한나라 서울중앙지법 판사, 피진정인 박상언, 도영오 성남지원 판사들이 담당해 왔던 사건들과 관련, 전자소송 재판기록을 몽땅 출력하여 제출하였음에도 불구하고), 피고소인들은 "귀하가 제출한 청원서 기재내용에 의하면 구체적인 비위사실의 적시나 근거의 제시가 있다고 보기 어려워 더 이상 사실을 확인하거나 조사하기 어려웠음을 알려드립니다."라는 동문서답·유체이탈 화법을 동원한 100% 거짓말을 늘어놓고 있다. 이런 피고소인들이 대법원 윤리감사관실에 존재하는 한 이 나라 사법정의 실현은 물론 법조카르텔 청산은 요원할 뿐이다.

특히, 피고소인들이 작성한 위 '대법원 회신공문 제2항"에 대해 100% 허위사실로 작성되어 있다는 사실을 특정하여 입증하는 유일한 방법 중의 하나는 앞에서 살펴본 "가. 피고소인 한나라의 단독범행" 및 "나, 피고소인 박상언, 도영오, 홍명호의 공동범행" 항목에 기재된 범죄사실과 거기에 첨부된 증거자료들을 철저하게 수사하여 피고소인 한나라, 박상언, 도영오, 홍명호 등 4명 전원을 형법상 직권남용권리행사방해죄, 허위공문서작성죄, 허위작성공문서행사죄 등 중대범죄로 즉각 구속함이 가장 빠른 지름길이다.

[23] 이 또한 위 진정서 3건과 전혀 관련 없는 내용으로서 피진정인으로 특정된 비리 판사 3명의 중대 범죄를 감추기 위한 전형적인 물타기 수법에 불과하다. 또 이는 위 '대법원 회신공문 제2항' 기재내용과 마찬가지로 동문서답·유체이탈 화법을 동원한 거짓말의 공연장을 보는 느낌이다.

특히, 위 '대법원 회신공문 제3항' 기재내용은 위 진정서 3건과 전혀 관련이 없는 내용임에도 불구하고 마치 진정인(이 사건 고소인)에게 교육을 시키거나 훈계하는 냄새를 풍기고 있어 심한 모욕감마저 느끼게 한다. 아직도 우리나라 사법부 소속 구성원들은 관존민비 사상에 흠뻑 젖어 있다는 생각이 든다.

결론적으로 말하면, 위 '대법원 회신공문 제3항'의 기재내용들은 위 '대법원 회신공문 제2항'의 기재내용이 실체적 진실에 부합하게 작성되었다면, 전혀 필요 없는 내용들이다. 그 뿐만 아니라, 위 '대법원 회신공문 제3항'에는 위 진정서 3건에 등장하는 비리 판사 3명이 초등학생도 알아볼 수 있을 정도로 허위내용의 판결문을 작성하거나 허위내용의 소송비용 담보제공 결정서를 작성하는 등 중대범죄 행위를 저지르더라도 어느 누구도 해당 재판에 관여할 수 없다는 상식 밖의 내용들을 담고 있다. 참으로 기가 찰 노릇이다.

이로써 피고소인들은 법관 비리를 감찰할 수 있는 직권을 남용하여 고소인에게 정당하고도 공정한 대법원 감찰권을 받아야 할 권리행사를 방해하였음은 물론 위 '청원회신' 공문서를 허위로 작성하여 이를 행사하는 중대 범죄를 범하였다.

※ 범죄사실은 형법 등 처벌법규에 해당하는 사실에 대하여 일시, 장소, 범행방법, 결과 등을 구체적으로 특정하여 기재해야 하며, 고소인이 알고 있는 지식과 경험, 증거에 의해 사실로 인정되는 내용을 기재하여야 합니다.

5. 고소이유

　전항 "4. 범죄사실" 중 【검토배경】에서 잠깐 살펴본 바와 같이 사법부 소속 법관들이 주축이 된 이 사건 피고소인들의 범행 동기는 궁극적으로 '법조카르텔' 사건이 되어버린 '관피모 사건'(별권책자 제78~104쪽)을 계속 은폐하고, 거기에 터 잡아 주범 구수회에게 형사법상 치외법권 지위를 계속 누리도록 함과 동시에 윤석열 정부 경찰 및 검찰을 움직여 왔던 구수회의 뒷배를 보호하기 위함입니다.

　따라서 위 진정서 3건에 적시된 비리 판사들이 저지른 이 사건을 해결하지 않고서는 위 '관피모 사건'은 영원히 은폐되고 말 것이며, 이는 앞으로 법조카르텔이 더욱 견고해져 우리나라 사법정의 실현은 영원히 물 건너가고 더 나아가 판 · 검사들의 사건조작 수사 및 판결은 전혀 죄의식을 느끼지 아니한 채 더욱 활개 칠 것이 불 보듯 뻔합니다.

　한마디로 우리나라는 공정과 정의로운 사회가 영원히 사라진 채 부와 썩은 권력에 의해 좌우됨은 물론 '관피모 사건'의 주범 구수회와 같은 고도의 사기꾼들이 득실거리는 후진국으로 전락하고 말 것입니다.

현재 이 사건을 수사할 수 있는 법적 권한이 있는 국가기관은 공수처가 유일합니다.

공수처는 공수처법 설치목적에 나와 있듯이 판·검사들의 비리를 수사하고 처벌하는 수사기관이지, 검찰 및 법원과 마찬가지로 법조카르텔 영역에서 기득권을 유지하고 사건을 조작하고 거기에서 개인적 이득이나 취하는 정치(비리) 판·검사들을 비호하는 국가기관이 결코 아닙니다.

공수처는 지금까지 법원 및 검찰과 마찬가지고 소속 구성원의 비리에 대해 비호하고 은폐하는 범죄 집단의 모습을 띠어 왔습니다.

그러나 이제는 공수처부터 바뀌어야 합니다. 정치(비리) 판검사들의 사건조작이 활개를 치고 있는 현 시점에서 공수처가 바로서야 나라가 바로 섭니다.

공수처는 이번 사건 수사를 통하여 힘없고 뒷배 없는 국민들로부터 존경받는 최고의 국가 수사기관으로 거듭나야 합니다.

과거처럼 검찰이나 법원의 눈치를 보면서 수사하는 시늉만 내면 국민들로부터 영원히 버림받을 것임을 명심해야 합니다.

고소인은 이 사건 고소장에 대법원장 조희대를 포함한 이 사건 피고소인들의 범죄사실을 입증할 수 있는 증거자료들을 특정하여 겹겹이 첨부시켜 놓았습니다.

바라옵건대,

　공수처가 이 사건 고소장에 첨부된 증거자료들을 제대로 수사하여 허위 판결문이나 허위 결정문을 범죄 의식 없이 마음대로 작성해대는 위 진정서 3건에 적시된 비리 판사들에 대해서는 반드시 구속수사로 대응함으로써 우리나라 대국민 사법 불신을 해소하고 법조카르텔을 척결하며 신속하고도 공정한 재판제도가 확립됨으로써 다시는 우리나라에서 고소인과 같은 제2, 제3의 사법피해자가 발생하지 않기를 기대합니다.

　　※ 고소이유에는 피고소인의 범행 경위 및 정황, 고소를 하게 된 동기와 사유 등 범죄
　　　사실을 뒷받침하는 내용을 간략, 명료하게 기재해야 합니다.

6. 증거자료
　　　　　　　（✓ 해당란에 체크하여 주시기 바랍니다）
　　□ 고소인은 고소인의 진술 외에 제출할 증거가 없습니다.
　　□ 고소인은 고소인의 진술 외에 제출할 증거가 있습니다.
　　　☞ 제출할 증거의 세부내역은 별지를 작성하여 첨부합니다.

7. 관련사건의 수사 및 재판 여부*
　　　　　　　（✓ 해당란에 체크하여 주시기 바랍니다）

① 중복 고소 여부	본 고소장과 같은 내용의 고소장을 다른 검찰청 또는 경찰서에 제출하거나 제출하였던 사실이 있습니다 (x)/ 없습니다 (o)
② 관련형사사건 수사 유무	본 고소장에 기재된 범죄사실과 관련된 사건 또는 공범에 대하여 검찰청이나 경찰서에서 수사 중에 있습니다 (x)/수사 중에 있지 않습니다 (o)
③ 관련 민사소송 유 무	본 고소장에 기재된 범죄사실과 관련된 사건에 대하여 법원에서 민사소송 중에 있습니다 (o) / 민사소송 중에 있지 않습니다 (x)

기타사항

※ ①, ②항은 반드시 표시하여야 하며, 만일 본 고소내용과 동일한 사건 또는 관련 형사사건이 수사재판 중이라면 어느 검찰청, 경찰서에서 수사 중인지, 어느 법원에서 재판 중인지 아는 범위에서 기타사항 난에 기재하여야 합니다.

8. 기타

- 위 진정서 3건 중 첫 번째 제1차 진정서 관련 민사소송은 서울중앙지법 2025나6135(본소) 항소심에서 소송 진행 중에 있고,
- 위 진정서 3건 중 제2차, 3차 진정서 관련 민사소송은 수원지법 성남지원 2024가단231123 사건 제1심에서 2025. 5. 28. 원고 각하판결이 선고되어 현재 원고가 항소장 제출 중에 있습니다.

(고소내용에 대한 진실확약)

본 고소장에 기재한 내용은 고소인이 알고 있는 지식과 경험을 바탕으로 모두 사실대로 작성하였으며, 만일 허위사실을 고소하였을 때에는 형법 제156조 무고죄로 처벌받을 것임을 서약합니다.

2025년 6 월 4 일*

고소인   임 찬 용   (인)*
제출인   (인)

※ 고소장 제출일을 기재하여야 하며, 고소인 난에는 고소인이 직접 자필로 서명 날(무)인 해야 합니다. 또한 법정대리인이나 변호사에 의한 고소대리의 경우에는 제출인을 기재하여야 합니다.

【첨부(입증) 자료】

1. 2025. 2. 12.자 서울중앙지법 판사 한나라가 작성한 판결문 1부.
2. 위 1항 판결문이 100% 허위내용으로 작성되었다는 사실을 입증하고 있는 2025. 2. 19.자 피고 임찬용 항소장 1부.
3. 위 1항 사건 항소심에서 소송 진행 중인 항소심 재판장이 허가한 2025. 5. 1.자 피고 임찬용 명의의 '구석명신청서' 1부.
4. 이 사건 전자소송에 등재되어 있는 '진행내용' 출력물 1부.
5. 2024. 7. 15.자 이 사건 소장 1부.
6. 2024. 8. 16.자 원고 준비서면 및 그 첨부물 각 1부.
   〔붙임 1〕 2024. 8. 11.자 "변협은 김홍경 변호사를 영구 제명하라" 제하의 KMS 신문기사 1부.(갑 제20호증)
   〔붙임 2〕 2024. 3. 6.자 피고 문경석 외 3명에 대한 소장 1부.(위 신문기사 '첨부 1' 자료, 갑 제20호증의 1)

〔붙임 3〕 2024. 7. 18.자 원고의 사실조회서 1부.(위 신문기사 '첨부 2' 자료, 갑 제20호증의 2)

〔붙임 4〕 2024. 8. 12.자 관련사건 원고 준비서면 1부.(위 신문기사 '첨부 3' 자료, 갑 제20호증의 3)

7. 2024. 9. 4.자 피고 측 소송대리인 홍명호 답변서 1부.

8. 2024. 9. 5.자 피고18 임용규 답변서 1부.

9. 2024. 9. 6.자 원고 준비서면(2024. 9. 5.자 피고18 임용규 답변서에 대한 반박)1부.

10. 2025. 2. 19.자 판사 박상언의 소송비용 담보제공 결정서(제1 결정서) 1부.

11. 2025. 2. 20.자 원고 참고서면(서울중앙지법 판사 한나라의 '관피모 사건' 은폐·조작을 위한 허위 판결문 작성 범죄발생과 관련, 이 사건(성남지원 2024가단1957, 성남지원 가단231123)에 대한 신속한 원고 승소판결 이행 촉구) 1부.

12. 2025. 2. 25.자 원고 참고서면(2025. 2. 24.자 서울중앙지법 판사 한나라에 대한 진정서 및 그 입증자료 (입증자료는 자료 중복으로 첨부 생략함)1부.

13. 2025. 2. 27.자 원고 이의신청서 및 그 첨부자료(2025. 2. 19.자 이 사건 소송비용 담보결정서에 대한 이의신청 및 제2차 이 사건 원고 승소판결 강력 재촉구)각 1부.

14. 2025. 3. 6.자 판사 도영오의 석명준비명령(도과기간확인) 1부.

15. 2025. 3. 7.자 원고 준비서면(2025. 3. 6.자 판사 도영오의 석명준비명령을 단호히 거부합니다)및 그 첨부서류 [2025. 3. 7.자 판사 박상언에 대한 파면 및 공수처 구속수사를 요청한 제2차 진정서 : 첨부(입증)자료 28번과 중복으로 생략] 각 1부.

16. 2025. 3. 8.자 원고 참고서면 [조희대 사법부는 이미 죽었습니다. -제2의 썩은 판사 한나라 탄생-]및 그 입증 방법 (입증자료는

자료 중복으로 생략) 각 1부.
17. 2025. 4. 1.자 무변론 판결 선고 기일통지서 1부.
18. 2025. 4. 2.자 이 사건 피고 18명 소송대리인 홍명보의 준비서면 1부.
19. 2025. 4. 3.자 원고 준비서면(2025. 4. 2.자 홍명보 준비서면 반박) 1부.
20. 2025. 4. 7.자 원고 탄원서 1부.
21. 2025. 4. 16.자 판사 도영오 명의의 소송비용 담보제공결정서 (제2 결정서) 1부.
22. 2025. 4. 16.자 판사 도영오 명의의 기일변경명령 1부.
23. 2025. 4. 17.자 원고 준비서면(원고는 판사 도영오의 중대 범죄행위를 강력하게 규탄합니다)1부.
24. 2025. 4. 18.자 원고 참고서면(판사 도영오에 대한 제3차 진정서) 및 그 첨부서류 각 1부.
25. 2025. 5. 15.자 무변론 판결 선고 기일통지서 1부.
26. 2025. 5. 28.자 이 사건 각하 판결문 1부.
27. 2025. 2. 24.자 서울중앙지법 판사 한나라에 대한 진정서 및 그 입증자료[① 2025. 2. 12.자 서울중앙지법 판사 한나라가 작성한 이 사건 판결문 1부. ② 이 사건 판결문이 100% 허위내용으로 작성되었다고 입증하고 있는 2025. 2. 19.자 피고 임찬용 항소장 1부. (위 ①항 및 ②항의 자료는 중복으로 생략) ③ 원고 구수회가 이 사건 담당 재판부에 제출한 재판 서류 일체. ④ 피고 임찬용이 이 사건 담당 재판부에 제출한 재판 서류 일체 (위 ③항 및 ④항은 분량 과다로 생략)]각 1부.
28. 2025. 3. 7.자 수원지법성남지원 판사 박상언에 대한 제2차 진정서 및 그 입증자료 [① 2025. 2. 24.자 서울중앙지법 판사 한나라에 대한 진정서 1부. ② 판사 박상언이 작성한 이 사건 소송비용담보

제공결정서(2024카담70521 소송비용담보제공) 1부, ③ 위 결정서가 100% 허위내용으로 작성되었다고 입증하고 있는 진정인 임찬용이 작성한 2025. 2. 27.자 이의신청서 및 그 첨부서류 각 1부 (위 ①, ②, ③항의 자료는 중복으로 생략), ④ 이 사건 전자소송에 등재되어 있는 재판서류 일체 (위 ④항의 자료는 중복 및 분량 과다로 생략) 각 1부.
29. 2025. 4. 18.자 수원지법성남지원 판사 도영오에 대한 제3차 진정서 및 그 입증자료(위 첨부(입증) 자료 24번과 중복으로 생략)각 1부.
30. 2025. 5. 20.자 위 진정서 3건에 대한 대법원 회신공문 사본 1부. 끝.

【별권 책자】

《발행일 : 2023. 12. 15, 책 이름 : 제22대 총선 결정판(제3판), "정치(비리)검사, 대통령 탄핵론" 총 511면, 지은이 : 임찬용, 펴낸곳 : ㈜ 홍주 KMS 한국인터넷신문방송사》

고위공직자범죄수사처 귀중

②【첨부(입증) 자료 1】

⇨ 2025. 2. 12.자 서울중앙지법 판사 한나라가 작성한 판결문 1부.

개인정보유출주의 등록자:한나라, 등록일시:2025.02.12 23:59, 출력자:임찬용, 다운로드일시:2025.02.24 15:22

서 울 중 앙 지 방 법 원

판　　　결

사　　　건	2024가단5215651(본소)　손해배상(기)
	2024가단19858(반소)　손해배상(기)
	2024가단5215675(반소)　손해배상(기)

원고(반소피고)　구수회

　　　　서울 서초구 법원로2길 19, 104호(서초동, 원동빌딩)

피고(반소원고)　1. 이영근

　　　　서울 강북구 솔샘로 174, 103동 1202호(미아동, SK북한산시티아파트)

　　　　송달장소　서울 관악구 장군봉8길 9, 304호(봉천동, 성원빌라)

　　　　2. 임찬용

　　　　성남시 수정구 복정로96번길 20, 203호(복정동)

피　　고　1. 구충모

　　　　서울 용산구 원효로97길 3-32(원효로1가)

　　　　송달장소　서울 용산구 한강대로 254, 굿모닝럭스텔 2층 4호

　　　　　　　　　(남영동, 서울빌딩)

　　　　2. 임민철

　　　　서울 노원구 덕릉로113가길 53, 제2층(상계동)

변 론 종 결　2025. 1. 15.

- 1 -

개인정보유출주의 등록자:한나라, 등록일시:2025.02.12 23:59, 출력자:임찬용, 다운로드일시:2025.02.24 15:22

판 결 선 고   2025. 2. 12.

주 문

1. 원고(반소피고)에게,

   가. 피고(반소원고) 이영근은 2,000,000원, 피고(반소원고) 임찬용은 1,000,000원 및 각 이에 대하여 2024. 1. 24.부터 2025. 2. 12.까지는 연 5%의, 그 다음날부터 다 갚는 날까지는 연 12%의 각 비율로 계산한 돈을,

   나. 피고 구충모는 10,000원 및 이에 대하여 2024. 3. 13.부터 다 갚는 날까지 연 12%의 비율로 계산한 돈을,

   다. 피고 임민철은 2,000,000원 및 이에 대하여 2024. 2. 2.부터 2025. 2. 12.까지는 연 5%의, 그 다음날부터 다 갚는 날까지는 연 12%의 각 비율로 계산한 돈을

   각 지급하라.

2. 원고(반소피고)의 피고(반소원고)들, 피고 임민철에 대한 각 나머지 본소청구와 피고(반소원고)들의 각 반소청구를 각 기각한다.

3. 소송비용은 각자 부담한다.

4. 제1항은 가집행할 수 있다.

청 구 취 지

본소: 원고(반소피고, 이하 '원고'라 한다)에게, 피고(반소원고, 이하 '피고'라 한다) 이영근, 임찬용, 피고 임민철은 각 5,000,000원, 피고 구충모는 10,000원 및 각 이에 대하여 이 사건 소장 부본 송달 다음날부터 다 갚는 날까지 연 12%의 비율로

계산한 돈을 지급하라.

반소: 원고는 피고 이영근에게 27,300,000원 및 이에 대하여 이 사건 반소장 부본 송달 다음날부터 다 갚는 날까지 연 12%의 비율로 계산한 돈을 지급하라.

원고는 피고 임찬용에게 65,374,550원 및 이에 대하여 이 사건 소장 부본 송달 다음날부터 다 갚는 날까지 연 12%의 비율로 계산한 돈을 지급하라.

이 유

1. 본소청구에 관한 판단

가. 인정사실

1) 피고 이영근은 2023. 12. 23. 19:49경 관청피해자모임 구성원 약 209명이 참여한 카카오톡 단체 대화방에 원고가 부대를 132번 탈출해서 유부녀를 강간했다는 내용의 메시지를 전송하였다.

2) 피고 구충모는 2023. 10. 6. 18:18경 관청피해자모임 구성원 223명이 참여한 카카오톡 단체 대화방에 원고가 유부녀와 간통으로 일과시간에 132회 부대이탈하여 인근 모텔에서 쾌락을 즐겼다는 내용의 메시지를 전송하였다.

3) 피고 임민철은 2022. 1. 15. 16:47경 관청피해자모임 구성원 223명이 참여한 카카오톡 단체 대화방에 원고가 유부녀에 200여건 간통했다는 내용의 메시지를 전송하였다.

4) 피고 임찬용은 2022. 9. 24. 22:39 다음 카페인 관청피해자모임에, 이 카페지기이자 고도의 사기꾼 원고가 구속되어야 할 신문기사(원고는 융통 단핵원인 제공자이자 검찰의 선택적 수사 수혜자)라는 제목으로 LPN로컬파워뉴스 신문기사 링크를 게시하

였다(이하 위 게시물을 '이 사건 게시물'이라 한다).

[인정근거] 다툼 없는 사실, 갑 제1, 2, 4, 6, 19, 22호증의 각 기재, 변론 전체의 취지

나. 판단

1) 손해배상책임의 발생

민법상 불법행위가 되는 명예훼손이란 사람의 품성, 덕행, 명성, 신용 등 인격적 가치에 대하여 사회로부터 받는 객관적인 평가를 침해하는 행위를 말하고, 그와 같은 객관적인 평가를 침해하는 것인 이상 의견 또는 논평을 표명하는 표현행위에 의하여도 성립할 수 있으나, 단순한 의견 개진만으로는 상대방의 사회적 평가가 저해된다고 할 수 없으므로 의견 또는 논평의 표명이 사실의 적시를 전제로 하지 않은 순수한 의견 또는 논평일 경우에는 명예훼손으로 인한 손해배상책임은 성립되지 아니하나, 한편 여기에서 말하는 사실의 적시란 반드시 사실을 직접적으로 표현한 경우에 한정할 것은 아니고 간접적이고 우회적인 표현에 의하더라도 그 표현의 전 취지에 비추어 그와 같은 사실의 존재를 암시하고 또 이로써 특정인의 사회적 가치 내지 평가가 침해될 가능성이 있을 정도의 구체성이 있으면 족하다(대법원 2000. 7. 28. 선고 99다6203 판결 참조).

위 인정사실에 의하면, 피고들이 전송한 메시지나 게시한 글은 그 내용상 원고의 사회적 가치 내지 평가를 침해할 가능성이 충분하므로, 피고들의 위와 같은 행위는 원고에 대하여 명예훼손을 구성한다. 원고가 피고들의 위와 같은 불법행위로 인하여 정신적 고통을 당하였을 것임은 경험칙상 분명하므로, 피고들은 원고에게 위 손해를 배상할 책임이 있다.

2) 피고들의 항쟁에 관한 판단

이에 대하여 피고 이영근은 위 메시지의 내용은 신영애가 한 말이고 원고도 스스로 그 말을 사용했으며 이미 인터넷에 공연히 떠돌던 내용이므로 명예훼손에 해당하지 않는다는 취지로 주장한다. 위 각 증거에 변론 전체의 취지를 종합하면, 신영애 등이 위 단체 카카오톡 대화방에 유사한 내용의 메시지를 전송한 사실은 인정되나, 이러한 사실 및 피고 이영근이 제출한 증거만으로는 피고 이영근이 원고에게 명예훼손의 고의 없이 단지 소문의 진위를 확인하고자 하는 취지 등에서 위 메시지를 전송한 것이라고 볼 수 없고, 위 인정사실 및 피고 이영근의 주장 사정은 원고에 대한 명예훼손으로 인한 손해배상책임의 성립에 영향을 미치지 않는다. 따라서 피고 이영근의 위 주장은 받아들이지 않는다.

또한 피고 임찬용은 이 사건 게시물의 제목과 기사 내용은 모두 진실이고, 오로지 공공의 이익에 관한 것이므로 손해배상책임이 없다는 취지로 주장한다. 그러나 을나 제1호증의 기재 등 피고 임찬용이 제출한 증거만으로는 이 사건 게시물의 제목과 내용이 진실이고 공공의 이익에 관한 것이라고 인정하기에 부족하고 달리 이를 인정할 증거가 없으므로, 피고 임찬용의 위 주장은 받아들이지 않는다.

3) 손해배상의 범위

위 각 메시지와 이 사건 게시물 제목의 내용과 표현방식, 전송이 이루어진 공간과 배경, 수신자들의 수와 원고와의 관계, 원고와 피고들의 관계 등 이 사건 변론에 나타난 여러 사정을 참작하여 원고에게 지급하여야 할 위자료 액수를 피고 이영근, 구충모, 임민철에 대하여는 각 200만 원, 피고 임찬용에 대하여는 100만 원으로 각 정한다.

다. 소결론

따라서 피고 이영근, 임민철은 각 200만 원, 피고 임찬용은 100만 원, 피고 구충모는 그중 원고가 구하는 바에 따라 1만 원 및 각 이에 대하여 불법행위일 이후로서 원고가 구하는 이 사건 소장 부본 송달 다음날인 피고 이영근, 임찬용은 각 2024. 1. 24.부터, 피고 임민철은 2024. 2. 2.부터 각 위 피고들이 그 이행의무의 존부나 범위에 관하여 항쟁하는 것이 타당하다고 인정되는 이 판결 선고일인 2025. 2. 12.까지는 민법이 정한 연 5%의, 그 다음날부터 다 갚는 날까지는 소송촉진 등에 관한 특례법이 정한 연 12%의 각 비율로 계산한 지연손해금을, 피고 구충모는 이 사건 소장 부본 송달 다음날인 2024. 3. 13.부터 다 갚는 날까지 위 연 12%의 비율로 계산한 지연손해금을 각 지급할 의무가 있다(원고는 위자료로 7억 원의 일부청구로 청구취지 돈의 지급을 구하나, 위 인정범위를 초과하는 원고의 주장은 받아들이지 않는다).

2. 피고 이영근의 반소청구에 관한 판단

가. 피고 이영근의 주장 요지

원고는 행정사로서 변호사법을 위반하여 730만 원을 갈취했다. 원고는 2015년경부터 10여년간 문서를 위·변조하여 고소·고발을 남발하여 피고 이영근을 기망하고 정신적 충격을 가하였고 2021년부터 피고 이영근을 상대로 14회에 걸쳐 소를 제기하거나 고소를 하여 명예훼손, 무고, 소송사기죄를 저질렀으므로, 원고는 피고 이영근에게 손해배상으로 위 갈취금 730만 원과 고소장 제출시부터 본소 판결 확정시까지의 대응기간인 4년간 월 300만 원의 비율에 의한 손해배상금(위자료 1,000만 원 포함) 1억 4,400만 원 합계 1억 5,130만 원 중 일부인 중 2,730만 원 및 이에 대한 지연손해금을 지급할 의무가 있다.

나. 판단

을가 제1 내지 32호증의 각 기재만으로는 원고가 변호사법을 위반하여 피고 이영근으로부터 730만 원을 갈취한 사실을 인정하기에 부족하고 달리 이를 인정할 증거가 없다.

위 각 증거에 의하면, 원고가 2021. 5. 20. 서울중앙지방법원 2021가소117519호로 피고 이영근을 상대로 사기편취금의 지급을 구하는 소를 제기한 사실이 인정되나, 이러한 사실과 피고 이영근의 주장 사정 및 제출 증거만으로는 원고의 소 제기가 피고 이영근에 대한 명예훼손 또는 소송사기에 해당한다거나, 원고가 피고 이영근을 무고하였다고 인정하기에 부족하고 달리 이를 인정할 증거가 없다.

따라서 피고 이영근의 원고에 대한 반소청구는 나머지 점에 관하여 살필 필요 없이 받아들이지 않는다.

3. 피고 임찬용의 반소청구에 관한 판단

가. 인정사실

1) 원고는 2022. 9. 26. 이 사건 게시물에 대해 피고를 정보통신망이용촉진및정보보호등에관한법률위반(명예훼손) 혐의로 고소하였다.

2) 피고 임찬용은 2023. 1. 5. 원고가 2022. 5. 10.경부터 게시한 글 및 원고의 위 고소행위에 대해 원고를 정보통신망이용촉진및정보보호등에관한법률위반(명예훼손) 및 무고 혐의로 고소하였다. 피고 임찬용이 고소한 원고의 피의사실 중 명예훼손 부분은 원고가 ① 2022. 5. 10. 02:23경 관청피해자모임 카페에 "사패자가 사패자에게 죄를 짓는 놈을 구속시켜라. 허위고소도 반드시 무고로 처단하라."라는 글을 게시하였고, ② 2022. 5. 13. 10:22 구수회 행정심판전문사무소 카페에 "전 검찰과장 출신 회원이 원고와 변호사를 고소, 무혐의 받음. 다른 사람도 아니고 검찰과장이 이렇게 법을 너무 너무 모른다는 것을 발견했습니다. 검찰 수사과장 출신이 맞나요. 그렇게 법과 윤리를 모

르시니 검찰조직에서 도태가 된 것 아닌가요."라는 글을 게시하였으며, 관청피해자모임 카페에 ③ 2022. 9. 26. 04:04 "타인을 고소할 때 범죄내용을 6하원칙으로 적어야 하는 데 전혀 6하원칙이 없음. 전직 검찰수사과장이 고소장을 저렇게 작성하니 검찰 모두가 욕먹는 거죠."라는 글을, ④ 2022. 9. 26. 10:07 "댓글에서 재미나는 진실이 나옴-원고가 사퍼자 2명(피고 임찬용 검찰수사과정님, 정○○)을 고소함."이라는 글을, ⑤ 2022. 9. 26. 12:18 "고소장이 얼마나 6하원칙이 안되었으면 경찰이 원고를 조사도 안했겠어요."라는 글을, ⑥ 2023. 9. 27. 20:07경 "증거도 없고, 6하원칙도 없어요, 원고가 저질러 온 변호사법위반 및 사기행각이라고 고소했으면 성공을 시켜야하는데... 무혐의가 됐으면 그 다음은 너가 책임져야지 우리카페 곳곳은 너처럼 6하 원칙 없이 고소하는 놈은 1명도 없다."라는 글을 각 게시하였다는 것이다.

성남수정경찰서는 2023. 7. 18. 위 고소사건에 대해 피고 임찬용에 대한 특정성을 인정할 수 없고, 전체적 내용으로 보아 원고의 주관적 의견 표현에 불과하며, 원고가 사실을 신고하여 무고의 범죄를 구성하지 않는다는 이유로 원고에 대해 각하의견으로 불송치결정을 하였다.

3) 원고는 2024. 1. 12. 이 법원에 피고 임찬용을 상대로 이 사건 게시물로 인한 손해배상을 구하는 이 사건 본소를 제기하였다.

[인정근거] 다툼 없는 사실, 갑 제16호증, 을나 제2호증의 각 기재, 이 법원에 현저한 사실, 변론 전체의 취지

나. 피고 임찬용의 주장 요지

피고 임찬용은 이 사건 게시물의 제목과 신문기사 내용은 모두 진실에 부합하고 공익적 목적에서 작성한 것이므로 원고가 이 사건 게시물로 인해 불법적인 피해를 입

개인정보유출주의 등록자:한나라, 등록일시:2025.02.12 23:59, 출력자:임찬용, 다운로드일시:2025.02.24 15:22

은 사실이 없음에도, 원고가 2022. 9. 26. 이 사건 게시물에 관하여 피고 임찬용을 고소한 것은 무고죄에 해당하고 2024. 1. 12. 서울중앙지방법원에 피고 임찬용을 상대로 이 사건 소를 제기한 것은 소송사기이며, 원고가 2022. 5. 10. 02:23경부터 2023. 9. 27. 20:07까지 6회에 걸쳐 위 카페 게시판에 허위사실을 게재하여 피고 임찬용의 명예를 훼손하였으므로, 원고는 피고 임찬용에게 불법행위로 인한 손해배상으로 원고의 고소장 제출시점부터 이 사건 본소 판결 확정시까지의 대응기간 약 24개월간 월 급여 상당액의 1/3인 45,374,552원(= 5,671,819원 × 24 × 1/3)과 위자료 2,000만 원 합계 65,374,550원 및 이에 대한 지연손해금을 지급할 의무가 있다고 주장한다.

다. 판단

1) 무고 부분

피고소인이 고소인이 고소한 피의사실로 수사의 대상이 되어 무혐의처분을 받았다고 하더라도 그 고소가 권리의 남용이라고 인정될 수 있는 정도의 고의 또는 중대한 과실에 의한 것이 아닌 이상, 고소인의 행위를 불법행위라고 단정할 수 없고(대법원 2007. 4. 12. 선고 2006다46360 판결 등 참조), 고소인의 고소 내용이 터무니없는 허위사실이 아니라 사실에 기초하여 그 정황을 다소 과장하였거나 법률을 잘못 적용한 것에 불과한 경우 고소인의 행위가 피고소인에 대한 불법행위를 구성하지는 않는다(대법원 2006. 4. 28. 선고 2005다29481 판결 등 참조).

앞서 본 바와 같이 원고의 고소는 사실에 기초한 것인 점 등에 비추어 피고 임찬용의 위와 같은 주장 사정 및 제출 증거만으로는 원고의 고소가 피고 임찬용에 대한 무고에 해당한다고 인정하기에 부족하고 달리 이를 인정할 증거가 없다.

2) 소송사기 부분

법적 분쟁의 당사자가 법원에 대하여 당해 분쟁의 종국적인 해결을 구하는 것은 법치국가의 근간에 관계되는 중요한 일이므로 재판을 받을 권리는 최대한 존중되어야 하고, 제소행위나 응소행위가 불법행위가 되는지를 판단함에 있어서는 적어도 재판제도의 이용을 부당하게 제한하는 결과가 되지 아니하도록 신중하게 배려하여야 한다. 따라서 법적 분쟁의 해결을 구하기 위하여 소를 제기하는 것은 원칙적으로 정당한 행위이고, 단지 제소자가 패소의 판결을 받아 확정되었다거나 그 주장이 배척되었다는 점만으로 곧바로 그 소의 제기가 불법행위였다고 단정할 수는 없고, 당해 소송에서 제소자가 주장한 권리 또는 법률관계가 사실적·법률적 근거가 없고, 제소자가 그와 같은 점을 알면서, 혹은 통상인이라면 그 점을 용이하게 알 수 있음에도 불구하고 소를 제기하는 등 소제기가 재판제도의 취지와 목적에 비추어 현저하게 상당성을 잃었다고 인정되는 경우에 한하여 불법행위가 성립할 여지가 있을 뿐이다(대법원 2002. 5. 31. 선고 2001다64486 판결 등 참조).

위 인정사실에 의하면 원고의 이 사건 본소는 피고의 이 사건 게시물을 이유로 한 것으로 원고의 주장 자체는 대부분 객관적 사실에 부합하고, 원고가 제출한 수사결과보고서의 내용이 허위라고 볼 증거도 없으며, 가사 피고 임찬용의 주장과 같이 원고가 자신에게 유리한 부분만을 편집하여 이 사건 소장을 작성하였고 준비서면에 거짓이나 쟁점과 무관한 내용을 기재하거나 경찰, 검찰로부터 발급받은 허위 내용의 수사결과보고서를 제출하였다고 하더라도 이러한 사정만으로는 원고의 이 사건 본소가 소송사기에 해당한다고 할 수 없다. 오히려 을나 제4, 5호증의 각 기재에 의하면, 피고 임찬용은 2024. 2. 27. 원고의 이 사건 소제기를 소송사기 미수로 고소하였고, 이에 대해 경기성남수정경찰서장은 혐의 없음을 이유로 불송치 각하결정을 한 사실이 인정된다.

3) 명예훼손 부분

민법상 불법행위가 되는 명예훼손이 성립하기 위하여는 특정인의 사회적 평가를 저하시킬 만한 구체적인 사실의 적시가 있어야 하고, 구체적인 사실의 적시에는 사실을 직접 표현하는 경우뿐만 아니라 간접적이고 우회적인 표현을 사용하여 그와 같은 사실의 존재를 암시함으로써 문제된 글을 읽는 사람들로 하여금 그 사실의 존재를 인식할 수 있게 하는 경우도 포함된다. 그러한 구체적인 사실의 적시 없이 단지 특정 인물이나 사건에 관하여 비평하거나 견해를 표명한 것에 불과한 때에는 명예훼손이 되지 않는다(대법원 2000. 7. 28. 선고 99다6203 판결 등 참조).

위 인정사실에 의하면 원고의 2022. 5. 10.자 글은 그 대상을 피고 임찬용으로 특정하기 어렵고, 나머지 글은 그 내용이 구체적 사실의 적시에 해당하지 않는 비평 또는 견해에 불과하거나 피고 임찬용의 사회적 평가를 저해하거나 인격권을 침해하는 것이라고 단정하기 어려우며, 달리 피고 임찬용이 제출한 증거만으로는 위 6회의 게시물이 피고 임찬용에 대한 명예훼손에 해당한다고 인정하기에 부족하고 달리 이를 인정할 증거가 없다.

4) 소결론

따라서 이와 다른 전제에 선 피고 임찬용의 위 주장은 받아들이지 않는다.

4. 결론

그렇다면 원고의 본소청구는 위 인정범위 내에서 이유 있어 인용하고 나머지 본소청구 및 피고 이영근, 임찬용의 반소청구는 각 이유 없어 기각하기로 하여 주문과 같이 판결한다.

개인정보유출주의 등록자:한나라, 등록일시:2025.02.12 23:59, 출력자:임찬용, 다운로드일시:2025.02.24 15:22

판사   한나라   전자서명완료

70 윤석열 검찰의 하수인으로 전락한

③ 【첨부(입증) 자료 2】
⇨ 위 ②항 판결문이 100% 허위내용으로 작성되어 있다는 사실을 입증하고 있는 2025. 2. 19.자 피고 임찬용 항소장 1부.

항 소 장

항소인(피고, 반소원고) 성명 : 임 찬 용
　　　　주소 : 성남시 수정구 복정로96번길 20, 203호(복정동)
　　　　전화번호 : 010 5313 7538

피항소인(원고, 반소피고) 성명 : 구수회
　　　주소 : 서울시 서초구 법원로2길 19, 104호(서초동, 원동빌딩)

위 당사자 사이의 서울지방법원 2024가단5215651(본소), 2024가단5215675(반소) 손해배상(기) 청구사건에 관하여 피고는 귀원이 2025. 2. 12. 선고한 판결에 대하여 2025. 2. 00. 송달받고 이에 불복하므로 항소를 제기합니다.

원판결의 표시

1. 원고(반소피고)에게 피고(반소원고) 임찬용은 1,000,000원 및 이에 대하여 2024. 1. 24.부터 2025. 2. 12.까지는 연 5%의, 그 다음날부터 다 갚는 날까지는 연 12%의 각 비율로 계산한 돈을 지급하라.
2. 피고(반소원고) 임찬용의 반소청구를 기각한다.
3. 소송비용은 각자 부담한다.
4. 제1항은 가집행할 수 있다.

항소취지

1. 원심판결 중 피고(반소원고) 패소 부분을 취소하고, 그 부분에 대한 원고(반소피고)의 청구를 기각한다.
2. 원고(반소피고)는 피고(반소원고) 임찬용에게 65,374,550원 및 이에 대하여 이 사건 반소장 부본 송달 다음날부터 다 갚는 날까지 연 12%의 비율로 계산한 돈을 지급하라.
3. 소송비용은 제1,2심 모두 원고(반소피고)의 부담으로 한다.
라는 판결을 구합니다.

항소이유

Ⅰ. 피고가 담당 재판부에 제출한 증거목록

서증번호	서증명	서증이 첨부된 서면	입증취지	분량
을나 제1호증	별권책자	2024. 2. 8.자 반소장에 첨부된 별권책자	. 원고는 수십 년 전부터 현재에 이르기까지 변호사법위반과 고도의 사기행각 등의 범행을 해온 사실이 있음 . 윤석열 정부 검찰과 경찰은 원고의 위와 같은 범행을 허위내용의 수사결과보고서를 작성하는 수법을 통하여 계속 은폐해 오고 있음	511쪽
을나 제2호증	2024. 1. 29.자 원고 등에 대한 불송치	2024. 2. 8.자 답변서에 첨부된 2번째 서증	. 검찰과 경찰은 2024. 1. 12.자 본소 소장 작성과 관련, 원고에게 2022. 9. 26.자 '구수회 고소장' 중 원고의 무고죄 부분을 삭제한 악의적인 방법으로 소송 사기행각을 펼칠 수 있는 기회를 제공하고 있음	17쪽

	(각하) 결정 이의 신청서		. 수원지검성남지청 김한나 검사는 2023. 4. 26.경 경찰에서 각하의견으로 송치된 2022. 9. 26.자 '구수회 고소장'에 대해 검찰권을 남용한 '보완수사요구권'을 성남수정경찰서 이용일 수사관에게 발동하여 장기 미제 상태로 남겨 둠으로써 원고가 본소 소장을 작성하는데 악용하도록 방조하고 있음 . 성남수정경찰서 수사관 김경환은 2023. 7. 18.경 위 '구수회 고소장'과 맞고소 성격의 2023. 1. 5.자 '임찬용 고소장'에 대해 원고를 무고죄 및 허위사실 적시 명예훼손죄로 구속하기는커녕 성남 검찰의 암묵적 지시를 받고 허위내용의 불송치(각하) 결정서를 작성하는 수법을 통해 이를 은폐해 버림으로써 원고로 하여금 본소 소송 사기극을 펼칠 수 있는 결정적 계기를 부여하고 있음	
을나 제3호 증의 1	2014. 3. 15.자 원고 등에 대한 불기소 결정서	2024. 4. 18.자 준비서면 에 첨부된 1번째 서증	수원지검성남지청 검사 허윤희는 2024. 3. 15.경 허위내용으로 작성된 2023. 7. 18.자 원고 등에 대한 불송치 결정서를 그대로 원용한 수법을 통해 허위 내용의 불기소 결정서를 작성함으로써 2023. 1. 5.자 '임찬용 고소장'(별권책자 제438 ~ 472쪽)에 기재된 원고의 무고죄 및 허위사실 적시에 의한 명예훼손죄 범죄사실을 은폐해 버렸음	1쪽

을나 제3호증의 2	2024. 4. 1.자 원고 등에 대한 항고장	2024. 4. 18.자 준비서면에 첨부된 2번째 서증	2024. 3. 15.자 검사 허윤희 명의의 원고 등에 대한 불기소 결정서는 허위내용으로 작성되었다는 사실을 입증하고 있음	3쪽
을나 제4호증	2024. 2. 27.자 원고에 대한 사기미수 고소장	2024. 4. 18.자 준비서면에 첨부된 3번째 서증	2024. 1. 12.자 원고 명의의 본소 소장과 관련, 피고는 원고에게 명예를 훼손할 만한 어떠한 법적책임은 물론 도덕적 책임까지 져야할 하등의 이유가 없고, 오히려 수십 년간 이어져 온 변호사법위반과 고도의 사기행각을 해온 원고로부터 제2, 제3의 피해자가 발생해서는 안 된다는 공익목적을 추구하는 정의로운 일을 하였을 뿐인데, 원고는 마치 이를 피고에게 법적 책임이 있는 것처럼 본소 소장을 작성하여 서울중앙지방법원에 제출하였으니 사기 미수죄로 처벌해 달라는 취지의 고소장임	11쪽
을나 제4호증의 1~3	2024. 2. 27.자 원고에 대한 사기미수 고소장 첨부 (입증) 서류 1~3	2024. 4. 18.자 준비서면에 첨부된 3번째 서증	위 '을나 제4호증'을 입증하는 증거자료들임	을나 제2호증의 첨부 (입증) 자료 참조
을나 제5호증	2024. 3. 26.자 원고에 대한	2024. 4. 18.자 준비서면에 첨부된	2024. 2. 27.자 원고에 대한 사기미수 고소장(을나 제4호증)을 수사 중에 있던 성남수정경찰서 경위 유정민 및 경장 변제용은	4쪽

	사기미수 불송치 (각하) 결정서	4번째 서증	2024. 3. 26.경 원고에 대한 소환조사 등 어떠한 수사도 진행함이 없이 허위내용의 불송치 결정서를 작성하는 수법을 통해 원고의 사기미수 범죄사실을 은폐해 버렸음	
을나 제6호증	2024. 4. 8.자 원고에 대한 사기미수 불송치 (각하) 결정 이의 신청서	2024. 4. 18.자 준비서면에 첨부된 5번째 서증	2024. 3. 26.자 원고에 대한 사기미수 불송치(각하) 결정서(을나 제5호증)는 허위내용으로 작성되었다는 사실을 입증하고 있음	18쪽
을나 제7호증	2022. 6. 22.자 '윤 대통령은 사건은폐·조작범 오동운 공수처장을 당장 구속수사 하라!!' 제하의 KMS 신문기사	2024. 7. 2.자 준비서면에 첨부된 1번째 서증	공수처(공수처장 오동운, 공수처검사 윤상혁)는 원고가 수십 년간 변호사법위반과 고도의 사기행각을 해 온 범죄사실이 기재된 '관피모사건 고소장'(별권책자 제78~104쪽) 등을 은폐·조작 수사한 혐의를 받고 있던 정치(비리)검사 9명에 대하여, 원고의 위와 같은 범죄사실을 은폐하고 위 9명의 정치(비리) 검사들에게 형사처벌을 면해 주기 위하여 전혀 수사를 진행하지 아니하고 허위내용의 불기소(혐의없음) 결정서를 작성하는 수법을 통해 위 9명의 정치(비리)검사 범죄사실을 모두 은폐해 버렸음	9쪽
을나 제7호증의 1	2024. 3. 21.자 이 사건 고소장	2024. 7. 2.자 준비서면에 첨부된	위 '을나 제7호증'을 입증하기 위한 '첨부 자료 1'	20쪽

		2번째 서증		
을나 제7호 증의 2	2024. 5. 8.자 고소장 첨부 추가자료 제출	2024. 7. 2.자 준비서면에 첨부된 3번째 서증	위 '을나 제7호증'을 입증하기 위한 '첨부 자료 2'	1쪽
을나 제7호 증의 3	2024. 6. 10.자 피의자 임용규 등 검사 3명에 대한 (추가) 고소장	2024. 7. 2.자 준비서면에 첨부된 4번째 서증	위 '을나 제7호증'을 입증하기 위한 '첨부 자료 3'	6쪽
을나 제7호 증의 4	2024. 6. 20.자 형사사법포털화면 '공수처 사건조회' 1부	2024. 7. 2.자 준비서면에 첨부된 5번째 서증	위 '을나 제7호증'을 입증하기 위한 '첨부 자료 4'	1쪽
을나 제7호 증의 5	2024. 6. 17.자 공수처장 오동운에게 보낸 탄원서	2024. 7. 2.자 준비서면에 첨부된 6번째 서증	위 '을나 제7호증'을 입증하기 위한 '첨부 자료 5'	2쪽
을나 제7호 증의 6	2021. 6. 21.자 공수처장 김진욱 및 공수처	2024. 7. 2.자 준비서면에 첨부된 7번째 서증	위 '을나 제7호증'을 입증하기 위한 '첨부 자료 6'	16쪽

	검사 김수정에 대한 고소장			
을나 제7호증의 7	2024. 6. 18. 이성윤 민주당 의원에게 보낸 문자 메시지	2024. 7. 2.자 준비서면에 첨부된 8번째 서증	위 '을나 제7호증'을 입증하기 위한 '첨부 자료 7'	1쪽
을나 제7호증의 8	2024. 6. 18. 황운하 조국혁신당 원내대표에게 보낸 문자 메시지	2024. 7. 2.자 준비서면에 첨부된 9번째 서증	위 '을나 제7호증'을 입증하기 위한 '첨부 자료 8'	1쪽
을나 제8호증	2024. 6. 18.자 피의자 이주훈 외 8명에 대한 불기소 결정서	2024. 7. 10.자 준비서면에 첨부된 1번째 서증	공수처검사 윤상혁은 원고의 수십 년간 변호사법위반과 고도의 사기행각이 기재된 '관피모사건 고소장'(별권책자 제78~104쪽) 등을 은폐 · 조작 수사한 혐의를 받고 있던 정치(비리)검사 9명에 대하여, 원고의 위와 같은 범죄사실을 은폐하고 위 9명의 정치(비리)검사들에게 형사처벌을 면해 주기 위하여 전혀 수사를 진행하지 아니한 채 피고가 제출한 고소장까지 조작해가면서 허위내용의 불기소(혐의없음) 결정서를 작성하는 수법을 통해 위 9명의 정치(비리)검사 범죄사실을 모두 은폐해 버렸음	10쪽

을나 제9호증	2024. 7. 8.자 피의자 이준훈 외 8명에 대한 재정 신청서	2024. 7. 10.자 준비서면에 첨부된 2번째 서증	위 2024. 6. 18.자 피의자 이주훈 외 8명에 대한 불기소 결정서('을나 제8호증')가 허위내용으로 작성되었다는 사실을 입증하고 있음	28쪽
을나 제10호증	2024. 8. 11.자 "변협은 김홍경 변호사를 영구 제명하라!!" 제하의 KMS 신문기사 1부	2024. 8. 13.자 준비서면에 첨부된 1번째 서증	이 사건 피고 임찬용이 이 사건 원고 구수회의 범행을 은폐·조작 수사한 경찰관 및 검사 등 4명에 대하여 성남법원에 손해배상 청구의 소를 제기하였던 바, (이하, '관련사건') 위 관련사건 변호인 김홍경 오로라법률사무소 대표가 위 관련사건을 불법적으로 선임하였을 뿐만 아니라, 허위 내용의 변론을 함으로써 변호사법위반과 소송사기 범행을 저질렀다는 취지의 보도를 하고 있음	4쪽
을나 제10호증의 1	2024. 3. 6.자 피고 문경석 외 3명에 대한 소장 1부(위 신문기사 '첨부 1' 자료)	2024. 8. 13.자 준비서면에 첨부된 2번째 서증	위 보도내용 입증자료임	11쪽
을나 제10호증의 2	2024. 7. 18.자 원고의	2024. 8. 13.자 준비서면	위 보도내용 입증자료임	8쪽

	사실조회신청서 1부(위 신문기사 '첨부 2' 자료)	에 첨부된 3번째 서증		
을나 제10호증의 3	2024. 8. 12.자 관련사건 원고 준비서면 1부 (위 신문기사 '첨부 3' 자료)	2024. 8. 13.자 준비서면에 첨부된 4번째 서증	위 보도내용 입증자료임	26쪽
을나 제10호증의 4	2024. 3. 5.자 및 2024. 8. 12.자 구수회의 문자 메시지	2024. 8. 13.자 준비서면에 첨부된 5번째 서증	이 사건 원고 구수회가 이 사건 변론준비과정에서 피고를 상대로 "검찰 과장 출신 임찬용이가 구수회를 여러 번 고소하여 모두 피의자 조사도 없이 불송치 하였다면, 검찰청 과장 출신이 형법 공부를 잘못 하신건가요. 그러니 공직에서 파직 당하신 것인지요. 석명을 구합니다"며 노골적으로 인격살인적 공격자세를 보여오다가, 위 보도내용을 접하고 갑자기 태도를 바꿔 "충성, 과장님 민사 쌍방 취하 합시다."는 문자메시지를 일방적으로 보내왔음	1쪽
을나 제11호증	2024. 8. 26.자 KMS	2024. 8. 28.자 준비서면	원고 구수회가 윤석열 정부의 검찰로부터 형사법상 치외법권 지위를 누려오고 있는 상황에서,	3쪽

조희대 사법부 해체 79

	신문기사 1부	에 첨부된 1번째 서증	검찰 개혁 반역자 전해철을 부정부패자로 낙인찍어 총살을 시켜서라도 정치권에서 축출시켜야 한다는 취지의 보도를 하고 있음	
을나 제12호 증	2024. 7. 15.자 사법 경찰관 및 검사 등 23명에 대한 소장사본 (성남 법원 2024 가단 231123)	2024. 9. 19.자 준비서면 에 첨부된 1번째 서증	피고는 2024. 7. 15. 별권책자 (을나 제1호증)에 등장하는 2021. 10. 5.자 '관피모사건 고소장', 2022. 4. 20.자 '사법경찰관의 범죄' 고소장, 피의자 전상화에 대한 무고죄 고소장, 2022. 5. 23.자 사법경찰관 유정민에 대한 고소장, 2023. 1. 5.자 피의자 구수회 등에 대한 고소장(이 사건 반소장 청구원인), 2024. 2. 27.자 피의자 구수회에 대한 사기미수 고소장 (이 사건 반소장 청구원인)을 은폐·조작 수사한 사법경찰관 및 검사 등 총 23명에 대하여 총 4억 9천원만 원 상당의 손해배상금을 지급하라는 취지의 소를 성남지원에 제기하였음 (이하, '관련사건 2') 위 고소장 모두 2021. 10. 5.자 '관피모사건 고소장'을 은폐·조작하고 이 사건 원고 구수회를 치외법권자로 만드는데 그 뿌리를 두고 있음	28쪽
을나 제12호 증의1	2024. 9. 5.자 위 '관련 사건 2' 피고 임용규 검사의 답변서	2024. 9. 19.자 준비서면 에 첨부된 2번째 서증	피고 임용규 항고검사는 2023. 1. 5.자 피의자 구수회 등에 대한 고소장에 대해 은폐·조작 수사 사실을 부인하고 있음	3쪽

을나 제12호 증의2	2024. 9. 6.자 위 '관련 사건 2' 원고 임찬용의 준비서면	2024. 9. 19.자 준비서면 에 첨부된 3번째 서증	위 '관련사건 2' 원고이자 이 사건 피고 임찬용은 피고 임용규 항고검사의 은폐 · 조작 수사한 사실을 입증해 놓고 있음	13쪽
을나 제13호 증	원고 구수회가 피고에게 일방적 으로 보낸 문자 메시지	2024. 10. 7.자 준비서면 에 첨부된 1번째 서증	원고가 2024. 9. 19.자 피고 준비서면을 송달받은 후 패소가 짙자 피고에게 합의하자는 취지의 문자메시지를 일방적으로 전송함	1쪽

Ⅱ. 피고의 원심 판결문에 대한 총평

1. 원심 판결문 중 '판단' 기재내용을 실체적 진실 측면에서 살펴보면,

원심 판사 한나라는 피고 임찬용이 제출한 위 Ⅰ항의 증거에 대하여 원고 구수회가 승소하게끔 허위내용의 판결문을 작성하는데 지장이 된다는 이유로 채택을 거부하거나, 극히 일부 채택한 증거마저도 이를 피고에게 불리하게끔 악의적으로 평가하고 해석하여 원고가 승소하는데 악용하고 있습니다.[24]

---

[24] 원심 판사 한나라는 이 사건 판결문 "3. 피고 임찬용의 반소청구에 관한 판단" 항목 중 "다. 판단, 2) 소송사기 부분" 항목에서 '을나 제4,5호증'(판결문 10쪽)을 채택하고 있습니다. 그런데 그 증거들은 원고 구수회를 소송사기 미수죄로 처벌할 수 있는 증거자료임에도 원심 판사 한나라는 오히려 이를 근거로 원고 구수회를 소송사기 미수죄로 처벌할 수 없다는 취지의 거짓 내용을 버젓이 기재해 놓고 있습니다.

이를 좀 더 구체적으로 살펴보면,

피고는 2024. 1. 12.자 본소 소장 쟁점부분과 관련, 원고의 수십 년간 변호사법위반과 고도의 사기행각 범행 등이 기재된 2021. 10. 5.자 '관피모사건 고소장'을 은폐 · 조작수사 하였다는 입증자료로서, 서울서대문경찰서 사법경찰관 문경석이 작성한 2022. 3. 22.자 피의자 구수회에 대한 불송치결정서(을나 제1호증, 별권책자 제105~110쪽) 및 피고 임찬용이 작성한 2022. 4. 4.자 피의자 구수회에 대한 불송치결정 이의신청서(을나 제1호증, 별권책자 제111~138쪽)을 제출한 바 있습니다.

또 피고는 2024. 3. 28.자 '(피고) 반소장 청구취지 및 청구원인 변경신청서' 쟁점부분과 관련, 원고의 정보통신망법상 허위사실 적시 명예훼손죄 및 무고죄 범죄사실이 기재된 2023. 1. 5.자 '임찬용 고소장'(을나 제1호증, 별권책자 제438~472쪽)을 은폐 · 조작수사 하였다는 입증자료로서, ㉮ 성남수정경찰서 수사관 김경환이 작성한 2023. 7. 18.자 피의자 구수회 등에 대한 불송치(각하) 결정서(을나 제2호증의 3) 및 피고 임찬용이 작성한 2024. 1. 29.자 피의자 구수회 등에 대한 불송치(각하) 결정 이의신청서(을나 제2호증)을 제출하였고, ㉯ 수원지방법원 성남지원 2024가단231123호 손해배상 청구사건과 관련, 피고 중 임용규 검사가 작성한 2024. 9. 5.자 답변서(을나 제12호증의 1) 및 위 사건 원고 임찬용이 작성한 2024. 9. 6.자 준비서면(을나 제12호증의 2)을 제출한 사실이 있습니다.

즉, 원심 판사 한나라는 성남수정경찰서 경장 변제용이 작성한 2024. 3. 26.자 원고에 대한 사기미수 불송치(각하) 결정서(을나 제5호증)가 실체적 진실에 부합하게끔 작성되었다고 판단하고 있으나, 그 판단은 피고 임찬용이 작성한 2024. 4. 8.자 원고 구수회에 대한 사기미수 불송치(각하) 결정 이의신청서(을나 제6호증)에 의해 허위내용으로 확인되었습니다.

그런데 피고는 위와 같은 쟁점부분에 대하여 원고에게 '피고가 작성한 서류가 허위 내용으로 작성되었는지, 그렇지 않으면 경찰관이나 검사가 작성한 서류가 허위내용으로 작성되었는지' 그 답변을 줄기차게 요구하여 왔으나, 원고는 끝내 명시적 답변을 거부한 채 피고가 작성한 서류들이 실체적 진실에 부합하게 작성되었다는데 암묵적 동의를 하여 왔습니다.[25]

이에 반해, 원심 판사 한나라는 허위 판결문을 작성하여 원고에게 승소 판결을 내리기 위해 이 사건 및 이 사건 반소 관련 핵심 쟁점 부분을 밝혀 줄 위와 같은 증거자료 6개〔서울서대문경찰서 사법경찰관 문경석이 작성한 2022. 3. 22.자 피의자 구수회에 대한 불송치결정서(을나 제1호증, 별권책자 제105~110쪽) 및 피고 임찬용이 작성한 2022. 4. 4.자 피의자 구수회에 대한 불송치 결정 이의신청서(을나 제1호증, 별권책자 제111~138쪽), 성남수정경찰서 수사관 김경환이 작성한 2023. 7. 18.자 피의자 구수회 등에 대한 불송치(각하) 결정서(을나 제2호증의 3) 및 피고 임찬용이 작성한 2024. 1. 29.자 피의자 구수회 등에 대한 불송치(각하) 결정 이의신청서(을나 제2호증), 수원지방법원 성남지원 2024가단231123호, 손해배상 청구사건과 관련, 피고 중 임용규 검사가 작성한 2024. 9. 5.자 답변서(을나 제12호증의 1) 및 위 사건 원고 임찬용이 작성한 2024. 9. 6.자 준비서면(을나 제12호증의 2)〕를 채택한 후 어떠한 증거자료가 실체적 진실에 부합한지 판단조차도 하지 않았습니다.

---

[25] 피고가 원고의 위와 같은 답변거부에 대해 '원고는 피고가 작성한 서류들이 실체적 진실에 부합하게 작성되었다'라고 암묵적으로 동의할 수밖에 없었다고 보는 이유는 2024. 10. 7.자 피고 준비서면(제6쪽) 및 2024. 10. 30.자 피고 준비서면(제4쪽) 등 2차례에 걸쳐 "원고는 피고가 제시한 궁금증에 대해 한 개라도 제대로 소명하지 못한다면, 이 사건 및 이 사건 반소와 관련된 핵심 쟁점 부분에 대하여 피고의 주장을 그대로 인정하는 결과에 이른다고 봐야 할 것입니다."라고 강조해 왔기 때문입니다.

또 피고 임찬용은 원심 판사에게 이 사건 제1심 재판 전 과정을 통하여 원고가 제출한 준비서면에 대해 단 한 건도 예외 없이 허위내용으로 작성되었다고 입증시켜 왔고, 원고가 증거로 제출한 경찰이나 검찰의 수사서류 역시 허위내용으로 작성되어 있다는 사실을 입증시켜 왔음에도 불구하고, 이와 관련된 사실관계에 대해서는 이 사건 판결문 중 어느 구석에서도 흔적조차 찾아볼 수 없습니다. 오히려 원심 판사는 원고의 허위주장이나 허위내용의 증거자료를 논리적 판단이나 근거 없이 증거로 채택하면서 이를 원고 승소 판결에 활용하고 있습니다.

피고는 위와 같은 사실관계를 더욱 명백하게 입증하기 위해 이 사건 재판기록에 편철되어 있는 자료 중 피고가 이미 제출한 ① 2024. 7. 22.자 피고 준비서면, ② 2024. 9. 19.자 피고 준비서면, ③ 2024. 10. 7.자 피고 준비서면, ④ 2024. 10. 30.자 피고 준비서면을 특정하오니 관심을 갖고 이를 굽이 살펴봐 주시기 바랍니다.

2. 원심 판결문 중 '판단' 기재내용을 법리적 측면에서 살펴보더라도,

원심 판사는 이 사건에 적용될 수 없는 대법원 판례를 억지로 끌고 와 원고의 승소 판결문 작성에 악용하거나, 이 사건에 적용이 가능한 대법원 판례라고 하더라도 그 대법원 판례의 취지와 내용이 피고에게 부합함에도 불구하고 오히려 원고에 유리하도록 꿰맞추고 있습니다.

더군다나 공정과 정의를 생명처럼 여기고 살아야 할 법관이 명예훼손 성립여부를 판단함에 있어서 이중 잣대를 들이대고 있습니다. 이는 추후 관련 항목에서 다시 살펴보겠습니다.

3. 특히, 법관으로서의 양심과 자질이 심히 우려스러운 대목은,

원심 판사는 3회에 걸친 이 사건 변론기일(2024. 10. 2, 2024. 11. 6, 2024. 1. 15.)을 통하여 피고가 제출한 준비서면과 거기에 첨부된 증거 자료들에 의해 원고가 제출한 모든 서면은 100% 거짓말로 작성되었고, 거기에 증거로 첨부된 경찰이나 검찰에서 작성한 수사서류 역시 100% 허위 내용으로 작성되어 있다는 사실을 겹겹이 확인하여 왔음에도 불구하고, 한글을 터득할 정도의 지적 수준의 사람도 알아볼 수 있을 정도로 이 사건 판결문 '판단' 부분을 모두 허위내용으로 작성해 놓았습니다.

이는 법관의 자유심증주의를 훨씬 뛰어 넘는 원심 판사의 범죄행위에 해당함은 물론이거니와, 원고의 뒷배로부터 부정한 청탁을 받았다는 사실을 확정적으로 의미하기도 합니다.

그 이유는 원고가 자신의 뒤를 봐주는 뒷배에 힘입어 윤석열 정부 경찰과 검찰로부터 수십 년간 변호사법위반과 고도의 사기행각 범행 등이 기재된 2021. 10. 5.자 '관피모사건 고소장'(을나 제1호증, 별권 책자 제78~104쪽)에 대한 수사를 전혀 받지 않고 현재에 이르기까지 치외법권 지위를 누리고 있는 상황에서, 원심 판사 역시 원고 구수회의 뒷배로부터 부정한 청탁을 받지 않고서는 소송 사기꾼이자[26] 사건 브로커 역할에 불과한 원고 구수회에게 굳이 승소하도록 하기 위해

---

[26] 이 사건 재판기록에 첨부되어 있는 2025. 1. 27.자 피고 이채문의 참고서면 진술내용에 의하면, "원고 구수회는 국군기무사령부에서 군무원으로 근무하던 중 유부녀와 맺은 불륜으로 근무시간에 십 수회나 부대를 이탈하여 인근의 모텔을 전전하며 밀회를 즐기는 등 부대근무에 태만했을 뿐만 아니라 부대에 큰 불명예를 끼쳤으며,........이로 인해 징계처분으로 권고사직을 당하여서 스스로 사직서를 제출했다고 자인을 했으며, 사직 후에는 "강압에 의해서 할 수 없이 사직서를 제출했다"며 서울중앙법원에 손해배상청구(중앙2001가합25301)를 했으나 패소하자, 다음해에는 행정법원에도 "강압에 의한 사직서 제출이었다"며 '면직무효확인' 소송(2002구합11590)을 냈으나 패소판결을 받는 등........ 소송사기를 24년 동안 17번째 저지르고 있는 소송사기 범죄자입니다." 라고 기재해 놓고 있으며, 거기에 관련 자료까지 첨부해 놓고 있습니다.

이 사건 판결문을 허위내용으로 작성하여야 할 하등의 이유가 없기 때문입니다.

Ⅲ. 피고의 원심 판결문에 대한 구체적 고찰

1. 판결문 기재내용27) 및 피고의 반박28)

- 이 유 -

1. 본소청구에 관한 판단

가. 인정사실

4) 피고 임찬용은 2022. 9. 24. 22 : 39 다음 카페인 관청피해자 모임에, 이 카페지기이자 고도의 사기꾼 원고가 구속되어야 할 신문기사(원고는 윤통 탄핵원인 제공자이자 검찰의 선택적 수사 수혜자)라는 제목으로 LPN로컬파워뉴스 신문기사 링크를 게시하였다.(이하 위 게시물을 '이 사건 게시물'이라 한다)

【피고의 반박 ①】

피고는 원심 판사가 작성한 위 '가. 인정사실' 기재내용에 대하여 2024. 2. 8.자 피고 답변서 등에 기재된 내용과 동일하므로 전혀 이의가 없습니다. 다만, 위 '가. 인정사실' 기재내용의 요약 표현을 '이 사건 게시물'이라고 표시한 반면, 피고는 '피고행위'라고 표시하여 놓고

---

27) 원심 판사 한나라가 작성한 이 사건 판결문 기재내용 중 이유 기재 부분을 이 곳에 그대로 옮깁니다.

28) 피고의 반박 글은 알아보기 쉽도록 하기 위하여 문자 【 】안에 기재합니다.

있습니다. 이에 피고는 이 항소장에서는 원심 판사 표현대로 '이 사건 게시물'로 표시하고자 합니다.

나. 판단

1) 손해배상책임의 발생

민법상 불법행위가 되는 명예훼손이란 사람의 품성, 덕행, 명성, 신용 등 인격적 가치에 대하여 사회로부터 받는 객관적인 평가를 침해하는 행위를 말하고, 그와 같은 객관적인 평가를 침해하는 것인 이상 의견 또는 논평을 표명하는 표현행위에 의하여도 성립할 수 있으나, 단순한 의견 개진만으로는 상대방의 사회적 평가가 저해된다고 할 수 없으므로 의견 또는 논평의 표명이 사실의 적시를 전제로 하지 않는 순수한 의견 논평일 경우에는 명예훼손으로 인한 손해배상책임은 성립되지 아니하나, 한편 여기에서 말하는 사실의 적시란 반드시 사실을 직접적으로 표현한 경우에 한정할 것은 아니고, 간접적이고 우회적인 표현에 의하더라도 그 표현의 전 취지에 비추어 그와 같은 사실의 존재를 암시하고 또 이로써 특정인의 사회적 가치 내지 평가가 침해될 가능성이 있을 정도의 구체성이 있으면 족하다. (대법원 2000. 7. 8. 선고 99다6203 판결 참조)

위 인정사실에 의하면, 피고들이 전송한 메시지나 게시한 글은 그 내용상 원고의 사회적 가치 내지 평가를 침해할 가능성이 충분하므로, 피고들의 위와 같은 행위는 원고에 대하여 명예훼손을 구성한다.

원고가 피고들의 위와 같은 불법행위로 인하여 정신적 고통을 당하였을 것임은 경험칙상 분명하므로, 피고들은 원고에게 위 손해를 배상할 책임이 있다.

【피고의 반박 ②】

○ 사실 관계

원심 판사 한나라는 피고 임찬용의 법적책임이라고 할 수 있는 '이 사건 게시물'에 대하여 위 대법원 판례를 적용하여 원고 구수회의 승소 판결 근거로 삼고 있습니다.

이에 반해 피고는 '이 사건 게시물'은 원고에게 명예를 훼손하였다는 법적 책임은 물론 도덕적 책임까지 져야 할 하등의 이유가 없으며, 오히려 국가로부터 훈장을 받을 만한 정의로운 일을 하였다고 계속 주장해 오고 있습니다. (2024. 2. 8.자 피고 답변서, 2024. 3. 28.자 (피고 반소장) 청구취지 및 청구원인 변경신청서 등 다수 서면 참조)

그렇다면, 피고는 원심 판사가 '이 사건 게시물'과 관련된 사실을 왜곡한 후 이를 원고에게 승소 판결할 목적으로 위 대법원 판례를 무리하게 적용하려는 시도의 부당성을 더욱 더 구체적으로 살펴보기 위하여 피고가 담당 재판부에 제출한 2024. 10. 7.자 피고 준비서면 중에서 "Ⅰ. 2024. 10. 2. 변론기일에 있었던 원고와 피고 간 공방 내용"을 아래와 같이 그대로 옮겨 적어 보겠습니다.

- 아 래 -

1. 원고와 피고 간 공방이 일어난 경위

당일 변론기일에 재판장님께서는 재판정에 설치된 대형 화면을 피고에게 보여주면서 그동안 피고가 제출해 온 준비서면을 확인시켜 주고 있었습니다.

피고는 그 과정에서 재판장님께 "2024. 7. 22.자 피고 준비서면을 통하여 그 동안 원고가 제출해온 본소 소장을 비롯한 모든 준비서면에 대하여 하나도 예외 없이 허위내용으로 작성되어 있다는 사실을 입증하였고, 그 이후의 원고 준비서면에 대하여도 2024. 9. 19.자 피고 준비서면을 통하여 허위사실로 작성되어 있다는 사실을 입증하였습니다. 오늘 변론기일에 원고에게 실체적 진실에 부합한 준비서면을 단 한 건이라도 제출한 사실이 있는지 이를 확인시켜 주십시오"라는 취지로 얘기하였습니다.

그러자, 피고 옆에 앉아 있던 원고가 기다렸다는 듯이 대뜸 일어나,

"본소 소장에 기재된 내용으로서 피고 임찬용은 2022. 9. 24. 22시 39분에 사피자 9,500명이 모셔진 다음카페 관청피해자모임 자유게시판 1-42417번 글에서 원고 구수회에 대하여 〈이 카페지기이자 고도의 사기꾼 구수회가 구속되어야 할 신문기사 (구수회는 윤통의 탄핵 원인 제공자이자 검찰의 선택적 수사 수혜자)〉란 제목을 기재해 놓고, 바로 그 아래에 LPN로컬파워뉴스 신문기사를 링크해 놓았던 바 (이하, '피고 행위'), 이는 원고 구수회의 명예를 훼손한 불법행위 입니다"라는 취지로 주장하고 나섰습니다. [29]

---

29) 피고는 원고의 위와 같은 주장을 반박하기 위한 2024. 2. 8.자 피고 답변서에서,

"Ⅰ. 원고가 이 사건 손해배상 청구의 소를 제기하게 된 배경" 항목에서는 "결국, 성남검찰이 법과 원칙에 따라 2022. 9. 26.자 '구수회 고소장'(별권책자 제432~437쪽)에 기재된 임찬용의 범죄사실에 대해서는 당초 경찰에서 결정한 각하 처분으로 사건을 종결시키고, 2023. 1. 5.자 '임찬용 고소장'(별권책자 제438~472쪽)에 기재된 구수회의 범죄사실에 대해서는 증거관계가 명백하므로 구수회를 구속수사 하는 등 제대로 된 검찰권을 행사하였다면, 감히 원고 구수회가 이 사건 손해배상 청구의 소를 제기할 엄두조차 내지 않았음은 너무도 명백하다고 할 것입니다."라고 기재해 놓았고,

이에, 피고는 원고의 궤변에 찬 주장에 어찌나 화가 났던지 법정에서 큼직한 소리로,

"그럼 수시로 큰 도적질 하는 사람에게 도둑놈이라고 큰 소리를 치지 못하고 계속 도적질을 하도록 내버려 둬야 합니까? 실제 도적질하는 현장을 목격한 사람이 '도둑놈이야' 큰 소리 치면서 수사기관에 신고한 사실과 수십 년간 변호사법위반과 고도의 사기행각을 해오고 있는 원고를 발견하고 피고가 원고를 특정하여 LPN로컬파워뉴스 인터넷 신문과 약 만 명에 이르는 관청피해자모임 자유게시판에 제2, 제3의 피해자가 발생하지 않도록 하기 위해 '고도의 사기꾼'이라고 게재하며 수사기관에 원고의 범죄사실을 신고한 사실과는 뭐가 다릅니까?

(피고는 별권책자 제94쪽을 펼쳐들면서 계속하여) 원고는 이 책 '핵심입증자료'에 기재된 바와 같이 '① 변호사가 해야 할 일 90% 행정사가 가능하다, ② 행정사 20년 하면서 행정심판 1,900건 수임 진행하였고, 행정사 수수료 1억을 5번 받았다, ③ 무혐의 된 고소를 행정

"Ⅱ. 이 사건 '피고 행위'와 관련된 법적 책임 소재 규명" 항목에서는 "피고는 '피고 행위'에 대하여 원고에게 법적 책임은 물론 도덕적 책임마저도 져야 할 어떠한 이유도 없습니다. 오히려 피고는 '피고 행위'로 인해 국가로부터 훈장을 받아야 할 정의로운 일을 하였을 뿐입니다. 그 이유는 ① 이 카페 자유게시판에 게시된 '피고 행위'와 관련된 글 제목이나 신문기사 내용은 모두 실체적 진실에 부합하게끔 작성되었다는 점, ② 검찰이 수도권 사법경찰관을 총동원하여 수십 년간 변호사법 위반과 고도의 사기행각을 해오고 있던 관피모 사건을 은폐하고 있는 상황에서, 피고가 선택적 수사에 익숙한 썩은 검찰의 개혁을 통하여 사법정의를 구현함과 동시에, 그동안 변호사법위반과 사기행각을 해 온 원고로부터도 다시는 제2, 제3의 피해자가 발생해서는 안 된다는 공익목적의 사명감을 추구하고자 함에 있었기 때문입니다.

따라서 피고는 '피고 행위'로 인하여 원고에게 불법적인 피해를 입힌 사실이 전혀 없으며, 오히려 원고는 피고를 상대로 서울중앙지방법원에 이 사건 손해배상 청구의 소를 제기하는 소송사기극을 펼침으로써 피고에게 불법적인 피해를 입혔습니다."라고 기재해 놓고 있습니다.

물론 피고는 원고의 근거 없는 주장과 달리 피고의 위와 같은 기재 내용에 대해서는 항상 그에 대한 입증자료를 특정해 놓았습니다.

심판으로 살린다. 재개발 조합장을 징역 보내는 방법, 대법원 패소된 사건을 행정사가 살린다.'는 허위 광고를 해대며 약 만 명에 이르는 관청 피해자모임 카페 회원을 비롯한 불특정 다수에게 수십 년간 변호사법 위반과 고도의 사기행각을 해오고 있습니다."라는 취지로 울분을 토하자,

원고는 기다렸다는 듯이 자리에서 펄쩍 일어나, 재판장님을 상대로 피고가 허위광고라고 지적한 바 있는 위 ②항과 관련하여 "사실 제가 행정사 하면서 수수료 1억을 5번 받은 등 돈을 엄청 많이 벌어 부자가 되었다"는 취지로 자기 자랑을 하고 있었습니다.

이에, 피고는 원고와의 논쟁이 무의미하다고 판단하고 재판장님께 "지금껏 제출된 증거자료를 근거로 신속한 판결을 내려주십시오. 그 판결문을 근거로 삼아 우리나라 형사사법시스템을 붕괴시켜 버리고 형사법상 치외법권지위를 누리고 있는 원고에 대해 2021. 10. 5.자 '관피모사건 고소장'(별권책자 제78~104쪽)을 재고소 하겠습니다"라는 의사를 밝히고 원고와의 공방을 마친 사실이 있습니다.

ㅇ 피고 의견

피고는 위 사실관계에서 살펴본 바와 같이 수십 년간 고도의 사기 행각을 해오고 있던 원고를 발견하고 '고도의 사기꾼'이 명백하므로 수사기관에 신고함과 동시에, 원고로부터 제2, 제3의 피해자가 발생 하지 않도록 하기 위해 원고를 특정하여 '고도의 사기꾼'이라는 문구를 집어넣어 '이 사건 게시물'을 작성하였습니다. 그런데 원심 판사는 이를 두고 피고가 원고에게 명예를 훼손한 불법행위를 하였다고 판단하고 있습니다.

원심 판사의 판단대로라면, 원고가 상습적으로 도둑질을 계속 해오고 있던 도중 이웃 주민 A라는 사람에게 발각되었고, 그 이웃 주민 A라는 사람이 원고를 특정하여 '도둑놈 잡아라!'며 이웃주민들에게 소리치면서 수사기관에 신고함과 동시에 이웃주민들에게도 원고를 특정하여 '고도의 도둑놈'이라는 게시물을 작성하였다면 A라는 사람은 원고에게 명예훼손이라는 불법을 저질렀으므로 그에 대한 손해배상 책임이 있다는 논리로 귀결됩니다.

　이는 원심 판사가 원고에게 의도적으로 승소를 안겨주기 위해 부당하고 편협한 법 해석이며 앞뒤가 뒤바뀐 왜곡된 판단이라고 아니할 수 없습니다.

　국가가 불특정 다수에게 피해를 입혀왔던 원고의 범죄를 찾아내 처벌하지는 못할망정 이를 대신하여 온 피고나 위 A사람에게 훈장은커녕 오히려 그들의 정의로운 일을 범죄행위로 치부하고 범죄자인 원고에게는 면죄부를 주는 원심 판사의 판단은 법이 공동사회 유지에 아무런 소용이 없다는 사실을 역설적으로 증명하고 있다고 보여 집니다.

　이와 같은 사정에 비추어볼 때 피고의 '이 사건 게시물'은 법률상 정당행위로서 위 대법원 판례가 적용될 여지는 전혀 없습니다.

　이 점과 관련, 원심 판사의 판단에 어떠한 문제가 있는지 줄을 바꿔 더욱 살펴보겠습니다.

　- 위 사실관계에서 밝혀진 바에 의하면, 원고 구수회는 원심 판사 앞에서 '관피모 사건 고소장'(별권책자 제78~104쪽, 을나 제1호증)에 기재된 바대로, 자신이 카페지기로 있는 '관청피해자모임' 약 만 명의

회원을 상대로 수십 년간 위 '핵심입증자료'에 기재된 허위광고를 해대며 법률사무에 종사해 온 사실을 시인하고 있고, 특히 위 ②항에 대해서는 "사실 제가 행정사 하면서 수수료 1억을 5번 받은 등 돈을 엄청 많이 벌어 부자가 되었다"는 취지로 자랑까지 하였다면, 이는 원고가 자신이 카페지기로 있는 약 만 명의 회원들에게 허위광고를 해대며 사기죄에 있어서 기망의 착수를 하였다고 봄이 상당합니다.

- 이에 터 잡아, 원고 구수회는 자신의 뒷배 배경에 힘입어 '관피모 사건 고소장'에 기재된 수십 년간 변호사법위반과 고도의 사기행각에 대한 수사를 받지 않고 치외법권 지위를 누리고 있는 상황에서, 피고에게 '원고는 고도의 사기꾼'이라고 기재해 놓은 '이 사건 게시물'에 대한 법적책임을 물을 수 없습니다.

그 이유는 앞서 확인한 대로 원고는 수십 년간 자신이 카페지기로 있는 약 만 명에 가까운 회원들을 상대로 민·형사상 사건 수임을 받기 위하여 허위광고를 해대며 거짓말을 해왔기 때문입니다. 즉 원고는 현재에도 사기죄에 있어서 기망의 착수를 실행한 사기 미수범의 신분에 있습니다.

정의롭고 공정한 재판운영과 사법정의를 실현하여야 할 원심 판사의 입장에서 살펴보면,

. 원심 판사는 원고가 이 사건 변론기일에 출석하여 위 '핵심입증자료'를 이용하여 고객을 유치하여 왔다고 시인한 사실, 위 '핵심입증자료' ②항과 관련하여 "사실 제가 행정사 하면서 수수료 1억을 5번 받은 등 돈을 엄청 많이 벌어 부자가 되었다"는 취지로 자랑까지 한 사실을 직접 목격하였습니다.

. 그럼에도 불구하고 원심 판사는 위 '핵심입증자료'에 나타난 허위광고라는 원고의 기망행위로 인하여 실제 피해를 입은 피해자가 얼마나 되는지, 원고가 행정사 수수료 1억을 5번 받는 등 돈을 엄청 많이 벌어 부자가 되는 과정에서 위 허위광고를 통한 사기죄는 물론 변호사법 위반을 범한 사실은 없는지, 그에 대한 증거조사나 판단을 전혀 하지 않았습니다.

. 결국 원심판사는 이 사건 핵심쟁점이 되는 사안으로서 원고가 수십 년간 위와 같이 허위광고를 통하여 사건수임 활동을 해왔다는 사실을 사실상 시인하고 있는데도 그에 대한 증거조사나 심리를 전혀 하지 아니한 채 이 사건에 대한 허위 판결문을 작성하여 원고에게 승소판결을 내려버렸습니다. 이는 법관으로서의 양심과 자질은 고사하고 원고의 범죄를 은폐한 공범으로 처벌받아 마땅합니다.

2) 피고 임찬용의 항쟁에 관한 판단

피고 임찬용은 이 사건 게시물의 제목과 기사 내용은 모두 진실이고, 오로지 공공의 이익에 관한 것이므로 손해배상책임이 없다는 취지로 주장한다.

그러나 을나 제1호증의 기재 등 피고 임찬용이 제출한 증거만으로는 이 사건 게시물의 제목과 내용이 진실이고 공공의 이익에 관한 것이라고 인정하기에 부족하고 달리 이를 인정할 증거가 없으므로, 피고 임찬용의 위 주장은 받아들이지 않는다.

【피고의 반박 ③】

ㅇ 사실 관계

피고는 2024. 2. 8.자 답변서에서 2024. 1. 12.자 본소 소장에 대하여 소송사기에 해당한다며 다음과 같이 반박한 바 있습니다.

- 다 음 -

피고는 '피고 행위'[30]에 대하여 원고에게 법적 책임은 물론 도덕적 책임마저도 져야 할 어떠한 이유도 없습니다. 오히려 피고는 '피고 행위'로 인해 국가로부터 훈장을 받아야 할 정의로운 일을 하였을 뿐 입니다.

그 이유는 ① 이 카페 자유게시판에 게시된 '피고 행위'와 관련된 글 제목이나 신문기사 내용은 모두 실체적 진실에 부합하게끔 작성되었다는 점, ② 검찰이 수도권 사법경찰관을 총동원하여 수십 년간 변호사법 위반과 고도의 사기행각을 해오고 있던 관피모 사건을 은폐하고 있는 상황에서[31], 피가 선택적 수사에 익숙한 썩은 검찰의 개혁을 통하여 사법정의를 구현함과 동시에, 그동안 변호사법위반과 사기행각을 해온 원고로부터도 다시는 제2, 제3의 피해자가 발생해서는 안 된다는 공익 목적의 사명감을 추구하고자 함에 있었기 때문입니다.[32]

---

[30] 피고는 앞서 '피고 행위'와 '이 사건 게시물'은 동일한 요약 표현으로서 이 사건 항소장에서는 원심 판사의 표현대로 '이 사건 게시물'로 표시하기로 하였습니다.

[31] 별권책자(을 제1호증)속에는 '관피모 사건' 및 이를 은폐 수사한 '경찰관의 범죄'와 관련, 대부분의 지면을 활용하여 법무부(당시 장관 한동훈)를 비롯한 수원지방검찰청 성남지청, 서울서부지방검찰청, 서울북부지방검찰청, 수원고등검찰청, 서울고등검찰청 등 수도권 소재 각급 검찰청 소속 정치(비리)검사들이 원고 구수회에 대해서는 허위 내용의 불기소결정서 및 항고기각결정문을 작성하는 수법을 통해 은폐수사 및 조작수사를 실시하고, 피고 임찬용에 대해서는 과잉수사 및 보복 수사로 대응해 오는 과정이 적나라하게 소개되고 있습니다.

[32] 이를 입증하는 증거자료로는 별권책자(피고 을 제1호증) 제435쪽에 기재되어 있는 2022. 9. 26.자 '구수회 고소장' 중 '3. '임찬용'의 범죄 행위 1' 항목의 댓글 내용 및 별권책자(피고 을 제1호증) 제455쪽에 기재된 2023. 1. 5.자 '임찬용 고소장' 첨부(증거)서류 중 '첨부 차'의 댓글내용 각 참조

따라서 피고는 '피고 행위'로 인하여 원고에게 불법적인 피해를 입힌 사실이 전혀 없으며, 오히려 원고는 피고를 상대로 서울중앙지방법원에 이 사건 손해배상 청구의 소를 제기하는 소송사기극을 펼침으로써 피고에게 불법적인 피해를 입혔습니다.[33]

○ 피고 의견

원심 판사는 애매모호한 문장을 사용한 허위내용의 판결문을 작성하여 의도적으로 원고에게 승소를 안겨주고 있습니다.

원심 판사가 작성한 "을나 제1호증의 기재 등 피고 임찬용이 제출한 증거만으로는 이 사건 게시물의 제목과 내용이 진실이고 공공의 이익에 관한 것이라고 인정하기에 부족하다"라는 기재부분에 대한 해석과 관련, ① 이 사건 게시물의 제목과 내용이 진실이고 공공의 이익에 관한 것이라고 인정은 되나 그 증거가 부족하다는 것인지, ② 이 사건 게시물의 제목과 내용이 진실이고 공공의 이익에 관한 것이라고 인정할 수 없을 정도의 증거가 없다는 것인지 명확하지가 않습니다.

위 ①항 및 ②항의 문장 앞에 "을나 제1호증의 기재 등 피고 임찬용이 제출한 증거만으로는"이라는 표현이 있는 점으로 보아 언뜻 문맥상 위 ①항이 맞을 것으로 보이나, 이는 피고가 승소되는 결과에 이르기 때문에 원심 판사는 위 ②항에 무게 중심을 둔 게 아닌가 싶습니다.

그러나 위 ①항이 맞든 ②항이 맞든 "이 사건 게시물의 제목과 내용이 진실이고 공공의 이익에 관한 것이라고 인정하는 자료가 부족하다"는

---

33) 이 점에 대해서는 원고를 반소피고로 특정한 반소장을 새로 제출하여 별도로 다툴 예정입니다.

취지의 원심 판사의 기재내용은 새빨간 거짓말입니다.

원심 판사가 요구하고 있는 "이 사건 게시물의 제목과 내용이 진실이고 공공의 이익에 관한 것이라고 인정할 수 있는 증거"로는 분량이나 개수 등 양면에서 그 증거가 차고 넘칩니다.

이를 대략적으로 제시해 보면,

㉮ 을나 제1호증에 기재된 511쪽에 이르는 거의 대부분의 지면은 원고 구수회가 수십 년간 변호사법위반과 고도의 사기행각 범행을 해왔다는 사실, 윤석열 정부 경찰 및 검찰이 구수회의 뒷배 영향력 행사로 이를 은폐·조작 수사를 실시해 왔다는 사실 등이 관련 증거자료와 함께 상세히 기재되어 있어 원심 판사가 요구하는 자료로는 충족하고도 남음이 있습니다.

㉯ 또 피고가 원고로부터 제2, 제3의 피해자가 발생하지 않도록 하기 위해 이 사건 게시물을 게시하였다는 입증자료 역시 앞서 살펴 본 2024. 2. 8.자 답변서 '주석 9'에 기재된 내용으로서 "별권책자(을나 제1호증) 제435쪽에 기재되어 있는 2022. 9. 26.자 '구수회 고소장' 중 '3. '임찬용'의 범죄 행위 1' 항목의 댓글 내용 및 별권책자(을나 제1호증) 제455쪽에 기재된 2023. 1. 5.자 '임찬용 고소장' 첨부(증거)서류 중 '첨부 차'의 댓글내용"이 있습니다.

㉰ 원고 구수회는 2022. 9. 26. 피고를 상대로 '이 사건 게시물'로 인하여 명예가 훼손되었다며 서울서초경찰서에 고소장을 제출하였으나, (이하, '구수회 고소장', 별권책자 제432~437쪽) 이를 이송받은 성남수정경찰서 수사과 경사 이용일 수사관은 위 '구수회 고소장'이 각하

사유에 해당한다고 판단하고, 2023. 1. 19.경 당시 피의자 신분인 피고 임찬용을 소환조사를 실시하지 않은 채 불송치(각하) 결정으로 검찰에 송치하였습니다.

그러나 수원지검성남지청 검사 김한나는 2023. 4. 26.경 '구수회 고소장'으로는 피고 임찬용을 처벌할 수 없을 뿐만 아니라 명백한 각하 사유임을 누구보다도 더 잘 알고 있었음에도 불구하고 검찰개혁을 외쳐왔던 피고 임찬용에게 보복수사를 가하고, 위 '구수회 고소장'과 맞고소 성격에 있는 2023. 1. 5.자 '임찬용 고소장'(별권책자 제438~472쪽)에 기재된 원고 구수회의 무고죄 및 정보통신망법상 허위사실 적시에 의한 명예훼손죄를 은폐할 목적으로 위 '구수회 고소장'에 기재된 정보통신망법상 허위사실 적시 명예훼손죄를 모욕죄로 바꿔 경찰에 보완수사요구권을 발동하였습니다. 이는 명백한 검찰권남용에 해당합니다.

그 후 피고는 2024. 1. 19.경 이용일 수사관으로부터 모욕죄 부분과 관련된 경찰조사를 받고, 그 즉시 경찰의 불송치(무혐의) 결정으로 수원지검성남지청에 송치되었고, 동 지청 문하경 검사는 2024. 2. 13.경 경찰의 불송치(무혐의) 결정을 최종 검토한 후 그 기록을 경찰에 반환한 바 있습니다.(입증자료 : 을나 제2호증, 2024. 1. 29.자 원고 등에 대한 불송치(각하) 결정 이의신청서 제2~7쪽, 을나 제2호증의 1, '구수회 고소장' 처분과 관련, 수원지검성남지청 2023형제2154 등 검찰사건 조회 내역 3부)

이로써 경찰 및 검찰 수사과정에서도 '이 사건 게시물'을 처벌해 달라는 취지의 위 '구수회 고소장'은 "이 사건 게시물의 제목과 내용이 진실이고 공공의 이익에 관한 것이라고 인정"되는 원심 판사의 요구사항이 충족되어 당초 피고에게 적용되었던 명예훼손에서는 각하처분, 나중에 피고에게 적용되었던 모욕죄에서는 혐의없음 처분이 최종 확정되었습니다.

결국 원심 판사의 위 "2) 피고 임찬용의 항쟁에 관한 판단" 기재부분은 100% 허위사실로 판명이 났습니다.

원심 판사의 '판단' 기재부분이 위와 같이 허위사실로 판명날 수밖에 없는 이유는 앞서 'Ⅱ. 피고의 원심 판결문에 대한 총평' 항목에서 살펴본 바와 같이, 원고가 제출한 모든 서면과 그에 따른 증거자료는 예외 없이 피고의 서면 및 증거자료에 의해 100% 허위사실로 밝혀진 데다, 원심 판사 역시 원고를 승소시키기 위한 허위 판결문을 작성하기 위해서는 피고가 제출한 증거자료를 거의 채택하지 않아야 하거나, 극히 일부를 채택하더라도 이를 왜곡하고 달리 해석해야 하기 때문입니다.

2. 피고 임찬용의 반소청구에 관한 판단

가. 인정사실

1) 원고는 2022. 9. 26. 이 사건 게시물에 대해 피고를 정보통신망이용촉진및정보보호등에관한법률위반(명예훼손) 혐의로 고소하였다.

2) 피고 임찬용은 2023. 1. 5. 원고가 2022. 5. 10.경부터 게시한 글 및 원고의 위 고소행위에 대해 원고를 정보통신망이용촉진및정보보호등에관한법률위반(명예훼손) 및 무고 혐의로 고소하였다.

피고 임찬용이 고소한 원고의 피의사실 중 명예훼손 부분은 원고가 ① 2022. 5. 10. 02:23경 관청피해자모임 카페에 "사피자가 사피자에게 죄를 짓는 놈은 구속시켜라. 허위고소도 반드시 무고로 처단하라."라는 글을 게시하였고, ② 2022. 5. 13. 10 : 22 구수회 행정심판전문사무소 카페에 "전 검찰과장 출신 회원이 원고와 변호사를 고소, 무혐의 받음. 다른 사람도 아니고 검찰과장이 이렇게 법을 너무 너무 모른다는 것을 발견했습니다. 검찰 수사과장 출신이 맞나요. 그렇게 법과 윤리를 모르시니 검찰조직에서 도태가 된 것 아닌가요."라는 글을 게시하였으며, 관청피해자모임 카페에 ③ 2022. 9. 26. 04 : 04 "타인을 고소할 때 범죄내용을 6하원칙으로 적어야 하는데 전혀 6하원칙이 없음. 전직 검찰수사과장이 고소장을 저렇게 작성하니 검찰 모두가 욕먹는 거죠."라는 글을, ④ 2022. 9. 26. 10 : 07 "댓글에서 재미나는 진실이 나옴-원고가 사피자 2명(피고 임찬용 검찰수사과장님, 정○○)을 고소함."이라는 글을, ⑤ 2022. 9. 26. 12 : 18 "고소장이 얼마나 6하 원칙이 안 되었으면 경찰이 원고를 조사도 안했겠어요."라는 글을, ⑥ 2023. 9. 27. 20 : 07경 "증거도 없고, 6하원칙도 없어요. 원고가 저질러 온 변호사법위반 및 사기행각이라고 고소했으면 성공을 시켜야하는데....... 무혐의가 됐으면 그 다음은 너가 책임져야지 우리카페 곳들은 너처럼 6하 원칙 없이 고소하는 놈은 1명도 없다."라는 글을 각 게시하였다는 것이다.

성남수정경찰서는 2023. 7. 18. 위 고소사건에 대해 피고 임찬용에 대한 특정성을 인정할 수 없고, 전체적 내용으로 보아 원고의 주관적 의견 표현에 불과하며, 원고가 사실을 신고하여 무고의 범죄를 구성하지 않는다는 이유로 원고에 대해 각하의견으로 불송치결정을 하였다.

3) 원고는 2024. 1. 12. 이 법원에 피고 임찬용을 상대로 이 사건 게시물로 인한 손해배상을 구하는 이 사건 본소를 제기하였다.

[인정근거] 다툼 없는 사실, 갑 제16호증, 을나 제2호증의 각 기재,

이 법원에 현저한 사실, 변론 전체의 취지

나. 피고 임찬용의 주장요지

피고 임찬용은 이 사건 게시물의 제목과 신문기사 내용은 모두 진실에 부합하고 공익적 목적에서 작성한 것이므로 원고가 이 사건 게시물로 인해 불법적인 피해를 입은 사실이 없음에도, 원고가 2022. 9. 26. 이 사건 게시물에 관하여 피고 임찬용을 고소한 것은 무고죄에 해당하고 2024. 1. 12. 서울중앙지방법원에 피고 임찬용을 상대로 이 사건 소를 제기한 것은 소송사기이다.

【피고의 반박 ④】

원심 판사의 '판단' 부분이 아닌 데다, 사건 전개과정 등을 다루고 있어 이의 없습니다. 다만, '나. 피고 임찬용의 주장요지' 중 무고죄 해당부분은 '이 사건 게시물'이 아니라, 2022. 9. 26.자 '구수회 고소장' 중 허위사실이 기재된 "4. '임찬용'의 범죄 행위 2" (별권책자 제436~437) 입니다.

다. 판단

1) 무고 부분

피고소인이 고소인이 고소한 피의사실로 수사의 대상이 되어 무혐의 처분을 받았다고 하더라도 그 고소가 권리의 남용이라고 인정될 수 있는 정도의 고의 또는 중대한 과실에 의한 것이 아닌 이상, 고소인의 행위를 불법행위라고 단정할 수 없고(대법원 2007. 4. 12. 선고 2006다46360 판결 등 참조). 고소인의 고소 내용이 터무니없는 허위사실이 아니라 사실에 기초하여 그 정황을 다소 과장하였다거나 법률을 잘못 적용한 것에 불과한 경우 고소인의 행위가 피고소인에 대한 불법행위를 구성하지는 않는다.(대법원 2006. 4. 28. 선고 2005다29481 판결 등 참조)

앞서 본 바와 같이 원고의 고소는 사실에 기초한 점인 등에 비추어 피고 임찬용의 위와 같은 주장 사정 및 제출 증거만으로는 원고의 고소가 피고 임찬용에 대한 무고에 해당한다고 인정하기에 부족하고 달리 이를 인정할 증거가 없다.

【피고의 반박 ⑤】

ㅇ 사실 관계

- 원심 판사가 작성해 놓은 위 무고 부분 '판단' 기재내용은 피고가 이 사건 담당재판부에 제출한 2024. 1. 29.자 원고 등에 대한 불송치(각하) 결정 이의신청서(을나 제2호) 제9쪽 기재내용 중 성남수정경찰서 김경환 수사관이 작성한 "나. 피의자 구수회의 무고죄에 대하여"의 '판단' 기재부분 핵심 내용을 그대로 이 사건 판결문에 옮겨 놓았습니다.

- 원고 구수회의 무고죄 성립 여부에 대한 판단과 관련, 경찰 수사관 김경환이 작성해 놓은 기재부분과 원심 판사가 작성해 놓은 기재부분을 아래에 그대로 옮겨 적습니다.

(① 경찰 수사관 김경환이 작성해 놓은 기재부분)

고소인(이 사건 피고)은 증거자료를 토대로 기사를 작성하였기 때문에 허위의 내용이 없음에도 불구하고, 피의자 구수회가 고소장을 제출하여 자신을 무고했다고 주장하나, 무고죄는 타인으로 하여금 형사처분 또는 징계처분을 받게 할 목적으로 공무소 또는 공우원에 대하여 허위의

> 사실을 신고한 자 처벌하는 것으로써, 피의자 구수회는 고소인이 작성한 기사 및 댓글 내용을 있는 그대로의 사실을 신고한 것으로 확인되는 등 피의사실이 범죄를 구성하지 않는다.

(② 원심 판사 한나라가 작성해 놓은 기재부분)

> 앞서 본 바와 같이 원고의 고소는 사실에 기초한 점인 등에 비추어 피고 임찬용의 위와 같은 주장 사정 및 제출 증거만으로는 원고의 고소가 피고 임찬용에 대한 무고에 해당한다고 인정하기에 부족하고 달리 이를 인정할 증거가 없다.

항소심 재판장님!!

위 ①항 기재내용과 위 ②항 기재내용은 뭐가 다릅니까?

원심 판사 한나라가 원고 구수회의 뒷배로부터 부정한 청탁을 받고 허위내용의 판결문을 작성한다고 하더라도, 명색이 법관이라는 사람이 경찰 수사관이 허위로 작성해 놓은 '판단' 기재부분을 그대로 이 사건 판결문에 옮겨 적어 놓아야 되겠습니까?

우리나라 법관 수준이 다 이러지는 않겠지요?

당장 위 사실을 대법원장이나 법원행정처장에게 보고하여 징계조치를 취해 주시기 바랍니다.

○ 피고 의견

원심 판사는 이 사건과 전혀 부합하지 않는 위 대법원 판례들을 억지로 끌고 와 원고 구수회의 승소 판결을 위한 근거로 삼고 있습니다.

피고가 제출한 별권책자(을나 제1호 증) 전 과정을 살펴보면, 경찰 및 검찰에서 사건 은폐·조작을 위해 위와 같은 수법을 사용한 사실을 쉽게 발견할 수 있을 것입니다.

원심 판사 역시 이 사건 허위판결문을 작성함에 있어 수사기관의 사건 은폐·조작 수법을 사용하고 있다는 사실에 경악을 금치 못하겠습니다.

원심 판사는 원고 구수회의 무고죄 불성립 근거로 앞서 살펴 본 성남수정경찰서 김경환 수사관의 의견대로 2022. 9. 26.자 '구수회 고소장'(별권책자 제432~437쪽)이 사실에 기초하여 작성되었다는 취지로 기재해 놓고 있으나, 이는 새빨간 거짓말입니다.

피고는 위 '구수회 고소장'이 허위 사실로 작성되어 있다는 사실과 관련, 2023. 1. 5.자 '임찬용 고소장' 중 구수회의 무고죄 부분(별권책자 제456~458쪽)에 기재해 놓고 있으며, 그 입증자료 또한 '주석 123'에 특정해 놓았습니다.

2) 소송사기 부분

법적 분쟁의 당사자가 법원에 대하여 당해 분쟁의 종국적인 해결을 구하는 것은 법치국가의 근간에 관계되는 중요한 일이므로 재판을 받을 권리는 최대한 존중되어야 하고, 제소행위나 응소행위가 불법행위가 되는지를 판단함에 있어서는 적어도 재판제도의 이용을 부당하게 제한

하는 결과가 되지 아니하도록 신중하게 배려하여야 한다.

 따라서 법적 분쟁의 해결을 구하기 위하여 소를 제기하는 것은 원칙적으로 정당한 행위이고, 단지 제소자가 패소의 판결을 받아 확정되었다거나 그 주장이 배척되었다는 점만으로 곧바로 그 소의 제기가 불법행위였다고 단정할 수는 없고, 당해 소송에서 제소자가 주장한 권리 또는 법률관계가 사실적·법률적 근거가 없고, 제소자가 그와 같은 점을 알면서, 혹은 통상인이라면 그 점을 용이하게 알 수 있음에도 불구하고 소를 제기하는 등 소제기가 재판제도의 취지와 목적에 비추어 현저하게 상당성을 잃었다고 인정되는 경우에 한하여 불법행위가 성립할 여지가 있을 뿐이다.(대법원 2002. 5. 31. 선고 2001다64486 판결 등 참조)

 위 인정사실에 의하면, 원고의 이 사건 본소는 피고의 이 사건 게시물을 이유로 한 것으로 원고의 주장 자체는 대부분 객관적 사실에 부합하고, 원고가 제출한 수사결과보고서의 내용이 허위라고 볼 증거도 없으며, 가사 피고 임찬용의 주장과 같이 원고가 자신에게 유리한 부분만을 편집하여 이 사건 소장을 작성하였고 준비서면에 거짓이나 쟁점과 무관한 내용을 기재하거나 경찰, 검찰로부터 발급받은 허위 내용의 수사결과보고서를 제출하였다고 하더라도 이러한 사정만으로는 원고의 이 사건 본소가 소송사기에 해당한다고 할 수 없다. 오히려 을나 제4, 5호증의 각 기재에 의하면, 피고 임찬용은 2024. 2. 27. 원고의 이 사건 소제기를 소송사기 미수로 고소하였고, 이에 대해 경기성남수정경찰서장은 혐의없음을 이유로 불송치 각하결정을 한 사실이 인정된다.

【피고의 반박 ⑥】

 원심 판사의 이 사건 은폐·조작을 위한 허위 판결문 작성 수법이 금도를 한참 넘어가고 있습니다.

앞서【피고의 반박 ⑤】항목에서는 원심 판사가 원고 승소를 위하여 자신의 판결문상 '판단' 기재부분에 경찰관이 작성한 허위내용의 의견서를 그대로 옮겨 적어 놓더니, 이 항목에서는 피고가 제출한 증거자료에 나타난 내용을 두고 원고 승소 판결을 위해 정반대로 해석하고 있습니다. 즉 피고가 백돌이라며 자료를 제출했는데 원심 판사는 아무런 근거 없이 흑돌이라고 우겨대면서 자신의 입맛대로 판단해 버립니다.

- 이를 좀 더 구체적으로 살펴보겠습니다.

. 원심 판사가 원고의 이 사건 소제기와 관련, 소송사기 혐의가 없다는 근거로 삼고 있는 위 대법원 판례는 사실은 원고의 소송사기 불법행위에 대한 근거로 자리 잡고 있습니다.

그 이유는 첫째 위【피고의 반박 ③】항목에서 살펴본 바와 같이, 원고는 "이 사건 게시물의 제목과 내용이 진실이고 공공의 이익에 관한 것이라고 넉넉하게 인정되고 있는 상황임"에도 불구하고, 마치 피고가 불법행위가 있는 것처럼 허위내용의 본소 소장을 작성하여 이 사건 소를 제기하였다는 점, 둘째 위 'Ⅱ. 피고의 원심 판결문에 대한 총평' 항목에서 살펴본 바와 같이 원고는 이 사건 소를 제기한 시점부터 마지막 변론기일 때까지 단 한 차례도 실체적 진실에 부합하는 주장이나 서면, 증거자료를 제출한 사실이 없었다는 점 등에 있습니다.

. 원심 판사가 작성한 "원고의 이 사건 본소는 피고의 이 사건 게시물을 이유로 한 것으로 원고의 주장 자체는 대부분 객관적 사실에 부합하고, 원고가 제출한 수사결과보고서의 내용이 허위라고 볼 증거도 없으며,"라는 기재부분과 관련, 이는 새빨간 거짓말이라는 사실을 위 【피고의 반박 ③】 항목에서 이미 살펴보았습니다.

또 피고는 2024. 2. 28.자 피고 준비서면 '주석 11' 항목(제9쪽)에서 원고가 담당재판부에 제출한 수사결과보고서(갑 제12호증, 구수회에 대한 불기소 이유서)는 허위내용으로 작성되어 있다는 사실을 입증해 놓았습니다.

. 원심 판사가 작성한 "가사 피고 임찬용의 주장과 같이 원고가 자신에게 유리한 부분만을 편집하여 이 사건 소장을 작성하였고 준비서면에 거짓이나 쟁점과 무관한 내용을 기재하거나 경찰, 검찰로부터 발급받은 허위 내용의 수사결과보고서를 제출하였다고 하더라도 이러한 사정만으로는 원고의 이 사건 본소가 소송사기에 해당한다고 할 수 없다. 오히려 을나 제4, 5호증의 각 기재에 의하면, 피고 임찬용은 2024. 2. 27. 원고의 이 사건 소제기를 소송사기 미수로 고소하였고, 이에 대해 경기성남수정경찰서장은 혐의없음을 이유로 불송치 각하 결정을 한 사실이 인정된다."라는 기재부분과 관련, 이 기재부분은 실체적 진실에 부합함에도 앞머리에 '가사'라는 가정법 단어를 집어넣어 가정법 문장을 만들어 버림으로써 사실관계를 호도하고 있습니다.

또 을나 제4, 5호증은 위 "Ⅰ. 피고가 담당재판부에 제출한 증거목록" 항목에서 살펴 본 바와 같이 피고는 원고의 소송사기 범죄를 입증시키기 위해 제출하였던 바, 원심 판사는 오히려 이를 원고 구수회의 소송사기 범죄행위를 은폐하는데 악용하고 있습니다. 참으로 원심 판사의 사건 은폐 및 조작 수법에 놀랍고 혀를 찰 노릇입니다.

3) 명예훼손 부분

민법상 불법행위가 되는 명예훼손이 성립하기 위하여는 특정인의 사회적 평가를 저하시킬만한 구체적인 사실의 적시가 있어야 하고, 구체적인 사실의 적시에는 사실을 직접 표현하는 경우 뿐만 아니라 간접적으로 우회적인 표현을 사용하여 그와 같은 사실의 존재를 암시함으로써 문제된 글을 읽는 사람들로 하여금 그 사실의 존재를 인식할 수 있게 하는 경우도 포함된다. 그러한 구체적인 사실의 적시 없이 단지 특정 인물이나 사건에 관하여 비평하거나 견해를 표명한 것에 불과한 때에는 명예훼손이 되지 않는다(대법원 2000. 7. 28. 선고 99다6203 판결 등 참조)

위 인정사실에 의하면 원고의 2022. 5. 10.자 글은 그 대상을 피고 임찬용으로 특정하기 어렵고, 나머지 글은 그 내용이 구체적 사실의 적시에 해당하지 않는 비평 또는 견해에 불과하거나 피고 임찬용의 사회적 평가를 저해하거나 인격권을 침해하는 것이라고 단정하기 어려우며, 달리 피고 임찬용이 제출한 증거만으로는 위 6회의 게시물이 피고 임찬용에 대한 명예훼손에 해당한다고 인정하기에 부족하고 달리 이를 인정할 증거가 없다.

【피고의 반박 ⑦】

○ 사실 관계

- 원심 판사가 작성해 놓은 위 명예훼손 부분 '판단' 기재내용은 앞서 【피고의 반박 ⑤】항목에서 살펴본 바와 마찬가지로 피고가 이 사건 담당재판부에 제출한 2024. 1. 29.자 원고 등에 대한 불송치(각하) 결정 이의신청서(을나 제2호) 제8~9쪽 기재내용 중 성남수정경찰서 김경환 수사관이 작성한 "가. 피의자 구수회의 명예훼손죄에 대하여"의 '판단' 기재부분 핵심 내용을 그대로 이 사건 판결문에 옮겨 놓았습니다.

- 원고 구수회의 명예훼손죄 성립 여부에 대한 판단과 관련, 경찰

수사관 김경환이 작성해 놓은 기재부분과 원심 판사가 작성해 놓은 기재부분을 아래에 그대로 옮겨 적습니다.

(① 경찰 수사관 김경환이 작성해 놓은 기재부분)

> 명예훼손죄에서의 특정성은 제3자가 객관적으로 인식하기에 그 사람임을 특정하여 인식할 수 있는 상태에 있음을 의미하는데, 피의자 구수회가 작성한 글을 검토했을 때, 고소인에 대한 특정성을 인정할 수 없고, 또한 게시한 글의 전체적인 내용으로 보아 피의자의 주관적 의견 표현에 불과하다.

(② 원심 판사 한나라가 작성해 놓은 기재부분)

> 원고의 2022. 5. 10.자 글은 그 대상을 피고 임찬용으로 특정하기 어렵고, 나머지 글은 그 내용이 구체적 사실의 적시에 해당하지 않는 비평 또는 견해에 불과하거나 피고 임찬용의 사회적 평가를 저해하거나 인격권을 침해하는 것이라고 단정하기 어렵다.

항소심 재판장님!!

위【피고의 반박 ⑤】항목에서 살펴본 바와 마찬가지로 이 항목에서도 위 ①항 기재내용과 위 ②항 기재내용은 뭐가 다릅니까?

법관이라는 직업의식이 공정과 정의를 생명으로 여기고 법과 양심에 따라 옳고 그름을 판단해야 하거늘, 원심 판사 한나라는 원고 구수회의 뒷배로부터 부정한 청탁을 받고 원고에게 승소판결을 내려주기 위해 경찰 수사관이 기재해 놓은 허위내용의 결정문을 최고의 공문서라 할 수 있는 자신의 판결문에 그대로 베껴 놓으면 되겠습니까? 이는 법관의 자유심증주의를 훨씬 뛰어넘는 중대 범죄행위라고 생각합니다.

ㅇ 피고 의견

- 민법상 불법행위가 되는 명예훼손 성립과 관련된 위 대법원 판례의 취지와 내용은 원고 구수회가 피고에게 범한 이 사건 6개의 정보통신망법상 허위사실 적시 명예훼손죄 범죄사실과 정확하게 부합되고 있습니다. 그럼에도 불구하고 원심 판사는 위 대법원판례를 원고에게 승소토록 하기 위하여 허위 판결문 작성의 근거로 악용하고 있습니다.

- 이를 구체적으로 살펴보겠습니다.

. 원심 판사는 2024. 3. 28.자 피고의 청구취지 및 청구원인 변경신청서 제10쪽에 기재된 범죄일람표 중 ①의 범죄사실과 관련, '그 대상을 피고 임찬용으로 특정하기 어렵다'라고 기재해 놓고 있으나, 이는 새빨간 거짓말입니다.

원심 판사는 피고가 제출한 증거자료인 별권책자(을나 제1호증)을 전혀 읽지 않았고, 또 재판운영과정에서 궁금증을 알아보지도 않고 졸속으로 심리를 마무리한 다음 어떻게 해서든지 허위판결문을 작성하여 원고에게 면죄부를 줄까 고민만하는 사건 조작 법관임이 증명되었습니다.

별권책자(을나 제1호증) 제450쪽 기재내용 및 '주석 108'을 각 살펴보면,

『원고 구수회의 ① 범죄사실 중 "사피자가 사피자에게 죄를 짓는 놈은 모두 구속시켜라. 허위 고소도 반드시 무고로 처단하라."라는 명예훼손 글은 제목에 해당하고, 그 아래 계속 이어지는 "Ⅱ. 나중에 추가

작성…"이라는 항목에서, (원고가 전상화 변호사에게) "어느 회원(피고를 의미함)이 구수회와 전상화 변호사님을 고소한 사건[34], 최근의 일(하) 저도 무혐의 받았으나, 무고 고소를 안 하고 있는데 변호사님은 무고로 고소를 하셨군요."라고 작성한 다음, 그 바로 아래에 전상화가 피고소인 구수회 핸드폰에 보낸 문자메시지를 게시해 놓았다.』라고 기재되어 있습니다.

위와 같이 기재된 바에 따라 구수회의 ① 범죄사실에 해당하는 제목 글을 포함한 전체 글의 내용과 문맥에 의하면, 피고가 위 명예훼손 글에 포함되는 대상자임은 명명백백합니다.

. 원심 판사가 작성해 놓은 "(범죄일람표 ① 범죄사실을 제외한) 나머지 글은 그 내용이 구체적 사실의 적시에 해당하지 않는 비평 또는 견해에 불과하거나 피고 임찬용의 사회적 평가를 저해하거나 인격권을 침해하는 것이라고 단정하기 어렵다"라는 기재부분과 관련, 이 또한 새빨간 거짓말입니다.

.. 2024. 3. 28.자 피고의 청구취지 및 청구원인 변경신청서 제10쪽에 기재된 범죄일람표 중 ①의 범죄사실을 제외한 나머지 5개의 범죄사실 역시 각각 민법상 불법행위가 되는 명예훼손이 성립하는지 판단해야 함에도 불구하고 원심 판사는 한꺼번에 싸잡아 두루뭉술하게 기재해 버리고 말았습니다. 그 기재내용 역시 원심 판사의 새빨간 거짓말입니다.

.. 범죄일람표에 기재된 위 5개 범죄사실에 해당하는 명예훼손 글들은 모두 구체적 사실의 적시가 있음은 물론 피고의 사회적 평가를 저해

---

[34] 피고가 원고 구수회 및 전상화를 공범으로 하는 2021. 10. 5.자 '관피모사건 고소장'을 검찰에 제출한 사건을 말함

하거나 인격권을 심각하게 침해하고 있음은 삼척동자도 다 알 수 있는 사안입니다.(입증자료 : 별권책자 (을나 제1호증)제438~472쪽, 2023. 1. 5.자 임찬용 고소장 중 원고의 정보통신망법상 허위사실 명예훼손 부분 기재내용 및 거기에 첨부된 각 증거자료 참조)

2. 위 1항에 대한 피고의 의견

o 이 사건 판결문 중 각 항목별 원심 판사의 '판단' 기재부분은 단 한 문장도 예외 없이 허위내용으로 작성되었음을 확인하였습니다.

o 이는 이 사건 재판 전 과정을 통하여 원고는 허위내용의 2024. 1. 12.자 본소 소장을 제출한 이래 허위내용의 서면과 증거자료를 제출한 사실이 피고와의 법적 공방 중에 피고에 의해 확인되었고, 원심 판사는 이 사건 심리 과정에서 이를 확인하였음에도 원고 구수회의 뒷배로부터 부정한 청탁을 받고 허위내용의 판결문을 작성한 당연한 결과라고 보고 있습니다.

Ⅳ. 결론

항소심 재판장님!!
법의 정의를 세워 주십시오!!
그리고 '관피모 사건'의 실체적 진실을 파헤쳐 주십시오.!!

항소인(피고)는 항소심 재판과정에서 피항소인(원고)에게 요구하고 있는 2024. 10. 7.자 및 2024. 10. 30.자 피고 준비서면 기재 본소 및 반소와 관련된 핵심 쟁점사항 5개가 당사자대질신문을 통해서라도 반드시 밝혀지기를 기대합니다.

첨부서류

1. 납부서
2. 항소장 부본

2025 . 2 . 19.

항소인(피고)　　　　　서명 또는 날인

휴대전화를 통한 정보수신 신청

위 사건에 관한 재판기일의 지정·변경·취소 및 문건접수 사실을 예납의무자가 납부한 송달료 잔액 범위 내에서 아래 휴대전화를 통하여 알려 주실 것을 신청합니다.

▣ **휴대전화번호**:

20 . . .
　신청인 항소인　　　　　(서명 또는 날인)

※ <u>종이기록사건</u>에서 위에서 신청한 정보가 법원재판사무시스템에 입력되는 당일 문자메시지로 발송됩니다(전자기록사건은 전자소송홈페이지에서 전자소송 동의 후 알림서비스를 신청할 수 있음).
※ 문자메시지 서비스 이용 금액은 메시지 1건당 17원씩 납부된 송달료에서 지급됩니다(송달료가 부족하면 문자메시지가 발송되지 않습니다).
※ 추후 서비스 대상 정보, 이용 금액 등이 변동될 수 있습니다.
※ 휴대전화를 통한 문자메시지는 <u>원칙적으로 법적인 효력이 없으니</u> 참고자료로만 활용하시기 바랍니다.

서울중앙지방법원 귀중

◇ 유의 사항 ◇

1. 연락 가능한 전화번호에는 언제든지 연락 가능한 전화번호나 휴대전화번호를 기재하고, 그 밖에 팩스번호, 이메일 주소 등이 있으면 함께 기재하기 바랍니다.
2. 신청인 또는 작성자란에 원고의 경우에는 '원'에, 피고의 경우에는 '(피)'에 ○표를 하십시오.
3. 이 신청서를 접수할 때에는 당사자 1인당 12회분의 송달료를 송달료 수납은행에 예납하여야 합니다.

④ 【첨부(입증) 자료 3】
⇨ 위 ②항 사건 항소심에서 소송 진행 중인 항소심 재판장이 허가한 2025. 5. 1.자 피고 임찬용 명의의 '구석명신청서' 1부.

구석명신청서

【담당재판부 : (항소)제1-2민사부】

사　　건　2025나6135 (본소) 손해배상(기), (이하, '**이 사건**'이라고 합니다)
　　　　　2025나6137 (반소) 손해배상(기), (이하, '**이 사건 반소**'라고 합니다)

원　　고(반소피고)　구수회
피　　고(반소원고)　임찬용

【구석명신청 대상자】　원고 구수회

【구석명신청 필요성】

1. 당사자 간 준비서면을 통한 구석명 성사 사례

이 사건 소송이 원심 재판부에 의해 진행되어 오면서 이 사건 및 이 사건 반소의 핵심쟁점 부분에 대한 실체적 진실을 밝히기 위하여 원고와 피고 간 수많은 준비서면을 주고받아 왔습니다.

그 중 원고와 피고가 각자 준비서면을 통해 석명을 요구하고 그 답변을 받았던 사례를 살펴보면 다음과 같습니다.

가. 원고 구수회의 석명요구에 따라 피고 임찬용이 답변한 사례

《2024. 9. 19.자 피고 준비서면에서 발췌함》

피고는 원고가 2024. 1. 12.자 이 사건 소장을 허위내용으로 작성하여 서울중앙지방법원에 제출한 시점부터 현재에 이르기까지 원고의 수많은 서면 및 그에 따른 증거자료 중에서 실체적 진실에 부합하는 제출서류는 단 한 건도 발견할 수 없었고, 원고가 주장하는 내용 역시 핵심쟁점과 무관한 동문서답, 유체이탈 화법을 동원한 거짓말로 일관하여 왔으며, 원고 자신이 당초 제출한 소장에 대한 청구취지 및 청구원인에 대해서도 근거 없이 수시로 바꾼 사실을 확인하였습니다.

특히, 원고 자신이 이 사건 승소 판결을 위하여 경찰이나 검찰에서 작성한 허위 내용의 수사서류를 담당 재판부에 제출하는 행위는 명백한 소송사기 범죄행위임에도 불구하고, 이 사실을 숨기기 위해 피고를 상대로 이 사건 변론 준비소송 시작에서부터 마지막 이 순간까지 줄기차게 피고의 무능력, 무지함을 공격해대는 비열한 소송 수행태도를 보여 왔습니다.

원고가 지금까지 피고의 무능력, 무지함을 공개적으로 공격하는 서면을 갖추려 보면 다음과 같습니다.

① 2024. 3. 20.자 원고 준비서면에서는 "관청피해자모임 특별회원이던 임찬용은 구수회 대표, 전상화 변호사(공동대표)를 2번이나 고소

하여 2번 모두 피의자 조사도 안하고 무혐의 처분됐습니다.(갑15호 1,2) 검찰과장 출신이라고 하더라도 남에게 고통을 주는 고소장만은 법무사, 변호사와 충분히 의논하고 작성해야 합니다."라고 인격 살인적 준비서면을 작성하기도 하고,

② 2024. 4. 5.자 원고 준비서면에서는 "관청피해자모임 특별회원이던 임찬용은 구수회 대표, 전상화 변호사(공동대표)를 2번이나 고소하여 2번 모두 피의자 조사도 안하고 무혐의 처분됐습니다.(갑 15호 1,2) 검찰과장 출신이라고 하더라도 남에게 고통을 주는 고소장 및 민사소송은 법무사, 변호사와 충분히 의논하고 작성해야 합니다."라는 인격 살인적 준비서면을 작성하기도 하였으며,

③ 2024. 4. 29.자 원고 준비서면에서는 "검찰 과장 출신 임찬용이가 구수회를 여러 번 고소하여 모두 피의자 조사도 없이 불송치 하였다면, 검찰청 과장 출신이 형법 공부를 잘못 하신건가요. 그러니 공직에서 파직 당하신 것인지요. 석명을 구합니다."라는 인격 살인적 준비서면을 작성하기도 하였으며,

④ 2024. 7. 1.자 원고의 '청구취지 및 청구원인 변경신청서' 중 '청구이유 및 보충이유 1', '2), 나' 항목에서는 "임찬용은 현재까지 구수회를 여러 차례 고소, 항고, 재정신청 했으나, 단 한 번도 송치되지 안했고"라는 인격 살인적 준비서면을 작성하기도 하였으며,

⑤ 2024. 7. 9.자 원고 준비서면에서는 "구석명 사항" 항목에서 "(상대방에게 돈을 달라고 하려면 적어도 민법 제750조, 민법 764조 요건에 맞는 상대방의 불법을 6하 원칙으로 정리해야 합니다. 현재로선 전혀 보이지 않습니다. 법무사, 변호사 등과 상담해서 답해 주시면 더욱

환영합니다), 1. 구수회의 불법을 6하 원칙으로 5줄 정도 정리한 문서를 제출해 주십시오. 2. 위 1항의 증거를 제출해 주십시오."라는 인격 살인적 준비서면을 작성하기도 하였으며,

⑥ 2024. 8. 27.자 원고 준비서면에서는 "검찰수사과장님 출신이신 피고 임찬용은 피해사실을 6하 원칙으로 기재하지 못하시는 분으로 보입니다. (중략) 지금이라도 임찬용 스스로 ① 구수회를 고소한 사건의 요지 및 ② 구수회의 불법 행위를 6하 원칙으로 10줄 정도 기재해 주시면 합니다. 그리고 서대문 경찰 문경석, 이주훈 검사, 김한나 검사, 김경환 경찰 4명의 잘못(불법)을 각각 6하 원칙으로 5줄 정도로 기재해 주시면 합니다"라는 인격 살인적 준비서면을 작성하기도 하였으며,

⑦ 2024. 9. 3.자 '이 사건 청구취지변경 및 청구원인 보충신청서' 중 '제2차 변경된 청구취지(최종), 기존 청구이유, 3)항'에서 "임찬용은 현재까지 구수회를 여러 차례 고소, 항고, 재정신청 했으나 (형법 공부를 잘못한 탓인지, 피해사실을 6하 원칙으로 기재하지 못한 탓인지) 단 한 번도 송치되지 안했고"라는 인격 살인적 준비서면을 작성하여 이를 담당 재판부에 제출하여 왔습니다.

원고가 이 사건 및 이 사건 반소와 관련된 핵심쟁점과는 직접 관련이 없음에도 피고의 인격 살인적 명예훼손에 해당하는 준비서면을 위와 같이 계속적이고도 반복적으로 작성하여 담당 재판부에 제출해온 근본 이유를 살펴보면,

원고 구수회는 자신의 수십 년 간 변호사법위반과 고도의 사기행각이 기재된 2021. 10. 5.자 '관피모사건 고소장' 및 자신의 정보통신망법상 허위사실 적시 명예훼손죄 및 무고죄가 기재된 2023. 1. 5.자 '임찬용

고소장'에 대하여, 피의자 구수회에 대한 소환조사조차 하지 않고 각하 처분된 근본 원인을 담당 사법경찰관 및 검사들의 은폐 · 조작수사에서 구하고자 하는 것이 아니라, 피고가 형법 공부를 제대로 하지 않아 검찰청에서 파직 당했다거나 피고 자신의 피해사실마저도 6하 원칙으로 작성조차 하지 못하는 무지, 무능력에서 구하고자 했기 때문입니다.

이는 원고가 자신이 제출한 경찰 및 검찰의 수사서류 뿐만 아니라 별권 책자에 기재되어 있는 경찰 및 검찰의 모든 수사서류 역시 허위내용으로 작성되었다는 피고의 주장에는 의도적으로 입을 닫고, 오로지 피고의 자질과 능력부족을 탓하며 피고가 제출한 고소장, 항고장, 재정신청 등이 모두 각하처분 되었다고 주장하고 있는 점만 봐도 쉽게 알 수 있습니다.

원고가 피고에 대한 인격 살인적 명예훼손에 해당하는 위와 같은 준비서면을 작성하여 담당 재판부에 제출하는 소송 수행 역시 '관피모 사건 고소장' 및 '임찬용 고소장'에 대한 실체적 진실을 덮기 위한 소송사기 행위임은 분명합니다.

피고는 그동안 원고의 위와 같은 인격 살인적 명예훼손에 해당하는 준비서면에 대해서는 이 사건 핵심 쟁점 부분과 직접 관련이 없다고 판단하여 답변을 하지 않았습니다.

그러나 이 사건 및 이 사건 반소 관련 핵심 쟁점부분에 대한 변론기일이 2024. 10. 2.로 예정되어 있고, 특히 원고 자신이 담당 재판부에 제출한 경찰 및 검찰 서류에 대한 허위내용이 탄로 날까 봐 피고의 무지함과 무능력을 끊임없이 공격해 오는 상황에서,

피고는 원고가 주장해온 위 7개 준비서면 등에 기재된 피고의 무지함과 무능력 등에 대한 실체적 진실을 밝힘으로써 원고의 이 사건 소송 수행 관련 사기행각에 종지부를 찍고자 합니다.

또 피고의 답변은 이 사건 증거자료로 제출한 을나 제1호증(별권 책자)에 모두 기재된 내용들입니다.

《원고가 이 사건 준비서면을 통해 석명을 요구해 왔던 피고의 답변 내용》

『위 ①항 및 ②항과 관련, 원고는 피고의 무지함을 드러내 보이기 위해 고소장이나 민사 소장과 같은 서류를 작성함에 있어 법무사 또는 변호사와 충분히 의논하라는 취지로 피고에게 인격 모독을 주고 있는데, 그렇다면 원고는 법무사 또는 변호사 자격증이라도 있습니까?

원고는 법무사 또는 변호사 자격증도 없으면서 그 알량한 행정사 자격증 하나만 가지고 수십 년에 걸쳐 약 만 명에 이르는 관청피해자 모임 카페회원 등 불특정 다수를 상대로 '변호사가 해야 할 일 90% 행정사가 가능하다', '행정사 20년 하면서 행정심판 1,900건 수임 진행하였고, 행정사 수수료 1억을 5번 받았다', '무혐의 된 고소를 행정심판으로 살린다', '대법원에서 패소된 사건을 행정사가 살린다' 는 허위 · 과장 광고를 해대며 변호사법위반과 고도의 사기행각 범행을 해왔지 않습니까? 지금도 마찬가지구요.

미안하지만, 피고 임찬용은 수십 년 전 법무사 자격증을 취득했고, 퇴직 후에는 법무사 사무실을 차릴 겸 대한법무사협회로부터 교육까지 이수했습니다.

그러나 피고는 법무사 사무실을 차리지 않고 있습니다. 그 이유는 법무사나 변호사 자격증도 없으면서 원고와 같이 사건브로커 역할을 해오고 있는 범법자들 때문입니다.

위 ③항 내지 ⑦항과 관련, 피고 임찬용은 원고 구수회 보다 형법 실력이 월등할 뿐만 아니라, 원고 구수회가 석명을 요구한 바와 달리 검찰청 근무 당시 형법 공부를 잘못해서 공직에서 파직당하지 않았습니다.

또 피고 임찬용은 원고 구수회 보다 피해사실을 6하 원칙에 따라 월등하게 더 작성할 줄 알며, 조서작성 등 모든 수사서류 작성 능력 또한 원고 구수회 보다 훨씬 월등합니다.』

이를 입증해 보이겠습니다.[35]

① 이 사건 피고 임찬용은 경력 면에 있어서는 약 28년간 검찰에 재직하면서 2007. 6. 1.경 사법시험만큼 어렵다는 '검찰사무관 주관식 승진시험'을 전국 2등의 성적으로 최종 합격한 후 서울고등검찰청에 제1차 발령을 받은 이래로 서울중앙지검 조사과 제2호 수사사무관, 대전지검 서산지청 수사과장, 서울동부지검 수사과 제1호 수사사무관을 거치면서 범죄와의 전쟁에서 항상 전국 검찰청 중 제1의 수사실적을 거양해 왔습니다.

특히, 대전지검서산지청 수사과장 재직 시 약 1년에 걸친 보험사기 사건을 직접 수사하면서 진료차트 등 압수물 분석에 의한 과학적인 수사기법을 동원하여 의사 2명, 입원환자 5명을 구속하고 의사 4명을 포함한

---

35) 별권책자 제177~178쪽, 제319쪽 참조

총 58명을 인지하는 수사 실적을 거양함으로써 매년 수억 원씩 가짜 입원환자에게 지급되는 건강보험료를 지켜냈다는 공로를 인정받아 대검 중수부로부터 쟁쟁한 수사 실력을 갖춘 전국 검사들을 제치고 제1의 우수수사 공무원으로 선정된 바 있습니다.

그 후 서울동부지검 수사과 제1호 수사사무관으로 전입하면서부터는 서울동부지방검찰청을 전국 제1의 인지수사 실적 검찰청으로 올려놓았고, 2012. 7.경 당시 검사가 2회에 걸쳐 무혐의 처분한 바 있는 금 54억 원 소송사기 등 피의사건(이하, '주관용사건')을 수사하여 주범 주관용에게 실형 4년을 선고받도록 한 수사성과를 올렸습니다.

그러나 이는 불행하게도 위 주관용사건의 무마를 통하여 당시 연 매출 3,000억 원 이상을 올리고 있던 ㈜에스코넥을 통째로 먹으려는 검찰총장 김진태[36] 및 성영훈 일당(박근혜 정부 검사장 출신이자 주관용의 변호인인 성영훈과 그의 부하직원으로 근무한 적이 있는 대검 감찰1과장 안병익, 서울고검 감찰검사 김훈, 백방준 등 현직 부장급 이상 검사들)의 피고에 대한 불법적인 감찰수사 착수 계기를 만들었고, 피고는 그들로부터 2회에 걸쳐 약 1년 8개월간 처절할 정도로 불법적인 감찰수사를 받아오면서 자살을 시도하다가 이에 실패한 후 결국 검찰조직을 떠날 수밖에 없었습니다(이하, '검사비리사건')

이는 위 '검사비리사건'의 실체적 진실과 이를 정권 차원에서 은폐해 버린 '문재인 정권' 실세들의 범죄행위를 다룬 '정권교체'라는 책자로 발간되기에 이르렀으며, 그 결과 피고로서는 우리나라 사법정의 구현에 일익을 담당해 왔다고 자부하고 있습니다.

---

[36] 검찰총장 김진태의 구체적 범행에 대해서는 별권책자 제320~326쪽 참조

② 피고 임찬용의 학력 면을 살펴보더라도, 검찰 재직 당시인 1995. 2. 경 경희대학교 행정대학원에서 주경야독을 통하여 우리나라 형사법 최고 전문가이신 이재상 교수로부터 '우리나라 검찰제도의 문제점과 개선방안'이라는 논문으로 석사학위를 받은 바 있습니다.

당시 이재상 교수가 지은 형법 및 형사소송법 등 형사법 책자는 사법시험 준비생이라면 필독서로 통용되었으며, 피고 또한 스승인 이재상 교수가 지은 위 책자를 통하여 제1차 객관식 시험을 우수한 성적으로 통과한 후 제2차 '전국 검찰사무관 주관식 승진시험'에서 전국 2등의 실력으로 합격할 수 있었습니다.

나. 피고 임찬용의 석명요구에 따라 원고 구수회가 답변한 사례 : 없음

- 피고는 2024. 10. 7.자 피고 준비서면을 통하여 원고 구수회에게 이 사건 및 이 사건 반소와 관련된 핵심쟁점부분(2014. 1. 12.자 본소 소장 청구원인 및 2024. 3. 28.자 반소장 기재 변경된 청구원인에 대한 실체적 진실을 밝혀줄 증거자료)을 밝혀 줄 5개 항목 질의를 하였으나, 원고 구수회는 그 답변을 거부함.

- 피고는 2024. 10. 30.자 피고 준비서면을 통하여 원고 구수회에게 위 5개 항목 질의에 대한 답변을 재차 요구하였으나, 이를 끝내 거부함.

2. 이 사건 및 이 사건 반소 관련 구석명신청의 필요성

- 위 1항에서 살펴본 바와 같이, 당사자 간 준비서면을 통한 구석명 요구는 상대방이 거부하면 그 실효성이 전혀 없음

- 이는 민사소송법 제136조(석명권·구문권 등) 제3항(당사자는 필요한 경우 재판장에게 상대방에 대하여 설명을 요구하여 줄 것을 요청할 수 있다)의 규정에 따른 구석명신청이 필요함을 의미함

- 원고 구수회가 이 사건 및 이 사건 반소와 관련된 핵심쟁점부분에 대하여 인정 여부 등 명확한 의사를 밝히지 않음에 따라 이 사건 소송관계를 분명하게 할 수 없었고, 그 결과 원심 판사로 하여금 허위내용의 판결문을 작성하도록 원인을 제공하였음

- 항소심에 제출된 2025. 4. 28.자 원고 답변서 기재내용에서 살펴본 바와 같이, 원고 구수회는 제1심 때와 마찬가지로 항소심에 있어서도 이 사건 및 이 사건 반소와 관련된 핵심쟁점부분에 대한 명확한 답변을 거부한 채 동문서답·유체이탈 화법을 동원한 소송사기 행각을 계속 수행해 나가겠다는 의도를 분명하게 드러내고 있음

【구석명신청 요청내용】

1. 2014. 1. 12.자 본소 소장 청구원인 및 2024. 3. 28.자 반소장 기재 '변경된 청구원인' 중 '1. 원고의 본소 소장 제출에 따른 소송사기 범행 착수'에 대한 실체적진실과 관련하여,

《2024. 10. 7.자 피고 준비서면 중 일부 발췌 내용》

(2024. 10. 2. 변론기일에 있었던 원고와 피고 간 공방과 관련하여) 이에, 피고는 원고의 궤변에 찬 주장에 어찌나 화가 났던지 법정에서 큼직한 소리로,

"그럼 수시로 큰 도적질 하는 사람에게 도둑놈이라고 큰 소리를 치지 못하고 계속 도적질을 하도록 내버려 둬야 합니까? 실제 도적질하는 현장을 목격한 사람이 '도둑놈이야' 큰 소리 치면서 수사기관에 신고한 사실과 수십 년간 변호사법위반과 고도의 사기행각을 해오고 있는 원고를 발견하고 피고가 원고를 특정하여 LPN로컬파워뉴스 인터넷 신문과 약 만 명에 이르는 관청피해자모임 자유게시판에 제2, 제3의 피해자가 발생하지 않도록 하기 위해 '고도의 사기꾼' 이라고 게재하며 수사기관에 원고의 범죄사실을 신고한 사실과는 뭐가 다릅니까?

(피고는 별권책자 제94쪽을 펼쳐들면서 계속하여) 원고는 이 책 '핵심입증자료'에 기재된 바와 같이 '① **변호사가 해야 할 일 90% 행정사가 가능하다**, ② 행정사 20년 하면서 행정심판 1,900건 수임 진행하였고, **행정사 수수료 1억을 5번 받았다**, ③ 무혐의 된 고소를 행정심판으로 살린다. 재개발 조합장을 징역 보내는 방법, **대법원 패소된 사건을 행정사가 살린다.**'는 허위 광고를 해대며 약 만 명에 이르는 관청피해자모임 카페 회원을 비롯한 불특정 다수에게 수십 년간 변호사법위반과 고도의 사기행각을 해오고 있습니다."라는 취지로 울분을 토하자,

원고는 기다렸다는 듯이 자리에서 펄쩍 일어나, 재판장님을 상대로 피고가 허위광고라고 지적한 바 있는 위 ②항과 관련하여 "사실 제가 행정사 하면서 수수료 1억을 5번 받은 등 돈을 엄청 많이 벌어 부자가 되었다"는 취지로 자기 자랑을 하고 있었습니다.

[문 ①]

원고는 위 '핵심입증자료'에 기재되어 있는 광고문건 중 위 ②항을 인정하면서 부자가 되었다는 자랑까지 한 사실이 있었는데, 그렇다면 행정사 수수료 1억을 5번 받았다는 사건에 대해 단 한 건이라도 변호사 업무에 해당하는 사건은 없는 것인지, 또 매건 마다 정상적인 세무절차를 이행하였는지 밝혀 주시기 바랍니다.

[문 ②]

변호사 또는 법무사 자격증이 없는 원고가 행정사 자격증만으로 위 '핵심입증자료' ①항, ②항, ③항의 기재내용에 대한 업무를 통상적으로 추진할 수 있다는 말인가요? 또 그에 대한 업무추진 실적은 어떤가요?

[문 ③]

또 위 '핵심입증자료' ①항, ②항, ③항의 기재내용 중 어느 한 개라도 변호사법위반이나 사기죄의 구성요건인 기망의 착수에 해당하지 않는다면, 변호사법이나 법무사법은 그 실효성이 이미 상실되었으므로 행정사법과 통폐합을 해야 할 것이며, 변호사법이나 법무사법에 규정되어 있는 처벌조항은 국민을 범법자로 만드는 독소조항에 해당하므로 즉시 폐기되어야 한다고 보여 지는데, 그에 대한 의견은 어떤가요?

[문 ④]

2024. 1. 12.자 본소 소장 쟁점부분과 관련, 피고는 원고의 수십 년간 변호사법위반과 고도의 사기행각 범행 등이 기재된 2021. 10. 5.자 '관피모사건 고소장'을 은폐 · 조작수사를 하였다는 입증자료로서, 서울서대문경찰서 사법경찰관 문경석이 작성한 2022. 3. 22.자 피의자 구수회에 대한 불송치결정서(**을나 제1호증**, 별권책자 제105~110쪽) 및 피고 임찬용이 작성한 2022. 4. 4.자 피의자 구수회에 대한 불송치결정 이의신청서(**을나 제1호증**, 별권책자 제111~138쪽)을 제출한 바 있습니다.

그렇다면, 원고는 위 2개의 수사서류 중 어느 것이 허위내용으로 작성되었다고 보고 있는지, 또 그 이유는 무엇인지 밝혀주시기 바랍니다.

[문 ⑤]

2024. 3. 28.자 '(피고) 반소장 청구취지 및 청구원인 변경 신청서' 쟁점부분과 관련, 피고는 원고의 정보통신망법상 허위사실 적시 명예훼손죄 및 무고죄 범죄사실이 기재된 2023. 1. 5.자 '임찬용 고소장' (**을나 제1호증**, 별권책자 제438~472쪽)을 은폐·조작수사 하였다는 입증자료로서, ㉮ 성남수정경찰서 수사관 김경환이 작성한 2023. 7. 18.자 피의자 구수회 등에 대한 불송치(각하) 결정서(**을나 제2호증의 3**) 및 피고 임찬용이 작성한 2024. 1. 29.자 피의자 구수회 등에 대한 불송치(각하) 결정 이의신청서(**을나 제2호증**)을 제출하였고, ㉯ 수원지방법원성남지원 2024가단231123호, 손해배상 청구사건과 관련, 피고 중 임용규 검사가 작성한 2024. 9. 5.자 답변서(**을나 제12호증의 1**) 및 위 사건 원고 임찬용이 작성한 2024. 9. 6.자 준비서면(**을나 제12호증의 2**)을 제출한 사실이 있습니다.

그렇다면, 원고는 위 ㉮항에 기재된 2개의 수사서류와 위 ㉯항에 기재된 2개의 재판서류 중 어느 것이 허위내용으로 작성되었다고 보고 있는지, 또 그 이유는 무엇인지 진솔하게 답변해 주시기 바랍니다.

《2025. 5. 1.자 항소심 피고 준비서면 중 일부 발췌 내용》

원고 구수회는 2024. 1. 12.자 '본소 소장 청구원인'을 정당화하고, 2024. 3. 28.자 '(반소) 청구취지 및 청구원인 변경신청서'에 기재되어 있는 '변경된 청구원인'을 반박하기 위하여 **갑 제6호증** : 2022. 9. 24.자 '임찬용 인터넷자료'[37], **갑 제12호증** : 2021. 10. 5.자 '관피모

---

37) 이는 원고 구수회가 제출한 '증거자료'라고 하기 보다는 2024. 1. 12.자 본소 소장 기재내용 및 거기에 달린 댓글내용인 바, 피고가 증거로 제출한 별권책자(을나 제1호증) 제434~435쪽의 기재내용과 일치하고 있음.

사건' 고소장(별권책자 제78~104쪽)에 적시된 피의자 구수회에 대한 2022. 3. 22.자 사법경찰관 문경석 명의의 불송치 결정서 및 2022. 5. 27.자 검사 이주훈 명의의 불기소 결정서[38]), **'갑 제16호증의 1'**: 피의자 구수회에 대한 2022. 3. 22.자 사법경찰관 문경석 명의의 불송치 결정서로서 '갑 제12호증'과 동일한 수사서류를 중복 제출, **'갑 제16호증의 2'**: 피의자 구수회 등에 대한 2023. 7. 18.자 사법경찰관 류중일[39]) 명의의 불송치 결정서 및 2024. 3. 15.자 검사 허윤희 명의의 불기소이유[40]), **'갑 제18증'**: 피의자 구수회에 대한 2024. 3. 26.자 사법경찰관 유정민(담당 : 사법경찰리 변제용) 명의의 수사결과통지서(피의자 구수회에 대한 불송치)[41])를 각각 담당 재판부에 제출해 왔으나, 이는 하나도 예외 없이 모두 허위내용으로 작성되어 있다는 사실이 확인되었습니다.

---

38) 이 중 2022. 3. 22.자 사법경찰관 문경석 명의의 불송치 결정서는 별권책자(을나 제1호증) 제105~110쪽과 일치하고 있으나, 이는 2022. 4. 4.자 피의자 구수회에 대한 불송치 결정 이의신청서(별권책자 제111~138쪽)에 의해 허위내용으로 확인되었고, 또 2022. 5. 27.자 검사 이주훈 명의의 불기소 결정서는 별권책자 (을나 제1호증) 제139~140쪽과 일치하고 있으나, 이 역시 2022. 4. 4.자 피의자 구수회에 대한 불송치 결정 이의신청서(별권책자 제111~138쪽) 및 2022. 6. 13.자 피의자 구수회에 대한 항고장(별권책자 제141~145쪽)에 의해 허위내용으로 확인되었습니다.

39) 이 사건 실제 수사 담당자 및 불송치 결정서 작성자는 사법경찰리 경사 김경환임. 다만, 불송치 결정서는 사법경찰관 명의로 작성되어야 하기 때문에 사법경찰관 경위 류중일 명의로 작성된 것임.

40) 이 중 2023. 7. 18.자 사법경찰관 류중일 명의의 불송치 결정서는 을나 제2호증의 3(2023. 7. 18.자 피의자 구수회 등에 대한 불송치 결정서)와 일치하고 있으나, 이는 피고가 제출한 2024. 1. 29.자 피의자 구수회 등에 대한 불송치 결정 이의신청서(을나 제2호증)에 의해 허위내용으로 확인되었고, 또 2024. 3. 15.자 검사 허윤희 명의의 불기소이유는 을나 제3호증의 1(2024. 3. 15.자 피의자 구수회 등에 대한 불기소 결정서)과 일치하고 있으나, 이 역시 피고가 제출한 2024. 1. 29.자 피의자 구수회 등에 대한 불송치 결정 이의신청서(을나 제2호증) 및 2024. 4. 1.자 피의자 구수회 등에 대한 항고장(을나 제3호증의 2)에 의해 허위내용으로 확인되었습니다.

41) 2024. 3. 26.자 사법경찰관 유정민, 사법경찰리 변제용 명의의 수사결과통지서(피의자 구수회에 대한 사기미수 불송치)는 을나 제5호증(2024. 3. 26.자 피의자 구수회에 대한 사기미수 불송치 결정서)과 일치하고 있으나, 이는 피고가 제출한 2024. 4. 8.자 피의자 구수회에 대한 사기미수 불송치 결정 이의신청서(을나 6호증)에 의해 허위내용으로 확인되었습니다.

[문 ⑥]

위 기재내용 및 각 입증자료에 의하면, 원고가 이 사건 및 이 사건 반소 소송과 관련하여 지금까지 담당재판부에 제출한 모든 증거자료는 허위내용으로 작성되어 있다는 사실이 확인되고 있습니다.

원고는 이를 인정하겠는가요? 이를 인정할 수 없다면 그 이유는 무엇인지 밝혀주시기 바랍니다.

《2025. 5. 1.자 항소심 피고 준비서면 중 일부 발췌 내용》

- 원심판사는 판결 이유 "3. 피고 임찬용의 반소청구에 관한 판단" 중 "다. 판단, 2) 소송사기 부분"에서 "법적 분쟁의 당사자가 법원에 대하여 당해 분쟁의 종국적인 해결을 구하는 것은 법치국가의 근간에 관계되는 중요한 일이므로 재판을 받을 권리는 최대한 존중되어야 하고, 제소행위나 응소행위가 불법행위가 되는지를 판단함에 있어서는 적어도 재판제도의 이용을 부당하게 제한하는 결과가 되지 아니하도록 신중하게 배려하여야 한다. 따라서 법적 분쟁의 해결을 구하기 위하여 소를 제기하는 것은 원칙적으로 정당한 행위이고, 단지 제소자가 패소의 판결을 받아 확정되었다거나 그 주장이 배척되었다는 점만으로 곧바로 그 소의 제기가 불법행위였다고 단정할 수는 없고, 당해 소송에서 제소자가 주장한 권리 또는 법률관계가 사실적·법률적 근거가 없고, 제소자가 그와 같은 점을 알면서, 혹은 통상인이라면 그 점을 용이하게 알 수 있음에도 불구하고 소를 제기하는 등 소제기가 재판제도의 취지와 목적에 비추어 현저하게 상당성을 잃었다고 인정되는 경우에 한하여 불법행위가 성립할 여지가 있을 뿐이다.(대법원 2002. 5. 31. 선고 2001다64486 판결 등 참조)

위 인정사실에 의하면, 원고의 이 사건 본소는 피고의 이 사건 게시물을 이유로 한 것으로 원고의 주장 자체는 대부분 객관적 사실에 부합하고, 원고가 제출한 수사결과보고서의 내용이 허위라고 볼 증거도 없으며, 가사 피고 임찬용의 주장과 같이 원고가 자신에게 유리한 부분만을 편집하여 이 사건 소장을 작성하였고 준비서면에 거짓이나 쟁점과 무관한 내용을 기재하거나 경찰, 검찰로부터 발급받은 허위내용의 수사결과보고서를 제출하였다고 하더라도 이러한 사정만으로는 원고의 이 사건 본소가 소송사기에 해당한다고 할 수 없다. 오히려 을나 제4, 5호증의 각 기재에 의하면, 피고 임찬용은 2024. 2. 27. 원고의 이 사건 소제기를 소송사기 미수로 고소하였고, 이에 대해 경기성남수정경찰서장은 혐의없음을 이유로 불송치 각하결정을 한 사실이 인정된다."라고 기재해 놓고 있습니다.

- 이에 반하여, 피고는 원심 판사가 위와 같이 작성해 놓은 원고의 이 사건 본소 제기와 관련된 소송사기 부분 '판단' 기재내용은 다음과 같은 근거를 제시하면서 100% 허위내용임을 입증해 놓고 있습니다.

. 원심 판사가 원고의 이 사건 소제기와 관련, 소송사기 혐의가 없다는 근거로 삼고 있는 위 대법원 판례는 사실은 원고의 소송사기 불법행위에 대한 근거로 자리 잡고 있습니다.

그 이유는 첫째 원고는 이 사건 게시물의 제목과 내용이 진실이고 공공의 이익에 관한 것이라고 넉넉하게 인정되고 있는 상황임에도 불구하고, 마치 피고의 불법행위가 있는 것처럼 허위내용의 본소 소장을 작성하여 이 사건 소를 제기하였다는 점, 둘째 원고는 이 사건 소를 제기한 시점에서부터 마지막 변론기일에 이르기까지 단 한 차례도 실체적 진실에 부합하는 주장이나 서면, 증거자료를 제출한 사실이 없었다는 점 등이 있기 때문입니다.

. 원심 판사가 작성한 "원고의 이 사건 본소는 피고의 이 사건 게시물을 이유로 한 것으로 원고의 주장 자체는 대부분 객관적 사실에 부합하고, 원고가 제출한 수사결과보고서의 내용이 허위라고 볼 증거도 없으며," 라는 기재부분과 관련, 이는 새빨간 거짓말입니다.

그 이유는 위 [문 ⑥] 항목에서 "원고가 담당 재판부에 제출한 사법 경찰관 및 검사 명의로 작성된 모든 수사서류는 하나도 예외 없이 허위 내용으로 작성되었다"는 사실이 확인되었기 때문입니다.

. 원심 판사가 작성한 "가사 피고 임찬용의 주장과 같이 원고가 자신에게 유리한 부분만을 편집하여 이 사건 소장을 작성하였고 준비서면에 거짓이나 쟁점과 무관한 내용을 기재하거나 경찰, 검찰로부터 발급받은 허위 내용의 수사결과보고서를 제출하였다고 하더라도 이러한 사정만으로는 원고의 이 사건 본소가 소송사기에 해당한다고 할 수 없다. 오히려 을나 제4, 5호증의 각 기재에 의하면, 피고 임찬용은 2024. 2. 27. 원고의 이 사건 소제기를 소송사기 미수로 고소하였고, 이에 대해 경기성남수정경찰서장은 혐의없음을 이유로 불송치 각하결정을 한 사실이 인정된다."라는 기재부분과 관련, 이 기재부분은 실체적 진실에 부합함에도 앞머리에 '가사'라는 가정법 단어를 집어넣어 가정법 문장을 만들어 버림으로써 사실관계를 호도하고 있습니다.

또 을나 제4, 5호증은 위 "Ⅰ. 피고가 담당재판부에 제출한 증거목록" 항목에서 살펴 본 바와 같이 피고가 원고의 소송사기 범죄를 입증시키기 위해 제출하였던 바, 원심 판사는 오히려 이를 원고 구수회의 소송사기 범죄행위를 은폐하는데 악용하고 있습니다. 참으로 원심 판사 한나라의 사건 은폐 및 조작 수법에 놀랍고 혀를 찰 노릇입니다.

[문 ⑦]

위 기재내용 및 각 입증자료에 의하면, 원심 판사가 작성해 놓은 원고의 본소 제기와 관련된 소송사기 부분 '판단' 기재내용은 허위사실로 확인되고 있습니다.

원고는 이를 인정하겠는가요? 이를 인정할 수 없다면 그 이유는 무엇인지 밝혀주시기 바랍니다.

2. 2024. 3. 28.자 반소장 기재 '변경된 청구원인' 중 '2. 원고의 허위사실 적시 명예훼손죄 및 무고죄 범행'에 대한 실체적진실과 관련하여,

《2025. 5. 1.자 항소심 피고 준비서면 중 일부 발췌 내용》

- 원심판사는 판결 이유 "3. 피고 임찬용의 반소청구에 관한 판단" 중 "다. 판단, 3) 명예훼손 부분"에서 "민법상 불법행위가 되는 명예훼손이 성립하기 위하여는 특정인의 사회적 평가를 저하시킬만한 구체적인 사실의 적시가 있어야 하고, 구체적인 사실의 적시에는 사실을 직접 표현하는 경우 뿐만 아니라 간접적으로 우회적인 표현을 사용하여 그와 같은 사실의 존재를 암시함으로써 문제된 글을 읽는 사람들로 하여금 그 사실의 존재를 인식할 수 있게 하는 경우도 포함된다. 그러한 구체적인 사실의 적시 없이 단지 특정 인물이나 사건에 관하여 비평하거나 견해를 표명한 것에 불과한 때에는 명예훼손이 되지 않는다. (대법원 2000. 7. 28. 선고 99다6203 판결 등 참조)

위 인정사실에 의하면 원고의 2022. 5. 10.자 글은 그 대상을 피고

임찬용으로 특정하기 어렵고, 나머지 글은 그 내용이 구체적 사실의 적시에 해당하지 않는 비평 또는 견해에 불과하거나 피고 임찬용의 사회적 평가를 저해하거나 인격권을 침해하는 것이라고 단정하기 어려우며, 달리 피고 임찬용이 제출한 증거만으로는 위 6회의 게시물이 피고 임찬용에 대한 명예훼손에 해당한다고 인정하기에 부족하고 달리 이를 인정할 증거가 없다."라고 기재해 놓고 있습니다.

- 이에 반하여, 피고는 원심 판사가 작성해 놓은 위 명예훼손 부분 '판단' 기재내용을 살펴본 결과, "원심판사는 피고가 이 사건 담당재판부에 제출한 2024. 1. 29.자 원고 등에 대한 불송치(각하) 결정 이의신청서(을나 제2호) 제8~9쪽 기재내용 중 성남수정경찰서 김경환 수사관이 허위내용으로 작성한 '가. 피의자 구수회의 명예훼손죄에 대하여'의 '판단' 기재부분 핵심 내용을 그대로 이 사건 판결문에 옮겨 놓았다."라고 반박하고 있습니다.

- 또 피고는 다음과 같은 이유와 근거를 들어 원심 판사가 작성해 놓은 위 명예훼손 부분 '판단' 기재내용은 100% 허위내용으로 작성되어 있다는 사실을 입증하고 있습니다.

. 민법상 불법행위가 되는 명예훼손 성립과 관련된 위 대법원 판례의 취지와 내용은 원고가 피고에게 범한 이 사건 반소 6개의 정보통신망법상 허위사실 적시 명예훼손죄 범죄사실과 부합하고 있습니다. 그럼에도 불구하고 원심판사는 위 대법원 판례를 원고 구수회에게 승소하도록 하기 위하여 자신의 허위내용 판결문 작성 근거로 악용하고 있습니다.

. 원심 판사는 2024. 3. 28.자 (반소) 청구취지 및 청구원인 변경신청서 제10쪽에 기재된 범죄일람표 중 ①의 범죄사실과 관련, '그 대상을 피고

임찬용으로 특정하기 어렵다'라고 기재해 놓고 있으나, 이는 새빨간 거짓말입니다.

원심 판사는 피고가 제출한 증거자료인 별권책자(을나 제1호증)을 전혀 읽지 않았고, 또 재판운영과정에서 궁금증을 알아보지도 않고 졸속으로 심리를 마무리한 다음 어떻게 해서든지 허위판결문을 작성하여 원고에게 면죄부를 줄까 고민만하는 사건조작 법관임이 증명되었습니다.

별권책자(을나 제1호증) 제450쪽 기재내용 및 '주석 108'을 각 살펴보면,

『원고 구수회의 ① 범죄사실 중 "사피자가 사피자에게 죄를 짓는 놈은 모두 구속시켜라. 허위 고소도 반드시 무고로 처단하라."라는 명예훼손 글은 제목에 해당하고, 그 아래 계속 이어지는 "Ⅱ. 나중에 추가 작성… "이라는 항목에서, (원고가 전상화 변호사에게) "**어느 회원(피고를 의미함)**이 구수회와 전상화 변호사님을 고소한 사건[42], 최근의 일(하) 저도 무혐의 받았으나, 무고 고소를 안 하고 있는데 변호사님은 무고로 고소를 하셨군요."라고 작성한 다음, 그 바로 아래에 전상화가 피고소인 구수회 핸드폰에 보낸 문자메시지를 게시해 놓았다』라고 기재되어 있습니다.

위와 같이 기재된 바에 따라 구수회의 '① 범죄사실'에 해당하는 제목 글을 포함한 전체 글의 내용과 문맥에 의하면, 피고가 위 명예훼손 글에 포함되는 대상자임은 명명백백합니다.

---

[42] 피고가 원고 구수회 및 전상화를 공범으로 하는 2021. 10. 5.자 '관피모사건 고소장'을 검찰에 제출한 사건을 말함

. 원심 판사가 작성해 놓은 "(범죄일람표 ① 범죄사실을 제외한) 나머지 글은 그 내용이 구체적 사실의 적시에 해당하지 않는 비평 또는 견해에 불과하거나 피고 임찬용의 사회적 평가를 저해하거나 인격권을 침해하는 것이라고 단정하기 어렵다"라는 기재부분과 관련, 이 또한 새빨간 거짓말입니다.

.. 2024. 3. 28.자 피고의 청구취지 및 청구원인 변경신청서 제10쪽에 기재된 범죄일람표 중 '① 범죄사실'을 제외한 나머지 5개의 범죄사실 역시 각각 민법상 불법행위가 되는 명예훼손이 성립하는지 독자적으로 판단해야 함에도 불구하고 원심 판사는 한꺼번에 싸잡아 두루뭉술하게 기재해 버리고 말았습니다.

.. 범죄일람표에 기재된 위 5개 범죄사실에 해당하는 명예훼손 글들은 모두 구체적 사실의 적시가 있음은 물론 피고의 사회적 평가를 저해하거나 인격권을 심각하게 침해하고 있음은 삼척동자도 다 알 수 있는 사안입니다.〔입증자료 : 별권책자 (을나 제1호증) 제438~472쪽, 2023. 1. 5.자 '임찬용 고소장' 중 원고의 정보통신망법상 허위사실 적시 명예훼손 부분 기재내용 및 거기에 첨부된 각 증거자료 참조〕

[문 ⑧]
위 기재내용 및 각 입증자료에 의하면, 원심 판사가 작성해 놓은 원고의 명예훼손 부분 '판단' 기재내용은 허위사실로 확인되고 있습니다.

원고는 이를 인정하겠는가요? 이를 인정할 수 없다면 그 이유는 무엇인지 밝혀주시기 바랍니다.

《2025. 5. 1.자 항소심 피고 준비서면 중 일부 발췌 내용》

- 원심판사는 판결 이유 "3. 피고 임찬용의 반소청구에 관한 판단" 중 "다. 판단, 1) 무고 부분"에서 "피고소인이 고소인이 고소한 피의사실로 수사의 대상이 되어 무혐의처분을 받았다고 하더라도 그 고소가 권리의 남용이라고 인정될 수 있는 정도의 고의 또는 중대한 과실에 의한 것이 아닌 이상, 고소인의 행위를 불법행위라고 단정할 수 없고(대법원 2007. 4. 12. 선고 2006다46360 판결 등 참조). 고소인의 고소 내용이 터무니없는 허위사실이 아니라 사실에 기초하여 그 정황을 다소 과장하였다거나 법률을 잘못 적용한 것에 불과한 경우 고소인의 행위가 피고소인에 대한 불법행위를 구성하지는 않는다.(대법원 2006. 4. 28. 선고 2005다29481 판결 등 참조)

앞서 본 바와 같이 원고의 고소는 사실에 기초한 점인 등에 비추어 피고 임찬용의 위와 같은 주장 사정 및 제출 증거만으로는 원고의 고소가 피고 임찬용에 대한 무고에 해당한다고 인정하기에 부족하고 달리 이를 인정할 증거가 없다."라고 기재해 놓고 있습니다.

- 이에 반하여, 피고는 원심 판사가 작성해 놓은 위 무고 부분 '판단' 기재내용을 살펴본 결과, "원심판사는 피고가 이 사건 담당재판부에 제출한 2024. 1. 29.자 원고 등에 대한 불송치(각하) 결정 이의신청서(을나 제2호) 제9쪽 기재내용 중 성남수정경찰서 김경환 수사관이 허위 내용으로 작성한 '나. 피의자 구수회의 무고죄에 대하여'의 '판단' 기재 부분 핵심 내용을 이 사건 판결문에 그대로 옮겨 놓았다"라고 반박하면서, 원고 구수회가 무고죄를 범하였다는 증거자료들에 대해서는 2023. 1. 5.자 '임찬용 고소장'(별권책자 제456~458쪽) '주석 123'에 특정해 놓고 있습니다.

[문 ⑨]

위 기재내용 및 각 입증자료에 의하면, 원심 판사가 작성해 놓은 원고의 무고죄 부분 '판단' 기재내용은 허위사실로 확인되고 있습니다.

원고는 이를 인정하겠는가요? 이를 인정할 수 없다면 그 이유는 무엇인지 밝혀주시기 바랍니다.

【상소심 재판부의 원고에 대한 조치요망】

원고가 본건 "구석명신청 요청내용"에 대하여 허위 내용의 답변서를 제출하거나, 아예 답변서 제출을 거부할 경우에는 민사소송법 제149조 제2항, 제150조 제1항 등의 규정에 따라 상응한 조치를 취해 주시기 바랍니다.

2025. 5. 1.

피고(반소원고) 임 찬 용 (인)

서울중앙지방법원 (항소)제1-2민사부 귀중

⑤ 【첨부(입증) 자료 4】

⇨ 이 사건 전자소송에 등재되어 있는 '진행내용' 출력물 1부.(분량과다 및 타 증거자료와 중복으로 생략)

⑥ 【첨부(입증) 자료 5】

⇨ 2024. 7. 15.자 이 사건 소장 1부

소　　　장

원 고　임찬용

(우편번호 : 13112) 경기도 성남시 수정구 복정로96번길 20 (복정동) 203호　　　　　　　(핸드폰 010-5313-7538)

피 고　1. 류중일

(우편번호 : 13110) 경기도 성남시 수정구 성남대로 1259

성남수정경찰서

2. 신미영

(우편번호 : 02848) 서울시 성북구 보문로 170

서울성북경찰서

3. 신혜선

(우편번호 : 02848) 서울시 성북구 보문로 170

서울성북경찰서

4. 이정호

(우편번호 : 01322) 서울특별시 도봉구 마들로 747

서울북부지방검찰청

5. 유정민

(우편번호 : 13110) 경기도 성남시 수정구 성남대로 1259

성남수정경찰서

6. 고형민

(우편번호 : 13200) 경기도 성남시 중원구 금빛로2번길 10

성남중원경찰서

7. 이일래

(우편번호 : 13200) 경기도 성남시 중원구 금빛로2번길 10

성남중원경찰서

8. 임연진

(우편번호 : 10413) 경기도 고양시 일산동구 장백로 213

의정부지방검찰청고양지청

9. 정용수

(우편번호 : 51456) 경상남도 창원시 성산구 창이대로 669

부산고등검찰청 창원지부

10. 조민구

(우편번호 : 03458) 서울시 은평구 진흥로 58

서울서부경찰서

11. 이민호

(우편번호 : 03458) 서울시 은평구 진흥로 58

서울서부경찰서

12. 유정현

(우편번호 : 12249) 경기도 남양주시 다산중앙로82번안길 149

의정부지방검찰청남양주지청

13. 배보성

   (우편번호 : 01415) 서울시 도봉구 노해로 403
   서울도봉경찰서

14. 이현철

   (우편번호 : 01415) 서울시 도봉구 노해로 403
   서울도봉경찰서

15. 정성현

   (우편번호 : 61441) 광주광역시 동구 준법로 7-12
   광주지방검찰청

16. 이승영

   (우편번호 : 06594) 서울특별시 서초구 반포대로 172
   서울고등검찰청

17. 허윤희

   (우편번호 : 13143) 경기도 성남시 수정구 산성대로 451
   수원지방검찰청성남지청

18. 임용규

   (우편번호 : 16512) 경기도 수원시 영통구 법조로91(하동)
   수원고등검찰청

19. 변제용

   (우편번호 : 13110) 경기도 성남시 수정구 성남대로 1259
   성남수정경찰서

20. 최미선

   (우편번호 : 13110) 경기도 성남시 수정구 성남대로 1259
   성남수정경찰서

21. 김정산

(우편번호 : 13110) 경기도 성남시 수정구 성남대로 1259

성남수정경찰서

22. 곽병수

(우편번호 : 13143) 경기도 성남시 수정구 산성대로 451

수원지방검찰청성남지청

23. 강길주

(우편번호 : 16512) 경기도 수원시 영통구 법조로91(하동)

수원고등검찰청

손해배상(기) 청구의 소

청 구 취 지

1. 원고에게, 피고 류중일, 이정호, 유정민, 임연진, 정용수, 유정현, 정성현, 이승영, 허윤희, 임유규, 곽병수, 강길주는 각 금 27,687,270 원, 피고 신미영, 신혜선은 공동하여, 피고 고형민, 이일래는 공동하여, 피고 조민구, 이민호는 공동하여, 피고 배보성, 이현철은 공동하여, 피고 변제용, 유정민은 공동하여, 피고 최미선, 김정산은 공동하여 각 금 27,687,270 원 및 이에 대한 이 사건 소장 부본 송달 다음 날로부터 다 갚는 날까지 연 12%의 비율에 의한 금원을 각 지급하라.
2. 소송비용은 피고들의 부담으로 한다.
3. 위 제1항은 가집행 할 수 있다.
   라는 판결을 구합니다.

청 구 원 인

I. 당사자 관계

원고는 2021. 10. 5.자 다음 카페인 관청피해자모임(이하, '관피모') 사건 고소장[43], 2022. 4. 20.자 '사법경찰관의 범죄' 고소장[44] 및 피의자 전상화에 대한 무고죄 고소장[45], 2022. 5. 23.자 사법경찰관 유정민에 대한 고소장[46], 2023. 1. 5.자 피의자 구수회 및 전상화 등에 대한 고소장[47]을 대검찰청에 각 제출하였고, 2024. 2. 27.자 피의자 구수회에 대한 사기 미수죄 고소장[48]을 성남수정경찰서에 제출하였으며, 피고들은 위 각 고소사건에 대하여 은폐·조작수사를 실시하여온 사법경찰관(리) 및 검사들입니다.

II. 피고들의 불법행위 (손해배상책임의 발생)

1. 검토 배경

전항에서 언급되고 있는 2021. 10. 5.자 '관피모 사건 고소장'의 주요 요지는 아래 기재부분과 같습니다.[49]

피고소인 구수회, 피고소인 전상화는 2019. 12.경부터 '관청피해자모임'(이하, '이 카페')을 실질적으로 공동 운영해 오면서,

---

43) 별권책자(갑 제1호증) 제78~104쪽
44) 별권책자 제201~218쪽
45) 별권책자 제219~229쪽
46) 별권책자 제230~240쪽
47) 별권책자 제438~472쪽
48) 이 소장 갑 제2호증
49) 별권책자 제19~20쪽

① 이 카페 운영의 문제점과 앞으로 이 카페가 나아가야 할 방향을 제시한 고소인의 충정어린 비판 글과 관련, 이 카페 게시판을 통하여 허위사실에 의한 고소인의 명예를 훼손하고, 오히려 고소인을 고소(고발)하겠다며 협박하였다.

② 약 만 명가량의 수많은 이 카페 회원들에게 사법피해를 구제해 준다는 미명 하에 검찰 및 법원에 대한 적대적 관계를 형성하도록 조장해 오면서 수년간 불법적인 법률 영업에 종사해 왔다.

특히, 2008년경 이 카페를 설립한 행정사 구수회는 2020. 4. 14. 11:06.경 이 카페 자유게시판에 게시해 놓은 '핵심입증자료'에 의하면, "변호사가 해야 할 일 90%는 행정사가 가능", "행정사 20년 하면서 행정심판 1,900건 수임 진행하였고, 행정사 수수료 1억을 5번 받았다.", "무혐의 된 고소를 행정심판으로 살린다. 재개발 조합장을 징역 보내는 방법, 대법원 패소된 사건을 행정사가 살린다."며 자신의 과거 행적에서 민·형사 사건브로커 역할을 해왔음을 그대로 드러내 보이고 있다.

또 변호사 신분인 전상화는 2019. 12. 25.경 이 카페 회원들에게 관사 호화 리모델링 혐의를 받고 있는 대법원장을 상대로 대규모 시위를 조장하면서, 자신의 연락처는 물론 계좌번호까지 기재된 명함을 제시하는 등 노골적인 사건 수임 호객행위를 하고 있다. 즉 자신의 돈벌이용 법률영업을 위해서라면 사회적 불안 조성도 서슴지 않는 무서운 사람이었다.[고소장 첨부 자료 7]

이에, 고소인은 구수회 및 전상화가 이 카페 변칙적 운영에 따른 법률 영업 등 사건 수임의 규모를 파악하고, 그에 따른 변호사법위반 및 사기죄 등의 죄책, 더 나아가 피해자의 구제를 위한 피해 규모를 확정짓고자, 이 카페 설립 시점인 2008. 1. 29.경부터 현재에 이르기까지 구수회 및 전상화의 계좌는 물론 구수회가 과거 변호사법위반 범행 시 사용하였던 그의 처 노재숙의 계좌까지 추적해 줄 것을 경찰 및 검찰에 강력하게 요구하였다.

즉, 고소인은 구수회 및 전상화에 대해 이 카페를 동전의 양면과 같이 실질적으로 공동 운영해 오고 있다는 점, 약 만 명에 가까운 대규모 회원들을 모조리 사법피해자로 둔갑시켜 검찰 및 법원에 적대감을 형성시키고, 이에 터 잡아 법률 영업을 함께 해오고 있다는 점, 특히 전상화는 '변호사법 제24조'에 규정된 품위유지의무 등을 망각한 채 위 '핵심입증자료'에서 확인한 바와 같이 '교수'라는 자격을 사칭하면서 '사건브로커' 및 '사기꾼' 역할을 해오고 있던 구수회를 '교수님'이라고 호칭하면서 구수회의 변호사법 위반 등의 범죄행위에는 눈을 감고 그에 따른 이익을 공유하면서 자신도 이 카페 회원들을 상대로 법률 영업을 해오고 있다는 점 등을 근거로 삼아 공동정범에 의한 정보통신보호법상 명예훼손죄, 무고죄, 협박죄, 특정경제범죄법상 사기죄(또는 사기죄), 변호사법위반 등으로 대검찰청에 고소하였다.

또 원고가 대검찰청에 제출한 나머지 고소장인 2022. 4. 20.자 '사법경찰관의 범죄' 고소장 및 피의자 전상화에 대한 '무고죄 고소장', 2022. 5. 23.자 '사법경찰관 유정민에 대한 고소장'에 담겨진 사건들은 공히 '관피모 사건'에 대한 실체적 진실이 밝혀질 것이 염려되어 이를 은폐·조작하거나 '관피모 사건' 수사를 방해하기 위해 저질러진 범죄들이고,

또 원고가 성남수정경찰서에 제출한 2023. 1. 5.자 '피의자 구수회 및 전상화 등에 대한 고소장', 2024. 2. 27.자 '피의자 구수회에 대한

(소송) 사기 미수죄 고소장'에 담겨진 사건들은 '관피모 사건'이 윤석열 정부 검찰에 의해 은폐되고 구수회의 모든 범죄사실 또한 각하처분을 받게 되자, 이에 힘입은 구수회가 수십 년간 이어져 온 자신의 변호사법위반 및 고도의 사기행각을 계속 수행하기 위해 원고를 상대로 저질러진 범죄들이다.

2. 피고들의 구체적인 불법행위

가. 피고 류중일의 불법행위

'관피모 사건' 고소장에는 피의자 구수회와 전상화는 공동정범의 관계에 있습니다.

그런데 피고 류중일은 2021. 10. 26.경 원고로부터 '관피모 사건' 고소장에 대한 '고소인 보충 진술조서'를 받은 다음, 공범관계에 있는 피의자 구수회 및 전상화에 대하여 사건 은폐·조작 수사에 용이하게끔 임의로 각 피의자 단독 사건으로 쪼개 버리는 불법행위를 저질렀습니다.

그 후 피고 류중일은 피의자 구수회에 대해서는 구수회 주거지 관할 서울서대문경찰서에, 피의자 전상화에 대해서는 전상화 주거지 관할 서울성북경찰서에 각각 이송해 버렸습니다.

피고 류중일의 위와 같은 의도적인 사건 쪼개기 불법 수사는 각 피의자 사건을 이송받은 서울서대문경찰서와 서울성북경찰서로 하여금 '관피모 사건'을 공범이 아닌 단독사건으로 처리토록 함은 물론, 각 피의자에 대해서도 허위내용의 불송치 결정서를 작성하는 수법을 통해 각 피의자의 모든 범죄사실을 은폐하도록 하는 원인을 제공하였습니다.

특히, 피고 류중일의 위와 같은 사건 쪼개기 불법수사는 '관피모 사건'에 대한 경찰 수사 과정에서는 물론 송치 이후 검찰수사 및 항고 이후 검찰 수사과정에서도 전혀 시정 조치가 이루어지지 않았습니다.50)

결국, 피고 류중일은 '관피모 사건' 고소장을 수사할 수 있는 사법경찰관으로서의 권한을 남용하여 '피의자 구수회 및 전상화의 공동범행'인 '관피모 사건'을 임의로 각 피의자 '단독범행'으로 만들어버린 불법행위를 저질렀습니다.51)

나. 피고 신미영, 피고 신혜선(피고 신미영의 직속상관)의 공동 불법행위

(1) 피고들의 '전상화 고소장' 불법 이송

'관피모 사건' 피의자 전상화는 2022. 3. 경 서울성북경찰서 사법경찰관 신미영으로부터 자신의 범죄사실에 대한 조사를 받은 과정에서 '관피모 사건' 수사를 방해함과 동시에 '관피모 사건' 고소인 임찬용에게 형사처벌을 받게 할 목적으로 허위내용의 고소장(이하, '전상화 고소장')52)을 작성하여 사법경찰관 신미영에게 제출한 바 있습니다.

---

50) 별권책자 제22쪽, 제55~57쪽

51) 입증자료 : 2021. 10. 5.자 '관피모 사건' 고소장(별권책자 제78~104쪽), 2022. 3. 22.자 피의자 구수회에 대한 불송치결정서(별권책자 제105~110쪽), 2022. 4. 4.자 피의자 구수회에 대한 불송치 결정 이의신청서(별권책자 제111~138쪽), 2022. 5. 27.자 피의자 구수회에 대한 불기소결정서(별권책자 제139~140쪽), 2022. 6. 13.자 피의자 구수회에 대한 항고장(별권책자 제141~제145쪽), 2022. 8. 1.자 피의자 구수회에 대한 항고기각 결정문(별권책자 제146~148쪽), 2022. 4. 27.자 피의자 전상화에 대한 불송치결정서(별권책자 제149~154쪽), 2022. 6. 3.자 피의자 전상화에 대한 불송치 결정 이의신청서(별권책자 155~187쪽), 2022. 6. 13.자 피의자 전상화에 대한 불기소결정서(별권책자 제188~189쪽), 2022. 6. 20.자 피의자 전상화에 대한 항고장(별권책자 제190~197쪽), 2022. 8. 2.자 피의자 전상화에 대한 항고기각 결정문(별권책자 제198~200쪽)

52) 2022. 3.경 사법경찰관 신미영에게 제출한 '전상화 고소장' (갑 제3호증)

즉, 전상화는 위 '전상화 고소장' 고소이유 '2,다항'에서 "임찬용은 전상화를 비방할 목적으로 마치 전상화가 '사법피해자를 구제한다는 명분을 삼아 자신들(구수회 및 전상화)의 (법률) 영업활동을 하고 있다'는 글을 올렸고, **이는 명백히 허위의 사실이며**, 이로 인해 전상화의 명예가 심각하게 훼손되었습니다."라고 기재해 놓고 있습니다.

그러나 이 카페에서 (법률) 영업활동을 한 사실이 없다는 전상화의 위와 같은 주장은 당시 전상화가 사법경찰관 신미영으로부터 수사를 받고 있던 '관피모 사건' 고소장 중 '첨부(입증)자료 7, 8'[53])에 의해 명백하게 배척되고 있었습니다.

따라서 사법경찰관 신미영은 2022. 3. 경 전상화로부터 '전상화 고소장'에 대한 '고소인 보충 진술조서'를 받는 과정에서, '전상화 고소장'에 기재된 내용이 당시 자신이 수사 중에 있던 '관피모 사건' 고소장에 첨부된 '첨부(입증)자료 7, 8'에 의해 허위내용이라는 사실을 금방 확인할 수 있었습니다.

그럼에도 불구하고, 사법경찰관 신미영과 그의 직속상관인 사법

---

53) 별권책자 제99쪽(주석 15) 및 104쪽 각 참조, 즉, '관피모 사건' 고소장 중 '첨부(입증)자료 7'를 살펴보면, 전상화가 2019. 12. 25. 07:37.경 이 카페 자유게시판에 게재한 "대법원장 고발장...향후 대규모 시위 제안합니다!! /♡공동대표 전상화(변호사)" 제하의 글에서, 이 카페 회원들을 상대로 대법원장의 관사 호화 리모델링과 관련된 예산 횡령이 제대로 처벌이 이뤄지지 않는다면 대규모 시위를 하자고 제안하면서 그 말미에 "자신의 사무실 주소 및 전화번호, 이메일 주소, 유료 법률상담 안내, 자신의 신한은행 계좌"등을 광고하는 사실이 확인되고 있음.(갑 제4호증). 또 '관피모 사건' 고소장 중 '첨부(입증)자료 8'를 살펴보면, 전상화가 2021. 9. 15. 10:48.경 이 카페 자유게시판에 게재한 "판사와 싸우는 종로5가 전상화 변호사를 아십니까?/♡공동대표 전상화(변호사)" 제하의 글에서, 이 카페 회원들을 상대로 자신의 법관 면책특권 폐지를 위한 신문기사를 소개하면서 동시에 "판사와 싸우는 종로5가 전상화 변호사를 아십니까"라는 신문기사 제목을 재차 게재하는 등 자신의 사무실 위치 및 상호(전상화 변호사)를 각각 홍보하고 있음. (갑 제5호증)

경찰관 신혜선은 '전상화 고소장'을 각하 처분과 동시에 전상화를 무고죄로 입건하여 형사처벌을 하지 아니하고, 오히려 '전상화 고소장'을 임찬용 거주지 관할 성남수정경찰서에 불법적으로 이송해 버렸습니다.[54]

(2) 피고들의 '관피모 사건' 은폐 · 조작 수사에 따른 불법행위

피고 신미영, 피고 신혜선은 2021. 10. 5.자 '관피모 사건' 고소장과 관련, 피의자 전상화를 수사하면서 그로 하여금 계좌추적 및 형사처벌을 면하도록 하기 위하여 면피용 피의자 조사를 단 1회 실시한 후 2022. 6. 3.경 '관피모 사건' 고소장에 첨부된 증거자료를 축소하거나 왜곡함은 물론, 편협한 법리를 적용하는 방식으로 허위 내용의 불송치 결정서를 작성하였습니다.[55]

다. 피고 이정호의 불법행위

'관피모 사건' 피의자 전상화의 모든 범죄사실은 위 나, (2)항에서 살펴본 바와 같이, 피고 신미영, 신혜선이 허위내용의 불송치 결정서를 작성하는 수법을 통해 은폐되고 말았습니다.

그런데 피고 이정호는 2022. 6. 13.경 피고 신미영, 신혜선이 위와 같이 허위내용으로 작성한 피의자 전상화에 대한 불송치 결정서를 그대로 원용한 수법을 통해 허위내용의 불기소 결정서를 작성함으로써 피의자 전상화의 모든 범죄사실을 은폐하였습니다.[56]

---

54) 피고 신미영의 변명에 대해서는 별권책자 제215쪽 '주석59' 참조

55) 입증자료 : 2021. 10. 5.자 관피모사건 고소장 〔별권책자 제78~104쪽〕, 2022. 4. 27.자 피의자 전상화에 대한 불송치결정서〔별권책자 제149~154쪽〕, 2022. 6. 3.자 피의자 전상화에 대한 불송치 결정 이의신청서〔별권책자 제155~187쪽〕

56) 입증자료 : 2021. 10. 5.자 관피모사건 고소장〔별권책자 제78~104쪽〕, 2022. 4. 27.자

라. 피고 유정민의 불법행위

【선행사실】

'관피모 사건' 피의자 전상화는 2022. 3.경 '관피모 사건' 고소장에 기재된 자신의 범죄사실과 관련, 자신에게 들이닥친 수사를 방해하거나, 이를 물타기 위하여 고소인 임찬용에 대한 허위 내용의 고소장('전상화 고소장')을 작성하여 당시 자신을 직접 수사하고 있던 서울성북경찰서 경제범죄수사2팀 신미영 사법경찰관에게 제출하였습니다.[57]

또 사법경찰관 신미영은 같은 무렵 '관피모 사건' 고소장에 기재된 범죄사실과 관련, 피의자 전상화를 조사하였고, 동시에 피의자 전상화로부터 '임찬용을 정보통신망법상 허위사실 적시에 의한 명예훼손 및 무고죄로 처벌해 달라'는 취지의 고소장을 직접 제출받아 그에 대한 '고소인(전상화) 보충진술 조서'까지 작성하였습니다.

그런데 전상화가 사법경찰관 신미영에게 제출한 '전상화 고소장'의 기재내용은 '관피모 사건' 고소장에 첨부된 '첨부(입증)자료 7, 8'에 의해 한글을 터득할 정도의 지적 수준이라면 누구나 허위 내용으로 작성되었다는 사실을 금방 인식할 수 있었습니다.

그럼에도 불구하고, 사법경찰관 신미영은 허위내용의 '전상화 고소장'에 대하여 각하 처분을 하지 아니함은 물론 전상화를 무고죄로 입건하여

피의자 전상화에 대한 불송치결정서 [별권책자 제149~154쪽], 2022. 6. 3.자 피의자 전상화에 대한 불송치 결정 이의신청서 [별권책자 제155~187쪽], 2022. 6. 13. 피의자 전상화에 대한 불기소결정서 [별권책자 제188~189쪽], 2022. 6. 20.자 피의자 전성화에 대한 항고장 [별권책자 제190~197쪽]

57) 별권책자 제231쪽

처벌하지 아니하고, 오히려 '전상화 고소장'을 임찬용 거주지 관할인 성남수정경찰서에 이송함으로써 임찬용으로 하여금 피의자 방어권보장 등에 필요한 '전상화 고소장'을 열람·등사하도록 하는 등 의무 없는 일을 하도록 하였습니다.

【피고 유정민의 불법행위】

피고 유정민은 2022. 3.~4.경 사법경찰관 신미영으로부터 이송받은 '전상화 고소장'을 각하처분하지 아니하고, 어떻게 해서든지 임찬용의 소환조사를 통하여 '전상화의 무고죄 부분'을 은폐하거나 물타기 수사를 하기로 마음먹었습니다.

그러나 피고 유정민은 2022. 4. 26. 13:40.경 '전상화 고소장'의 기재 내용과 관련하여 임찬용과의 전화 통화에서, 임찬용으로부터 "금방 허위내용 확인이 가능한 '전상화 고소장'을 근거로 피의자신문조서 작성을 시도할 경우 수사담당 사법경찰관은 물론 그 상사까지도 직권남용죄로 고소하겠다."며 완강한 소환조사 거부의사를 전달받았습니다.[58]

그럼에도 불구하고, 피고 유정민은 경찰 소환조사를 거부하고 있던 임찬용에게 경찰 소환에 거부할 경우 소환장 발부 등 강력한 법적절차를 취하겠다고 협박하면서 2022. 4. 27. 10:00.경 성남수정경찰서 수사과에서 아무런 혐의점을 발견할 수 없는 임찬용으로 하여금 피의자신문조사를 받도록 하였습니다.[59]

---

58) 입증자료 : 2022. 4. 27.자 '피고소인(임찬용) 의견서' 1부(갑 제6호증),〔2022. 5. 23.자 사법경찰관 유정민에 대한 고소장 '첨부 2', 별권책자 제233쪽 '주석 71'〕

59) 별권책자 제234쪽

이로써, 피고 유정민은

① '전상화 고소장'에 기재된 임찬용의 범죄사실과 관련, 이는 허위내용으로서 오히려 전상화의 무고 혐의가 인정되고 있음에도 불구하고 당시 경찰 소환조사를 거부하고 있던 임찬용에게 소환장 발부 등 강력한 법적절차를 취하겠다는 협박을 통하여 강제적으로 경찰 조사를 받게 하는 등 강요죄의 죄책을 범한 불법행위를 저질렀을 뿐만 아니라,

② 고소사건을 수사할 수 있는 사법경찰관으로서의 직권을 남용하여 허위내용으로 기재된 '전상화 고소장'을 각하처분하지 아니하고, 오히려 임찬용에게 피의자신문조사를 받게 하는 등 직권남용죄의 죄책을 범한 불법행위를 저질렀습니다.[60]

마. 피고 고형민, 피고 이일래(피고 고형민의 직속상관)의 공동 불법행위

피고 고형민, 이일래는 위 '라. 피고 유정민의 불법행위' 항목과 관련된 2022. 5. 23.자 '사법경찰관 유정민 등에 대한 고소장'(별권책자 제230~240쪽)을 수사함에 있어, 인근 성남수정경찰서 동료 직원인 위 유정민에 대하여 형사처벌을 면해 줄 목적으로 허위 내용의 불송치(각하) 결정서를 작성한 후 이를 검찰에 송치하기로 마음먹었습니다.[61]

---

60) 입증자료 : 2022. 3.경 사법경찰관 신미영에게 제출한 '전상화 고소장'(갑 제3호증), 2022. 4. 20.자 전상화에 대한 무고죄 고소장(별권책자 제219~229쪽), 2022. 5. 23.자 사법경찰관 유정민 등에 대한 고소장(별권책자 제230~240쪽)

61) 피고 고형민은 2022. 8. 2. 14:00.경 원고 임찬용과의 전화 통화에게 '피의자 유정민에 대한 송치(각하)결정서를 허위 내용으로 작성할 할 수밖에 없었던 이유는 검찰의 암묵적 지시가 있었기 때문이었다'라는 취지로 고백한 바 있습니다. [별권책자 제60~63쪽 참조]

이에 따라, 피고들은 2022. 7. 26.경 피의자 유정민에 대한 소환조사 등 어떠한 유형의 수사를 진행하지 아니한 채 허위내용의 불송치(각하) 결정서를 작성하는 수법을 통해 피의자 유정민의 범죄사실을 모두 은폐해 버렸습니다.62)

바. 피고 임연진의 불법행위

피의자 유정민 등의 모든 범죄사실은 위 마항에서 살펴본 바와 같이, 피고 고형민, 이일래가 허위내용의 불송치(각하) 결정서를 작성하는 수법을 통해 은폐되고 말았습니다.

그런데 피고 임연진은 2022. 10. 13.경 피고 고형민, 이일래가 위와 같이 허위내용으로 작성한 피의자 유정민 등에 대한 불송치(각하) 결정서를 그대로 원용한 수법을 통해 자신 명의의 불기소결정서를 허위내용으로 작성하여 피의자 유정민 등의 모든 범죄사실을 은폐하였습니다.63)

사. 피고 정용수의 불법행위

피고 임연진은 위 '바.항'과 같이 2022. 10. 13.경 사법경찰관 고형민, 이일래가 허위내용으로 작성한 피의자 유정민 등에 대한 불송치(각하) 결정서를 그대로 원용한 수법을 통해 허위내용의 불기소결정서를 작성하였습니다.

---

62) 입증자료 : 2022. 5. 23.자 '사법경찰관 유정민 등에 대한 고소장' 〔별권책자 제230~240쪽〕, 2022. 7. 26.자 '피의자 유정민 등에 대한 불송치(각하) 결정서'(갑 제7호증), 2022. 8. 25.자 '피의자 유정민 등에 대한 불송치(각하) 결정 이의신청서' 〔별권책자 제262~272쪽〕

63) 입증자료 : 별권책자 제340쪽

그런데 피고 정용수는 2022. 11. 18.경 위와 같이 허위내용으로 작성된 피고 임연진 명의의 불기소결정서를 그대로 원용하면서, 거기에 덧붙여 피의자 유정민 등에 대한 불기소(각하) 결정 근거법령에 이 사건과 전혀 들어맞지도 않는 검찰사건사무규칙 제148조 제3항 제5호, 제115조 제3항 제5호의 규정을 제시하는 수법을 통해 피의자 유정민 등에 대한 항고기각 결정문을 허위내용으로 작성하여 피의자 유정민 등의 모든 범죄사실을 은폐하였습니다.[64]

아. 피고 조민구, 피고 이민호(피고 조민구의 직속상관)의 공동 불법행위

피고 조민구, 이민호는 2022. 4. 20.자 '사법경찰관 등에 대한 고소장'[65] 중 피의자 문경석 등의 범죄사실(별권책자 제209~213쪽)을 수사함에 있어, 인근 서울서대문경찰서 동료직원인 위 문경석 등에 대하여 형사처벌을 면해 줄 목적으로 허위내용의 불송치(각하) 결정서를 작성한 후 이를 검찰에 송치하기로 마음먹었습니다.[66]

이에 따라, 피고들은 2022. 9. 27.경 피의자 문경석 등에 대한 소환조사 등 어떠한 유형의 수사를 진행하지 아니한 채 허위내용의 불송치(각하) 결정서를 작성하는 수법을 통해 피의자 문경석 등의 모든 범죄

---

64) 입증자료 : 2022. 11. 18.자 피의자 유정민 등에 대한 항고기각 결정문 [별권책자 제346~348쪽], 2022. 11. 28.자 피의자 유정민 등에 대한 재정신청서 [별권책자 제349~356쪽]

65) 별권책자 제201~218쪽

66) 피고들이 피의자 문경석 등에 대한 허위내용의 불송치(각하) 결정서를 작성하게 된 가장 직접적인 이유로는 '관피모 사건'을 은폐하기 위한 검찰의 암묵적 지시가 있었기 때문입니다. 그 이유는 피고들이 검찰로부터 사전 지시를 받지 아니하고 피의자 문경석 등에 대한 불송치(각하) 결정서를 허위로 작성하였을 경우, 이는 사건 송치 후 검찰 수사에 의해 구속을 면치 못하기 때문입니다.

사실을 은폐하였습니다.[67]

자. 피고 유정현의 불법행위

　피의자 문경석, 이승민의 모든 범죄사실은 위 '아. 항'과 같이 피고 조민구, 이민호가 허위내용의 불송치(각하) 결정서를 작성하는 수법을 통해 은폐되고 말았습니다.

　그런데 피고 유정현은 2023. 1. 18.경 피고 조민구, 이민호가 위와 같이 허위내용으로 작성한 피의자 문경석 등에 대한 불송치(각하) 결정서를 그대로 원용함은 물론, 거기에 덧붙여 자신의 법리적 궤변까지 첨부해 놓은 불기소(각하) 결정서를 허위내용으로 작성하여 피의자 문경석 등의 모든 범죄사실을 은폐하였습니다.[68]

차. 피고 배보성, 피고 이현철(피고 배보성의 직속상관)의 공동
　　불법행위

　피고 배보성, 이현철은 2022. 4. 20.자 '사법경찰관 등에 대한 고소장'[69] 중 피의자 신미영, 신혜선의 범죄사실(별권책자 제213~216쪽) 및 동일자 '관피모 사건' 피의자 전상화의 범죄사실(별권책자 제219~229쪽)을 수사함에 있어, 인근 서울성북경찰서 동료직원인 위 신미영,

---

[67] 입증자료 : 2022. 4. 20.자 '사법경찰관 등에 대한 고소장'〔별권책자 제201~218쪽〕, 2022. 9. 27.자 피의자 문경석 등에 대한 불송치(각하) 결정서〔별권책자 제273~278쪽〕, 2022. 10. 10.자 피의자 문경석 등에 대한 불송치(각하) 결정 이의신청서〔별권책자 제279~296쪽〕

[68] 이를 입증하는 자료로는 2023. 1. 18.자 피의자 문경석 등에 대한 불기소결정서 및 2023. 1. 30.자 피의자 문경석 등에 대한 항고장 각 참조〔별권책자 제380~400쪽〕

[69] 별권책자 제201~218쪽

신혜선 및 '관피모 사건' 피의자 전상화에 대하여 형사처벌을 면해 줄 목적으로 허위내용의 불송치(각하) 결정서를 작성한 후 이를 검찰에 송치하기로 마음먹었습니다.[70]

이에 따라, 피고들은 2022. 9. 27.경 피의자 신미영, 신혜선, 전상화에 대한 소환조사 등 어떠한 유형의 수사를 진행하지 아니한 채 허위내용의 불송치(각하) 결정서를 작성하는 수법을 통해 피의자 신미영, 신혜선, 전상화의 모든 범죄사실을 은폐하였습니다.[71]

카. 피고 정성현의 불법행위

피의자 신미영, 신혜선, 전상화의 모든 범죄사실은 위 '차.항'과 같이 피고 배보성, 이현철이 허위내용의 불송치(각하) 결정서를 작성하는 수법을 통해 은폐되고 말았습니다.

그런데 피고 정성현은 2022. 12. 29.경 피고 배보성, 이현철이 위와 같이 허위내용으로 작성한 피의자 신미영 등에 대한 불송치(각하) 결정서를 그대로 원용하는 수법을 통해 불기소 결정서를 허위내용으로 작성하여 피의자 신미영 등의 모든 범죄사실을 은폐하였습니다.[72]

---

70) 피고들이 피의자 신미영 및 신혜선, 전상화에 대한 허위내용의 불송치(각하) 결정서를 작성하게 된 가장 직접적인 이유로는 '관피모 사건'을 은폐하기 위한 검찰의 암묵적 지시가 있었기 때문입니다. 그 이유는 피고들이 검찰로부터 사전 지시를 받지 아니하고 피의자 신미영 등에 대한 불송치(각하) 결정서를 허위로 작성하였을 경우, 이는 사건 송치 후 검찰 수사에 의해 구속을 면치 못하기 때문입니다.

71) 입증자료 : 2022. 4. 20.자 '사법경찰관 등에 대한 고소장 〔별권책자 제201~218쪽〕, 동 일자 '관피모 사건' 피의자 전상화에 대한 무고죄 고소장 〔별권책자 제219~229쪽〕, 2022. 9. 27.자 피의자 전상화 및 신미영 등에 대한 불송치(각하) 결정서 〔별권책자 제297~300쪽〕, 2022. 10. 10.자 피의자 전상화 및 신미영 등에 대한 불송치(각하) 결정 이의신청서 〔별권책자 제301~310쪽〕

72) 입증자료 : 2022. 12. 29.자 피의자 전상화 및 신미영 등에 대한 불기소결정서 및 2023. 1. 30.자 피의자 전상화 및 신미영 등에 대한 항고장 각 참조 〔별권책자 제412~418쪽〕

타. 피고 이승영의 불법행위

(1) 피고 유정현은 위 '자.항'에서 살펴본 바와 같이, 2023. 1. 18.경 피고 조민구, 이민호가 허위내용으로 작성한 피의자 문경석 등에 대한 불송치(각하) 결정서를 그대로 원용함은 물론 거기에 덧붙여 자신의 법리적 궤변까지 첨부해 놓은 허위 내용의 불기소결정서를 작성하였습니다.

그런데 피고 이승영은 2023. 3. 2.경 위와 같이 허위내용으로 작성된 피고 유정현 명의의 불기소결정서를 그대로 원용하면서, 이를 판에 박힌 항고기각 결정문에 작성하는 수법을 통해 피의자 문경석 등에 대한 항고기각결정문을 허위내용으로 작성하여 피의자 문경석 등의 모든 범죄사실을 은폐하였습니다.[73]

(2) 피고 정성현은 위 '카.항'에서 살펴본 바와 같이, 2022. 12. 29.경 피고 배보성, 이현철이 허위내용으로 작성한 피의자 신미경 등에 대한 불송치(각하) 결정서를 그대로 원용한 수법을 통해 허위 내용의 불기소결정서를 작성하였습니다.

그런데 피고 이승영은 2023. 2. 15.경 위와 같이 허위내용으로 작성된 피고 정성현 명의의 불기소결정서를 그대로 원용하면서, 이를 판에 박힌 항고기각 결정문에 작성하는 수법을 통해 피의자 신미영 등에 대한 항고기각 결정문을 허위내용으로 작성하여 피의자 신미영 등의 모든 범죄사실을 은폐하였습니다.[74]

---

73) 입증자료 : 2023. 1. 18.자 피의자 문경석 등에 대한 불기소결정서 및 2023. 1. 30.자 피의자 문경석 등에 대한 항고장, 2023. 3. 2.자 피의자 문경석 등에 대한 항고기각 결정문 각 참조 [별권책자 제380~403쪽]

파. 피고 허윤희의 불법행위

성남수정경찰서 수사과 사법경찰리 김경환은 2023. 1. 5.자 '임찬용 고소장'(별권책자 제438~472쪽)을 수사함에 있어, 피의자 구수회 등에게 형사처벌을 면해 주기 위하여 2023. 7. 18.경 사법경찰관 류중일 명의를 사용하여[75] 허위내용의 불송치(각하) 결정서를 작성하는 수법을 통해 피의자 구수회 등의 모든 범죄사실을 은폐하였습니다.[76]

그런데 피고 허윤희는 2024. 3. 15.경 피의자 구수회 등에게 형사처벌을 면해 줄 목적으로 사법경찰리 김경환이 위와 같이 허위내용으로 작성한 피의자 구수회 등에 대한 불송치 결정서를 그대로 원용한 수법을 통해 허위내용의 불기소결정서를 작성하여 피의자 구수회 등의 모든 범죄사실을 은폐하였습니다.[77]

하. 피고 임용규의 불법행위

피고 허윤희는 위 '파.항'과 같이 2024. 3. 15.경 사법경찰리 김경환이 허위내용으로 작성한 피의자 구수회 등에 대한 불송치 결정서를 그대로 원용한 수법을 통해 허위 내용의 불기소 결정서를 작성하였습니다.

---

74) 입증자료 : 2023. 12. 29.자 피의자 전상화 및 신미영 등에 대한 불기소결정서 및 2023. 1. 10.자 피의자 전상화 및 신미영 등에 대한 항고장, 2023. 2. 15자 피의자 전상화 및 신미영 등에 대한 항고기각 결정문 각 참조 〔별권책자 제412~421쪽〕

75) 사법경찰리 김경환은 형사소송법상 자신의 명의로는 '불송치 결정서'를 작성할 수 없어 작성권한이 있는 동료직원 사법경찰관 류중일의 명의를 사용한 것입니다.

76) 입증자료 : 2023. 1. 5.자 '임찬용 고소장'(별권책자 제438~472쪽), 2023. 7. 18.자 피의자 구수회 등에 대한 불송치(각하) 결정서(갑 제8호증), 2024. 1. 29.자 피의자 구수회 등에 대한 불송치(각하) 결정 이의신청서(갑 제9호증)

77) 입증자료 : 2024. 3. 15.자 피의자 구수회 등에 대한 불기소(혐의없음) 결정서(갑 제10호증), 2024. 4. 1.자 피의자 구수회 등에 대한 항고장(갑 제11호증)

그런데 피고 임용규는 2024. 4. 12.경 위와 같이 허위내용으로 작성된 피고 허윤희 명의의 불기소 결정서를 그대로 원용하면서, 판에 박힌 항고기각 결정문을 작성하는 수법을 통해 피의자 구수회 등에 대한 항고기각 결정문을 허위내용으로 작성하여 피의자 구수회 등의 모든 범죄사실을 은폐하였습니다.[78]

고. 피고 변제용, 피고 유정민[79](피고 변제용의 직속상관)의 공동 불법행위

피고 변제용, 유정민은 2024. 2. 27.자 '(소송) 사기 미수죄 고소장'[80]을 수사함에 있어, 피의자 구수회에게 형사처벌을 면해 줄 목적으로 허위내용의 불송치(각하) 결정서를 작성한 후 이를 검찰에 송치하기로 마음먹었습니다.[81]

이에 따라, 피고들은 2024. 3. 26.경 피의자 구수회에 대한 소환조사 등 어떠한 유형의 수사를 진행하지 아니한 채 허위내용의 불송치(각하) 결정서를 작성하는 수법을 통해 피의자 구수회의 범죄사실을 은폐하였습니다.[82]

---

[78] 입증자료 : 2024. 4. 1.자 피의자 구수회 등에 대한 항고장(갑 제11호증), 2024. 4. 12.자 피의자 구수회 등에 대한 항고기각 결정문 (갑 제12호증).

[79] 피고 유정민은 이 사건 이외에 위 '라.항' 등 총 2건의 불법행위를 저질렀습니다.

[80] 갑 제2호증

[81] 피고들이 피의자 구수회에 대한 허위내용의 불송치(각하) 결정서를 작성하게 된 가장 직접적인 이유로는 사전에 검찰의 암묵적 지시가 있었기 때문입니다. 그 이유는 피고들이 검찰로부터 사전 지시를 받지 아니하고, 피의자 구수회에 대한 불송치(각하) 결정서를 허위로 작성하였을 경우, 이는 사건 송치 후 검찰 수사에 의해 구속을 면치 못하기 때문입니다.

[82] 입증자료 : 2024. 2. 27.자 피의자 구수회에 대한 (소송) 사기 미수죄 고소장(갑 제2호증), 2024. 3. 26.자 피의자 구수회에 대한 불송치(각하) 결정서(갑 제13호증), 2024. 4. 8.자 피의자 구수회에 대한 불송치(각하) 결정 이의신청서(갑 제14호증)

노. 피고 최미선, 피고 김정산(피고 최미선의 직속 상관)의 공동 불법행위

피고 최미선, 김정산은 2024. 3. 15.경 원고로부터 위 '고.항' 피고 유정민에 대한 "경찰수사관 기피(교체) 신청서"[83]를 제출받았습니다.

위 신청서에는 유정민이 2022. 4. 26.부터 같은 달 27.까지 사이에 위 '라.항'의 불법행위를 저지른 사실이 있으니, 이에 대한 사실관계를 감찰한 후 담당 수사관을 교체해 달라는 취지로 작성되어 있었습니다.

그런데 피고들은 유정민의 위 '라.항' 불법행위를 은폐하고 그에 대한 감찰을 면해 줄 목적으로 위 신청서에는 경찰수사관 유정민이 교체되어야 할 구체적인 사유 및 그에 대한 입증자료들이 수없이 제시되고 있음에도 불구하고,

2024. 3. 18.경 "수사관 기피신청에 대한 결과통지"라는 공문서[84]에 "위 신청서는 기피사유에 대한 소명이 없는 경우"에 해당한다는 동문서답·유체이탈 방식의 허위내용을 기재하여 이를 원고에게 통보하였습니다.[85]

도. 피고 곽병수의 불법행위

2024. 2. 27.자 '구수회에 대한 (소송) 사기 미수죄 고소장'은 위 '고.항'과 같이 피고 변제용, 유정민이 허위내용의 불송치(각하) 결정

---

83) 2024. 3. 15.자 "경찰수사관 기피(교체) 신청서"(갑 제15호증)
84) 2024. 3. 18.자 "수사관 기피신청에 대한 결과통지" 공문서(갑 제16호증)
85) 2024. 4. 8.자 피의자 구수회에 대한 불송치(각하) 결정 이의신청서(갑 제14호증) 중 Ⅰ, 다항 참조

서를 작성하는 수법을 통해 은폐되고 말았습니다.

그런데 피고 곽병수는 2024. 4. 19.경 피고 변제용, 유정민이 위와 같이 허위내용으로 작성한 피의자 구수회에 대한 불송치(각하) 결정서를 그대로 원용함은 물론, 거기에 덧붙여 자신의 거짓말만 강화시켜주는 궤변까지 첨부해 놓은 불기소(각하) 결정서를 허위내용으로 작성하여 피의자 구수회의 범죄사실을 은폐하였습니다.[86]

로. 피고 강길주의 불법행위

피고 곽병수는 위 '도.항'과 같이 2024. 4. 19.경 피고 변제용, 유정민이 허위내용으로 작성한 피의자 구수회에 대한 불송치(각하) 결정서를 그대로 원용한 수법을 통해 허위내용의 불기소(각하) 결정서를 작성하였습니다.

그런데 피고 강길주는 2024. 5. 30.경 허위내용으로 작성된 피고 곽병수 명의의 불기소(각하) 결정서를 그대로 원용하면서, 이 사건과 전혀 들어 맞지도 않는 검찰사건사무규칙 제148조 제3항 제5호, 제115조 제3항 제5호를 제시하는 수법을 통해 피의자 구수회에 대한 항고기각결정문을 허위내용으로 작성하여 피의자 구수회의 범죄사실을 은폐하였습니다.[87]

Ⅲ. 손해배상책임의 범위

가. 피고들의 불법행위로 인하여 원고가 입은 손해

---

[86] 입증자료 : 2024. 4. 19.자 피의자 구수회에 대한 불기소(각하) 결정서(갑 제17호증), 2024. 2024. 4. 24.자 피의자 구수회에 대한 (소송 사기 미수) 항고장(갑 제18호증)

[87] 입증자료 : 2024. 4. 24.자 피의자 구수회에 대한 항고장(갑 제18호증), 2024. 5. 30.자 피의자 구수회에 대한 항고기각 결정문(갑 제19호증)

(1) 피고들의 원고에 대한 민·형사적 책임

- 피고들은 각자의 위치에서 원고가 고소한 2021. 10. 5.자 '관피모 사건 고소장'을 비롯한 위 Ⅱ항에서 언급되고 있는 각 고소사건에 대하여 해당 피의자를 단 한차례 소환조사도 없이[88] 은폐·조작수사를 통하여 모든 범죄사실을 은폐해 버렸습니다.

- 특히, 피고들은 우리나라 수사기관의 양 대 산맥을 이루고 있는 사법경찰관과 이들을 실질적으로 지도·감독하는 검사들인 바, 수사를 받고 있는 피의자 측과 공모하여 사건을 은폐해 버릴 경우, 그에 따른 형사적 책임은 (고소인에게 정당한 경찰수사나 검찰수사를 받을 수 있는 권리행사를 방해함으로써) 직권남용권리행사방해죄, (허위내용의 불송치결정서나 허위내용의 불기소결정서를 작성함으로써) 허위공문서작성죄, (허위작성공문서를 비치하고 이를 고소인 등에게 통보함으로써) 허위작성공문서 행사죄 등 중범죄의 죄책을 피할 수 없고, 민사적 책임 역시 국가는 물론 **범죄피해자인 원고에게도 상상을 초월할 정도의 손해배상금을 지급해야 할 것입니다.**

피고들에게 위와 같이 민·형사상 엄중한 책임을 묻는 이유는 국민으로부터 수사권을 위임받아 이를 법과 원칙에 따라 엄정하게 집행하여야 할 업무상 의무가 있는 공무원들이기 때문입니다.

- 또 피고들은 수사권을 남용하여 원고의 고소사건을 은폐·조작함에 따라, 원고는 그들의 수사권 남용으로 인해 경찰 및 검찰로부터 정당한 수사를 받을 수 있는 권리행사를 방해받았습니다.

---

[88] 다만, 예외적으로 사법경찰관 신미영이 '관피모사건 범죄사실'과 관련, 피의자 전상화에 대하여 단 한차례 면피용 피의자 소환조사를 실시한 사실이 있었음은 앞서 살펴본 바 있습니다.

- 또 피고들은 '관피모사건 고소장'을 비롯한 위 각 고소사건에 대하여 은폐·조작수사를 통하여 관련 피의자들을 전원 형사법상 치외법권자로 대우해 주고, 그 반면 피해자이자 고소인인 원고에 대해서는 과잉수사·편파수사·강압수사·보복수사로 대응함으로써 심한 모멸감과 자괴감을 주었습니다. 이는 심한 우울증[89]을 앓은 경험이 있는 원고로서는 죽고 싶은 충동에 하루하루 힘든 생활을 이어오고 있습니다.

(2) 피고들의 검·경 수사시스템 파괴로 인하여 원고가 입은 손해

별권책자(갑 제1호증) 대부분의 지면을 통하여 살펴본 바와 같이, 피고들이 각자의 위치에서 구수회의 형사처벌을 면하기 위해 저지른 이 사건 모든 범행들은,

구수회가 몸통인 '관피모 사건' 및 이를 은폐·조작 수사한 '경찰공무원의 범죄'를 은폐하기 위해 윤석열 정부 수도권 검찰과 경찰이 총동원되어 집단적으로 범죄 조직화되는 현상을 초래하고 말았습니다.

피고들이 구수회를 봐주기 위해 저지른 이 사건 범행과 이에 터 잡아 발생한 윤석열 정부 검찰과 경찰의 범죄조직화 현상은 궁극적으로 구수회의 뒤를 봐주는 윤석열 정부의 실세가 존재하지 않고서는 도저히 설명이 불가능하게 되어 버렸습니다.

그 실세 인물은 사건브로커 구수회와 한 배를 타고 있는 검찰 출신인

---

[89] 원고는 2014. 1. 5.경 자살을 시도할 당시에도 범죄수익금 약 150억 원을 착복하려는 김진태 검찰총장 등 정치(비리)검사들로부터 장기간 불법적인 감찰수사를 받아 오면서 심한 우울증을 치료받고 있었습니다.〔별권책자 (갑 제1호증) 제342쪽〕

것만은 확실해 보입니다.

 이로 인해 구수회는 치외법권 지위를 누리게 되었고, '모든 국민은 법 앞에 평등하다'는 우리나라 헌법은 허울에 불과할 뿐 형사사법 체계는 이미 무너져 버렸으며, 검찰과 경찰의 관계는 과거 종속적 상하지배 체제로 돌아가 버렸습니다.

 또 권력과 돈만 있으면 어떠한 중대 범죄라도 해결되는 세상, 공정과 상식은 뿌리째 뽑혀나간 나라가 되고 말았습니다.

 피고들은 위와 같이 우리나라 형사사법시스템을 붕괴시키고 사법정의를 파괴하는데 크나큰 책임이 있습니다. 그 피해금액은 우리나라를 팔아도 모자랄 정도로 계산이 복잡하고 불가능합니다.

 따라서 원고는 이 항목의 손해배상만큼은 원고를 포함한 전 국민들에게 돌아갈 수밖에 없다는 현실을 감안하여 피고들에게 이 항목 손해배상금 산정 및 그 청구를 포기하려고 합니다.

나. 각 피고의 불법행위에 따른 손해배상금 산정내역

 원고는 각 피고의 '관피모 사건 고소장'을 비롯한 위 각 고소사건에 대한 은폐 · 조작 수사와 관련, 각 고소장 작성 및 제출, 해당 경찰서에 출석하여 고소인 보충진술조서를 받아야 했으며, 불송치결정 이의 신청서, 항고장, 재정신청서 등 각종 수사서류를 작성하여 이를 해당 경찰서 및 검찰청에 접수시킴과 동시에, 수시로 수사진행상황을 형사사법포털 사이트에 들어가 확인하는 등 한 시도 쉬지 않고 조마조마한 심정으로 시간적 · 육체적 · 정신적 노동력을 집중 투입해 왔습니다.

따라서 각 피고는 원고가 각 피고의 은폐·조작수사에 시달려오면서 투입하여 온 정신적·육체적 노동력 및 소요시간 등 일체 비용을 손해배상금 명목으로 지급하여야 할 의무가 있다고 할 것입니다.

이에 터 잡아 각 피고가 원고에게 지급하여야 할 손해배상금을 개인별로 산출해 보면 다음과 같습니다.

각 피고의 '관피모 사건 고소장'을 비롯한 위 각 고소사건 은폐·조작수사에 따른 손해배상금 총액 : 금 27,687,270원

《각 피고별 손해배상금 22,687,270 원+각 피고별 위자료 5,000,000 원》

- 각 피고별 손해배상금 산정내역

【산출근거】

㉮ 원고가 검찰 퇴직 당시 직급인 검찰수사서기관(4급)의 2024년도 월급 (공안직 28호봉 적용) : 일체 수당을 제외한 순수한 월 급여 5,671,819 원

㉯ 맨 처음 원고가 2021. 10. 5.자 '관피모사건 고소장' 제출시점부터 맨 마지막 2024. 5. 30.자 피의자 구수회의 (소송) 사기 미수죄에 대한 항고기각 결정문이 허위내용으로 작성되는 날까지의 원고 대응기간[90]

---

[90] 이 소장에서 언급되고 있는 '관피모 사건 고소장'을 비롯한 위 각 사건들은 한결같이 '관피모 사건' 피의자 구수회와 연계되어 있습니다. 따라서 각 피고의 은폐·조작수사 대상으로 특정된 고소장 피의자란에 구수회가 기재되어 있지 않았다고 하더라도, 실제로는 그 고소장이 항상 구수회와 직·간접적으로 연계가 되어 있다는 사실입니다.

: 약 32개월

㉰ 할인율 1/8을 적용함 (공무원의 하루 정규 근무시간은 약 8시간이나, 원고는 각 피고의 '관피모 사건'을 비롯한 위 각 사건에 대한 은폐·조작수사에 대응하기 위한 소요시간을 1시간으로 대폭 축소하여 최소한도로 적용하였음)

【산출결과】

㉮ 5,671,819원(월급)×㉯ 약 32개월('관피모 사건'을 비롯한 위 각 고소사건 대응기간)×1/8(할인율)=22,687,276원

각 피고가 원고에게 지급하여야 할 정신적 위자료 : 5,000,000원

이를 감안한 각 피고 손해배상금【산출근거】㉯항의 적용대상 고소장을 살펴보면, 이 소장에 등장하고 있는 모든 고소장은 위 ㉯항에 해당됩니다. 그 이유는 구수회가 직·간접적으로 영향을 미치지 않는 고소장은 이 소장에 없기 때문입니다. 즉, 원고는 구수회가 직·간접적으로 영향을 미치고 있는 최초의 고소장인 2024. 5. 30.자 '관미모 사건 고소장'에서부터 마지막 고소장인 2024. 2. 27.자 '구수회에 대한 (소송) 사기미수죄 고소장'까지의 대응기간을 위 ㉯항에 적용하였습니다.

입 증 방 법

서증번호	서증명	서증명 위치·장소	비고
갑 제1호증	별권책자 1권 〔정치(비리)검사, 대통령 탄핵론〕		
갑 제2호증	2024. 2. 27.자 구수회에 대한 (소송) 사기 미수죄 고소장		
갑 제3호증	2022. 3.경 사법경찰관 신미영에게 제출한 '전상화 고소장'		
갑 제4호증	'관피모사건 고소장' 중 '첨부(입증)자료 7'		
갑 제4호증의 1	위와 같음(2페이지)		
갑 제4호증의 2	위와 같음(3페이지)		
갑 제5호증	'관피모사건 고소장' 중 '첨부(입증)자료 8'		
갑 제6호증	2022. 4. 27.자 '피고소인(임찬용) 의견서'		
갑 제7호증	2022. 7. 26.자 '피의자 유정민 등에 대한 불송치(각하) 결정서'		
갑 제8호증	2023. 7. 18.자 피의자 구수회 등에 대한 불송치(각하) 결정서		
갑 제9호증	2024. 1. 29.자 피의자 구수회 등에 대한 불송치(각하) 결정 이의신청서		
갑 제10호증	2024. 3. 15.자 피의자 구수회 등에 대한 불기소(혐의없음) 결정서		
갑 제11호증	2024. 4. 1.자 피의자 구수회 등에 대한 항고장		
갑 제12호증	2024. 4. 12.자 피의자 구수회 등에 대한 항고기각 결정문		
갑 제12호증의 1	위와 같음(2페이지)		

갑 제12호증의 2	위와 같음(3페이지)		
갑 제13호증	2024. 3. 26.자 피의자 구수회에 대한 불송치(각하) 결정서		
갑 제13호증의 1	위와 같음(2페이지)		
갑 제13호증의 2	위와 같음(3페이지)		
갑 제13호증의 3	위와 같음(4페이지)		
갑 제14호증	2024. 4. 8.자 피의자 구수회에 대한 불송치(각하) 결정 이의신청서		
갑 제15호증	2024. 3. 15.자 "경찰수사관 기피(교체) 신청서"		
갑 제16호증	2024. 3. 18.자 "수사관 기피신청에 대한 결과통지" 공문서		
갑 제17호증	2024. 4. 19.자 피의자 구수회에 대한 불기소(각하) 결정서		
갑 제18호증	2024. 4. 24.자 피의자 구수회에 대한 항고장		
갑 제19호증	2024. 5. 30.자 피의자 구수회에 대한 항고기각 결정문		
갑 제19호증의 1	위와 같음(2페이지)		
갑 제19호증의 2	위와 같음(3페이지)		

첨 부 서 류

1. 위 입증방법
1. 납부서 1통
1. 소장 부본 23통

2024. 7. 15.
원고 임 찬 용 (인)

수원지방법원성남지원 귀중

⑦ 【첨부(입증) 자료 6】
⇨ 2024. 8. 16.자 원고 준비서면 및 그 첨부물 각 1부.

준 비 서 면

【이 사건 관련 2024. 8. 11.자 KMS 신문기사 및 그 붙임 자료 제출】

[담당재판부 : 민사4단독]

사 건 : 2024가단231123 손해배상(기), (이하, '이 사건' 이라고 합니다)

원 고 : 임찬용
피 고 : 류중일 외 22명

1. 이 사건 원고는 2024. 3. 6.경 이 사건과 관련된 민사소송(이하, '관련사건', 수원지방법원성남지원 2024가단1957, 재판부 민사8단독)을 제기하여 현재 소송 수행 중에 있습니다.

2. 위 '관련사건'의 핵심 요지는,
이 사건 피고들의 불법행위와 마찬가지로 위 '관련사건' 피고 문경석 및 김경환 등 사법경찰관 2명, 피고 이주훈 및 김한나 등 검사 2명 등 피고 4명은 각각 자신들에게 배당된 2021. 10. 5.자 '관피모사건 고소장'(이 사건 갑 제1호증, 별권책자 제78~104) 및 2023. 1. 5.자 '임찬용 고소장'(별권책자 제438~472쪽)을 은폐 · 조작수사를 통하여 피의자 구수회 등의 모든 범죄사실을 은폐해 버렸다는 것입니다.

3. 그런데 위 '관련사건' 피고 변호인 즉 오로라법률사무소 (변호사 김홍경, 변호사 장희성, 변호사 이송은)에서는 위 문경석 등 피고 4명으로부터 피고들의 자의가 아닌 타의에 의해 변호인 수임계약 등 불법을 저지른 사실이 발견되고 있고, 더 나아가 위 '관련사건' 답변서를 허위내용으로 작성하여 담당재판부에 제출함으로써 전형적인 소송 사기 변론을 수행하고 있다는 취지의 인터넷 신문 보도기사가 있어, 그 보도기사 및 거기에 첨부된 증거자료들을 이 사건 재판의 독립성과 공정성을 미연에 확보하는 차원에서 붙임과 같이 제출코자 합니다.

【붙임】

1. 2024. 8. 11.자 "변협은 김홍경 변호사를 영구 제명하라!!" 제하의 KMS 신문기사 1부 **(갑 제20호증)**
2. 2024. 3. 6.자 피고 문경석 외 3명에 대한 소장 1부 (위 신문기사 '첨부 1' 자료, **갑 제20호증의 1**)
3. 2024. 7. 18.자 원고(임찬용)의 사실조회신청서 1부 (위 신문기사 '첨부 2' 자료, **갑 제20호증의 2**)
4. 2024. 8. 12.자 관련사건 원고 준비서면 1부 (**위** 신문기사 '첨부 3' 자료, **갑 제20호증의 3**)

2024. 8. 16.

원고 임 찬 용 (인)

수원지방법원성남지원 민사4단독 귀중

【붙임1 : 신문기사, 이 사건 갑 제20호증】

개인정보유출주의 제출자:임찬용, 제출일시:2024.08.16 12:59, 출력자:임찬용, 다운로드일시:2025.06.08 19:03

KMS 한국인터넷신문방송사

HOME > 사회 > 사건사고

[임찬용의 직설] "변협은 김홍경 변호사를 영구 제명하라!!"

임찬용 전문기자 ⓒ 승인 2024.08.11 21:09

- 검찰조직 개혁의 핵심은 정치 비리 검사들의 단죄에 있다 -

- 비리 검사에 동조하여 허위 변론을 감행한 김홍경 변호사 역시 단죄함이 마땅하다. -

<임찬용의 사건 추적>

[사건추적=KMS뉴스] 임찬용 기자 = 필자는 2024. 6. 22.자 "윤 대통령은 사건 은폐·조작범 오동운 공수처장을 당장 구속 수사하라!!"라는 제하의 KMS 한국인터넷신문방송사 기사에서, 아래 3가지 사항을 소제목 형식을 취해 독자들에게 제시하였다.

① 윤 대통령은 범죄집단 공수처를 즉각 폐지하고, 그 기능을 경찰에 이관하라.

② 민주당·조국혁신당은 자신들만의 비리를 감추기 위한 보복성 검찰개혁을 즉각 중단하라.

갑 제20호증

개인국민위원회의 폐지-1악 서채서 검찰권 강화), 경찰 수사 권독점의 공수 처 폐지를 위하여 6하는 검찰개혁 입법을 추진하라.

위 3가지 사항을 제시하게 된 이유와 근거, 그리고 내용에 대해서는 위 신문기사에 자세하게 기재되어 있으니 참조하기 바란다.

또 필자는 위 신문기사에서 필자가 몸소 겪은 2012. 7.초경 발생한 '금 150억 원 검사비리사건' 및 2021. 10.초경 발생한 '관피모 사건'을 각각 소개하면서, 우리나라가 당면하고 있는 검찰개혁을 성공적으로 완수하기 위해서는

'금 150억 원 검사비리사건'의 주범인 당시 검찰총장 김진태 및 '금 150억 원 검사비리사건'을 은폐한 당시 민주당 소속 법사위 국회의원 전해철에 대하여 반드시 총살을 시켜야 한다는 당위성과 필요성을 역설한 바 있다.

그들을 총살시키지 못한 결과로 정치(비리)검사의 수괴 윤석열이 대통령까지 오른 역사의 불행이 시작되었으며, 현재에도 정치(비리)검사들이 사건을 조작해 대며 출세하고 온갖 부귀영화를 누리고 있는 게 아닌가?

권력남용을 밥 먹듯 해대고 이에 터 잡아 사건조작까지 마음대로 해대는 정치(비리)검사에 대해 단 한명도 형사처벌을 하지 못하는 우리나라에서 선진국형 형사사법제도를 완벽하게 만들어 놓은 들 무슨 소용이 있겠는가?

즉, 우리나라의 공정과 정의가 뿌리째 뽑혀져 나간 가장 근본적인 이유를 찾아보자면, 이는 형사사법제도에 있는 것이 아니라 이 제도를 운영하는 경찰, 검찰, 공수처의 구성원에 문제가 있다는 것이다.

이러한 관점에서 살펴보면, 경찰의 사건조작은 검찰에서 통제가 가능하지만 검찰의 사건조작은 공수처가 통제하지 못하고 오히려 검찰의 시녀가 되어 비위 맞추기에 급급하다. 이런 이유로 필자는 공수처를 범죄 집단으로 규정하고 국민의 혈세만 축낼 것이 아니라 곧바로 폐지해야 한다고 주장하고 있다.

현재 우리나라 형사사법시스템상 정치(비리)검사들의 사건조작 범죄행위를 형사적으로 처벌할 길이 없다. 앞서 살펴본 바대로 공수처가 제 역할을 하지 못하고 있기 때문이다.

필자는 이를 대체하기 위한 방안으로 2024. 3. 6.경 '관피모 사건' 등을 은폐·조작 수사한 사법경찰관 문경석, 김경환, 검사 이주훈, 김한나 등 4명에 대하여 각 1,000만 원의 손해배상금을 지급하라는 취지의 소장을 수원지방법원성남지원에 제출하였다.(이하, '이 사건 소장'이라고 함).

첨부파일 : (첨부 1) 2024. 3. 6.자 피고 문경식 외 3명에 대한 소장.pdf

갑 제20호증

관피아 수건의혹설 제요원은 행정사 구소화의 수십 은척자와 범원반과 피오와 사여행각 입증자료가
충분함에도 불구하고, 경찰 및 검찰은 이를 수사하기는커녕 은폐·조작 수사를 통하여 구수회의 범
죄사실을 모두 은폐해 버렸고, 그 결과 구수회는 형사법상 치외법권 지위를 누리면서 지금도 사건브
로커 역할에 충실하고 있다는 것이다.

필자는 '관피모 사건' 등을 은폐·조작 수사한 사법경찰관 및 검사 등 피고 4명에 대하여 이 사건 민
사소송 승소판결을 받아 그 판결문을 증거자료로 첨부하여 또다시 검찰(사건조작 경찰관 2명) 및 공
수처(사건조작 검사 2명)에 고소하여 반드시 이들 전원을 형사처벌 하도록 할 예정이다.

즉, 썩은 검찰과 공수처에서는 사건조작을 해대는 비리 경찰관과 정치(비리)검사들에 대한 형사처벌
이 불가능하므로 법원의 민사소송 판결을 통해 우회적으로 돌아가는 방법을 택한 것이다.

참 나라 돌아가는 꼴이 말이 아니다. 범죄자를 수사하는 경찰과 검찰, 공수처가 범죄자를 두둔하고
오히려 범죄피해자를 향하여 보복 수사하는 나라가 제대로 된 나라인가?

그러나 필자는 법원의 민사소송 판결을 통해서라도 사건조작을 해대는 사법경찰관, 정치(비리)검사,
정치(비리)공수처검사에 대한 형사처벌이 가능하다면, 아무리 그 길이 가시밭길이라고 하더라도 굳
이 마다하지 않고 뚜벅뚜벅 걸어갈 계획이다.

그 길만이 필자가 앞서 제시한 검찰개혁의 출발점이자 종착지점이며 공정과 정의를 세우고 사법정
의 실현을 위한 마지막 방법이기 때문이다.

그런데 문제는 이 사건 소장 피고들의 변호인 선임과정에서부터 발생하였다.

즉, 이 사건 피고 측 변호인 김홍경은 오로라법률사무소 대표 변호사로서 피고들로부터 변호인 수임
을 받는 과정에서 각 피고의 자의가 아닌 타의에 의해 이루어졌다는 혐의가 매우 짙고, 이로 인해 구
수회 및 피고들의 뒷배 인물과 연계되어 있을 가능성이 매우 높은 상황에서 이 사건 담당 재판부가
원고(필자)의 오로라법률사무소에 대한 사실조회신청서를 아무런 이유 없이 부결시켜 버림으로써,
피고들의 이 사건 변호인 선임 과정에서의 투명성 확보는 실패하고 말았다.

그러나 이 사건 피고 측 변호인 김홍경이 피고들로부터 이 사건 수임의 투명성은 물론 우리나라 모
든 변호사의 민·형사 사건수임의 투명성을 확보하는 차원에서라도 변호사법 제28조 제1항 및 제2항
에서 규정하고 있는 '오로라법률사무소'의 이 사건 수임 장부 및 그 내역 전부를 공개할 필요성이 강
력하게 제기되고 있다.

첨부파일 : (첨부 2) 2024. 7. 18.자 원고의 사실조회신청서.pdf

이는 이 사건 피고 측 변호인 김홍경이 이 사건 담당 재판부에 부정한 청탁기회를 사전에 차단함으
로써 이 사건의 공정한 재판을 담보할 수 있다는 사실에는 틀림없는 사실이다.

해라한사 위괌자는 조소송낙법을 사무소시 측야.1여, I 사건5피]조들다하 변호 인순우임홰위서5호책을9가진 위임장을 작성하는데 있어, 필자가 사실조회신청서에서 제기한 여러 문제점과 관련하여 불법이 있었는지 대한변호사협회 조사위원회에 조사를 의뢰할 예정이다.

상식적으로 단 한 가지만 생각해 보라!

피고들 중 사법경찰관 문경석은 이 사건 소장 부분을 수령하지도 않았는데 그 이전에 이 사건 소장에 기재된 내용을 어떻게 알고 오로라법률사무소에 연락하여 변호인 선임계약을 할 수 있다는 말인가?

그런데 이 사건 소송 수행과정에서도 또 중요한 문제가 발생했다.

이 사건 피고 측 변호인 김홍경은 이 사건 소장 부본을 받아본 지 약 한 달이 지난 시점에 준비서면을 가정한 답변서를 처음 제출하면서, 그 답변서의 실질적 내용을 허위내용으로 작성하여 이 사건 담당 재판부에 제출하였던 바, 이는 "변호사는 그 직무를 수행할 때에 진실을 은폐하거나 거짓진술을 하여서는 아니 된다"는 변호사법 제24조(품위유지의무 등) 제2항 규정은 물론,

형법 제347조(사기) 제2항 "이 사건 재판부를 기망하여 승소판결을 받음으로써 제삼자인 이 사건 피고들로 하여금 재물의 교부를 받게 하거나 재산상의 이익을 취득하게 한 때에도 전항의 형과 같다"는 규정을 정면으로 위반하고 있으며,

이는 변호사법 제1조에서 규정하고 있는 변호사의 사명을 무용지물로 만들어 버렸다.

첨부파일: (첨부 3) 2024. 8. 12.자 원고 준비서면.pdf

이 사건 피고 측 변호인 김홍경의 위와 같은 소송 사기 행각은 어떻게 해서든지 이 사건 담당 재판부의 로비를 통하여 피고들의 '관피모 사건' 등에 대한 은폐·조작수사 범행을 덮기 위한 비열하고도 비양심적인 소송 수행 태도로서 전관예우를 배제하고 공정하고 독립적인 재판제도를 확립하며, 사법정의 실현을 위해서는 이 사건 수임과정에서부터 소송사기 소송 수행과정에 이르기까지 정치(비리) 검사가 아닌 양심 있는 검사의 수사가 절대적으로 필요함은 두말할 필요가 없다.

 임찬용 전문기자 ymtcy@kbr.tv

저작권자 © KMS 한국인터넷신문방송사 무단전재 및 재배포 금지

갑 제20호증

【붙임 2 : 2024. 3. 6.자 피고 문경석 외 3명에 대한 소장 1부. 이 사건 갑 제20호증의 1】

소　　장

원 고　임찬용
　　　(우편번호 : 13112) 경기도 성남시 수정구 복정로96번길 20
　　　(복정동) 203호

피 고　1. 문경석
　　　(우편번호 : 03738) 서울특별시 서대문구 통일로 113
　　　　서울서대문경찰서
　　　2. 이주훈
　　　(우편번호 : 04207) 서울특별시 마포구 마포대로 174
　　　　서울서부지방검찰청
　　　3. 김한나
　　　(우편번호 : 13143) 경기도 성남시 수정구 산성대로 451
　　　　수원지방검찰청성남지청
　　　4. 김경환
　　　(우편번호 : 13110) 경기도 성남시 수정구 성남대로 1259
　　　　성남수정경찰서

손해배상 청구의 소

청 구 취 지

1. 원고에게, 피고 문경석, 이주훈, 김한나, 김경환은 각 금 10,000,000원 및 이에 대한 이 사건 소장 부본 송달 다음날로부터 다 갚는 날까지 연 12%의 비율에 의한 금원을 각 지급하라.
2. 소송비용은 피고들의 부담으로 한다.
3. 위 제1항은 가집행 할 수 있다.
   라는 판결을 구합니다.

청 구 원 인

I. 당사자 관계

원고는 2021. 10. 5.경 다음 카페인 관청피해자모임(이하, '관피모') 사건 고소장[91] 및 2023. 1. 5.경 '임찬용 고소장'[92]을 대검찰청에 각각 제출하였던 자이고, 피고 문경석, 김경환은 사법경찰관(리), 피고 이주훈, 김한나는 검사로서 위 사건들을 각각 수사했던 자들입니다.

II. 피고들의 불법행위 (손해배상책임의 발생)

1. 검토 배경

원고는 2021. 10. 5.자 '관피모사건 고소장' 및 2023. 1. 5.자 '임찬용 고소장'을 대검찰청에 각각 제출한 바 있습니다.

---

91) 별권책자(갑 제1호증) 제78~104쪽

92) 별권책자(갑 제1호증) 제438~472쪽

위 '관피모사건 고소장'에는 피의자들 중 구수회에 대하여 정보통신망법상 허위사실적시에 의한 명예훼손죄, 무고죄, 특정경제범죄법상 사기죄(또는 형법상 사기죄), 변호사법위반으로 엄히 처벌해 달라는 취지로 작성되었고, '임찬용 고소장' 역시 피의자 구수회에 대하여 정보통신망법상 허위사실 적시에 의한 명예훼손죄, 무고죄로 엄히 처벌해 달라는 취지로 작성되어 있습니다.

또 위 각 고소장에는 피의자 구수회의 범죄사실을 명백하게 입증할 수 있는 수많은 증거자료들이 첨부되어 있었습니다.

2. 각 피고들의 구체적인 불법행위

가. 피고 문경석은 '관피모사건'을 수사하면서 구수회에게 형사처벌을 면해 주기 위하여 단 한차례의 소환조사도 실시하지 않은 채 2022. 3. 22.경 '피의자 구수회에 대한 불송치(각하) 결정서'를 허위내용으로 작성하는 수법을 통해 구수회의 모든 범죄사실을 은폐해 버렸습니다.[93]

나. 피고 이주훈 역시 '관피모 사건'을 수사하면서 구수회에게 형사처벌을 면해 주기 위하여 2022. 5. 27.경 위 가항 '피의자 구수회에 대한 불송치(각하) 결정서'를 그대로 원용한 수법을 통하여 '피의자 구수회에 대한 불기소(각하) 결정서'를 허위내용으로 작성함으로써 구수회의 모든 범죄사실을 은폐해 버렸습니다.[94]

---

[93] 이를 입증하는 증거자료로는 2022. 3. 22.자 피의자 구수회에 대한 불송치(각하) 결정서 [별권책자 제105~110쪽] 및 2022. 4. 4.자 피의자 구수회에 대한 불송치(각하) 결정 이의신청서 [별권책자 제111~138쪽], 2022. 4. 20.자 사법경찰관 문경석 등에 대한 고소장 [별권책자 제201~218쪽], 2022. 9. 27.자 피의자 문경석 등에 대한 불송치(각하) 결정서 [별권책자 제273~278쪽] 및 2022. 10. 10.자 피의자 문경석 등에 대한 불송치(각하) 결정 이의신청서 [별권책자 제279~296쪽], 2023. 1. 18.자 피의자 문경석 등에 대한 불기소(각하) 결정서 [별권책자 제380~381쪽], 2023. 1. 30.자 피의자 문경석 등에 대한 항고장 [별권책자 제382~400쪽]

다. 한편, 구수회는 2022. 9. 26.경 원고를 피의자로 특정한 후 정보통신망법상 허위사실 적시에 의한 명예훼손죄로 처벌해 달라는 고소장(이하, '구수회 고소장')95)을 서울서초경찰서에 제출함과 동시에 이를 자신이 카페지기로 있는 '관청피해자모임' 자유게시판에 게시해 놓았습니다.

그런데 위 '구수회 고소장'에 기재된 내용으로는 원고에게 전혀 범죄가 성립할 수 없는 명백한 각하사유96)에 해당될 뿐만 아니라, 허위내용으로까지 작성되어 있었습니다.

따라서 구수회가 오히려 원고로부터 2023. 1. 5.경 정보통신망법상 허위사실 적시에 의한 명예훼손죄 및 무고죄로 피소되고 말았습니다. 〔이하, '임찬용 고소장', 별권책자 제438~472쪽〕

이와 같은 상황에서, '구수회 고소장'을 담당한 성남수정경찰서 이용일 수사관은 2023. 1. 19.경 불송치(각하) 결정을 내리고, 이를 수원지검 성남지청에 송치하였습니다.

그러나 피고 김한나는 평소 검찰개혁을 외쳐온 원고에게 과잉 · 보복수사를 가하고, '구수회 고소장'을 장기 미제로 남겨둬 구수회에게

---

94) 이를 입증하는 증거자료로는 2022. 5. 27.자 피의자 구수회에 대한 불기소(각하) 결정서 〔별권책자 제139~140쪽〕 및 2022. 6. 13.자 피의자 구수회에 대한 항고장 〔별권책자 제141~145쪽〕 각 참조

95) 별권책자 제432~437쪽

96) 이에 대한 사실관계 및 법리검토 내용으로는 별권책자 제460~464쪽 참조

97) 성남 검찰 지휘부가 '구수회 고소장'을 장기간 미제로 남겨두기 위해 김한나 검사 명의로 성남수정경찰서 이용일 수사관에게 발동한 '보완수사요구권'이 검찰권의 남용이라고 보는 이유는 다음과 같습니다.

민·형사상 이익을 주기 위하여 당초 경찰의 각하 결정을 뒤집고 처벌 죄명을 정보통신망법상 허위사실 적시에 의한 명예훼손죄에서 모욕죄로 바꿔 '보완수사요구권'을 발동하였습니다. 이는 성남 검찰 지휘부의 지시에 의한 명백한 검찰권남용에 해당합니다.[97)]

① 앞서 '임찬용 고소장'(별권책자 제460~464쪽)에서 살펴본 바와 같이, '구수회 고소장'은 피의자 임찬용에 대해 정보통신망법상 허위사실 적시 명예훼손죄로 처벌 자체가 불가능한 각하사유에 해당함은 물론 허위 내용으로 작성된 사실까지 밝혀짐에 따라, 피의자 임찬용은 "오히려 고소인 구수회가 무고죄 및 정보통신망법상 허위사실 적시 명예훼손죄를 저질렀다"고 주장하면서 이를 '임찬용 고소장'에 작성하여 2023. 1. 5.경 대검찰청에 제출하였고, '구수회 고소장' 담당 수사관인 이용일의 소환조사 요구에는 '구수회 고소장'이 각하사유라는 이유로 불응하여 왔다는 점, ② 담당 수사관 이용일도 '구수회 고소장'을 자체 검토한 결과 각하사유로 판단되어 2023. 1. 19.경 '구수회 고소장'에 대해 불송치(각하) 결정을 내린 후 피의자 임찬용에 대한 소환조사 없이 성남 검찰에 송치하였다는 점, ③ 성남 검찰에서도 '구수회 고소장'을 송치받아 약 3개월 동안 캐비닛에 처박아놓았다가, 2023. 4. 26.경에 이르러 검사 김한나는 '구수회 고소장'에 기재된 정보통신망법상 허위사실 적시 명예훼손죄로는 도저히 피의자 임찬용을 처벌할 수 없고 각하사유가 명백한 것으로 판단하였던 탓인지 그 죄명을 모욕죄로 변경하여 경찰에 '보완수사요구권'을 발동하였다는 점, ④ '보완수사요구권'의 내용을 살펴보면, 최고 형량이 무려 징역 7년 이하의 허위사실 적시 명예훼손죄에서 고작 징역 1년 이하의 모욕죄로 변경하여 '보완수사요구권'을 발동한 사례는 거의 없으며, 설사 그러한 사례가 있더라도 '구수회 고소장'에서는 피의자 임찬용이 공익을 위한 행위임을 분명히 밝히고 있어 명예훼손죄든 모욕죄든 주관적 구성요건인 고의가 없어 범죄자체가 성립되지 않는 것은 마찬가지라는 점, ⑤ 모욕죄는 친고죄이므로 별도 구수회의 고소가 있어야만 기소가 가능하므로 검찰이 사전에 구수회와 '보완수사요구권'을 발동하기로 공모했을 여지가 있을 수 있다는 점, ⑥ 김한나 검사가 상부의 지시를 받지 않은 채 통상적인 업무처리 방식에 따랐다고 한다면, 하등의 수사 실익이 없고 이미 각하사유로 판명난 명예훼손죄를 모욕죄로 죄명을 바꾸더라도 피의자 임찬용을 기소할 수 있는 가능성이 전무하다는 점에 비추어 보면 경찰에 '보완수사요구권'을 발동하여야 할 하등의 이유가 없다는 점, ⑦ 임찬용은 '구수회 고소장'이 장기간 미제로 남은 상태를 모르고 있다가, 2024. 1. 24.경 구수회가 임찬용을 상대로 제기한 2024. 1. 12.자 손해배상 청구소송 소장 부본을 특별송달로 받아본 후 형사사법포털 사이트에 들어가 '구수회 고소장'에 대한 검찰처분 내역을 조회하였더니, 그 처리결과가 '주임검사 문하경, 2024. 1. 23. 모욕: 수사중지(피의자중지)'로 뜨기에, 그 즉시 이용일 수사관에게 전화를 걸어 "구수회가 '구수회 고소장'이 각하 처분이 되지 않고 미제로 남아 있는 점을 악용하여 '구수회 고소장' 일부분을 복사한 후 이를 근거로 손해배상 청구의 소를 제기하였다. 방금 형사사법포털 조회 내용에 의하면, 나에 대한 죄명이 허위사실 명예훼손죄에서 모욕죄로 바뀌어 있고, 검사처분도 피의자 수사중지로 되어 있는데 어찌된 일이냐?"라는 취지로 물어보았더니, 이용일 수사관은 "2023. 1. 19.경 '구수회 고소장'에 대해 불송치(각하) 결정으로 검찰에 송치하였더니. 김한나 검사가 2023. 4. 26.경 죄명을 당초 정보통신망법상 허위사실 적시에 의한 명예훼손죄에서 모욕죄로 바꿔 보완수사요구를 해왔다. 그런데, 제가 보기에는 모욕죄로 변경하더라도 당초 각하사유에는 전혀 변경이 되지 않을 것 같은데, 검사가 보완수사를 하라고 지시하니 어쩔 수 없이 피의자(임찬용)에게 출석을 수차례 요구했는데, 피의자는 막무가내 '구수회 고소장'이 각하사유라는 기존 입장을 반복하면서 출석을 거부하는 바람에 2024.1.19.경 '구수회 고소장' 죄명을 명예훼손죄에서 모욕죄로 바꿔 피의자(임찬용)을 입건한 후 이를 수사중지(피의자중지) 의견으로 검찰에 송치하였다."라는 취지로 답변하였다. 이에, 이 사건 원고 임찬용은 이용일 수사관에게 "구수회가 '구수회 고소장'이 미제로 남아 있는 점을 악용하여

이로써 피고 김한나는 '구수회 고소장'에 기재된 구수회의 무고죄 등을 은폐하고, 원고에게는 과잉·보복 수사를 가하기 위하여 '보완수사요구권' 이라는 검사권한을 남용하였습니다.

라. 피고 김경환은 '관피모 사건'을 은폐해 왔던 검찰의 암묵적 지시를 받고 2023. 7. 18.경 허위내용의 불송치(각하) 결정서를 작성하는 수법을 통해 '임찬용 고소장'에 기재되어 있는 구수회의 무고죄 및 정보통신망 법상 허위사실 적시 명예훼손죄 등 모든 범죄사실을 은폐해 버렸습니다.
[입증자료 : 원고 갑 제2호증 : 2024. 1. 29.자 피의자 구수회 등에 대한 불송치(각하) 결정 이의신청서 1부 및 그 첨부(입증)자료 1~4]

III. 손해배상책임의 범위

가. 피고들의 은폐·조작 수사로 인해 원고에게 입힌 손실부분

원고는 2014. 7. 31.경 '금 150억 원 검사비리사건'으로 인해 당시 김진태 검찰총장 등 정치(비리)검사들로부터 검찰조직에서 강제 퇴직을 당한 바 있고, 그때부터 죽을 때까지 사법정의 실현을 위한 검찰개혁에 헌신하겠다고 하느님께 고백하며 살아가고 있던 중 2021. 10. 5.경 별권

민사소송까지 제기하고 있으니 괘씸하기 짝이 없다. 빨리 '구수회 고소장'을 종결처리하고 싶으니, 당장 조사를 받으러 가겠다."라고 얘기하자, 이용일 수사관은 "제가 바쁜 일정이 있어서 지금 당장 '구수회 고소장'과 관련된 김한나 검사의 보완수사요구 사항을 조사할 수 없으니, 2024. 1. 29. 오후 1시 30분 저희 사무실에 출석하시면 가급적 빠른 시간 내 조사를 마무리 해주겠다."라고 답변을 한 사실이 있습니다. 그 이후 이 사건 원고 임찬용이 위 약속시간에 맞춰 이용일 수사관으로부터 모욕죄와 관련된 피의자 신문조서를 받아 본 결과, 당초 성남 검찰이 '구수회 고소장'을 왜 각하 처분하지 아니하고, 장기 미제로 남겨 놓았는지 그 의도를 더욱 명백하게 확인할 수 있었습니다. 즉, 이용일 수사관이 작성한 피의자신문조서상 피의자 신문내용에는 모욕죄와 관련된 새로운 사실은 전혀 발견할 수 없고, 모든 신문내용은 '임찬용 고소장'에 기재된 내용이었으며, 더욱이 '구수회 고소장'으로 인해 구수회에게 무고죄 및 정보 통신망법상 허위사실 적시에 의한 명예훼손죄가 명백하게 성립된다는 사실만이 확인되었다는 점입니다. [입증자료 : 갑 제1호증 (별권책자 제366~372쪽, 제473~475쪽), 갑 제2호증 : 2024. 1. 29.자 피의자 구수회 등에 대한 불송치(각하) 결정 이의신청서 1부 및 그 첨부(입증) 자료 1~4]

책자에 등장하는 '관피모 사건'을 만나게 되었습니다.

관피모 사건 주범 구수회는 '관청피해자모임' 카페지기로서 카페 설립부터 현재에 이르기까지 위 카페를 이끌어 오면서 만 명에 이르는 회원들을 전원 사법피해자로 둔갑시켜 검찰 및 법원에 적대감을 고취시킨 후 이들을 상대로 "변호사가 해야 할 일 90% 행정사가 가능하다", "행정사 20년 하면서 행정심판 1,900건 수임 진행하였고, 행정사 수수료 1억을 5번 받았다", "무혐의 된 고소를 행정심판으로 살린다. 재개발 조합장을 징역 보내는 방법, 대법원 패소된 사건을 행정사가 살린다"는 '허위·과장 광고'[98]를 하면서 변호사법위반 및 고도의 사기행각을 거침없이 해오고 있습니다.

그런데 범죄 혐의에 대한 실체적 진실을 밝혀 사법정의를 구현해야 할 책무가 있는 피고들은 위와 같이 중대 범죄혐의를 받고 있는 구수회에게 형사처벌을 면해주기 위해 '관피모사건' 고소장에 수없이 입증자료들이 첨부되어 있음에도 불구하고, 단 한차례의 소환조사도 실시하지 아니하고 허위내용의 불송치(각하) 결정서를 작성하거나, 허위내용의 불기소(각하) 결정서를 작성하는 수법을 통해 구수회의 모든 범죄사실을 은폐해 왔습니다.

---

98) 원고가 이 광고문건을 허위·과장 광고라고 단정해버리는 이유는 ① 이 광고문건이 실제 구수회 주장대로 사실이라면, 변호사법이나 법무사법은 그 실효성이 이미 상실되었으므로 행정사법과 통폐합해야 하다는 점, ② 이 광고문건 중 '대법원 패소된 사건을 행정사가 살린다'고 한다면 사법부 존재 가치가 부정되어 버린다는 점, ③ 이 광고문건 중 어느 하나라도 허위내용이 포함되어 있다면, 이는 구수회가 불특정 다중을 상대로 이미 고도의 기망행위에 착수했다는 점, ④ 구수회는 변호사법위반으로 밝혀진 처벌 경력만도 이미 3회에 이르고 있다는 점, ⑤ 원고가 위와 같은 허위·과장 광고에 의한 구수회의 기망행위 및 3회에 걸친 변호사법위반 전과조회 자료를 근거로 구수회의 계좌는 물론 과거 변호사법 위반 시 차용하였던 그의 처 노재숙 계좌에 대한 계좌추적을 통하여 위 허위·과장 광고에서 나타난 변호사법위반 및 특정법(사기)위반을 확정지어 달라는 취지의 '관피모사건' 고소(고발)장을 검찰에 제출하였으나, 경찰과 검찰은 허위 수사서류를 작성하는 수법을 통해 이를 은폐해 왔다는 점에 있습니다.

또한 피고들은 수사방식이나 태도에 있어서도 가해자인 구수회에게는 단 한차례 소환조사 없이 은폐·조작 수사를 실시해 온 반면, 피해자인 임찬용에 대해서는 과잉·강압·보복 수사로 대응해 왔습니다.

피고들이 '관피모 사건', '구수회 고소장', '임찬용 고소장'에서 보여준 위와 같은 엉터리 수사결과 및 수사방식과 수사태도는 구수회의 뒤를 봐주는 윤석열 정부의 실세가 존재하지 않고서는 도저히 설명이 불가능합니다.

그 결과 구수회는 치외법권을 누리는 자가 되어버렸으며, 여기에서 한 술 더 떠 앞서 살펴본 바와 같이 원고를 상대로 손해배상 청구의 소를 제기하는 등 피해자 코스프레 행세를 하고 있습니다.

즉, 피고 김한나는 2023. 4. 26.경 '구수회 고소장'을 당초 경찰 결정대로 즉시 각하처분 하지 아니하고 검찰권을 남용한 '보완수사요구권'의 발동을 통하여 장기 미제로 남겨둔 데다, 피고 김경환 역시 2023. 7. 18.경 '임찬용 고소장' 및 거기에 첨부되어 있는 증거자료들에 의해 구수회를 정보통신망법상 허위사실 적시 명예훼손죄 및 무고죄로 구속수사하기는커녕 허위내용의 불송치(각하) 결정서를 작성하는 수법을 통해 구수회의 모든 범죄사실을 은폐해 버렸습니다.

구수회는 위와 같이 피고 김한나, 김경환의 봐주기 수사방식 및 수사결과에 힘입어 2024. 1. 12.경 '구수회 고소장' 중 자신에게 불리한 '4. '임찬용'의 범죄 행위 2 (글)' 항목[99])에 대해서는 의도적으로 삭제

---

99) 이 항목 모든 기재부분은 구수회가 허위사실을 기재해 놓고 있어 무고죄 죄책이 인정됨
　　〔입증자료 : '임찬용 고소장' 별권책자 제456~458쪽〕

하고, 소송사기 범행에 유리한 '3. '임찬용'의 범죄 행위 1 (글)' 항목에 대해서는 왜곡·편집한 후 이를 근거로 서울중앙지방법원에 소가 300만 원의 손해배상청구의 소를 제기하는 소송사기극을 벌이고 있습니다.

이 사건 피고들 중 단 한사람이라도 제대로 된 수사를 했다면, 가해자 구수회가 저토록 피해자 코스프레 행세까지 하면서 원고를 상대로 소송사기극을 벌일 수 있겠습니까?

이는 여러모로 살펴볼 때 원고가 검찰 재직 당시인 2014. 1. 5.경 '금 150억 원 검사비리사건'으로 인해 자살을 시도하다가 실패한 후 당시 김진태 검찰총장 등 정치(비리)검사들에 의해 검찰조직에서 반강제적으로 퇴출되었고, 그 이후부터 사법정의 실현 및 검찰개혁을 위해 여생을 바치기로 하느님과 굳게 약속한 원고에게는 두 번 죽이는 꼴이 되고 말았습니다.

원고가 위와 같이 두 번 죽는 꼴이 되어 버린 정신적 충격과 더불어 피고들로부터 '관피모사건', '임찬용 고소장'에 대한 고소인으로서의 은폐·조작수사 및 '구수회 고소장'에 대한 피고소인으로서의 과잉, 보복수사를 각각 받아 오면서 겪어왔던 심한 우울증[100]과 마음고생을 생각하면, 피고들은 각자 원고에게 최소한 금 10,000,000 원의 위자료를 지급하여야 할 것입니다.

나. 피고들의 검·경 수사시스템 및 사법정의 파괴에 따른 손실부분

별권책자(갑 제1호증) 대부분의 지면을 통하여 살펴본 바와 같이,

---

[100] 원고는 2014. 1. 5.경 자살을 시도할 당시에도 범죄수익금 약 150억 원을 착복하려는 김진태 검찰총장 등 정치(비리)검사들로부터 장기간 불법적인 감찰수사를 받아 오면서 심한 우울증을 앓고 있었습니다. [별권책자 제342쪽]

피고들이 각자의 위치에서 구수회의 형사처벌을 면하기 위해 저지른 이 사건 범행들은,

구수회가 몸통인 '관피모사건' 및 이를 은폐·조작 수사한 '경찰공무원의 범죄'를 은폐하기 위해 윤석열 정부 수도권 검찰과 경찰이 총동원되어 집단적으로 범죄 조직화되는 현상을 초래하고 말았습니다.

피고들이 구수회를 봐주기 위해 저지른 이 사건 범행과 이에 터 잡아 발생한 윤석열 정부 검찰과 경찰의 범죄조직화 현상은 궁극적으로 구수회의 뒤를 봐주는 윤석열 정부의 실세가 존재하지 않고서는 도저히 설명이 불가능하게 되어 버렸습니다.

그 실세 인물은 구수회와 한 배를 타고 민·형사 사건 수임을 싹쓸이해 온 검찰 출신인 법조인 것만은 확실해 보입니다.

이로 인해 구수회는 치외법권 지위를 누리게 되었고, '모든 국민은 법 앞에 평등하다'는 우리나라 헌법은 허울에 불과할 뿐 형사사법 체계는 이미 무너져 버렸으며, 검찰과 경찰의 관계는 과거 종속적 상하지배 체제로 돌아가 버렸습니다.

또 권력과 돈만 있으면 어떠한 중대 범죄라도 해결되는 세상, 공정과 상식은 뿌리째 뽑혀나간 나라가 되고 말았습니다.

피고들은 위와 같이 우리나라 형사사법시스템을 붕괴시키고 사법정의를 파괴하는데 대한 일정한 책임이 있습니다. 그 피해금액은 우리나라를 팔아도 모자랄 정도로 계산이 복잡하고 불가능합니다.

따라서 원고는 이 항목의 손해배상만큼은 원고를 포함한 전 국민들에게 돌아갈 수밖에 없다는 현실을 감안하여 피고들에게 이 항목 손해배상금 산정 및 그 청구를 포기하고자 합니다.

입 증 방 법

갑 제1호증   별권책자 〔정치(비리)검사, 대통령 탄핵론〕 1권

갑 제2호증   2024. 1. 29.자 피의자 구수회 등에 대한 불송치(각하) 결정 이의신청서 1부 및 그 첨부(입증)자료 1~4.

첨 부 서 류

1. 위 입증방법
1. 납부서 1통
1. 소장 부본 4통

2024. 3. 6.

원고 임 찬 용 (인)

수원지방법원성남지원 귀중

【붙임 3 : 2024. 7. 18.자 원고의 사실조회신청서 1부, 이 사건 갑 제20호증의 2】

사실조회 신청서

[담당재판부 : 민사8단독]

사 건 2024가단1957 손해배상(기) (이하, '이 사건'이라고 합니다.)
원 고 임찬용
피 고 문경석 외 3명

I. 근거법률

- 민사소송법 제294조(조사의 촉탁)
  법원은 공공기관·학교, 그 밖의 단체·개인 또는 외국의 공공기관에게 그 업무에 속하는 사항에 관하여 필요한 조사 또는 보관중인 문서의 등본·사본의 송부를 촉탁할 수 있다.

- 변호사법 제24조(품위유지의무 등)
  ② 변호사는 그 직무를 수행할 때에 진실을 은폐하거나 거짓 진술을 하여서는 아니 된다.

- 변호사법 제28조(장부의 작성·보관)
  ① 변호사는 수임에 관한 장부를 작성하고 보관하여야 한다.
  ② 제1항의 장부에는 수임받은 순서에 따라 수임일, 수임액, 위임인 등의 인적사항, 수임한 법률사건이나 법률사무의 내용, 그 밖에 대통령으로 정하는 사항을 기재하여야 한다.

II. 신청취지

이 사건에 관하여 피고들의 불법행위('관피모사건' 피의자인 구수회의 범죄사실을 은폐 · 조작한 범죄행위)에 대한 배후세력을 밝혀냄으로써 굳이 이 사건 재판을 진행할 필요 없이 신속하게 이 사건의 실체적 진실을 확정짓고자 함에 있습니다.

III. 사실조회촉탁의 목적

1. 피고들의 타의에 의한 '오로라 법률사무소' 선임 사실을 확인하기 위하여

이 사건 소장 'III. 손해배상책임의 범위' 항목 중 '나. 피고들의 검 · 경 수사시스템 및 사법정의 파괴에 따른 손실부분' 항목의 기재내용에 의하면, "피고들이 구수회를 봐주기 위해 저지른 이 사건 범행과 이에 터 잡아 발생한 윤석열 정부 검찰과 경찰의 범죄조직화 현상은 궁극적으로 구수회의 뒤를 봐주는 윤석열 정부의 실세가 존재하지 않고서는 도저히 설명이 불가능하게 되어 버렸습니다. 그 실세 인물은 구수회와 한 배를 타고 민 · 형사 사건 수임을 싹쓸이 해 온 법조인 출신인 것만은 확실해 보입니다."라고 기재되어 있습니다.

즉, 피고들은 2021. 10. 5.자 '관피모사건 고소장'(갑 제1호증, 별권책자 제78~104쪽) 및 2022. 9. 26.자 '구수회 고소장', 그리고 2023. 1. 5.자 '임찬용 고소장'(별권책자 제438~472쪽) 수사와 관련, 수십 년간 변호사법위반과 고도의 사기행각을 해온 구수회에 대해서는 단 1회 소환조사도 없이 허위내용의 불송치결정서(경찰) 및 허위내용의 불기소결정서(검찰)을 작성하는 수법을 통하여 각하처분을 해 옴으로써

형사법상 치외법권 지위를 누리게 하고, 그 피해자인 원고에 대해서는 편파수사, 과잉수사, 강압수사, 보복수사로 대응해 왔다는 사실은 이 사건 소장 및 거기에 첨부된 수많은 증거자료에 의해 명명백백하게 증명되고 있습니다.

이는 피고들이 위와 같은 고소사건 수사와 관련, 수십 년간 사건 브로커 역할을 해온 구수회에 대하여 은폐·조작수사를 하게끔 영향력을 행사한 배후세력이 있음을 의미합니다.

그런데 이 사건 피고측 변호인인 '오로라 법률사무소(변호사 김홍경, 이송은, 장희성)'은 구수회의 뒷배 인물이거나 피고들의 배후세력일 가능성이 매우 높습니다.

또 '오로라 법률사무소'는 피고들의 배후세력으로부터 부탁을 받고 이 사건 변론에 나설 가능성은 더더욱 높습니다.

2. 피고들의 '오로라 법률사무소' 선임이 타의에 의해 이루어졌다는 근거

가. 피고들의 이 사건 변호인 선임은 자신들의 자유의사가 아닌 '오로라 법률사무소'측의 일방적인 의사결정으로 이루어졌기 때문입니다.

- 2014. 7. 5. 이 사건 재판부에 제출된 '변호인 선임계'라고 할 수 있는 '위임장'을 살펴보면, 누군가에 의해 피고 4명이 공히 똑 같은 양식 및 똑 같은 기재내용, 똑 같은 기재방식에 터 잡아 일률적으로 작성되었고, 다만 '성명' 란에만 대필한 후에 서명 또는 날인한 것으로 되어 있습니다.

- 더군다나, 기막힌 사실은 피고 4명 중 문경석은 이 사건 소장 부본 수취를 의도적으로 거부하고 있어 이를 송달하기 위해, 2024. 6. 17. 원고가 이 사건 재판부에 '피고 문경석의 공무원인사기록카드상 주민등록번호 및 주소 등 인적사항을 파악해 달라'는 취지의 사실조회신청서를 제출하였고, 이 사건 담당 재판부는 2024. 7. 8. 판사(재판장) 이화연 명의로 피고 문경석이 근무하고 있는 서울서대문경찰서에 위 사실조회사항을 촉탁하였으나, 아직까지 서울서대문경찰서로부터 회신이 오고 있지 않는 상황에 있습니다.

즉, 피고 4명 중 문경석은 이 사건 소장 부본마저도 본 적이 없기 때문에 지금까지도 이 사건 내용을 전혀 모르고 있습니다. 그런데 앞서 살펴 본 바와 같이 2014. 7. 5. 오로나 법률사무소에서 이 사건 재판부에 제출한 위 '위임장'에는 피고 문경석도 포함되어 있습니다.

피고 문경석이 이 사건 소장 부본을 수령하지도 않는 상태에서(피고 문경석은 이 사건 재판에 대해 전혀 모르는 상태에서) 이미 '변호인 선임 계약서'라 할 수 있는 위 '위임장'이 '오로라 법률사무소'에 의해 이 사건 재판부에 제출되었다는 사실은 '오로라 법률사무소'가 피고 문경석의 위임장을 위조하여 사용했다는 것과 전혀 다를 바 없습니다.

즉 '오로라 법률사무소'는 사문서위조 및 동행사라는 범죄행위를 한 것입니다.

나. 이 사건 소장에서는 원고가 4명의 피고들에게 공동 책임을 묻는 것이 아니라, 각 피고에게 별도의 불법행위에 대해 별도의 책임을 묻고 있기 때문입니다.

따라서 이는 각 피고가 '오로라 법률사무소'와 같이 한 곳의 법률사무소를 특정하여 변호인을 선임하여야 할 하등의 이유가 없음을 의미하며, 오히려 위 1항에서 살펴본 바와 같이 피고들이 공동으로 배후세력의 조종을 받고 구수회를 치외법권자로 누릴 수 있도록 해당 사건을 은폐·조작해 왔다는 사실을 인정하는 꼴이 되고 있습니다.

다. 이 사건은 피고들이 변호인을 선임하여야 할 하등의 이유가 없습니다. 더군다나 개인 법률사무소가 아닌 '오로나 법률사무소'와 같은 법무법인을 선임할 이유는 더더욱 없습니다. 그 이유는 이 사건의 쟁점이 너무나도 단순하고 명백하기 때문입니다.

즉, 이 사건의 가장 단순하고 핵심적인 쟁점은, ① 피고 문경석이 작성한 '피의자 구수회에 대한 불송치(각하) 결정서'와 원고 임찬용이 작성한 '피의자 구수회에 대한 불송치(각하) 결정 이의신청서'의 각 기재내용 허위 여부, ② 피고 이주훈이 작성한 '피의자 구수회에 대한 불기소(각하) 결정서'와 원고 임찬용이 작성한 '피의자 구수회에 대한 항고장'의 각 기재내용 허위 여부, ③ 피고 김한나가 경찰에 발동한 '피의자 임찬용에 대한 보완수사요구권'에 대한 검찰권 남용 여부, ④ 피고 김경환이 작성한 '피의자 구수회에 대한 불송치(각하) 결정서'와 원고 임찬용이 작성한 '피의자 구수회에 대한 불송치(각하) 결정 이의신청서'의 각 기재내용 허위 여부입니다.

이 단순한 쟁점사항에 무슨 변호가 필요합니까? 피고들은 우리나라 양대 수사기관인 경찰과 검찰 소속 베테랑 사법경찰관과 검사들입니다. 수사에 관한한 이 분야에서는 최고의 권위자라고 말할 수 있습니다. 최고의 수사 전문가인 피고들이 자신들의 명의로 작성된 수사서류를 가지고 스스로 사실관계를 인정하던지 해명하면 되는 일이지, 거기에 무슨 법률전문가인 변호사의 도움이 필요하다는 말입니까?

　　피고들 스스로 크나 큰 변호사 비용을 지불해 가면서 단순하고 명백한 이 사건을 법무법인 오로라법률사무소에 변호를 맡긴다는 자체가 앞서 살펴 본 바와 같이 구수회의 범죄사실을 은폐하도록 조종한 피고들의 배후세력이 있다는 사실을 인정한 셈이거나, 오로라 법률사무소 소속 변호인들로 하여금 변호사법 제24조 제2항에서 금지하고 있는 규정을 무력화 시켜 이 사건 재판부로 하여금 이 사건 은폐를 통하여 피고들에게 승소판결을 내리도록 해 달라는 의도가 있다고 볼 수밖에 없습니다.

Ⅳ. 사실조회사항

　　위 Ⅲ항에서 언급되고 있는 사실들을 확인하고 이를 통하여 피고 측 변호인 '오로라 법률사무소'가 피고들의 불법행위를 조종하고 있는 배후세력에 직·간접적으로 연루되어 있는지 확정짓고자 변호사법 제28조 제1항 및 제2항에서 규정하고 있는 이 사건 수임 장부 및 그 내역 전부의 조회를 촉탁합니다.

【붙임 4 : 2024. 8. 12.자 관련사건(성남지원 2024 가단 1957) 원고 준비서면 1부, 이 사건 갑 제20호증의 3】

준 비 서 면

【2024. 8. 9.자 피고 4인의 준비서면에 대한 반박의견】

[담당재판부 : 민사 8단독]

사　　건　2024 가단 1957 손해배상(기),(이하, '이 사건'이라고 합니다)

원　　고　임찬용
피　　고　문경석 외 3

위 당사자 간 이 사건에 관하여 원고는 다음과 같이 변론을 준비합니다.

- 다　음 -

I. 이 사건 소송 진행 과정

○ 2024. 3. 5. 소장접수
○ 2024. 3. 11. 전자기록화명령
○ 2024. 4. 17. 보정명령(소장)
○ 2024. 4. 18. 원고 임찬용에게 보정명령(소장) 등본 송달 :
　　　　　2024. 4. 18. 도달
○ 2024. 4. 18. 원고 임찬용 보정서 제출

○ 2024. 6. 7. 피고1 문경석에게 소장부본/소송안내서/답변서요약표
송달 : 2024. 6. 11. 수취인불명
○ 2024. 6. 7. 피고2 이주훈에게 소장부본/소송안내서/답변서요약표
송달 : 2024. 6. 12. 도달
○ 2024. 6. 7. 피고3 김한나에게 소장부본/소송안내서/답변서요약표
송달 : 2024. 6. 12. 도달
○ 2024. 6. 7. 피고4 김경환에게 소장부본/소송안내서/답변서요약표
송달 : 2024. 6. 12. 도달
○ 2024. 6. 17. 원고 임찬용의 피고 문경석 주소 및 주민등록등본 등 인적사항 등에 대한 사실조회신청서(서울서대문경찰서) 제출
○ 2024. 7. 5. 피고 4명의 소송대리인 김홍경 소송위임장 제출
○ 2024. 7. 5. 피고 4명의 소송대리인 김홍경 답변서 제출
※ 피고들의 소송 대리인은 최근 소송을 위임받아 기록을 충분히 검토하지 못한 상태입니다. 빠른 시간 내에 기록을 검토하여 실질적인 내용을 담고 있는 준비서면을 제출하도록 하겠습니다.[101]
○ 2024. 7. 8. 이 사건 담당 재판부의 피고 문경석의 주소 및 주민등록번호 등 인적사항에 대한 사실조회서 실시(서울서대문경찰서)

---

101) 피고들의 소송 대리인 김홍경은 2024. 7. 5.자 답변서에서 "빠른 시간 내에 기록을 검토하여 실질적인 내용을 담고 있는 준비서면을 제출하겠다"라고 약속해 놓고서는 답변서 제출기한인 30일이 지난 시점에 이르러서야 부랴부랴 제출한 2024. 8. 9.자 준비서면에서는 후술하는 바와 같이 실질적인 내용을 담고 있는 준비서면은커녕 이 사건 소장이나 거기에 첨부된 증거자료들마저도 제대로 이해하지 못함은 물론 (이는 의도적으로 보임) 100% 허위내용으로만 기재된 동문서답형 준비서면을 작성하여 이 사건 담당재판부에 제출함으로써 전형적인 법꾸라지 소송수행 태도 및 소송사기 행각을 취하고 있는 바, 이는 돈벌이를 위해서라면 공정과 정의는 헌신짝처럼 내팽개친 채 변호사법 제24조 제2항을 어겨가면서까지 고도의 소송 사기꾼 역할을 해야 하는지 통탄스러울 뿐입니다. 특히 이 사건 피고 측 변호인 김홍경은 후술하는 원고의 사실조회신청서 기재내용과 같이 피고들로부터 타의에 의한 변호인 수임사실이 어느 정도 인정되고 있을 뿐만 아니라, 수십 년간 변호사법위반과 고도의 사기행각을 해온 구수회의 모든 범죄사실을 은폐·조작 수사한 피고 문경석에 대해서는 그의 위임장을 위조한 혐의까지 확인되고 있습니다. 이는 이 사건 피고 측 변호인 김홍경이 구수회의 배후세력이거나 그 배후세력에 의해 움직이고 있다는 의미이기도 합니다.

○ 2024. 7. 18. 원고 임찬용의 사실조회신청서(오로라 법률사무소)
　　　　　　 제출 : 이 사건 담당 재판부가 부결시킴
○ 2024. 8. 9. 소송대리인 김홍경의 피고 준비서면 제출

Ⅱ. 오로라 법률사무소 대표 변호사 김홍경은 이 사건 피고 측 소송을 변론할 자격이 전혀 없습니다.

1. 2024. 7. 18.자 원고의 사실조회신청서 기재내용

- 다　　음 -

가. 근거법률

- 민사소송법 제294조(조사의 촉탁)
　법원은 공공기관·학교, 그 밖의 단체·개인 또는 외국의 공공기관에게 그 업무에 속하는 사항에 관하여 필요한 조사 또는 보관중인 문서의 등본·사본의 송부를 촉탁할 수 있다.

　변호사법 제24조(품위유지의무 등)
　② 변호사는 그 직무를 수행할 때에 진실을 은폐하거나 거짓 진술을 하여서는 아니 된다.

　변호사법 제28조(장부의 작성·보관)
　① 변호사는 수임에 관한 장부를 작성하고 보관하여야 한다.
　② 제1항의 장부에는 수임받은 순서에 따라 수임일, 수임액, 위임인 등의 인적사항, 수임한 법률사건이나 법률사무의 내용, 그 밖에 대통령으로 정하는 사항을 기재하여야 한다.

나. 신청취지

이 사건에 관하여 피고들의 불법행위('관피모사건' 피의자인 구수회의 범죄사실을 은폐·조작한 범죄행위)에 대한 배후세력을 밝혀냄으로써 굳이 이 사건 재판을 진행할 필요 없이 신속하게 이 사건의 실체적 진실을 확정짓고자 함에 있습니다.

다. 사실조회촉탁의 목적

(1) 피고들의 타의에 의한 '오로라 법률사무소' 선임 사실을 확인하기 위하여

이 사건 소장 'Ⅲ. 손해배상책임의 범위' 항목 중 '나. 피고들의 검·경 수사시스템 및 사법정의 파괴에 따른 손실부분' 항목의 기재내용에 의하면, "피고들이 구수회를 봐주기 위해 저지른 이 사건 범행과 이에 터 잡아 발생한 윤석열 정부 검찰과 경찰의 범죄조직화 현상은 궁극적으로 구수회의 뒤를 봐주는 윤석열 정부의 실세가 존재하지 않고서는 도저히 설명이 불가능하게 되어 버렸습니다. 그 실세 인물은 구수회와 한 배를 타고 민·형사 사건 수임을 싹쓸이 해 온 법조인 출신인 것만은 확실해 보입니다."라고 기재되어 있습니다.

즉, 피고들은 2021. 10. 5.자 '관피모사건 고소장'(갑 제1호증, 별권책자 제78~104쪽) 및 2022. 9. 26.자 '구수회 고소장', 그리고 2023. 1. 5.자 '임찬용 고소장'(별권책자 제438~472쪽) 수사와 관련, 수십 년간 변호사법위반과 고도의 사기행각을 해온 구수회에 대해서는 단 1회의 소환조사도 없이 허위내용의 불송치결정서(경찰) 및 허위내용의 불기소결정서(검찰)을 작성하는 수법을 통하여 각하처분을 해 옴으로써 형사법상 치외법권 지위를 누리게 하고, 그 피해자인 원고에 대해서는

편파수사, 과잉수사, 강압수사, 보복수사로 대응해 왔다는 사실은 이 사건 소장 및 거기에 첨부된 수많은 증거자료에 의해 명명백백하게 증명되고 있습니다.

이는 피고들이 위와 같은 고소사건 수사와 관련, 수십 년간 사건 브로커 역할을 해온 구수회에 대하여 은폐 · 조작수사를 하게끔 영향력을 행사한 배후세력이 있음을 의미합니다.

그런데 이 사건 피고 측 변호인인 '오로라 법률사무소(김홍경, 이송은, 장희성)'은 구수회의 뒷배 인물이거나 피고들의 배후세력일 가능성이 매우 높습니다.

또 '오로라 법률사무소'는 피고들의 배후세력으로부터 부탁을 받고 이 사건 변론에 나설 가능성은 더더욱 높습니다.

(2) 피고들의 '오로라 법률사무소' 선임이 타의에 의해 이루어졌다는 근거

(가) 피고들의 이 사건 변호인 선임은 자신들의 자유의사가 아닌 '오로라 법률사무소' 측의 일방적인 의사결정으로 이루어졌기 때문입니다.

- 2024. 7. 5. 이 사건 재판부에 제출된 '변호인 선임계'라고 할 수 있는 '위임장'을 살펴보면, 누군가에 의해 피고 4명이 공히 똑 같은 양식 및 똑 같은 기재내용, 똑 같은 기재방식에 터 잡아 일률적으로 작성되어 있었고, 다만 '성명' 란에만 대필한 후에 서명 또는 날인한 것으로 되어 있습니다.

- 더군다나, 기막힌 사실은 피고 4명 중 문경석은 이 사건 소장 부본

수취를 의도적으로 거부하고 있어 이를 송달하기 위해, 2024. 6. 17. 원고가 이 사건 재판부에 '피고 문경석의 공무원인사기록카드상 주민등록번호 및 주소 등 인적사항을 파악해 달라'는 취지의 사실조회 신청서를 제출하였고, 이 사건 담당 재판부는 2024. 7. 8. 판사(재판장) 이화연 명의로 피고 문경석이 근무하고 있는 서울서대문경찰서에 위 사실조회사항을 촉탁하였으나, 아직까지 서울서대문경찰서로부터 회신이 오고 있지 않는 상황에 있습니다.

즉, 피고 4명 중 문경석은 이 사건 소장 부본마저도 본 적이 없기 때문에 지금까지도 이 사건 재판내용을 전혀 모르고 있습니다. 그런데 앞서 살펴 본 바와 같이 2014. 7. 5. 오로나 법률사무소에서 이 사건 재판부에 제출한 위 '위임장'에는 피고 문경석도 포함되어 있습니다.

피고 문경석이 이 사건 소장 부본을 수령하지도 않는 상태에서(피고 문경석은 이 사건 재판에 대해 전혀 모르는 상태에서) 이미 '변호인 선임 계약서'라 할 수 있는 위 '위임장'이 '오로라 법률사무소'에 의해 이 사건 재판부에 제출되었다는 사실은 '오로라 법률사무소'가 피고 문경석의 위임장을 위조하여 사용했다는 것과 전혀 다를 바 없습니다.

즉 '오로라 법률사무소'는 사문서위조 및 동행사라는 범죄행위를 한 것입니다.

(나) 이 사건 소장에서는 원고가 4명의 피고들에게 공동 책임을 묻는 것이 아니라, 각 피고에게 별도의 불법행위에 대해 별도의 책임을 묻고 있기 때문입니다.

따라서 이는 각 피고가 '오로라 법률사무소'와 같이 한 곳의 법률사무소를 특정하여 변호인을 선임하여야 할 하등의 이유가 없음을 의미하며, 오히려 위 1항에서 살펴본 바와 같이 피고들이 공동으로 배후세력의 조종을 받고 구수회를 치외법권자로 누릴 수 있도록 해당 사건을 은폐·조작해 왔다는 사실을 인정하는 꼴이 되고 있습니다.

(다) 이 사건은 피고들이 변호인을 선임하여야 할 하등의 이유가 없습니다. 더군다나 개인 법률사무소가 아닌 '오로나 법률사무소'와 같은 법무법인을 선임할 이유는 더욱 없습니다. 그 이유는 이 사건의 쟁점이 너무나도 단순하고 명백하기 때문입니다.

즉, 이 사건의 가장 단순하고 핵심적인 쟁점은,

① 피고 문경석이 작성한 '피의자 구수회에 대한 불송치(각하) 결정서'와 원고 임찬용이 작성한 '피의자 구수회에 대한 불송치(각하) 결정 이의신청서'의 각 기재내용 허위 여부, ② 피고 이주훈이 작성한 '피의자 구수회에 대한 불기소(각하) 결정서'와 원고 임찬용이 작성한 '피의자 구수회에 대한 항고장'의 각 기재내용 허위 여부, ③ 피고 김한나가 경찰에 발동한 '피의자 임찬용에 대한 보완수사요구권'에 대한 검찰권 남용 여부, ④ 피고 김경환이 작성한 '피의자 구수회에 대한 불송치(각하) 결정서'와 원고 임찬용이 작성한 '피의자 구수회에 대한 불송치(각하) 결정 이의신청서'의 각 기재내용 허위 여부입니다.

이 단순한 쟁점사항에 무슨 변호가 필요합니까? 피고들은 우리나라 양대 수사기관인 경찰과 검찰 소속 베테랑 사법경찰관과 검사들입니다. 수사에 관한한 이 분야에서는 최고의 권위자라고 말할 수 있습니다. 최고의 수사 전문가인 피고들이 자신들의 명의로 작성된 수사서류를 가지고 스스로 사실관계를 인정하던지 해명하면 되는 일이지, 거기에 무슨 법률전문가인 변호사의 도움이 필요하다는 말입니까?

피고들 스스로 크나 큰 변호사 비용을 지불해 가면서 단순하고 명백한 이 사건을 법무법인 오로라법률사무소에 변호를 맡긴다는 자체가 앞서 살펴 본 바와 같이 구수회의 범죄사실을 은폐하도록 조종한 피고들의 배후세력이 있다는 사실을 인정한 셈이거나, 오로라 법률사무소 소속 변호인들로 하여금 변호사법 제24조 제2항에서 금지하고 있는 규정을 무력화 시켜 이 사건 재판부로 하여금 이 사건 은폐를 통하여 피고들에게 승소판결을 내리도록 해 달라는 의도가 있다고 볼 수밖에 없습니다.

라. 사실조회사항

위 (2)항에서 언급되고 있는 사실들을 확인하고 이를 통하여 피고 측 변호인 '오로라 법률사무소'가 피고들의 불법행위를 조종하고 있는 배후세력에 직·간접적으로 연루되어 있는지 확정짓고자 변호사법 제28조 제1항 및 제2항에서 규정하고 있는 이 사건 수임 장부 및 그 내역 전부의 조회를 촉탁합니다.

2. 이 사건 재판부의 피고 측에 유리한 재판운영

원고는 피고들의 오로라 법률사무소 소속 변호인 선임이 자의가 아닌 타의에 의해 이루어졌다는 근거와 증거자료들을 이 사건 재판부에 제시하고 있음에도 불구하고, 이 사건 재판부는 아무런 이유나 설명 없이 원고의 오로라 법률사무소에 대한 사실조회신청서를 부결시켰습니다.

이는 위 사실조회신청서에서도 밝혔듯이 이 사건 재판부가 변호사법 제24조 제2항 금지 규정을 무시하고 있는 오로라 법률사무소 측으로부터 로비를 받지 않을까하는 원고의 강한 의구심을 품을 수 있는 상황으로 내몰고 있습니다.

후술하는 바와 같이 피고들의 소송 대리인으로 활동하고 있는 오로라 법률사무소 대표변호사 김홍경이 작성한 '준비서면' 형식의 답변서 기재 내용을 살펴보면, 이 사건 소송 청구원인에 대한 반박내용은 전혀 없고 오로지 동문서답 · 유체이탈 화법이 동원되어 100% 허위내용으로 작성되어 있다는 사실만 봐도 그렇습니다.

III. 피고 측 준비서면에 대한 구체적 반박

1. 총평

o 이 사건 피고 측 변호인 김홍경이 작성한 '준비서면'은 실질적으로 이 사건 소장 청구원인에 대한 답변서의 기능을 가져야 하는 바, 동 답변서에 기재되어야 할 원고 청구원인에 대한 반격이나 공격의 내용은 전혀 없고, 이와는 직접적으로 관련 없는 사건처리 과정이나 이 사건과 직접 관련 없는 대법원 판례 등 법리문제를 동문서답 · 유체이탈 화법으로 기재해 놓았습니다. 이는 동 답변서가 총칭하여 허위 내용으로 작성되었다고 봄이 상당합니다.

o 통상적으로 정치(비리)검사들이 사건을 은폐 · 조작할 경우, 일단은 사실관계를 조작해 보고 이에 여의치 않을 경우 그럴 듯한 법리관계를 적용하는 수법을 활용하는데, 이 사건 피고 측 변호인 김홍경은 피고들의 불법행위를 입증하고 있는 증거자료가 엄연히 존재하고 있음에도 불구하고, 막무가내로 이를 은폐 · 조작하기 위해 사실관계 뿐만 아니라 법리관계까지 동시 다발적으로 들먹이며 심한 장난질을 하고 있습니다.

이를테면, 원고가 제출한 이 사건 소장 및 서증에 대하여 근거 없이 왜곡해 버리거나, 피고들에게 불리한 부분에 대해서는 아예 언급조차 하지 않고 의도적으로 누락시켜 버리거나, 핵심쟁점 부분에 대해서는 '동문서답' 또는 유체이탈 화법을 동원하여 은근슬쩍 피해 버리든지, 그렇지 않으면 이 사건과 전혀 들어맞지 않는 대법원 판례를 적용해 버립니다.

ㅇ 이는 결국 위 Ⅱ항에서 살펴 본 "변호사는 그 직무를 수행할 때에 진실을 은폐하거나 거짓 진술을 하여서는 아니 된다."는 변호사법 제24조(품위유지의무 등) 제2항 규정을 정면으로 위배하고 있습니다.

2. 피고 측 '준비서면' 기재내용

(1) 원고의 청구내용 : 이는 이 사건 수사진행 과정 등을 기술한 내용으로서 당사자 간 다툼의 여지가 없으므로 생략합니다. 다만, 맨 마지막 기재 부분, 즉 "이와 같은 피고 경찰관들 (피고 문경석, 피고 김경환) 및 피고 검사들 (피고 이주훈, 피고 김한나)의 부실한 사건처리는 민사상 불법행위에 해당하므로 피고들은 원고에게 각 1,000만 원의 손해배상을 할 의무가 있다는 것입니다."라는 기재내용과 관련, 이는 전혀 잘못된 기재내용으로서 이 사건 피고 측 변호인이 '준비서면'을 통하여 피고들의 불법행위를 은폐하려는 의도가 엿보입니다.[102]

(2) 이 사건의 사실관계 및 각 고소 사건의 사건처리

---

[102] 각 피고들은 '부실한 사건처리'를 한 것이 아니라, 자신들이 맡은 각 사건과 관련, 수십 년간 변호사법위반과 고도의 사기행각을 해 온 구수회에 대하여 형사처벌을 면하도록 하기 위하여 은폐·조작수사를 실시한 중대 범죄자들입니다. (입증자료 : 이 사건 소장 주석 3, 4, 5, 6, 7, 8, 원고 갑 제2호증 각 참조)

(가) '관피모 고소' 관련

A : 2021. 10. 5. 원고는 위와 같은 내용으로 구수회를 상대로 성남수정경찰서에 고소장을 제출하였고, 성남수정경찰서에서 원고에 대한 고소인 진술조서를 작성한 이후 서대문경찰서로 이송되어 2022. 3. 15.자로 서대문경찰서의 피고 문경석 수사관이 이 사건을 담당하였습니다.

B : 피고 문경석의 수사결과 원고가 주장하는 명예훼손이나 무고 등 혐의 모두 혐의없음이 명백하여 불기소(각하) 결정을 한 것이고, 이는 경찰수사규칙 제108조 제1항 제4호에 근거한 것입니다. (그 자세한 이유는 원고가 제출한 갑 제1호증 제105면에서 110면 참조)

C : 또한 피고 이주훈 검사 역시 원고의 이의신청에 대하여 피고 문경석의 수사결과에 문제가 없다고 보아 불기소결정을 하게 된 것입니다.

D : 따라서 '관피모 고소' 사건 수사를 담당한 피고 문경석 수사관의 각하 결정 및 피고 이주훈 검사의 불기소 결정에 있어, 수사가 잘못되었다거나 공정하지 못하였다는 취지의 원고 주장은 인정될 수 없습니다.

(나) '구수회 고소' 관련

A : '구수회 고소'는 원고의 위 고소에 대한 맞고소의 성질을 가지는 것으로서 2022. 9. 26. 성남수정경찰서에 접수되었고, 성남수정경찰서 소속 이용일 수사관은 2023. 1. 19.자로 불송치(각하)

결정을 하였습니다.

B : 이에 대하여 고소인 구수회가 이의신청하여 성남검찰청으로 송치되었고, 당시 성남검찰청 소속 피고 김한나 검사가 이 사건을 담당하게 되었습니다. 피고 김한나 검사는 이 사건을 검토하고 아래와 같은 내용으로 경찰에 보완수사 요구를 하였습니다.

〈보완수사 요구 내용〉

본건과 관련하여 피의자(원고를 말함)는 고소인(구수회를 말함)을 지칭하여 '고도의 사기꾼' 등의 표현을 사용한 것으로 보이는데, 사실의 적시에 해당하지 않는다 하더라도 이에 대하여는 고소인의 사회적 평가를 저하할만한 추상적 판단이나 경멸적 감정을 표현한 것으로 모욕죄가 성립될 여지가 있어 보입니다.

피의자 조사하여 피의자와 고소인과의 관계, 피의자가 해당 표현에 이르게 된 경위, 해당 글을 게시한 목적, 게시된 글이나 해당 표현에 이르게 된 전제 사건의 사실 여부 확인을 위한 적절한 조치는 다하였는지 등을 확인하여 피의자에게 모욕죄가 성립되는지를 명확히 하고, 혐의 인정되는 경우 사건을 송치하고, 기존의 불송치 결정을 유지하는 경우 그 내용과 이유를 통보해 주시기 바랍니다.

【참고로 피고 김한나 검사의 위 보완수사요구에 따라 경찰은 원고를 소환하여 추가 수사를 하고자 하였으나, 원고의 출석불응으로 2024. 1. 19.자로 수사중지(피의자중지)로 성남지청에 재차 송부된 상태입니다.】

C : 위와 같은 피고 김한나 검사의 보완수사요구는 '검사와 사법경찰관

의 상호협력과 일반적 수사준칙에 관한 규정 '제59조에 의한 것으로서, 검사는 사법경찰관으로부터 송치받은 사건에 대하여 보완수사가 필요하다고 인정하는 경우에는 직접 보완수사를 하거나, 사법경찰관에게 보완수사를 요구할 수 있으며, 이때 '죄명 및 범죄사실의 구성에 관한 사항'(제59조 제3항 제5호) 및 송치받은 사건의 공소제기 여부를 결정하는데 필요하거나 공소유지와 관련해 필요한 사항에 관한 보완수사를 요구할 수 있는 것(제59조 제3항 제6호)이며 이에 대한 검사의 판단에는 상당한 재량권이 부여되어 있는 것입니다.

D : 원고는 정통법상 명예훼손으로 고소한 사건을 고소인이 고소하지 않는 모욕죄로 보완수사요구를 한 것은 검찰권의 남용이라는 취지로 주장하지만 명예훼손죄와 모욕죄는 그 구성요건에 차이가 있다고 하더라도 명예에 대한 죄라는 점에서 그 성질을 같이 하므로 고소장에 명예훼손죄라는 죄명을 붙이고 명예훼손에 관한 사실을 적어 두었으나 그 사실이 명예훼손죄를 구성하지 않고 모욕죄를 구성하는 경우에는 위 고소는 모욕죄에 대한 고소로서의 효력을 갖는다고 해석함이 타당하다는 것이 대법원 판례의 입장이므로(대법원 1981. 6. 23. 선고 812다1250 판결 참조), 원고가 인터넷 카페에서 고소인(구수회)을 지칭하여 '고도의 사기꾼'이라는 등의 모욕적인 표현을 사용한 것에 대하여 '모욕죄'로의 보완수사를 요구한 것은 합리적인 검찰권의 행사로 판단되어야 마땅합니다.

E : 그러므로 '구수회 고소'관련 피고 김한나 검사의 보완수사요구가 검사의 권한을 남용한 것이라는 원고의 주장은 타당하지 않습니다.

(다) '임찬용 고소'관련

A : '임찬용 고소'는 2023. 1. 5.자로 원고가 구수회 등을 상대로 고소한 사건으로서 당시 성남수정경찰서 소속 피고 김경환 수사관이 이 사건을 담당하였습니다.

B : 피고 김경환의 수사 결과 구수회를 상대로 한 정보통신망법상의 명예훼손은 피의자의 주관적 의견 표현에 불과하고, 무고 역시 인정되지 않아 불송치(각하) 결정을 한 것이고, 이 역시 위 경찰 수사규칙에 근거한 것입니다. (그 결정의 이유에 대해서는 원고가 제출한 갑 제2호증에 포함된 수사결과 통지서 참조)

C : 따라서 피고 김경환 수사관이 원고의 위 '임찬용 고소' 사건을 제대로 수사하지 않고 각하 결정을 한 것이 부당하다는 원고의 주장 역시 인정될 수 없습니다.

(라) 소 결

이상에서 자세히 말씀드린 것처럼, 피고 경찰들 및 피고 검사들은 자신이 담당한 사건에 대하여 면밀히 검토하고 법과 규정에 따라 처리하였습니다. 따라서 피고들의 수사가 위법하다거나 공정하지 않다는 취지의 원고 주장은 사실과 다르므로 원고 주장하는 손해배상책임은 인정될 수 없습니다.

(3) 공무원 개인이 불법행위 책임을 부담하는 법리 : 이하 '준비서면' 기재내용 생략 [103]

---

[103] 이하 '준비서면' 기재내용을 생략한 이유는 ① 이 사건 피고 측 변호인이 '준비서면'에 이 항목과 관련된 필요 없는 많은 분량을 기재해 놓고 있어 이를 이 곳에 옮겨 적기에는 아무런 의미가 없어 보이고, ② 이 사건 피고들은 수십 년간 변호사법위반과 고도의 사기행각을 해온 구수회에게 형사처벌을 면해 주기 위해 자신들이 맡은 각 사건에 대해

(4) 원고가 주장하는 손해가 실제 발생하였다거나 그것이 피고의 직무와 상당 인과관계 있는 손해라고 볼 수 없습니다.

A : 원고는 이 사건 관련하여 피고들 각자에게 1,000만원의 손해배상을 청구하고 있지만, 위에서 본 바와 같이 피고의 직무집행에는 어떠한 과실도 없었다는 점에 비추어 볼 때 원고에게 어떠한 손해가 발생하였다고 할 수 없고, 설령 원고가 어떠한 손해를 입었다고 하더라도 이는 피고의 직무와 상당인과관계가 있는 손해라고 할 수조차 없습니다.

B : 나아가 수사 및 공소제기의 목적은 본질적으로 국가 및 사회의 질서유지라는 공익을 실현하기 위한 것이지 피해자(여기서는 피해자라고 주장하는 원고)의 개인적 이익을 보호하거나 피해자 개인이 입은 손해의 전보를 목적으로 하는 것이 아닙니다.

C : 따라서 검사의 기소 또는 불기소 처분으로 인하여 피해자가 가지는 형사처벌에 대한 기대가 충족되지 아니하였고 이로 인하여 피해자가 정신적 고통을 호소한다고 하더라도, 그것은 국가형벌권 행사에 수반하는 부수적이고 반사적인 결과일 뿐이므로 이를 피해자에게 발생한 손해라고 평가할 수는 없습니다.(서울중앙지방법원 2008. 12. 4. 선고 2008나12155 판결과 같은 취지)

(5) 결론

은폐 · 조작수사를 실시해 온 중대 범죄자들이기 때문에 이 항목 법리와는 전혀 관련이 없으며, ③ 이 사건 피고 측 변호인은 피고들이 맡은 각 사건에 대한 은폐 · 조작수사라는 불법행위를 불식시키기 위해 이 사건에 전혀 적용할 수 없는 대법원 판례를 억지로 끌고 와 이 사건에 꿰맞춤으로써 법원 판결에 기속력이 있는 대법원 판례를 능멸함과 동시에 이 사건 재판부를 상대로 소송사기 행각을 하고 있기 때문입니다.

이상과 같이 이 사건과 관련하여 피고 경찰 및 피고 검사들의 직무집행에는 위법성이 없으며 나아가 어떠한 고의나 중과실도 없으므로 이를 전제로 한 원고의 청구를 기각하여 주시기 바랍니다.

3. 피고 측 '준비서면' 기재내용 반박

가. 위 준비서면 기재내용 중 "위 2-(2)' 항목에 대하여

(1) "위 2-(2)-(가) 항목 '관피모 고소' 관련 기재내용"에 대한 원고의 반박

○ 원고는 이 사건 소장 청구원인 항목에서 '관피모 고소' 관련, 피고 문경석의 은폐·조작수사 불법행위를 입증하는 증거자료로서 ① 2022. 3. 22.자 피의자 구수회에 대한 불송치(각하) 결정서(갑 제1호증, 별권책자 제106~110쪽) 및 ② 2022. 4. 4.자 피의자 구수회에 대한 불송치(각하) 결정 이의신청서(별권책자 제111~138쪽)을 각각 제출하였고, 피고 이주훈의 은폐·조작수사 불법행위를 입증하는 증거자료로서 ③ 2022. 5. 27.자 피의자 구수회에 대한 불기소(각하) 결정서(별권책자 제139~140쪽) 및 ④ 2022. 6. 13.자 피의자 구수회에 대한 항고장(별권책자 제141~145쪽)을 각각 제출하였다.

즉, 원고는 피고 문경석의 '관피모 고소' 관련 은폐·조작수사 불법행위가 기재되어 있는 위 ①항의 증거자료를 반박하기 위해 위 ②항의 증거자료를 제출하였고, 또 피고 이주훈의 '관피모 고소' 관련 은폐·조작수사 불법행위가 기재되어 있는 위 ③항의 증거자료를 반박하기 위해 위 ④항의 증거자료를 제출하였다.

따라서 이 사건 피고 측 변호인은 원고가 주장하는 피고들의 불법행위를 변론하기 위해서는 원고가 피고 문경석의 불법행위를 주장하기 위하여 제출한 위 ②항의 증거자료 및 원고가 피고 이주훈의 불법행위를 주장하기 위하여 제출한 위 ④항의 증거자료에 대해 각각 반박을 하여야 한다.

그러나 이 사건 피고 측 변호인이 작성한 위 준비서면 "2-(2)-(가)항목 '관피모 고소' 관련 기재내용"에는 원고가 제출한 위 ②항 및 ④항의 증거자료에 대해 각각 반박하는 기재내용을 전혀 발견할 수 없다.

생각해 보라!

이 사건 피고 측 변호인 김홍경은 이 사건 소장 청구원인에 대한 답변서를 준비서면 형식으로 처음 제출하면서 원고의 청구원인에 대한 반박 내용이 전혀 없는 준비서면을 이 사건 담당 재판부에 제출하였다면, 이는 동 준비서면이 원고의 청구원인을 반박하는 답변서로서의 기능을 전혀 갖추지 못했음에도 불구하고 마치 이를 갖춘 것처럼 이 사건 담당 재판부를 기망하려는 고도의 소송 사기 행각이 아니겠는가?

이 사건 피고 측 변호인 김홍경이 알맹이가 전혀 없는 (원고의 청구원인에 대한 반박 내용이 전혀 없는) 답변서를 준비서면 형식으로 작성한 후 마치 이를 원고 청구원인에 대한 반박 내용이 있는 것처럼 포장하여 이 사건 담당 재판부에 제출했다는 자체만으로 변호사법 제24조(품위유지의무 등) 제2항 "변호사는 그 직무를 수행할 때에 진실을 은폐하거나 거짓 진술을 하여서는 아니 된다."라는 규정은 물론, 동시에 형법 제347조(사기) 제2항 "이 사건 재판부를 기망하여 승소판결을 받음으로써 제삼자인 피고 문경석 및 피고 이주훈으로 하여금 재물의 교부를 받게 하거나 재산상의 이익을 취득하게 한 때에도 전항의 형과 같다"는 규정을 정면으로 위반하고 있다.

이는 변호사법 제1조에서 규정하고 있는 변호사의 사명까지 망각한 행위로서 참으로 통탄할 일이다.

결국 이 사건 피고 측 변호인 김홍경은 위 ①항 증거자료에 기재된 피고 문경석의 '관피모 고소' 관련 은폐·조작수사 불법행위 및 위 ③항에 기재된 피고 이주훈의 '관피모 고소' 관련 은폐·조작수사 불법행위를 각각 인정해 버린 결과를 낳고 말았다.

○ 또 위 "2-(2)-(가) 항목 '관피모 고소' 관련 기재내용" 중 A 항목은 피고 문경석이 '관피모 고소' 사건을 맡게 된 과정을 설명하고 있고, B 항목은 피고 문경석이 '관피모 고소' 사건에 대한 불송치(각하) 결정서를 허위내용으로 작성할 당시 전혀 적용할 수 없는 근거 규정을 설명하고 있으며[104], C 항목 및 D 항목은 전혀 근거를 제시하지 아니한 채 이 사건 피고 측 변호인의 궤변만을 늘어놓고 있을 뿐 앞서 살펴 본 위 ②항 및 ④항의 증거자료를 반박하는 내용과는 전혀 관련이 없다.

---

[104] 이 기재부분을 자세히 살펴보면, 가장 흥미로운 사실을 발견할 수 있다. 즉 이 기재부분 중 "피고 문경석의 수사결과 원고가 주장하는 명예훼손이나 무고 등 혐의 모두 혐의없음이 명백하여 불기소(각하) 결정을 한 것이고,"라는 기재부분에서, 이 사건 피고 측 변호인은 피고 문경석이 은폐·조작한 구수회의 범행 중 가장 중요한 범죄인 수십 년간 변호사법 위반과 특경법상 사기 행각을 교묘하게 누락시켰다는 점이다. 그런데 구수회의 이 범행과 관련된 피고 문경석의 은폐·조작수사 입증자료라고 할 수 있는 2022. 4. 4.자 '피의자 구수회에 대한 불송치 결정 이의신청서' 기재내용에 따르면, "특히, 사법경찰관 문경석은 앞서 살펴본 바와 같이 고소인이 제출한 증거자료에 의해 피의자(구수회)의 변호사법 위반 등에 대한 혐의사실이 충분하고도 넉넉하게 인정됨에도 불구하고, 불송치 이유 【제4항】 및 【제5항】의 마지막 결론 부분에서 '따라서 고소(고발)이 고소인(임찬용)의 추측만을 근거로 한 경우로써 수사를 개시할 만한 구체적인 사유나 정황이 충분하지 않아 각하한다.'는 허위 내용의 공문서를 작성하는 수법으로 고소인의 사건수사 착수 및 계좌추적 압수수색영장 신청 요구사항을 은폐해 버렸다."라고 기재되어 있다.(입증자료 : 갑 제1호증, 별권책자 제135~136쪽)

(2) "위 2-(2)-(나) 항목 '구수회 고소' 관련 기재내용"에 대한 원고의 반박

○ 원고는 이 사건 소장 청구원인 항목에서 '구수회 고소' 관련, 피고 김한나가 2023. 4. 26.경 '보완수사요구권'을 발동한 행위가 검찰권남용에 해당한다는 증거자료를 '주석 7'에서 다음과 같이 제시하였다.

〈주석 7 기재내용〉

성남 검찰 지휘부가 '구수회 고소장'을 장기간 미제로 남겨두기 위해 김한나 검사 명의로 성남수정경찰서 이용일 수사관에게 발동한 '보완수사요구권'이 검찰권의 남용이라고 보는 이유는 다음과 같습니다.

① 앞서 '임찬용 고소장'(갑 제1호증, 별권책자 제460~464쪽)에서 살펴본 바와 같이, '구수회 고소장'은 피의자 임찬용에 대해 정보통신망법상 허위사실 적시 명예훼손죄로 처벌 자체가 불가능한 각하사유에 해당함은 물론 허위 내용으로 작성된 사실까지 밝혀짐에 따라, 피의자 임찬용은 "오히려 고소인 구수회가 무고죄 및 정보통신망법상 허위사실 적시 명예훼손죄를 저질렀다"고 주장하면서 이를 '임찬용 고소장'에 작성하여 2023. 1. 5.경 대검찰청에 제출하였고, '구수회 고소장' 담당 수사관인 이용일의 소환조사 요구에는 '구수회 고소장'이 각하사유라는 이유로 불응하여 왔다는 점, ② 담당 수사관 이용일도 '구수회 고소장'을 자체 검토한 결과 각하사유로 판단되어 2023. 1. 19.경 '구수회 고소장'에 대해 불송치(각하) 결정을 내린 후 피의자 임찬용에 대한 소환조사 없이 성남 검찰에 송치하였다는 점, ③ 성남 검찰에서도 '구수회 고소장'을 송치받아 약 3개월 동안 캐비닛에 처박아놓았다가, 2023. 4. 26.경에 이르러 검사 김한나는 '구수회 고소장'에 기재된 정보통신망법상 허위사실 적시 명예훼손죄로는 도저히 피의자 임찬용을

처벌할 수 없고 각하사유가 명백한 것으로 판단하였던 탓인지 그 죄명을 모욕죄로 변경하여 경찰에 '보완수사요구권'을 발동하였다는 점, ④ '보완수사요구권'의 내용을 살펴보면, 최고 형량이 무려 징역 7년 이하의 허위사실 적시 명예훼손죄에서 고작 징역 1년 이하의 모욕죄로 변경하여 '보완수사요구권'을 발동한 사례는 거의 없으며, 설사 그러한 사례가 있더라도 '구수회 고소장'에서는 피의자 임찬용이 공익을 위한 행위임을 분명히 밝히고 있어 명예훼손죄든 모욕죄든 주관적 구성요건인 고의가 없어 범죄자체가 성립되지 않는 것은 마찬가지라는 점, ⑤ 모욕죄는 친고죄이므로 별도 구수회의 고소가 있어야만 기소가 가능하므로 검찰이 사전에 구수회와 '보완수사요구권'을 발동하기로 공모했을 여지가 있을 수 있다는 점, ⑥ 김한나 검사가 상부의 지시를 받지 않은 채 통상적인 업무처리 방식에 따랐다고 한다면, 하등의 수사실익이 없고 이미 각하사유로 판명 난 명예훼손죄를 모욕죄로 죄명을 바꾸더라도 피의자 임찬용을 기소할 수 있는 가능성은 전무하다는 점에 비추어 보면 경찰에 '보완수사요구권'을 발동하여야 할 하등의 이유가 없다는 점, ⑦ 임찬용은 '구수회 고소장'이 장기간 미제로 남은 상태를 모르고 있다가, 2024. 1. 24.경 구수회가 임찬용을 상대로 제기한 2024. 1. 12.자 손해배상 청구소송 소장 부본을 특별송달로 받아본 후 형사사법포털 사이트에 들어가 '구수회 고소장'에 대한 검찰 처분 내역을 조회하였더니, 그 처리결과가 '주임검사 문하경, 2024. 1. 23. 모욕 : 수사중지(피의자중지)'로 뜨기에, 그 즉시 이용일 수사관에게 전화를 걸어 "구수회가 '구수회 고소장'이 각하 처분이 되지 않고 미제로 남아 있는 점을 악용하여 '구수회 고소장' 일부분을 복사한 후 이를 근거로 손해배상 청구의 소를 제기하였다. 방금 형사사법포털 조회내용에 의하면, 나에 대한 죄명이 허위사실 명예훼손죄에서 모욕죄로 바뀌어져 있고, 검사처분도 피의자 수사중지로 되어 있는데 어찌된 일이냐?"라는 취지로 물어보았더니, 이용일 수사관은 "2023.

1. 19.경 '구수회 고소장'에 대해 불송치(각하) 결정으로 검찰에 송치하였더니. 김한나 검사가 2023. 4. 26.경 죄명을 당초 정보통신망법상 허위사실 적시에 의한 명예훼손죄에서 모욕죄로 바꿔 보완수사요구를 해왔다. 그런데, 제가 보기에는 모욕죄로 변경하더라도 당초 각하사유에는 전혀 변경이 되지 않을 것 같은데, 검사가 보완수사를 하라고 지시하니 어쩔 수 없이 피의자(임찬용)에게 출석을 수차례 요구했는데, 피의자는 막무가내 '구수회 고소장'이 각하사유라는 기존 입장을 반복하면서 출석을 거부하는 바람에 2024.1.19.경 '구수회 고소장' 죄명을 명예훼손죄에서 모욕죄로 바꿔 피의자(임찬용)을 입건한 후 이를 수사중지(피의자중지) 의견으로 검찰에 송치하였다."라는 취지로 답변하였다. 이에, 이 사건 원고 임찬용은 이용일 수사관에게 "구수회가 '구수회 고소장'이 미제로 남아 있는 점을 악용하여 민사소송까지 제기하고 있으니 괘씸하기 짝이 없다. 빨리 '구수회 고소장'을 종결처리하고 싶으니, 당장 조사를 받으러 가겠다."라고 얘기하자, 이용일 수사관은 "제가 바쁜 일정이 있어서 지금 당장 '구수회 고소장'과 관련된 김한나 검사의 보완수사요구 사항을 조사할 수 없으니, 2024. 1. 29. 오후 1시 30분 저희 사무실에 출석하시면 가급적 빠른 시간 내 조사를 마무리 해주겠다."라고 답변을 한 사실이 있습니다.

그 이후 이 사건 원고 임찬용이 위 약속시간에 맞춰 이용일 수사관으로부터 모욕죄와 관련된 피의자 신문조서를 받아 본 결과, 당초 성남 검찰이 '구수회 고소장'을 왜 각하 처분하지 아니하고, 장기 미제로 남겨 놓았는지 그 의도를 더더욱 명백하게 확인할 수 있었습니다.

즉, 이용일 수사관이 작성한 피의자신문조서상 피의자신문내용에는 모욕죄와 관련된 새로운 사실은 전혀 발견할 수 없고, 모든 신문내용은 '임찬용 고소장'에 기재된 내용이었으며, 더더욱 '구수회 고소장'으로 인해 구수회에게 무고죄 및 정보통신망법상 허위사실 적시에 의한 명예훼손죄가 명백하게 성립된다는 사실만이 확인되었다는 점입니다. 〔입증자료 : 갑 제1호증 (별권책자 제366~372쪽, 제473~475쪽), 갑 제2호증 : 2024. 1. 29.자 피의자 구수회 등에 대한 불송치(각하) 결정 이의신청서 1부 및 그 첨부(입증)자료 1~4〕

○ 그러나 이 사건 피고 측 변호인 김홍경은 전항에서 살펴 본 바와 마찬가지로 원고가 피고 김한나의 검찰권 남용의 입증자료로 제시하고 있는 위 〈주석 7 기재내용〉에 대해서는 어떠한 반박을 하지 않고 있다.

○ 또 위 "2-(2)-(나) 항목 '구수회 고소' 관련 기재내용" 중 A 항목 및 B 항목은 '보완수사요구권'의 발동 경위 등을 설명하고 있고, C 항목은 '보완수사요구권'의 발동근거 등을 설명하고 있으며, D 항목은 '보완수사요구권'의 대상 죄명인 모욕죄 및 명예훼손죄에 대한 상호 관계 등 법리를 설명하고 있으며, E 항목은 전혀 근거를 제시하지 않은 채 이 사건 피고 측 변호인의 궤변만을 늘어놓고 있을 뿐 앞서 살펴 본 위 〈주석 7 기재내용〉을 반박하는 내용과는 전혀 관련이 없다.

(3) "위 2-(2)-(다) 항목 '임찬용 고소' 관련 기재내용"에 대한 원고의 반박

○ 원고는 이 사건 소장 청구원인 항목에서 '임찬용 고소' 관련, 피고 김경환이 2023. 7. 18.경 '관피모 사건'을 은폐해 왔던 검찰의 암묵적 지시를 받고 허위내용의 불송치(각하) 결정서를 작성하는 수법을 통해 '임찬용 고소장'(별권책자 제438~472쪽)에 기재되어 있는 구수회의 무고죄 및 정보통신망법상 허위사실 적시 명예훼손죄 등 모든 범죄사실을 은폐해 버렸다는 증거자료로서 2024. 1. 29.자 "피의자 구수회 등에 대한 불송치(각하) 결정 이의신청서 및 그 첨부(입증)자료 1~4"(갑

제2호증)를 제시하였다.

○ 그러나 이 사건 피고 측 변호인 김홍경은 앞서 수없이 살펴본 바와 같이 원고가 피고 김경환의 불법행위를 입증하기 위해 제출한 위 2024. 1. 29.자 "피의자 구수회 등에 대한 불송치(각하) 결정 이의신청서 및 그 첨부(입증)자료 1~4"에 대해서는 어떠한 반박을 하지 않고 있다.

○ 또 위 "2-(2)-(다) 항목 '임찬용 고소' 관련 기재내용" 중 A 항목은 피고 김경환이 '임찬용 고소장'을 담당하게 된 과정을 설명하고 있고, B 항목은 피고 김경환이 허위내용으로 작성한 불송치(각하) 결정서 내용 및 근거규정을 설명하고 있으며, C 항목은 전혀 근거를 제시하지 않은 채 이 사건 피고 측 변호인의 궤변만을 늘어놓고 있을 뿐 앞서 살펴본 위 2024. 1. 29.자 "피의자 구수회 등에 대한 불송치(각하) 결정 이의신청서 및 그 첨부(입증)자료 1~4"을 반박하는 내용과는 전혀 관련이 없다.

○ **이 사건 피고 측 변호인 김홍경에게 묻고 싶다.**

원고가 이 사건 소장 청구원인을 통하여 피고들의 불법행위를 입증하고 있는 증거자료들을 수없이 제시하고 있음에도, 이를 반박하는 답변서를 제출하지 않는 이유는 무엇인가? 소송사기 행각을 하기로 마음먹었기 때문인가? 그렇지 않으면 원고가 제출한 피고들의 불법행위에 대한 증거자료를 반박하거나 공격할 경우 오히려 피고들의 불법행위가 더 부각될 수밖에 없는 딱한 사정이 있기 때문인가?

특히 앞서 살펴본 '사실조회신청서' 기재내용에 따르면, 피고 문경석은 이 사건 소장 부본 수령을 의도적으로 거절하고 있는 상황에 있기 때문에 이 사건 피고 측 변호인 김홍경은 피고 문경석의 자의가 아닌 타의에 의해 피고 문경석의 변론을 맡고 있는 것으로 넉넉하게 짐작이 가고 있다.

위와 같은 의혹을 벗기 위해서라도 위 '사실조회신청서'에서 밝힌 바 대로, 변호사법 제28조 제1항 및 제2항에서 규정하고 있는 '오로라 법률사무소'의 이 사건 수임 장부 및 그 내역 전부를 공개할 의향은 없는가?

더군다나, 피고들의 불법행위를 입증하기 위해 제출된 원고의 증거자료들에 대해서는 반박하거나 공격하려는 의사나 능력이 전혀 없음에도 불구하고 피고들의 변론을 맡겠다고 나서게 된 이유는 무엇인가?

(4) "위 2-(2)-(라) 항목 '소 결' 관련 기재내용"에 대한 원고의 반박

o 지금까지 줄곧 살펴본 바와 같이 이 사건 피고 측 변호인은 피고들의 불법행위를 입증하기 위해 제출한 원고의 증거자료들에 대해서는 단 한 건도 반박을 하지 못하고 있어, 이 사건 피고 측 답변서는 준비서면으로 탈을 바꿔 쓴 채 엉뚱한 내용으로만 가득 채워져 있는 허위 내용이라는 사실이 확인되었다.

o 따라서 이 항목 '소 결' 기재 내용 또한 이 사건 피고 측 변호인의 궤변으로 판명되었으므로 굳이 이를 반박할 필요가 없다.

나. 위 준비서면 기재내용 중 '위 2-(3)' 항목에 대하여 : 생략 ('주석 3' 참조)

다. 위 준비서면 기재내용 중 '위 2-(4), (5)' 항목에 대하여

ㅇ 이 항목에서는 이 사건 피고 측 변호인이 피고들의 불법행위 책임과 관련된 법리문제 등을 기재하고 있으나, 이는 이 사건과 전혀 적용할 수 없는 대법원 판례 등을 억지로 끌고 와 자신의 거짓 주장에 꿰맞추고 있다.

그 이유는 위 가항에서 줄곧 살펴본 바와 같이 원고가 피고들의 불법행위를 입증하고 있는 증거자료들을 이 사건 소장 청구원인을 통하여 제시하고 있음에도 불구하고, 이 사건 피고 측 변호인 김홍경은 이에 대해 피고들을 위하여 단 한마디 변론조차 못하고 준비서면으로 탈을 쓴 피고 측 답변서에 동문서답, 유체이탈 화법을 동원한 허위내용을 가득 채워놓았기 때문이다.105)

ㅇ 이 항목의 기재내용을 세부적으로 간단히 살펴보면, A 항목에서 "피고의 직무집행에는 어떠한 과실도 없었다는 점에 비추어 볼 때"라는 기재부분과 관련, 이 사건 피고들은 자신들이 맡은 각 사건에 대하여 은폐·조작수사를 실시한 중대범죄자라는 사실이 이 사건 소장 및 거기에 첨부된 증거자료에 의해 확정적으로 확인이 된 바 있으며, B 항목과 C 항목은 사법경찰관이나 검사가 정당한 업무수행을 전제로 이루어진 법리나 판례의 내용들이다.

결국 이 사건 피고 측 변호인 김홍경은 법을 최종적으로 판단하는 법원을 상대로 얄팍한 법률지식을 악용하여 소송사기행각을 벌이고 있으니 참으로 안타깝고 기막힌 현실이다.

---

105) 이 사건 피고 측 변호인 김홍경이 작성한 준비서면 기재 내용 중 사건 처리과정 등은 허위내용이 아닐 수 있으나, 이 사건 피고 측 준비서면을 가장한 답변서가 궁극적으로 원고의 청구원인에 대한 반박이나 공격내용은 전혀 없고 동문서답, 유체이탈 화법을 동원하여 전혀 쓸모없는 내용으로 가득 채워져 있다면, 동 답변서는 전체를 통칭하여 허위내용이라고 봄이 상당함

4. 결론

앞서 수차례 살펴본 바와 같이 피고들의 이 사건 피고 측 변호인 선임이 타의에 의해 이루어진 정황이 있고, 특히 피고 문경석은 자신도 모르는 사이에 변호인 선임이 이루어지고 말았다는 점, 이 사건 피고 측 변호인 김홍경은 이 사건 준비서면을 가장한 허위내용의 답변서를 작성하여 이 사건 담당 재판부에 제출함으로써 변호사법 제24조 제2항을 정면으로 위반하고 있을 뿐만 아니라 이 사건 소송 사기극을 펼치기 시작하였다는 점, 이 사건 피고 측 변호인 김홍경이 준비서면을 가장하여 작성한 답변서 기재 내용에는 원고가 청구원인을 통하여 제출한 피고들의 불법행위에 대한 증거자료에 대해 이를 반박하는 내용이 전무하다는 점에 비추어 민사소송법 제257조 제1항에 의거 변론 없이 신속한 판결을 내려주시기 바랍니다.

2024. 8. 12.

원고 임 찬 용 (인)

수원지방법원성남지원 민사8단독 귀중

※ 원고는 이 준비서면을 다음과 같은 이유로 언론에 원본 그대로 공개함과 동시에 대한변호사협회 조사위원회에도 제출할 예정입니다.

- 다 음 -

지금 이 사건 피고들은 수십 년간 변호사법위반과 고도의 사기행각을 해온 '관피모 사건' 피의자 구수회의 형사처벌을 면하기 위하여 자신들이 맡은 각 형사사건에 대하여 허위내용의 수사결과보고서를 작성하는 수법을 통해 은폐해 버린 중대 범죄자들입니다.

이로 인해 구수회는 형사법상 치외법권 지위를 누리게 되었고, 우리나라 형사사법시스템은 파괴되어 버렸으며 '법 앞의 평등'이라는 헌법 규정은 허울에 불과하고 구수회는 현재까지도 사건브로커 역할을 해오고 있습니다. 이는 누가 책임을 질 것입니까?

원고가 이 사건 손해배상 청구의 소를 제기한 이유는 돈 때문인 것만은 아닙니다. 이는 부차적 산물입니다.

가장 중요한 이유는 '법 앞의 평등'이라는 헌법 이념을 구현하고, 사법정의 실현과 구수회로부터 제2, 제3의 사법피해자가 발생해서는 안 된다는 원고 나름대로의 공익을 실현하고자 하는 신념과 욕구가 있기 때문입니다.

그런데 최근 공수처에서는 구수회의 범죄사실을 은폐·조작한 피고들 중 검사 신분에 있는 이주훈, 김한나에 대하여 검찰과 마찬가지로 허위내용의 불기소결정서를 작성하는 수법을 통해 피고 이주훈, 김한나의 범죄사실을 은폐해 버렸습니다.〔입증자료 : 2024. 3. 21.자 '관피모 사건' 관련 은폐·조작 검사 이주훈 외 8명에 대한 고소장 1부(갑 제4호증), 2024. 6. 18.자 공수처검사 윤상혁 명의의 피의자 이주훈 외 8명에 대한 불기소결정서 1부(갑 제5호증), 2024. 7. 8.자 고소인 임찬용 명의의 피의자 이주훈 외 8명에 대한 재정신청서 1부(갑 제6호증)]

우리나라 모든 수사기관의 형사시스템이 위와 같이 망가진 이유는 단 한 가지 이유, 즉 수십 년간 변호사법위반과 고도의 사기행각을 해온 구수회와 한배를 타고 있는 정부 실세 인물이 뒤에서 조종을 하고 있기 때문입니다.

그 인물을 반드시 찾아내 형사처벌을 해야 합니다.

원고는 그 이유로 인해 정부 실세이자 구수회의 뒷배 인물의 부역자들인 이 사건 피고들에 대한 고소를 하였으나, 우리나라 검찰과 공수처가 한통속이 되어 모두 썩어 있기 때문에 어쩔 수 없이 민사소송을 통해서라도 구수회가 저지른 '관피모 사건'의 실체적 진실을 밝혀내고야 말겠다는 굳은 신념과 의지 하에 이 사건 손해배상 청구의 소를 제기하였던 것입니다.

그런데 문제는 이 사건 피고들의 변호인 선임과정에서부터 발생하고 있습니다.

그 문제점을 몇 개로 요약하면, 이 사건 피고들의 변론을 맡은 오로라 법률사무소 대표변호사 김홍경과 관련,

① 피고들로부터 변호인 수임을 받는 과정에서 원고의 사실조회신청서 기재 내용처럼 피고들의 자의가 아닌 타의에 의해 이루어졌다는 혐의가 매우 짙고, 이로 인해 구수회의 뒷배 인물과 연계되어 있을

가능성이 매우 높은 상황에서 이 사건 담당 재판부가 원고의 오로라 법률사무소에 대한 사실조회신청서를 아무런 이유 없이 부결시켜 버림으로써, 피고들의 이 사건 변호인 선임 과정에서의 투명성 뿐만 아니라 우리나라 모든 변호사의 민·형사 사건수임의 투명성을 확보하는 차원에서라도 변호사법 제28조 제1항 및 제2항에서 규정하고 있는 '오로라 법률 사무소'의 이 사건 수임 장부 및 그 내역 전부를 공개할 필요성이 강력하게 제기되고 있다는 점

② 위 ①항을 통하여 이 사건 피고 측 변호인 김홍경의 이 사건 담당 재판부에 대한 부정한 청탁을 사전에 차단함으로써 이 사건의 공정한 재판을 담보할 수 있다는 점

③ 원고의 준비서면에서도 확인한 바와 같이, 이 사건 피고 측 변호인 김홍경은 준비서면을 가장한 답변서를 처음 제출하면서, 그 답변서를 실질적으로 허위로 작성하여 이 사건 담당 재판부에 제출하였던 바, 이는 "변호사는 그 직무를 수행할 때에 진실을 은폐하거나 거짓 진술을 하여서는 아니 된다."는 변호사법 제24조(품위유지의무 등) 제2항 규정은 물론, 형법 제347조(사기) 제2항 "이 사건 재판부를 기망하여 승소판결을 받음으로써 제삼자인 피고들로 하여금 재물의 교부를 받게 하거나 재산상의 이익을 취득하게 한 때에도 전항의 형과 같다"는 규정을 정면으로 위반하고 있으며, 이는 변호사법 제1조에서 규정하고 있는 변호사의 사명을 무용지물로 만들고 있다는 점

이 사건 피고 측 변호인 김홍경의 위와 같은 소송 수행내용과 방법, 그리고 소송 수행태도는 형사처벌 대상은 물론이거니와 사법정의 실현과 전관예우 척결, 법조인의 정화 차원에서라도 반드시 공론화시켜야 할 필요성이 강력하게 제기된다는 점에 있습니다.

원고는 위와 같은 문제점을 해결하기 위해서는 공익을 추구하는 언론에서의 공개가 필요하고, 이 사건 피고 측 변호인 김홍경에 대한 법조계 퇴출의 시발점인 징계권 발동을 위해 대한변호사협회 조사위원회의 조사가 필요하다고 생각합니다.

입증방법

1. 2024. 3. 21.자 '관피모 사건' 관련 은폐 · 조작 수사검사 이주훈 외 8명에 대한 고소장(갑 제4호증)

2. 2024. 6. 18.자 피의자 이주훈 외 8명에 대한 불기소결정서 (갑 제5호증)

3. 2024. 7. 8.자 피의자 이주훈 외 8명에 대한 재정신청서 (갑 제6호증)

4. 2024. 8. 11.자 KMS 신문기사 (갑 제7호증)

⑧ 【첨부(입증) 자료 7】

⇨ 2024. 9. 4.자 피고 측 소송대리인 홍명호 답변서 1부.

<small>개인정보유출주의 제출자:법무법인 도원, 제출일시:2024.09.04 16:25, 출력자:임찬용, 다운로드일시:2025.06.11 06:25</small>

답 변 서

사　건　　2024가단231123　손해배상(기)
원　고　　임찬용
피　고　　류중열 외22

　　위 사건에 관하여 피고1, 2, 3, 4, 5, 8, 9, 15, 17, 18, 19, 20, 21, 22, 23의 소송대리인은 다음과 같이 답변서를 제출합니다.

다　음
청구취지에 대한 답변

1. 원고의 피고1, 2, 3, 4, 5, 8, 9, 15, 17, 18, 19, 20, 21, 22, 23에 대한 청구를 모두 기각한다.
2. 소송비용은 원고의 부담으로 한다.

청구원인에 대한 답변

　　구체적인 내용은 추후 준비서면으로 제출하겠습니다.

2024. 09.
위 피고들의 소송대리인
법무법인 도　원
담당변호사 홍 명 호

성남지원　　귀중

⑨ 【첨부(입증) 자료 8】
⇨ 2024. 9. 5.자 피고18 임용규 답변서 1부.

개인정보유출주의 제출자:법무법인 도원, 제출일시:2024.09.05 15:53, 출력자:임찬용, 다운로드일시:2024.09.10 06:56

답 변 서

원고 임찬용
피고 임용규
사건번호 수원지방법원 성남지원 2024가단231123(민사4단독)

답변 내용

【청구취지에 관한 답변】
1. 원고의 청구를 전부 기각한다.
2. 소송비용은 원고의 부담으로 한다.
라는 판결을 구합니다.

【청구원인에 관한 답변】
1. 사건 개요
- 원고는 구○○ 등을 상대로 고소를 하였으나,
- 피고17은 2024. 3. 15. 사법경찰관이 작성한 불송치결정서를 원용하여 위 사건(수원지검 성남지청 2024형제4003호)에 대하여 혐의없음 결정을 하였고,
- 본 피고는 2024. 4. 12. 원고의 항고(수원고검 2024고불항1050호)에 대하여 항고기각 결정을 하였습니다.
2. 원고의 본 피고에 대한 불법행위 주장 내용
- 원고는, 소장에서 '피고 임용규는 2024. 4. 12.경 허위내용으로 작성된 피고 허○○ 명의의 불기소 결정서를 그대로 원용하면서, 판에 박힌 항고기각 결정문을 작성하는 수법을 통해 피의자 구○○ 등에 대한 항고기각 결

정문을 허위내용으로 작성하여 피의자 구○○ 등의 모든 범죄사실을 은폐하였습니다.'라는 취지로 주장하고, 입증자료로 항고장 및 항고기각 결정문을 거론하였습니다.

3. 원고의 본 피고에 대한 불법행위 주장 반박 내용
- 일반적으로 불법행위로 인한 손해배상 책임 요건으로, ① 가해자의 고의 또는 과실 있는 행위가 있을 것, ② 가해자의 행위가 위법할 것, ③ 피해자에게 손해가 발생하여야 할 것, ④ 가해자의 행위와 피해자의 손해 사이에 인과관계가 인정되어야 할 것 등이 필요합니다.
- 그러므로 적어도 원고가 주장하는 본 피고에 대한 불법행위책임이 인정되기 위해서는, 본 피고의 항고기각 결정이 위법하고, 고의 또는 과실 있는 행위여야 합니다.
- 구체적으로 살펴보면, ① 사법경찰관이 작성한 불송치 결정서, 위 불기소 결정서, 본건 항고기각 결정문이 허위 내용일 것, ② 본 피고가 위 내용이 허위임을 인식하였거나 인식할 수 있었을 것, ③ 그럼에도 불구하고, 본 피고가 피고소인들의 범죄를 은폐하기 위하여 허위내용으로 항고기각 결정문을 작성하였을 것 등의 요건이 충족되어야 하고, 원고가 이를 입증하여야 합니다.
- 그런데, 원고가 입증자료로 거론한 '항고장'은 원고의 일방적인 주장을 기재한 문서에 불과하고, '항고기각 결정문'은 본 피고가 사건기록 및 원고의 주장, 증거자료를 검토한 후에 혐의를 인정하기 어렵고, 항고이유가 없어 항고를 기각한 법령에 의해 작성한 결정서로 원고의 위 주장을 입증할 증거라 볼 수 없고, 달리 원고는 일방적인 주장 이외 이를 입증할 아무런 증거도 제시하지 못하고 있습니다.
- 오히려, 본 피고는 원고가 제기한 위 항고사건을 처리함에 있어서, 사건

기록 및 원고의 주장, 증거자료를 검토한 후에 원처분 검사의 불기소 처분이 부당하다고 볼 수 없고, 달리 혐의를 인정하기 어려워 항고기각을 하면서, 항고인인 원고가 제기하였던, "원처분 검사가 사법경찰관 작성의 불송치결정서 등을 원용하여 불기소처분을 하면서 불송치결정서 기재 '각하'가 아닌 '혐의없음'처분을 하였다"는 주장 내용 관련하여, "고소범죄 사실이 고소인의 진술이나 고소장에 따라 경찰수사규칙 제108조 제1항 제1호(혐의없음) 규정에 따른 사유에 해당함이 명백하여 더 이상 수사를 진행할 필요가 없는 경우에 해당되어 '각하'처분을 하거나, 피의사실을 인정할만한 충분한 증거가 없는 경우에 해당되어 혐의없음(증거불충분) 처분을 할 수 있는데, 원처분 검사가 '각하' 처분을 하지 아니하고, '혐의없음' 처분을 하였다고 하여 부당하다고 할 수 없다"고 부기하였습니다.

- 따라서, 본 피고가 본건 항고기각 결정을 한 것은 사건기록 및 항고인의 주장, 증거자료를 검토한 후에 원처분 검사의 불기소 처분이 부당하다고 볼 수 없고, 달리 혐의를 인정하기 어렵고, 항고이유가 없어 "항고가 이유 없는 것으로 인정될 경우 : 항고사건 결정서에 따라 결정으로 항고를 기각한다"는 검찰사건사무규칙 제148조 제1항 6호에 의하여 항고를 기각한 법령에 의한 정당하고도 적법한 행위로, 위 항고기각 결정에 원고가 주장하는 불법행위가 전혀 없었습니다.

- 그러므로 본 피고에 대한 원고의 위 불법행위 주장은, 그 요건도 증거도 충족되지 않아 전혀 불법행위가 성립되지 않고, 본 피고가 원고에게 배상할 책임이 전혀 없습니다.

첨부 결정문 출력물 1부

2024. 9. 5.

작성자 피고 임 용 규

⑩ **【첨부(입증) 자료 9】**

⇨ 2024. 9. 6.자 원고 임찬용 준비서면(2024. 9. 5.자 피고18 임용규 검사 답변서에 대한 반박) 1부.

준 비 서 면

【2024. 9. 5.자 피고18 임용규 답변서에 대한 원고의 반박 의견】

[담당재판부 : 민사4단독]

사   건 : 2024가단231123 손해배상(기), (이하, '이 사건'이라고 합니다)

원   고 : 임찬용
피 고18 : 임용규

Ⅰ. 이 사건 변호인 선임 계약건과 이 사건 배후세력과의 연관 관계

1. 검토배경

이 사건 소장 청구원인 중 'Ⅰ. 당사자 관계' 항목에서는 "원고는 2021. 10. 5.자 다음 카페인 관청피해자모임(이하, '관피모') 사건 고소장[106], 2022. 4. 20.자 '사법경찰관의 범죄' 고소장[107] 및 피의자 전상화에 대한 무고죄 고소장[108], 2022. 5. 23.자 사법경찰관 유정민에

---

106) 별권책자(갑 제1호증) 제78~104쪽
107) 별권책자 제201~218쪽
108) 별권책자 제219~229쪽

대한 고소장109), 2023. 1. 5.자 피의자 구수회 및 전상화 등에 대한 고소장110)을 대검찰청에 각 제출하였고, 2024. 2. 27.자 피의자 구수회에 대한 사기 미수죄 고소장111)을 성남수정경찰서에 제출하였으며, 피고들은 위 각 고소사건에 대하여 은폐·조작수사를 실시하여온 사법경찰관(리) 및 검사들입니다."라고 기재되어 있습니다.

또 이 사건 소장 'Ⅲ, 가, (2). 피고들의 검·경 수사시스템 파괴로 인하여 원고가 입은 손해' 항목에서는

"별권책자(갑 제1호증) 대부분의 지면을 통하여 살펴본 바와 같이, 피고들이 각자의 위치에서 구수회의 형사처벌을 면하기 위해 저지른 이 사건 모든 범행들은,

구수회가 몸통인 '관피모사건' 및 이를 은폐·조작 수사한 '경찰공무원의 범죄'를 은폐하기 위해 윤석열 정부 수도권 검찰과 경찰이 총동원되어 집단적으로 범죄 조직화되는 현상을 초래하고 말았습니다.

피고들이 구수회를 봐주기 위해 저지른 이 사건 범행과 이에 터 잡아 발생한 윤석열 정부 검찰과 경찰의 범죄조직화 현상은 궁극적으로 구수회의 뒤를 봐주는 윤석열 정부의 실세가 존재하지 않고서는 도저히 설명이 불가능하게 되어 버렸습니다.

그 실세 인물은 사건브로커 구수회와 한 배를 타고 있는 검찰 출신인 것만은 확실해 보입니다."라고 기재되어 있습니다.

---

109) 별권책자 제230~240쪽
110) 별권책자 제438~472쪽
111) 이 소장 갑 제2호증

2. 피고 임용규에게 이 사건 피고들의 변호인 선임과 관련된 의문점을 제시하고 그에 대한 답변을 요구합니다.

이 사건 소장에서는 이 사건 피고들의 불법행위에 대하여 개별 책임을 묻고 있습니다.

그런데 이 사건 전자소송 화면에 나타난 소송 위임장에 기재된 내용을 살펴보면, 이 사건 피고 23명 중에서 소장 부본이 송달되지 않는 피고를 제외한 나머지 모든 피고 15명 전원이 2024. 9. 4.경 법무법인 도원에 변호인 선임 계약서라고 할 수 있는 위임장을 작성한 사실이 확인되고 있습니다.

특히, 위 위임장을 자세히 살펴보면 피고 류중일을 제외한 나머지 피고 전원은 동일한 양식, 동일한 작성 일자, 동일한 필체로 작성되어 있어 누군가의 지시를 받고 피고들의 자의가 아닌 타의에 의해 일률적으로 위 위임장이 작성된 것으로 보여 지는데 어떤가요?

이 사건 피고 23명의 불법행위에 대한 핵심 쟁점 사항은 너무나도 단순합니다. 각 피고가 맡은 사건과 관련 허위내용의 수사서류를 작성하였는지의 여부만 확인하면 되기 때문입니다.

즉, 이 사건 피고들은 우리나라 양대 수사기관인 경찰과 검찰 소속 베테랑 사법경찰관과 검사들로서 위와 같이 단순한 쟁점 사항에 대하여 굳이 변호사를 살 필요가 없고, 더군다나 개인 변호사가 아닌 고액의 변호사 비용이 들어가는 로펌 소속 변호사를 살 필요는 더더욱 없다고 보여 지는데 어떤가요?

특히 이 사건 소장 내용을 살펴보면 각 피고 전원이 공동책임이 아닌 개별적인 책임 소재로 다퉈야 함에도 불구하고 각 피고 전원이 마치 공동 책임이 있는 것처럼 동일한 날짜에 일률적이고도 획일적으로 법무법인 도원 소속 홍명호 변호사를 선임한 사실이 확인되고 있습니다.

이와 같은 사실로 미루어 보면, 위 '1. 검토배경' 항목에서 살펴본 바와 같이 이 사건 피고들은 사건 브로커 구수회와 한 배를 타고 있는 검찰 출신 정부 실세의 뒷배에 터 잡아 자신들이 맡은 각 사건에 대하여 은폐·조작수사를 실시해 왔다고 보여 지는데 어떤가요?

법무법인 도원 역시 사건 브로커 구수회의 뒷배 인물인 검찰 출신 정부 실세와 관련이 있거나, 그의 부탁을 받고 이 사건 피고들을 위해 무료 변론에 나선 것으로 보여 지는데 어떤가요?

피고는 법무법인 도원과 변호인 선임계약서라고 할 수 있는 위임장을 작성하게 된 경위는 어떤가요?

피고는 법무법인 도원과 위 위임장을 직접 작성하였나요?

피고가 법무법인 도원에게 지불한 변호인 수임료는 어떤가요?

피고는 왜 2024. 9. 5.자 피고 답변서를 법무법인 도원 홍명호 변호인에게 의뢰하지 아니하고 직접 작성하여 담당 재판부에 제출하였나요?

II. 피고 임용규의 답변서 내용에 대한 반박

1. 총평

○ 피고는 이 사건 소장에 기재된 내용 및 거기에 특정되어 있는 증거자료들을 의도적으로 왜곡하면서 자신의 일방적 주장만을 펼치고 있습니다.

또 피고 자신의 불법행위를 감추기 위해 원고가 제출한 2023. 1. 5.자 이 사건 고소장('임찬용 고소장')이나 2024. 1. 19.자 피의자 구수회 등에 대한 불송치 결정 이의신청서, 이 사건과 관련된 별권책자 기재 내용과 같은 증거자료는 아예 언급조차 하지 않으면서, 자신의 불법행위와 전혀 관련 없는 사실관계나 법리적인 내용들을 장황하게 설명하는 등 전형적인 법꾸라지 소송 수행행태를 보여주고 있습니다.

○ 이 사건 핵심 쟁점은 성남수정경찰서 수사과 소속 수사관 김경환이 2023. 1. 5.자 '임찬용 고소장'(별권 책자 제438~472쪽)을 수사함에 있어, 피의자 구수회 등에게 형사처벌을 면해 주기 위하여 2023. 7. 18.경 사법경찰관 류중일 명의를 사용하여 불송치(각하) 결정서를 허위 내용으로 작성하였는지의 여부에 있습니다.

그 이유는 피고 허윤희가 자신 명의의 불기소 결정서를 작성함에 있어 수사관 김경환이 작성한 피의자 구수회 등에 대한 불송치(각하) 결정서를 그대로 원용하였고, 피고 임용규 역시 자신 명의의 항고기각 결정문을 작성함에 있어 피고 허윤희가 작성한 불기소 결정서를 그대로 원용하였기 때문입니다.

따라서 피고 임용규는 이 사건 답변서에서 자신 명의로 작성된

2024. 4. 12.자 항고기각 결정문이 허위내용이 아니고 실체적 진실에 부합하다는 정당성을 주장하려면, ① 김경환 수사관이 2023. 1. 5.자 '임찬용 고소장' 및 거기에 첨부된 증거자료를 토대로 고소인 임찬용을 소환하여 고소인 보충진술 조서까지 마친 상태에서 갑자기 태도가 돌변하여 피의자 구수회 등에 대한 소환조사 없이 불송치(각하)결정서를 작성해 버린 이유가 무엇인지, ② 김경환 수사관이 작성한 2023. 7. 18.자 피의자 구수회 등에 대한 불송치(각하) 결정서(갑 제8호증) 및 이의 허위내용 작성을 주장하고 있는 원고 명의의 2024. 1. 29.자 피의자 구수회 등에 대한 불송치(각하) 결정 이의신청서(갑 제9호증)을 비교·검토해 가면서 원고가 작성한 수사서류는 허위내용이고 김경환 수사관이 작성한 수사서류는 실체적 진실에 부합한다고 입증시켜 놓아야 합니다. 그런데 피고 임용규는 의도적으로 이를 회피하고 있습니다.

피고 임용규의 이 사건 답변서 기재 방식과 내용은 2023. 1. 5.자 '임찬용 고소장'을 은폐·조작수사 하였다는 불법행위에 대하여 손바닥으로 하늘을 가리는 격입니다.

2. 구체적 고찰

가. 피고18 임용규 답변서 기재내용

(1) 사건 개요

- 원고는 구수회 등을 상대로 고소를 하였으나,

- 피고17(허윤희)은 2024. 3. 15. 사법경찰관(김경환)이 작성한 불송치결정서를 원용하여 위 사건(수원지검 성남지청 2024형제4003호)에 대하여 혐의없음 결정을 하였고,

- 본 피고(임용규)는 2024. 4. 12. 원고의 항고(수원고검 2024고불항 1050호)에 대하여 항고기각 결정을 하였습니다.

(2) 원고의 본 피고에 대한 불법행위 주장 내용

- 원고는, 소장에서 '피고 임용규는 2024. 4. 12.경 허위내용으로 작성된 피고 허윤희 명의의 불기소 결정서를 그대로 원용하면서, 판에 박힌 항고기각 결정문을 작성하는 수법을 통해 피의자 구수회 등에 대한 항고기각 결정문을 허위내용으로 작성하여 피의자 구수회 등의 모든 범죄사실을 은폐하였습니다.'라는 취지로 주장하고, 입증자료로 항고장 및 항고기각 결정문을 거론하였습니다.

(3) 원고의 본 피고에 대한 불법행위 주장 반박 내용

- A : 일반적으로 불법행위로 인한 손해배상 책임 요건으로, ① 가해자의 고의 또는 과실 있는 행위가 있을 것, ② 가해자의 행위가 위법할 것, ③ 피해자에게 손해가 발생하여야 할 것, ④ 가해자의 행위와 피해자의 손해 사이에 인과관계가 인정되어야 할 것 등이 필요합니다.

- B : 그러므로 적어도 원고가 주장하는 본 피고에 대한 불법행위책임이 인정되기 위해서는, 본 피고의 항고기각 결정이 위법하고, 고의 또는 과실 있는 행위여야 합니다.

- C : 구체적으로 살펴보면, ① 사법경찰관이 작성한 불송치 결정서, 위 불기소 결정서, 본건 항고기각 결정문이 허위 내용일 것, ② 본 피고가 위 내용이 허위임을 인식하였거나 인식할 수 있었을 것, ③ 그럼에도 불구하고, 본 피고가 피고소인들의 범죄를 은폐하기 위하여 허위내용으로 항고기각 결정문을 작성하였을 것 등의 요건이 충족되어야 하고, 원고가 이를 입증하여야 합니다.

- D : 그런데, 원고가 입증자료로 거론한 '항고장'은 원고의 일방적인 주장을 기재한 문서에 불과하고, '항고기각 결정문'은 본 피고가 사건 기록 및 원고의 주장, 증거자료를 검토한 후에 혐의를 인정하기 어렵고, 항고이유가 없어 항고를 기각한 법령에 의해 작성한 결정서로 원고의 위 주장을 입증할 증거라 볼 수 없고, 달리 원고는 일방적인 주장 이외 이를 입증할 아무런 증거도 제시하지 못하고 있습니다.

- E : 오히려, 본 피고는 원고가 제기한 위 항고사건을 처리함에 있어서, 사건기록 및 원고의 주장, 증거자료를 검토한 후에 원처분 검사의 불기소 처분이 부당하다고 볼 수 없고, 달리 혐의를 인정하기 어려워 항고기각을 하면서, 항고인인 원고가 제기하였던, "원처분 검사가 사법경찰관 작성의 불송치결정서 등을 원용하여 불기소처분을 하면서 불송치결정서 기재 '각하'가 아닌 '혐의없음' 처분을 하였다"는 주장 내용 관련하여, "고소범죄 사실이 고소인의 진술이나 고소장에 따라 경찰수사규칙 제108조 제1항 제1호(혐의없음) 규정에 따른 사유에 해당함이 명백하여 더 이상 수사를 진행할 필요가 없는 경우에 해당되어 '각하' 처분을 하거나, 피의사실을 인정할만한 충분한 증거가 없는 경우에 해당되어 혐의없음 (증거불충분) 처분을 할 수 있는데, 원처분 검사가 '각하' 처분을 하지 아니하고, '혐의없음' 처분을 하였다고 하여 부당하다고 할 수 없다"고 부기하였습니다.

- F : 따라서 본 피고가 본건 항고기각 결정을 한 것은 사건기록 및 항고인의 주장, 증거자료를 검토한 후에 원처분 검사의 불기소 처분이 부당하다고 볼 수 없고, 달리 혐의를 인정하기 어렵고, 항고이유가 없어 "항고가 이유없는 것으로 인정될 경우 : 항고사건 결정서에 따라 결정으로 항고를 기각한다"는 검찰사건사무규칙 제148조 제1항 6호에 의하여 항고를 기각한 법령에 의한 정당하고도 적법한 행위로, 위 항고기각 결정에 원고가 주장하는 불법행위가 전혀 없었습니다.

- G : 그러므로 본 피고에 대한 원고의 위 불법행위 주장은, 그 요건도 증거도 충족되지 않아 전혀 불법행위가 성립되지 않고, 본 피고가 원고에게 배상할 책임이 전혀 없습니다.

나. 피고 답변서 기재내용에 대한 원고의 반박

(1) 위 가항 중 '(1) 사건개요' 및 '(2) 원고의 본 피고에 대한 불법행위 주장 내용'에 대하여

- 이 항목 기재내용에 대해서는 이 사건 전개과정 및 원고의 주장 내용과 관련되어 있으므로 원고가 굳이 다툴 필요가 없어 보임.

- 다만 '1. 사건개요' 소제목에 대해 정확한 의미를 전달하기 위해서는 '1. 사건 전개과정'으로 수정할 필요성이 제기됨.

(2) 위 가항 중 '(3) 원고의 본 피고에 대한 불법행위 주장 반박 내용'에 대하여

- 피고는 이 사건 은폐·조작수사 사실과 관련된 불법행위를 변명하기 위해 똑 같은 말을 빙빙 돌려가며 중복 설명하고 있고,

특히 E 항목에서,『항고인인 원고가 제기하였던, "원처분 검사가 사법경찰관 작성의 불송치결정서 등을 원용하여 불기소처분을 하면서 불송치결정서 기재 '각하'가 아닌 '혐의없음' 처분을 하였다"는 주장 내용 관련하여,』에 해당하는 기재 부분은 피고의 이 사건 은폐·조작수사와는 전혀 관련이 없는데도 불구하고, 이 항목에서 뿐만 아니라, 피고 답변서에 첨부된 '결정문 출력물 1부'에서도 거의 지면을 다 활용하고 있다.

피고가 위와 같이 자신의 이 사건 은폐 · 조작수사와 관련된 불법행위의 논점을 흐리고 둘러대는 수법이 평상시 자신에게 배당된 항고사건에 대해 얼마나 조작질 해왔는지 가히 짐작이 가고도 남는다.

결국, 피고가 '3. 원고의 본 피고에 대한 불법행위 주장 반박 내용' 항목에서 주장하고자 하는 요지는 밑줄이 그려진 위 F 항목에 축약되어 있다.

그렇다면 원고는 줄을 바꿔 피고 자신이 이 사건 은폐 · 조작수사를 부정하고 있는 위 F 항목의 기재내용을 반박하고자 한다.

– 피고가 검토했다는 이 사건 수사기록에는 원고가 제출했던 2023. 1. 5.자 '임찬용 고소장'(별권책자 제438~472쪽)[112], 수사관 김경환이 2023. 6.경 원고로부터 받은 '고소인보충진술조서'[113], 수사관 김경환이

---

112) '임찬용 고소장'에는 피고소인 구수회를 포함한 4명의 피고소인 명단이 기재되어 있고, 각 피고소인 범죄사실을 입증할 수 있는 증거자료가 촘촘하게 특정되어 있다. 다만, 피고 임용규가 이 사건을 은폐한 이유는 그동안 검찰이 은폐해 오고 있던 구수회의 수십 년 간에 걸친 변호사법위반과 고도의 사기행각이 기재된 2021. 10. 5.자 '관피모 사건 고소장'(별권책자 제78~104쪽)을 계속 은폐하기 위한 목적이 있었기 때문에 원고 역시 피고 임용규가 이 사건 피고소인 4명 중 구수회의 범죄사실을 은폐해 왔다는데 초점을 맞추고자 함.

113) 이 '고소인보충진술조서'는 이 사건 수사기록에 편철되어 있기 때문에 원고가 이를 증거 자료로 제출할 수 없음. 다만 원고가 김경환 수사관으로부터 고소인보충진술조서를 받을 당시의 상황을 별권책자 제508쪽에 다음과 같이 기재해 놓았음.

「김경환 수사관이 원고를 이 사건 고소인 자격으로 소환 조사할 당시 원고가 기고한 LPN 로컬파워뉴스 2022. 8. 14.자 "검찰을 범죄조직으로 만들어버린 윤석열 대통령은 탄핵밖에 답이 없다.!!"(별권책자 제42~63쪽) 제하의 신문기사를 직접 출력하여 원고에게 보여주면서, "이 신문기사를 잘 읽어보았다. 신문기사 내용대로 경찰은 힘이 없다. 검찰이 시키는대로 수사할 뿐이다. 오늘 조사가 진행될 '임찬용 고소장'에 대하여도 각 범죄사실에 대응하는 증거자료들이 모두 첨부되어 있기 때문에 이를 요약 · 정리하는 수준에서 조사를 끝마치도록 하겠다."라는 취지로 얘기한 후, 실제 그 얘기대로 고소인 보충조사를 신속하게 마무리를 한 바 있다.」

생각해 보라!

작성한 2023. 7. 18.자 피의자 구수회 등에 대한 불송치(각하) 결정서(갑 제8호증), 원고가 작성한 2024. 1. 29.자 피의자 구수회 등에 대한 불송치(각하) 결정 이의신청서(갑 제9호증), 검사 허윤희가 작성한 2024. 3. 15.자 피의자 구수회 등에 대한 불기소(혐의없음) 결정서(갑 제10호증), 원고가 작성한 2024. 4. 1.자 피의자 구수회 등에 대한 항고장 **(갑 제11호증)**이 날짜순으로 편철되어 있다.

그런데 수사업무에 문외한 이라고 하더라도 한글을 터득할 정도의 지적 수준에 있는 사람이면 위 수사기록에 편철된 증거자료들을 순차적으로 읽다보면 수사관 김경환이 이 사건 고소장인 2023. 1. 5.자 '임찬용 고소장' 및 거기에 첨부된 증거자료에 따라 고소인 조사까지 마친 상태에서 피의자 구수회의 소환조사를 앞두고 누군가로부터 암묵적 지시를 받고 갑자기 태도가 돌변하여 피의자 구수회에 대한 소환조사 없이 허위내용의 불송치(각하) 결정서를 작성한 사실을 금방 확인할 수 있다.

하물며 검사 생활을 꽤 오래했을 것으로 보이는 수원고등검찰청 항고검사 임용규 피고는 위 수사기록을 검토해 보았더니, 원고가 제출한 2023. 1. 5.자 이 사건 고소장 및 2024. 1. 29.자 피의자 구수회 등에 대한 불송치(각하) 결정 이의신청서는 허위내용으로 작성되어 있고,

---

앞서 살펴본 바와 같이, 이 사건 고소장('임찬용 고소장')에는 구수회의 정보통신망법상 허위사실 적시 명예훼손죄 및 무고죄 범죄사실을 입증하고 있는 증거자료가 촘촘하게 특정되어 있고, 수사관 김경환 역시 이를 인정하고 원고로부터 고소인보충진술조서를 받아 놓은 상태에서 성남 검찰의 은폐 지시가 없었다면 무슨 이유로 2023. 7. 18.경 구수회에 대한 소환조사 없이 허위내용의 불송치(각하) 결정서(갑 제8호증)를 작성하였다는 말인가?

더군다나, 피고 임용규는 이 사건 수사기록에 편철된 수사관 김경환이 작성한 2023. 7. 18.자 피의자 구수회 등에 대한 불송치(각하) 결정서에 대해서는 정당하다고 판단하고, 이를 반박하고 있는 원고 작성의 2024. 1. 29.자 피의자 구수회 등에 대한 불송치(각하) 결정 이의신청서(갑 제9호증)에 대해서는 허위내용이라고 기각 처분해 버렸다. 이를 어떻게 설명해야 할까? 피고 임용규는 한글마저도 터득하지 못한 직무 부적격한 검사이거나, 백돌도 흑돌로 바꿔버리는 대담하고도 고집센 정치(비리)검사 중 최고의 정치(비리)검사로 설명할 수밖에 없을 것 같다.

그 반면 수사관 김경환이 작성한 2023. 7. 18.자 피의자 구수회 등에 대한 불송치(각하) 결정서는 팩트에 입각하여 사실대로 작성되었다는 취지로 이 사건 피고 답변서에서 주장하고 있으니, 이를 어떻게 설명해야 할까?

이는 분명 둘 중 하나다. 피고 임용규가 한글을 제대로 터득하지도 못한 정신병자이거나, 그렇지 않으면 혼자만의 아집과 고집불통으로 흑 바둑돌을 백 바둑돌로 우겨대면서 수많은 사건에 대해 뒷돈을 받고 은폐·조작 수사를 해온 정치(비리)검사 중에 최고의 정치(비리)검사임에 틀림없다.

원고는 구수회에게 이 사건 발생 원인을 제공한 2022. 8. 14.자 PLN 로컬파워뉴스 "검찰을 범죄조직으로 만들어버린 윤석열 대통령은 탄핵밖에 답이 없다!!" 제하의 신문기사에서, 피고 임용규의 고등검찰청 비리 업무와 관련하여 다음과 같이 국민들에게 설파한 사실이 있다.[114]

『정치(비리)검사들은 사건 은폐수사를 실시한 후 피의자 측 변호사로부터 거액의 뒷돈을 챙기더라도 수사 미진을 이유로 설치된 항고나 재항고, 재정신청이라는 형사사법제도가 있기 때문에 뇌물수수라는 형사책임에서 쉽게 빠져 나갈 수 있다.

즉, 정치(비리)검사들이 피의자 측 전관 변호사들로부터 거액의 뒷돈을 챙기고 의도적으로 사건 무마를 위한 은폐수사를 실시하였다고 하더라도, 검찰은 이를 수사하여 형사처벌하는 것이 아니라, 항고나 재항고, 재정신청 등의 제도를 통하여 수사미진 사항으로 미화시켜 버린다.

---

[114] 별권책자 제46~47쪽

더군다나, 수사미진 사항을 적발하거나 이를 시정하기 위해 설치한 형사사법제도인 항고나 재항고는 검사들의 의도적인 사건 무마 비리를 찾아내 처벌하는 것이 아니라, 정치(비리)검사들끼리 사건을 서로 봐주기 위한 내부적 통제장치에 불과하고, 법원에 대한 재정신청제도 역시 '법조 카르텔'에 묶여 있어 인용률이 채 1%도 되지 않아 실효성이 전혀 없다.

한마디로 말하면, 위와 같은 형사사법제도들은 '검찰 제 식구 감싸기' 및 '법조 카르텔'이라는 우리나라 썩은 사법 현실만을 더 강화하고 더 정당화시켜 주고 있을 뿐이다.

사건 무마(은폐)를 일삼는 정치(비리)검사들을 색출하여 형사처벌하고, '법조카르텔'을 깨기 위해서는 고소 · 고발사건 수사에 있어서 전혀 실효성이 없는 항고, 재항고, 재정신청 제도를 당장 폐지하고, 엄격한 외부 통제에 바탕을 둔 근본적인 대책이 필요한 이유가 바로 여기에 있다.』

마지막으로, 원고는 이 사건 피고 준비서면이 허위내용으로 작성되었다는 사실을 확정짓기 위해 피고가 부정하고 있는 증거자료 중에서 이 사건 피의자 4명 중 지면상 구수회에 한하여 그의 범죄사실을 입증코자 한다.

① 2023. 1. 5.자 '임찬용 고소장'(이 사건 고소장) 기재내용 중 피의자 구수회의 정보통신망법상 허위사실 적시 명예훼손죄 범죄사실을 입증하고 있는 증거자료로는 이 사건 고소장 주석 106, 주석 109, 주석 110, 주석 113, 주석 116, 주석121(별권책자 제450~456쪽)에 각각 기재되어 있다.

또 수사관 김경환이 이 사건 고소장 기재내용과 원고로부터 고소인 진술조서를 받은 다음 이를 정리하여 작성한 피의자 구수회의 정보통신망법상 허위사실 적시 명예훼손죄 범죄일람표는 다음과 같다.

연번	게시일시	게시장소	명예훼손내용
1	2022. 5. 10. 02:23	관청피해자모임 (http//cafe.daum.net/gusuhoi/3jlj/42177) 활동명 : 교수구수회,판사장군7명 날림,무죄5개	사피자가 사피자에게 죄를 짓는 놈은 모두 구속시켜라. 허위고소도 반드시 무고로 처단한다.
2	2022. 5. 13. 10:22	구수회 행정심판전문사무소 (http//cafe.daum.net/gu-suhoi/kZA8/36) 활동명 : 관세음보살	- 前 검찰과장 출신 회원이 구수회와 변호사를 고소, 무혐의 받음 - 다른 사람도 아니고 검찰과장이 이렇게 법을 너무 너무 모른다는 것을 발견했습니다. - 검찰수사과장 출신이 맞나요. 그렇게 법과 윤리를 모르시니 검찰조직에서 도태가 된 것 아닌가요
3	2022. 9. 26. 04:04	관청피해자모임 (http//cafe.daum.net/gusuhoi/3jlj/42417) 활동명 : 교수구수회,판사장군7명 날림,무죄5개	- 2. 타인을 고소할 때 범죄내용을 6하 원칙으로 적어야 하는데 전혀 6하 원칙이 없음. -6. 전직 검찰수사과장이 고소장을 저렇게 작성하니 검찰 모두가 욕먹는거죠.
4	2022. 9. 26. 10:07	관청피해자모임 (http//cafe.daum.net/gusuhoi/3jlj/42419)	댓글에서 재미나는 진실이 나옴 - 구수회가 사피자 2명(임찬용

		활동명 : 교수구수회,판사장군7명 날림,무죄5개	검찰수사과장님, 정00)을 고소함.
5	2022. 9. 26. 12:18	관청피해자모임 (http//cafe.daum.net/gu suhoi/3jlj/42419) 활동명 : 교수구수회,판사장군7명 날림,무죄5개	고소장이 얼마나 6하 원칙이 안되면 경찰이 구수회를 조사도 안했겠어요.
6	2023. 9. 27. 20:07	관청피해자모임 (http//cafe.daum.net/gu suhoi/3jlj/42419) 활동명 : 교수구수회,판사장군7명 날림,무죄5개	- 1. 증거도 없고 - 2. 6하원칙도 없어요. -…구수회가 저질러 온 변호사법위반 및 사기행각..이라고 고소했으면 성공을 시켜야 하는데… 무혐의가 됐으면 그 다음은 너가 책임져야지…우리카페 회원들은 너처럼 6하 원칙 없이 고소하는 놈은 1명도 없다.

② 2023. 1. 5.자 '임찬용 고소장'(이 사건 고소장) 기재내용 중 피의자 구수회의 무고죄 범죄사실을 입증하고 있는 증거자료로는 이 사건 고소장 주석 123(별권책자 458쪽)에 기재되어 있다.

③ 원고가 작성한 2024. 1. 29.자 피의자 구수회 등에 대한 불송치(각하) 결정 이의신청서(갑 제9호증) 중 "Ⅲ. 사법경찰관 류중일 명의로 작성된 이 사건 '불송치(각하) 이유'에 대한 구체적 고찰"이라는 항목 아래 "2. 위 '불송치(각하) 이유' 기재내용에 대한 고소인의 반박"이라는 항목[115]에서는 수사관 김경환이 작성한 2023. 7. 18.자 피의자 구수회

---

115) 2024. 1. 29.자 피의자 구수회 등에 대한 불송치(각하) 결정 이의신청서 제10~15쪽

등에 대한 불송치(각하) 결정서 기재내용이 허위로 작성되어 있다는 사실을 관련 증거자료 제시와 함께 입증하고 있다.

III. 결론

피고의 이 사건 소송 수행태도는 평소 사건 조작을 일삼는 정치(비리) 검사답게 너무나도 비겁하고도 치졸합니다.

이 사건의 실체가 별권 책자를 비롯한 수많은 증거자료에 의해 훤히 드러나 있고, 피고의 이 사건 조작 · 은폐 범죄행위가 수사관 김경환 및 또 다른 피고 허윤희 검사에게도 그대로 적용되는데, 마치 피고는 자신과는 무관하다고 우겨댑니다.

피고가 이 사건에 대한 은폐 · 조작수사를 실시함에 따라 이 사건 피의자 구수회의 원고에 대한 정보통신망법상 허위사실 적시 명예훼손죄 및 무고죄 범죄사실이 은폐되어 버렸고, 이는 수십 년 간 이어져 오고 있는 구수회의 변호사법위반과 고도의 사기행각이 적시된 '관피모 사건 고소장' 마저도 계속 은폐해 버리는 버팀목이 되고 있습니다.

결국 구수회는 형사법상 치외법권자의 지위를 누리면서 사건 브로커 역할을 계속 수행 중에 있고, 그 여파로 2024. 1. 12.경 원고를 상대로 한 금 300만원의 손해배상 청구의 소를 서울중앙지방법원에 제기하기에 이르렀습니다.[116]

이 사건 소장에 등장하는 모든 사건은 구수회와 직 · 간접적으로 연

---

116) 그 경위에 대해서는 2024. 1. 29.자 피의자 구수회 등에 대한 불송치(각하) 결정 이의 신청서(갑 제9호증) 중 "I. 문제 제기" 항목 및 "II. 이 사건의 성격 및 사법경찰관리 경사 김경환의 은폐수사 등" 항목 각 참조

계가 되어 있습니다.

　피고가 직접 수사한 이 사건을 은폐해 버림으로써 이 사건 소장에 등장하는 다른 사건들은 해결될 수 있는 기회가 박탈되었다는 사실입니다.

　이는 구수회가 수십 년 간 변호사법위반과 고도의 사기행각을 해온 '관피모 사건'이 영원히 묻혀버리고 형사법상 치외법권 지위를 누리면서 계속 사건브로커 역할에 종사하고 있음을 의미합니다.

　검찰이 구수회의 뒷배 인물에 얽매이지 아니하고 뜻만 있으면 지금이라도 이 사건 소장에 등장하는 모든 사건을 통합하여 당장 구수회를 구속할 수 있습니다.

　그러나 피고와 같은 정치(비리)검사가 존재하는 한 구수회의 형사처벌은 영원히 불가능합니다.

　피고는 원고의 위와 같은 쓴 소리를 깊이 새겨듣기 바랍니다.

2024. 9. 6.

원고　임 찬 용　(인)

수원지방법원성남지원 민사4단독 귀중

⑪ 【첨부(입증) 자료 10】

⇨ 2025. 2. 19.자 판사 박상언의 소송비용 담보제공 결정서(제1 결정서) 1부.

개인정보유출주의 등록자:곽영란, 등록일시:2025.02.19 14:40, 출력자:임찬용, 다운로드일시:2025.06.14 14:18

수원지방법원 성남지원
담 보 제 공 결 정

사 건   2024카담70521 소송비용담보제공
         (2024가단231123 손해배상(기))

신 청 인 1. 뮤중일
            성남시 수정구 성남대로 1259 수정경찰서
         2. 신미영
            서울 성북구 보문로 170 서울성북경찰서
         3. 신혜선
            서울 성북구 보문로 170 서울성북경찰서
         4. 이정호
            서울 도봉구 마들로 747 서울북부지방검찰청
         5. 유정민
            성남시 수정구 성남대로 1259 성남수정경찰서
         6. 고형민
            경기도 용인시 수지구 풍덕천로190번길 18 성남중원경찰서
         7. 이일래
            성남시 중원구 금빛로2번길 10 성남중원경찰서
         8. 임연진
            고양시 일산동구 장백로 213 의정부지방검찰청 고양지청
         9. 정용수
            창원시 성산구 창이대로 669 창원지방검찰청
         10. 정성현
            광주 동구 준법로 7-12 광주지방검찰청
         11. 허윤희

성남시 수정구 산성대로 451 수원지방검찰청 성남지청
12. 임용규
    수원시 영통구 법조로 91 수원고등검찰청
13. 변제용
    성남시 수정구 성남대로 1259 성남수정경찰서
14. 최미선
    성남시 수정구 성남대로 1259 성남수정경찰서
15. 김정산
    성남시 수정구 성남대로 1259 성남수정경찰서
16. 곽병수
    성남시 수정구 산성대로 451 수원지방검찰청 성남지청
17. 강길주
    수원시 영통구 법조로 91 수원고등검찰청

신청인 1,2,3,4,5,6,7,8,9,10,11,12,13,14,15,16,17의 소송대리인 법무법인 도원

피 신 청 인   임찬용
             성남시 수정구 복정로96번길 20 203호

주 문

피신청인에게 수원지방법원 성남지원 2024가단231123 손해배상(기) 사건에 관한 소송비용에 대한 담보로 신청인들을 위하여 이 명령을 고지 받은 날부터 10일 이내에 13,000,000원을 공탁할 것을 명한다.

이 유

이 사건 기록에 의하면 소송비용에 대한 담보제공이 필요하다고 판단되어 신청인들의

신청은 이유 있으므로 민사소송법 제117조 제1항, 제120조 제1항에 의하여 주문과 같이 결정한다.

2025. 2. 19.

판사　　박 상 언　　전자서명완료

※ 담보를 제공하여야 할 기간 이내에 피신청인이 이를 제공하지 아니하는 때에는 민사소송법 제124조에 의하여 법원은 변론 없이 판결로 소를 각하할 수 있습니다.

⑫ **【첨부(입증) 자료 11】**

⇨ 2025. 2. 20.자 원고 참고서면〔서울중앙지법 판사 한나라의 '관피모 사건' 은폐 · 조작을 위한 허위 판결문 작성 범죄발생과 관련, 이 사건(성남지원 2024가단1957, 성남지원 가단231123)에 대한 신속한 원고 승소판결 이행 촉구〕 1부.

서울중앙지법 판사 한나라의 '관피모 사건' 은폐 · 조작을 위한 허위 판결문 작성 범죄발생과 관련, 이 사건(성남지원 2024가단1957, 성남지원 가단231123)에 대한 신속한 원고 승소판결 이행 촉구

- 이 사건 핵심 쟁점은 2021. 10. 5.자 '관피모 사건 고소장'(갑 제1호증, 별권책자 제78~104쪽)은폐 · 조작수사 여부와 거기에 직 · 간접적으로 관련된 사법경찰관 및 검사들의 불법행위(사건 은폐 · 조작수사)에 대한 책임 소재 규명에 있습니다.

- 또 위 '관피모 사건 고소장'에 기재된 핵심 요지는 그동안 원고가 별권 책자 등을 통하여 누차 강조해 오듯이,

주범 구수회가 수십 년간 자신이 카페지기로 있는 약 만 명에 이르는 관청피해자모임 카페 회원 등을 상대로 '① 변호사가 해야 할 일 90% 행정사가 가능하다, ② 행정사 20년 하면서 행정심판 1,900건 수임 진행하였고, 행정사 수수료 1억을 5번 받았다, ③ 무혐의 된 고소를 행정심판으로 살린다. 재개발 조합장을 징역 보내는 방법, 대법원 패소된 사건을 행정사가 살린다.'는 허위 광고를 해대며 모든 민 · 형사 사건을 끌어 모은 다음 이를 자신의 뒤를 봐주는 검찰 고위직 출신 변호사에게 갖다 바치고, 자신은 일정한 중개 수수료나 챙기면서 사건 브로커 역할을 해왔다는 것입니다.

- 그런데, 서울중앙지법 판사 한나라는 2025. 2. 12. 이 사건과 관련된 서울중앙지방법원 2024가단5215651호〔원고(반소피고) 구수회, 피고(반소원고) 임찬용〕사건을 처리하면서 '관피모 사건' 주범 구수회의 뒷배로부터 부정한 청탁을 받고 허위내용의 판결문을 작성하는 수법을 통해 원고(반소피고) 구수회에게는 승소, 피고(반소원고) 임찬용에게는 패소판결을 내렸습니다. 이는 '관피모 사건'을 경찰, 검찰에 이어 법원에서도 은폐하고자 하는 의도를 분명하게 드러내고 있습니다.

더 나아가, 서울중앙지방법원 판사 한나라의 '관피모 사건' 은폐를 위한 허위내용 판결문 작성수법은 최소한의 법관 양심과 사법정의를 위한 직업 윤리의식을 헌신짝처럼 내팽개친 채 '관피모 사건' 주범 구수회의 승소를 위해서라면 핵심 증거를 마음대로 채택하거나 버리고, 그 증거마저도 '관피모 사건' 주범 구수회에게 유리하게 해석함은 물론 심지어 허위내용의 경찰 결정문까지 훔쳐 베껴 쓰는 그야말로 법관으로서는 하지 말아야 할 금도를 넘고 있습니다.

이는 법관의 자유심증주의를 훨씬 뛰어넘는 중대한 범죄행위로서 국민들로부터 사법부 불신을 더욱 심화시키고 '법조카르텔'이라는 문제의 심각성이 어느 정도 되는지 가늠하기조차도 힘들 정도가 되어 버렸습니다.

이 사건 담당 재판부에서는 위와 같은 사정을 십분 이해하시고, 이 사건 재판을 질질 끌 것이 아니라, 피고들이 현재 민사소송법 제146조(적시제출주의), 제149조(실기한 공격·방어방법의 각하)을 위반하고 있으니 조속한 시일 내 이 사건 원고 승소판결을 내려주시기 바랍니다.

⑬ 【첨부(입증) 자료 12】

⇨ 2025. 2. 25.자 원고 참고서면 [2025. 2. 24.자 서울중앙지법 판사 한나라에 대한 진정서 및 그 입증자료(동 입증 자료들에 대해서는 위 2, 3항 및 후술하는 28항과의 중복으로 첨부 생략함)] 1부.

진 정 서

수신 : 조희대 대법원장님
참조 : 최진수 윤리감사관님
제목 : '관피모 사건'을 은폐하기 위해 100% 허위 내용의 판결문을 작성한 판사 한나라에 대한 파면 및 공수처에 구속수사 형사 고발 조치 의뢰

가. '관피모 사건 고소장'(별권책자 제78~104쪽)에 기재된 '관피모 사건'의 핵심 요지는,

주범 구수회가 수십 년간 자신이 카페지기로 있는 약 만 명에 이르는 '관청피해자모임' 카페 회원 등을 상대로 '① 변호사가 해야 할 일 90% 행정사가 가능하다, ② 행정사 20년 하면서 행정심판 1,900건 수임 진행하였고, 행정사 수수료 1억을 5번 받았다, ③ 무혐의 된 고소를 행정심판으로 살린다. 재개발 조합장을 징역 보내는 방법, 대법원 패소된 사건을 행정사가 살린다.'는 허위 광고를 해대며 모든 민·형사 사건을 끌어 모은 다음 이를 자신의 뒤를 봐주는 검찰 고위직 출신 변호사에게 갖다 바치고, 자신은 일정한 중개 수수료나 챙기면서 사건 브로커 역할을 해왔다는 것입니다.

나. 그런데 서울중앙지법 판사 한나라는 2025. 2. 12. 위 '관피모 사건'을 은폐하기 위해 서울중앙지방법원 2024가단5215651호 (이하, '이 사건'이라 함, 원고(반소피고) 구수회, 피고(반소원고) 임찬용) 사건을 처리하면서 '관피모 사건' 주범 구수회의 뒷배로부터 부정한 청탁을 받고 허위내용의 판결문을 작성하는 수법을 통해 원고(반소피고) 구수회에게는 승소, 피고(반소원고) 임찬용에게는 패소판결을 내렸습니다.

이는 윤석열 경찰, 검찰, 심지어 공수처에 이르기까지 모든 국가수사기관이 권력 실세인 전관 변호사로부터 암묵적 지시를 받고 위 '관피모 사건'에 대한 은폐·조작수사를 실시해 오고 있는 상황에서, 법원까지 여기에 가담함으로써 사건 은폐·조작을 위한 우리나라 '법조카르텔'의 위력이 얼마나 심각한지 가늠하기조차도 힘든 상황이 되어 버렸습니다.

다. 더더욱 기막힌 사법부의 불신 문제로 부상하고 있는 상황으로는,

서울중앙지방법원 판사 한나라의 이 사건 허위내용 판결문 작성수법이 법관으로서의 최소한의 양심과 사법정의 실현을 위한 직업 윤리의식을 헌신짝처럼 내팽개친 채 '관피모 사건' 주범 구수회의 승소를 위해서라면 이 사건 피고인 진정인이 제출한 수많은 증거자료를 마음대로 휴지통에 던져버렸고, 그 일부를 채택하더라도 이마저도 구수회에게 유리하게 해석해버리고, 신성한 '대법원 판례'를 억지로 끌고 와 구수회 승소에 꿰맞춤은 물론 심지어 허위내용으로 작성된 성남수정경찰서 사법경찰리 김경환이 작성한 결정문까지 몰래 훔쳐 베껴쓰는 등 그야말로 법관으로서는 하지 말아야 할 금도를 서슴없이 넘나들고 있습니다. 한마디로 판사 한나라는 정의의 여신이 아니라

악마 그 자체입니다. (입증자료 : ① 2025. 2. 12.자 서울중앙지법 판사 한나라가 작성한 이 사건 판결문 1부. ② 이 사건 판결문이 100% 허위내용으로 작성되었다고 입증하고 있는 2025. 2. 19.자 피고 임찬용이 작성한 항소장 1부)

이는 법관의 자유심증주의를 훨씬 뛰어넘는 중대한 범죄행위로서 국민들에게 사법 불신을 더욱 심화시키고 말았습니다.

라. 진정인은 위 '가, 나, 다' 항을 더욱 명백하게 입증하기 위하여 이 사건 전자소송에 등재되어 있는 원고 구수회와 피고 임찬용 간 주고받은 소장, 반소장, 반소장 청구취지 및 청구원인 변경신청서, 각 답변서 및 준비서면, 거기에 첨부된 증거자료, 판결문 및 이를 부인하는 항소장 등 재판기록 일체에 대해 이 사건 원고 및 피고별, 그리고 날짜순으로 출력하여 몽땅 제출하고자 합니다. (입증자료 : ③ 원고 구수회가 이 사건 담당 재판부에 제출한 재판 서류 일체 ④ 피고 임찬용이 이 사건 담당 재판부에 제출한 재판 서류 일체)

마. 진정인이 위 입증자료 ①~②항에 의해 판사 한나라가 이 사건 원고 구수회의 뒷배로부터 부정한 청탁을 받고 100% 허위내용의 판결문을 작성한 사실이 확인되고 있는 상황에서, 위 '라. 항'과 같이 이 사건 재판기록 전체를 제출한 이유는 "원심 판사는 3회에 걸친 이 사건 변론기일 (2024. 10. 2, 2024. 11. 6, 2024. 1. 15.)을 통하여 피고가 제출한 준비서면과 거기에 첨부된 증거자료들에 의해 원고가 제출한 모든 서면은 100% 거짓말로 작성되었고, 거기에 증거로 첨부된 경찰이나 검찰에서 작성한 수사서류 역시 100% 허위 내용으로 작성되어 있다는 사실을 겹겹이 확인하여 왔음에도 불구하고, 한글을 터득할 정도의 지적 수준의 사람도 알아볼 수

있을 정도로 이 사건 판결문 '판단' 부분을 모두 허위내용으로 작성해 놓았습니다."라는 항소장 "Ⅱ. 피고의 원심 판결문에 대한 총평"에 기재된 내용을 대법원 윤리감사관님께 더욱 촘촘하게 확인시키코자 함에 있기 때문입니다.

이를 통해 서울중앙지법 판사 한나라는 사리사욕에 심취한 나머지 실체적 진실발견과 정의를 추구해야 하는 법관직을 한시라도 유지 해서는 안 된다는 절박한 진정인의 심정을 역사와 국민, 특히 조희대 대법원장님께 표출하고 싶었습니다.

바. 마지막으로 조희대 대법원장님께 호소합니다.

서울중앙지법 판사 한나라의 이 사건 허위 판결문 작성을 통한 원고 구수회의 승소 판결은 수십 년간 변호사법위반과 고도의 사기행각을 해온 구수회에게 윤석열 정부의 경찰, 검찰, 공수처에 이어 마지막 단계인 법원에서마저도 구수회에게 치외법권 지위를 인정해 주는 꼴이 되고 말았습니다.

이는 사법부가 스스로 나서서 '관피모 사건'을 은폐하고, 나아가 전관예우, 법조카르텔을 장려하고 조장하는 의미이기도 합니다.

최근 정치(비리)검사 출신 윤 대통령 비상계엄에 따른 형사사법절차 에서 법관의 구속영장발부에 화난 일부 시민들이 폭도로 돌변하여 서울서부지법에서 난동을 부렸던 원인도 따지고 보면 법원의 대국민에 대한 사법 불신이 밑바닥에 깔려 있다고 생각합니다.

수십 년간 변호사법위반과 고도의 사기행각을 해온 구수회의 뒷배로부터 부정한 청탁을 받고 이 사건 허위 판결을 내린 판사 한나라의 손절 없이는 이 나라 사법정의 실현은 물론 대국민 사법 불신 해소는 요원하다고 확신합니다.

존경하는 조희대 대법원장님!

이번 기회에 윤석열 정부의 경찰, 검찰, 공수처에 이르기까지 '관피모 사건'을 배후에서 은폐 지시한 세력이 누구인지 확실히 밝히기 위해서라도 이 사건에 대한 허위판결문을 작성한 서울중앙지법 판사 한나라에 대한 파면과 공수처 구속수사 의뢰가 절대적으로 필요합니다.

이 길만이 전관예우 척결, 법조카르텔 청산, 검찰개혁 및 사법정의 실현이라는 국가 당면 과제를 풀 수 있는 유일한 방법이라고 생각합니다.

진정인은 조희대 대법원장님께 애국충정의 위와 같은 고언을 이 진정서에 담아 호소 드리오니 널리 살펴봐 주시기를 바랍니다.

입증(증거)서류
① 2025. 2. 12.자 서울중앙지법 판사 한나라가 작성한 이 사건 판결문 1부.
② 이 사건 판결문이 100% 허위내용으로 작성되었다고 입증하고 있는 2025. 2. 19.자 피고 임찬용이 작성한 항소장 1부.
③ 원고 구수회가 이 사건 담당 재판부에 제출한 재판 서류 일체
④ 피고 임찬용이 이 사건 담당 재판부에 제출한 재판 서류 일체. 끝

진정인 주소 및 연락처 : 경기도 성남시 수정구 복정로96번길 20,
203호(복정동)
(핸드폰 :010 5313 7538)

2025. 2. 24.

진정인   임   찬   용 (인)

조희대 대법원장님 귀하

⑭ **【첨부(입증) 자료 13】**

⇨ 2025. 2. 27.자 원고 이의신청서 및 그 첨부 자료 〔2025. 2. 19.자 이 사건 소송비용 담보결정서에 대한 이의신청 및 제2차 이 사건 원고 승소판결 강력 재촉구〕 각 1부.

개인정보유출 주의 제출자:임찬용, 제출일시:2025.02.27 22:55, 출력자:임찬용, 다운로드일시:2025.03.06 11:19

이 의 신 청 서

사 건	2024가단231123 손해배상(기)
원 고	임찬용
피 고	류중일 외 22명

. 판사 박상언이 작성한 이 사건 소송비용담보제공 결정서(이하, '결정서')는 100% 허위내용으로 작성되었음을 확인함.

. 이는 이 사건 소송비용담보제공 신청서를 허위내용으로 작성하여 이 법원에 제출한 법무법인 도원 대표. 홍명호와 함께 피신청인에게 헌법상 누려야 할 공정하고 정당한 재판을 받을 권리행사를 방해함으로써 형법상 직권남용권리행사방해죄, 위 결정서 허위작성 및 행사에 따른 허위공문서작성죄 및 허위작성공문서 행사죄라는 죄책을 피할 수 없게 되었음.

. 또한 이 사건 피고들이 소장에 첨부된 명백한 증거자료로 인하여 7개월 이상 단 한 장의 답변서마저도 제출하지 못하는 상황에서, 법무법인 도원 대표 홍명호의 위 결정서와 관련된 소송사기미수 또는 기수에 이르는 범행까지 발생하였으므로, 이 사건 재판을 맡고 있는 판사 박상언은 지금 당장 민사소송법 제257조 제1항에 의거 원고에게 100% 승소판결을 내려야 함.

첨부서류

1. 2025. 2. 19.자 이 사건 소송비용 담보제공결정서에 대한 이의신청 및 이 사건 원고 승소판결 재촉구

2025. 2. 27.

원고   임찬용

2025. 2. 19.자 이 사건 소송비용담보제공결정서(이하, '결정서')에 대한 이의신청 및 제2차 이 사건 원고 승소판결 강력 재촉구

[담당재판부 : 민사4단독]

사　　건 : 2024가단231123 손해배상(기), (이하, '이 사건'이라고 합니다)

원　　고 : 임찬용
피　　고 : 류중일 외 22명

Ⅰ. 2025. 2. 19.자 위 결정서 기재내용

【주 문】

피신청인(이 사건 원고)에게 수원지방법원 성남지원 2024가단231123 손해배상(기) 사건에 관한 소송비용에 대한 담보로 신청인들을(이 사건 피고 23명 중 17명, 소송대리인 법무법인 도원) 위하여 이 명령을 고지 받은 날부터 10일 이내에 13,000,000원을 공탁할 것을 명한다.

【이 유】

이 사건 기록에 의하면 소송비용에 대한 담보제공이 필요하다고 판단되어 신청인들의 신청은 이유 있으므로 민사소송법 제117조 제1항, 제120조 제1항에 의하여 주문과 같이 결정한다.

※ 담보를 제공하여야 할 기간 이내에 피신청인이 이를 제공하지 아니하는 때에는 민사소송법 제124조에 의하여 법원은 변론 없이 판결로 소를 각하할 수 있습니다.

Ⅱ. 피신청인의 반박의견

1. 위 결정서 기재내용은 단 한글자도 맞지 않는 100% 허위내용 공문서입니다.

  - 이를 구체적으로 살펴보면 다음과 같습니다.

  . 판사 박상언이 작성한 위 결정서【이유】란에는 신청인들의 피신청인에 대한 이 사건 소송비용담보제공 신청이 이유 있다는 근거로 민사소송법 제117조 제1항, 제120조 제1항을 제시하고 있습니다.

  .. 민사소송법 제117조 (담보제공의무) : ① 원고가 대한민국에 주소·사무소와 영업소를 두지 아니한 때 또는 소장·준비서면, 그 밖의 소송기록에 의하여 청구가 이유 없음이 명백한 때 등 소송비용에 대한 담보제공이 필요하다고 판단되는 경우에 피고의 신청이 있으면 법원은 원고에게 소송비용에 대한 담보를 제공하도록 명하여야 한다. 담보가 부족한 경우에도 또한 같다.

  .. 민사소송법 제120조(담보제공결정) : ① 법원은 담보를 제공하도록 명하는 결정에서 담보액과 담보제공의 기간을 정하여야 한다.

  . 피신청인의 반박의견

  .. 이 사건에 있어서 피신청인은 위 민사소송법 제117조 제1항에 적용될 확률은 단 0.1%도 없습니다.

  즉, 피신청인은 처·자식이 국내에서 거주하고 있는 정상적인 가정을 가진 대한민국 국적의 국민인 데다, 특히 약 33년간 공직생활을 해온 검찰수사서기관 출신 명예퇴직자로서 국가로부터 매월 350만원 가량의 공무원 연금을 받고 있는 상황에서 이 사건 소송비용 1,300만 원을 면탈하기 위해 외국으로 도망갈 개연성은 단 0.1%도 없습니다. 특히 "(이 사건) 소장 · 준비서면, 그 밖의 소송기록에 의하여 청구가 이유 없음이 명백한 때"에 해당하는 개연성은 0%에 가깝습니다.

.. 오히려 이 사건 전자소송 진행내용에 기재된 바대로, 이 사건 피고들인 신청인들은 이 사건 소장에 첨부된 명백한 증거자료들로 인하여 자신들의 '관피모 사건' 및 거기에서 파생되어 나오는 각 사건들에 대한 은폐 · 조작수사 불법행위가 명백해지자, 2024. 7. 15.자 이 사건 소장이 이 법원에 접수된 이래 약 7개월이 지난 2025. 2. 27.에 이르기까지 단 한 장의 답변서마저도 이 사건 담당재판부에 제출하지 못하고 있습니다.

다행히도 신청인들 중 이 사건 피고 임용규 수원고등검찰청 검사가 2024. 9. 5. 이 사건에 대한 답변서를 제출한 사실이 있으나, 이마저도 그 답변서 기재내용이 2024. 9. 6.자 피신청인(이 사건 원고) 임찬용의 준비서면에 의해 100% 허위내용으로 밝혀졌습니다.(입증자료 : 이 사건 전자소송에 현출되어 있는 2024. 9. 5.자 피고 임용규 답변서 및 2024. 9. 6.자 원고 임찬용 답변서 각 참조)

2. 결론

가. 판사 박상언의 위 결정서 허위 작성 및 이를 피신청인 집에 특별 송달한 점과 관련하여

- 위 1항에서 살펴본 실체적 진실에 비추어 볼 때, 위 결정서를 허위내용으로 작성한 판사 박상언과 그로 하여금 위 결정서를 허위내용으로 작성하게끔 이 사건 소송비용담보제공 신청서를 허위내용으로 작성한 법무법인 도원(대표 홍명호)은 모두 피신청인에게 헌법상 누려야 할 공정하고 정당한 재판을 받을 권리행사를 방해함으로써 직권남용권리행사방해죄, 위 결정서 허위작성 및 동 행사에 따른 허위공문서작성죄 및 허위작성공문서 행사죄라는 중대범행을 저질렀다고 생각합니다.

특히, 법무법인 도원(대표 : 홍명호)은 이 사건 전자소송에 등재되어 있는 2024. 8. 16.자 원고 준비서면에 첨부되어 있는 서증(갑 제20호증) 내용과 같이, 변호사법 제24조 제2항 및 소송사기행각의 범행을 저질렀음은 두말할 나위가 없습니다.

- 더 나아가, 판사 박상언은 피신청인이 2025. 2. 20.자 참고서면〔서울중앙지법 판사 한나라의 '관피모 사건' 은폐·조작을 위한 허위판결문 작성 범죄발생과 관련, 이 사건(성남지원 2024가단1957, 성남지원2024가단231123)에 대한 신속한 원고 승소판결 이행촉구〕 및 2025. 2. 25.자 참고서면〔'관피모 사건'을 은폐하기 위해 100% 허위내용의 판결문을 작성한 판사 한나라에 대한 파면 및 공수처에 구속수사 형사고발 조치 의뢰〕을 이 사건 전자소송에 등재해 놓았음에도 불구하고, 금일(2025. 2. 27) 법원주사 김평구로 하여금 위 결정서를 피신청인 가정집까지 특별송달 하도록 하였습니다.

이는 대놓고 서울지방법원 판사 한나라와 마찬가지로 '관피모 사건' 은폐를 위해 이 사건에 대해 허위 내용의 판결문을 작성하겠다는 암시가 아니고 그 무엇이겠습니까?

특히, 판사 박상언은 피신청인이 이 사건에 대해 100% 승소판결을 확신하고 있는 상황에서, 그 승소 판결문의 집행을 위해서는 신청인들(이 사건 피고들)의 주민등록 주소 등 인적사항이 필요한 바, 이를 파악하기 위한 피신청인의 사실조회신청서는 불허하고 있으면서도 (사실상 피신청인의 재판권 행사를 방해하고 있음), 이와는 반대로 법무법인 도원 대표 홍명호가 이 사건 피고들로부터 불법적으로 이 사건 수임을 받은 것이 거의 확실해지고 있는 상황에서(입증자료 : 이 사건 전자소송에 등재되어 있는 이 사건 갑 제20호증의 2 : 2024. 7. 18.자 원고의 사실조회신청서), 앞서 살펴본 바와 같이 허위내용의 위 결정서를 작성하여 이를 굳이 피신청인의 가정집에 특별 송달까지 하고 있습니다.

더욱 법무법인 도원 대표 홍명호가 '관피모 사건' 배후세력이거나 그 배후세력에게 도움을 주기 위해 이 사건 피고들로부터 일률적으로 변호인 선임계약서를 작성한 것으로 의심을 받고 있는 상황에서, 판사 박상언이 법무법인 도원 대표 홍명호에게 일방적으로 치우친 이 사건 재판운영을 하고 있다고 확신이 선 지점은 위 결정서를 100% 허위내용으로 작성하였다는 점과 위 결정서 하단에 "담보를 제공하여야 할 기간 이내에 피신청인이 이를 제공하지 아니하는 때에는 민사소송법 제124조에 의하여 법원은 변론 없이 판결로 소를 각하할 수 있습니다."라는 협박 내용까지 기재해 놓고 있다는 점에 있습니다.

도대체 이게 사기 재판 및 협박 재판이 아니면 또 그 무엇이겠습니까? 또 이게 민주공화국 대한민국 법원에서 할 짓입니까?

나. 이 사건 원고에 대한 조속한 승소판결을 재차 강력하게 촉구한 점과 관련하여

【민사소송법 해당 법조문】

- 제146조(적시제출주의) 공격 또는 방어의 방법은 소송의 정도에 따라 적절한 시기에 제출하여야 한다.

- 제147조(제출기간의 제한) ① 재판장은 당사자의 의견을 들어 한 쪽 또는 양 쪽 당사자에 대하여 특정한 사항에 관하여 주장을 제출하거나 증거를 신청할 기간을 정할 수 있다.
  ② 당사자가 제1항의 기간을 넘긴 때에는 주장을 제출하거나 증거를 신청할 수 없다. 다만, 당사자가 정당한 사유로 그 기간 이내에 제출 또는 신청하지 못하였다는 것을 소명한 경우에는 그러하지 아니하다.

- 제149조(실기한 공격·방어방법의 각하) ① 당사자가 제146조의 규정을 어기어 고의 또는 중대한 과실로 공격 또는 방어방법을 뒤늦게 제출함으로써 소송의 완결을 지연시키게 하는 것으로 인정할 때에는 법원은 직권으로 또는 상대방의 신청에 따라 결정으로 이를 각하할 수 있다.
  ② 당사자가 제출한 공격 또는 방어방법의 취지가 분명하지 아니한 경우에 당사자가 필요한 설명을 하지 아니하거나 설명할 기일에 출석하지 아니한 때에는 법원은 직권으로 또는 상대방의 신청에 따라 결정으로 이를 각하할 수 있다.
- 제150조(자백간주) ① 당사자가 변론에서 상대방이 주장하는 사실을 명백히 다투지 아니한 때에는 그 사실을 자백한 것으로 본다. 다만, 변론 전체의 취지로 보아 그 사실에 대하여 다툰 것으로 인정되는 경우에는 그러하지 아니하다.
  ② 상대방이 주장한 사실에 대하여 알지 못한다고 진술한 때에는 그 사실을 다툰 것으로 추정한다.

③ 당사자가 변론기일에 출석하지 아니하는 경우에는 제1항의 규정을 준용한다. 다만, 공시송달의 방법으로 기일통지서를 송달받은 당사자가 출석하지 아니한 경우에는 그러하지 아니하다.

- 제256조(답변서의 제출의무) ① 피고가 원고의 청구를 다투는 경우에는 소장의 부본을 송달받은 날부터 30일 이내에 답변서를 제출하여야 한다. 다만, 피고가 공시송달의 방법에 따라 소장의 부본을 송달받은 경우에는 그러하지 아니하다.
② 법원은 소장의 부본을 송달할 때에 제1항의 취지를 피고에게 알려야 한다.
③ 법원은 답변서의 부본을 원고에게 송달하여야 한다.
④ 답변서에는 준비서면에 관한 규정을 준용한다.

- 제257조(변론 없이 하는 판결) ① 법원은 피고가 제256조제1항의 답변서를 제출하지 아니한 때에는 청구의 원인이 된 사실을 자백한 것으로 보고 변론 없이 판결할 수 있다. 다만, 직권으로 조사할 사항이 있거나 판결이 선고되기까지 피고가 원고의 청구를 다투는 취지의 답변서를 제출한 경우에는 그러하지 아니하다.
② 피고가 청구의 원인이 된 사실을 모두 자백하는 취지의 답변서를 제출하고 따로 항변을 하지 아니한 때에는 제1항의 규정을 준용한다.
③ 법원은 피고에게 소장의 부본을 송달할 때에 제1항 및 제2항의 규정에 따라 변론 없이 판결을 선고할 기일을 함께 통지할 수 있다.

【원고의 이 사건 재판부에 대한 승소 판결 강력 재촉구】

앞서 살펴본 바와 같이 이 사건 피고들이 소장에 첨부된 명백한 증거자료로 인해 아무런 이유 없이 약 7개월 이상 답변서 한 장을 제출하지 못하는 상황에서, 이 사건 피고들 대리인 법무법인 도원 대표 홍명호는 이 사건 소송비용담보제공 신청서까지 허위내용으로 작성하여 이 사건 담당 재판부에 제출한 사실이 확인되었습니다.

즉 법무법인 도원 대표 홍명호는 이 사건 피고들을 위하여 약 7개월 이상 답변서 한 장을 제출하지 못하면서도 허위내용으로 이 사건 소송비용담보제공 신청서를 작성하여 판사 박상언으로 하여금 이 사건 소를 각하해 주도록 소송사기 행각 범행을 저질렀습니다. 이는 사법 역사상 가장 오점으로 길이 남을만한 일입니다.

이상과 같은 사정에 비추어 이 사건을 심리하고 있는 판사 박상언은 전관예우 및 법조카르텔에서 완전히 벗어나 추호의 흔들림 없이 법관으로서의 양심과 증거에 따라 민사소송법 제257조 제1항에 의거 원고에게 100% 승소판결을 내려주시고, 그 판결문에 집행력이 담보될 수 있도록 피고들의 주소지나 주민등록번호를 기재해 주시기 바랍니다.

2025. 2. 27.
원고 임 찬 용 (인)

수원지방법원성남지원 민사4단독 귀중

⑮ **【첨부(입증) 자료 14】**

➪ 2025. 3. 6.자 판사 도영오의 석명준비명령(도과기간확인) 1부.

개인정보유출주의 등록자:도영오, 등록일시:2025.03.06 15:51, 출력자:임찬용, 다운로드일시:2025.06.15 15:20

수원지방법원 성남지원
석명준비명령

사　　건　　　2024가단231123 손해배상(기)
　　　　　　　　[원고 임찬용 / 피고 류중일 외 22명]

원고　임찬용　(귀하)

소송관계를 분명하게 하기 위하여 다음 사항에 대한 보완을 명합니다. 이에 대한 답변을 적은 준비서면과 필요한 증거를 제출기한까지 제출하시기 바랍니다.
이 명령에 따르지 아니하는 경우에는 주장이나 증거신청이 각하되는 등 불이익을 받을 수 있습니다(민사소송법 제149조 제2항 참조). 제출기한: 2025. 3. 27.

석명준비사항
1. 원고는 이 법원의 2025. 2. 19.자 소송비용담보제공 명령에 관하여 2025. 2. 27.자로 이의신청서를 제출하였는바, 위 이의신청이 민사소송법 제121조에 따른 즉시항고에 해당하는 것인지를 특정해 주시기 바랍니다.

2025. 3. 6.

판사　　도　영　오　　　전자서명완료

※ 문의사항 연락처: 수원지법 성남지원 민사4단독 법원주사 김평구
전화: 031-737-1227
팩스: 031-742-2004
　　　　　　매주 수요일은 재판진행으로 전화연결이
　　e-mail: 어렵습니다.

- 1 -

⑯ 【첨부(입증) 자료 15】

⇨ 2025. 3. 7.자 원고 준비서면 [2025. 3. 6.자 판사 도영오의 석명준비명령을 단호히 거부합니다] 및 그 첨부 서류 [2025. 3. 7.자 판사 박상언에 대한 파면 및 공수처 구속수사를 요청한 제2차 진정서 : 첨부(입증) 자료 29항과 중복으로 생략] 각 1부.

준 비 서 면

【2025. 3. 6.자 판사 도영오의 석명준비명령을 단호히 거부합니다】

[담당재판부 : 민사4단독]

사 건 : 2024가단231123 손해배상(기), (이하, '이 사건'이라고 합니다)

원 고 : 임찬용
피 고 : 류중일 외 22명

○ 이 사건을 새로 맡게 된 판사 도영오는 원고에게 다음과 같은 석명준비사항에 대하여 2025. 3. 27.까지 이에 대한 답변을 적은 준비서면과 필요한 증거를 제출해 달라는 석명준비명령을 내렸습니다.

- 석명준비사항-

원고는 이 법원의 2025. 2. 19.자 소송비용담보제공 명령에 관하여 2025. 2. 27.자로 이의신청서를 제출하였는 바, 위 이의신청이 민사소송법 제121조에 따른 즉시항고에 해당하는 것인지를 특정해 주시기 바랍니다.

o. 원고는 판사 도영오의 위와 같은 석명준비명령에 대하여 그 이행을 단호히 거부합니다.

그 이유는 판사 도영오가 원고의 위 이의신청서에 기재된 전임 판사 박상언이 저지른 중대범행 사실을 은폐하기 위한 술책을 쓰고 있기 때문입니다.

원고는 이 사건 전자소송에 등재되어 있는 위 이의신청서 및 그 첨부서류 [2025. 2. 19.자 이 사건 소송비용담보제공결정서(이하, '결정서')에 대한 이의신청 및 제2차 이 사건 원고 승소판결 강력 재촉구] 에 의해 전임 판사 박상언이 피고 측으로부터 약 7개월 이상 답변서 한 장마저도 제대로 제출받지 못하는 상황에서 원고에게 변론 없이 100% 승소판결을 내리기는커녕 피고 측 변호인 홍명호와 공모하여 이 사건 소장을 각하시키기 위해 위 결정서를 허위내용으로 작성하고 이를 자신의 부하직원 김평구로 하여금 원고에게 특별 송달토록 한 사실을 100% 입증한 바 있습니다.

이는 전임 판사 박상언이 원고에게 헌법상 누려야 할 공정하고 정당한 재판을 받을 권리행사를 방해함은 물론, 허위공문서작성죄 및 허위작성공문서 행사죄라는 중대 범행을 저지른 중대 범죄자임을 증명하고 있습니다.

따라서 후임 판사 도영오가 원고에게 위 이의신청에 대하여 민사소송법 제121조에 따른 즉시항고에 해당하는지 특정해 달라는 취지의 석명준비명령을 내릴 것이 아니라, 형사소송법 제234조(고발) 제 2항 (공무원은 그 직무를 행함에 있어 범죄가 있다고 사료하는 때에는 고발하여야 한다)에 의거 수사기관에 고발하여야 합니다.

특히, 전임 판사 박상언은 피고 측 법무법인 도원 홍명호가 피고들로부터 자의가 아닌 타의에 의해 일률적으로 변호인 선임계약을 체결한 사실을 확인한 상황에서, 윤석열 정부 경찰, 검찰, 공수처에 이어 법원에서까지 '관피모 사건'을 은폐하기 위해 몰두해 왔습니다.

원고는 이와 같은 사정에 비추어 대법원장에게 전임 판사 박상언에 대하여 법관 파면 및 공수처에 구속수사를 요청하는 진정서를 제출하기로 결심 하였습니다.(첨부 서류 : 제2차 진정서)

원고는 이 길 만이 전관예우, 법조카르텔로 엮어 있는 이 사건을 해결하는 가장 지름길이라고 생각하고 있습니다.

만에 하나, 대법원에서도 '제 식구 감싸기' 차원에서 전임 판사 박상언의 중대범죄에 대해 모르쇠로 일관한다면 원고는 대국민을 위한 홍보활동 전개, 책자발간 등을 통하여 사법부의 썩은 민낯을 가감 없이 역사와 국민 앞에 낱낱이 고발해 나갈 것입니다.

첨부 : 2025. 3. 7.자 판사 박상언에 대한 파면 및 공수처 구속수사를 요청한 제2차 진정서 1부.

2025. 3. 7.
원고   임 찬 용   (인)

⑰ 【첨부(입증) 자료 16】
⇨ 2025. 3. 8.자 원고 참고서면 〔조희대 사법부는 이미 죽었습니다〕
및 그 입증방법(동 입증방법 자료는 중복으로 생략) 각 1부.

조희대 사법부는 이미 죽었습니다!!
- 제2의 썩은 판사 한나라 탄생 -

가. '관피모 사건 고소장'(별권책자 제78~104쪽)에 기재된 '관피모 사건'의 핵심 요지는,

주범 구수회가 수십 년간 자신이 카페지기로 있는 약 만 명에 이르는 '관청피해자모임' 카페 회원 등을 상대로 '① 변호사가 해야 할 일 90% 행정사가 가능하다, ② 행정사 20년 하면서 행정심판 1,900건 수임 진행하였고, 행정사 수수료 1억을 5번 받았다, ③ 무혐의 된 고소를 행정심판으로 살린다. 재개발 조합장을 징역 보내는 방법, 대법원 패소된 사건을 행정사가 살린다.'는 허위 광고를 해대며 모든 민·형사 사건을 끌어 모은 다음 이를 자신의 뒤를 봐주는 검찰 고위직 출신 변호사에게 갖다 바치고, 자신은 일정한 중개 수수료나 챙기면서 사건 브로커 역할을 해왔다는 것입니다.

나. 한편, 서울중앙지법 판사 한나라는 2025. 2. 12. 위 '관피모 사건'을 은폐하고, 주범 구수회에게 윤석열 정부 경찰, 검찰, 공수처에서 누려왔던 형사법상 치외법권 지위를 계속 누리도록 하기 위하여 서울중앙지방법원 2024가단5215651호 사건을 처분하면서 원고 구수회의 뒷배로부터 부정한 청탁을 받고 허위내용의 판결문을 작성하는 수법을 통해 원고 구수회에게는 승소, 피고 임찬용에게는 패소 판결을 내렸습니다.

다. 또 수원지법 성남지원 판사 박상언 역시 2025. 2. 19. 위 '관피모

사건'을 은폐하고, 주범 구수회에게 윤석열 정부 경찰, 검찰, 공수처에서 누려왔던 형사법상 치외법권 지위를 계속 누리도록 하기 위하여 수원지방법원 성남지원 2024가단231123호 사건을 심리하면서 구수회 측 배후세력이거나 그 배후세력의 도움을 받고 있는 로펌 법무법인 도원 대표 홍명호로부터 부정한 청탁을 받고 허위내용의 소송비용담보제공결정서를 작성하는 수법을 통해 별론 없이 위 사건 소장을 각하하려다가 들통이 나고 말았습니다.

라. 위 '나, 다' 사건은 그동안 우리나라 사법부가 대국민 불신으로 여겨져 왔던 전관예우, 유전무죄·무전유죄, 유권무죄·무권유죄, 법조카르텔이 복합적으로 얽혀 있으므로 해당 비리 판사 한나라 및 박상언에 대한 법관 파면과 동시에 공수처에 구속수사 의뢰 외에는 달리 해결할 방도가 없습니다.

입증방법

① 2025. 2. 24.자 한나라 판사에 대한 진정서 1부.
② 2025. 2. 12.자 서울중앙지법 2024가단5215651 판결문 1부.
③ 2025. 2. 19.자 피고 항소장 1부.
④ 2025. 3. 7.자 수원지법성남지원 판사 박상언에 대한 제2차 진정서 1부.
⑤ 2025. 2. 19.자 수원지법성남지원 2024가단231123 소송비용담보제공결정서 1부.
⑥ 2025. 2. 27.자 판사 박상언의 소송비용담보제공결정서에 대한 이의신청서 1부.

위 2개의 사건은 현 조희대 대법원장 체제의 사법부가 이미 죽었다는 사실을 단적으로 증명하고 있습니다.

필자는 다가오는 제21대 대선 등을 통하여 위 2개의 사건 입증자료들을 소규모 책자에 담아 사법정의 실현을 바라는 모든 국민들에게 무한정 배포할 예정입니다.

⑱ 【첨부(입증) 자료 17】

⇨ 2025. 4. 1.자 무변론 판결 선고 기일통지서 1부.

개인정보유출주의 제출자:곽영산, 송달물 등 재열시:2025.04.01 17:55, 출력자:임찬용, 다운로드일시:2025.06.16 07:47

수원지방법원 성남지원

선고기일통지서

사	건	2024가단231123 손해배상(기)
원	고	임찬용
피	고	류중일 외 22명

위 사건의 선고기일이 다음과 같이 지정되었습니다.
당사자는 선고기일에 출석할 수 있으며, 당사자가 출석하지 아니하여도 판결을 선고할 수 있습니다. 다만, 피고가 선고기일 전에 답변서를 제출하여 원고의 청구를 다투는 경우에는 선고기일이 취소됩니다.

일시: 2025. 4. 16. (수) 10:00
장소: 성남지원 법정 제7호(제4별관)

2025. 4. 1.

법원주사 김 평 구

◇ 유 의 사 항 ◇
1. 출석할 때에는 신분증을 가져오시고, 이 사건에 관하여 제출할 서면이 있는 경우에는 사건번호(2024가단231123)를 기재하시기 바랍니다.
2. 전자소송포털 앱(아래 QR코드)이나 대한민국법원 홈페이지(www.scourt.go.kr) '나의 사건검색' 을 이용하시면 재판기일 등 각종 정보를 편리하게 열람할 수 있습니다.
3. 사건진행에 관하여 전화안내를 받고자 하는 경우에는 '(02) 3480-1100' 을 이용하실 수 있습니다.
※ 주차시설이 협소하오니 대중교통을 이용하여 주시기 바랍니다.

※ 문의사항 연락처: 수원지법 성남지원 민사4단독 법원주사 김평구
전화: 031-737-1227
팩스: 031-742-2004 e-mail: 매주 수요일은 재판진행으로 전화연결이 어렵습니다.

나의 사건검색 QR코드

⑲ **【첨부(입증) 자료 18】**
⇨ 2025. 4. 2.자 소송대리인 홍명호의 준비서면 1부.

개인정보유출주의 제출자:법무법인 도원, 제출일시:2025.04.02 16:48, 출력자:임찬용, 다운로드일시:2025.06.17 07:09

준 비 서 면

사 건	2024가단231123	손해배상(기)
원 고	임찬용	
피 고	류중일 외 22명	

위 사건에 관하여 피고 1,2,3,4,5,6,7,8,9,12,15,17,18,19,20,21,22,23(이하 '피고들' 이라 합니다)의 소송대리인은 다음과 같이 변론을 준비합니다.

- 다   음 -

1. 소송절차 진행에 대한 의견

가. 귀원은 "피신청인에게 수원지방법원 성남지원 2024가단231123 손해배상(기) 사건에 관한 소송비용에 대한 담보로 신청인들을 위하여 이 명령을 고지받은 날부터 10일 이내에 13,000,000원을 공탁할 것을 명한다." 는 내용의 소송비용 담보제공명령을 내리신 바 있습니다(수원지방법원 성남지원 2024카담70521 담보제공결정).

원고 임찬용은 위 결정문을 2025. 2. 27. 송달받고도 2025. 4. 2. 현재 시점까지 위 명령을 이행한 바 없으므로, 민사소송법 제124조[1]에 의하여 이 사건

---

[1] 민사소송법 제124조(담보를 제공하지 아니한 효과) 담보를 제공하여야 할 기간 이내에 원고가 이를 제공하지 아니하는 때에는 법원은 변론없이 판결로 소를 각하할 수 있다. 다만, 판결하기 전에 담보를 제공한 때에는 그러하지 아니하다.

소를 각하하여 주시기 바랍니다.

나. 귀원은 2025. 4. 1.자로 (무변론)판결선고기일통지서를 발송하셨으나, 피고들의 소송대리인은 2024. 9. 4.자 답변서 및 2024. 9. 5.자 답변서(피고 임용규)를 제출한 바 있습니다.

2. 원고 주장에 대한 반박

피고들은 원고가 제출한 2021. 10. 5.자 고소장, 2022. 4. 20.자 고소장, 2022. 5. 23.자 고소장, 2023. 1. 5.자 고소장, 2024. 2. 27.자 고소장 등에 대하여, 불송치 결정 또는 불기소 처분을 내린 사법경찰관 또는 검사입니다.

원고는 피고들이 쪼개기 불법수사, 불법 이송, 은폐·조작 수사, 수사 강요, 허위내용의 공문서 작성 등의 불법행위를 저질렀다고 주장합니다. 그러나, 피고들은 사법경찰관 또는 검사로서 각 사건별로 적법한 직무집행을 한 것에 불과하며, 원고는 본인이 고소한 사건들이 본인이 원하는 바대로 처리되지 않았음을 이유로 그에 관여된 모든 사법경찰관과 검사 총 23명을 상대로 손해배상을 구하는 이 사건 소를 제기한 것인바, 청구 내용 그 자체로 보아도 이유없음이 명백합니다.

3. 결어

이상과 같이 이 사건 소를 각하하시거나 원고의 청구를 기각하여 주시기 바랍니다.

2025. 4.

피고들의 소송대리인
법무법인 도원
담당변호사 홍 명 호

수원지방법원 성남지원 민사4단독 귀중

⑳ 【첨부(입증) 자료 19】

⇨ 2025. 4. 3.자 원고 준비서면 (2025. 4. 2.자 소송대리인 홍명호 준비서면 반박) 1부.

준 비 서 면

【2025. 4. 2.자 소송대리인 홍명호의 피고 18인 답변서에 대한 원고의 반박의견】

[담당재판부 : 민사 4단독]

사　　건　2024 가단 231123　손해배상(기), (이하, '이 사건'이라고 합니다)

원　　고　임찬용
피　　고　류중일 외 22명

I. 총평

1. 법무법인 도원 대표 홍명호는 이 사건 피고 측 소송을 변론할 자격조차 없습니다.

즉, 이 사건 피고들과 법무법인 도원 대표 홍명호와의 이 사건 변호인 선임계약은 피고들의 자의가 아니라 '관피모 사건' 주범 구수회 및 그의 뒷배를 보호하기 위해 타의에 의해 이루어진 것입니다.

가. 검토배경

이 사건 소장 청구원인 중 'Ⅰ. 당사자 관계' 항목에서는

"원고는 2021. 10. 5.자 다음 카페인 관청피해자모임(이하, '관피모') 사건 고소장[117], 2022. 4. 20.자 '사법경찰관의 범죄' 고소장[118] 및 피의자 전상화에 대한 무고죄 고소장[119], 2022. 5. 23.자 사법경찰관 유정민에 대한 고소장[120], 2023. 1. 5.자 피의자 구수회 및 전상화 등에 대한 고소장[121]을 대검찰청에 각 제출하였고, 2024. 2. 27.자 피의자 구수회에 대한 사기 미수죄 고소장[122]을 성남수정경찰서에 제출하였으며, 피고들은 위 각 고소사건에 대하여 은폐·조작수사를 실시하여온 사법경찰관(리) 및 검사들입니다."라고 기재되어 있습니다.

또 이 사건 소장 'Ⅲ, 가, (2). 피고들의 검·경 수사시스템 파괴로 인하여 원고가 입은 손해' 항목에서는

"별권책자(갑 제1호증) 대부분의 지면을 통하여 살펴본 바와 같이, 피고들이 각자의 위치에서 구수회의 형사처벌을 면하기 위해 저지른 이 사건 모든 범행들은,

구수회가 몸통인 '관피모사건' 및 이를 은폐·조작 수사한 '경찰공무원의 범죄'를 은폐하기 위해 윤석열 정부 수도권 검찰과 경찰이 총동원되어 집단적으로 범죄 조직화되는 현상을 초래하고 말았습니다.

---

117) 별권책자(갑 제1호증) 제78~104쪽
118) 별권책자 제201~218쪽
119) 별권책자 제219~229쪽
120) 별권책자 제230~240쪽
121) 별권책자 제438~472쪽
122) 이 소장 갑 제2호증

피고들이 구수회를 봐주기 위해 저지른 이 사건 범행과 이에 터 잡아 발생한 윤석열 정부 검찰과 경찰의 범죄조직화 현상은 궁극적으로 구수회의 뒤를 봐주는 윤석열 정부의 실세가 존재하지 않고서는 도저히 설명이 불가능하게 되어 버렸습니다.

그 실세 인물은 사건브로커 구수회와 한 배를 타고 있는 검찰 출신인 것만은 확실해 보입니다."라고 기재되어 있습니다.

나. 원고는 피고 측 소송대리인 홍명호에게 이 사건 피고들의 변호인 선임과 관련된 의문점을 제시하고 그에 대한 답변을 요구합니다.

이 사건 소장에서는 피고들의 불법행위에 대하여 개별 책임을 묻고 있습니다.

그런데 이 사건 전자소송 화면에 나타난 소송 위임장에 기재된 내용을 살펴보면, 이 사건 피고 23명 중에서 5명 피고를 제외한 나머지 피고 18명 전원이 2024. 9. 4.경 법무법인 도원에 변호인 선임 계약서라고 할 수 있는 위임장을 작성한 사실이 확인되고 있습니다.

특히, 위 위임장을 자세히 살펴보면 피고 류중일을 제외한 나머지 피고 전원은 동일한 양식, 동일한 작성 일자, 동일한 필체로 작성되어 있어 누군가의 지시를 받고 피고들의 자의가 아닌 타의에 의해 일률적으로 위 위임장이 작성된 것으로 보여 지고 있습니다.

이 사건 피고 23명의 불법행위에 대한 핵심 쟁점 부분[123]은 너무

---

[123] 이 사건 핵심쟁점 부분은 이 사건 소장 주석에 겹겹이 특정되어 있는 바, 이를 재차 살펴보면 다음과 같습니다. ① 피고1 류중일의 핵심쟁점 부분은 '주석 9'에 특정되어 있고, ② 피고2 신미영, 피고3 신혜선의 핵심쟁점 부분은 '주석 13'에 특정되어 있으며,

나도 단순하고 명확합니다. 각 피고가 맡은 사건과 관련된 수사서류 (이를테면, 경찰관은 불기소송치결정서, 검사는 불기소결정서 또는 항고기각결정문)를 허위내용으로 작성하였는지 그 여부만 확인하면 되기 때문입니다.

그렇다면, 이 사건 피고들은 우리나라 양대 수사기관인 경찰과 검찰 소속 베테랑 사법경찰관과 검사들로서 위와 같이 단순하고 명확한 쟁점 부분에 대하여 굳이 변호사를 살 필요가 없고, 더군다나 개인 변호사가 아닌 고액의 변호사 비용이 들어가는 로펌인 법무법인 도원 변호사를 살 필요는 더더욱 없다고 보여 지는데 어떤가요?

특히 이 사건 소장 기재 내용을 살펴보면 각 피고 전원에 대해서는 공동책임이 아닌 개별 책임 문제로 다투도록 되어 있음에도 불구하고 각 피고 전원이 마치 공동 책임이 있는 것처럼 동일한 날짜에 일률적이고도 획일적으로 법무법인 도원 소속 홍명호 변호사를 선임한 사실이 확인되고 있습니다.

이는 위 '가. 검토배경' 항목에서 살펴본 바와 같이 이 사건 피고들이

---

③ 피고4 이정호의 핵심쟁점 부분은 '주석 14'에 특정되어 있으며, ④ 피고5 유정민의 핵심쟁점 부분은 '주석 16', '주석 18'에 특정되어 있으며, ⑤ 피고6 고형민, 피고7 이일래의 핵심쟁점 부분은 '주석 20'에 특정되어 있으며, ⑥ 피고8 임연진의 핵심쟁점 부분은 '주석 21'에 특정되어 있으며, ⑦ 피고9 정용수의 핵심쟁점 부분은 '주석 22'에 특정되어 있으며, ⑧ 피고10 조민구, 피고11 이민호의 핵심쟁점 부분은 '주석 25'에 특정되어 있으며, ⑨ 피고12 유정현의 핵심쟁점 부분은 '주석 26'에 특정되어 있으며, ⑩ 피고13 배보성, 피고14 이현철의 핵심쟁점 부분은 '주석 29'에 특정되어 있으며, ⑪ 피고15 정성현의 핵심쟁점 부분은 '주석 30'에 특정되어 있으며, ⑫ 피고16 이승영의 핵심쟁점 부분은 "주석 31', '주석 32'에 특정되어 있으며, ⑬ 피고17 허윤희의 핵심쟁점 부분은 '주석 34', '주석 35'에 특정되어 있으며, ⑭ 피고18 임용규의 핵심쟁점 부분은 '주석 36'에 특정되어 있으며, ⑮ 피고19 변제용, 피고5 유정민의 핵심쟁점 부분은 '주석 40"에 특정되어 있으며, ⑯ 피고20 최미선, 피고21 김정산의 핵심쟁점 부분은 '주석 41', '주석 42', '주석 43'에 특정되어 있으며, ⑰ 피고22 곽병수의 핵심쟁점 부분은 '주석 44'에 특정되어 있으며, ⑱ 피고23 강길주의 핵심쟁점 부분은 '주석 46'에 특정되어 있습니다.

사건 브로커 구수회와 한 배를 타고 있는 검찰 출신 윤석열 정부 실세의 뒷배에 터 잡아 자신들이 맡은 각 사건에 대하여 은폐 · 조작수사를 실시해 왔다는 사실을 실토하고 있는 셈입니다.

그렇다면, 이 사건 피고들의 변론을 맡은 법무법인 도원 역시 사건 브로커 구수회의 뒷배 인물인 검찰 출신 윤석열 정부 실세와 관련이 있거나, 그의 부탁을 받고 이 사건 피고들을 위해 무료 변론에 나선 것이 확실해 보이는데 어떤가요?

이 사건 피고들 중 피고10 조민구, 피고11 이민호, 피고13 배보성, 피고14 이현철, 피고 15 이승영은 등 5명에 대해서는 이 사건 변호인 선임계약을 하지 않는 이유는 무엇인가요?

또한 이 사건 피고들 중 피고18 임용규 검사에 대해서는 변호인 선임계약을 마쳤음에도 불구하고, 2024. 9. 5.자 피고18 임용규에 대한 답변서를 소송대리인 홍명호 명의로 작성하지 아니하고, 피고18 임용규에게 직접 작성하여 담당 재판부에 제출토록 한 이유는 무엇인가요?

2. 피고 측 소송대리인 홍명호가 제출한 2025. 4. 2.자 이 사건 답변서(준비서면 형식으로 작성)는 알맹이가 전혀 없는 빈껍데기로서 명칭만 준비서면 형식을 취한 답변서이지 실질적인 측면에서 살펴보면 답변서 기본 성립요건을 전혀 갖추지 않았음은 물론, 거기서 한걸음 더 나아가 답변서에 기재된 내용까지 100% 허위내용으로 작성되어 있는 100% + 100% 거짓 답변서입니다.(이하 '이 사건 200% 거짓 답변서'라고 합니다.)

더군다나 피고 측 소송대리인 홍명호가 위와 같이 이 사건 200%

거짓 답변서를 작성하여 담당 재판부에 제출한 이유는 2025. 4. 16. 예정인 이 사건 무변론 판결 선고를 어떻게 해서든지 모면해 보고자 하려는 더러운 꼼수가 내포되어 있습니다.

가. 소송대리인 홍명호의 '이 사건 200% 거짓 답변서' 제출 경위

피고 측 소송대리인 홍명호는 이 사건 소장이 2024. 7. 19. 법원에 접수되어 그 소장 부본이 2024. 8. 8. 각 피고들에게 송달된 이래로 약 8개월이 다가오는 오늘에 이르기까지 단 한 장의 답변서를 제출한 사실이 없습니다.

이를 좀 더 정확히 표현하자면, 피고 측 소송대리인 홍명호는 피고들을 위하여 이 사건 소장에 대한 답변서를 단 한 장마저도 제출할 수 없었습니다.

그 이유는 이 사건 소장에는 피고들의 불법행위(피고들이 맡고 있는 각 사건에 대한 은폐·조작수사 범죄행위)를 입증하고 있는 증거자료들이 겹겹이 특정되어 있었기 때문입니다.

그러던 중 피고 측 소송대리인 홍명호는 위와 같이 답변서를 제출할 수 없게 되자 어떻게 해서든지 이 사건 소장을 각하시켜 볼 의도를 갖고 2025. 2. 19.경 판사 박상언과 공모하여 허위내용의 이 사건 소송비용담보제공결정서를 작성한 후 이를 원고에게 특별송달까지 하였으나, 원고가 이를 사전 인식하고 강력 반발함에 따라 그 뜻을 이루지 못하고 말았습니다.

즉, 피고 측 소송대리인 홍명호는 판사 박상언과 공모하여 위 결정서를 허위내용으로 작성하여 원고에게 특별송달 함으로써 원고에게 헌법상 누려야 할 정당하고도 공정한 재판을 받을 권리행사를 방해함은 물론 허위공문서작성죄 및 동 행사죄라는 중대 범행을 저질러 왔습니다. 물론 이로 인해 소송사기 미수범행마저도 범했음은 당연합니다.124), 125)

그런데 문제는 피고 측 소송대리인 홍명호의 중대 범행은 여기에서 그치지 않고 있다는데 있습니다.

피고 측 소송대리인 홍명호의 부정한 청탁으로 위와 같이 허위내용의 이 사건 소송비용담보제공결정서를 작성하여 원고에게 특별송달까지 한 판사 박상언이 인사이동으로 물러나고 2025. 3.초경 새로 부임한 도영오 판사가 법과 원칙에 따라 실체적 진실에 입각하여 2025. 4. 1. 이 사건 무변론 판결선고기일통지서를 각 당사자에게 송달하자, 소송대리인 홍명호는 이를 어떻게 해서든지 모면해보기 위해 앞서 살펴본 바와 같이 이 사건 200% 거짓 답변서를 준비서면 형식으로 작성하여 그 다음날인 2025. 4. 2. 담당 재판부에 제출하였습니다.

나. '이 사건 200% 거짓 답변서'의 기본 성립요건 미비 및 그에 따른 법적 효과

민사소송법 제256조 (답변서의 제출의무) 제1항에는 "피고가 원고의

---

124) 입증자료 : 이 사건 전자소송에 등재되어 있는 2025. 2. 19.자 이 사건 소송비용담보 제공결정서 1부. 이를 허위내용으로 작성되었다고 입증하고 있는 2025. 2. 27.자 원고 이의신청서 및 그 첨부 [2025. 2. 19.자 이 사건 소송비용담보공결정서(이하, '결정서')에 대한 이의신청 및 제2차 이 사건 원고 승소판결 강력 재촉구] 각 1부. 2025. 3. 7.자 원고 준비서면(갑 제22호증) 및 그 첨부 각 1부. 2025. 3. 8.자 참고서면(조희대 사법부는 이미 죽었습니다) 및 그 첨부(입증방법 6개) 각 1부.

125) 원고는 소송대리인 홍명호의 위와 같은 중대 범죄행위에 대해서는 책자 발간을 통하여 역사와 국민들에게 널리 알림은 물론, 공정과 정의를 외치고 검찰개혁 등 사법정의를 내세우는 새정부가 들어서게 되면 법조카르텔 척결차원에서 반드시 그에 대한 법적 책임을 물을 예정입니다.

청구를 다투는 경우에는 소장의 부본을 송달받은 날부터 30일 이내에 답변서를 제출하여야 한다."라고 규정되어 있습니다.

즉, 이를 더 구체적으로 살펴보면,

피고 측 소송대리인 홍명호 명의의 답변서가 형식뿐만 아니라, 그 내용에 있어서도 실질적인 성립요건을 갖추기 위해서는,

① 원고의 청구취지에 대한 답변이 기재되어야 합니다.

② 원고의 각 청구원인에 대하여 인정할 것인가, 부인할 것인가를 구체적 · 개별적으로 기재하여야 합니다. (원고가 주장하는 사실 중 인정하는 부분과 인정하지 아니하는 부분, 인정하지 아니하는 사실에 대하여는 그 사유)

③ 피고의 주장을 증명하기 위한 증거방법과 원고의 증거방법에 관한 의견을 함께 적어야 하며, 답변사항에 관한 중요한 서증이나 답변서에서 인용한 문서의 사본 등을 첨부하여야 합니다.

그런데, 피고 측 소송대리인 홍명호가 작성한 이 사건 200% 거짓 답변서는 위 ①, ②, ③항을 전혀 갖추지 않았음은 물론 거기에 기재된 내용까지 허위로 작성되어 있다는 사실은 이미 살펴본 바와 같습니다.[126]

특히, 피고 측 소송대리인 홍명호는 앞서 살펴본 바와 같이 이 준비서면 '주석 123'에 이 사건 피고들의 불법행위를 입증하고 있는 증거자료

---

126) 피고 측 소송대리인 홍명호가 작성한 이 사건 200% 거짓 답변서와 관련, 거기에 기재된 내용이 허위로 작성되어 있다는 사실은 다음 'Ⅱ항목'에서 좀 더 자세하게 살펴볼 것입니다.

들이 겹겹이 특정되어 있음에도 불구하고 이를 의도적으로 외면한 채 단 한마디 언급조차 하지 않고 있습니다. 그 이유는 피고 측 소송대리인 홍명호가 이를 언급했다가는 피고들의 불법행위가 여지없이 증명되고 말 것이기 때문입니다.

위와 같은 사정에 비추어 볼 때 피고 측 소송대리인 홍명호가 작성한 이 사건 200% 거짓 답변서는 이 사건 소장 청구원인 자백과 관련하여 민사소송법 제150조 제1항 (당사자가 변론에서 상대방이 주장하는 사실을 명백히 다투지 아니한 때에는 그 사실을 자백한 것으로 본다)의 규정에 완벽하게 부합되고 있습니다.

Ⅱ. 피고 측 소송대리인 홍명호의 '이 사건 200% 거짓 답변서'에 대한 원고의 구체적 반박

【피고 측 소송대리인 홍명호의 '이 사건 200% 거짓 답변서' 기재내용】

1. 소송절차 진행에 대한 의견

가. 귀원은 "피신청인에게 수원지방법원 성남지원 2024가단231123 손해배상(기) 사건에 관한 소송비용에 대한 담보로 신청인들을 위하여 이 명령을 고지받은 날부터 10일 이내에 13,000,000원을 공탁할 것을 명한다"는 내용의 소송비용 담보제공명령을 내리신 바 있습니다.(수원지방법원 성남지원 2024카담70521 담보제공결정)

원고 임찬용은 위 결정문을 2025. 2. 27. 송달받고도 2025. 4. 2. 현재 시점까지 위 명령을 이행한 바 없으므로, 민사소송법 제124조에 의하여 이 사건 소를 각하하여 주시기 바랍니다.

나. 귀원은 2025. 4. 1.자로 (무변론) 판결선고기일통지서를 발송하였으나, 피고들의 소송대리인은 2024. 9. 4.자 답변서 및 2024. 9. 5.자 답변서(피고 임용규)를 제출한 바 있습니다.

【원고의 반박】

○ 위 1, 가항에 대하여

- 피고 측 소송대리인 홍명호의 새빨간 거짓말입니다.

- 원고는 앞서 위 'Ⅰ. 2, 가'항에서 피고 측 소송대리인 홍명호가 이 사건 전임 판사 박상언과 공모하여 허위내용의 이 사건 소송비용담보제공명령결정서를 작성한 사실을 관련 증거자료를 제시하면서 입증한 바 있습니다.

생각해 보십시오!!

민사소송법 제117조 (담보제공의무) 제1항에는 "원고가 대한민국에 주소·사무소와 영업소를 두지 아니한 때 또는 소장·준비서면, 그 밖의 소송기록에 의하여 청구가 이유 없음이 명백한 때 등 소송비용에 대한 담보제공이 필요하다고 판단되는 경우에 **피고의 신청이 있으면** 법원은 원고에게 소송비용에 대한 담보를 제공하도록 명하여야 한다. 담보가 부족한 경우에도 또한 같다."라고 규정되어 있습니다.

그런데 원고는 처·자식이 국내에서 거주하고 있는 정상적인 가정을 가진 대한민국 국적의 국민인 데다, 특히 약 33년간 공직생활을 해온 검찰수사서기관 출신 명예퇴직자로서 국가로부터 매월 350만 원 가량의 공무원 연금을 받고 있는 상황에서 이 사건 소송비용 1,300만 원을 면탈하기 위해 외국으로 도망갈 개연성은 단 0.1%도 없습니다.

특히 "(이 사건) 소장·준비서면, 그 밖의 소송기록에 의하여 청구가 이유 없음이 명백한 때"에 해당하는 개연성은 0%에 가깝습니다.

오히려 이 사건 전자소송 진행내용에 기재된 바대로, 이 사건 피고들인 신청인들은 이 사건 소장에 첨부된 명백한 증거자료들로 인하여 자신들의 '관피모 사건' 및 거기에서 파생되어 나오는 각 사건들에 대한 은폐·조작수사 불법행위가 명백해지자, 2024. 7. 15.자 이 사건 소장이 이 법원에 접수된 이래 약 8개월이 지난 오늘에 이르기까지 단 한 장의 답변서마저도 이 사건 담당재판부에 제출하지 못하고 있습니다.

다행히도 신청인들 중 이 사건 피고 임용규 수원고등검찰청 검사가 2024. 9. 5. 이 사건에 대한 답변서를 제출한 사실이 있으나, 이마저도 그 답변서 기재내용이 2024. 9. 6.자 피신청인(이 사건 원고) 임찬용의 준비서면에 의해 100% 허위내용으로 밝혀졌습니다.(입증자료 : 이 사건 전자소송에 현출되어 있는 2024. 9. 5.자 피고 임용규 답변서 및 2024. 9. 6.자 원고 임찬용 답변서 각 참조)

상황이 위와 같음에도 피고 측 소송대리인 홍명호는 원고가 위 결정서를 이행하지 않았으니 이 사건 소를 각하하여 달라는 궤변만 늘어놓고 있습니다.

또 피고 측 소송대리인 홍명호는 2025. 4. 16. 선고예정인 무변론 판결의 직접적인 원인으로서 이 사건 소장 부본이 송달된 지 약 8개월이 나오는 오늘에 이르기까지 단 한 장의 답변서는커녕 앞서 살펴본 이 사건

200% 거짓 답변서를 제출하고 있는 상황에서, 이와는 전혀 별개의 문제인 위 결정서 허위내용을 마치 사실인 것처럼 주장하면서 이 사건 소의 각하를 담당 재판부에 요청하고 있습니다.

이는 변호사법 제24조 제2항(변호사는 그 직무를 수행할 때에 진실을 은폐하거나 거짓 진술을 하여서는 아니 된다)의 규정은 물론 형법 제347조(사기) 제2항 (이 사건 재판부를 기망하여 승소판결을 받음으로써 제3자인 이 사건 피고들로 하여금 재물의 교부를 받게 하거나 재산상의 이익을 취득하게 한 때에도 전항의 형과 같다)의 규정을 정면으로 위반하고 있습니다.

○ 위 1. 나항에 대하여

이 또한 피고 측 소송대리인 홍명호의 새빨간 거짓말입니다.

- 즉, 피고 측 소송대리인 홍명호는 이 사건 무변론 판결 선고를 모면해 보기 위해 2024. 9. 4.자 답변서를 제출한 사실이 있다며 허위 주장을 펼치고 있습니다.

그렇다면, 피고 측 소송대리인 홍명호가 제출하였다는 2024. 9. 4.자 답변서 기재내용을 이곳에 그대로 다음과 같이 옮겨 보겠습니다.

- 다 음 -

청구취지에 대한 답변

1. 원고의 피고1, 2, 3, 4, 5, 8, 9. 15, 17, 18, 19, 20, 21, 22, 23에

대한 청구를 모두 기각한다.

2. 소송비용은 원고의 부담으로 한다.

청구원인에 대한 답변

구체적인 내용은 추후 준비서면으로 제출하겠습니다.

2024. 9.
위 피고들의 소송대리인
법무법인 도원
담당변호사 홍명호

- 살펴보건대,

위 답변서는 피고 측 소송대리인 홍명호가 빈껍데기인 답변서 양식만을 제출한 것이지 원고가 주장하고 있는 이 사건 핵심쟁점 부분에 대하여 반박 내용을 담은 답변서는 결코 아닙니다.

피고 측 소송대리인 홍명호는 위와 같이 뻔히 보이는 거짓말을 밥 먹듯 해대는 걸 보면, 분명 남보다 소송사기꾼다운 기질이 특출해 보입니다.

- 또 피고 측 소송대리인 홍명호는 2024. 9. 5.자 답변서(피고 임용규)를 제출하였다고 주장하고 있으나, 이는 피고 임용규가 직접 자신이 작성하여 자신 명의로 제출한 것이지 피고 측 소송대리인 홍명호가 작성

하여 그의 명의로 제출한 것은 결코 아닙니다. 더군다나 피고 임용규 명의의 답변서는 100% 허위내용으로 작성되어 있다는 사실은 이미 살펴본 바와 같습니다.

【피고 측 소송대리인 홍명호의 '이 사건 200% 거짓 답변서' 기재내용】

2. 원고 주장에 대한 반박

피고들은 원고가 제출한 2021. 10. 5.자 고소장, 2022. 4. 20.자 고소장, 2022. 5. 23.자 고소장, 2023. 1. 5.자 고소장, 2024. 2. 27.자 고소장 등에 대하여, 불송치 결정 또는 불기소 처분을 내린 사법경찰관 또는 검사입니다.

원고는 피고들이 쪼개기 불법수사, 불법 이송, 은폐·조작수사, 수사 강요, 허위내용의 공문서 작성 등의 불법행위를 저질렀다고 주장합니다. 그러나 피고들은 사법경찰관 또는 검사로서 각 사건별로 적법한 직무집행을 한 것에 불과하며, 원고는 본인이 고소한 사건들이 본인이 원하는 바대로 처리되지 않았음을 이유로 그에 관여된 모든 사법경찰관과 검사 등 총 23명을 상대로 손해배상을 구하는 이 사건 소를 제기한 것인 바, 청구 내용 그 자체로 보아도 이유 없음이 명백합니다.

【원고의 반박】

- 이 또한 동문서답·유체이탈 화법을 동원한 피고 측 소송대리인 홍명호의 새빨간 거짓 주장입니다.

- 피고 측 소송대리인 홍명호는 위 '2. 원고 주장에 대한 반박' 항목에서 피고들의 불법행위를 포괄적으로 나열해 놓았음에도 불구하고 이를 반박하기 위한 어떠한 근거나 증거자료를 단 한 개도 제시하지 못하고 있습니다.

- 원고는 이 사건 핵심 쟁점 부분으로서 피고 23명의 불법행위를 입증하고 있는 증거자료들을 이 사건 소장은 물론 이를 재차 정리하는 차원에서 이 준비서면 '주석 123'에서 겹겹이 특정해 놓았습니다.

그렇다면 피고 측 소송대리인 홍명호는 자신이 변론하기로 한 각 피고 개인별로 위 '주석 123'에 특정되어 있는 증거자료들에 대해 하나씩 하나씩 원고와의 다툼을 벌여 피고들의 불법행위가 성립되지 않는다는 사실을 입증시켜야 합니다.

그러나 피고 측 소송대리인은 이를 전혀 이행하지 않은 채 위와 같이 허공에 대고 새빨간 거짓 주장만 반복해서 외쳐대고 있습니다.

Ⅲ. 결론

지금껏 살펴본 바에 의하면, 피고 측 소송대리인 홍명호는 이 사건 소장 부본이 각 피고들에게 송달된 지 약 8개월이 다가오는 시점에서 자신이 수임한 이 사건 피고 23명 중 18명에 대해 단 한 명의 답변서도 제출한 사실이 없다는 사실, 2025. 4. 2.자 작성된 '이 사건 200% 거짓 답변서' 또한 답변서의 기본적 성립요건을 전혀 갖추고 있지 않았을 뿐만 아니라, 거기에 기재된 내용 역시 100% 허위내용으로 작성되어 있다는 사실을 확인하였습니다.

이는 2025. 4. 16. 이 사건 무변론 판결을 선고함에 있어 어떠한 영향을 미칠 수 없으며, 오히려 피고 측 소송대리인 홍명호가 그 동안 보여 온 소송사기 수행태도는 물론 2025. 4. 2.자 '이 사건 200% 거짓 답변서' 제출로 인하여 단 하루라도 빨리 이 사건 무변론 판결 선고기일이 앞당겨져야 하는 긴박한 필요성만 배가되고 있습니다.

2025. 4. 3.

원고 임 찬 용 (인)

.

수원지방법원성남지원 민사4단독 귀중

㉑ **【첨부(입증) 자료 20】**

⇨ 2025. 4. 7.자 원고 탄원서 1부.

탄 원 서

수신 : 수원지방법원성남지원장
참조 : 민사4단독 판사 도영오
제목 : 신속한 이 사건 무변론 판결 선고 요망

1. 판사 도영오가 이 사건 무변론 판결 선고 결정을 내리기까지의 과정을 살펴보면,(이 사건 전자소송 '진행내용' 기재에 의함)

- 2024. 7. 19. 접수
- 2024. 8. 8. 각 피고에게 소장 부본 송달
- 2024. 8. 16. 원고 임찬용 준비서면 제출(이 사건 관련 2024. 8. 11.자 KMS 신문기사 및 그 붙임자료 제출)
- 2024. 8. 27. 원고 임찬용 준비서면 제출(2024. 8. 26.자 KMS 신문기사 제출)
- 2024. 9. 4. 피고 소송대리인 법무법인 도원 홍명호 소송위임장 제출
- 2024. 9. 4. 피고 소송대리인 법무법인 도원 홍명호 답변서 제출
  * 청구원인에 대한 구체적인 내용은 추후 준비서면으로 제출하겠다고 함
- 2024. 9. 5. 피고 소송대리인 법무법인 도원 홍명호 답변서 제출
  * 소송대리인 홍명호가 자신이 수임한 전체 피고들에 대한 답변서가 아니라, 피고18 임용규에 대한 답변서임, 또한 이는 소송대리인 홍명호가 자신의 명의로 답변서를 작성, 제출한 것이 아니라, 피고18 임용규가 자신의 명의로 답변서를 직접 작성, 제출한 것임.

- 2024. 9. 6. 원고 임찬용 준비서면 제출 (2024. 9. 5.자 피고18 임용규 답변서에 대한 원고의 반박 의견)
- 2025. 2. 19. 이 사건 소송비용담보결정
- 2025. 2. 20. 원고 임찬용 참고서면 제출〔서울중앙지법 판사 한나라의 '관피모 사건' 은폐 · 조작을 위한 허위 판결문 작성 범죄 발생과 관련, 이 사건(성남지원 2024가단1957, 성남지원 2024가단231123)에 대한 신속한 원고 승소판결 이행 촉구〕
- 2025. 2. 25. 원고 임찬용 참고서면 제출('관피모 사건'을 은폐하기 위해 100% 허위내용의 판결문을 작성한 판사 한나라에 대한 파면 및 공수처에 구속수사 형사고발 조치 의뢰)
- 2025. 2. 27. 판사 박상언의 소송비용담보결정에 대한 이의신청 및 제2차 이 사건 원고 승소판결 강력 재촉구
- 2025. 3. 6. 석명준비명령(도과기간 확인)
   * 원고는 이 법원의 2025. 2. 19.자 소송비용담보제공 명령에 관하여 2025. 2. 27.자로 이의신청을 제출하였는바, 위 이의신청이 민사소송법 제121조에 따른 즉시항고에 해당하는 것인지를 특정해 주시기 바람.
- 2025. 3. 7. 원고 임찬용 준비서면 제출
   * 2025. 3. 6.자 원고에게 내린 석명준비명령은 전임 판사 박상언의 (허위내용의 이 사건 소송비용담보결정서 작성에 따른) 중대 범죄 행위를 은폐하고, 그가 원고에게 불법적으로 내린 2025. 2. 19.자 소송비용담보제공명령을 정당화하기 위한 고도의 술책에 불과하므로 원고는 이를 단호히 거부함.
- 2025. 3. 8. 원고 임찬용 참고서면 제출(제목 : 조희대 사법부는 이미 죽었습니다.!!)
   * '관피모 사건'을 은폐하고 주범 구수회에 대하여 윤석열 정부 경찰, 검찰, 공수처에서 누려왔던 치외법권 지위를 사법부에서도 계속 누리도록 하기 위하여 서울중앙지방법원 판사 한나라는 2025. 2. 12. 2024가단5215651 사건을 처분하면서 허위내용의 판결문을 작성하는

수법을 통해 원고 구수회에게 승소판결을 내리고, 수원지방법원성남지원 판사 박상언 역시 2025. 2. 19. 2024가단231123 사건을 심리하면서 구수회 측 배후세력이거나 그 배후세력의 도움을 받고 있는 법무법인 도원 대표 홍명호로부터 부정한 청탁을 받고 허위내용의 소송비용담보제공결정서를 작성하는 수법을 통해 별론 없이 위 사건 소를 각하처분 하려다가 원고 임찬용에 의해 들통나고 말았음.

- 2025. 4. 1. 각 당사자들에게 이 사건 무변론 판결선고기일통지서 송달

2. 2025. 4. 1. 판사 도영오의 이 사건 무변론 판결 선고 결정 이후의 사정 변경을 살펴보면,

> . 2025. 4. 2. 피고 소송대리인 법무법인 도원 홍명호 준비서면 제출
> *** 피고 측 소송대리인 홍명호가 자신이 수임한 피고18인에 대하여 준비서면 형식을 취한 최초의 답변서임**
>
> ' 2025. 4. 3. 원고 임찬용 준비서면 제출 (2025. 4. 2.자 소송대리인 홍명호의 피고18인 답변서에 대한 반박의견)

- 피고 측 소송대리인 홍명호는 2025. 4. 2. 이 사건 피고 18인에 대한 최초의 답변서를 준비서면 형식으로 제출한 사실이 있습니다.

- 그러나 원고 임찬용은 2025. 4. 3.자 준비서면을 통하여 피고 측 소송대리인 홍명호가 담당 재판부에 제출한 2025. 4. 2.자 위 답변서에 대하여,[127] 민사소송법상 답변서로서의 기본적 성립요건을

---

[127] 원고는 이를 '이 사건 200% 거짓 답변서'라고 명명하여 왔습니다. 그 이유는 피고 측 소송대리인 홍명호 명의로 제출된 2025. 4. 2.자 이 사건 답변서(준비서면 형식으로 작성)를 살펴보았더니 "알맹이가 전혀 없는 빈껍데기로서 명칭만 준비서면 형식을 취한 답변서이지 실질적인 측면에서는 답변서의 기본적인 성립요건을 전혀 갖추지 않았음은 물론, 거기서 한걸음 더 나아가 그 답변서에 기재된 내용까지 100% 허위내용으로 작성되어 있는 이른바 100% + 100% 거짓 답변서"이었기 때문이었습니다.

전혀 갖추고 있지 않았을 뿐만 아니라, 거기에 기재된 내용 역시 100% 허위로 작성되어 있다는 사실을 입증시켰습니다. (입증자료 : 2025. 4. 2.자 피고 측 소송대리인 홍명호의 이 사건 피고 18인에 대한 답변서 및 2025. 4. 3.자 원고 임찬용의 준비서면 각 참조)

즉, 피고 측 소송대리인 홍명호는 이 사건 소장 부본이 피고들에게 송달된 지 8개월이 다가오는 현 시점에 이르기까지 자신이 수임한 이 사건 피고 18명 중 단 한 명, 단 한 장의 답변서마저도 제대로 작성하여 담당 재판부에 제출하지 못하고 있다가,[128] 어떠한 방법을 써서라도 2025. 4. 16. 선고 예정에 있는 무변론 판결을 저지해 보기 위해 민사소송법상 도저히 답변서라고 인정할 수 없는 성립요건을 갖추지 못하고 있는 데다, 거기에 기재된 내용까지 100% 허위로 작성한 후 이를 담당 재판부에 제출하는 소송사기 행각을 벌이다가 원고에게 적발되고 말았던 것입니다.

따라서 피고 측 소송대리인 홍명호는 이 사건 소장이 피고들에게 송달된 이래로 자신이 수임한 피고 18명 중 단 한 명, 단 한 장의 답변서를 작성한 사실이 없을 뿐만 아니라 이를 담당 재판부에 제출한 사실이 없습니다.

3. 결론

이 사건 심리를 맡고 계신 도영오 판사님께서는 위 1항 및 2항에

---

[128] 피고 측 소송대리인 홍명호가 자신이 수임한 피고 18명 중 단 한 명, 단 한 장의 답변서마저도 제대로 작성하여 담당 재판부에 제출할 수 없었던 이유와 관련하여, 원고는 2025. 4. 3.자 준비서면에서 "이 사건 소장에는 피고들의 불법행위(피고들이 맡고 있는 각 사건에 대한 은폐 · 조작수사 범죄행위)를 입증하고 있는 증거자료들이 겹겹이 특정되어 있기 때문입니다"라고 적시해 놓고 있습니다.

적시된 실체적 진실에 입각하여 로펌인 법무법인 도원 대표 홍명호의 로비에 전혀 흔들림 없이 법과 원칙에 따라 당초 결정대로 이 사건 무변론 판결을 신속하게 선고해 주시기 바랍니다.

2025. 4. 7.

탄원인 임 찬 용 (인)

수원지방법원성남지원장 귀하

㉒ 【첨부(입증) 자료 21】

⇨ 2025. 4. 16.자 판사 도영오 명의의 소송비용 담보제공결정서(제2 결정서) 1부.

개인정보유출주의 등록자:도영오, 등록일시:2025.04.16 12:32, 출력자:임찬용, 다운로드일시:2025.06.18 17:04

수원지방법원 성남지원

담보제공결정

사　　　건　　2024가단231123　손해배상(기)

원　　　고　　임찬용
　　　　　　　성남시 수정구 복정로96번길 20, 203호 (복정동)

피　　　고　　1. 류종일
　　　　　　　　성남시 수정구 성남대로 1259 (태평동, 성남수정경찰서)
　　　　　　 2. 신미영
　　　　　　　　서울 성북구 보문로 170 (삼선동5가, 서울성북경찰서)
　　　　　　 3. 신혜선
　　　　　　　　서울 성북구 보문로 170 (삼선동5가, 서울성북경찰서)
　　　　　　 4. 이정호
　　　　　　　　서울 도봉구 마들로 747 (도봉동, 서울북부지방검찰청)
　　　　　　 5. 유정민
　　　　　　　　성남시 수정구 성남대로 1259 (태평동, 성남수정경찰서)
　　　　　　 6. 고형민
　　　　　　　　경기도 용인시 수지구 풍덕천로190번길 18 (풍덕천동, 수지지구대)
　　　　　　 7. 이일래
　　　　　　　　성남시 중원구 금빛로2번길 10 (상대원동, 성남중원경찰서)
　　　　　　 8. 임연진
　　　　　　　　고양시 일산동구 장백로 213 (장항동, 의정부지방검찰청고양지청)
　　　　　　 9. 정용수
　　　　　　　　창원시 성산구 창이대로 669 (사파동, 창원지방검찰청)

10. 조민구

    서울 은평구 진흥로 58 (녹번동, 서울서부경찰서)

11. 이민호

    서울 은평구 진흥로 58 (녹번동, 서울서부경찰서)

12. 유정현

    남양주시 다산중앙로82번안길 149 (다산동) 의정부지방검찰청남양주지청

13. 배보성

    서울 도봉구 노해로 403 (창동, 서울도봉경찰서)

14. 이현철

    서울 도봉구 노해로 403 (창동, 서울도봉경찰서)

15. 정성현 (750520-1489711)

    광주 동구 준법로 7-12 (지산동) 광주지방검찰청

16. 이승영

    서울 서초구 반포대로 172 (서초동, 서울고등검찰청)

17. 허윤희

    성남시 수정구 산성대로 451 (단대동, 수원지방검찰청성남지청)

18. 임용규

    수원시 영통구 법조로 91 (하동, 수원고등검찰청)

19. 변제용

    성남시 수정구 성남대로 1259 (태평동, 성남수정경찰서)

20. 최미선

    성남시 수정구 성남대로 1259 (태평동, 성남수정경찰서)

21. 김정산

성남시 수정구 성남대로 1259 (태평동, 성남수정경찰서)
22. 곽병수
성남시 수정구 산성대로 451 (단대동, 수원지방검찰청성남지청)
23. 강길주
수원시 영통구 법조로 91 (하동, 수원고등검찰청)
피고1,2,3,4,5,6,7,8,9,12,15,17,18,19,20,21,22,23 소송대리인
법무법인 도원 담당변호사 임웅찬, 홍명호

주 문

원고는 피고 조민구, 이민호, 유정현, 배보성, 이현철, 이승영에 대한 소송비용에 관한 담보로 이 명령을 고지 받은 날부터 10일 이내에 4,000,000(사백만)원을 공탁할 것을 명한다.

이 유

이 사건 기록에 의하면, 소송비용에 대한 담보제공이 필요하다고 판단되므로 민사소송법 제117조 제2항, 제1항, 제120조 제1항에 의하여 주문과 같이 결정한다.

2025. 4. 16.

판사   도 영 오   전자서명완료

※ 담보를 제공하여야 할 기간 이내에 원고가 이를 제공하지 아니하는 때에는 민사소송법 제124조에 의하여 법원은 변론 없이 판결로 소를 각하할 수 있습니다.

㉓ **【첨부(입증) 자료 22】**

⇨ 2025. 4. 16.자 판사 도영오 명의의 기일변경명령 1부.

개인정보유출주의 등록자:곽영란, 등록일시:2025.04.16 13:38, 출력자:임찬용, 다운로드일시:2025.06.18 17:25

수원지방법원 성남지원

기일변경명령

사 건	2024가단231123 손해배상(기)	
원 고	임찬용	
피 고	류중일 외 22명	

위 사건에 관하여 지정된 2025. 4. 16. 10:00 판결선고기일을 다음과 같이 변경한다.

변경된 기일: 추후지정

2025. 4. 16.

판사 도 영 오   <u>전자서명완료</u>

㉔ 【첨부(입증) 자료 23】

⇨ 2025. 4. 17.자 원고 준비서면 〔원고는 판사 도영오의 중대 범죄행위를 강력하게 규탄합니다〕 1부.

준 비 서 면
【원고는 판사 도영오의 중대 범죄행위를 강력하게 규탄합니다】

[담당재판부 : 민사4단독]

사　　　건 :　2024가단231123 손해배상(기), (이하, '이 사건'이라고 합니다)

원　　　고 :　임찬용
피　　　고 :　류중일 외 22명

　원고는 후임 판사 도영오가 이 사건 심리 및 재판절차와 관련, 2025. 4. 16. 이 사건 소송비용담보제공결정서를 허위내용으로 작성하고, 이에 터 잡아 약 2주전부터 예정되어 있던 무변론 판결 선고기일을 일방적으로 변경해 버린 불법행위에 대하여 다음과 같은 이유로 강력하게 규탄합니다.

　① 후임 판사 도영오는 전임 판사 박상언이 작성한 2025. 2. 19.자 이 사건 소송비용담보제공결정서(이하, '제1차 결정서')가 100% 허위내용으로 판명되었음에도 불구하고, 동일한 내용의 2025. 4. 16.자 이 사건 소송담보제공결정서(이하, '제2차 결정서')를 허위내용으로 작성하여 원고에게 송달함으로써 또다시 사기재판·협박재판을 감행하고 있습니다.

② 후임 판사 도영오는 이 사건 재판을 진행할 수 있는 법관으로서의 직권을 남용하여 위 ①항에 터 잡아 아무런 근거 없이 이 사건 피고 측 소송대리인 홍명호를 비롯한 모든 피고들에게 소송사기 행각을 펼칠 수 있도록 2025. 4. 16. 이 사건 무변론 선고기일을 일방적으로 변경해 버렸습니다.

《검토배경》

- 이 사건 소장 청구원인 중 'Ⅰ. 당사자 관계' 항목에서는

『원고는 2021. 10. 5.자 다음 카페인 관청피해자모임(이하, '관피모') 사건 고소장[129], 2022. 4. 20.자 '사법경찰관의 범죄' 고소장[130] 및 피의자 전상화에 대한 무고죄 고소장[131], 2022. 5. 23.자 사법경찰관 유정민에 대한 고소장[132], 2023. 1. 5.자 피의자 구수회 및 전상화 등에 대한 고소장[133]을 대검찰청에 각 제출하였고, 2024. 2. 27.자 피의자 구수회에 대한 사기 미수죄 고소장[134]을 성남수정경찰서에 제출하였으며, 피고들은 위 각 고소사건에 대하여 은폐·조작수사를 실시하여온 사법경찰관(리) 및 검사들입니다.』라고 기재되어 있습니다.

또 이 사건 소장 'Ⅲ, 가, (2). 피고들의 검·경 수사시스템 파괴로 인하여 원고가 입은 손해' 항목에서는

---

129) 별권책자(갑 제1호증) 제78~104쪽
130) 별권책자 제201~218쪽
131) 별권책자 제219~229쪽
132) 별권책자 제230~240쪽
133) 별권책자 제438~472쪽
134) 이 소장 갑 제2호증

『별권책자(갑 제1호증) 대부분의 지면을 통하여 살펴본 바와 같이, 피고들이 각자의 위치에서 구수회의 형사처벌을 면하기 위해 저지른 이 사건 모든 범행들은,

　구수회가 몸통인 '관피모사건' 및 이를 은폐 · 조작 수사한 '경찰공무원의 범죄'를 은폐하기 위해 윤석열 정부 수도권 검찰과 경찰이 총동원되어 집단적으로 범죄 조직화되는 현상을 초래하고 말았습니다.

　피고들이 구수회를 봐주기 위해 저지른 이 사건 범행과 이에 터 잡아 발생한 윤석열 정부 검찰과 경찰의 범죄조직화 현상은 궁극적으로 구수회의 뒤를 봐주는 윤석열 정부의 실세가 존재하지 않고서는 도저히 설명이 불가능하게 되어 버렸습니다.

　그 실세 인물은 사건브로커 구수회와 한 배를 타고 있는 검찰 출신인 것만은 확실해 보입니다.』라고 기재되어 있습니다.

　- 위와 같은 사실에 비추어 볼 때 이 사건은 수사단계에서는 물론 재판과정에서도 명백하게 법조카르텔이 작동하고 있으며, 실제로 재판과정에서 전임 판사 박상언은 이 사건 소장을 변론 없이 각하시킬 목적으로 로펌인 피고 측 소송대리인 홍명호와 공모하여 2025. 2. 19.자 소송비용담보제공결정서를 허위내용으로 작성하여 이를 원고에게 특별송달함으로써 원고가 헌법상 누려야 할 신속하고도 공정한 재판을 받을 권리행사를 방해하였음은 물론 허위공문서작성죄 및 허위작성공문서행사죄라는 중대 범행을 저질러 왔습니다. **(입증자료 : 이 사건 전자소송에 등재되어 있는 2025. 2. 20.자 참고서면, 2025. 2. 25.자 참고서면, 2025. 2. 27.자 이의신청서 및 그 첨부 자료, 2025. 3. 8.자 참고서면)**

《위 ①항과 관련하여》

I. 제1차 결정서 및 제2차 결정서 각 기재내용

【제1차 결정서 '주문' 기재내용】

  피신청인(이 사건 원고)에게 수원지방법원 성남지원 2024가단 231123 손해배상(기) 사건에 관한 소송비용에 대한 담보로 신청인들을(이 사건 피고 23명 중 17명, 소송대리인 법무법인 도원) 위하여 이 명령을 고지 받은 날부터 10일 이내에 13,000,000원을 공탁할 것을 명한다.

【제2차 결정서 '주문' 기재내용】

  원고는 피고 조민구, 이민호, 유정현, 배보성, 이현철, 이승영에 대한 소송비용에 관한 담보로 이 명령을 고지 받은 날부터 10일 이내에 4,000,000(사백만)원을 공탁할 것을 명한다.

【제1차 결정서 '이유' 기재내용】

  이 사건 기록에 의하면 소송비용에 대한 담보제공이 필요하다고 판단되어 신청인들의 신청은 이유 있으므로 민사소송법 제117조 제1항, 제120조 제1항에 의하여 주문과 같이 결정한다.

【제2차 결정서 '이유' 기재내용】

  이 사건 기록에 의하면, 소송비용에 대한 담보제공이 필요하다고 판단되므로 민사소송법 제117조 제2항, 제1항, 제120조 제1항에 의하여 주문과 같이 결정한다.

【제1차 결정서 '附記' 기재내용】

※ 담보를 제공하여야 할 기간 이내에 피신청인이 이를 제공하지 아니하는 때에는 민사소송법 제124조에 의하여 법원은 변론 없이 판결로 소를 각하할 수 있습니다.

【제2차 결정서 '附記' 기재내용】

※ 담보를 제공하여야 할 기간 이내에 원고가 이를 제공하지 아니하는 때에는 민사소송법 제124조에 의하여 법원은 변론 없이 판결로 소를 각하할 수 있습니다.

II. 제1차 결정서 기재내용 및 제2차 결정서 기재내용 비교 · 검토

- 제1차 결정서 및 제2차 결정서상 '주문', '이유', '부기' 항목에 기재된 내용은 동일합니다.

다만, 부차적인 면을 살펴보면, 제1차 결정서에서는 원고를 상대로 소송비용담보를 제공하라고 신청한 피고 17명이 로펌인 법무법인 도원 대표 홍명호를 소송대리인으로 선임하고 공탁금액을 1,300만 원 책정해 놓았으나, 제2차 결정서에서는 소송대리인을 선임하지 않은 피고 6명이 공동으로 공탁금액을 400만 원을 책정해 놓았습니다.

※ 그런데 원고는 로펌인 법무법인 도원 대표 홍명호가 이 사건 피고 23명 중 18명에 대해 피고들의 자의가 아닌 타의에 의해 변호인 선임

계약이 이루어져 있으므로 소송대리인 자격조차 갖추지 못하고 있다고 주장하면서 그 근거를 제시하고 있습니다.(입증자료 : 2025. 4. 3.자 원고 준비서면)

- 또 제1차 결정서에서는 원고에게 소송비용에 대한 담보를 제공하도록 신청한 사람이 피고 18명(2024카담70521, 당사자내용 기재내용에 의함)으로 확인되고 있는 반면, 제2차 결정서에서는 민사소송법 제117조 제2항의 규정을 근거로 후임 판사 도영오가 직권으로 원고에게 소송비용에 대한 담보를 제공하도록 명하고 있습니다.

※ 생각해 보건대,

이 사건 피고 23명 중 소송대리인을 선임하지 않는 피고 조민구, 이민호, 유정현[135], 배보성, 이현철, 이승영 등 6명의 피고들은 이 사건 소장 부본이 송달된 지 8개월을 훌쩍 넘긴 현재에 이르기까지 이 사건 소장 부본에 자신들의 불법행위('관피모 사건' 및 거기에서 파행되어 나온 각 사건에 대하여 은폐 · 조작수사 범죄행위)를 입증하고 있는 증거자료들이 겹겹이 특정되어 있었으므로 단 한 장의 답변서를 제출하지 못하고 있었습니다.

그런데 후임 판사 도영오는 약 8개월 이상 답변서 한 장을 제출하지 못하고 있는 위 6명의 피고들에 대하여 2025. 4. 1. 무변론 판결 선고 기일통지서를 송달해 놓고는 2025. 4. 16. 선고 당일 무변론 판결(위 6명에 대한 패소판결)을 선고하기는커녕 느닷없이 위 6명의 피고

---

[135] 이 사건 전자소송에 등재된 2025. 1. 2.자 소송위임장에 의하면 피고 유정현은 법무법인 도원 대표 홍명호와 변호인 선임계약이 체결되어 있습니다. 따라서 후임 검사 도영오는 비록 제2차 결정서를 허위내용으로 작성하는 범행을 저지르더라도 제2차 결정서 대상자 선정과 관련하여 제대로 파악이나 하였으면 좋겠습니다.

들을 위한답시고 원고에게 소송비용 400만 원의 공탁을 하라는 취지로 허위내용의 제2차 결정서를 작성하고, 이에 터 잡아 이 사건 판결 선고 기일마저도 특정하지 않은 채 무작정 훗날을 기약하며 기일변경을 하고 말았습니다.

이는 '관피모 사건' 주범 구수회 및 그의 뒷배를 보호하기 위해 이 사건 피고 18명을 불법으로 변호인 선임계약을 체결한 법무법인 도원 대표 홍명호의 부정한 청탁이 있지 않고서는 도저히 상상할 수 없는 일입니다.

결국 후임 판사 도영오는 ① 전임 판사 박상언과 마찬가지로 허위내용의 제2차 결정서를 작성하고 이를 원고에게 송달한 범죄행위, ② 위 6명의 피고들을 비롯한 이 사건 모든 피고들에게 소송사기 행각[136]을 할 수 있도록 시간적 여유와 유리한 재판 환경 조성을 위하여 당초 무변론 선고 예정일인 2025. 4. 16. 당일에 이르러 아무런 근거나 사유 없이 이 사건 판결 선고 기일을 마음대로 변경해버린 범죄행위 등으로 인하여 원고에게 신속하고도 공정한 재판을 받을 권리행사를 방해함은 물론 허위공문서 작성 및 허위작성공문서 행사죄라는 중대한 죄책을 저질렀습니다.

III. 제1차 결정서 및 제2차 결정서는 공히 100% 허위내용의 공문서임을 입증코자 함

1. 제1차 결정서 기재내용은 단 한글자도 맞지 않는 100% 허위내용 공문서입니다.

---

[136] 이의 입증자료로는 이 사건 전자소송에 등재되어 있는 ① 2024. 9. 5.자 피고18 임용규의 답변서 및 이를 반박하고 있는 2024. 9. 6.자 원고 임찬용 준비서면, ② 2025. 4. 2.자 피고 측 소송대리인 홍명호의 준비서면 형식의 답변서 및 이를 반박하고 있는 2025. 4. 3.자 원고 임찬용의 준비서면

- 이를 구체적으로 살펴보면 다음과 같습니다.

. 전임 판사 박상언이 작성한 제1차 결정서【이유】란에는 신청인들의 피신청인에 대한 이 사건 소송비용담보제공 신청이 이유 있다는 근거로 민사소송법 제117조 제1항, 제120조 제1항을 제시하고 있습니다.

.. 민사소송법 제117조 (담보제공의무) : ① 원고가 대한민국에 주소·사무소와 영업소를 두지 아니한 때 또는 소장·준비서면, 그 밖의 소송기록에 의하여 청구가 이유 없음이 명백한 때 등 소송비용에 대한 담보제공이 필요하다고 판단되는 경우에 **피고의 신청이 있으면** 법원은 원고에게 소송비용에 대한 담보를 제공하도록 명하여야 한다. 담보가 부족한 경우에도 또한 같다.

.. 민사소송법 제120조(담보제공결정) : ① 법원은 담보를 제공하도록 명하는 결정에서 담보액과 담보제공의 기간을 정하여야 한다.

. **피신청인의 반박의견**

.. 이 사건에 있어서 피신청인은 위 민사소송법 제117조 제1항에 적용될 확률은 단 0.1%도 없습니다.

즉, 피신청인은 처·자식이 국내에서 거주하고 있는 정상적인 가정을 가진 대한민국 국적의 국민인 데다, 특히 약 33년간 공직생활을 해온 검찰수사서기관 출신 명예퇴직자로서 국가로부터 매월 350만원 가량의 공무원 연금을 받고 있는 상황에서 이 사건 소송비용 1,300만 원을 면탈하기 위해 외국으로 도망갈 개연성은 단 0.1%도 없습니다. 특히 "(이 사건) 소장·준비서면, 그 밖의 소송기록에 의하여 청구가 이유 없음이 명백한 때"에 해당하는 개연성은 0%에 가깝습니다.

.. 오히려 이 사건 전자소송 진행내용에 기재된 바대로, 이 사건 피고들인 신청인들은 이 사건 소장에 첨부된 명백한 증거자료들로 인하여 자신들의 '관피모 사건' 및 거기에서 파생되어 나오는 각 사건들에 대한 은폐·조작수사 불법행위가 명백해지자, 2024. 7. 15.자 이 사건 소장이 이 법원에 접수된 이래 약 7개월이 지난 2025. 2. 27.에 이르기까지 단 한 장의 답변서마저도 이 사건 담당재판부에 제출하지 못하고 있습니다.

다행히도 신청인들 중 이 사건 피고 임용규 수원고등검찰청 검사가 2024. 9. 5. 이 사건에 대한 답변서를 제출한 사실이 있으나, 이마저도 그 답변서 기재내용이 2024. 9. 6.자 피신청인(이 사건 원고) 임찬용의 준비서면에 의해 100% 허위내용으로 밝혀졌습니다.(입증자료 : 이 사건 전자소송에 현출되어 있는 2024. 9. 5.자 피고 임용규 답변서 및 2024. 9. 6.자 원고 임찬용 답변서 각 참조)

2. 제2차 결정서 기재내용 역시 100% 허위내용으로 작성되어 있다는 근거로서 위 1항을 그대로 원용합니다.

– 다만, 후임 판사 도영오는 앞서 살펴본 바와 같이 민사소송법 제117조(담보제공의무) 제2항을 우선 적용하여 직권으로 피고 6명을 위하여 원고에게 소송비용에 대한 담보를 제공하도록 명하였다는 사실, 원고가 부담하여야 할 소송비용 담보 제공 대상자 및 공탁금액이 제1차 결정서 때 보다 훨씬 적다는 사실[137], 후술하는 바와 같이 후임 판사

---

[137] 이는 그만큼 소송비용 면탈 가능성이 적다는 의미이기도 하고, 또 그만큼 원고의 소송비용 담보제공 의무 필요성이 적다는 의미기기도 합니다.

도영오는 전임 판사 박상언이 작성한 제1차 결정서가 허위내용으로 작성된 사실을 인식하고 있었음에도 불구하고 또다시 이를 감행하였다는 사실138) 등으로 미루어 볼 때 후임 판사 도영오의 죄질이 전임 판사 박상언의 죄질 보다 훨씬 무겁고 불량하다고 봄이 명백합니다.

- 또 후임 판사 도영오는 약 8개월 이상 답변서 한 장 제출하지 않고 있는 위 6명의 피고들에게 2025. 4. 1. 무변론 판결 선고기일통지서를 송달해 놓고서는 정작 무변론 판결 선고일인 2025. 4. 16.에 이르자 갑자기 태도를 180% 바꿔 위와 같이 허위내용의 제2차 결정서를 작성하여 원고에게 송달함과 동시에 아무런 근거나 사유를 밝히지 아니한 채 추후 무변론 판결 선고 기일을 특정함이 없이 마음대로 변경해 버렸습

---

138) 이 사건 전자소송에 등재된 각 서면 등 기록을 살펴보면, 후임 판사 도영오는 제1차 결정서의 허위내용 인식과 관련, 2025. 3. 6.자 '석명준비명령(도과기간확인)'에서 원고에게 "원고는 이 법원의 2025. 2. 29.자 소송비용담보제공 명령에 관하여 2025. 2. 27.자 이의신청서를 제출하였는 바, 위 이의신청이 민사소송법 제121조에 따른 즉시항고 해당하는 것인지를 특정해 주시기 바랍니다."라는 취지의 명령을 내린 바 있습니다.

그러나 원고는 2025. 3. 7.자 준비서면에서, "2025. 3. 6.자 판사 도영오 명의로 원고에게 내린 석명준비명령은 전임 판사 박상언의 중대 범죄를 은폐하고, 그가 원고에게 불법적으로 내린 2025. 2. 19.자 소송비용담보제공 명령을 정당화하기 위한 고도의 술책에 불과하므로 원고는 이를 단호히 거부합니다. 후임 판사 도영오가 원고에게 위 이의신청에 대하여 민사소송법 제121조에 따른 즉시항고에 해당하는지 특정해 달라는 취지의 석명준비명령을 내릴 것이 아니라, 형사소송법 제234조(고발) 제 ②항 (공무원은 그 직무를 행함에 있어 범죄가 있다고 사료하는 때에는 고발하여야 한다)에 의거 수사기관에 고발하여야 합니다."라는 취지로 주장하면서 위 석명준비명령의 잘못을 지적한 바 있습니다.

후임 판사 도영오는 원고의 위와 같은 주장이 100% 옳다는 사실을 시인하고, 원고가 그동안 주장해온 바대로 2025. 4. 1.을 기하여 8개월 이상 답변서 한 장을 제출하지 못하고 있는 피고들에게 이 사건 무변론 판결 선고를 결정하고 이를 당사자에게 송달까지 하였던 것입니다.

그랬던 후임 판사 도영오는 실제 2025. 4. 16. 무변론 선고 기일에 이르자 느닷없이 태도를 180도 바꿔 제2차 결정서를 허위내용으로 작성하고, 거기에 터 잡아 이 사건 무변론 선고 기일마저도 기약 없이 변경해 버리는 불법행위를 저질러 버렸습니다. 어느 누가 이를 상상이라도 할 수 있었겠습니까? 이는 로펌인 법무법인 도원 대표이자 피고 측 소송대리인 홍명호의 부정한 청탁이 전제되지 않고서는 도저히 설명이 불가능하게 되어 버렸습니다. (입증자료 : 2025. 4. 2.자 피고 측 소송대리인 홍명보의 답변서 및 2025. 4. 3.자 원고 임찬용의 준비서면)

니다.

그 결과 전임 판사 박상언과 함께 제1차 결정서를 허위내용으로 작성하여 이를 원고에게 특별 송달함으로써 중대 범행을 저지른 법무법인 도원 대표 홍명호 및 그에게 변론을 맡긴 이 사건 피고 18명이 패소 판결과 다름없는 무변론 판결 선고를 교묘하게 피해갈 수 있는 혜택을 누릴 수 있었습니다. (입증자료 : 2025. 4. 2.자 피고 측 소송대리인 홍명호의 답변서 및 이를 100% 허위내용이라고 입증하고 있는 2025. 4. 3.자 원고 임찬용의 준비서면)

이는 앞서 이미 살펴본 바와 같이 후임 판사 도영오의 재량행위를 훨씬 뛰어넘은 중대 범죄 행위라고 아니할 수 없습니다.

《위 ②항과 관련하여》

Ⅰ. 후임 판사 도영오가 이 사건 무변론 판결 선고 결정을 내리기까지의 과정을 살펴보면,
   (이 사건 전자소송 '진행내용' 기재에 의함)

- 2024. 7. 19. 접수
- 2024. 8. 8. 각 피고에게 소장 부본 송달
- 2024. 8. 16. 원고 임찬용 준비서면 제출(이 사건 관련 2024. 8. 11.자 KMS 신문기사 및 그 붙임자료 제출)
- 2024. 8. 27. 원고 임찬용 준비서면 제출(2024. 8. 26.자 KMS 신문기사 제출)
- 2024. 9. 4. 피고 소송대리인 법무법인 도원 홍명호 답변서 제출
   * 청구원인에 대한 구체적인 내용은 추후 준비서면으로 제출하겠다고 함
- 2024. 9. 5. 피고 소송대리인 법무법인 도원 홍명호 답변서 제출

* 소송대리인 홍명호가 자신이 수임한 전체 피고들에 대한 답변서가 아니라, 피고18 임용규에 대한 답변서임, 또한 이는 소송대리인 홍명호가 자신의 명의로 답변서를 작성, 제출한 것이 아니라, 피고18 임용규가 자신의 명의로 답변서를 직접 작성, 제출한 것임.

- 2024. 9. 6. 원고 임찬용 준비서면 제출 (2024. 9. 5.자 피고18 임용규 답변서에 대한 원고의 반박 의견)
- 2025. 2. 19. 이 사건 소송비용담보결정
- 2025. 2. 20. 원고 임찬용 참고서면 제출 [서울중앙지법 판사 한나라의 '관피모 사건' 은폐 · 조작을 위한 허위 판결문 작성 범죄발생과 관련, 이 사건(성남지원 2024가단1957, 성남지원 2024가단231123)에 대한 신속한 원고 승소판결 이행 촉구]
- 2025. 2. 25. 원고 임찬용 참고서면 제출('관피모 사건'을 은폐하기 위해 100% 허위내용의 판결문을 작성한 판사 한나라에 대한 파면 및 공수처에 구속수사 형사고발 조치 의뢰)
- 2025. 2. 27. 판사 박상언의 소송비용담보결정에 대한 이의신청 및 제2차 이 사건 원고 승소판결 강력 재촉구
- 2025. 3. 6. 석명준비명령(도과기간 확인)
  * 원고는 이 법원의 2025. 2. 19.자 소송비용담보제공 명령에 관하여 2025. 2. 27.자로 이의신청을 제출하였는바, 위 이의신청이 민사소송법 제121조에 따른 즉시항고에 해당하는 것인지를 특정해 주시기 바람.
- 2025. 3. 7. 원고 임찬용 준비서면 제출
  * 2025. 3. 6.자 원고에게 내린 석명준비명령은 전임 판사 박상언의 (허위내용의 이 사건 소송비용담보결정서 작성에 따른) 중대 범죄행위를 은폐하고, 그가 원고에게 불법적으로 내린 2025. 2. 19.자 소송비용담보제공명령을 정당화하기 위한 고도의 술책에 불과하므로 원고는 이를 단호히 거부함.
- 2025. 3. 8. 원고 임찬용 참고서면 제출(제목 : 조희대 사법부는 이미 죽었습니다.!!)

* '관피모 사건'을 은폐하고 주범 구수회에 대하여 윤석열 정부 경찰, 검찰, 공수처에서 누려왔던 치외법권 지위를 사법부에서도 계속 누리도록 하기 위하여 서울중앙지방법원 판사 한나라는 2025. 2. 12. 2024가단5215651 사건을 처분하면서 허위내용의 판결문을 작성하는 수법을 통해 원고 구수회에게 승소판결을 내리고, 수원지방법원 성남지원 판사 박상언 역시 2025. 2. 19. 2024가단231123 시건을 심리하면서 구수회 측 배후세력이거나 그 배후세력의 도움을 받고 있는 법무법인 도원 대표 홍명호로부터 부정한 청탁을 받고 허위내용의 소송비용담보제공결정서를 작성하는 수법을 통해 별론 없이 위 사건 소를 각하처분 하려다가 원고 임찬용에 의해 들통나고 말았음.

- 2025. 4. 1. 각 당사자들에게 이 사건 무변론 판결 선고기일통지서 송달

II. 2025. 4. 1. 판사 도영오의 이 사건 무변론 판결 선고 결정 이후의 사정 변경을 살펴보면,

. 2025. 4. 2. 피고 소송대리인 법무법인 도원 홍명호 준비서면 제출
 * 피고 측 소송대리인 홍명호가 자신이 수임한 피고18인에 대하여 준비서면 형식을 취한 최초의 답변서임

. 2025. 4. 3. 원고 임찬용 준비서면 제출 (2025. 4. 2.자 소송대리인 홍명호의 피고 18인 답변서에 대한 반박의견)

- 피고 측 소송대리인 홍명호는 2025. 4. 2. 이 사건 피고 18인에 대한 최초의 답변서를 준비서면 형식으로 제출한 사실이 있습니다.

- 그러나 원고 임찬용은 2025. 4. 3.자 준비서면을 통하여 피고 측 소송대리인 홍명호가 이 사건 담당 재판부에 제출한 2025. 4. 2.자 위 답변서에 대하여,139) 민사소송법상 답변서로서의 기본적 성립요건을 전혀 갖추고 있지 않았을 뿐만 아니라, 거기에 기재된 내용 역시 100% 허위로 작성되어 있다는 사실을 입증시켰습니다. (입증자료 : 2025. 4. 2.자 피고 측 소송대리인 홍명호의 이 사건 피고 18인에 대한 답변서 및 2025. 4. 3.자 원고 임찬용의 준비서면 각 참조)

- 즉, 피고 측 소송대리인 홍명호는 이 사건 소장 부본이 피고들에게 송달된 지 8개월이 다가오는 현 시점에 이르기까지 자신이 수임한 이 사건 피고 18명 중 단 한 명, 단 한 장의 답변서마저도 제대로 작성하여 담당 재판부에 제출하지 못하고 있다가,140) 어떠한 방법을 써서라도 2025. 4. 16. 선고 예정에 있는 무변론 판결을 저지해 보기 위해 민사소송법상 도저히 답변서라고 인정할 수 없는 성립요건을 갖추지 못하고 있는 데다, 거기에 기재된 내용까지 100% 허위로 작성한 후 이를 담당 재판부에 제출하는 소송사기 행각을 벌이다가 원고에게 적발되고 말았던 것입니다.

- 따라서 피고 측 소송대리인 홍명호는 이 사건 소장이 피고들에게 송달된 이래로 자신이 수임한 피고 18명 중 단 한 명, 단 한 장의

---

139) 원고는 이를 '이 사건 200% 거짓 답변서'라고 명명하여 왔습니다. 그 이유는 피고 측 소송대리인 홍명호 명의로 제출된 2025. 4. 2.자 이 사건 답변서(준비서면 형식으로 작성)를 살펴보았더니 "알맹이가 전혀 없는 빈껍데기로서 명칭만 준비서면 형식을 취한 답변서이지 실질적인 측면에서는 답변서의 기본적인 성립요건을 전혀 갖추지 않았음은 물론, 거기서 한걸음 더 나아가 그 답변서에 기재된 내용까지 100% 허위내용으로 작성되어 있는 이른바 100% + 100% 거짓 답변서"이었기 때문이었습니다.

140) 피고 측 소송대리인 홍명호가 자신이 수임한 피고 18명 중 단 한 명, 단 한 장의 답변서마저도 제대로 작성하여 담당 재판부에 제출할 수 없었던 이유와 관련하여, 원고는 2025. 4. 3.자 준비서면에서 "이 사건 소장에는 피고들의 불법행위(피고들이 맡고 있는 각 사건에 대한 은폐·조작수사 범죄행위)를 입증하고 있는 증거자료들이 겹겹이 특정되어 있기 때문입니다"라고 적시해 놓고 있습니다.

답변서를 작성한 사실이 없을 뿐만 아니라 이를 담당 재판부에 제출한 사실이 없습니다.

III. 결론

- 위 I항 및 II항의 사실에 비추어 볼 때 2025. 4. 16. 후임 판사 도영오가 어떠한 근거나 사유를 제시하지 아니하고 일방적으로 이 사건 무변론 판결 선고기일을 변경해 버린 처사는 사건 심리와 관련된 법관의 자유 심증주의나 재판운영과 관련된 법관의 소송 재량행위를 훨씬 뛰어넘는 명백한 직권남용에 해당하는 범죄행위임은 두말할 나위가 없습니다.

- 또 이는 이 사건이 서두에서 살펴본 바와 같이 원초적으로 법조 카르텔에 기반을 두고 있는 데다, 그동안 이 사건 변론과 관련하여 소송사기행각을 거침없이 해왔던 로펌인 법무법인 도원 대표 홍명호의 로비에 의해 저질러진 범죄라는 사실이 명명백백하게 증명되고 있다고 할 것입니다.

2025. 4. 17.
원고　임 찬 용 　(인)

【증거방법 : 이 사건 전자소송에 모두 등재되어 있는 자료들임】

1. 이 사건 전자소송에 등재된 사건번호 '2024가단231123'에 대한 '진행내용' 출력물 1부.
2. 2024. 7. 19.자 이 사건 소장 1부.
3. 2024. 9. 4.자 피고 소송대리인 법무법인 도원 홍명호 답변서 1부.
4. 2024. 9. 5.자 피고18 임용규 검사 답변서 1부.
5. 2024. 9. 6.자 원고 임찬용 준비서면 1부.
6. 2025. 2. 19.자 제1차 이 사건 소송비용담보결정서 1부.
7. 2025. 2. 20.자 원고 임찬용 참고서면 1부.
8. 2025. 2. 25.자 원고 임찬용 참고서면 1부.
9. 2025. 2. 27.자 원고 이의신청서 및 그 첨부서류 각 1부.
10. 2025. 3. 6.자 판사 도영오 명의의 석명준비명령(도과기간확인) 1부.
11. 2025. 3. 7.자 원고 임찬용 준비서면 1부.
12. 2025. 3. 8.자 원고 임찬용 참고서면 1부.
13. 2025. 4. 2.자 피고 소송대리인 홍명호 준비서면(답변서) 1부.
14. 2025. 4. 3.자 원고 임찬용 준비서면 1부.
15. 2025. 4. 7.자 원고 임찬용 탄원서 1부.
16. 2025. 4. 16.자 제2차 이 사건 소송비용담보결정서 1부.
17. 2025. 4. 16.자 이 사건 판결 선고 기일변경 명령서 (변경된 기일 : 추후 지정) 1부. 끝.

수원지방법원성남지원 민사4단독 귀중

㉕ **【첨부(입증) 자료 24】**

⇨ 2025. 4. 18.자 원고 참고서면 (판사 도영오에 대한 제3차 진정서) 및 그 첨부서류 (2025. 4. 17.자 원고 준비서면 : 위 "첨부(입증) 자료 23"번과 중복으로 생략) 각 1부.

제3차 진 정 서

수신 : 조희대 대법원장님
참조 : 최진수 윤리감사관님
제목 : 판사 도영오에 대한 파면 및 공수처에 구속수사 형사고발 조치 의뢰

I. 제3차 진정서 요지

수원지방법원성남지원 판사 도영오는

- 제2차 진정서에 기재되어 있는 피진정인 박상언 판사로부터 성남지원 2024가단231123 사건을 인수받아 계속 재판을 진행해 오면서 전임 판사 박상언과 동일한 방법으로 제2차 소송비용담보제공 결정서를 허위내용으로 작성하여 이를 이 사건 원고인 진정인에게 송달함으로써 위 사건 소장을 변론 없이 판결로 각하할 수 있다는 등 사기재판·협박재판을 계속 진행 중에 있고,

- 이에 터 잡아 약 2주전부터 예정되어 있던 2025. 4. 16. 이 사건 무변론 판결 선고기일에 대하여 아무런 근거나 사유를 제시하지 아니한 채 일방적으로 기약 없는 훗날로 변경해 버리는 등 불법적인 소송 진행을 서슴지 않고 있음

- 이는 결국 이 사건 허위내용의 판결을 통하여 '관피모 사건'을 은폐하고 주범 구수회 및 그의 뒷배를 보호함에 있다는 사실은 이미 제1차 및 제2차 진정서에서 살펴본 바와 같음

Ⅱ. 위 'Ⅰ항에 대한 입증자료 : 2025. 4. 17.자 이 사건 원고 준비서면 및 이를 입증하고 있는 각 자료.

※ 제1차 진정서는 피진정인이 당시 서울중앙지방법원 판사 한나라인 바 대법원 윤리감사관실 진정서 접수번호 1226호로 접수되어 현재 기록 검토 중에 있고, 제2차 진정서는 피진정인이 당시 수원지방법원성남지원 판사 박상언인 바 대법원 윤리감사관실 진정서 접수번호 1583호로 접수되어 이 역시 현재 기록 검토 중에 있습니다.

진정인 주소 및 연락처 : 경기도 성남시 수정구 복정로96번길 20, 000호(복정동)

첨부 : 2025. 4. 17.자 원고 준비서면 및 이를 입증하고 있는 각 자료 17개. 끝.

2025. 4. 18.
진정인   임 찬 용 (인)

조희대 대법원장님 귀하

㉖ 【첨부(입증) 자료 25】

⇨ 2025. 5. 15.자 무변론 판결 선고 기일통지서 1부.

개인정보유출주의 제출자:곽영관, 송달물 등재일시:2025.05.15 10:55, 출력자:임찬용, 다운로드일시:2025.05.31 18:33

수원지방법원 성남지원

선고기일통지서

사 건	2024가단231123 손해배상(기)
원 고	임찬용
피 고	류중일 외 22명

위 사건의 선고기일이 다음과 같이 지정되었습니다.

당사자는 선고기일에 출석할 수 있으며, 당사자가 출석하지 아니하여도 판결을 선고할 수 있습니다. 다만, 피고가 선고기일 전에 답변서를 제출하여 원고의 청구를 다투는 경우에는 선고기일이 취소됩니다.

일시: 2025. 5. 28. (수) 10:00
장소: 성남지원 법정 제7호(제4별관)

2025. 5. 15.

법원주사 김 평 구

◇ 유 의 사 항 ◇
1. 출석할 때에는 신분증을 가져오시고, 이 사건에 관하여 제출할 서면이 있는 경우에는 사건번호(2024가단231123)를 기재하시기 바랍니다.
2. 전자소송포털 앱(아래 QR코드)이나 대한민국법원 홈페이지(www.scourt.go.kr) '나의 사건검색'을 이용하시면 재판기일 등 각종 정보를 편리하게 열람할 수 있습니다.
3. 사건진행에 관하여 전화안내를 받고자 하는 경우에는 '(02) 3480-1100'을 이용하실 수 있습니다.
※ 주차시설이 협소하오니 대중교통을 이용하여 주시기 바랍니다.

※ 문의사항 연락처: 수원지법 성남지원 민사4단독 법원주사 김평구
전화: 031-737-1227
팩스: 031-742-2004 e-mail: 매주 수요일은 재판진행으로 전화연결이 어렵습니다.

나의 사건검색 QR코드

㉗ 【첨부(입증) 자료 26】
⇨ 2025. 5. 28.자 이 사건 각하 판결문 1부.

개인정보유출주의 등복자:도영오, 등복일시:2025.05.28 23:59, 출력자:임찬용, 다운로드일시:2025.06.18 18:39

수원지방법원 성남지원

판 결

사 건	2024가단231123 손해배상(기)
원 고	임찬용
	성남시 수정구 복정로96번길 20, 203호(복정동)
피 고	1. 류중일
	2. 신미영
	3. 신혜선
	피고 2, 3의 주소 서울 성북구 보문로 170(삼선동5가, 서울성북경찰서)
	4. 이정호
	서울 도봉구 마들로 747(도봉동, 서울북부지방검찰청)
	5. 유정민
	6. 고형민
	용인시 수지구 풍덕천로190번길 18(풍덕천동, 수지지구대)
	7. 이일래
	성남시 중원구 금빛로2번길 10(상대원동, 성남중원경찰서)
	8. 임연진
	고양시 일산동구 장백로 213(장항동, 의정부지방검찰청고양지청)
	9. 정용수

창원시 성산구 창이대로 669(사파동, 창원지방검찰청)

10. 조민구

11. 이민호

피고 10, 11의 주소 서울 은평구 진흥로 58(녹번동, 서울서부경찰서)

12. 유정현

남양주시 다산중앙로82번안길 149(다산동, 의정부지방검찰청 남양주지청)

13. 배보성

14. 이현철

피고 13, 14의 주소 서울 도봉구 노해로 403(창동, 서울도봉경찰서)

15. 정성현

광주 동구 준법로 7-12(지산동, 광주지방검찰청)

16. 이승영

서울 서초구 반포대로 172(서초동, 서울고등검찰청)

17. 허유희

18. 임용규

19. 변제용

20. 최미선

21. 김정산

피고 1, 5, 19, 20, 21의 주소 성남시 수정구 성남대로 1259(태

평동, 성남수정경찰서)

22. 곽병수

피고 17, 22의 주소   성남시 수정구 산성대로 451(단대동, 수원지방검찰청성남지청)

23. 강길주

피고 18, 23의 주소   수원시 영통구 법조로 91(하동, 수원고등검찰청)

피고 1, 2, 3, 4, 5, 6, 7, 8, 9, 12, 15, 17, 18, 19, 20, 21, 22, 23의 소송대리인 법무법인 도원 담당변호사 임용찬, 홍명호

변 론 종 결	무변론
판 결 선 고	2025. 5. 28.

주   문

1. 원고의 피고들에 대한 소를 모두 각하한다.
2. 소송비용은 원고가 부담한다.

청 구 취 지

원고에게, 피고 류중일, 이정호, 유정민, 임연진, 정용수, 유정현, 정성현, 이승영, 허윤희, 임용규, 곽병수, 강길주는 각 27,687,270원, 피고 신미영, 신혜선은 공동하여, 피고 고형민, 이일래는 공동하여, 피고 조민구, 이민호는 공동하여, 피고 배보성, 이현철은 공동하여, 피고 변제용, 유정민은 공동하여, 피고 최미선, 김정산은 공동하여 각 금

27,687,270원 및 이에 대한 이 사건 소장 부본 송달 다음 날부터 다 갚는 날까지 연 12%의 비율에 의한 금원을 각 지급하라.

이 유

원고가 피고들에 대하여 별지 청구원인 기재와 같은 이유로 제기한 이 사건 소에 관하여, 피고 류중일, 신미영, 신혜선, 이정호, 유정민, 고형민, 이일래, 임연진, 정용수, 정성현, 허유희, 임용규, 변제용, 최미선, 김정산, 곽병수, 강길주는 2024. 12. 6. 이 법원에 2024카담70521호로 원고를 상대로 이 사건에 관한 담보제공명령을 신청한 사실, 이에 이 법원은 2025. 2. 19. 원고에게 이 사건 중 위 피고들에 관한 소송비용에 대한 담보로 담보제공명령을 고지받은 날로부터 10일 이내에 13,000,000원을 공탁할 것을 명한 사실, 원고는 2025. 2. 27. 위 담보제공명령을 송달받고, 같은 날 이 사건으로 이의 신청서를 제출한 사실, 이에 이 법원은 2025. 3. 6. 원고에게 위 이의신청이 민사소송법 제121조에 따른 즉시항고에 해당하는지를 특정하라는 취지의 석명준비명령을 하였는데, 원고는 위 석명준비명령을 2025. 3. 6. 송달받았음에도 위 이의 신청서가 위 담보제공명령에 대한 즉시항고에 해당하는지 여부를 밝히지 않고, 2025. 3. 7.자 준비서면을 통해 위 석명준비명령을 단호히 거부한다는 의사를 밝힌 사실, 이 법원은 2025. 4. 16. 민사소송법 제117조 제2항, 제1항에 따라 직권으로 원고에게 나머지 피고 조민구, 이민호, 유정현, 배보성, 이현철, 이승영에 관한 이 사건의 소송비용에 대한 담보로 담보제공명령을 고지받은 날로부터 10일 이내에 4,000,000원을 공탁할 것을 명한 사실, 그럼에도 원고는 이 사건 판결 선고일 현재까지 위 각 담보제공명령에 따른 담보금을 공탁하지 않은 사실을 인정할 수 있다.

위 인정 사실에 의하면, 원고는 위 각 담보제공명령을 받았음에도 각 담보를 제공하여야 할 기간 이내에 이를 제공하지 않았다고 판단함이 타당하다.

따라서 민사소송법 제124조 본문에 따라 변론없이 판결로 원고의 피고들에 대한 이 사건 소를 모두 각하하기로 하여 주문과 같이 판결한다.

판사　　도영오　<u>전자서명완료</u>

㉘ **【첨부(입증) 자료 27】**

⇨ 2025. 2. 24.자 서울중앙지법 판사 한나라에 대한 진정서 및 그 입증 자료[① 2025. 2. 12.자 서울중앙지법 판사 한나라가 작성한 판결문 1부, ② 위 판결문이 100% 허위내용으로 작성되었다고 입증하고 있는 2025. 2. 19.자 피고 임찬용 항소장 1부(위 ①항 및 ②항의 자료는 중복으로 생략), ③ 원고 구수회가 담당 재판부에 제출한 재판서류 일체, ④ 피고 임찬용이 담당 재판부에 제출한 재판서류 일체 (위 ③항 및 ④항의 자료는 중복 및 분량 과다로 생략)] 각 1부.

진 정 서

수신 : 조희대 대법원장님
참조 : 최진수 윤리감사관님
제목 : '관피모 사건'을 은폐하기 위해 100% 허위 내용의 판결문을 작성한 판사 한나라에 대한 파면 및 공수처에 구속수사 형사 고발 조치 의뢰

가. '관피모 사건 고소장'(별권책자 제78~104쪽)에 기재된 '관피모 사건'의 핵심 요지는,

주범 구수회가 수십 년간 자신이 카페지기로 있는 약 만 명에 이르는 '관청피해자모임' 카페 회원 등을 상대로 '① **변호사가 해야 할 일 90% 행정사가 가능하다**, ② 행정사 20년 하면서 행정심판 1,900건 수임 진행하였고, **행정사 수수료 1억을 5번 받았다**, ③ 무혐의 된 고소를 행정심판으로 살린다. 재개발 조합장을 징역 보내는 방법, **대법원 패소된 사건을 행정사가 살린다**.'는 허위 광고를 해대며 모든 민·형사 사건을 끌어 모은

다음 이를 자신의 뒤를 봐주는 검찰 고위직 출신 변호사에게 갖다 바치고, 자신은 일정한 중개 수수료나 챙기면서 사건 브로커 역할을 해왔다는 것입니다.

나. 그런데, 서울중앙지법 판사 한나라는 2025. 2. 12. 위 '관피모 사건'을 은폐하기 위해 서울중앙지방법원 2024가단5215651호[이하, '이 사건'이라 함, 원고(반소피고) 구수회, 피고(반소원고) 임찬용] 사건을 처리하면서 '관피모 사건' 주범 구수회의 뒷배로부터 부정한 청탁을 받고 허위내용의 판결문을 작성하는 수법을 통해 원고(반소피고) 구수회에게는 승소, 피고(반소원고) 임찬용에게는 패소판결을 내렸습니다.

이는 윤석열 경찰, 검찰, 심지어 공수처에 이르기까지 모든 국가 수사기관이 권력 실세인 전관 변호사로부터 암묵적 지시를 받고 위 '관피모 사건'에 대한 은폐 · 조작수사를 실시해 오고 있는 상황에서, 법원까지 여기에 가담함으로써 사건 은폐 · 조작을 위한 우리나라 '법조카르텔'의 위력이 얼마나 심각한지 가늠하기조차도 힘든 상황이 되어 버렸습니다.

다. 더더욱 기막힌 사법부의 불신 문제로 부상하고 있는 상황으로는,

서울중앙지방법원 판사 한나라의 이 사건 허위내용 판결문 작성 수법이 법관으로서의 최소한의 양심과 사법정의 실현을 위한 직업 윤리의식을 헌신짝처럼 내팽개친 채 '관피모 사건' 주범 구수회의 승소를 위해서라면 이 사건 피고인 진정인이 제출한 수많은 증거자료를 마음대로 휴지통에 던져버렸고, 그 일부를 채택하더라도 이마저도 구수회에게 유리하게 해석해버리고, 신성한 '대법원 판례'를 억지로 끌고 와 구수회 승소에 꿰맞춤은 물론 심지어 허위내용으로 작성된 성남수정경찰서 사법경찰리 김경환이 작성한 결정문까지 몰래 훔쳐 베껴 쓰는 등

그야말로 법관으로서는 하지 말아야 할 금도를 서슴없이 넘나들고 있습니다. 한마디로 판사 한나라는 정의의 여신이 아니라 악마 그 자체입니다. (입증자료 : ① 2025. 2. 12.자 이 사건 판결문 1부. ② 2025. 2. 19.자 피고 임찬용이 작성한 이 사건 항소장 1부)

이는 법관의 자유심증주의를 훨씬 뛰어넘는 중대한 범죄행위로서 국민들에게 사법 불신을 더욱 심화시키고 말았습니다.

라. 진정인은 위 '가, 나, 다' 항을 더욱 명백하게 입증하기 위하여 이 사건 전자소송에 등재되어 있는 원고 구수회와 피고 임찬용 간 주고받은 소장, 반소장, 반소장 청구취지 및 청구원인 변경신청서, 각 답변서 및 준비서면, 거기에 첨부된 증거자료, 판결문 및 이를 부인하는 항소장 등 재판기록 일체에 대해 이 사건 원고 및 피고별, 그리고 날짜순으로 출력하여 몽땅 제출하고자 합니다. (입증자료 : ③ 원고 구수회가 이 사건 담당 재판부에 제출한 재판 서류 일체 ④ 피고 임찬용이 이 사건 담당 재판부에 제출한 재판 서류 일체)

마. 진정인이 위 입증자료 ①~②항에 의해 판사 한나라가 이 사건 원고 구수회의 뒷배로부터 부정한 청탁을 받고 100% 허위내용의 판결문을 작성한 사실이 확인되고 있는 상황에서, 위 '라. 항'과 같이 이 사건 재판기록 전체를 제출한 이유는 "원심 판사는 3회에 걸친 이 사건 변론기일 (2024. 10. 2, 2024. 11. 6, 2024. 1. 15.)을 통하여 피고가 제출한 준비서면과 거기에 첨부된 증거자료들에 의해 원고가 제출한 모든 서면은 100% 거짓말로 작성되었고, 거기에 증거로 첨부된 경찰이나 검찰에서 작성한 수사서류 역시 100% 허위 내용으로 작성되어 있다는 사실을 겹겹이 확인하여 왔음에도 불구하고, 한글을 터득할 정도의 지적 수준의 사람도 알아볼 수 있을 정도로 이 사건 판결문 '판단' 부분을

모두 허위내용으로 작성해 놓았습니다."라는 항소장 "Ⅱ. 피고의 원심 판결문에 대한 총평"에 기재된 내용을 대법원 윤리감사관님께 더욱 촘촘하게 확인시키코자 함에 있기 때문입니다.

이를 통해 서울중앙지법 판사 한나라는 사리사욕에 심취한 나머지 실체적 진실발견과 정의를 추구해야 하는 법관직을 한시라도 유지해서는 안 된다는 절박한 진정인의 심정을 역사와 국민, 특히 조희대 대법원장님께 표출하고 싶었습니다.

바. 마지막으로 조희대 대법원장님께 호소합니다.

서울중앙지법 판사 한나라의 이 사건 허위 판결문 작성을 통한 원고 구수회의 승소 판결은 수십 년간 변호사법위반과 고도의 사기행각을 해온 구수회에게 윤석열 정부의 경찰, 검찰, 공수처에 이어 마지막 단계인 법원에서마저도 구수회에게 치외법권 지위를 인정해 주는 꼴이 되고 말았습니다.

이는 사법부가 스스로 나서서 '관피모 사건'을 은폐하고, 나아가 전관예우, 법조카르텔을 장려하고 조장하는 의미이기도 합니다.

최근 정치(비리)검사 출신 윤 대통령 비상계엄에 따른 형사사법절차에서 법관의 구속영장발부에 화난 일부 시민들이 폭도로 돌변하여 서울서부지법에서 난동을 부렸던 원인도 따지고 보면 법원의 대국민에 대한 사법 불신이 밑바닥에 깔려 있다고 생각합니다.

수십 년간 변호사법위반과 고도의 사기행각을 해온 구수회의 뒷배로부터 부정한 청탁을 받고 이 사건 허위 판결을 내린 판사 한나라의 손절 없이는 이 나라 사법정의 실현은 물론 대국민 사법 불신 해소는 요원하다고 확신합니다.

존경하는 조희대 대법원장님!

이번 기회에 윤석열 정부의 경찰, 검찰, 공수처에 이르기까지 '관피모 사건'을 배후에서 은폐 지시한 세력이 누구인지 확실히 밝히기 위해서라도 이 사건에 대한 허위판결문을 작성한 서울중앙지법 판사 한나라에 대한 파면과 공수처 구속수사 의뢰가 절대적으로 필요합니다.

이 길만이 전관예우 척결, 법조카르텔 청산, 검찰개혁 및 사법정의 실현이라는 국가 당면 과제를 풀 수 있는 유일한 방법이라고 생각합니다.

진정인은 조희대 대법원장님께 애국충정의 위와 같은 고언을 이 진정서에 담아 호소 드리오니 널리 살펴봐 주시기를 바랍니다.

입증(증거)서류
① 2025. 2. 12.자 서울중앙지법 판사 한나라가 작성한 이 사건 판결문 1부.
② 2025. 2. 19.자 피고 임찬용이 작성한 이 사건 항소장 1부.
③ 원고 구수회가 이 사건 담당 재판부에 제출한 재판 서류 일체
④ 피고 임찬용이 이 사건 담당 재판부에 제출한 재판 서류 일체. 끝.

2025. 2. 24.
진정인 임 찬 용 (인)

조희대 대법원장님 귀하

㉙ **【첨부(입증) 자료 28】**

⇨ 2025. 3. 7.자 수원지법성남지원 판사 박상언에 대한 제2차 진정서 및 그 입증자료[① 2025. 2. 24.자 서울중앙지법 판사 한나라에 대한 진정서 1부. ② 판사 박상언이 작성한 소송비용담보제공결정서(2024카담70521 소송비용담보제공) 1부, ③ 위 결정서가 100% 허위내용으로 작성되었다고 입증하고 있는 진정인 임찬용이 작성한 2025. 2. 27.자 이의신청서 및 그 첨부서류 각 1부 (위 ①, ②, ③항의 자료는 중복으로 생략), ④ 전자소송에 등재되어 있는 이 사건 재판서류 일체 (위 ④항의 자료는 중복 및 분량 과다로 생략)] 각 1부.

제2차 진 정 서

수신 : 조희대 대법원장님
참조 : 최진수 윤리감사관님
제목 : '관피모 사건'을 은폐하기 위해 100% 허위 내용의 '결정서'를
　　　작성한 판사 박상언에 대한 파면 및 공수처에 구속수사 형사
　　　고발 조치 의뢰

1. 제1차 진정서 접수 경위 등

진정인은 2025. 2. 24. '관피모 사건'을 은폐하기 위해 서울중앙지방법원 2024가단5215651 사건 [원고(반소피고) 구수회, 피고(반소원고) 임찬용]을 100% 허위내용으로 판결한 판사 한나라에 대하여 파면 및 공수처에 구속수사 형사고발을 해달라는 취지의 진정서를 대법원 종합민원과에 접수시켰고, 동 진정서는 이틀 후 대법원 윤리감사관 제1실(접수번호 1226호)에 정식 등록되었습니다. [입증자료 : ① 2025. 2. 24.자

서울중앙지법 판사 한나라에 대한 진정서 1부(생략 : 기 제출]

위 '관피모 사건 고소장'(별권책자 제78~104쪽)에 기재된 '관피모 사건'의 핵심 요지는,

주범 구수회가 수십 년간 자신이 카페지기로 있는 약 만 명에 이르는 '관청피해자모임' 카페 회원 등을 상대로 '① **변호사가 해야 할 일 90% 행정사가 가능하다,** ② 행정사 20년 하면서 행정심판 1,900건 수임 진행 하였고, **행정사 수수료 1억을 5번 받았다,** ③ 무혐의 된 고소를 행정심판 으로 살린다. 재개발 조합장을 징역 보내는 방법, **대법원 패소된 사건을 행정사가 살린다.**'는 허위 광고를 해대며 모든 민·형사 사건을 끌어 모은 다음 이를 자신의 뒤를 봐주는 검찰 고위직 출신 변호사에게 갖다 바치고, 자신은 일정한 중개 수수료나 챙기면서 사건 브로커 역할을 해왔다는 것입니다.

2. 제2차 진정서 접수 경위 및 판사 박상언의 범행

수원지방법원 성남지원 판사 박상언 역시 2025. 2. 19. 위 '관피모 사건'을 은폐하고 수원지방법원 성남지원 2024가단231123 (이하, '이 사건', 원고 임찬용, 피고 류중일 외 22명) 사건 소장을 변론 없이 각하처분하기 위해 100% 허위내용의 이 사건 소송비용담보제공결정서 (이하, '결정서')를 작성한 후 이 사건 원고인 진정인에게 특별 송달하였 습니다.

이는 형법상 진정인에게 헌법상 누려야 할 공정하고 정당한 재판을 받을 권리행사를 방해함으로써 직권남용권리행사방해죄, 공문서인 위 결정서를 허위작성하여 이를 진정인에게 특별 송달함으로써 허위 공문서작성죄 및 허위작성공문서 행사죄라는 중대범죄를 저질렀습니다.

[입증자료 : ② 판사 박상언이 작성한 이 사건 소송비용담보제공결정서 (2024카담70521 소송비용담보제공) 1부. ③ 위 결정서가 100% 허위 내용으로 작성되었다고 입증하고 있는 원고 임찬용이 작성한 2025. 2. 27.자 이의신청서 및 그 첨부 서류 각 1부.]

3. 제2차 진정서에 나타난 이 사건의 개요·쟁점 및 성격, 재판진행 상황 등

이 사건 소장에 등장하고 있는 피고 류중일 외 22명은 모두 사법경찰관 (이하, 이 사건 피고 '사법경찰리'를 포함함) 및 검사들입니다. 그들은 위 '관피모 사건' 배후세력으로부터 암묵적 지시를 받고 주범 구수회를 형사법상 치외법권자로 만들기 위해 '관피모 사건' 및 그 사건에서 파생되어 나오는 각 사건에 대하여 은폐·조작수사를 실시하였던 중대 범법자들입니다.

즉, 이 사건 피고들의 배후에는 주범 구수회가 수십 년간 변호사법위반과 고도의 사기행각을 할 수 있게끔 주범 구수회의 뒤를 봐준 윤석열 정부의 실권자이자 검찰출신 전관변호사가 있음은 당연합니다. 그렇지 않고서는 이 사건 피고들이 하나같이 똘똘 뭉쳐 우리나라 형사사법시스템을 파괴하면서까지 주범 구수회의 치외법권 지위를 누리도록 하기 위해 '관피모 사건' 및 그 사건에서 파생되어 나오는 각 사건에 대하여 은폐·조작수사를 실시하야야 할 하등의 이유가 없기 때문입니다.

한편, 이 사건 소장에 나타난 피고들과 진정인(이 사건 원고)과의 핵심 쟁점은 너무나도 간단하고 명확합니다.

진정인은 이 사건 피고들 중 사법경찰관들이 허위내용의 불송치 결정서를 작성하는 수법을 통해 자신들이 맡은 각 사건에 대해 은폐·조작수사를 실시해 왔고, 또 이 사건 피고들 중 검사들이 허위내용의 불기소결정서를 작성하는 수법을 통해 자신들이 맡은 각 사건에 대해 은폐·조작수사를 실시해 왔다고 주장하고 있습니다.

따라서 이 사건 피고들은 자신들이 맡은 각 사건에 대해 은폐 · 조작수사라는 불법행위 혐의를 벗기 위해서는 자신들이 직접 작성한 불송치결정서(사법경찰관) 또는 불기소결정서(검사)가 실체적 진실에 부합한 반면, 진정인이 이를 반박하기 위해 작성해 놓은 불송치 결정 이의신청서(사법경찰관) 또는 재정신청서(검사) 등에 대해서는 허위내용으로 작성되었다고 입증만하면 그만입니다.

이 사건 피고들은 위와 같이 가장 간단하고 명확한 핵심 쟁점에 대하여 변호인을 선임할 하등의 이유가 없으며, 더군다나 고액의 변호사 비용까지 들여가면서 로펌인 법무법인 도원을 변호인으로 선임할 이유는 더더욱 없습니다.

오히려 이 사건 피고들이 떼거지로 우르르 몰려가 고액의 변호사 선임비용을 부담하면서까지(실상은 공짜로 선임했을 것임이 분명함) 로펌인 법무법인 도원 소속 변호사를 변호인으로 선임하였다면, 이는 이 사건 피고들이 '관피모 사건' 배후세력으로부터 암묵적 지시를 받고 '관피모 사건' 및 그 사건으로부터 파생되어 나오는 각 사건에 대해 은폐·조작수사를 실시하였다는 불법행위를 스스로 자인한 꼴이 되고 맙니다.

더더욱 기막힌 사실은 이 사건 소장에 첨부되어 있는 명백한 증거자료로 인하여, 이 사건 피고들이나 이 사건 피고들의 대리인인 법무법인 도원 대표 홍명호는 2024. 7. 15.자 이 사건 소장이 이 법원에 접수된 이래 약 7개월이 훨씬 지난 현재에 이르기까지 단 한 장의 답변서마저도 이 사건 담당재판부에 제출하지 못하고 있습니다.

불행 중 다행히도 이 사건 피고들 중 피고 임용규 수원고등검찰청 검사는 2024. 9. 5. 이 사건에 대한 답변서를 제출한 사실이 있으나, 이마저도 그 답변서 기재내용이 2024. 9. 6.자 진정인(이 사건 원고) 임찬용의 준비서면에 의해 100% 허위내용으로 밝혀졌습니다.(입증자료 : 이 사건 전자소송에 현출되어 있는 2024. 9. 5.자 피고 임용규 답변서 및 2024. 9. 6.자 원고 임찬용 답변서 각 참조)

결국, 이 사건 피고들의 변호인인 법무법인 도원 대표 홍명호는 '관피모 사건' 배후세력이거나 그 배후세력에게 도움을 주기 위해 이 사건 피고들로부터 자의가 아닌 타의에 의해 일률적으로 변호인 선임계약서를 작성한 사실이 거의 확정적이라고 말할 수 있습니다.(입증자료 : 이 사건 전자소송에 등재되어 있는 이 사건 갑 제20호증의2 : 2024. 7. 18.자 원고의 사실조회신청서)

4. 결론

위 3항에서 살펴본 바와 같이 이 사건의 개요 · 쟁점 및 성격, 그리고 재판의 진행상황 등에 비추어 볼 때, **판사 박상언은** 진즉부터 이 사건에 대해 민사소송법 제257조 제1항에 의거 진정인에게 100% 승소판결을 내렸어야 함에도 불구하고,

오히려 이 사건 피고들의 대리인인 법무법인 도원 대표 홍명호와 공모하여 2025. 2. 19.자 위 결정서를 허위내용으로 작성한 후 이를 진정인에게 특별 송달하였습니다.

더 나아가 판사 박상언은 진정인이 위 결정서에 기재된 금 1,300만 원의 공탁 명령을 이행하지 않는다는 이유를 들어 이 사건 소장을 변론

없이 각하처분을 하려고 하다가 진정인에게 덜미가 잡히고 말았습니다.

비록 그 덜미가 잡혔다고 하더라도 위 2항에서 살펴 본 바와 같이 판사 박상언의 중대범죄 성립요건에는 전혀 영향이 미치지 않습니다.

더욱 충격적인 사실은 판사 박상언이 작성한 위 결정서 '이유' 기재 내용 중 '신청인들의 신청은 이유 있으므로'라고 기재되어 있으나, 이 사건 전자소송에 등재된 재판서류 중 어느 한구석에도 이 사건 피고들이나 그 대리인인 법무법인 도원 대표 홍명호가 이 사건 소송비용담보제공 신청서를 이 사건 담당 재판부에 제출하였다는 흔적을 찾아볼 수 없습니다.

즉, 판사 박상언은 자신이 작성한 위 결정서 말미 내용대로 이 사건 소장을 변론 없이 각하시키기 위하여 법무법인 도원 대표 홍명호로부터 이 사건 소송비용담보제공 신청서를 전혀 제출받은 사실이 없음에도 불구하고, 마치 이를 제출받은 것처럼 위 결정서 '이유' 항목에 허위사실을 기재해 놓고 있습니다.

이는 판사 박상언이 불법적으로 이 사건 소장을 각하시키기 위해 이 사건 피고들의 대리인인 법무법인 도원 대표 홍명호 보다 더 악랄한 수법을 동원하고 있음을 의미합니다. 이게 법관으로서 할 짓입니까? 그저 말문이 막힙니다.

진정인은 위 3항 및 4항에 기재된 내용을 더욱 더 명백하게 입증하기 위하여 이 사건 전자소송에 등재되어 있는 이 사건 소장을 비롯한 원고가 제출한 모든 재판서류, 피고가 제출한 모든 재판 서류에 대해 전자소송 등재순, 날짜순으로 출력하여 이를 몽땅 제출코자 합니다. **(입증자료 : ④ 이 사건 전자소송에 등재되어 있는 재판서류 일체)**

5. 존경하는 조희대 대법원장님! 그리고 최진수 윤리감사관님!

윤석열 정부 경찰, 검찰, 공수처 등 수사기관과 마찬가지로 국민 인권 보장의 최후 보루기관인 사법부에서마저도 '관피모 사건'을 은폐하고 수십 년간 변호사법위반과 고도의 사기행각을 해오고 있는 주범 구수회에게 치외법권 지위를 누리도록 하기 위해 허위내용의 판결문이나 결정서를 아무런 근거 없이 마구 써대는 서울중앙지법 판사 한나라 및 수원지방법원 성남지원 판사 박상언에 대해서는 반드시 법관 파면 및 공수처에 구속수사 형사고발 조치를 취함으로써 이 나라 사법정의를 굳건히 세우시고, 유전무죄·무전유죄, 유권무죄·무권유죄, 전관예우, 법조카르텔을 척결함으로써 대국민 사법 불신을 해소함은 물론 수십 년간 허위광고를 통해 민·형사상 사건을 싹쓸이 해온 구수회에 대한 법적 책임을 반드시 물음으로써 우리나라 대다수 변호사들이 사건수임에 목말라 사무실 경비마저도 내지 못하는 어려운 형편을 헤아려 주시기를 다시금 간곡하게 호소 드립니다.

입증(증거)서류

① 2025. 2. 24.자 서울중앙지법 판사 한나라에 대한 진정서 1부.
   (생략 : 기 제출)
② 판사 박상언이 작성한 이 사건 소송비용담보제공결정서(2024카담 70521 소송비용담보제공) 1부.
③ 위 결정서가 100% 허위내용으로 작성되었다고 입증하고 있는 진정인 임찬용이 작성한 2025, 2, 27.자 이의신청서 및 그 첨부서류 각 1부.
④ 이 사건 전자소송에 등재되어 있는 재판서류 일체. 끝.

2025. 3. 7.

진정인 　임　찬　용　(인)

조희대 대법원장님 귀하

㉚ **【첨부(입증) 자료 29】**
　⇨ 2025. 4. 18.자 수원지법성남지원 판사 도영오에 대한 제3차 진정서 및 그 입증자료 〔위 "첨부(입증)자료 24"번과 중복으로 생략〕

㉛ 【첨부(입증) 자료 30】

⇨ 2025. 5. 20.자 위 진정서 3건에 대한 대법원 회신공문 사본 1부.

"공정한 눈으로 밝은 세상을 만듭시다."

대법원

수신자 임찬용(13112 경기도 성남시 수정구 복정로96번길 20, 203호(복정동))

경유

제목 **청원회신**

1. 2025. 2. 24.자, 2025. 3. 7.자, 2025. 4. 18.자로 대법원에 접수된 귀하의 청원(총 3건)에 대한 회신입니다.

2. 귀하의 청원서를 살펴보았습니다. 귀하가 제출한 청원서 기재내용에 의하면 구체적인 비위사실의 적시나 근거의 제시가 있다고 보기 어려워 더 이상 사실을 확인하거나 조사하기 어려웠음을 알려드립니다.

3. 그 외 귀하의 청원내용은 구체적인 사건의 재판에 관한 사항입니다. 헌법 제103조에 따라 법관은 헌법과 법률에 의하여 그 양심에 따라 독립하여 심판하므로, 담당 법관 외에 누구도 재판에 관여할 수 없고, 그 재판내용이나 진행에 관하여 이의가 있는 경우에는 법률이 정한 절차에 따라 불복하여야 함을 알려드리며, 진행 중인 재판과 관련하여 호소하거나 주장하실 내용이 있는 경우 관련자료 등을 직접 담당 재판부에 제출하여야 그 사정이 참작될 수 있습니다. 끝.

윤리감사관

| 법원주사보 | 이강민 | 법원사무관 | 박정수 | 담당관 | 장기규 | 총괄심의관 | 전결 05/20 김제욱 |

협조자

시행 윤리감사제1심의관-2935 (2025.05.20.) 접수 (   )
우 06590 서울 서초구 서초대로 219(서초동) / http://www.scourt.go.kr
전화 02-3480-1282 /전송 02-533-2631 / garim3737@scourt.go.kr / 비공개(5)

㉜ 2025. 9. 8. 공수처장 오동운 및 공수처 부장검사 나창수가 공모하여 위 ①항 고소장을 수사개시조차 하지 않은 채 각하 처분해 버린 허위내용의 불기소결정서

고위공직자범죄수사처

우편번호/ 13809 주소/ 경기도 과천시 관문로 47 정부과천종합청사 /전화 02-6320-0200

2025. 9. 9.

문서번호 제 2025-140호

수 신 자 임찬용

발 신 자 고위공직자범죄수사처장

제 목 **불기소 이유 통지**

귀하가 청구한 불기소 이유를 아래와 같이 통지합니다.

① 사 건 번 호		2025년 공제387호
② 고 소 (발) 인 성 명		임찬용
피 의 자 [피고소(발)인]	③ 성 명	조희대외 9명
	④ 주민등록번호	불상
⑤ 죄 명		가. 직권남용권리행사방해 나. 허위공문서작성 다. 허위작성공문서행사
⑥ 결 정 검 사		나창수
⑦ 결 정 일 자		2025. 9. 8.
⑧ 결 정 요 지		불기소()
⑨ 불 기 소 이 유		별지와 같음
⑩ 비 고		

[별지]

불기소 이유

1. 피의사실 요지
   가. 피의자 한나라는 고소인이 피고(반소원고)인 서울중앙지방법원 2024가단 5215651(본소), 2024가단19858(반소), 2024가단5215675(반소) 손해배상 사건 담당 판사로, 2025. 2. 12. 직권을 남용하여 허위사실이 기재된 판결문을 작성하고 피고(반소원고)에게 불리한 판결을 선고함으로써 직권남용권리행사방해, 허위공문서작성, 허위작성공문서행사
   나. 피의자 박상언은 2024. 7.경 ~ 2025. 2.경 고소인이 원고인 수원지방법원 성남지원 2024가단231123 손해배상 사건을 담당하였던 판사로 2025. 2. 19. 직권을 남용하여 허위사실이 기재된 소송비용 담보제공 결정서를 작성하고 같은 달 27. 고소인에게 송달되도록 함으로써 직권남용권리행사방해, 허위공문서작성, 허위작성공문서행사
   다. 피의자 도영오는 2025. 2.경부터 같은 사건을 담당한 판사이고, 피의자 홍명호는 같은 사건의 피고측 소송대리인으로, 상호공모하여 같은 해 4. 16. 직권을 남용하여 고소인에게 허위사실이 기재된 소송비용 담보제공 결정서를 송달하고, 같은 해 5. 28. 각하 판결함으로써 직권남용권리행사방해, 허위공문서작성, 허위작성공문서행사
   라. 피의자 조희대는 대법원장, 피의자 최진수는 대법원 윤리감사관, 피의자 김제욱은 같은 부서 총괄심의관, 피의자 장기규는 같은 부서 담당관, 피의자 박정수, 이강민은 같은 부서 직원으로, 고소인이 제출한 3건의 진정서에 대하여 2025. 5. 20. 직권을 남용하여 허위사실을 기재한 '청원회신' 문서를 작성.결제하고 발송함으로써 직권남용권리행사방해, 허위공문서작성, 허위작성공문서행사

2. 불기소이유
○ 고소인은 자신과 관련 있는 민사사건에 대하여 불리한 판결을 선고한 판사와 고소인이 제출한 진정서에 대해 회신한 대법원 판사 및 사무 담당 직원 등을 직권남용권리행사방해죄, 허위공문서작성죄, 허위작성공문서행사죄로 처벌해

달라고 주장한다.
○ 형법 제123조의 '직권남용'이란 공무원이 그의 일반적 권한에 속하는 사항에 관하여 목적과 방법 등에 있어서 실질적으로 위법한 조치를 취하는 것을 의미하고(대법원 1991. 12. 27. 선고 90도2800 판결 등 참조), 형법 제227조의 '허위'란 표시된 내용과 진실이 부합하지 아니하여 그 문서에 대한 공공의 신용을 위태롭게 하는 경우를 말하고(대법원 1985. 6. 25. 선고 85도758 판결 등 참조), 허위공문서작성죄는 허위공문서를 작성하면서 그 내용이 허위라는 사실을 인식하면 성립한다(대법원 1995. 11. 10. 선고 95도1395 판결 등 참조)는 것이 법원의 판례이다.
○ 민사소송의 당사자인 고소인에게는 항소, 상고 및 재심 등 법원의 판결에 대한 불복절차가 마련되어 있으므로, 판사가 판결한 내용이 설령 실체적 진실에 부합하지 않거나 일부 과오가 있다고 하더라도 단순한 과오가 아니라 판사가 의도적으로 실체적 진실을 왜곡하거나 의식적으로 직무를 방임 내지 포기하는 것과 같은 특단의 사정이 없는 한 직권남용권리행사방해죄는 성립하지 않는다는 것이 확립된 법리이고, 고소장 기재사실과 고소인이 제출한 자료만으로는 직권남용권리행사방해죄가 성립할 만한 뚜렷한 증거를 발견하기 어렵고, 직권남용권리행사방해죄가 성립하지 않는 상황에서 허위공문서를 작성하였다고 볼만한 증거도 발견하기 어렵다.
○ 고소인의 주장 이외에 피의자들이 직권을 남용하였다거나 허위공문서를 작성하였다고 볼 만한 특별한 객관적 사정이나 뚜렷한 증거도 없는 상황이므로 수사를 개시할 만한 구체적인 사유나 정황이 충분하다고 보기 어렵다.

○ 고소를 각하한다.

【제2부】

'관피모 사건' 주범 구수회와 그의 뒷배를 보호할 목적으로, '법조카르텔'이 작동되고 있는 수원지방법원성남지원 2024가단1957 사건에 대하여,

수원지방법원성남지원 판사 이화원, 서청운, 변호사 김홍경의 사건조작 중대 범행

(해당사건 재판기록 전면 공개)

① 2024. 3. 6.자 소장 (성남 법원에는 2024. 3. 5.자로 접수됨)
☞ 제1부 【첨부(입증) 자료 6】 "2024. 8. 16.자 원고 준비서면 및 그 첨부물 각 1부" 중 〔붙임 2〕 와 동일하므로 이를 참조바람. (이 책 제174쪽 이하)

② 2024. 3. 5. 소장, 서증(갑2)

불송치 결정 이의신청서

1. 신청인
- 성명 : 임찬용
  주소 : 경기도 성남시 수정구 복정로96번길 20, 000호(복정동)
  직업 : 무직(전 검찰수사과장)
  전화 : (휴대폰) 010 5313 0000

2. 경찰 결정 내용
- 사건번호 : 2023-000935
  죄명 : 무고, 정보통신망법위반(명예훼손) 등
  결정내용 : 불송치(각하)

Ⅰ. 문제 제기

이 사건 고소장(2023. 1. 5.자 '임찬용 고소장', 별권책자 제438~472쪽)은 2022. 9. 26.자 '구수회 고소장'(별권책자 제432~437쪽)에 대한 맞고소 형식을 취하고 있습니다.

즉, '구수회 고소장'의 기재내용이 허위임을 입증하고, 이에 터 잡아 구수회를 정보통신망법상 허위사실 적시에 의한 명예훼손죄 및 무고죄로 처벌해 달라는 내용입니다.

따라서 이 사건 고소장과 위 '구수회 고소장'을 비교·검토해 보면, 그 실체적 진실관계를 더욱 명백하게 가릴 수 있습니다.

위 '구수회 고소장'은 검찰사건사무규칙(법무부령) 제115조 제3항 제5호 가목에 해당하는 각하 사유임이 명백합니다.

더군다나, '구수회 고소장'에 기재되어 있는 내용 중 "3. '임찬용'의 범죄행위 1" 항목에서는 고소인이 이 카페 자유게시판에 게재한 2022. 8. 14.자 "검찰을 범죄조직으로 만들어버린 윤석열 대통령은 탄핵밖에 답이 없다!!" 제하의 LPN로컬파워뉴스 신문기사 내용 중 어떤 부분이 구수회에게 허위사실에 의한 명예훼손죄에 해당되는지 전혀 특정을 해놓지 않고 있으며, "4. '임찬용'의 범죄행위 2" 항목에서는 모든 기재내용이 허위사실로 기재되어 있어 오히려 구수회가 무고죄로 처벌받아야 할 상황에 놓여 있습니다.

설사, 백번 양보하여 '구수회 고소장'의 기재 내용들이 모두 사실로 채워져 있고, 더 나아가 고소인이 위 신문기사를 일부 허위내용으로 작성하여 이 카페 자유게시판에 게시함으로써 구수회의 명예가 훼손되었다고 하더라도, 이는 변호사법 위반과 사기 행각을 벌이고 있는 구수회로부터 제2, 제3의 피해자를 방지하기 위한 공공의 이익과 부합하기 때문에 대법원 판례(2010. 11. 25. 선고 2009도12132)에 의거 위법성이 조각되어 처벌할 수 없습니다.

한마디로 말하면 검찰이 '구수회 고소장'을 위·변조하거나 관련된 증거를 조작하지 않고서는 고소인을 처벌할 수 없음은 명백합니다.[141]

이와 같은 사정에 비추어, 당시 '구수회 고소장'을 수사 중에 있던 성남수정경찰서 경사 이용일은 2023. 1. 19.경 피의자 신분인 임찬용을 소환조사를 실시하지 않은 채 불송치(각하) 결정으로 검찰에 송치하였으나, 수원지검성남지청 검사 김한나는 '구수회 고소장'으로는 피의자 임찬용을 처벌할 수 없을 뿐만 아니라 명백한 각하사유임을 어느 누구보다도 더 잘 알고 있었음에도 불구하고 상부의 지시가 있었던 탓인지 평소 검찰개혁을 외쳐왔던 임찬용에게 보복수사를 가하고, 위 '임찬용 고소장'에 기재된 구수회의 무고죄 및 정보통신망법상 허위사실 적시에 의한 명예훼손죄를 은폐할 목적으로 2023. 4. 26.경 검찰권을 남용하여 '보완수사요구권'을 발동하고 말았습니다.

김한나 검사가 '구수회 고소장'에 대해 당초 경찰 불송치(각하) 결정대로 각하처분을 하지 아니하고, 비상식적으로 경찰에 '보완수사요구권'을 발동한 전·후 사정을 살펴보면 다음과 같습니다.

① 그동안 검찰은 수많은 수도권 소재 사법경찰관을 동원하여 구수회가 몸통격인 '관피모 사건'을 은폐·조작해 왔던 점, ② '구수회 고소장' 피의자인 임찬용(이 사건 고소인)이 김한나 검사의 '보완수사요구'와 관련된 검찰권 남용사실 확인 및 피의자 방어권 확보를 위하여 정보공개청구를 신청하였으나, 경찰은 수사자료라는 이유로 이를 거부하였다는 점[142], ③ 검찰은 '구수회 고소장'과 관련하여 고소인 구수회를 무고죄

---

141) 이와 관련된 검찰사건사무규칙 규정, 대법원판례 등 법리검토에 대해서는 별권책자 제460~464쪽 참조

142) 별권책자 제473~475쪽 참조, 당시 이 사건 고소인 임찬용은 '구수회 고소장'에 적시된 피의자 신분으로 피의자 방어권을 행사할 목적으로 김한나 검사가 발동한 '수사보완

및 정보통신망법상 허위사실 적시에 의한 명예훼손죄로 처벌하기는커녕 오히려 이를 명백하게 입증하고 있는 '임찬용 고소장'을 수사하고 있던 사법경찰관리 경사 김경환으로 하여금 허위내용의 불송치(각하) 결정서를 작성하는 수법을 통해 구수회의 모든 범죄사실을 은폐하도록 하였다는 점143) 입니다.

특히, 이 사건 고소인 임찬용이 최근 형사사법포털에 들어가 확인해 본 결과, '구수회 고소장'을 수사해 왔던 성남수정경찰서 사법경찰관리 경사 이용일은 2024. 1. 16.경 '구수회 고소장' 피의자 임찬용이 검사의 '보완수사요구권' 소환조사에 불응하였다는 이유로 당초 '구수회 고소장'에 기재되어 있는 정보통신망법상 허위사실 적시에 의한 명예훼손죄 죄명을 모욕죄로 변경한 후 임찬용에 대해 '피의자 수사중지' 결정으로 수원지검 성남지청에 송치하였고, 김한나 검사의 후임자인 문하경 검사는 2024. 1. 23.경 경찰의 '피의자 임찬용에 대한 수사중지 결정'을 승인한 후 경찰에 기록반환 처분을 한 사실을 확인할 수 있습니다. 【첨부(입증)자료 1 : '구수회 고소장' 처분과 관련, 수원지검성남지청 2023형제2154호 검찰 사건조회 내역 3부】144)

요구권'의 내용을 등사해 줄 것을 정보공개청구 형식으로 신청하였으나, 경찰에서는 '수사자료'라는 이유로 이를 거부하였다. 검찰은 경찰을 상대로 '보완수사요구권'을 남용하였고, 경찰은 이의 공개를 거부하였다. 이는 경찰이 검찰의 하수인에 불과할 뿐만 아니라, 검찰 스스로 당시 허위내용으로 작성되어 있던 '구수회 고소장'의 작성자인 구수회의 대리인으로 전락하였음을 의미할 뿐이다.

143) 이와 관련된 자세한 내용으로는 별권책자 제508~509쪽 참조.
144) 이와 관련, 이 사건 고소인은 2024. 1. 24. 16 : 35경 성남수정경찰서 수사과 사이버수사팀 '구수회 고소장' 수사 담당자인 이용일 수사관에게 전화를 걸어 "제가 이용일 수사관의 소환조사 요청에도 불응한 2022. 9. 26.자 '구수회 고소장'에 대해 방금 형사사법포털에 들어가 사건처분 내역을 검색해 보았더니, 이용일 수사관이 저에 대해 당초 '구수회 고소장'에 기재된 정보통신망법상 허위사실 적시에 의한 명예훼손죄에서 모욕죄로 죄명을 바꿔 피의자 수사중지 결정을 내린 후 검찰에 송치된 사실을 확인할 수 있었다. 제가 이용일 수사관의 소환조사 요청에 불응한 이유는 ① '구수회 고소장'이 허위 내용으로 작성되어 무고가 인정된다는 점, ② '구수회 고소장'의 모든 기재 내용은 100% 각하 사유에 해당된다는 점, ③ 당초 이용일 수사관이 '구수회 고소장'에 대해 불송치

이로써 검사 김한나는 검사의 사법경찰관에 대한 '보완수사요구권'을 남용한 사실이 확인되었습니다.

그 이유는 '구수회 고소장'에 기재된 내용들이 허위 사실인 데다, 거기에 적용되는 죄명을 정보통신망법상 허위사실 적시에 의한 명예훼손죄에서

(각하) 결정을 한 후 성남 검찰에 송치하였는데, 김한나 검사가 '수사보완요구권'을 발동함으로써 '구수회 고소장'의 피의자 신분에 있는 저로서는 피의자 방어권 확보 및 김한나 검사의 '수사보완요구권'의 남용을 확인하기 위해 위 '수사보완요구권'에 대한 정보공개청구를 신청하였으나, 경찰에서 이를 거부하였다는 점에 있었다. 그런데 어찌된 일인지 제가 성남 검찰에서 당초 명예훼손죄에서 모욕죄로 변경되어 피의자 수사중지 처분이 내려졌습니까?"라는 취지로 물었더니, 이용일 수사관은 "제가 '구수회 고소장'에 대해 당초 불송치(각하) 결정을 하였는데, 고소인 구수회의 이의신청으로 성남 검찰에 송치되었고, 담당 검사 김한나는 기록을 검토한 결과 당초 정보통신망법상 허위 사실 적시에 의한 명예훼손죄는 각하 사유가 명백했던 탓인지 모욕죄로 변경하여 보완 수사 하라고 사건을 내려 보냈다. 제가 보기에는 모욕죄도 범죄가 성립이 될 것 같지 않은데, 검사가 조사를 지시하였기 때문에 어쩔 수 없이 임찬용씨를 피의자 신분으로 조사받으라고 수차례 연락을 했으나, 임찬용씨가 이에 불응함에 따라 모욕죄로 입건한 후 성남 검찰에 피의자 수사중지 의견으로 송치하였다"라고 답변하였다.

이에, 이 사건 고소인은 "이용일 수사관이 '구수회 고소장'에 대해 각하 처분을 하지 않고 피의자 수사중지 결정을 내린 데다, '구수회 고소장'을 탄핵하기 위해 제출한 2023. 1. 5.자 '임찬용 고소장'에 대해서는 함께 근무하고 있는 김경환 수사관이 검찰의 암묵적 지시에 따라 허위내용의 불송치(각하) 결정서를 작성하는 수법을 통해 구수회의 모든 범죄사실을 은폐해 버렸다. 이에 구수회는 '구수회 고소장' 근거로 2024. 1. 12.경 이 사건 고소인 임찬용을 피고로 하는 소가 300만원 손해배상 청구의 소를 제기하는 사기행각을 또다시 벌이고 있다. 당신들 때문에 구수회가 또 사기행각을 벌이고 있는데 이를 어찌하면 좋겠느냐?, 제가 빨리 '구수회 고소장'에 대한 사건 종결처리를 위하여 당초 '구수회 고소장'에 기재되어 있지 않는 모욕죄라도 조사를 받을테니 즉시 일정을 잡아달라"는 취지로 얘기하였더니, 이용일 수사관은 "제가 바쁜 일정이 있어서 지금 당장 '구수회 고소장'과 관련된 김한나 검사의 보완수사요구 사항을 조사할 수 없으니, 2024. 1. 29. 오후 1시 30분 저희 사무실에 출석하시면 조사를 가급적 빠른 시간 내 마무리 해주겠다."라고 답변을 한 사실이 있다.

한마디로 '구수회 고소장' 및 '임찬용 고소장'의 처리과정을 요약하면, 성남 검찰 김한나 검사는 지휘부의 지시로 썩은 검찰개혁을 주장하는 임찬용에 대해 어떻게 해서든지 보복 수사를 가하고, 이에 터 잡아 구수회를 무고죄 및 정보통신망법상 허위사실 적시에 의한 명예훼손죄로 처벌해 달라는 2023. 1. 5.자 '임찬용 고소장'을 은폐하기 위해 2023. 4. 26.경 '보완수사요구권'을 발동하였던 것이다. 이는 결국 위 '임찬용 고소장'에 기재된 구수회의 모든 범죄사실이 2023. 7. 18.경 검찰로부터 암묵적 지시를 받은 성남 수정경찰서 김경환 수사관에 의해 은폐되어 버렸고, 구수회는 이에 힘입어 2024. 1. 12.경 허위내용으로 작성된 '구수회 고소장'을 근거로 임찬용을 피고로 하는 손해배상 청구의 소를 서울중앙지방법원에 제출하였다.【첨부(입증)자료 2 : 서울중앙지법 2024가소100987 손해배상(기) 소장 사본 1부】

모욕죄로 바꿔 본들 당초 각하 사유에는 전혀 지장이 없고, 특히 '보완수사요구권' 발동 근거가 너무 빈약할 뿐만 아니라 비상식적이고, 그 목적 또한 지금껏 은폐해 왔던 '관피모 사건'에 이어 '구수회 고소장'에 대한 '보완수사요구권' 발동을 통하여 '임찬용 고소장'에 기재되어 있는 구수회의 모든 범죄사실을 은폐하려는 의도가 명백하게 드러나고 있기 때문입니다.

이 사건 고소인 임찬용은 앞서 살펴본 바와 같이, '구수회 고소장'에 기재된 임찬용의 범죄사실이 정보통신망법상 허위사실 적시에 의한 명예훼손죄가 전혀 성립할 수 없는 각하사유에 해당할 뿐만 아니라, 김한나 검사의 경찰에 대한 '보완수사요구권'이 권한 남용이라는 의심이 있어 이를 경찰에 공개정보청구를 신청하였으나, 이마저도 검찰의 눈치를 보는 경찰로부터 거절당하는 바람에 경찰의 소환조사 요구에 불응하여 왔던 것입니다.

그런데 아니나 다를까, 김한나 검사는 정보통신망법상 허위사실 적시에 의한 명예훼손죄로는 임찬용을 도저히 처벌할 수 없고 각하사유임이 명백해지자, 상부의 지시가 있었던 탓인지[145] 검찰 개혁을 외쳐온 임찬용을 골탕 먹이고, 어떠한 죄명이라도 임찬용에게 엮어보기 위해, 또 '임찬용 고소장'에 기재된 구수회의 범죄사실을 물타기 함과 동시에 이를 축소·은폐하기 위해[146] '구수회 고소장'에 기재되어 있는 허위사실 적시 명예훼손 죄명을 모욕죄로 바꾼 뒤 이를 수사하라고 경찰에 지시

---

[145] 이 사건 고소인 임찬용은 김한나 검사가 '보완수사요구권'을 발동할 당시 상부의 지시가 있었다고 보는 이유는 김한나 검사가 검사로서의 법률적 양심과 정상적인 판단을 조금이라도 가지고 있었다면 통상적인 수사업무 관례상 하등의 실익이 없고 각하사유로 이미 판명난 '구수회 고소장'의 죄명까지 변경하여 경찰에 보완수사요구를 하지 않았을 것으로 확신하기 때문임.

[146] 실제 성남 검찰의 암묵적 지시를 받은 성남수정경찰서 김경환 수사관은 2023. 7. 18.경 허위내용의 불송치(각하) 결정서를 작성하는 수법을 통해 '임찬용 고소장'에 기재된 구수회의 모든 범죄사실을 은폐해 버렸다. 이 점에 대해서는 다음 항목에서 자세하게 살펴볼 것임.

하였던 것입니다.

검찰이 얼마나 이 사건 고소인 임찬용을 처벌하고 싶었으면, 허위사실 적시에 의한 명예훼손죄는 반의사불벌죄이고 모욕죄는 친고죄인 바, 이를 동전 뒤엎듯 뒤집으면서 소추의 조건을 충족시키기 위해 구수회로부터 별도 고소장을 받았는지 의심스럽습니다.

더 나아가, 성남 검찰의 '보완수사 요구권' 발동에 의해 '구수회 고소장'에 기재된 허위사실 적시에 의한 명예훼손죄 죄명이 모욕죄로 바꿔진다고 한들 당초 각하사유가 변경될 여지는 전혀 없습니다.

그 이유는 앞서 살펴본 바와 같이, ① 2022. 9. 26.자 '구수회 고소장' 중 "4. '임찬용'의 범죄 행위 2" 항목에서는 모든 기재 내용이 허위 사실로 채워져 있다는 점,[147] ② 이 사건 고소인이 2022. 9. 24. 22시 39분경 다음카페인 관청피해자모임(이하, 이 카페) 자유게시판에 "이 카페지기이자 고도의 사기꾼 구수회가 구속되어야 할 신문기사 (구수회는 윤통의 탄핵 원인 제공자이자 검찰의 선택적 수사 수혜자)"라는 제목을 게재하고, 그 아래에 2022. 8. 14.자 "검찰을 범죄조직으로 만들어버린 윤석열 대통령은 탄핵밖에 답이 없다!!" 제하의 LPN로컬파워뉴스 신문기사를 링크해 놓은 사실과 관련, 이는 모두 실체적 진실에 입각하여 작성되어 있다는 점, ③ 위 신문기사에서 살펴본 바와 같이 수도권 검찰과 그 지휘 하에 놓여 있는 경찰이 구수회의 변호사법 위반이나 사기 행각에 대한 수사를 실시하기는커녕 오히려 이를 은폐하기에 급급한 상황에서 위 신문기사 제목 내용 중 구수회를 '고도의 사기꾼'이라고 지칭한 사실과 관련, 이는 구수회에 대한 명예훼손이나 모욕을 할 의사는 전혀 없었고, 구수회로

---

[147] 이에 대한 입증자료로는 2023. 1. 5.자 '임찬용 고소장' 중 '구수회의 무고죄 범죄사실' 및 이의 입증자료 (별권 책자 제456~458쪽)

부터 제2, 제3의 피해자가 발생하지 않도록 하기 위한 공익 차원이었다는 점에 있습니다.148)

결국, 검찰은 '구수회 고소장' 피의자 임찬용에 대해서는 과잉 보복 수사로 대응하고, '임찬용 고소장' 피의자 구수회에 대해서는 성남수정경찰서 사법경찰관리 김경환으로 하여금 허위내용의 불송치(각하) 결정서를 작성하는 수법을 통해 구수회의 모든 범죄사실을 은폐해 버렸습니다.

검찰과 경찰이 '구수회 고소장' 및 '임찬용 고소장'에 대해 위와 같이 서로 다른 잣대를 적용하여 불법적이고도 편파적으로 수사함에 따라, 구수회는 결국 허위 내용으로 작성된 '구수회 고소장'을 근거로 이 사건 고소인 임찬용의 불법행위로 인하여 정신적 피해를 입었다며 임찬용을 피고로 하는 2024. 1. 12.자 손해배상 청구의 소장을 서울중앙지방법원에 제출하였습니다.

성남 검찰이 법과 원칙에 따라 제대로 된 수사를 통하여 '구수회 고소장'에 대해서는 당초 이용일 수사관이 불송치(각하) 결정한 대로 사건을 이미 종결하였다면, 또 김경환 수사관으로 하여금 '임찬용 고소장'을 은폐하도록 암묵적 지시를 할 것이 아니라 철저한 수사를 통해 피의자 구수회를 무고죄 및 정보통신망법상 허위사실 적시에 의한 명예훼손죄로 구속수사라도 하였더라면, 감히 구수회가 법원에 허위내용으로 작성된 '구수회 고소장'을 들이대며 임찬용을 피고로 하는 손해배상 청구의 소를 제기할 수 있었을까요?

---

148) 입증자료 : 이 사건 고소장 주석 16 (제18쪽) 또는 별권책자에 기재된 이 사건 고소장 주석120 (제455쪽), '구수회 고소장'에 첨부되어 있는 위 신문기사에 대한 임찬용의 댓글 (별권책자 제435쪽) 각 참조

이 사건 고소인 임찬용은 변호사법위반과 사기행각을 수십 년간 해 온 혐의를 받고 있는 구수회로부터 제2, 제3의 피해자가 발생해서는 안 된다는 공익 목적을 가지고 이 카페 자유게시판에 "이 카페지기이자 고도의 사기꾼 구수회가 구속되어야 할 신문기사(구수회는 윤통의 탄핵 원인 제공자이자 검찰의 선택적 수사 수혜자)"라는 제목을 달고, 이를 입증할 수 있는 2022. 8. 14.자 "검찰을 범죄조직으로 만들어버린 윤석열 대통령은 탄핵밖에 답이 없다!!"라는 제하의 1pn로컬파워뉴스 신문기사를 링크해 놓았던 바, 그와 같은 임찬용의 행위가 어떻게 불법행위가 될 수 있다는 말입니까?

사법정의를 실현하고 검찰의 사건조작을 방지하여 사법피해자가 발생하지 않도록 헌신적인 노력을 다해 온 이 사건 고소인 임찬용에게 국가가 훈장을 수여해야 할 일이 아닙니까?

구수회가 이 사건 고소인 임찬용을 당사자로 하는 위와 같은 손해배상청구의 소 제기는 사건의 전말이 완전히 뒤바뀐 소송 사기극이며, 이는 그동안 '관피모 사건'에서 보아온 바와 같이 연속적인 사기행각 중의 하나일 뿐입니다.

II. 이 사건의 성격 및 사법경찰관리 경사 김경환의 은폐수사 등

이 사건은 전항에서 언급한 바와 같이, 2022. 9. 26.자 '구수회 고소장'에 대한 맞고소 성격이 강하며, 또 구수회가 '관피모 사건'과 관련 경찰과 검찰에서 조사 한번 받지 않고 각하처분에 이르자, 이에 힘입어 이 사건 고소인을 비하하고 자신을 영웅시 하기 위해 2022. 9. 26. 04:04경 이 카페 자유게시판에 임찬용을 지목하여 "전직 검찰수사과장이 고소장을 저렇게 작성하니 검찰 모두가 욕먹는 거죠."라는 글을 게시한 후 이를 자신의 불법적인 법률영업에 활용해 오고 있었습니다.

그런데 이 사건 수사 담당자인 김경환 수사관은 2023. 6.경 고소인 임찬용으로부터 '고소인보충진술조서'를 고소장에 첨부된 증거자료를 확인하는 방식으로 받고 난 다음, 피의자 구수회 등에 대한 소환조사를 실시하는 단계에서 성남 검찰로부터 암묵적 은폐지시를 받고 2023. 7. 18.자 피의자 구수회 등에 대한 '불송치(각하) 결정서'를 허위내용으로 작성하는 수법을 통해 모든 범죄사실을 은폐해 버렸습니다.【첨부(입증)자료 3 : 2023. 7. 18.자 피의자 구수회 등에 대한 불송치(각하) 결정서 1부】[149]

이는 결국 구수회에게 변호사법위반 및 사기행각을 계속 할 수 있게끔 날개를 하나 더 달아준 꼴이 되고 말았습니다.

Ⅲ. 사법경찰관 류중일 명의로 작성된 이 사건 '불송치(각하) 이유'에 대한 구체적 고찰

1. 위 '불송치(각하) 이유' 기재내용

가. 범죄사실 중 피의자 구수회, 피의자 전상화의 정보통신망법상 허위사실 적시에 의한 명예훼손죄에 대하여,

(1) 명예훼손죄에서의 특정성은 제3자가 객관적으로 인식하기에 그 사람임을 특정하여 인식할 수 있는 상태에 있음을 의미하는데, 피의자 구수회가 작성한 글을 검토했을 때, 고소인에 대한 특정성을 인정

---

149) 이에 대한 자세한 내막은 별권책자 제507~509쪽 참조

할 수 없고, 또한 게시한 글의 전체적인 내용으로 보아 피의자의 주관적 의견 표현에 불과하다.

(2) 따라서, 형사 소추를 위한 수사의 실익이 부족한 점을 들어, 고소인의 진술이나 고소장에 따라 경찰사무규칙 제1호부터 제3호까지의 규정에 따른 사유에 해당함이 명백하여 더 이상 수사를 진행할 필요가 없다고 판단된다.

나. 피의자 구수회의 무고죄에 대하여,

(1) 고소인이 1pn로컬파워뉴스 전문기자 신분으로 2022. 8. 14.경 '검찰을 범죄조직으로 만들어버린 윤석열 대통령은 탄핵밖에 답이 없다!!'라는 기사를 작성하였으며, 피의자 구수회는 위 기사의 내용이 허위이며, 고소인이 허위사실을 공연히 적시하여 자신의 명예가 훼손되었음을 주장하며 서울서초경찰서에 고소장을 제출한 것으로 확인된다.

(2) 고소인은 증거자료를 토대로 기사를 작성했기 때문에 허위의 내용이 없음에도 불구하고, 피의자 구수회가 고소장을 제출하여 자신을 무고했다고 주장하나, 무고죄는 타인으로 하여금 형사처분 또는 징계처분을 받게 할 목적으로 공무소 또는 공무원에 대하여 허위의 사실을 신고한 자 처벌하는 것으로써, 피의자 구수회는 고소인이 작성한 기사 및 댓글 내용을 있는 그대로의 사실을 신고한 것으로 확인되는 등 피의사실이 범죄를 구성하지 않는다.

다. 피의자 이용일, 그의 상관 피의자 성명불상의 강요미수죄에 대하여,

(1) 고소인은 피의자 이용일이 자신에게 "2022. 12. 27. 13시 30분까지 경찰서 출석 바랍니다"라는 내용의 문자메시지를 전송했으며, 고소인이 이를 거부하자, "체포영장을 발부받아 강제적으로 소환 조사를 실시하겠다"라고 말하며 협박을 했다고 주장하나,

형사소송법 제200조(피의자 출석요구)를 근거로 피의자로 특정된 자에게 수사에 필요한 때에는 피의자의 출석을 요구하여 진술을 들을 수 있으며,

형사소송법 제200조의2(영장에 의한 체포)를 보아 피의자가 죄를 범하였다고 의심할 만한 상당한 이유가 있고, 정당한 이유 없이 제200조의 규정에 의한 출석요구에 응하지 아니하거나 응하지 아니할 우려가 있는 때에는 검사는 관할 지방법원 판사에게 청구하여 체포영장을 발부받아 피의자를 체포할 수 있고, 사법경찰관은 검사에게 신청하여 검사의 청구로 관할 지방법원판사의 체포영장을 발부받아 피의자를 체포할 수 있다.

(2) 피의자 이용일은 본 사건 고소인의 사건(서울서초경찰서 사건번호 2022-미상)을 불송치(각하)결정 하였으나, 위 사건번호 고소인 구수회의 이의신청으로 사건은 송치되었으며, 송치된 이후 검사 김한나의 보완수사요구가 있어 본 사건 고소인(임찬용)에게 수회 출석요구서 발송 및 전화통화 하였으나, 본 사건 고소인은 출석하지 않을 것이라고 진술하는 등 출석 거부의 뜻을 명확히 표현한 사실이 확인되는 등 피의자 이용일은 정당한 업무를 처리한 것으로 확인된다.

(3) 또한, 고소인이 제출한 피의자 이용일이 고소인에게 전송한 문자

메시지 내용 등으로 보아 직위를 이용하여 객관적으로 사람의 의사결정의 자유를 제한하거나 의사실행의 자유를 방해할 정도로 겁을 먹게 할 만한 해악을 고지한 것으로 인정되지 않으며, 피의자 성명불상은 피의자 이용일의 직속상관일 뿐 본 사건과 무관하다.

(4) 따라서, 위와 같은 사실을 종합하여, 형사 소추를 위한 수사의 실익이 부족한 점을 들어, 고소인의 진술이나 고소장에 따라 경찰사무규칙 제1호부터 제3호까지의 규정에 따른 사유에 해당함이 명백하여 각 피의자에 대해 더 이상 수사를 진행할 필요가 없어 각하 결정하였기에 통지합니다.

2. 위 '불송치(각하) 이유' 기재내용에 대한 고소인의 반박

가. 총론

- 사법경찰관리 경사 김경환(이하, '수사관')은 2023. 6.경 고소인으로부터 이 사건 고소장에 기재된 범죄사실을 확인하고 이를 입증하고 있는 관련 증거자료들을 재정리하는 방식으로 '고소인보충진술조서'를 받은 다음, 관련 피의자들을 소환조사하는 단계에서 검찰의 암묵적인 은폐지시를 받고 허위내용의 불송치(각하) 결정서를 작성하는 수법을 통해 이 사건 모든 범죄사실을 은폐해 버렸다는 사실은 이미 위 Ⅱ항에서 살펴본 바와 같다. 이는 김경환 수사관이 작성한 위 '불송치(각하) 이유' 기재내용을 대충 훑어보아도 확연히 알 수 있다.

- 위 '불송치(각하) 이유' 기재내용을 살펴보면, 각 범죄사실에 대한 실체적 진실을 밝히기 위하여 고소인이 제출한 증거자료를 토대로 각 피의자들을 소환 조사한 내용을 전혀 찾아볼 수 없다.

즉, 각 피의자들의 범죄사실 인정 여부를 판단할 수 있는 증거조사 결과는 전혀 발견할 수 없고, 오로지 허위내용의 위 '불송치(각하) 이유'를 작성하기 위한 고육지책으로 고소인의 일부 주장이나 수사진행 과정, 관련 법령 규정 등 위 '불송치(각하) 이유'와는 직접 관련이 없는 잡다한 내용들로만 채워져 있다.

이는 이 사건 범죄사실을 입증할 수 있는 핵심 증거자료들이 촘촘하고도 완벽하게 갖추어져 있기 때문에 각 피의자들에 대한 소환조사를 실시한 경우에는 반드시 기소의견으로 송치할 수밖에 없는 사정에 기인한다.

나. 각론

(1) 위 '불송치(각하) 이유' 기재내용 중 위 1.가.항에 대한 반박

- 위 1.가.(1)항과 관련,

○ 사법경찰관은 "피의자 구수회가 작성한 글을 검토했을 때, 고소인에 대한 특정성을 인정할 수 없고, 또한 게시한 글의 전체적인 내용으로 보아 피의자의 주관적 의견 표현에 불과하다."라고 기재해 놓고 있으나, 이는 전혀 사실과 다르다.

이 사건 고소장 '4. 범죄사실' 항목에서 피의자 구수회가 작성한 글 중 고소인에 대한 특정성을 인정할 수 없다거나, 구수회가 고소인을 비방할 목적으로 게시한 명예훼손에 해당하는 글 중 구수회의 주관적 의견 표현에 불과한 부분은 단 한군데도 발견할 수 없다.

설사 백번 양보하여 사법경찰관의 주장대로 이 사건 고소장 '4. 범죄사실' 기재 부분 중 피의자 구수회가 정보통신망법상 허위사실 적시에 의한 명예훼손죄에 해당하는 글이 있는데, 그 상대방을 고소인으로 특정할 수 없다거나, 또는 피의자 구수회의 주관적 의견 표현에 불과한 부분이 있다면, 그 부분을 특정해서 이곳 '불송치(각하) 이유'란에 기재해 놓아야 하지 않겠는가?

'서울에서 김서방 찾기' 방식으로 작성되어 있는 이곳 '불송치(각하) 이유' 기재내용은 법과 원칙에 따라 제대로 된 수사를 통하여 실체적 진실을 밝혀내야 하는 수사서류치고는 한심하기 그지없다.

ㅇ 사법경찰관은 이 사건 불송치(각하) 결정서 【피의사실의 요지와 불송치 이유】 "1. 범죄사실" 항목 중 "가. 피의자1) 구수회, 피의자2) 전상화의 정보통신망이용촉진및정보보호등에관한법률위반" 항목에서,

"피의자1)2)는 2022. 5. 10. 02:23.경 다음카페 '관청피해자모임' 내 자유게시판에서.......... 고소인을 향하여 '사피자가 사피자에게 죄를 짓는 놈은 구속시켜라. 허위고소도 반드시 무고로 처단하라'는 글을 게시하는 등 총 6회에 걸쳐 허위사실을 게재하여 고소인의 명예를 훼손하였다"라고 기재해 놓고 있다.

즉, 사법경찰관은 자신이 작성한 위 "1. 범죄사실" 항목 중 "피의자 구수회, 전상화의 정보통신망법상 허위사실 적시에 의한 명예훼손죄" 항목에서 피의자들이 고소인에게 허위사실을 적시하여 명예훼손 범죄를 저지른 횟수를 6회로 특정해 놓고 있다.

그렇다면, 사법경찰관은 피의자 구수회, 전상화가 고소인의 명예를

훼손하였다고 특정해 놓은 위 6회의 명예훼손 범죄사실에 대하여 이곳 '불송치(각하) 이유'란에서 수사결과 내용 및 그에 따른 불송치(혐의없음, 죄가안됨, 공소권없음, 각하) 결정 내용을 세분하여 기재해 놓아야 한다.

그러나 사법경찰관은 피의자 구수회, 전상화에 대한 소환조사를 전혀 실시하지 않은 채 위 '불송치(각하) 이유"를 허위로 작성하기로 마음 먹었기에 애당초 위 6회 명예훼손 범죄사실에 대한 수사결과 내용 및 그에 따른 불송치 결정내역은 존재할 수 없었다.

- 위 1,가,(2)항과 관련,

ㅇ 사법경찰관은 "따라서, 형사 소추를 위한 수사의 실익이 부족한 점을 들어, 고소인의 진술이나 고소장에 따라 경찰사무규칙 제1호부터 제3호까지의 규정에 따른 사유에 해당함이 명백하여 더 이상 수사를 진행할 필요가 없다고 판단된다."라고 기재해 놓고 있으나, 이 또한 전혀 사실과 다르다.

그 이유는 위 1,가,(1)항의 기재내용이 앞서 허위내용으로 밝혀졌기 때문에 더 나아가 살펴볼 필요가 없다.

(2) 위 '불송치(각하) 이유' 기재내용 중 위 1,나.항에 대한 반박

- 위 1,나,(1)항과 관련,

ㅇ 이 기재부분은 일응 이 사건 고소장에 기재된 고소인의 주장 부분과 2022. 9. 26.자 '구수회 고소장'에 기재된 구수회의 주장부분을 각각

기재한 것으로 보인다. 따라서 고소인은 사법경찰관이 작성한 이 기재 부분에 대해서는 수사결과 내용 및 불송치 결정과는 무관하기 때문에 고소인으로서는 반박 의견을 제시하지 않겠다.

다만, 사법경찰관이 작성한 이 부분 기재내용은 앞뒤 문맥이 서로 뒤엉켜 이해하기가 매우 힘들어서 고소인이 다음과 같이 수정해 보기로 한다.

사법경찰관이 "고소인이 lpn로컬파워뉴스 전문기자 신분으로 2022. 8. 14.경 '검찰을 범죄조직으로 만들어버린 윤석열 대통령은 탄핵밖에 답이 없다!!'라는 기사를 작성하였으며, 피의자 구수회는 위 기사의 내용이 허위이며, 고소인이 허위사실을 공연히 적시하여 자신의 명예가 훼손되었음을 주장하며 서울서초경찰서에 고소장을 제출한 것으로 확인된다."라고 기재한 부분을,

고소인은 "고소인이 LPN로컬파워뉴스 전문기자 신분으로 2022. 8. 14.경 '검찰을 범죄조직으로 만들어버린 윤석열 대통령은 탄핵밖에 답이 없다!!'라는 기사를 작성하였다. 그런데 피의자 구수회는 위 기사의 내용이 허위이며, 고소인이 허위사실을 공연히 적시하여 자신의 명예가 훼손되었음을 주장하며 서울서초경찰서에 고소장을 제출하였다. 사법경찰관은 2022. 9. 26.자 '구수회 고소장'이 서울서초경찰서에 제출된 사실을 확인하였다."라고 수정한다.

- 위 1, 나, (2)항과 관련,

○ 사법경찰관은 "피의자 구수회는 고소인이 작성한 기사 및 댓글 내용을 있는 그대로의 사실을 신고한 것으로 확인되는 등 피의사실이

범죄를 구성하지 않는다."라고 기재해 놓고 있으나, 이는 전혀 사실과 다르다.

즉, 피의자 구수회는 사법경찰관의 주장대로 고소인이 작성한 기사 및 댓글 내용을 있는 그대로의 사실이라고 신고한 것이 아니라, 고소인이 작성한 기사 및 댓글 내용을 허위 사실이라고 신고하였다.150)

사법경찰관이 피의자 구수회에게 형사처벌을 면해주기 위해 소환조사마저도 생략한 채 이 사건을 은폐·조작하고자 유체이탈 화법을 동원하여 이곳 '불송치(각하) 이유'를 허위 내용으로 작성하는 수법이 실로 대담하고도 놀라울 뿐이다.

(3) 위 '불송치(각하) 이유' 기재내용 중 위 1.다.항에 대한 반박

- 위 1.다.(1),(2),(3),(4)항과 관련,

○ 사법경찰관은 이 사건 고소장에 기재된 강요미수죄 범죄사실에 대해서도 다른 범죄사실과 마찬가지로 피의자 소환조사를 포함한 어떠한 수사를 진행하지 않았으므로 유체이탈, 동문서답 방식의 '불송치(각하) 이유'를 작성하고 있다.

---

150) 무고죄 각 범죄사실에 대한 입증자료로는 이 사건 고소장 '주석 19' 【관련 증거자료 제출】 항목에 특정되어 있음. 즉, 이를 구체적으로 특정하면, 이 사건 고소장 범죄사실 중 피의자 구수회의 무고죄 범죄사실 ㉮항에 대한 입증자료로는 이 사건 고소장 【관련 증거자료 제출】 항목 중 〔가.(1).〕, 〔가.(3).〕, 〔나.(1).〕, 〔나.(2).〕 로 특정하고 있고, 피의자 구수회의 무고죄 범죄사실 ㉯항에 대한 입증자료로는 이 사건 고소장 【관련 증거자료 제출】 항목 중 〔가.(1).〕, 〔가.(2).〕 로 특정하고 있으며, 피의자 구수회의 무고죄 범죄사실 ㉰항에 대한 입증자료로는 이 사건 고소장 【관련 증거자료 제출】 항목 중 〔가.(1).〕, 〔가.(3).〕 으로 각각 특정하고 있음(이 사건 고소장 제21쪽, 별권 책자 제458쪽 각 참조)

즉, 강요미수죄 범죄사실과 관련, 피의자 이용일은 이 사건 고소인 임찬용을 상대로 2022. 9. 26.자 '구수회 고소장'에 대하여 피의자 신분으로 조사할 예정이니 경찰에 출석하라고 종용하여 왔고,

이 사건 고소인 임찬용은 위 이용일에게 '구수회 고소장'은 허위내용으로 작성되어 있는 데다 검찰사건사무규칙 제115조 제3항 제5호 가목에 의거 100% 각하사유에 해당하니 굳이 경찰에 출석하여 피의자 신분으로 조사를 받을 필요가 없다며 소환조사에 불응하고 있었다.

그 과정에서 피의자 이용일이 이 사건 고소인 임찬용에게 경찰 출석에 불응하면 '체포영장을 발부받아 강제적으로 소환하겠다고 협박하였다'는 것이 이 사건 범죄사실의 핵심 골자다.

그렇다면, 사법경찰관은 임찬용이 피의자 이용일의 소환에 불응하고 있는 이유는 무엇인지, 임찬용이 피의자 이용일의 소환요구에 불응한 이유는 정당한 것인지, 임찬용의 소환 불응이 정당함에도 피의자 이용일은 체포영장을 발부받아 강제적으로 소환하겠다며 협박한 사실이 있는지 등 모든 사항을 제대로 수사하여야 한다.

그럼에도 불구하고, 사법경찰관은 피의자들의 소환조사 등 어떠한 수사도 진행하지 않은 채 이곳 '불송치(각하) 이유'란에 기재할 필요가 없는 고소인의 일부 진술이나, 형사소송법 조문, 추측에 기한 사법경찰관의 판단 등 잡다한 내용만을 백화점식으로 늘어놓고 있다.

IV. 맺는말

　이 사건 피의자 구수회의 뒷배 인물이 궁금합니다. 이 뒷배 인물은 그 중대한 범죄인 '관피모 사건'까지 수도권 검찰 및 경찰에 영향력을 행사하여 은폐해 버렸으니, 분명 현재 검 · 경 수사권을 쥐고 있는 윤석열 정부의 실세인 점만은 분명합니다. 그 결과 구수회는 오늘도 여지없이 치외법권을 누리고 있습니다.

　구수회가 '관피모 사건'에서 보여준 바와 같이 수십 년간 행정사의 탈을 쓰고 건 당 1억 원이 넘는 거액의 사건을 수임하여 오는 등 변호사법 위반과 사기 행각을 수없이 저질러 온 정황과 증거자료가 제시되었음에도 수사착수조차 하는 않는 경찰과 검찰의 직무유기 태도, 또 구수회의 변호사법 위반을 입증할 만한 증거자료는 물론 3회 전과 자료까지 제시되었음에도 불구하고 경찰은 허위내용의 불송치 결정서, 검찰은 허위내용의 불기소 결정서를 각각 작성하는 수법을 통해 끝내 계좌추적을 기피하는 선택적 수사 기법 또한 놀랍기만 합니다.

　그러나 고소인은 전혀 이에 굴하지 않으려 합니다. 이 땅에 공정과 정의가 도도히 흐르고 사법정의를 실현하기 위해서는 누군가는 나서서 이런 고통을 감내하고 실체적 진실을 밝혀내야 하기 때문입니다. 아무리 법조카르텔이 강철처럼 강하고 단단하더라도 세월이 흐르면 녹이 슬고 쉽게 부러지기 마련입니다.

　그 동안 '관피모 사건' 및 '구수회 고소장', '임찬용 고소장' 수사와 관련하여 은폐 · 조작 수사에 관여한 수많은 경찰관 중 단 한명이라도, 또 수많은 검사 중 단 한명이라도 구수회의 뒷배 인물에 대해 양심선언을 해버리면 어느 날 갑자기 그렇게 단단하게만 보였던 썩은 법조카르텔은 힘없이 무너지고, 사법정의 실현은 쉽게 돌아오고 말겁니다.

고소인은 그 날을 기대하면서 오늘도 쉬지 않고 이 사건 불송치(각하) 결정 이의신청서를 작성하느라고 여념이 없습니다.

첨부(입증)자료

1. '구수회 고소장' 처분과 관련, 수원지검성남지청 2023형제2154호 검찰사건조회 내역 3부
2. 서울중앙지법 2024가소100987 손해배상(기) 소장사본 1부
3. 2023. 7. 18.자 피의자 구수회 등에 대한 불송치(각하) 결정서 1부.
4. 별권 책자 "정치(비리)검사 대통령 탄핵론" 1권. 끝.

2024. 1. 29.

고소인   임 찬 용 (인)

성남수정경찰서장 귀하

③ 2024. 4. 17. 보정명령(소장)

개인정보유출주의 등록자:이화연, 등록일시:2024.04.17 17:03, 출력자: 임찬용, 다운로드일시:2025.08.30 10:20

수원지방법원 성남지원

보 정 명 령

사 건 2024가단1957 손해배상(기)
[원고 : 임찬용 / 피고 : 문경석 외 3명]

원고 　 귀하

이 명령을 송달받은 날부터 30일 안에 다음 사항을 보정하시기 바랍니다.

보정할 사항

1. 피고들의 행위로 인하여 원고가 어떠한 손해를 입었다는 것인지와 손해의 산정내역을 구체적으로 밝히시기 바랍니다.

2. 원고는 피고들 별로 별개의 불법행위책임을 구하는 것으로 보이는 바, 현재 제출된 갑 제1, 2호증 중 해당 부분을 분리하여 제출하는 등 피고들별로 원고의 주장을 증명할 자료를 구체적으로 특정하여 제출하시기 바랍니다.

2024. 4. 17.

판사 이화연

◇ 유 의 사 항 ◇

1. 이 사건에 관하여 제출하는 서면에는 사건번호를 기재하시기 바랍니다.
2. 위 기한 안에 보정하지 아니하면 소장이 각하될 수 있습니다(민사소송법 제254조 제2항).

※ 문의사항 연락처 : 수원지방법원 성남지원 민사 8 단독 법원주사 임승원

전화 : 031-737-1218(매주 화요일 재판, 전화통화불가)
팩스 : 031-742-2004   e-mail :

④ 2024. 4. 18. 보정서 (원고 임찬용)

보 정 서

사건번호 : 2024가단1957 손해배상(기)
〔원고 : 임찬용 / 피고 : 문경석 외 3명〕

위 사건에 관하여 원고는 다음과 같이 보정합니다.

Ⅰ. 보정명령

1. 피고들의 행위로 인하여 원고가 어떠한 손해를 입었다는 것인지와 손해의 산정내역을 구체적으로 밝히시기 바랍니다.

2. 원고는 피고들 별로 별개의 불법행위 책임을 구하는 것으로 보이는 바, 현재 제출된 갑 제1, 2호증 중 해당 부분을 분리하여 제출하는 등 피고들 별로 원고의 주장을 증명할 자료를 구체적으로 특정하여 제출하시기 바랍니다.

Ⅱ. 보정명령 이행 (보정조치)

1. 보정명령 이행 순서 변경

위 보정명령 제2항에 따라 각 피고들의 불법행위 및 이를 입증할 수 있는 증거자료들을 구체적으로 특정한 후, 제1항의 보정명령에 따라 각 피고들의 불법행위에 대한 책임 및 그에 따른 손해 산정내역을 밝히는 것이 순차적인 보정명령 이행조치라고 판단되므로, 제2항 보정명령부터 이행코자 합니다.

2. '제2항 보정명령' 이행 내역

가. 피고 문경석

(1) 불법행위(범죄행위)

피고 문경석은 원고가 고소한 '관피모사건 고소장'을 수사하면서 피의자 구수회에게 형사처벌을 면해 주기 위하여 단 한차례의 소환조사도 실시하지 않은 채 2022. 3. 22.경 '피의자 구수회에 대한 불송치(각하) 결정서'를 허위내용으로 작성하는 수법을 통해 구수회의 모든 범죄사실을 은폐해 버렸다.

(2) 위 (1)항을 입증할 수 있는 증거자료를 특정함

2021. 10. 5.자 '관피모사건 고소장' 〔별권책자(갑 제1호증) 제78~104쪽〕, 2022. 3. 22.자 피의자 구수회에 대한 불송치(각하) 결정서 〔별권책자 제105~110쪽〕, 2022. 4. 4.자 피의자 구수회에 대한 불송치(각하) 결정 이의신청서 〔별권책자 제111~138쪽〕

나. 피고 이주훈

(1) 불법행위(범죄행위)

피고 이주훈은 '관피모 사건 고소장'을 수사하면서 피의자 구수회에게

형사처벌을 면해 주기 위하여 2022. 5. 27.경 피고 문경석이 허위내용으로 작성한 '피의자 구수회에 대한 불송치(각하) 결정서'를 그대로 인용한 수법을 통하여 '피의자 구수회에 대한 불기소(각하) 결정서'를 허위내용으로 작성함으로써 구수회의 모든 범죄사실을 은폐해 버렸다.

(2) 위 (1)항을 입증할 수 있는 증거자료를 특정함

2021. 10. 5.자 '관피모사건 고소장'〔별권책자 제78~104쪽〕, 2022. 3. 22.자 피의자 구수회에 대한 불송치(각하) 결정서〔별권책자 제105~110쪽〕 및 2022. 4. 4.자 피의자 구수회에 대한 불송치(각하) 결정이의신청서〔별권책자 제111~138쪽〕, 2022. 5. 27.자 피의자 구수회에 대한 불기소(각하) 결정서〔별권책자 제139~140쪽〕

다. 피고 김한나

(1) 불법행위(범죄행위)

피고 김한나는 평소 검찰개혁을 외쳐온 원고에게 과잉·보복수사를 가하고, '구수회 고소장'(별권책자 제432~437쪽)을 장기 미제로 남겨둬 구수회에게 민·형사상 이익을 주기 위하여 당초 경찰의 각하 결정을 뒤집고 처벌 죄명을 정보통신망법상 허위사실 적시에 의한 명예훼손죄에서 모욕죄로 바꿔 '보완수사요구권'을 발동하였다. 이는 성남 검찰 지휘부의 지시에 의한 명백한 검찰권남용에 해당한다.

이로써 피고 김한나는 '구수회 고소장'에 기재된 구수회의 무고죄 등을 은폐하고, 구수회에게 '구수회 고소장'을 악용하여 2024. 1. 12.경 원고 임찬용을 피고로 하는 금 300만 원 손해배상 청구의 소장을 작성하여 이를 서울중앙지방법원에 제출할 수 있는 소송사기 범행의 기회를 제공하였으며, 원고에게는 과잉 · 보복 수사를 가하기 위하여 '보완수사요구권'이라는 검사 권한을 남용하였다.

(2) 위 (1)항을 입증할 수 있는 증거자료를 특정함

갑 제1호증 〔별권책자 제368~372쪽, 제473~475쪽), 갑 제2호증 : 2024. 1. 29.자 피의자 구수회 등에 대한 불송치(각하) 결정 이의신청서 1부 및 그 첨부(입증)자료 1~4〕

라. 피고 김경환

(1) 불법행위(범죄행위)

피고 김경환은 '관피모 사건'을 은폐해 왔던 성남 검찰의 암묵적 지시를 받고 2023. 7. 18.경 허위내용의 불송치(각하) 결정서를 작성하는 수법을 통해 '임찬용 고소장'(별권책자 제438~472쪽)에 기재되어 있는 구수회의 무고죄 및 정보통신망법상 허위사실 적시 명예훼손죄 등 모든 범죄사실을 은폐해 버렸다.

(2) 위 (1)항을 입증할 수 있는 증거자료를 특정함

갑 제1호증 〔별권책자 제507~509쪽〕, 갑 제2호증 : 2024. 1. 29.자 피의자 구수회 등에 대한 불송치(각하) 결정 이의신청서 1부 및 그 첨부(입증)자료 1~4〕

3. '제1항 보정명령' 이행 내역

가. 각 피고들의 (불법)행위로 인하여 원고가 입은 손해

(1) 각 피고들의 원고에 대한 민·형사적 책임

○ 각 피고들은 각자의 위치에서 원고가 고소한 2021. 10. 5.자 '관피모사건 고소장' 및 2023. 1. 5.자 '임찬용 고소장'에 대해 피의자 구수회를 단 한차례 소환조사도 없이 은폐·조작수사를 통하여 피의자 구수회의 모든 범죄사실을 은폐해 버렸습니다.

○ 특히, 각 피고들은 우리나라 수사기관의 양 대 산맥을 이루고 있는 사법경찰관과 이를 실질적으로 지도·감독하는 검사들인 바, 수사를 받고 있는 피의자 측과 공모하여 사건을 은폐해 버릴 경우, 그에 따른 형사적 책임은 (정당한 경찰수사나 검찰수사를 받을 수 있는 권리행사를 방해함으로써) 직권남용권리행사방해죄, (허위내용의 불송치결정서나 허위내용의 불기소결정서를 작성함으로써) 허위공문서작성죄, (허위작성공문서를 비치하고 이를 고소인 등에게 통보함으로써) 허위작성공문서행사죄 등 중범죄의 죄책을 피할 수 없고, 민사적 책임 역시 국가는 물론 **범죄피해자인 원고에게도 상상을 초월할 정도의 손해배상금을 지급해야 할 것입니다.** 각 피고들에게 위와 같이 민·형사상 엄중한 책임을 묻는 이유는 그들은 국민으로부터 국가수사권을 위임받아 이를 집행하는 공무원들이기 때문입니다.

(2) 각 피고들이 수사권을 남용하여 원고의 고소사건을 은폐·조작함에 따라, 원고는 그들의 수사권 남용으로 인해 경찰 및 검찰로부터 정당한 수사를 받을 수 있는 권리행사를 방해받았습니다.

(3) 각 피고들은 '관피모사건 고소장' 및 '임찬용 고소장' 피의자인 구수회에 대해서는 단 1회의 소환조사도 실시하지 않고 조작·은폐수사로 일관하여 오면서 형사법상 치외법권자로 대우해 주고, 그 반면 피해자이자 고소인인 원고에 대해서는 과잉수사·편파수사·보복수사로 대응함으로써 원고에게 심한 자괴감을 줌과 동시에 크나큰 정신적 충격을 안겨 주었습니다.

나. 각 피고들의 범죄(불법) 행위에 따른 손해배상금 산정내역

원고는 각 피고들의 '관피모사건 고소장' 및 '임찬용 고소장'에 대한 은폐·조작 수사와 관련, 고소장 작성 및 제출, 해당 경찰서에 출석하여 고소인 보충진술조서를 받아야 했으며, 불송치(각하)결정 이의 신청서, 항고장, 재정신청서 등 각종 수사서류를 작성하여 이를 각각 해당 경찰서 및 검찰청에 접수시킴과 동시에, 수시로 수사진행상황을 형사사법포털 사이트에 들어가 확인하는 등 한 시도 쉬지 않고 조마조마한 심정으로 시간적·육체적·정신적 노동력을 집중 투입해 왔습니다.

따라서 각 피고들은 원고가 각 피고들의 은폐·조작수사에 시달려 오면서 투입하여 온 정신적·육체적 노동력 및 소요시간 등 일체 비용을 손해배상금 명목으로 지급하여야 할 의무가 있다고 할 것입니다.

이에 터 잡아 각 피고들이 원고에게 지급하여야 할 손해배상금을 개인별로 산출해 보면 다음과 같습니다.

(1) 피고 문경석, 피고 이주훈의 '관피모사건 고소장' 은폐·조작수사에 따른 손해배상금 총액 : 각 10,000,000 원

《각 피고별 손해배상금 4,962,840 원 + 각 피고별 위자료 5,000,000 원》

- 각 피고별 손해배상금 산정내역

【산출근거】

㉮ 원고가 검찰 퇴직 당시 직급인 검찰수사서기관(4급)의 2024년도 월급 (공안직 28호봉 적용) : 일체 수당을 제외한 순수한 월 급여 5,671,819 원

㉯ 원고가 2021. 10. 5.자 '관피모사건 고소장' 제출시점부터 2022. 5. 27.자 피의자 구수회에 대한 불기소결정서가 허위내용으로 작성되는 날까지의 대응기간 : 약 7개월

㉰ 할인율 1/8적용 (공무원의 하루 정규 근무시간은 약 8시간이나, 원고는 이 사건의 경우 하루 대응 소요시간을 1시간으로 대폭 축소하여 최소한도로 적용하였음)

【산출결과】

㉮ 5,671,819원(월급) × ㉯ 약 7개월(이 사건 대응기간) × 1/8 (할인율) = 4,962,840원

- 각 피고별 원고에게 정신적 위자료 : 5,000,000원

(2) 피고 김한나, 피고 김경환의 '임찬용 고소장' 은폐·조작수사에 따른 손해배상금 총액 : 각 10,000,000 원

《각 피고별 손해배상금 4,962,840 원 + 각 피고별 위자료 5,000,000 원》

- 각 피고별 손해배상금 산정내역

【산출근거】

㉮ 원고가 검찰 퇴직 당시 직급인 검찰수사서기관(4급)의 2024년도 월급 (공안직 28호봉 적용) : 일체 수당을 제외한 순수한 월 급여 5,671,819 원

㉯ 원고가 2023. 1. 5.자 '임찬용 고소장' 제출시점부터 2024. 3. 15.자 피의자 구수회 등에 대한 불기소결정서[151]가 허위내용으로 작성되는 날까지의 대응기간 : 약 14개월

㉰ 할인율 1/16 적용 (공무원의 하루 정규 근무시간은 약 8시간이나, 원고는 이 사건 경우 하루 대응 소요시간을 0.5시간으로 대폭 축소하여 최소한도로 적용하였음)

【산출결과】

㉮ 5,671,819원(월급) × ㉯ 약 14개월(이 사건 대응기간) × 1/16 (할인율) = 4,962,840원

- 각 피고별 원고에게 정신적 위자료 : 5,000,000원

첨부 : 2024. 3. 15.자 피의자 구수회 등에 대한 불기소결정서(갑 제3호증)

---

[151] 2024. 3. 15.자 '피의자 구수회 등에 대한 불기소결정서'를 이 사건 '갑 제3호증'으로 제출함

⑤ 2024. 4. 18. 보정서 첨부 : 갑 제3호 증 (원고 임찬용)

〈갑 제3호증〉

불기소 사건기록 및 불기소 결정서	보 존	제 질
		재 호
		년

부장검사	차장검사	검사장	수원지방검찰청 성남지청	공소시효	장기
					단기
				재 기	

검사 허윤희는 아래와 같이 불기소 결정을 한다.

2024년 형제4003호	결 정	2024. 3. 15.	검사	허윤희	(인)

피 의 자	죄 명	주 문
1. 가, 나 구수희 2. 가 전상화 3. 다 이용일 4. 다 성명불상	가. 정보통신망이용촉진 및 정보보호등에관한법률위반(명예훼손) 나. 무고 다. 강요미수	(각) 혐의없음(증거불충분)

피의사실과 불기소이유는 사법경찰관이 작성한 불송치결정서 및 수사결과보고서에 기재된 내용과 같음

부 수 처 분	명 령	집 행	인
석방지휘/소재수사지휘/지명수배(통보),해제			

압 수 물 처 분	명 령	집 행	인
가환부대로본환부/제출인환부/피해자환부/보관/폐기/국고귀속			

비 고

집 행		사 건		압 수		결과통지	

본 증명서는 인터넷으로 발급되었으며 형사사법포털 홈페이지(www.kics.go.kr)의 발급문서 진위확인 메뉴를 통해 위 문서확인번호(1171-1333-5572-0100) 또는 문서하단의 바코드로 내용의 위·변조 여부를 확인해 주십시오. 다만, 문서확인번호를 통한 확인은 발급일로부터 90일까지 가능합니다.

⑥ 2024. 7. 5. 답변서 (피고 대리인 김홍경)

답 변 서

사 건   2024 가단 1957 손해배상(기)
원 고   임찬용
피 고   문성식 외 3명

위 사건에 대하여 피고들의 소송대리인은 다음과 같이 답변합니다.

청구취지에 대한 답변

"1. 원고의 청구를 모두 기각한다.
 2. 소송비용은 원고가 부담한다."

라는 판결을 구합니다.

청구원인에 대한 답변

피고들의 소송대리인은 최근 소송을 위임 받아 기록을 충분히 검토하지 못한 상태입니다. 빠른 시간 내에 기록을 검토하여 실질적인 내용을 담고 있는 준비서면을 제출하도록 하겠습니다.

2024. 7. .

오로라법률사무소
서울시 종로구 인사동5길 29 태화빌딩 2층
전화 02 771 8885   팩스 02 771 8886

피고들의 소송대리인

변호사 김홍경

변호사 장희성

변호사 이송은

수원지방법원 성남지원 민사8단독 귀중

⑦ 2024. 8. 9. 준비서면(피고대리인 김홍경)

개인정보유출주의 제출자:김홍경, 제출일시:2024.08.09 09:32, 출력자:임찬용, 다운로드일시:2024.08.14 16:36

준 비 서 면

사　　건　　2024 가단 1957　　손해배상(기)
원　　고　　임 찬 용
피　　고　　문 경 식 외 3

위 사건에 대하여 피고들 소송대리인은 다음과 같이 변론을 준비합니다.

다 음

1. 원고의 청구내용

- 원고는 전직 검찰공무원이자 'LPN로컬파워뉴스'라는 언론의 법조팀장으로서 '관청피해자모임'(줄여서 '관피모'라고 함)의 카페지기인 구수회라는 사람 등과 형사적인 문제로 상호 고소를 하였다(원고의 표현에 따라, 원고의 고소 중 2021. 10. 5.자 고소를 '관피모 고소'라고 하고, 2023. 1. 5.자 고소를 편의상 '임찬용 고소'라고 하며, 구수회의 원고에 대한 2022. 9. 26.경 고소를 '구수회 고소'라고 함).

- 2021. 10. 5.자 '관피모 고소'는 구수회에 대한 정보통신망법상 허위사실 적시에 의한 명예훼손, 무고, 특경법상 사기, 변호사법 위반 등의 고소인데, 이 사건을 담당한 서대문경찰서 소속 피고 문경석 수사관은 피의자를

한번도 소환하지 않은채 2022. 3. 22. 불송치(각하) 결정을 하였고, 이에 대하여 원고가 이의신청하였지만 이의신청을 담당한 서울서부지검(당시)의 피고 이수훈 검사 역시 2022. 5. 27. 불기소(각하) 결정을 하였다.

- 2022. 9. 26.자 '군수회 고소'는 원고를 피의자로 하여 정보통신망법상 허위사실 적시에 의한 명예훼손을 이유로 한 고소로서, 이 사건 수사를 담당한 성남수정경찰서 소속 이용인 수사관은 2023. 1. 19. 불송치(각하) 결정을 내리고 성남지검청에 송치하였는데, 성남지검청(당시)의 피고 김한나 검사는 군수회에게 이익을 주기 위하여 검찰권을 남용하여 경찰의 가하 결정을 뒤집고 모욕죄로 죄명을 변경하여 경찰에 보완수사요구를 하였다.

- 2023. 1. 5.자 '임찬용 고소'는 군수회에 대하여 무고죄 및 정보통신망법상 허위사실적시에 의한 명예훼손을 이유로 한 고소로서, 이 사건을 담당한 성남 수정경찰서 소속 김경환 수사관은 2023. 7. 18. 불송치(각하) 결정을 하였다.

- 이와 같은 피고 경찰관들(피고 문경석, 피고 김경환) 및 피고 검사들(피고 이수훈, 피고 김한나)의 부실한 사건처리는 민사상 불법행위에 해당하므로 피고들은 원고에게 각 1,000만원의 손해배상을 할 의무가 있다는 것입니다.

2. 이 사건의 사실관계 및 각 고소 사건의 사건처리

(1) '선피모 고소' 관련

2021. 10. 5. 원고는 위와 같은 내용으로 ○○회를 상대로 성남수정경찰서에 고소장을 제출하였고, 성남수정경찰서에서 원고에 대한 고소인 진술조서를 작성한 이후 시대문경찰서로 이송되어 2022. 3. 15.자로 시대문경찰서의 피고 문성식 수사관이 이 사건을 담당하였습니다.

피고 문성식의 수사결과 원고가 주장하는 명예훼손이나 무고 등 혐의 모두 혐의없음이 명백하여 불기소(각하) 결정을 한 것이고, 이는 경찰수사규칙 제108조 제1항 제4호에 근거한 것입니다.(그 자세한 이유는 원고가 제출한 갑제1호증 제105면에서 제110면 참조)

> 제108조 불송치결정
> 4. 각하: 고소·고발로 수리한 사건에서 다음 각 목의 어느 하나에 해당하는 사유가 있는 경우
> 가. 고소인 또는 고발인의 진술이나 고소장 또는 고발장에 따라 제1호부터 제3호까지의 규정에 따른 사유에 해당함이 명백하여 더 이상 수사를 진행할 필요가 없다고 판단되는 경우
> 나. 동일사건에 대하여 사법경찰관의 불송치 또는 검사의 불기소가 있었던 사실을 발견한 경우에 새로운 증거 등이 없어 다시 수사해도 동일하게 결정될 것이 명백하다고 판단되는 경우

또한 피고 이수훈 검사 역시 원고의 이의신청에 대하여 피고 문성식의 수사결과에 문제가 없다고 보아 불기소결정을 하게 된 것입니다.

따라서 '관피모 고소' 사건을 수사를 담당한 피고 문성석 수사관의 각하 결정 및 피고 이수훈 검사의 불기소 결정에 있어, 수사가 잘못되었다거나 공정하지 못하였다는 취지의 원고 주장은 인정될 수 없습니다.

(2) '구수회 고소' 관련

'구수회 고소'는 원고의 위 고소에 대한 맞고소의 성격을 가지는 것으로서 2022. 9. 26. 성남수정경찰서에 접수되었고 성남수정경찰서 소속 이용원 수사관은 2023. 1. 19.자로 불송치(각하) 결정을 하였습니다.

이에 대하여 고소인 구수회가 이의신청하여 성남검찰청으로 송치되었고 당시 성남검찰청 소속 피고 김한나 검사가 이 사건을 담당하게 되었습니다. 피고 김한나 검사는 이 사건을 검토하고 아래와 같은 내용으로 경찰에 보완수사 요구를 하였습니다.

> <보완수사 요구 내용>
> - 본건과 관련하여 피의자(*원고를 말함)는 고소인(*구수회를 말함)을 지 칭하여 '고도의 사기꾼' 등의 표현을 사용한 것으로 보이는데, 사실의 적 시에 해당하지 않는다 하더라도 이에 대하여는 고소인의 사회적 평가를 저하할만한 추상적 판단이나 경멸적 감정을 표현한 것으로 모욕죄가 성 립될 여지가 있어 보입니다.
> - 피의자 조사하여 피의자와 고소인과의 관계, 피의자가 해당 표현에 이 르게 된 경위, 해당 글을 게시한 목적, 게시된 글이나 해당 표현에 이르 게 된 전제 사건의 사실 여부 확인을 위한 적절한 조치는 다하였는지 등을 확인하여 피의자에게 모욕죄가 성립되는지를 명확히 하고, 혐의 인 정되는 경우 사건을 송치하고, 기존의 불송치 결정을 유지하는 경우 그 내용과 이유를 통보해 주시기 바랍니다.

[참고로 피고 김한나 검사의 위 보완수사요구에 따라 경찰은 원고를 소환 하여 추가 수사를 하고자 하였으나 원고의 출석불응으로 2024. 1. 19.자

로 수사중지(피의자중지)로 성남지청에 재차 송부된 상태입니다.]

위와 같은 피고 김한나 검사의 보완수사요구는 '검사와 사법경찰관의 상호협력과 일반적 수사준칙에 관한 규정' 제59조1)에 의한 것으로서, 검사는 사법경찰관으로부터 송치받은 사건에 대하여 보완수사가 필요하다고 인정하는 경우에는 직접 보완수사를 하거나 사법경찰관에게 보완수사를 요구할 수 있으며, 이때 '죄명 및 범죄사실의 구성에 관한 사항'(제59조 제3항 제5호) 및 송치받은 사건의 공소제기 여부를 결정하는데 필요하거나 공소유지와 관련해 필요한 사항에 관한 보완수사를 요구할 수 있는 것(제59조 제3항 제6호)이며 이에 대한 검사의 판단에는 상당한 재량권이 부여되어 있는 것입니다.

---

1) 제59조(보완수사요구의 대상과 범위) ① 검사는 사법경찰관으로부터 송치받은 사건에 대해 보완수사가 필요하다고 인정하는 경우에는 직접 보완수사를 하거나 법 제197조의2제1항제1호에 따라 사법경찰관에게 보완수사를 요구할 수 있다. 다만, 송치사건의 공소제기 여부 결정에 필요한 경우로서 다음 각 호의 어느 하나에 해당하는 경우에는 특별히 사법경찰관에게 보완수사를 요구할 필요가 있다고 인정되는 경우를 제외하고는 검사가 직접 보완수사를 하는 것을 원칙으로 한다.
  1. 사건을 수리한 날(이미 보완수사요구가 있었던 사건의 경우 보완수사 이행 결과를 송부받은 날을 말한다)부터 1개월이 경과한 경우
  2. 사건이 송치된 이후 검사가 해당 피의자 및 피의사실에 대해 상당한 정도의 보완수사를 한 경우
  3. 법 제197조의3제5항, 제197조의4제1항 또는 제198조의2제2항에 따라 사법경찰관으로부터 사건을 송치받은 경우
  4. 제7조 또는 제8조에 따라 검사와 사법경찰관이 사건 송치 전에 수사할 사항, 증거수집의 대상 및 법령의 적용 등에 대해 협의를 마치고 송치한 경우
② 검사는 법 제197조의2제1항에 따른 보완수사요구 여부를 판단하는 경우 필요한 보완수사의 정도, 수사 진행 기간, 구체적 사건의 성질에 따른 수사 주체의 적합성 및 검사와 사법경찰관의 상호 존중과 원활한 협력 등을 종합적으로 고려한다.
③ 검사는 법 제197조의2제1항제1호에 따라 사법경찰관에게 송치사건 및 관련사건(법 제11조에 따른 관련사건 및 법 제208조제2항에 따라 간주되는 동일한 범죄사실에 관한 사건을 말한다. 다만, 법 제11조제1호의 경우에는 수사기록에 명백히 현출(現出)되어 있는 사건으로 한정한다)에 대해 다음 각 호의 사항에 관한 보완수사를 요구할 수 있다.
  1. 범인에 관한 사항
  2. 증거 또는 범죄사실 소명에 관한 사항
  3. 소송조건 또는 처벌조건에 관한 사항
  4. 양형 자료에 관한 사항
  5. **죄명 및 범죄사실의 구성에 관한 사항**
  6. 그 밖에 송치받은 사건의 공소제기 여부를 결정하는 데 필요하거나 공소유지와 관련해 필요한 사항

원고는 정통법상 명예훼손으로 고소된 사건을 고소인이 고소하지 않은 모욕죄로 보완수사요구를 한 것이 검찰권의 남용이라는 취지로 주장하지만 명예훼손죄와 모욕죄는 그 구성요건에 차이가 있다고 하더라도 명예에 대한 죄라는 점에서 그 성질을 같이 하므로 고소장에 명예훼손이라는 죄명을 붙이고 명예훼손에 관한 사실을 적어 두었으나 그 사실이 명예훼손죄를 구성하지 않고 모욕죄를 구성하는 경우에는 위 고소는 모욕죄에 대한 고소로서의 효력을 갖는다고 해석함이 타당하다는 것이 대법원 판례의 입장이므로(대법원 1981. 6. 23. 선고 81다1250 판결 참조), 원고가 인터넷 카페에서 고소인(구수회)을 지칭하여 '고도의 사기꾼'이라는 등의 모욕적인 표현을 사용한 것에 대하여 '모욕죄'로의 보완수사를 요구한 것은 합리적인 검찰권의 행사로 판단되어야 마땅합니다.

그러므로 '구수회 고소' 관련 피고 김한나 검사의 보완수사요구가 검사의 권한을 남용한 것이라는 원고의 주장은 타당하지 않습니다.

(3) '임찬용 고소' 관련

'임찬용 고소'는 2023. 1. 5.자로 원고가 구수회 등을 상대로 고소한 사건으로서 당시 성남수정경찰서 소속 피고 김경환 수사관이 이 사건을 담당하였습니다.

피고 김경환의 수사 결과 구수회를 상대로 한 정보통신망법상의 명예훼손은 피의자의 주관적 의견 표현에 불과하고, 무고 역시 인정되지 않아 불송치(각하) 결정을 한 것이고 이 역시 위 경찰수사규칙에 근거한 것입니다

(그 결정의 이유에 대해서는 원고가 제출한 갑제2호증에 포함된 수사실사 동지서 참조).

따라서 피고 김경환 수사관이 원고의 위 '임찬용 고소' 사건을 새대로 수사하지 않고 각하 결정을 한 것이 부당하다는 원고의 주장 역시 인정될 수 없습니다.

(4) 소 결

이상에서 자세히 말씀드린 것처럼, 피고 경찰들 및 피고 검사들은 자신이 담당한 사건에 대하여 면밀히 검토하고 법과 규정에 따라 처리하였습니다. 따라서 피고들의 수사가 위법하다거나 공정하지 않다는 취지의 원고 주장은 사실과 다르므로 원고가 주장하는 손해배상책임은 인정될 수 없습니다.

4. 공무원 개인이 불법행위 책임을 부담하는 법리

(1) 경찰공무원 개인의 불법행위책임은 객관적 정당성을 상실하여 현저하게 불합리한 경우에만 성립됩니다.

범죄의 수사와 관련한 경찰의 위법성에 대하여 대법원은, "범죄의 예방·진압 및 수사는 경찰관의 직무에 해당하며(경찰관직무집행법 제2조 제1호), 그 직무행위의 구체적 내용이나 방법 등이 경찰관의 전문적 판단에 기한 합리적인 재량에 위임되어 있는 것이므로, 경찰관이 구체적 상황 하에서 인적·물적 능력의 범위 내에서의 적절한 조치라는 판단에 따라 범죄의 진압 및 수사에

관한 직무를 수행한 경우, 경찰관에게 그와 같은 권한을 부여한 취지와 목적, 경찰관이 다른 조치를 취하지 아니함으로 인하여 침해된 국민의 법익 또는 국민에게 발생한 손해의 심각성 내지 그 절박한 정도, 경찰관이 그와 같은 결과를 예견하여 그 결과를 회피하기 위한 조치를 취할 수 있는 가능성이 있는지 여부 등을 종합적으로 고려하여 볼 때, 그것이 **객관적 정당성을 상실하여 현저하게 불합리하다고 인정되는 것이 아닌 이상 위법하다고 할 수 없다**"고 하였으며 이는 확립된 법리입니다(대법원 2008. 4. 24. 선고 2006다32132 판결 등 참조).

즉, 경찰의 직무집행이 위법한 것으로 평가되기 위해서는 그 직무집행이 '객관적 정당성을 상실하여 현저하게 불합리하다고 인정되어야'만 합니다.

이러한 법리에 기초하여 볼 때, 이 사건 피고 경찰들(피고 문경석, 피고 김경환)의 고소사건 처리를 위한 직무집행이 전체적으로 객관적 정당성을 상실하여 현저하게 불합리하다고 평가할 수 없는 것이므로 원고의 청구는 인정될 수 없습니다.

(2) 피고 이주훈 검사의 불기소결정 또는 피고 김한나 검사의 보완수사요구 역시 위법한 것으로 평가될 수 없습니다.

범죄의 수사에 관하여 구체적인 직무를 수행하는 검사나 사법경찰관 등 수사주체는 여러 상황에 대응하여 자신에게 부여된 여러 가지 권한을 적절하게 행사하여 필요한 조치를 취할 수 있으며, 이러한 권한은 일반적으로 수사주체의 전문적 판단에 기한 합리적인 재량에 위임되어 있으므로, 수사기관인 사법경찰관이나 검사의 판단이 경험칙이나 논리칙에 비추어 도저히 그 합리성을 긍정할 수 없는 일건 명백한 하자가 있는 경우에만 귀책사유가 있는 것으로 판단할 수 있습니다(대법원 1993. 8. 13. 선고 93다20924 판결, 대법원 2022. 7. 14. 선고 2017다290538 판결 등 참조).

또한 사법경찰관이나 검사는 수사기관으로서 피의사건을 조사하여 진상을 명백히 하고, 죄를 범하였다고 의심할 만한 상당한 이유가 있는 피의자에게 증거인멸 및 도주의 우려 등이 있을 때에는 법관으로부터 영장을 발부받아 피의자를 구속할 수 있으며, 나아가 수집·조사된 증거를 종합하여 피의자가 유죄판결을 받을 가능성이 있는 정도의 혐의는 가지게 된 데에 합리적인 이유가 있다고 판단될 때에는 소정의 절차에 의하여 기소의견으로 검찰청에 송치하거나 법원에 공소를 제기할 수 있는 것입니다. 따라서 이러한 검사의 판단이 그 당시의 자료에 비추어 경험칙이나 논리칙상 도저히 합리성을 긍정할 수 없을 정도에 이른 경우에만 위법성을 인정할 수 있다는 것이 대법원의 확립된 판례입니다(대법원 2002. 2. 22. 선고 2001다23447 판결, 대법원 2005. 12. 23. 선고 2004다46366 판결 등 참조).

나아가 사건을 수사하고 공소제기 여부를 결정하는 검사로서는 피의사실과 관련된 모든 증거를 수집하여 그 수집된 증거에 관한 평가를 하고 법률적 판단을 한 후 기소 여부를 결정함에 즈음하여, 모든 국민의 법 앞에서의 평등권, 형사피해자의 재판절차에서의 진술권, 범죄피해 국민의 구조청구권 등을 보장한 헌법정신에 저해되지 아니하고 불편부당한 공소권 행사에 대한 국민적 신뢰를 깨뜨리지 않는 합리적인 결심을 하여야 하되, 공소를 제기할 경우의 법률 판단은 유일하고 절대적인 해석만이 있는 것이 아니라 이를 행하는 사람에 따라 다양하게 견해가 나뉠 수 있는 작용이며, 인간 능력의 한계를 생각할 때 당해 판단작용이 일반의 법관념상 있을 수 없는 것이어서 위법하다고 평가되는 것은 그것이 건전한 상식을 가진 일반인 누구에게도 명백히 비상식적인 판단이었다고 인정되는 경우에 한하지 않을 수 없는 것입니다. 즉, 경험칙과 논리칙에 비추어 도저히 당해 판단의 합리성을 긍정할 수 없는 일건 명백한 하자가 있는 경우에 비로소 당해 검사의 기소 여부에 관한 판단이 위법하다고 할 수 있다는 것이 대법원의 견해입니다(대법원 2001. 6. 29. 선고 99다17302 판결 참조).

그러므로 이 사건에서 '강피모 고소' 건에 대하여 불기소결정을 내린 피고 이주훈 검사의 판단 또는 '국수회 고소' 건에 대하여 보완수사요구를 한 피고 김현니 검사의 판단은 경험칙과 논리칙에 비추어 그 판단의 합리성을 긍정할 수 없는 명백한 하자가 있다고 볼 수 없으므로 위법성을 인정할 수 없으며 결과적으로 원고가 주장하는 청구는 인정될 수 없는 것입니다.

(3) 공무원은 고의 또는 중대한 과실이 있는 경우에만 손해배상책임을 부담합니다.

헌법 제29조 제1항 본문과 단서 및 국가배상법 제2조를 그 입법취지와 조화되도록 해석하면, 공무원이 직무 수행 중 불법행위로 타인에게 손해를 입힌 경우에 국가나 지방자치단체가 국가배상책임을 부담하는 외에 공무원 개인이 불법행위로 인한 손해배상책임을 부담한다고 인정하기 위해서는, 공무원의 공무수행 중 불법행위가 고의 또는 중과실에 의한 경우임이 인정되어야 합니다(대법원 1996. 5. 31. 선고 94다15271 판결 참조). 따라서 공무원은 공무원에게 경과실이 있을 뿐인 경우에는 공무원 개인은

불법행위로 인한 손해배상책임을 부담하지 아니합니다(대법원 2011. 9. 8. 선고 2011다34521 판결 참조).

또한 판례는 공무원의 중과실을 판단하는 기준에 관하여, "공무원의 중과실이라 함은 공무원에게 통상 요구되는 정도의 상당한 주의를 하지 않더라도 약간의 주의를 한다면 손쉽게 위법, 유해한 결과를 예견할 수 있는 경우임에도 만연히 이를 간과함과 같은, 거의 고의에 가까운 현저한 주의를 결여한 상태를 의미한다"고 판시한 바 있습니다(대법원 2003. 2. 11. 선고 2002다65929 판결).

이러한 법리에 의한 때 피고 경찰들 또는 검사들에게는 어떠한 고의 또는 중과실은 물론 경과실도 존재하지 않으므로 원고가 주장하는 손해를 배상할 책임이 없습니다.

4. 원고가 주장하는 손해가 실제 발생하였다거나 그것이 피고의 직무와 상당인과관계 있는 손해라고 볼 수 없습니다.

원고는 이 사건 관련하여 피고들 각자에게 1,000만원의 손해배상을 청구하고 있지만 위에서 본 바와 같이 피고의 직무집행에는 어떠한 과실도 없었다는 점에 비추어 볼 때 원고에게 어떠한 손해가 발생하였다고 할 수 없고, 설령 원고가 어떠한 손해를 입었다고 하더라도 이는 피고의 직무와 상당인과관계가 있는 손해라고 할 수조차 없습니다.

나아가 수사 및 공소제기의 목적은 본질적으로 국가 및 사회의 질서유지라는 공익을 실현하기 위한 것이지 피해자(여기서는 피해자라고 주장하는

원고)의 개인적 이익을 보호하거나 피해자 개인이 입은 손해의 전보를 목적으로 하는 것이 아닙니다.

따라서 검사의 기소 또는 불기소처분으로 인하여 피해자가 가지는 형사처벌에 대한 기대가 충족되지 아니하였고 이로 인하여 피해자가 정신적 고통을 호소한다고 하더라도, 그것은 국가형벌권 행사에 수반하는 부수적이고 반사적인 결과일 뿐이므로 이를 피해자에게 발생한 손해라고 평가할 수는 없습니다(서울중앙지방법원 2008. 12. 4. 선고 2008나12155 판결과 같은 취지).

5. 결 론

이상과 같이 이 사건과 관련하여 피고 경찰 및 피고 검사들의 직무집행에는 위법성이 없으며 나아가 어떠한 고의나 중과실도 없으므로 이를 전제로 한 원고의 청구를 기각하여 주시기 바랍니다.

2024. 8. .

위 피고들의 소송대리인

변호사 김 홍 경

수원지방법원 성남지원 민사 제8단독 귀중

⑧ 2024. 8. 12. 원고 준비서면 〔2025. 8. 9.자 소송대리인 홍명호의 답변서(준비서면)에 대한 원고 임찬용의 반박〕
☞ 제1부 【첨부(입증) 자료 6】 "2024. 8. 16.자 원고 준비서면 및 그 첨부물 각 1부" 중 〔붙임 4〕와 동일하므로 이를 참조바람. (이 책 제191쪽 이하)

⑨ 2024. 8. 12. 준비서면 서증(갑4 : 2024. 3. 21.자 피고소인 이주훈 검사 외 8명에 대한 고소장)
☞ 제4부 "순번 ⑤"와 중복으로 생략함

⑩ 2024. 8. 12. 준비서면 서증(갑5 : 2024. 6. 18.자 피의자 이주훈 검사 외 8명에 대한 불기소결정서)
☞ 제4부 "순번 ⑬"과 중복으로 생략함

⑪ 2024. 8. 12. 준비서면 서증(갑6 : 2024. 7. 8.자 피의자 이주훈 검사 외 8명에 대한 재정신청서
☞ 제4부 "순번 ⑭"와 중복으로 생략함

⑫ 2024. 8. 12. 준비서면 서증(갑7 : 2024. 8. 11.자 KMS 신문기사)
☞ 제3부 "순번 (31)항"과 중복으로 생략함 (이 책 제170쪽 이하)

⑬ 2024. 8. 27. 원고 준비서면 (2024. 8. 26.자 KMS 신문기사 제출)

준 비 서 면
【2024. 8. 26.자 KMS 신문기사 제출】

담당재판부 : 민사8단독〕

사　　건　2024가단1957 (이하, '이 사건'이라고 합니다)
원　　고　임찬용
피　　고　문경석 외 3명

1. 원고가 이 사건 손해배상 청구의 소를 제기한 가장 큰 이유는 피고들의 불법행위에 대하여 형사적으로 처벌할 수 없었기 때문입니다.

   즉, 원고는 별권 책자 제78~104쪽에 기재되어 있는 '관피모 사건' 고소장 등을 은폐·조작 수사한 피고들에 대하여 형사책임을 물을 수 없기 때문이며, 이는 윤석열 정부의 형사사법시스템이 붕괴되었음을 의미합니다.

2. 위 1항으로 인해 윤석열 정부의 공정과 상식은 이미 무너져 버렸고, 사법정의 역시 파괴되어 버렸으며 검찰개혁의 필요성은 하늘을 찌를 듯이 치솟고 있습니다.

3. 지금 당장 위 1항 및 2항의 국가적 위기상황을 극복하기 위한 최소한의 구제 방안은 이 사건 담당 재판부가 원고와 피고 간 거침없는 법적공방을 통하여 도출된 증거자료를 토대로 공정하고 실체적 진실에 부합하는 판결을 내리는 것밖에 다른 방도가 없습니다.

   그러나 불행하게도 이 사건 피고 변호인 측에서는 2024. 7. 18.자 원고의 사실조회신청서 및 2024. 8. 12.자 원고의 준비서면에서 확인한 바와 같이, 피고들의 자의가 아닌 타의에 의해 변호인 선임 계약서라고 할 수 있는 위임장을 일률적으로 작성한 흔적이 발견되고 있고, 나아가 준비서면을 가장한 답변서를 허위내용으로 작성하여 이 사건 재판부를 상대로 사기행각 변론까지 수행하고 있습니다.

한마디로 피고 측 변호인 김홍경은 변호인 선임과정에서부터 변론과정에 이르기까지 변호사법위반 및 사기죄의 범행을 저지르고 있습니다.

이는 현재 우리나라가 당면하고 있는 검찰개혁 및 사법 불신 해소를 위해 반드시 척결해야하는 적폐 중에 적폐임을 분명하게 밝혀 둡니다. 원고는 이를 위해 신문 기고 및 책자 발간 등 어떠한 수단을 동원해서라도 싸워 나갈 것입니다.

4. 마지막으로 사건 은폐·조작수사를 일삼는 검찰을 개혁하기 위해서는 정치권이 먼저 깨끗해져야 하는데 정치권마저도 검찰만큼 부패되어 있어 정치(비리)검사 못지않게 부패 정치인의 축출 또한 중요합니다.

원고는 이의 실현의지를 더욱 높이고 이 재판 또한 공정하고 독립적이며 증거재판이 되어야 한다는 점을 강조하기 위하여 원고가 직접 탈고한 2024. 8. 26.자 "김동연 지사는 금 150억 원 부정부패사범 전해철을 도정자문위원장직에서 해촉하라!!" 제하의 KMS 신문기사를 아래와 같이 제출합니다.

【첨부】 2024. 8. 26.자 KMS 신문기사 1부(갑 제8호증)

2024. 8. 27.
원고   임 찬 용   (인)

⑭ 2024. 8. 27. 준비서면 서증(갑8 : 2024. 8. 26.자 KMS 신문기사)
☞ 제4부 "순번 ⑱ 항"과 중복으로 생략함

⑮ 2025. 8. 1. 기타 (원고 임찬용)

이 사건 담당 판사 서청운의 중대범행에 따른 교체 요구서

〔담당재판부 : 민사8단독〕

사 건 : 2024가단1957 (이하, '이 사건'이라고 합니다)
원 고 : 임찬용
피 고 : 문경석 외 3명
수 신 : 수원지방법원성남지원장

   1. 이 사건 재판은 2024. 3. 경부터 귀 원 소속 판사 이화연 (이하, '전임 판사')이 맡아 오다가, 2025. 2.경 인사이동으로 인하여 그 뒤를 판사 서청운(이하, '후임 판사')이 맡아 오고 있습니다.

   2. 그런데, 전임 판사 이화연, 후임 판사 서청운은 2024. 3. 5.경 이 사건 소장을 접수받은 이래로 그 소장에 첨부된 피고들의 불법행위(범죄행위)가 겹겹이 특정되어 있어 정식 본안소송으로는 도저히 피고들에게 승소 판결을 안겨줄 수 없다는 사실을 깨닫고,

 그 소송조건을 문제 삼아 이 사건 소장을 각하 판결을 내리기 위해 약 1년 4개월 동안 단 한차례의 변론기일마저도 지정하지 않은 채 재판을 질질 끌어오다가 급기야 이 사건 피고들 소송대리인이자 오로라 법률사무소 대표변호사 김홍경과 순차적으로 공모하여

2025. 7. 22.자 이 사건 소송비용담보제공명령 결정서를 허위내용으로 작성한 후 이를 원고에게 특별 송달해버리는 중대 범행을 저질렀습니다.

3. 이는 조희대 사법부 체제가 법조카르텔의 정점에 서 있다는 사실을 입증하고 있을 뿐만 아니라, 그 죄책에 있어서도 소송당사자인 원고에게 헌법상 부여되는 신속하고도 정당한 재판권을 송두리째 뽑아가 버렸음은 물론 형법상 공문서인 위 결정서를 허위내용으로 작성하여 이를 특별 송달 방식으로 행사하는 중대 범죄에 해당함은 삼척동자도 다 아는 사실입니다.

4. 따라서 이 사건 담당 판사 서청운에 대하여 전반적인 지휘·감독권을 갖고 있는 수원지방법원성남지원장께서는 이 사건 조작판결을 위하여 위 2, 3항과 같이 중대 범행을 감행한 판사 서청운에 대한 교체 및 이 사건 변론기일 지정 등 신속한 본안소송을 진행하여 주시고, 이 사건 판결에 대해서도 법조카르텔이라는 기득권의 범주에서 과감히 벗어나 눈에 훤히 보이는 허위내용의 조작 판결을 내릴 것이 아니라, 새로 교체된 해당 법관으로 하여금 법적 확신과 양심, 그리고 실체적 진실과 증거에 입각한 판결을 내려주도록 독려하여 주시기 바랍니다.

☞ 원고는 이 사건과 범죄 주체만 다를 뿐 범행 목적, 내용, 방법 등이 동일한 수원지방법원성남지원 2024가단231123(항소심 수원고등법원 2025나12329, 현재 소송 진행 중에 있음) 사건에 대한 소송을 수행하던 중 당시 전임 판사 박상언 및 후임 판사 도영오로부터 이 사건과 동인한 내용인 허위내용의 2025. 2. 19.자 제1차 소송비용담보제공명령 결정서 및 2025. 4. 14.자 제2차 소송비용담보제공명령 결정서를 송달받은 사실이 있습니다.

위 전임판사 박상언 및 후임 판사 도영오 역시 이 사건과 마찬가지로 피고 류중일 외 22명에게 본안소송으로는 도저히 승소판결을 안겨줄 수 없게 되자, 법조카르텔의 한 축인 법무법인 도원 대표 홍명호와 공모하여 원고가 위 2차례에 걸친 허위내용의 결정서를 이행하지 않았다는 이유 하나만으로 2025. 5. 28. 원고에게 패소 각하판결을 내려버렸습니다.

그러나 원고는 이 사건에 있어서만큼은 위와 같은 법조카르텔의 더러운 사건조작 각하판결이라는 전철을 밟지 않기 위해 또 이 사건의 신속한 본안소송 이행을 촉구하기 위해, 비록 2025. 7. 22.자 판사 서청운의 이 사건 소송비용담보제공명령 결정서가 허위내용으로 작성되었다고 하더라도, 이를 기한 내 이행할 예정입니다.

2025. 8. 1.

원고 임 찬 용 (인)

붙임 : 2025. 7. 30.자 판사 이화연, 서청운, 변호사 김홍경에 대한 공수처 (추가) 고소장 1부. 끝.

수원지방법원성남지원장 귀하

⑯ 2025. 8. 1. 기타 첨부 (원고 임찬용)
☞ 이 (추가) 고소장은 현재 수사 중인 2025년 공제 387호 고소장과 범행목적, 내용, 방법 등이 동일하므로 병합 수사해 주시기 바랍니다.

(추가) 고 소 장

1. 고소인*

성 명	임 찬 용	주민등록번호	590410 - 1560010
주 소	경기도 성남시 수정구 복정로96번길 20, 203호		
직 업	무직 (전 검찰수사과장)	사무실 주소	-
전 화	(휴대폰) 010-5313-7538	(자택)	(사무실)
이메일	yimcy2@naver.com		

2. 피고소인 명단 (주소 및 직업 기재내용은 범행 당시)

가. 이화연
 - 주소 : (13143) 성남시 수정구 산성대로 451 (단대동) 수원지방법원성남지원
 - 직업 : 판사

나. 서청운
 - 주소 : (13143) 성남시 수정구 산성대로 451 (단대동) 수원지방법원성남지원
 - 직업 : 판사

다. 김홍경
- 주소 : (03162) 서울 종로구 인사동5길 29 (인사동, 태화빌딩) 2층, 오로라 법률사무소
- 직업 : 대표 변호사

3. 고소취지*

(죄명 및 피고소인에 대한 처벌의사 기재)

고소인은 피고소인들을 직권남용권리행사방해죄, 허위공문서작성죄, 허위작성공문서 행사죄 등으로 고소하오니 엄히 처벌하여 주시기 바랍니다.*

4. 범죄사실*

【검토배경】

2023. 12. 15. 발행된 "정치(비리)검사, 대통령 탄핵론" 책자(총 511면, 이하, '별권책자') 제78~104쪽에 기재되어 있는 2021. 10. 5.자 '관피모 사건 고소장'의 핵심요지는

주범 구수회가 수십 년간 자신이 카페지기로 있는 약 만 명에 이르는 '관청피해자모임' 카페 회원 등을 상대로 '① **변호사가 해야 할 일 90% 행정사가 가능하다**, ② 행정사 20년 하면서 행정심판 1,900건 수임 진행하였고, **행정사 수수료 1억을 5번 받았다**, ③ 무혐의 된 고소를 행정심판으로 살린다. 재개발 조합장을 징역 보내는 방법, **대법원 패소된 사건을 행정사가 살린다**.'는 허위 광고를 해대며 모든 민 · 형사 사건을 끌어모은 다음 이를 자신의 뒤를 봐주는 **검찰 고위직 출신 전관 변호사**에게 갖다 바치고, 자신은 일정한 중개 수수료나 챙기면서 사건 브로커 역할을 해왔다는 것이다.

그런데 윤석열 정부의 경찰, 검찰, 심지어 공수처에 이르기까지 모든 국가 수사기관은 윤석열 정부 권력 실세인 전관 변호사로부터 암묵적 지시를 받고 위 '관피모 사건'에 대한 은폐·조작수사를 실시해 오고 있는 상황에서, 2024. 1. 12. 구수회가 고소인 임찬용을 상대로 서울중앙지방법원에 손해배상 청구의 소(서울중앙지법 2024가단5215651, 2025나6135)를 제기함을 계기로 조희대 대법원장이 이끄는 사법부까지 여기에 가담함으로써, 위 '관피모 사건'은 그동안 우리나라 사법정의 실현을 가로막고 엄청난 사법피해자를 발생시켜 왔던 유전무죄·무전유죄, 유권무죄·무권유죄, 전관예우를 모두 아우르는 전형적인 '법조카르텔'의 사건이 되어 버렸다.152)

【증거자료 제출】

1. 2024. 3. 6.자 소장 및 이를 입증하고 있는 각 증거자료153)

- 2024. 3. 6.자 소장〔이 고소장 첨부(입증)자료 1〕, 갑 제1호증 : (윤석열) 대통령 탄핵론 책자 1권, 2023. 12. 15.발행, 총 511면〔이 고소장 첨부(입증)자료 2〕, 갑 제2호증 : 2024. 1. 29.자 피의자 구수회의 무고죄, 정보통신망법위반(명예훼손) 등에 대한 불송치결정 이의신청서〔이 고소장 첨부(입증)자료 3〕, 갑 제3호증 : 2024. 3. 15.자 구수회의 무고죄, 정보통신망법위반(명예훼손) 등에 대한 불기소 사건기록 및 불기소결정서〔이 고소장 첨부(입증)자료 4〕, 갑 제4호증 : 2024. 3. 21.자 '관피모 사건' 관련, 은폐

---

152) 윤석열 정부 경찰과 검찰은 한통속이 되어 '관피모 사건' 및 거기서 파생되어 나온 각 사건에 대해 은폐·조작수사를 실시하여 왔다는 사실이 위 별권책자 전 과정을 통하여 관련 증거자료와 함께 자세히 수록되어 있다.

153) 고소인이 제기한 전자소송〔수원지방법원성남지원 2024가단1957, 손해배상(기)〕에 등재된 재판기록을 날짜순으로 그대로 출력하여 이 사건 고소장 증거자료로 제출함.

· 조작수사 검사 이주훈 외 8명에 대한 고소장[이 고소장 첨부(입증)자료 5], 갑 제5호증 : 2024. 6. 18.자 피의자 이주훈 검사 외 8명에 대한 불기소결정서(주임검사 : 공수처검사 윤상혁)[이 고소장 첨부(입증)자료 6], 갑 제6호증 : 2024. 7. 8.자 피의자 이주훈 검사 외 8명에 대한 재정신청서(주임검사 : 공수처검사 윤상혁)[이 고소장 첨부(입증)자료 7], 갑 제7호증 : 2024. 8. 11.자 KMS 신문기사[이 고소장 첨부(입증)자료 8], 갑 제8호증 : 2024. 8. 26.자 KMS 신문기사[이 고소장 첨부(입증)자료 9]

- 특히, 위 증거자료에 터 잡아 이 사건 소장에 기재된 청구원인 입증과 관련, 전임 판사 이화연이 발한 2024. 4. 17.자 보정명령(소장)[154] 중 '제2항 보정명령'에 따라, 피고별 불법행위(범죄행위) 및 이를 입증할 수 있는 증거자료를 특정하면 다음과 같다.[155]

---

154) [이 고소장 첨부(입증)자료 10]

155) 2024. 4. 18.자 원고 '보정서'[이 고소장 첨부(입증)자료 11] 중 '제2항 보정명령' 이행내역 기재내용을 이곳에 그대로 옮겨 놓았다.

그런데 각 피고 불법행위 및 이를 증명할 자료를 구체적으로 특정해 달라는 2024. 4. 17.자 전임 판사 이화연의 보정명령(소장) 중 '제2항 보정명령'을 살펴보면, 그 '제2항 보정명령' 요구사항이 원고가 이미 작성해 놓은 소장 청구원인 "Ⅱ. 피고들의 불법행위(손해배상책임의 발생)" 항목 중 "2. 각 피고들의 구체적인 불법행위" 항목에 자세하게 기재되어 있다.

그럼에도 불구하고 전임 판사 이화연은 소장 청구원인 항목에 위와 같이 자세하게 기재되어 있는 위 '제2항 보정명령' 요구사항을 왜 또다시 보정명령 형식을 취해 원고에게 요구하고 있을까? 이는 원고 입장에서 생각해 보건대, 이 사건 소송 진행 이전에 어떻게 해서든지 트집을 잡아 이 사건 소장을 각하시켜 보려는 의도가 숨어있지 않나하는 생각을 갖게 된다.

결론적으로 말하면, 전임 판사 이화연은 '제2항 보정명령'을 원고에게 발하고 원고로부터 그 결과 문서인 보정서를 제출받음으로써 당사자 간 이 사건 소송이 본격적으로 진행되기 이전부터 각 피고의 불법행위와 이를 증명하고 있는 자료들을 특정하여 인식할 수 있었고, 이는 피고들이 원고가 제출한 위와 같이 특정된 증거자료들을 조작하지 않는 한 피고들이 승소할 수 있는 가능성이 0%에 가깝다는 사실을 인지하고 있었음을 의미한다.

또한 이는 후술하는 바와 같이 전임 판사 이화연이 피고 측에 유리하게끔 의도적으로 재판을 지연시키고 원고가 제출한 사실조회신청서 등 재판서류를 근거 없이 불허하는 등 일방적이고도 편파적으로 피고 측에 유리한 재판진행 행태로 작용하여 왔다.

가. 피고 문경석

(1) 불법행위(범죄행위)

피고 문경석은 원고가 고소한 '관피모사건 고소장'을 수사하면서 피의자 구수회에게 형사처벌을 면해 주기 위하여 단 한차례의 소환조사도 실시하지 않은 채 2022. 3. 22.경 '피의자 구수회에 대한 불송치(각하) 결정서'를 허위내용으로 작성하는 수법을 통해 구수회의 모든 범죄사실을 은폐해 버렸다.

(2) 위 (1)항을 입증할 수 있는 증거자료를 특정함

2021. 10. 5.자 '관피모사건 고소장'[별권책자 제78~104쪽], 2022. 3. 22.자 피의자 구수회에 대한 불송치(각하) 결정서[별권책자 제105~110쪽], 2022. 4. 4.자 피의자 구수회에 대한 불송치(각하) 결정 이의신청서[별권책자 제111~138쪽]

나. 피고 이주훈

(1) 불법행위(범죄행위)

피고 이주훈은 '관피모 사건 고소장'을 수사하면서 피의자 구수회에게 형사처벌을 면해 주기 위하여 2022. 5. 27.경 피고 문경석이 허위내용으로 작성한 '피의자 구수회에 대한 불송치(각하) 결정서'를 그대로 인용한 수법을 통하여 '피의자 구수회에 대한 불기소(각하) 결정서'를 허위내용으로 작성함으로써 구수회의 모든 범죄사실을 은폐해 버렸다.

(2) 위 (1)항을 입증할 수 있는 증거자료를 특정함

2021. 10. 5.자 '관피모사건 고소장'[별권책자 제78~104쪽],

2022. 3. 22.자 피의자 구수회에 대한 불송치(각하) 결정서[별권책자 제105~110쪽]및 2022. 4. 4.자 피의자 구수회에 대한 불송치(각하) 결정 이의신청서[별권책자 제111~138쪽], 2022. 5. 27.자 피의자 구수회에 대한 불기소(각하) 결정서[별권책자 제139~140쪽]

다. 피고 김한나

(1) 불법행위(범죄행위)

피고 김한나는 평소 검찰개혁을 외쳐온 원고에게 과잉 · 보복 수사를 가하고, '구수회 고소장'(별권책자 제432~437쪽)을 장기 미제로 남겨둬 구수회에게 민 · 형사상 이익을 주기 위하여 당초 경찰의 각하 결정을 뒤집고 처벌 죄명을 정보통신망법상 허위사실 적시에 의한 명예훼손죄에서 모욕죄로 바꿔 '보완수사요구권'을 발동하였다. 이는 성남 검찰 지휘부의 지시에 의한 명백한 검찰권남용에 해당한다.

이로써 피고 김한나는 '구수회 고소장'에 기재된 구수회의 무고죄 등을 은폐하고, 구수회에게 '구수회 고소장'을 악용하여 2024. 1. 12.경 원고 임찬용을 피고로 하는 금 300만 원 손해배상 청구의 소장을 작성하여 이를 서울중앙지방법원에 제출할 수 있는 소송사기 범행의 기회를 제공하였으며, 원고에게는 과잉 · 보복 수사를 가하기 위하여 '보완수사요구권'이라는 검사권한을 남용하였다.

(2) 위 (1)항을 입증할 수 있는 증거자료를 특정함

갑 제1호증 (별권책자 제368~372쪽, 제473~475쪽), 갑 제2호증 : 2024. 1. 29.자 피의자 구수회 등에 대한 불송치(각하) 결정 이의신청서 1부 및 그 첨부(입증)자료 1~4

라. 피고 김경환

(1) 불법행위(범죄행위)

　　피고 김경환은 '관피모 사건'을 은폐해 왔던 성남 검찰의 암묵적 지시를 받고 2023. 7. 18.경 허위내용의 불송치(각하) 결정서를 작성하는 수법을 통해 '임찬용 고소장'(별권책자 제438~472쪽)에 기재되어 있는 구수회의 무고죄 및 정보통신망법상 허위사실 적시 명예훼손죄 등 모든 범죄사실을 은폐해 버렸다.

(2) 위 (1)항을 입증할 수 있는 증거자료를 특정함

　　갑 제1호증 (별권책자 제507~509쪽), 갑 제2호증 : 2024. 1. 29.자 피의자 구수회 등에 대한 불송치(각하) 결정 이의신청서 1부 및 그 첨부(입증)자료 1~4

☞ 전임 판사 이화연은 '제2항 보정명령'을 원고에게 발하고 원고로부터 그 결과 문서인 보정서를 제출받음으로써 당사자 간 이 사건 소송이 본격적으로 진행되기 이전부터 각 피고의 불법행위와 이를 증명하고 있는 자료들을 특정하여 인식할 수 있었고, 더 나아가 피고들이 원고가 제출한 위와 같이 특정된 증거자료들을 조작하지 않는 한 피고들의 승소 가능성이 0%에 가깝다는 사실을 인지하고 있었다.

2. 2024. 4. 17.자 전임 판사 이화연의 보정명령(소장) [이 고소장 첨부(입증)자료 10]

☞ 그 내용인즉, 제1항 보정명령은 "피고들의 행위로 인하여 원고가 어떠한 손해를 입었다는 것인지와 손해의 산정내역을 구체적으로 밝히시기 바랍니다."이고, 제2항 보정명령은 "원고는 피고들 별로 별개의 불법행위 책임을 구하는 것으로 보이는 바, 현재 제출된 갑 제1, 2호증 중 해당 부분을 분리하여 제출하는 등 피고들 별로 원고의 주장을 증명할 자료를 구체적으로 특정하여 제출하시기

바랍니다."라는 것인 바, 원고의 보정서에서 확인한 바와 같이

원고는 제1항 보정명령 요구사항에 대해서는 이를 입증하기 위한 새로운 증거자료가 필요해서라기보다는 전임 판사 이화연이 소장 "Ⅲ. 손해배상책임의 범위"에 기재된 내용으로는 제1항 보정명령 요구사항을 충족시킬 수 없어 이를 더 이해하기 쉽게 보충적인 설명이 필요하여 내려진 보정명령으로 이해한 반면, 제2항 보정명령 요구사항에 대해서는 앞서 설명한 바와 같이 소장 청구원인 중 '2. 각 피고들의 구체적인 불법행위' 항목에 자세하게 기재되어 있어 굳이 보정명령을 내릴 필요가 없었다고 이해하였다.

3. 2024. 4. 18.자 원고 보정서 [이 고소장 첨부(입증)자료 11]
☞ 위 2항 보정명령에 대하여 원심 판사 이화연의 요구사항에 넉넉하고도 충족하게끔 작성하여 제출함

4. 2024. 7. 5.자 피고들 소송대리인 김홍경, 장희성, 이송은의 답변서 [이 고소장 첨부(입증)자료 12]
☞ 답변서 내용은 전혀 없고 양식만 제출해 놓고 있음

5. 2024. 8. 9.자 피고들 소송대리인 김홍경의 준비서면(답변서) [이 고소장 첨부(입증)자료 13]
☞ 2024. 8. 12.자 원고 준비서면에 의하여, 소송대리인 김홍경이 원고가 특정하여 제출한 피고들의 불법행위 입증자료(위 '주석4' 참조)에 대해서는 반박은커녕 아예 언급조차 하지 않고 있으며, 이 사건 청구원인과 관련하여 전혀 적용될 수 없는 관련 법률 및 대법원 판례를 제시하거나, 허위사실을 기재해 놓고 있거나, 전혀 근거를 제시하지 아니하고 부인 진술로 일관하고 있다는 사실이

확인됨.

6. 2024. 8. 12.자 원고 준비서면[이 고소장 첨부(입증)자료 14]
☞ 2024. 8. 9.자 피고들 소송대리인 김홍경의 준비서면 형식을 취한 답변서 기재내용은 100% 허위내용인 데다 민사소송법상 답변서의 기본 요건을 전혀 갖추지 않고 있어 사실은 이 사건 소장 청구원인에 대한 답변서가 아니라는 사실을 확인시켜 주고 있음

7. 2024. 8. 27.자 원고 준비서면[이 고소장 첨부(입증)자료 15] : 2024. 8. 26.자 KMS 신문기사 제출함

8. 2025. 2. 20.자 원고 참고서면[이 고소장 첨부(입증)자료 16]: 서울중앙지법 판사 한나라의 '관피모 사건' 은폐·조작을 위한 허위판결문 작성 범죄발생과 관련, 이 사건(성남지원 2024가단1957)에 대한 신속한 원고 승소판결 이행을 촉구함

9. 2025. 2. 25.자 원고 참고서면[이 고소장 첨부(입증)자료 17]: 원고는 조희대 대법원장에게 '관피모 사건'을 은폐하기 위해 100% 허위내용의 판결문을 작성한 서울중앙지법 판사 한나라에 대한 파면 및 공수처에 구속수사 형사고발을 해달라는 조치를 의뢰하였다는 내용임

10. 2025. 3. 3.자 원고 참고서면[이 고소장 첨부(입증)자료 18]: 제2차 이 사건 원고 승소판결 강력 재촉구

11. 2025. 3. 8.자 원고 참고서면[이 고소장 첨부(입증)자료 19]: 원고가 "조희대 사법부는 이미 죽었습니다!!"라는 제목으로 작성한

서면으로, 이 사건과 관련 있는 '관피모 사건'을 은폐하기 위해 자신에게 맡겨진 사건을 조작한 서울중앙지법 판사 한나라 및 수원지법 성남지원 판사 박상언을 규탄하고 있는 내용임

12. 2025. 4. 18.자 원고 참고서면(이 고소장 첨부(입증)자료 20): 원고가 대법원 윤리감사관실에 접수시킨 제3차 진정서 (수원지법 성남지원 판사 도영오에 대한 파면 및 공수처에 구속수사 형사고발 조치 의뢰)

13. 2025. 5. 5.자 원고 참고서면(2건)(이 고소장 첨부(입증)자료 21): 원고는 이 사건과 관련 있는 서울중앙지법 2025나6135(본소)호와 관련, 2025. 4. 28.자 원고 구수회 답변서 및 이를 반박한 2025. 5. 1.자 피고 임찬용 준비서면, 동 일자 원고 구수회에 대한 피고 임찬용의 구석명신청서 각 1부를 제출함

14. 2025. 7. 25.자 원고 참고서면(이 고소장 첨부(입증)자료 22): 이 사건과 직접 관련 있는 수원지방법원안양지원 2024가소126262 사건 허위 판결과 관련, 동 판결문과 항소장 각 1부씩 제출함

【피고소인 이화연, 서청운, 김홍경의 공동범행】

피고소인 이화연은 2024. 3.경부터 2025. 2.경까지 수원지방법원 성남지원 2024가단1957 손해배상 청구의 소(이하, '이 사건') 재판을 맡아온 판사이고, 피고소인 서청운 역시 전임 판사 이화연의 인사발령으로 인하여 이 사건 기록을 인수받아 현재까지 재판을 맡아온 판사이며, 피고소인 김홍경은 이 사건 피고들의 소송대리인으로서 오로라 법률사무소의 대표 변호사이다.[156]

피고소인들은 순차적으로 공모하여156) 이 사건 소장에 피고들의 불법행위를 입증하고 있는 증거자료들이 겹겹이 특정되어 있어 본안 소송으로는 판결문을 조작하지 않는 한 피고들의 승소가 불가능하다는 사실을

---

156) 고소인은 피고소인 김홍경에 대하여 이 사건 소송시작 단계에서부터 피고들의 변론을 맡을 자격조차 없다고 주장해 왔다. 즉 고소인은 2024. 7. 18.자 원고 사실조회신청서에서 "이 사건 소장에서는 원고가 피고들에게 공동 책임을 묻는 것이 아니라, 별도의 불법행위(각자가 맡은 사건에 대해 은폐·조작수사 불법행위)에 대해 별도의 책임을 묻고 있다는 점, 이 사건 쟁점이 너무나도 단순하고 명백하기 때문에 피고들이 굳이 오로라 법률사무소를 특정하여 변호인으로 선임할 하등의 이유가 없다는 점, 피고들 중 피고 문경석은 의도적으로 이 사건 소장 부본 송달을 거부하고 있는 상태에서 변호인 선임계약이 먼저 이루어졌다는 점, 피고들이 개인 책임을 묻는 이 사건 소송에 대해 공동으로 대응에 나선다면 피고들의 개인별 불법행위가 누군가의 지시를 받고 공동으로 이루어졌다는 사실을 스스로 자백하는 꼴이 되어버린다는 점 등을 이유로 피고들의 이 사건 변호인 선임은 자신들의 자유의사가 아닌 '오로라 법률사무소' 측의 일방적인 의사결정으로 이루어졌다"라고 주장해 왔으나, 전임판사 이화연은 어떠한 근거 제시나 설명 없이 일방적으로 위 사실조회신청서를 부결시켜 버렸다. [이 고소장 첨부(입증)자료 23]

157) 이에 대한 근거는 ① 위 【검토배경】 항목에서 살펴본 바와 같이 이 사건의 핵심쟁점은 피고들이 전형적인 법조카르텔이 작동되고 있는 위 '관피모 사건'의 은폐를 통하여 주범 구수회 및 그의 뒷배(윤석열 정부 실세 검찰 출신 전관 변호사)를 보호할 목적으로 자신들이 맡은 각 사건에 대해 은폐·조작수사를 실시해 왔는지의 여부에 있기 때문에 이 사건 소송 진행 역시 그 과정에서 법조카르텔의 주체인 피고소인 이화연 전임 판사, 피고소인 서청운 후임 판사, 피고소인 김홍경 대표 변호사 사이에 이 사건을 조작하기 위한 전형적인 법조카르텔이 작동될 수밖에 없다는 점, ② 위 【증거자료 제출】 항목에서 살펴본 바와 같이 이 사건 소송에서 피고들이 본안소송을 통하여 승소할 확률은 판결문을 허위내용으로 작성하지 않고서는 0%에 가깝다는 점, ③ 이 사건 전자소송 '진행내용' [이 고소장 첨부(입증)자료 24] 화면에 표시된 바에 의하면, 피고1 문경석은 지금까지도 이 사건 소송에 응하지 않기 위해 의도적으로 이 사건 소장 부본을 수령하지 않고 있음에도 불구하고 [2024. 6. 11. '수취인불명'으로 표시되고 있으나, 이 '수취인불명' 표시는 피고 문경석이 당시 이 사건 소장 부본 송달처인 서울서대문경찰서에 근무하고 있으면서도 의도적으로 수령을 거부한 것으로 확인되었음, 입증자료 : 2024. 6. 17.자 원고 사실조회신청서(서울서대문경찰서)], [이 고소장 첨부(입증)자료 25] 2025. 7. 22.자 피고소인 서청운이 작성한 이 사건 소송비용담보제공명령 결정서에는 피고1 문경석이 이 사건 소송비용담보제공 신청자로 확인되고 있어 앞뒤 사실관계가 서로 모순되고 있다는 점, ④ 피고소인 이화연 전임 판사, 피고소인 서청운 후임 판사는 2024. 3. 5.자 이 사건 소장을 접수받은 이래로 2024. 8. 9.자 피고들의 소송대리인 김홍경의 준비서면(답변서) 및 이를 전면 반박하고 있는 2024. 8. 12.자 원고 임찬용의 준비서면을 제출받았으면 그 즉시 각 서면에 기재된 내용을 확인하기 위해서라도 변론기일을 지정하여 신속하게 재판을 진행하여야 함에도 불구하고, 위 ②항과 같이 피고들에게 승소 판결을 도저히 내릴 수 없다고 판단하고 이 사건 소장 접수시점부터 약 1년 4개월 동안 변론기일 한번 지정하지 않고 의도적으로 재판을 질질 끌고 오더니 급기야 2025. 7. 22.에 이르러 허위내용의 이 사건 소송비용담보제공명령 결정서를 작성해 버렸다는 점에 있음.

깨닫고 이를 탈출하기 위한 방안으로 원고를 상대로 소송조건을 문제 삼은 다음 이에 터 잡아 이 사건 각하판결을 통하여 피고들에게 승소 판결을 안겨주기로 마음먹었다,158),159)

이에 따라 피고소인 서청운은 2025. 7. 22. 피고 문경석 등 4명으로부터 소송비용담보제공 신청서를 제출받았다며160) "피신청인에게 수원지방법원 성남지원 2024가단1957 손해배상(기) 사건에 관한 소송비용에 대한 담보로 이 결정을 고지 받은 날부터 14일 이내에 신청인들을 위하여 3,600,000원을 공탁할 것을 명한다."라는 소송비용담보제공명령 결정서 (이하, '결정서')161)를 작성하여 이를 같은 달 27. 법원주사보 김츄리로

---

158) 실제 이러한 범죄 사례가 최근에 같은 법원에서 발생했다. 수원지방법원성남지원 판사 박상언 및 도영오는 이 사건과 직접 관련 있는 2024가단231123 사건에 대한 재판을 진행해 오면서 피고 류중일 외 22명이 본안소송으로는 승소할 가능성이 전혀 없자, 이를 탈출할 방안으로 피고들 소송대리인이자 로펌인 법무법인 도원 대표변호사 홍명호와 공모하여, 2025. 2. 19.자 제1차 소송비용담보제공명령 결정서 및 2025. 4. 16.자 제2차 소송비용담보제공명령 결정서를 각각 허위내용으로 작성하여 원고에게 송달하였던 바 원고가 불법 명령이라며 이를 이행하지 아니하자, 위 도영오 판사는 원고에게 "원고의 피고들에 대한 소를 모두 각하한다"라는 허위내용의 판결을 내려 버렸다. [입증자료 : 2025. 4. 18.자 원고 참고서면 참조], [이 고소장 첨부(입증)자료 20]

159) 피고소인들이 이 사건 각하판결을 통하여 피고들에게 승소판결을 안겨주려는 궁극적인 목적은 앞서 잠깐 언급한 바와 같이, 위 '관피모 사건'을 은폐하고, 윤석열 정부 경찰 및 검찰의 은폐·조작수사를 통하여 형사법상 치외법권 지위를 누려왔던 구수회에게 계속 그 지위를 유지하도록 함에 있다. 그 이유는 위 '관피모 사건'의 실체가 속속히 드러나고 주범 구수회가 형사 처벌될 경우, 그의 배후 세력들이 낱낱이 공개됨으로써 위 '관피모 사건'을 둘러싼 법조카르텔의 더러운 실상이 온 세상에 밝혀지는데 두려움을 느꼈기 때문이다.

160) 그러나 이 또한 새빨간 거짓말이다. 그 이유는 앞서 살펴본 바와 같이, 피고 문경석은 이 사건 소송에 응하지 않을 의도를 가지고 지금까지 이 사건 소장 부본의 수령을 거부하고 있고, 또 앞서 살펴본 바와 같이 피고들이 개인 책임을 묻는 이 사건 소송에 대해 공동으로 대응하는 것도 모자라 피고들 스스로 원고가 검찰 수사과정 출신이라는 사실을 어느 누구보다 더 잘 알고 있는 상황에서, 100% 허위내용이라는 사실을 인식하고 있는 소송비용담보제공신청서를 공동으로 제출한다는 것은 피고들의 개인별 불법행위에 대해 누군가의 지시를 받고 공동으로 대응하고 있다는 사실을 재차 자백하는 꼴에 지나지 않기 때문이라는 점에 있다.

161) 2025. 7. 22.자 판사 서청운이 작성한 이 사건 소송비용담보제공명령 결정서 [이 고소장 첨부(입증)자료 26]

하여금 피신청인 임찬용의 집까지 특별송달하도록 하였다.

그러나 피고소인 서청운이 민사소송법 제117조 제1항, 제120조 제1항에 의거하여 작성한 위 결정서 기재내용들은 원고가 이를 이행하지 않을 것으로 예단하고 추후 이 사건 소에 대한 각하 판결의 근거를 마련함과 동시에 원고에게 의무 없는 일을 하도록 하여 정신적 · 재산적 고통을 가하기 위하여 100% 허위 내용[162]으로 작성되었다.

이로써 피고소인 이화연, 서청운, 김홍경은 순차적으로 공모하여 고소인

---

[162] 민사소송법 제117조 제1항의 규정에 의하면, 피고소인 서청운이 원고에게 이 사건 소송비용에 대한 담보를 제공하도록 명할 수 있는 조건은 ① 원고가 대한민국에 주소 · 사무소 영업소를 두지 아니한 때, ② 소장 · 준비서면, 그 밖의 소송기록에 의하여 청구가 이유 없음이 명백한 때 ③ 기타 소송비용에 대한 담보제공이 필요하다고 판단되는 경우 ④ 위 3가지 조건에 해당되는 경우라도 피고의 신청이 있을 때 등으로 규정되어 있다.

생각해 보건대, 앞서 수차례 살펴본 바와 같이, 피고들이 이 사건 재판에 승소할 확률은 0%에 가까운 상태에서, 피고들 중 피고1 문경석은 아예 이 사건 소장 부본의 수령마저도 거부하고 있다.

또 원고는 대한민국에 주소를 두고 있기 때문에 피고소인 서청운이 허위내용으로 작성한 위 결정서를 특별 송달받고 이를 형사처벌하기 위하여 고소장을 쓰고 있는 데다, 증거로 제출한 책자 (갑제1호증) 표지 이면에 기재된 지은이(원고)의 '학력'란을 살펴보면, 우리나라 최고의 형사법 전문교수인 고 이재상 교수로부터 '검찰제도의 문제점과 개선방안'이라는 논문으로 석사학위를 받은 바 있고, '경력'란을 살펴보더라도 약 33년간 공직에 몸담으며 검찰수사서기관 직급으로 명예퇴직을 한 바 있어 매달 공무원 연금만 350만 원 상당을 지급받고 있다.

위와 같은 팩트가 확인된 상황에서 피고소인 서청운은 자신이 판사라는 이유 하나만으로 어떠한 근거를 제시함이 없이 이 사건 재판을 받고 있는 당사자인 원고에 대해 소송사기꾼이자 일자 무식쟁이, 일정한 거처가 없는 알거지 취급과 다름없는 위 민사소송법 제117조 제1항에서 규정하고 있는 위 3가지 조건에 해당한다며 소송비용 360만원을 공탁하라는 취지의 명령을 내려놓고 있다.

도대체 원고와 피고들 사이에 누가 소송비용담보를 제공해야 하며, 또 재판을 받은 원고 임찬용과 재판을 하는 판사 서청운 사이에 누가 소송사기꾼이며 누가 거짓말을 하고 있는 것인가?

원고는 이에 대한 실체적 진실과 그에 대한 법적 판단은 현재 진행 중인 공수처 수사를 통하여 명명백백하게 밝혀지기를 기대한다.

에게 헌법상 누려야할 신속하고도 공정한 재판을 받을 권리행사를 방해하였음은 물론 공문서인 위 결정서를 허위내용으로 작성하여 이를 고소인에게 특별송달 방식으로 행사하는 등 중대 범죄를 범하였다.

※ 범죄사실은 형법 등 처벌법규에 해당하는 사실에 대하여 일시, 장소, 범행방법, 결과 등을 구체적으로 특정하여 기재해야 하며, 고소인이 알고 있는 지식과 경험, 증거에 의해 사실로 인정되는 내용을 기재하여야 합니다.

5. 고소이유

현재 수사 진행 중인 고위공직자범죄수사처 2025년 공제 387호 (주임검사 나창수) 고소장에 기재된 바와 같음

※ 고소이유에는 피고소인의 범행 경위 및 정황, 고소를 하게 된 동기와 사유 등 범죄사실을 뒷받침하는 내용을 간략, 명료하게 기재해야 합니다.

6. 증거자료

(✓ 해당란에 체크하여 주시기 바랍니다)
- ☐ 고소인은 고소인의 진술 외에 제출할 증거가 없습니다.
- ☐ 고소인은 고소인의 진술 외에 제출할 증거가 있습니다.
  ☞ **제출할 증거의 세부내역은 별지를 작성하여 첨부합니다.**

7. 관련사건의 수사 및 재판 여부*

(✓ 해당란에 체크하여 주시기 바랍니다)

① 중복 고소 여부	본 고소장과 같은 내용의 고소장을 다른 검찰청 또는 경찰서에 제출하거나 제출하였던 사실이 있습니다 (x)/ 없습니다 (o)
② 관련 형사사건 수사 유무	본 고소장에 기재된 범죄사실과 관련된 사건 또는 공범에 대하여 검찰청이나 경찰서에서 수사 중에 있습니다 (x)/수사 중에 있지 않습니다 (o)
③ 관련 민사소송 유무	본 고소장에 기재된 범죄사실과 관련된 사건에 대하여 법원에서 민사소송 중에 있습니다 (o) / 민사소송 중에 있지 않습니다 (x)

기타사항

※ ①, ②항은 반드시 표시하여야 하며, 만일 본 고소내용과 동일한 사건 또는 관련 형사사건이 수사재판 중이라면 어느 검찰청, 경찰서에서 수사 중인지, 어느 법원에서 재판 중인지 아는 범위에서 기타사항 난에 기재하여야 합니다.

(고소내용에 대한 진실확약)

본 고소장에 기재한 내용은 고소인이 알고 있는 지식과 경험을 바탕으로 모두 사실대로 작성하였으며, 만일 허위사실을 고소하였을 때에는 형법 제156조 무고죄로 처벌받을 것임을 서약합니다.

2025년   7 월   30 일*
고소인   임 찬 용   (인)*
제출인_____(인)

※ 고소장 제출일을 기재하여야 하며, 고소인 난에는 고소인이 직접 자필로 서명 날(무)인 해야 합니다. 또한 법정대리인이나 변호사에 의한 고소대리의 경우에는 제출인을 기재하여야 합니다.

【첨부(입증)자료】

1. 2025. 3. 5.자 이 사건 소장 1부.
2. 갑 제1호증 (별권 책자) : (윤석열) 대통령 탄핵론 책자 1권
3. 갑 제2호증 : 2024. 1. 29.자 피의자 구수회의 무고죄, 정보통신망법 위반(명예훼손) 등에 대한 불송치 결정 이의신청서 1부.
4. 갑 제3호증 : 2024. 3. 15.자 피의자 구수회의 무고죄, 정보통신망법 위반(명예훼손) 등에 대한 불기소 사건기록 및 불기소 결정서 1매.
5. 갑 제4호증 : 2024. 3. 21.자 피의자 이주훈 검사 외 8명에 대한 고소장 1부.
6. 갑 제5호증 : 2024. 6. 18.자 피의자 이주훈 검사 외 8명에 대한 불기소 결정서 1부.
7. 갑 제6호증 : 2024. 7. 8.자 피의자 이주훈 검사 외 8명에 대한 재정신청서 1부.
8. 갑 제7호증 : 2024. 8. 11.자 KMS 신문기사 1부.
9. 갑 제8호증 : 2024. 8. 26.자 KMS 신문기사 1부.
10. 2024. 4. 17.자 판사 이화연의 보정명령(소장) 1부.
11. 2024. 4. 18.자 원고 보정서 1부.
12. 2024. 7. 5.자 피고들 소송대리인 김홍경, 장희성, 이송은의 답변서 1부.
13. 2024. 8. 9.자 피고들 소송대리인 김홍경의 준비서면(답변서) 1부.
14. 2024. 8. 12.자 원고 준비서면(2024. 8. 9.자 소송대리인 준비서면 전면 반박) 1부.
15. 2024. 8. 27.자 원고 준비서면 1부.
16. 2025. 2. 20.자 원고 참고서면 1부.
17. 2025. 2. 25.자 원고 참고서면 1부.
18. 2025. 3. 3.자 원고 참고서면 1부.
19. 2025. 3. 8.자 원고 참고서면 1부.

20. 2025. 4. 18.자 원고 참고서면 1부.
21. 2025. 5. 5.자 원고 참고서면(2건) 각 1부.
22. 2025. 7. 25.자 원고 참고서면 1부.
23. 2024. 7. 18.자 원고 사실조회신청서 1부.
24. 2024. 7. 30.자 이 사건 전자소송 '진행내용' 조회화면 출력물 1부.
25. 2024. 6. 17.자 원고 사실조회신청서(서울서대문경찰서) 1부.
26. 2025. 7. 22.자 이 사건 소송비용담보제공명령 결정서 1부. 끝.

【별권 책자】

《발행일 : 2023. 12. 15, 책 이름 : 제22대 총선 결정판(제3판), "정치(비리)검사, 대통령 탄핵론" 총 511면, 지은이 : 임찬용, 펴낸곳 : ㈜ 홍주 KMS 한국인터넷신문방송사》

☞ 본 고소인은 사건조작 판결을 일삼는 조희대 사법부를 해체하고 법조카르텔을 척결함과 동시에 사법피해자의 한을 풀어주기 위하여 이 (추가) 고소장에 대하여, 2025. 6. 11. 형사사법포털에 접수되어 현재 공수처에서 수사 진행 중인 2025년 공제387호 사건(주임검사 : 공수처 형사1부 나창수 부장검사) 고소장과 함께 이 사건 갑 제1호증(책자 : 윤석열 대통령 탄핵론)의 경우처럼 조만간 책자로 그대로 발간되어 역사와 국민 앞에 내놓을 예정입니다.

고위공직자범죄수사처 귀중

⑰ 2025. 8. 7. 기타 (원고 임찬용)

이 사건 소송비용담보제공명령
이행보고

[담당재판부 : 민사8단독]

사　　건 : 2024가단1957 (이하, '이 사건'이라고 합니다)

원　　고 : 임찬용
피　　고 : 문경석 외 3명

　　　　1. 이 사건 재판 진행을 맡아온 판사 서청운은 2024. 3. 5.경 이 사건 소장을 접수받은 이래로 그 소장에 피고들의 불법행위(범죄행위)를 입증하고 있는 증거자료들이 겹겹이 특정되어 있어 정식 본안소송으로는 도저히 피고들에게 승소판결을 안겨줄 수 없다는 사실을 깨닫고, 그 소송조건을 문제 삼아 이 사건 소장을 각하 판결하기 위해 약 1년 4개월의 기간 동안 단 한차례의 변론기일마저도 지정하지 않은 채 재판을 질질 끌어오다가 급기야 이 사건 피고들 소송대리인이자 오로라 법률사무소 대표변호사 김홍경과 공모하여 2025. 7. 22.자 이 사건 소송비용담보제공명령 결정서를 허위내용으로 작성한 후 이를 원고 임찬용에게 특별 송달해 버리는 중대 범행을 저질렀습니다.

　　　　2. 한편, 원고 임찬용은 이 사건 전자소송에 등재되어 있는 2025. 8. 1.자 "이 사건 담당 판사 서청운의 중대범행에 따른 교체 요구서(수신 : 수원지방법원성남지원장)"라는 기타 서면 말미 부분에서, "원고는 이 사건에 있어서만큼은 위와 같은 (수원지방법원성남지원 2024가단

231123, 항소심 수원고등법원 2026나12329 사건을 말함) 법조카르텔의 더러운 사건조작 각하판결이라는 전철을 밟지 않기 위해, 또 이 사건의 신속한 본안소송 이행을 촉구하기 위해, 비록 2025. 7. 22.자 판사 서청운의 이 사건 소송비용담보제공명령 결정서가 허위내용으로 작성되었다고 하더라도, 이를 기한 내 이행할 예정입니다."라는 취지로 이 사건 소송 대응 방침을 밝힌 바 있습니다.

3. 따라서 원고는 위 2항에 기재된 내용에 따라 붙임과 같이 2027. 7. 22.자 이 사건 소송비용담보제공명령 결정서를 이행하였음을 보고합니다.

2025. 8. 7.
원고 임 찬 용 (인)

붙임 : 2025. 8. 6.자 금전 공탁서 1부. 끝.

수원지방법원성남지원 민사8단독 귀중

⑱ 2025. 8. 7. 기타 첨부 (원고 임찬용)

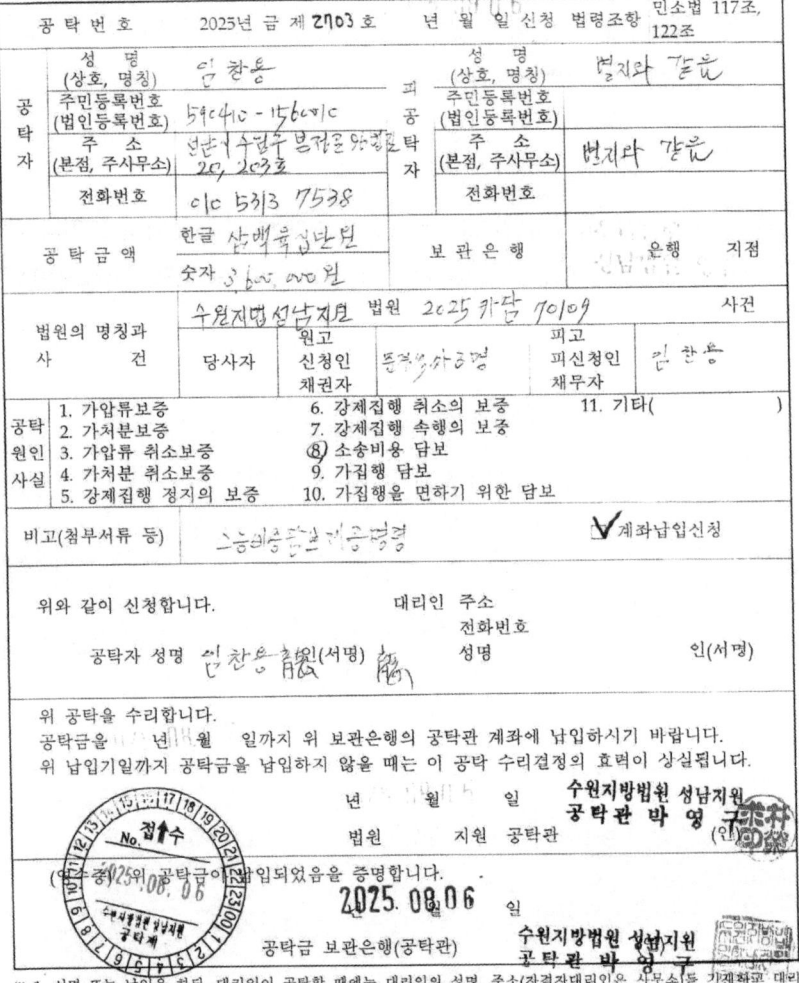

⑲ 2025. 9. 10. 변론기일통지서 (변론기일 2025. 11. 11. (화) 16:30)

개인정보유출주의 제출자:강혜민, 송달물 등재일시:2025.09.10 14:53, 출력자:임찬용, 다운로드일시:2025.09.11 14:34

수원지방법원 성남지원

변론기일통지서

사 건	2024가단1957 손해배상(기)
원 고	임찬용
피 고	문경석 외 3명

위 사건의 변론기일이 다음과 같이 지정되었으니 출석하시기 바랍니다.

일시: 2025. 11. 11. (화) 16:30

장소: 성남지원 제9호 법정(5별관 3층)

2025. 9. 10.

법원주사보 김 츄 리

◇ 유 의 사 항 ◇

1. 출석할 때에는 신분증을 가져오시고, 이 사건에 관하여 제출할 서면이 있는 경우에는 사건번호(2024가단1957)를 기재하여 미리(가능한 한 기일 7일 전) 제출하시기 바랍니다.
2. 합의부에서 심리하는 사건은 변호사(지배인 등 법률상 소송대리인 포함)가 아니면 소송대리가 허용되지 않습니다.
3. 소송대리인이 선임되어 있더라도 되도록 당사자 본인(당사자가 회사 등 법인 또는 단체인 경우에는 대표자 또는 실무책임자, 당사자가 여러 명인 경우에는 의사결정을 할 수 있는 주된 당사자)도 함께 출석하시기 바랍니다.
4. 전자소송포털 앱(아래 QR코드)이나 대한민국법원 홈페이지(www.scourt.go.kr) '나의 사건검색' 을 이용하시면 재판기일 등 각종 정보를 편리하게 열람할 수 있습니다.
5. 사건진행에 관하여 전화안내를 받고자 하는 경우에는 '(02) 3480-1100' 을 이용하실 수 있습니다.
※ 주차시설이 협소하오니 대중교통을 이용하여 주시기 바랍니다.

※ 문의사항 연락처: 수원지법 성남지원 민사8단독 법원주사보 김츄리
전화: 031-737-1218(매주 화요일 재판, 전화통화불가)
팩스: 031-742-2004 e-mail:

나의 사건검색 QR코드

【제3부】

'관피모 사건' 주범 구수회와 그의 뒷배를 보호할 목적으로, '법조카르텔'이 작동되고 있는 수원지방법원성남지원 2024가단231123 (항소심 : 수원고등법원 2025나12329) 사건에 대하여,

> 수원지방법원성남지원 판사 박상언, 도영오, 변호사 홍명호의
> # 사건조작 중대 범행

(중대범죄자 박상언, 도영오, 홍명호가 공모하여 위 '관피모 사건' 등을 은폐·조작 수사한 피고들에게 승소판결의 근거를 마련할 목적으로 2차례에 걸친 허위내용의 소송비용담보제공명령 결정서 작성 및 허위내용의 각하판결을 내리기까지의 재판기록 전면 공개)

① 2024. 7. 15.자 소장 (원고 임찬용)
☞ 제1부【첨부(입증) 자료 5】와 동일하므로 이를 참조바람.
   (이 책 제137쪽 이하)
② 2024. 7. 15.자 소장 서증(갑2) : 2024. 2. 27.자 구수회에 대한
　　　　　　　　　　　　　　　　(소송)사기 미수죄 고소장
③ 2024. 7. 15.자 소장 서증(갑3) : 2022. 3.경 사법경찰관 신미영
　　　　　　　　　　　　　　　　에게 제출한 '전상화 고소장'
④ 2024. 7. 15.자 소장 서증(갑4) : '관피모사건 고소장' 중 '첨부
　　　　　　　　　　　　　　　　(입증)자료 7'
⑤ 2024. 7. 15.자 소장 서증(갑4-1) : 위와 같음(2페이지)
⑥ 2024. 7. 15.자 소장 서증(갑4-2) : 위와 같음(3페이지)
⑦ 2024. 7. 15.자 소장 서증(갑5) : '관피못건 고소장' 중 '첨부
　　　　　　　　　　　　　　　　(입증)자료 8'
⑧ 2024. 7. 15.자 소장 서증(갑6) : 2022. 4. 27.자 '피고소인(임찬용)
　　　　　　　　　　　　　　　　의견서'
⑨ 2024. 7. 15.자 소장 서증(갑7) : 2022. 7. 26.자 피의자 유정민
　　　　　　　　　　　　　　　　등에 대한 불송치(각하) 결정서
⑩ 2024. 7. 15.자 소장 서증(갑8) : 2023. 7. 18.자 피의자 구수회
　　　　　　　　　　　　　　　　등에 대한 불송치(각하) 결정서
⑪ 2024. 7. 15.자 소장 서증(갑9) : 2024. 1. 29.자 피의자 구수회
　　　　　　　　　　　　　　　　등에 대한 불송치(각하) 결정
　　　　　　　　　　　　　　　　이의신청서
⑫ 2024. 7. 15.자 소장 서증(갑10) : 2024. 3. 15.자 피의자 구수회
　　　　　　　　　　　　　　　　등에 대한 불기소(혐의없음)
　　　　　　　　　　　　　　　　결정서
⑬ 2024. 7. 15.자 소장 서증(갑11) : 2024. 4. 1.자 피의자 구수회
　　　　　　　　　　　　　　　　등에 대한 항고장

⑭ 2024. 7. 15.자 소장 서증(갑12) : 2024. 4. 12.자 피의자 구수회
　　　　　　　　　　　　등에 대한 항고기각 결정문
⑮ 2024. 7. 15.자 소장 서증(갑12-1) : 위와 같음(2페이지)
⑯ 2024. 7. 15.자 소장 서증(갑12-2) : 위와 같음(3페이지)
⑰ 2024. 7. 15.자 소장 서증(갑13) : 2024. 3. 26.자 피의자 구수회에
　　　　　　　　　　　　대한 불송치(각하) 결정서
⑱ 2024. 7. 15.자 소장 서증(갑13-1) : 위와 같음(2페이지)
⑲ 2024. 7. 15.자 소장 서증(갑13-2) : 위와 같음(3페이지)
⑳ 2024. 7. 15.자 소장 서증(갑13-3) : 위와 같음(4페이지)
㉑ 2024. 7. 15.자 소장 서증(갑14) : 2024. 4. 8.자 피의자 구수회에 대
　　　　　　　　　　　　한 불송치(각하) 결정 이의신청서
㉒ 2024. 7. 15.자 소장 서증(갑15) : 2024. 3. 15.자 '경찰수사관
　　　　　　　　　　　　기피(교체) 신청서'
㉓ 2024. 7. 15.자 소장 서증(갑16) : 2024. 3. 18.자 '수사관 기피신
　　　　　　　　　　　　청에 대한 결과통지' 공문서
㉔ 2024. 7. 15.자 소장 서증(갑17) : 2024. 4. 19.자 피의자 구수회에 대
　　　　　　　　　　　　한 불기소(각하) 결정서
㉕ 2024. 7. 15.자 소장 서증(갑18) : 2024. 4. 24.자 피의자 구수회에
　　　　　　　　　　　　대한 항고장
㉖ 2024. 7. 15.자 소장 서증(갑19) : 2024. 5. 30.자 피의자 구수회에
　　　　　　　　　　　　대한 항고기각 결정문
㉗ 2024. 7. 15.자 소장 서증(갑19-1) : 위와 같음(2페이지)
㉘ 2024. 7. 15.자 소장 서증(갑19-2) : 위와 같음(3페이지)

※ 이 사건 소장에 첨부된 위 2부터 28항목까지의 증거자료에 대해서는 대부분 다른 항목 증거자료와 중복되었거나 또는 이 책자 지면부족으로 인하여 각 등재를 생략함.

㉙ 2024. 7. 17. 재배당 요청서

개인정보유출주의 등록자:김경희, 등록일시:2024.07.17 13:29, 출력자:임찬용, 다운로드일시:2025.09.12 11:40

수원지방법원 성남지원

제1민사부

재배당요청서

사 건	2024가합204548	손해배상(기)
원 고	임찬용	
피 고	류중일 외 22명	

위 사건에 대하여 「법관 등의 사무분담 및 사건배당에 관한 예규(재일 2003-4)」 제14조 제 8호의 사유가 있는바 재배당을 요구합니다.

2024. 7. 17.

재 판 장 판 사   박 종 열

㉚ 2024. 8. 16. 원고 준비서면
☞ 제1부【첨부(입증) 자료 6】과 동일하므로 이를 참조바람.
　(이 책 제168쪽 이하)

㉛ 2024. 8. 16. 원고 준비서면 서증(갑20)
☞ 제1부【첨부(입증) 자료 6】"붙임 1"과 동일하므로 이를 참조바람.
　(이 책 제170쪽 이하)

㉜ 2024. 8. 27. 원고 준비서면
☞ 제2부 "⑬ 2024. 8. 27. 원고 준비서면(2024. 8. 26.자 KMS 신문기사 제출)"과 동일하므로 이를 참조바람.
　　(이 책 제387쪽 이하)

㉝ 2024. 8. 27. 준비서면 서증(갑21, 2024. 8. 26.자 KMS 신문기사) : 지면상 생략

㉞ 2024. 9. 4. 답변서(피고대리인 법무법인 도원 대표 홍명호)
☞ 제1부【첨부(입증) 자료 7】과 동일하므로 이를 참조바람.
　(이 책 제221쪽 이하)

㉟ 2024. 9. 5. 답변서 요약표(피고18 임용규)

개인정보유출중주의 제출자:법무법인 도원, 제출일시:2024.09.05 15:53, 출력자:임찬용, 다운로드일시:2025.09.12 13:06

<답변서 요약표>

사건번호 : 2024가단231123호

구분	피고의 의견 요약 (해당 란에 ☑ 표시)
1. 원고의 주장에 대하여	☐ 전부 인정 ☐ 일부 다툼 (답변의 요지 :) ☑ 전부 다툼 (답변의 요지 : 법령에 의한 적법행위)
2. 화해1)·조정2)	☐ 희망함 ☑ 희망 않음
3. 소송요건 흠결 유무	☐ 관할 위반 주장 ☐ 이송 신청 ☐ 기타 소송요건 흠결( ) ☑ 해당 없음

작성자 2024. 9. 5. 임용규 임용규 (서명 또는 ㊞)
(연락처 010-4131-0346)

※ 사건번호를 반드시 기재하시기 바랍니다.

※ 이 <답변서 요약표>의 1항 내지 3항의 해당 항목에 ☑ 표시를 한 다음, 답변서의 표지 다음 장(표지가 없는 경우에는 맨 앞장)에 붙여서 제출하시기 바랍니다.

1) 소송상 화해라 함은 소송의 계속 중에 수소법원·수명법관 또는 수탁판사 앞에서 당사자가 소송물인 권리 또는 법률관계에 관하여 상호 그 주장을 양보함에 의하여 다툼을 해결하는 소송상 합의를 말합니다.
2) 민사조정제도란 민사에 관한 분쟁에 있어서 중립적인 제3자가 당사자의 동의를 얻어 당사자가 쉽게 협상할 수 있도록 도와주는 분쟁해결방법으로서, 법원은 특별한 사정이 없는 한 다툼 있는 사건에 대하여 소송절차의 어느 단계에서든 1회 이상 조정에 회부하는 것을 원칙으로 하고 있습니다.

㊱ 2024. 9. 5. 답변서 (피고18 임용규)

☞ 제1부【첨부(입증) 자료 8】과 동일하므로 이를 참조바람.
(이 책 제222쪽 이하)

㉧ 2024. 9. 5. 답변서 첨부 (결정문)

개인정보유출주의 제출자:법무법인 도원, 제출일시:2024.09.05 15:53, 출력자:임찬용, 다운로드일시:2025.09.12 14:54

	검 사 장
수 원 고 등 검 찰 청 **결 정** 사 건 2024 고불항 제 1050 호 피항고인 1. 가.나. 구수회 　　　　　 2. 가. 전상화 항 고 인 임찬용 불기소처분 수원지방검찰청 성남지청 2024 형제 4003 호 죄 명 별첨참조 주 문 항고를 기각한다 이 유 별지 이유서 기재와 같다. 2024년 04월 12일 수원고등검찰청검사장대리 검 사　　　　　　　㊞ 임용규	
	차장검사
	전결
	부장검사
	항고인통지
	·
	압 수 물

검찰-2024-700-10354-BAD00293323115　　　　　　　　2024-08-14　1/2

조희대 사법부 해체　421

[별첨첨부]

죄 명	가. 정보통신망이용촉진및정보보호등에관한법률위반 (명예훼손)
	나. 무고

이 유 서

I. 피의사실 및 불기소처분 검사의 불기소 이유 요지

이 사건 피의사실 및 불기소 이유 요지는 불기소처분 검사가 작성한 불기소 결정서 기재와 같음

II. 항고기각

○ 사건기록 및 항고인 주장 등을 다시 살펴보아도 원처분 검사의 불기소 처분이 부당하다고 보이지 않으므로, 이 부분 항고는 이유없어 기각함

○ 한편, 항고인은 항고장(제4-1권 제1~3쪽)에서, 원처분 검사가, 사법경찰관 작성의 불송치결정서 등을 원용하여 불기소처분을 하면서도 불송치결정서 기재 '각하'가 아닌 '혐의없음'처분을 하였다는 취지로 주장하므로, 이에 대하여 살펴보면,

- 원처분 검사가 원용한 사법경찰관 작성의 불송치결정서 및 수사결과보고서(제4-4권)를 보면, 불송치 이유 및 의견으로 '각하'라고 기재되어 있으나, 그 구체적인 이유로 고소 범죄사실에 대한 혐의여부에 대하여 설시를 하면서, '... 형사 소추를 위한 수사의 실익이 부족한 점을 들어, 고소인의 진술이나 고소장에 따라 경찰사무규칙 제1호부터 제3호까지의 규정에 따른 사유에 해당함이 명백하여 각

피의자에 대하여 더 이상 수사를 진행할 필요가 없어 각하한다'고 기재되어 있음

- 한편, 경찰수사규칙 제108조(불송치결정) 제1항 제4호에 의하면, '고소·고발로 수리한 사건에서 다음 각 목의 어느 하나에 해당하는 사유가 있는 경우'에 각하하고, 그 사유로, 가목에 '고소인 또는 고발인의 진술이나 고소장 또는 고발장에 따라 제1호부터 제3호까지의 규정1)에 따른 사유에 해당함이 명백하여 더 이상 수사를 진행할 필요가 없다고 판단되는 경우'라고 기재되어 있고, 검찰사건사무규칙 제115조(불기소결정) 제3항에 유사한 규정이 있음

- 따라서 위 불송치결정서나 수사결과보고서 기재와 같이 고소범죄사실이 고소인의 진술이나 고소장에 따라 제1호 규정에 따른 사유에 해당함이 명백하여 더 이상 수사를 진행할 필요가 없는 경우에 해당되어 '각하' 처분을 하거나, 피의사실을 인정할만한 충분한 증거가 없는 경우에 해당되어 혐의없음(증거불충분) 처분을 할 수 있는데, 원처분 검사는, '각하' 처분을 하지 아니하고 '혐의없음(증거불충분)' 처분을 한 것으로, 위 '혐의없음(증거불충분)' 처분이 부당하다고 할 수 없음

---

1) 제1호 혐의없음, 제2호 죄가 안됨, 제3호 공소권없음 규정임

㊳ 2024. 9. 6. 원고 준비서면
☞ 제1부【첨부(입증) 자료 9】"2024. 9. 5.자 피고18 임용규 답변서에 대한 반박" 내용과 동일하므로 이를 참조바람.
(이 책 제225쪽 이하)

㊴ 2025. 2. 19. 판사 박상언의 소송비용담보제공결정(제1차 결정서)
☞ 제1부【첨부(입증) 자료 10】과 동일하므로 이를 참조바람.
(이 책 제242쪽 이하)

㊵ 2025. 2. 27. 이의신청서(원고 임찬용)
☞ 제1부【첨부(입증) 자료 13】과 동일하므로 이를 참조바람.
(이 책 제253쪽 이하)

㊶ 2025. 2. 27. 이의신청서 첨부 (원고 임찬용)
☞ 제1부【첨부(입증) 자료 13】의 첨부 자료인 "2025. 2. 19.자 이 사건 소송비용담보제공결정서에 대한 이의신청 및 제2차 이 사건 원고 승소판결 강력 재촉구" 서면과 동일하므로 이를 참조바람.
(이 책 제253쪽 이하)

㊷ 2025. 3. 6. 후임판사 도영오의 석명준비명령 (도과기간확인)
☞ 제1부【첨부(입증) 자료 14】와 동일하므로 이를 참조바람.
(이 책 제262쪽 이하)

㊸ 2025. 3. 7. 준비서면(원고 임찬용)

개인정보유출주의 제출자:임찬용, 제출일시:2025.03.07 03:11, 출력자:임찬용, 다운로드일시:2025.09.12 21:36

준비서면

사 건	2024가단231123 손해배상(기)
원 고	임찬용
피 고	류중일 외 22명

위 사건에 관하여 다음과 같이 변론을 준비합니다.

다 음

2025. 3. 6.자 판사 도영오 명의로 원고에게 내린 석명준비명령은 전임 판사 박상언의 중대 범죄를 은폐하고, 그가 원고에게 불법적으로 내린 2025. 2. 19.자 소송비용담보제공 명령을 정당화하기 위한 고도의 술책에 불과하므로 원고는 이를 단호히 거부합니다.

그 근거와 이유에 대해서는 입증서류(첨부파일)을 참조하시기 바랍니다.

입증방법

갑 제22호증: 준비서면(2025. 3. 6.자 판사 도영오의 석명준비명령에 대한 반박의견)

첨부서류

1. 2025. 3. 7.자 수원지법성남지원 판사 박상언에 대한 제2차 진정서

2025. 3. 7.

원고   임찬용

㊹ 2025. 3. 7. 준비서면 서증(갑22)

☞ 제1부【첨부(입증) 자료 15】 "2025. 3. 7.자 원고 준비서면(2025.

3. 6.자 판사 도영오의 석명준비명령을 단호히 거부합니다)" 과 동일하므로 이를 참조바람. (이 책 제263쪽 이하)

㊺ 2025. 3. 7. 준비서면 첨부(원고 임찬용)
☞ 제1부 【첨부(입증) 자료 28】과 동일하므로 이를 참조바람. (이 책 제326쪽 이하)

㊻ 2025. 4. 1. 무변론 판결 선고 기일통지서
☞ 제1부 【첨부(입증) 자료 17】과 동일하므로 이를 참조바람. (이 책 제268쪽 이하)

㊼ 2025. 4. 2. 답변서(준비서면 형식), (피고 대리인 법무법인 도원 대표 홍명호)
☞ **제1부 【첨부(입증) 자료 18】과 동일하므로 이를 참조바람.** (이 책 제269쪽 이하)

㊽ 2025. 4. 3. 준비서면(원고 임찬용, 서증 갑23)
☞ 제1부 【첨부(입증) 자료 19】와 동일하므로 이를 참조바람. (이 책 제272쪽 이하)

㊾ 2025. 4. 7. 탄원서(원고 임찬용)
☞ 제1부 【첨부(입증) 자료 20】과 동일하므로 이를 참조바람. (이 책 제288쪽 이하)

㊿ 2025. 4. 16. 기일변경명령
☞ 제1부 【첨부(입증) 자료 22】과 동일하므로 이를 참조바람. (이 책 제296쪽 이하)

(51) 2025. 4. 16. 제2차 소송비용담보제공결정
☞ 제1부 【첨부(입증) 자료 21】과 동일하므로 이를 참조바람.
(이 책 제293쪽 이하)

(52) 2025. 4. 17. 준비서면(원고 임찬용)

개인정보유출주의 제출자:임찬용, 제출일시:2025.04.17 22:55, 출력자:임찬용, 다운로드일시:2025.09.12 23:00

준비서면

사 건	2024가단231123 손해배상(기)
원 고	임찬용
피 고	류중일 외 22명

위 사건에 관하여 다음과 같이 변론을 준비합니다.

다 음

원고는 판사 도영오의 이 사건 심리 및 재판절차와 관련된 중대 범죄행위를 강력하게 규탄하며,

이를 2025. 4. 17.자 준비서면을 통해 법조카르텔 청산 및 사법정의 실현을 위한 도구로 활용함과 동시에,

이 사건 변론 준비를 위한 증거자료로도 제출코자 합니다.

입증방법

갑 제24호증: 2025. 4. 17.자 원고 준비서면(판사 도영오의 중대 범죄행위를 강력하게 규탄합니다).

2025. 4. 17.

원고 임찬용

(53) 2025. 4. 17. 준비서면 서증(갑24), (원고 임찬용)
☞ 제1부【첨부(입증) 자료 23】과 동일하므로 이를 참조바람.
 (이 책 제297쪽 이하)

(54) 2025. 5. 28. 판결문(후임판사 도영오)
☞ 제1부【첨부(입증) 자료 26】과 동일하므로 이를 참조바람.
 (이 책 제316쪽 이하)

(55) 2025. 6. 6. 항소이유(원고 임찬용)

항소이유

I. 이 사건 원심 판결문 "이유" 기재부분을 이곳에 그대로 옮겨 적습니다.

원고가 피고들에 대하여 별지 청구원인 기재와 같은 이유로 제기한 이 사건 소에 관하여, 피고 류중일, 신미영, 신혜선, 이정호, 유정민, 고형민, 이일래, 임연진, 정용수, 정성현, 허윤희, 임용규, 변제용, 최미선, 김정산, 곽병수, 강길주는 2024. 12. 6. 이 법원에 2024카담70521호로 원고를 상대로 이 사건에 관한 담보제공명령을 신청한 사실, 이에 이 법원은 2025. 2. 19. 원고에게 이 사건 중 위 피고들에 관한 소송비용에 대한 담보로 담보제공명령을 고지받은 날로부터 10일 이내에 13,000,000원을 공탁할 것을 명한 사실, 원고는 2025. 2. 27. 위 담보제공명령을 송달받고, 같은 날 이 사건으로 이의 신청서를 제출한 사실, 이에 이 법원은 2025. 3. 6. 원고에게 위 이의신청이 민사소송법 제121조에 따른 즉시항고에 해당하는지를 특정하라는 취지의 석명준비명령을 하였는데, 원고는 위 석명준비명령을 2025. 3. 6. 송달받았음에도 위 이의 신청서가 위 담보제공명령에 대한 즉시항고에 해당하는지 여부를 밝히지 않고, 2025. 3. 7.자 준비서면을 통해 위 석명준비명령을 단호히 거부한다는 의사를 밝힌 사실, 이 법원은 2025. 4. 16. 민사소송법 제117조 제2항, 제1항에 따라 직권으로 원고에게 나머지 피고 조민구, 이민호, 유정현, 배보성, 이현철, 이승영에 관한 이 사건의 소송비용에 대한 담보로 담보제공명령을 고지받은 날로부터 10일 이내에 4,000,000원을 공탁할 것을 명한 사실, 그럼에도 원고는 이 사건 판결 선고일 현재까지 위 각 담보제공명령에 따른 담보금을 공탁하지 않은 사실을 인정할 수 있다.

위 인정 사실에 의하면, 원고는 위 각 담보제공명령을 받았음에도 각 담보를 제공하여야 할 기간 이내에 이를 제공하지 않았다고 판단함이 타당하다.

따라서 민사소송법 제124조 본문에 따라 변론없이 판결로 원고의 피고들에 대한 이 사건 소를 모두 각하하기로 하여 주문과 같이 판결한다.

II. 항소이유

1. 원심 판사 도영오가 작성해 놓은 이 사건 판결문상 "이유" 기재부분

이 사건 판결문 이유 기재부분은 2건의 소송비용 담보제공명령과 관련된 절차적 진행 과정을 설명해 놓고 있습니다.

다만, 원고는 위 '이유' 기재부분 중에서 이 사건 판결과 관련하여 실체적 진실 여부를 다툴 수 있는 '사실관계' 부분을 특정해 보면 다음과 같습니다.

① 항 : "원고는 2025. 2. 27. 위 담보제공명령을 송달받고, 같은 날 이 사건으로 이의 신청서를 제출한 사실, 이에 이 법원은 2025. 3. 6. 원고에게 위 이의신청이 민사소송법 제121조에 따른 즉시항고에 해당하는지를 특정하라는 취지의 석명준비명령을 하였는데, 원고는 위 석명준비명령을 2025. 3. 6. 송달받았음에도 위 이의 신청서가 위 담보제공명령에 대한 즉시항고에 해당하는지 여부를 밝히지 않고, 2025. 3. 7.자 준비서면을 통해 위 석명준비명령을 단호히 거부한다는 의사를 밝힌 사실"

② 항 : "이 법원은 2025. 4. 16. 민사소송법 제117조 제2항, 제1항에 따라 직권으로 원고에게 나머지 피고 조민구, 이민호, 유정현, 배보성, 이현철, 이승영에 관한 이 사건의 소송비용에 대한 담보로 담보제공명령을 고지받은 날로부터 10일 이내에 4,000,000원을 공탁할 것을 명한 사실"

③ 항 : 그럼에도 원고는 이 사건 판결 선고일 현재까지 위 각 담보제공명령에 따른 담보금을 공탁하지 않은 사실을 인정할 수 있다.

원심 판사 도영오는 위 ①항 및 ②항과 같이 원고에게 이 사건 피고들을 위하여 담보제공명령을 내렸는데, 원고가 위 ③항과 같이 그 명령을 이행하지 않아 민사소송법 제124조 본문에 의거 별론없이 판결로 이 사건 소를 모두 각하하였다는 논거를 펼치고 있습니다.

2. 위 '1.항'에 대한 원고의 반박

통상적으로 판결문 '이유' 항목에서는 다음 항목에 기재되어야 할 '판단'의 근거를 명백하게 제시할 수 있게끔 '사실관계'와 법리를 명확히 기술해 놓아야 합니다.

그런데 원심 판사 도영오는 위 '이유' 기재부분에서 사실관계를 왜곡하거나 허위사실을 기재해 놓고는, 거기에 터 잡아 민사소송법 제124조 본문을 억지로 끌고 와 적용하다보니 이 사건 판결문이 허위 내용으로 작성되었다는 잘못된 결론에 이르고 말았습니다.

이를 더 구체적으로 살펴보면 다음과 같습니다.

- 원심 판사 도영오는 자신이 작성한 이 사건 판결문의 위법성을 감추기 위해 원고가 주장하고 있는 위 2건의 소송비용담보제공결정서 (이하, '결정서')가 허위내용으로 작성되어 있다는 사실을 의도적으로 숨겨왔습니다. 이는 이 사건 원심 판결문이 불법적으로 작성되어 있다는 사실을 스스로 증명하고도 남음이 있다고 할 것입니다.

원고는 위 2건의 결정서가 허위내용으로 작성되어 있다는 사실을 준비서면 등을 통하여 입증해 왔습니다.

위 ①항의 결정서가 허위내용으로 작성되어 있다는 사실과 관련,

2025. 2. 27.자 원고 이의신청서 첨부 서류인 "2025. 2. 19.자 이 사건 소송비용 담보결정서에 대한 이의신청 및 제2차 이 사건 원고 승소판결 강력 재촉구" 중 "Ⅱ. 피신청인의 반박의견" 항목에서,

『1. 위 결정서 기재내용은 단 한글자도 맞지 않는 100% 허위내용 공문서입니다.

- 이를 구체적으로 살펴보면 다음과 같습니다.

. 판사 박상언이 작성한 위 결정서【이유】란에는 신청인들의 피신청인에 대한 이 사건 소송비용담보제공 신청이 이유 있다는 근거로 민사소송법 제117조 제1항, 제120조 제1항을 제시하고 있습니다.

.. 민사소송법 제117조 (담보제공의무) : ① 원고가 대한민국에 주소·사무소와 영업소를 두지 아니한 때 또는 소장·준비서면, 그 밖의 소송기록에 의하여 청구가 이유 없음이 명백한 때 등 소송비용에 대한 담보제공이 필요하다고 판단되는 경우에 피고의 신청이 있으면 법원은 원고에게 소송비용에 대한 담보를 제공하도록 명하여야 한다. 담보가 부족한 경우에도 또한 같다.

.. 민사소송법 제120조(담보제공결정) : ① 법원은 담보를 제공하도록 명하는 결정에서 담보액과 담보제공의 기간을 정하여야 한다.

. 피신청인의 반박의견

.. 이 사건에 있어서 피신청인은 위 민사소송법 제117조 제1항에 적용될 확률은 단 0.1%도 없습니다.

즉, 피신청인은 처·자식이 국내에서 거주하고 있는 정상적인 가정을 가진 대한민국 국적의 국민인 데다, 특히 약 33년간 공직생활을 해온 검찰수사서기관 출신 명예퇴직자로서 국가로부터 매월 350만원 가량의 공무원 연금을 받고 있는 상황에서 이 사건 소송비용 1,300만 원을 면탈하기 위해 외국으로 도망갈 개연성은 단 0.1%도 없습니다. 특히 "(이 사건) 소장·준비서면, 그 밖의 소송기록에 의하여 청구가 이유 없음이 명백한 때"에 해당하는 개연성은 0%에 가깝습니다.

.. 오히려 이 사건 전자소송 진행내용에 기재된 바대로, 이 사건 피고들인 신청인들은 이 사건 소장에 첨부된 명백한 증거자료들로 인하여 자신들의 '관피모 사건' 및 거기에서 파생되어 나오는 각 사건들에 대한 은폐·조작수사 불법행위가 명백해지자, 2024. 7. 15.자 이 사건 소장이 이 법원에 접수된 이래 약 7개월이 지난 2025. 2. 27.에 이르기까지 단 한 장의 답변서마저도 이 사건 담당재판부에 제출하지 못하고 있습니다.

다행히도 신청인들 중 이 사건 피고 임용규 수원고등검찰청 검사가 2024. 9. 5. 이 사건에 대한 답변서를 제출한 사실이 있으나, 이마저도 그 답변서 기재내용이 2024. 9. 6.자 피신청인(이 사건 원고) 임찬용의 준비서면에 의해 100% 허위내용으로 밝혀졌습니다.(입증자료 : 이 사건 전자소송에 현출되어 있는 2024. 9. 5.자 피고 임용규 답변서 및 2024. 9. 6.자 원고 임찬용 답변서 각 참조)』라고 입증해 놓았으며,

위 ②항의 결정서가 허위내용으로 작성되어 있다는 사실과 관련,

2025. 4. 17.자 원고 준비서면 [원고는 판사 도영오의 중대 범죄행위를 강력하게 규탄합니다] 중 "Ⅲ. 제1차 결정서 및 제2차 결정서는 공히 100% 허위내용의 공문서임을 입증코자 함"이라는 항목에서,

『1. 제1차 결정서 기재내용은 단 한글자도 맞지 않는 100% 허위내용 공문서입니다.

　　(중략 : 위 ①항의 결정서 항목 기재 내용과 동일하여 생략)

2. 제2차 결정서 기재내용 역시 100% 허위내용으로 작성되어 있다는 근거로서 위 1항을 그대로 원용합니다.

- 다만, 후임 판사 도영오는 앞서 살펴본 바와 같이 민사소송법 제117조(담보제공의무) 제2항을 우선 적용하여 직권으로 피고 6명을 위하여 원고에게 소송비용에 대한 담보를 제공하도록 명하였다는 사실, 원고가 부담하여야 할 소송비용 담보 제공 대상자 및 공탁금액이 제1차 결정서 때 보다 훨씬 적다는 사실[163], 후술하는 바와 같이 후임 판사 도영오는 전임 판사 박상언이 작성한 제1차 결정서가 허위내용으로 작성된 사실을 인식하고 있었음에도 불구하고 또다시 이를 감행하였다는 사실[164] 등으로

---

[163] 이는 그만큼 소송비용 면탈 가능성이 적다는 의미이기도 하고, 또 그만큼 원고의 소송비용 담보제공 의무 필요성이 적다는 의미기기도 합니다.

[164] 이 사건 전자소송에 등재된 각 서면 등 기록을 살펴보면, 후임 판사 도영오는 제1차 결정서의 허위내용 인식과 관련, 2025. 3. 6.자 '석명준비명령(도과기간확인)'에서 원고에게 "원고는 이 법원의 2025. 2. 29.자 소송비용담보제공 명령에 관하여 2025. 2. 27.자 이의신청서를 제출하였는 바, 위 이의신청이 민사소송법 제121조에 따른 즉시항고 해당하는 것인지를 특정해 주시기 바랍니다."라는 취지의 명령을 내린 바 있습니다.

그러나 원고는 2025. 3. 7.자 준비서면에서, "2025. 3. 6.자 판사 도영오 명의로 원고에게 내린 석명준비명령은 전임 판사 박상언의 중대 범죄를 은폐하고, 그가 원고에게 불법적으로 내린 2025. 2. 19.자 소송비용담보제공 명령을 정당화하기 위한 고도의 술책에 불과하므로 원고는 이를 단호히 거부합니다. 후임 판사 도영오가 원고에게 위 이의신청에 대하여 민사소송법 제121조에 따른 즉시항고에 해당하는지 특정해 달라는 취지의 석명준비명령을 내릴 것이 아니라, 형사소송법 제234조(고발) 제②항 (공무원은 그 직무를 행함에 있어 범죄가 있다고 사료하는 때에는 고발하여야 한다)에 의거 수사기관에 고발하여야 합니다." 라는 취지로 주장하면서 위 석명준비명령의 잘못을 지적한 바 있습니다.

후임 판사 도영오는 원고의 위와 같은 주장이 100% 옳다는 사실을 시인하고, 원고가 그동안 주장해온 바대로 2025. 4. 1.을 기하여 8개월 이상 답변서 한 장을 제출하지 못하고 있는 피고들에게 이 사건 무변론 판결 선고를 결정하고 이를 당사자에게 송달까지 하였던 것입니다.

그랬던 후임 판사 도영오는 실제 2025. 4. 16. 무변론 선고 기일에 이르자 느닷없이 태도를 180도 바꿔 제2차 결정서를 허위내용으로 작성하고는, 거기에 터 잡아 이 사건 무변론 선고 기일마저도 기약 없이 변경해 버리는 불법행위를 저질러 버렸습니다. 어느 누가 이를 상상이라도 할 수 있었겠습니까? 이는 로펌인 법무법인 도원 대표이자 피고 측 소송대리인 홍명호의 부정한 청탁이 전제되지 않고서는 도저히 설명이 불가능하게 되어 버렸습니다.

미루어 볼 때 후임 판사 도영오의 죄질이 전임 판사 박상언의 죄질 보다 훨씬 무겁고 불량하다고 봄이 명백합니다.

- 또 후임 판사 도영오는 약 8개월 이상 답변서 한 장 제출하지 않고 있는 위 6명의 피고들에게 2025. 4. 1. 무변론 판결 선고 기일통지서를 송달해 놓고서는 정작 무변론 판결 선고일인 2025. 4. 16.에 이르자 갑자기 태도를 180% 바꿔 위와 같이 허위내용의 제2차 결정서를 작성하여 원고에게 송달함과 동시에 아무런 근거나 사유를 밝히지 아니한 채 추후 무변론 판결 선고 기일을 특정함이 없이 마음대로 변경해 버렸습니다.

그 결과 전임 판사 박상언과 함께 제1차 결정서를 허위내용으로 작성하여 이를 원고에게 특별 송달함으로써 중대 범행을 저지른 법무법인 도원 대표 홍명호 및 그에게 변론을 맡긴 이 사건 피고 18명이 패소 판결과 다름없는 무변론 판결 선고를 교묘하게 피해갈 수 있는 혜택을 누릴 수 있었습니다.(입증자료 : 2025. 4. 2.자 피고 측 소송대리인 홍명호의 답변서 및 이를 100% 허위내용 이라고 입증하고 있는 2025. 4. 3.자 원고 임찬용의 준비서면)

이는 앞서 이미 살펴본 바와 같이 후임 판사 도영오의 재량행위를 훨씬 뛰어넘은 중대 범죄 행위라고 아니할 수 없습니다.」라고 입증해 놓고 있습니다.

- 또 원심 판사 도영오는 이 사건 피고들이 이 사건 소장 부본을 송달받고도 8개월이 다가오도록 답변서 한 장을 제대로 제출하지

(입증자료 : 2025. 4. 2.자 피고 측 소송대리인 홍명보의 답변서 및 2025. 4. 3.자 원고 임찬용의 준비서면)

않았다는 이유로 2025. 4. 1.자 무변론 판결 선고 기일통지서를 당사자들에게 송달할 당시에는 전임 판사 박상언이 작성한 위 ①항의 결정서가 허위 내용으로 기재되어 있다는 사실을 인정한 바 있습니다.

그 이유는 원심 판사 도영오가 위 ①항 결정서가 허위내용이 아니라 실체적 진실에 부합하게 작성되었다면, 당시 위 ①항 결정서 기재 내용대로 원고에게 이 사건 소 각하 패소판결을 내릴 일이지, 그와는 정반대로 원고에게 승소를 안겨다 줄 무변론 판결 선고 기일통지서를 당사자들에게 송달하여야 할 하등의 이유가 없기 때문입니다. (입증자료 : 2025. 4. 1.자 무변론 판결 선고 기일 통지서 1부)

- 또 원심 판사 도영오는 위 "1, ②항" 기재내용과 관련, 2025. 4. 16. 소송대리인이 선임되지 않은 이 사건 피고 5명(피고10 조민구, 피고11 이민호, 피고13 배보성, 피고14 이현철, 피고 16 이승영)을 위하여 직권으로 원고에 대한 위 ②항의 결정서를 작성하였다는 취지로 기재해 놓고 있습니다.

그러나 이는 위 ②항의 결정서가 허위내용으로 작성되어 있다는 사실은 별론으로 하더라도, 당시 아래와 같은 상황으로 볼 때 경험칙상 도저히 있을 수 없는 일이 벌어지고 말았습니다.

즉, 원심 판사 도영우는 이 사건 소장 부본을 송달받고도 그 소장 부본에 첨부되어 있던 명백한 증거자료들로 인하여 약 8개월 이상 답변서 한 장을 제대로 제출하지 못하고 있었던 위 5명의 피고들에게 2025. 4. 1.자 원고 승소판결이 예정된 무변론 판결 선고 기일 통지서를 발송해 둔 상황에서, 그 무변론 판결 선고 기일인 2025. 4. 16.에 이르게 되자 위와 같은 무변론 판결 선고 상황들이 전혀 변경되지 않았음에도 불구하고 갑자기 태도가 180도로 돌변하여 당시 연락마저도 닿지 않은 위 5명의 피고들을 위한답시고 위 ②항의 결정서를 작성한 후 이를 원고에게 송달한 사실에 대하여,

이 사건 무변론 판결 선고를 어떻게 해서든지 모면해 보기 위하여 2025. 4. 2.자 피고18명에 대한 답변서(준비서면 양식)를 100% 허위내용으로 작성하여 이를 담당재판부에 제출해 놓고 있었던 피고 측 소송대리인 홍명호의 로비가 전제되지 않고서는 도저히 설명이 불가능하게 되어 버렸습니다.

III. 결론

이 사건 전자소송에 등재된 재판기록을 종합해 보면 다음과 같은 사실이 인정됩니다.

첫째, 위 ①항 및 ②항의 결정서 기재내용은 원고가 민사소송법 제117조(담보제공의무) 제1항의 규정에 단 1%도 적용될 수 없는 완벽한 허위내용으로 작성되어 있다는 사실

둘째, 이 사건 피고 23명은 이 사건 소장 부본을 송달받고도 이 사건 소장 부본에 피고들의 불법행위를 입증해 주고 있는 증거자료들이 겹겹이 첨부되어 있었으므로 어느 누구도 2025. 5. 28. 이 사건이 불법적으로 각하 판결이 날 때까지 약 9개월 이상의 기간 동안 단 한 장의 답변서마저도 제대로 제출하지 못하였

다는 사실

셋째, 이 사건 피고 23명 중 유일하게 피고18 임용규는 2024. 9. 5.자 답변서를 제출하였으나, 그 답변서는 2024. 9. 6.자 원고 준비서면에 의해 허위사실로 확인되었다는 사실

넷째, 이 사건 피고 18명의 소송대리인 홍명호는 2025. 4. 2.자 준비서면 형식을 취한 답변서를 제출하였으나, 그 답변서는 2025. 4. 3.자 원고 준비서면에 의해 민사소송법상 답변서로서의 기본적 성립요건을 전혀 갖추고 있지 않았을 뿐만 아니라, 거기에 기재된 내용 역시 허위사실로 확인되어 변호사법 제24조(품위유지의무 등) 제2조의 규정 (변호사는 그 직무를 수행할 때에 진실을 은폐하거나 거짓 진술을 하여서는 아니 된다)을 정면으로 위반하고 있을 뿐만 아니라 이 사건 피고 18명을 위한 소송사기 행각을 하였다는 사실 등입니다.

위와 같은 사정에 비추어 이 사건 항소심 재판부에서는 허위 내용으로 작성된 원심 판결을 취소하고 이 사건 소장 부본을 송달받고도 답변서를 제출하지 않은 피고들에 대하여 무변론 판결 선고기일을 통하여 원고 승소 판결을 내려주시기 바랍니다.

【입증방법】

1. 이 사건 소장 및 이 사건 전자소송 기록에 등재된 갑 제1호증부터 갑 제24호증까지의 각 증거자료 1부.
2. 2024. 8. 16.자 원고 준비서면 및 그 첨부물 각 1부.
3. 2024. 9. 4.자 피고 측 소송대리인 홍명호 답변서 1부.
4. 2024. 9. 5.자 피고18 임용규 답변서 1부.
5. 2024. 9. 6.자 원고 준비서면 [2024. 9. 5.자 피고18 임용규 답변서에 대한 반박] 1부.
6. 2025. 2. 19.자 판사 박상언의 소송비용 담보제공 결정서(제1차 결정서) 1부.
7. 2025. 2. 20.자 원고 참고서면[서울중앙지법 판사 한나라의 '관피모 사건' 은폐·조작을 위한 허위 판결문 작성 범죄발생과 관련, 이 사건 (성남지원 2024가단1957, 성남지원 가단231123)에 대한 신속한 원고 승소판결 이행 촉구]1부.
8. 2025. 2. 25.자 원고 참고서면[2025. 2. 24.자 서울중앙지법 판사 한나라에 대한 진정서 및 그 입증자료 (입증자료는 자료 중복으로 첨부 생략함)]1부.
9. 2025. 2. 27.자 원고 이의신청서 및 그 첨부 자료[2025. 2. 19.자 이 사건 소송비용 담보결정서에 대한 이의신청 및 제2차 이 사건 원고 승소판결 강력 재촉구]각 1부.
10. 2025. 3. 6.자 판사 도영오의 석명준비명령(도과기간확인) 1부.
11. 2025. 3. 7.자 원고 준비서면[2025. 3. 6.자 판사 도영오의 석명준비명령을 단호히 거부합니다]및 그 첨부서류 (2025. 3. 7.자 판사 박상언에 대한 파면 및 공수처 구속수사를 요청한 제2차 진정서) 각 1부.
12. 2025. 3. 8.자 원고 참고서면 [조희대 사법부는 이미 죽었습니다. - 제2의 썩은 판사 한나라 탄생 -]및 그 입증 방법 (입증자료는

자료 중복으로 생략) 각 1부.
13. 2025. 4. 1.자 무변론 판결 선고 기일통지서 1부.
14. 2025. 4. 2.자 이 사건 피고 18명 소송대리인 홍명호의 준비서면 1부.
15. 2025. 4. 3.자 원고 준비서면(2025. 4. 2.자 홍명호 준비서면 반박) 1부.
16. 2025. 4. 7.자 원고 탄원서 1부.
17. 2025. 4. 16.자 판사 도영오 명의의 소송비용 담보제공결정서(제2차 결정서) 1부.
18. 2025. 4. 16.자 판사 도영오 명의의 기일변경명령 1부.
19. 2025. 4. 17.자 원고 준비서면(원고는 판사 도영오의 중대 범죄행위를 강력하게 규탄합니다) 1부.
20. 2025. 4. 18.자 원고 참고서면(판사 도영오에 대한 제3차 진정서) 및 그 첨부서류 각 1부.
21. 2025. 5. 15.자 무변론 판결 선고 기일통지서 1부.
22. 2025. 5. 28.자 이 사건 각하 판결문 1부.

첨부서류

1. 납부서
2. 항소장 부본

2025 . 6 . 6.

항소인(원고)   임 찬 용 (인)

항소심 법원 귀중

(56) 2025. 6. 26. 준비서면(피고대리인 법무법인 도원 대표 홍명호)

개인정보유출주의 제출자:법무법인 도원, 제출일시:2025.06.26 16:57, 출력자:임찬용, 다운로드일시:2025.09.12 23:31

준 비 서 면

사　　건　　2025나12329　손해배상(기)
원　　고　　임찬용
피　　고　　류중일 외 22명

위 사건에 관하여 피고 1. 류중일, 2. 신미영, 3. 신혜선, 4. 이정호, 5. 유정민, 8. 임연진, 9. 정용수, 15. 정성현, 17. 허윤희, 18. 임용규, 19. 변제용, 20. 최미선, 21. 김정산, 22. 곽병수, 23. 강길주(피항소인, 이하 '피고들'이라 합니다)의 소송대리인은 다음과 같이 변론을 준비합니다.

- 다　　음 -

1. 원심판결의 요지

원심은, 담보제공명령에도 불구하고 원고가 제1심 판결 선고시까지 담보제공명령에 따른 담보금을 공탁하지 않아 민사소송법 제124조 본문에 따라 변론없이 판결로 이 사건 소를 각하하였습니다.

2. 본안 전 항변 : 이 사건 항소의 부적법성

원고는 제1심판결에 불복하여 항소장을 제출하였으나, 제1심판결이 적절히 설시한 바와 같이 담보제공의무를 이행하지 않아 소 자체에 흠이 있고 그 흠은 여전히 보정되지 않았습니다.

부적법한 소로서 그 흠을 보정할 수 없는 경우에 소송경제 및 당사자의 이익 보호라는 측면을 고려하여 변론 없이 판결로 소를 각하할 수 있음에도 (민사소송법 제219조), 그 판결에 대한 항소심 절차에서는 무변론 소각하 판결의 사유인 흠이 보정되지 않더라도 반드시 변론을 열어 심리를 진행하여야 한다면 무변론 소각하 판결 제도의 취지가 몰각될 수 있습니다(서울서부지방법원 2019. 2. 21. 선고 2018나35466 판결 등 참조).

무변론 소각하 판결의 근거 규정인 민사소송법 제219조는 민사소송법 제2편 '제1심의 소송절차' 부분이 아니라 제1편 '총칙' 부분에 규정되어 있어 상소심 절차에서도 적용 또는 준용될 수 있는바, 이 사건 항소는 흠을 보정할 수 없는 **부적법한 항소**에 해당하여, 민사소송법 제413조, 제219조에 따라 **각하되어야 함이 마땅합니다.**

3. 결어

이상과 같이 이 사건 항소는 부적법하므로 각하하여 주시기 바랍니다.

2025. 6.

피고들의 소송대리인
법무법인 도원
담당변호사 홍 명 호

수원고등법원 제7민사부(다) 귀중

(57) 2025. 6. 28. 준비서면(원고 임찬용)

준비서면

사 건	2025나12329 손해배상(기)
원 고	임찬용
피 고	류중일 외 22명

위 사건에 관하여 다음과 같이 변론을 준비합니다.

다 음

2025. 6. 26.자 피고들 소송대리인 홍명호의 준비서면에 대한 원고의 반박

입증방법

갑 제25호증: 2025. 6. 28.자 원고 준비서면(2025. 6. 26.자 소송대리인 홍명호의 항소심 답변을 적은 준비서면 반박)

2025. 6. 28.

원고(항소인) 임찬용

(58) 2025. 6. 28. 원고 준비서면 서증(갑25)

준 비 서 면

【2025. 6. 26.자 소송대리인 홍명호의 준비서면에 대한 반박】

[담당재판부 : (항소심) 제7민사부]

사　　건　2025나12329 손해배상(기),(이하, '이 사건'이라고 합니다)

원　　고　임찬용
피　　고　류중일 외 22명

Ⅰ. 피고들 소송대리인 홍명호의 준비서면 기재 내용

- 다 음 -

1. 원심판결의 요지

원심은, 담보제공명령에도 불구하고 원고가 제1심 판결 선고시까지 담보제공명령에 따른 담보금을 공탁하지 않아 민사소송법 제124조 본문에 따라 변론 없이 판결로 이 사건 소를 각하하였습니다.

2. 본안 전 항변 : 이 사건 항소의 부적법성

원고는 제1심 판결에 불복하여 항소장을 제출하였으나, 제1심 판결이 적절히 설시한 바와 같이 담보제공의무를 이행하지 않아 소 자체에 흠이 있고, 그 흠은 여전히 보정되지 않았습니다.

부적법한 소로서 그 흠을 보정할 수 없는 경우에 소송경제 및 당사자의 이익 보호라는 측면을 고려하여 변론 없이 판결로 소를 각하할 수 있음에도(민사소송법 제219조), 그 판결에 대한 항소심 절차에서는 무변론 소각하 판결의 사유인 흠이 보정되지 않더라도 반드시 변론을 열어 심리를 진행하야야 한다면 무변론 소각하 판결 제도의 취지가 몰각될 수 있습니다. (서울서부지방법원 2019. 2. 21. 선고 2018나35466 판결 등 참조)

무변론 소각하 판결의 근거 규정인 민사소송법 제219조는 민사소송법 제2편 '제1심의 소송절차' 부분이 아니라, 제1편 '총칙' 부분에 규정되어 있어 상소심 절차에서도 적용 또는 준용될 수 있는 바, 이 사건 항소는 흠을 보정할 수 없는 부적법한 항소에 해당하여, 민사소송법 제413조, 제219조에 따라 각하되어야 함이 마땅합니다.

3. 결어

이상과 같이 이 사건 항소는 부적법하므로 각하하여 주시기 바랍니다.

II. 원고가 이 사건 전자소송에 등재된 증거를 근거로 항소이유서 "결론" 부분에서 제시한 "팩트 4개"는 다음과 같습니다.

① 원심판사가 이 사건 각하 판결의 근거로 제시하고 있는 2건의 소송비용담보제공결정서 기재내용은 민사소송법 제117조 (담보제공의무) 제1항의 규정에 단 1%도 적용될 수 없는 완벽한 허위내용으로 작성되어 있다는 사실[165]

---

[165] 입증자료 : 2025. 2. 19.자 (제1차) 소송비용담보제공결정서 및 2025. 2. 27.자 원고 이의신청서(첨부서류 : 2025. 2. 19.자 이 사건 소송비용담보제공결정서에 대한 이의

② 이 사건 피고 23명은 이 사건 소장 부본을 송달받고도 이 사건 소장 부본에 피고들의 불법행위를 입증해 주고 있는 증거자료들이 겹겹이 첨부되어 있었으므로 어느 누구도 2025. 5. 28. 이 사건이 불법적으로 각하 판결이 날 때까지 약 9개월 이상의 기간 동안 단 한 장의 답변서마저도 제대로 제출하지 못하였다는 사실166)

③ 이 사건 피고 23명 중 유일하게 피고18 임용규는 2024. 9. 5.자 답변서를 제출하였으나, 그 답변서는 2024. 9. 6.자 원고 준비서면에 의해 허위사실로 확인되었다는 사실167)

④ 이 사건 피고 18명의 소송대리인 홍명호는 2025. 4. 2.자 준비서면 형식을 취한 답변서를 제출하였으나, 그 답변서는 2025. 4. 3.자 원고 준비서면에 의해 민사소송법상 답변서로서의 기본적 성립 요건을 전혀 갖추고 있지 않았을 뿐만 아니라, 거기에 기재된 내용 역시 허위사실로 확인되어 변호사법 제24조(품위유지의무 등) 제2항의 규정(변호사는 그 직무를 수행할 때에 진실을 은폐하거나 거짓 진술을 하여서는 아니 된다)을 정면으로 위반하고 있음은 물론, 이 사건 피고 18명을 위한 소송사기 행각을 하고 있다는 사실입니다.168)

신청 및 제2차 이 사건 원고 승소판결 강력 재촉구), 2025. 4. 16.자 (제2차) 소송비용 담보제공결정서 및 2025. 4. 17.자 원고 준비서면(원고는 판사 도영오의 중대 범죄행위를 강력하게 규탄합니다.)

166) 입증자료 : 이 사건 소장 및 거기에 첨부되어 있는 갑 제1호증부터 갑 제24호증까지의 각 증거자료, 이 사건 전자소송 화면에 표시되고 있는 '(이 사건) 진행내용' 또는 그 출력물, 2025. 4. 2.자 소송대리인 홍명호 준비서면 및 이를 전면 부정하고 있는 2025. 4. 3.자 원고 임찬용 준비서면

167) 입증자료 : 2024. 9. 5.자 피고18 임용규 답변서 및 이를 전면 부정하고 있는 2024. 9. 6.자 원고 임찬용 준비서면

168) 2025. 4. 2.자 소송대리인 홍명호 준비서면 및 이를 전면 부정하고 있는 2025. 4. 3.자

III. 원고는 소송대리인 홍명호의 2025. 6. 26.자 준비서면을 다음과 같이 반박합니다. 【위 II항의 팩트를 근거로 위 I항을 반박함】

1. 소송대리인 홍명호의 위 준비서면은 민사소송법상 요구하고 있는 항소이유에 대한 답변서가 전혀 아닙니다.

   소송대리인 홍명호는 원고의 항소이유에 대한 답변을 담고 있는 위 준비서면을 작성함에 있어서는 원고의 항소이유와 대조하여 자신의 견해를 조목조목 특정하고, 자신의 주장을 뒷받침 할 수 있는 증거가 있는 경우에는 이를 반드시 함께 기재하여야 합니다. 그리고 원고가 제출한 증거자료에 대한 의견도 구체적으로 기재하여야 합니다.

   그런데 소송대리인 홍명호의 위 준비서면에서는 위와 같은 기재 방식이나 내용에 대하여 아무리 눈을 씻고 봐도 그 흔적조차 찾을 수 없습니다.

   이를 더 구체적으로 살펴보도록 하겠습니다.

   원고는 항소이유에서 2건의 소송비용담보제공결정서(이하, '결정서')가 민사소송법 제117조 (담보제공의무) 제1항의 규정에 단 1%도 적용될 수 없는 완벽한 허위내용으로 작성되어 있다는 사실을 2차례에 걸친 준비서면 등을 통하여 입증해 왔습니다.

   그러나 원심판사는 이 사건 소장 '주석'란에 겹겹이 특정되어 있는 피고들의 불법행위를 입증하고 있는 증거자료들로 인하여 이 사건 소장 부본을 송달받고도 약 9개월 동안 답변서 한 장을 제대로 제출하지 못하고 있던 피고들에게 어떻게 해서든지 승소판결을 내려주기 위해169) 피고들 소송대리인 홍명호의 부탁을 받고 원고에게 위와 같이 허위내용으로 작성한 2건의 소송비용담보제공명령을 이행하지 않았다는 이유를 들어 변론 없이 소 각하 판결을 내려버렸습니다.

사정이 위와 같다면 소송대리인 홍명호는 위 'Ⅰ. 항'의 준비서면에서 원고가 허위내용으로 작성되어 있다고 주장하고 있는 위 2건의 결정서에 대해 원고의 주장을 반박하면서 그에 대한 증거자료를 제시하여야 합니다. 그러나 소송대리인 홍명호는 이에 대해 아예 언급조차 하고 있지 않습니다.

오히려 소송대리인 홍명호는 허위내용으로 작성된 위 2건의 결정서를 근거로 원고에게 패소 판결을 내린 원심 판사를 두둔하면서 이 사건 항소의 부적법성을 지적하고 있습니다.

이는 완전히 본말이 전도되었으며 나아가 원고의 항소권은 물론 항소심의 재판권마저도 침해당하는 위험에 이르고 있습니다.

---

169) 당시 이 사건 재판 진행상황을 살펴보면, 원심판사 도영오는 약 9개월 동안 답변서 한 장을 제대로 제출하지 못하고 있는 피고들에게 민사소송법 제257조 제1항에 의거 무변론 패소판결을 내렸어야 함에도 불구하고, 이와는 정반대로 전임 판사 박상언이 작성해 놓은 허위내용의 제1차 결정서에 터 잡아 허위내용의 제2차 결정서까지 작성한 후 이를 이행하지 않았다는 이유로 원고에게 변론 없이 패소판결을 내려 버렸음.

이는 한마디로 이 사건 피고 23명이 현직 경찰관과 검사들로 구성되어 있는 데다, '관피모 사건'의 주범 구수회의 뒷배(검찰 출신 윤석열 정권 실세)를 보호해야 하는 절박함 속에서. 이 사건 재판 초기부터 법조카르텔이 작동되고 있는 이 사건의 특성상 그 법조카르텔의 한축인 원심판사 중 전임 판사 박상언과 후임판사 도영오, 또 그 법조카르텔의 한축인 로펌인 법무법인 도원 대표이자 피고들의 소송대리인 홍명호가 평소 사법부의 허위 판결로 화가 나있는 사법피해자를 포함한 온 국민이 보고 있든 말든 대놓고 서로 짜고 치는 고스톱 판을 벌여 왔음을 의미한. 원고는 이와 관련하여 책자 발간 등 어떠한 방법을 동원해서라도 사법정의를 실현해야겠다는 사명감을 갖고 위와 같이 대놓고 사건조작을 해대는 법조카르텔의 실상을 역사와 국민 앞에 낱낱이 계속 고발해 나갈 것임.

결국 위 'Ⅰ.항'에 기재되어 있는 소송대리인 홍명호의 준비서면(원고의 항소이유에 대한 답변서)는 동문서답 · 유체이탈 화법을 동원하여 위 'Ⅱ.항'에 기재되어 있는 항소이유와는 전혀 관련이 없는 내용으로 채워지고 말았습니다.

2. 피고들 소송대리인 홍명호는 위 'Ⅰ.항' 의 준비서면에서 살펴본 바와 같이 원심과 마찬가지로 이 사건 본안소송으로는 도저히 승소할 수 없게 되자 허위내용으로 작성된 위 결정서를 근거 삼아 이 사건 항소심 담당 재판부에 로비하여 승소해 보겠다는 소송사기 행각의 본색을 또다시 드러내고 말았습니다.

원고는 2025. 6. 6.자 항소장 중 'Ⅱ. 항소이유" 항목에서,

『또 원심 판사 도영오는 위 "1, ②항" 기재내용과 관련, 2025. 4. 16. 소송대리인이 선임되지 않은 이 사건 피고 5명(피고10 조민구, 피고11 이민호, 피고13 배보성, 피고14 이현철, 피고16 이승영)을 위하여 직권으로 원고에 대한 위 ②항의 결정서170)를 작성하였다는 취지로 기재해 놓고 있습니다.

그러나 이는 위 ②항의 결정서가 허위내용으로 작성되어 있다는 사실은 별론으로 하더라도, 당시 아래와 같은 상황으로 볼 때 경험칙상 도저히 있을 수 없는 일이 벌어지고 말았습니다.

즉, 원심 판사 도영우는 이 사건 소장 부본을 송달받고도 그 소장 부본에 첨부되어 있던 명백한 증거자료들로 인하여 약 8개월 이상 답변서 한 장을

---

170) 원심판사 중 전임 판사 박상언이 작성한 2025. 2. 19.자 제1차 소송비용담보제공결정서 및 후임판사 도영오가 작성한 2025. 4. 16.자 제2차 소송비용담보제공결정서 중 후자를 말함.

제대로 제출하지 못하고 있었던 위 5명의 피고들에게 2025. 4. 1.자 원고 승소판결이 예정된 무변론 판결 선고 기일 통지서를 발송해 둔 상황에서, 그 무변론 판결 선고 기일인 2025. 4. 16.에 이르게 되자 위와 같은 무변론 판결 선고 상황들이 전혀 변경되지 않았음에도 불구하고 갑자기 태도가 180도로 돌변하여 당시 연락마저도 닿지 않은 위 5명의 피고들을 위한답시고 위 ②항의 결정서를 작성한 후 이를 원고에게 송달한 사실에 대하여,

이 사건 무변론 판결 선고를 어떻게 해서든지 모면해 보기 위하여 2025. 4. 2.자 피고 18명에 대한 답변서(준비서면 양식)를 100% 허위내용으로 작성하여 이를 담당재판부에 제출해 놓고 있었던 피고 측 소송대리인 홍명호의 로비가 전제되지 않고서는 도저히 설명이 불가능하게 되어 버렸습니다.』라고 기재해 놓았습니다.

그렇다면, 소송대리인 홍명호는 위 'Ⅰ.항'의 준비서면에서, 원심판사 도영오가 허위내용으로 작성되어 있는 위 2건의 결정서를 근거로 원고에게 이 사건 소 각하판결을 내린 사실만을 아무런 근거 없이 적극 옹호하고 지지할 것이 아니라, 앞서 원고가 주장한 바와 같이 자신은 이 사건 피고들에게 승소판결을 내려주도록 원심판사 도영오에게 로비한 사실이 전혀 없다는 점을 적극 해명해야 하고, 그에 대한 입증자료가 있다면 그마저도 이 사건 항소심 담당 재판부에 제출하여야 합니다.

그러나 소송대리인 홍명호는 이를 전혀 이행하지 않았음은 물론, 원고가 위 'Ⅱ.항'에서 특정하고 있는 이 사건 팩트 4개 중 단 한 개마저도 언급조차도 하지 않고 있으며, 더군다나 원심 재판에서는 2025. 4. 2.자 준비서면(답변서)을 100% 허위내용으로 작성하여 이를 담당 재판부에 제출한 사실이 발각되었고, 항소심에 이르러서도 그와 같은 소송사기 행각을

계속 수행하겠다는 본색을 또다시 드러내고 있음은 앞서 살펴본 바와 같습니다.

소송대리인 홍명호의 위와 같은 이 사건 소송 수행태도는 변호사법 제24조(품위유지의무 등) 제2항(변호사는 그 직무를 수행할 때에 진실을 은폐하거나 거짓 진술을 하여서는 아니 된다)의 규정에 정면으로 위반하고 있음은 너무나도 당연합니다.

Ⅳ. 결론

- 소송대리인 홍명호가 제출한 위 'Ⅰ.항'의 2025. 6. 26.자 제출서면은 원고의 항소이유에 대한 답변서가 전혀 아닙니다.

  따라서 소송대리인 홍명호는 민사소송법 제256조(답변서의 제출의무) 제1항(피고가 원고의 청구를 다투는 경우에는 소장의 부본을 송달받은 날부터 30일 이내에 답변서를 제출하여야 한다. 다만, 피고가 공시송달의 방법에 따라 소장의 부본을 송달받은 경우에는 그러하지 아니하다)의 규정을 지키지 않고 있으며, 항소장 부본을 받는 날로부터 30일이 지난 이후에는 민사소송법 제257조(변론 없이 하는 판결) 제1항(법원은 피고가 제256조제1항의 답변서를 제출하지 아니한 때에는 청구의 원인이 된 사실을 자백한 것으로 보고 변론 없이 판결할 수 있다. 다만, 직권으로 조사할 사항이 있거나 판결이 선고되기까지 피고가 원고의 청구를 다투는 취지의 답변서를 제출한 경우에는 그러하지 아니하다)의 규정을 적용받아야 합니다.

- 또 위 'Ⅱ.항'에서 살펴본 바 있는 팩트 4개는 여전히 변경된 상황이 전혀 없으며, 특히 이 사건 피고 23명 중 피고18 임용규[171]를 제외한

나머지 피고 22명은 2024. 8. 중순경 이 사건 소장 부본을 송달받은 이래로 현재에 이르기까지 단 한 장의 답변서마저도 재출하지 않고 있습니다. 이 또한 앞서 살펴본 바와 같이 민사소송법 제257 제1항 및 제256조 제1항의 규정이 적용되어야 함은 물론입니다.

- 이 사건 항소심 담당 재판부에서는 위와 같은 사정을 두루 살피시어 허위내용으로 작성된 위 2건의 결정서를 근거로 삼은 원심 판결을 즉시 취소하고,

원고의 항소이유에 대한 답변서를 제출하지 않고 있는 피고들 소송대리인 홍명호에 대하여 추후 민사소송법 제256조 제1항에서 규정하고 있는 이 사건 항소장 부본을 송달받은 날로부터 30일이 경과하거나, 2024. 8. 중순경 이 사건 소장 부본을 송달받고도 아직까지 답변서를 제출하지 않고 있는 피고 22명에 대하여 무변론 판결 선고기일을 통하여 원고 승소 판결을 내려주시기 바랍니다.

2025. 6. 28.
원고 임 찬 용 (인)

수원고등법원 제7민사부 귀중

---

171) 2024. 9. 5.자 피고18 임용규의 답변서는 2024. 9. 6.자 원고 준비서면에 의해 100% 허위내용으로 작성되어 있다는 사실이 확인되었음

(59) 2025. 7. 1. 항소인용 석명준비명령(도과기간확인)

개인정보유출주의 등록자:김명신, 등록일시:2025.07.01 10:05, 출력자:임찬용, 다운로드일시:2025.09.13 06:56

수 원 고 등 법 원
제 7 민 사 부
석 명 준 비 명 령

사　　건　　2025나12329 손해배상(기)
　　　　　　[원고 임찬용 / 피고 류중일 외 22명]

원고(항소인)　임찬용　(귀하)

귀하가 제출한 항소장 또는 항소이유서에 기재한 주장과 관련하여 필요한 증거를 아래 제출기한까지 신청하시기 바랍니다.
아래 기한까지 증거신청을 마치지 아니하는 때에는 증거를 제출할 수 없게 되는 불이익을 받을 수 있습니다(민사소송법 제146조, 제149조 참조).

제출기한: 2025. 8. 10.까지

2025. 7. 1.

재판장　판사　강 은 주　　전자서명완료

◇ 유 의 사 항 ◇

1. 항소심에서 증거를 신청할 때에는 해당 증거가 다음 각 호 중 <u>어느 항목에 해당하는지</u>와 그에 관한 <u>구체적인 사유를 명시하여야</u> 합니다(민사소송규칙 제127조의4 제2항).
   ① 제1심에서 조사되지 아니한 데에 대하여 고의나 중대한 과실이 없고 그 신청으로 인하여 소송을 현저하게 지연시키지 아니하는 증거
   ② 제1심에서 증거조사가 이루어졌으나 특별한 사정이 있어 항소심에서 다시 증거조사를 하는 것이 부득이하다고 인정되는 증거
   ③ 그 밖에 항소의 당부에 관한 판단을 위하여 반드시 필요하다고 인정되는 증거

개인정보유출주의 등록자:김병신, 등록일시:2025.07.01 10:05, 출력자:임찬웅, 다운로드일시:2025.09.13 06:56

2. 증거는 다음 요령에 따라 함께 제출·신청하시기 바랍니다.
   ① 서증의 경우: 서증과 이에 대한 증거설명서 제출
   ② 증인을 신청할 경우: 증인의 이름·주소·연락처·직업, 증인과 원·피고와의 관계, 증인이 사건에 관여하거나 내용을 알게 된 경위를 적은 「증인신청서」 제출
   ③ 검증·감정·사실조회·문서송부촉탁 등: 입증취지를 명확히 적은 신청서 제출
3. 이 사건에 관하여 제출하는 서면에는 사건번호를 기재하시기 바랍니다.
4. 대한민국법원 앱(아래 QR코드)이나 대한민국법원 홈페이지(www.scourt.go.kr) '나의 사건검색'을 이용하시면 재판기일 등 각종 정보를 편리하게 열람할 수 있습니다.
5. 사건진행에 관하여 전화안내를 받고자 하는 경우에는 '(02)3480-1100[또는 031-639-1661]'을 이용하실 수 있습니다.

▶ 전자소송포털(http://ecfs.scourt.go.kr)에서 시건 진행상황을 쉽게 확인할 수 있고, 그 밖의 재판절차에 관하여 상세히 안내받을 수 있으며, 각종 서류(항소이유에 대한 답변서, 증거설명서, 증인신청서 등)의 양식도 내려받을 수 있습니다.
▶ 신체적, 정신적 장애로 인하여 불편한 사람은 장애인 사법지원(편의제공)을 신청하여 재판절차에서 필요한 편의를 제공받을 수 있으며, 법원에 전화하거나 종합민원실을 방문하여 안내를 받을 수 있습니다. 이와 관련하여 전자소송포털(http://ecfs.scourt.go.kr, 소송안내마당 → 장애인 사법지원)에서 안내문 및 신청서 양식을 내려받을 수 있습니다.

※문의사항 연락처 : 수원고법 제7민사부 법원사무관 김은선
직 통 신 화 : 031-639-1661
팩   스 : 031-639-1706   e-mail :

(60) 2025. 7. 1. 피항소인용 석명준비명령(도과기간확인)

개인정보유출주의 등복자:김명신, 등복일시:2025.07.01 10:05, 출력자:임찬용, 다운로드일시:2025.09.13 07:07

수 원 고 등 법 원
제 7 민 사 부
석 명 준 비 명 령

사　　　건　　2025나12329 손해배상(기)
　　　　　　　[원고 임찬용 / 피고 류중일 외 22명]

피고1,2,3,4,5,8,9,15,17,18,19,20,21,22,23(피항소인) 소송대리인　법무법인 도원 담당변호사 홍명호 (귀하)
피고6(피항소인) 고형민 (귀하)
피고7(피항소인) 이일래 (귀하)
피고10(피항소인) 조민구 (귀하)
피고11(피항소인) 이민호 (귀하)
피고12(피항소인) 유정현 (귀하)
피고13(피항소인) 배보성 (귀하)
피고14(피항소인) 이현철 (귀하)
피고16(피항소인) 이승영 (귀하)

위 사건에 관하여 항소인의 항소이유서가 제출되었습니다. 피항소인은 항소이유에 대한 구체적 입장이 포함된 '항소이유에 대한 답변서'를 제출하고 이를 위하여 필요한 증거신청도 함께 하시기 바랍니다. 이에 따르지 아니하는 경우에는 주장이나 증거신청이 각하되는 등 불이익을 받을 수 있습니다(민사소송법 제149조 참조).

제출기한: 2025. 8. 10.까지

2025. 7. 1.

재판장   판사   강 은 주   전자서명완료

◇ 유 의 사 항 ◇

1. 항소이유에 대한 답변서는 다음 요령에 따라 작성하시기 바랍니다.
   ① 항소이유서에 대한 답변서를 작성할 때는 상대방의 항소이유 또는 주장과 대조하여 자신의 견해를 조목조목 특정하고, 자신의 주장을 뒷받침할 수 있는 증거가 있는 경우에는 이를 반드시 함께 기재하여야 합니다. 그리고 상대방이 제출한 증거자료에 대한 의견도 구체적으로 기재하여야 합니다.
   ② 민사소송규칙 제4조 제2항에 따라 용지는 A4(가로 210㎜×세로 297㎜) 크기로 하고, 위로부터 45㎜, 왼쪽 및 오른쪽으로부터 각각 20㎜, 아래로부터 30㎜(장수 표시 제외)의 여백을 두어야 합니다. 또한 글자크기는 12포인트(가로 4.2㎜×세로 4.2㎜) 이상으로 하고, 줄 간격은 200% 또는 1.5줄 이상으로 하여야 합니다.
   ③ 서면의 분량은 특별한 사정이 없는 한 민사소송규칙 제69조의4에 따라 30쪽을 넘어서는 아니 되며, 이를 어길 경우에는 재판부는 기존 서면을 반려하고 30쪽 이내로 줄여 다시 제출하도록 명할 수 있습니다.
2. 자신의 주장사실을 뒷받침할 만한 증거를 다음 요령에 따라 함께 제출·신청하시기 바랍니다.
   ① 서증의 경우: 서증과 이에 대한 증거설명서 제출
   ② 증인을 신청할 경우: 증인의 이름·주소·연락처·직업, 증인과 원·피고와의 관계, 증인이 사건에 관여하거나 내용을 알게 된 경위를 적은 「증인신청서」 제출
   ③ 검증·감정·사실조회·문서송부촉탁 등: 입증취지를 명확히 적은 신청서 제출
3. 위 기한까지 자료를 제출하지 않거나 제출한 내용이 부실한 경우에는 더 이상 주장과 증거신청이 없는 것으로 보고 다음 절차를 진행하며, 주장과 증거신청을 늦게 하여 소송을 지연시키는 것으로 인정되는 경우에는 각하되는 불이익을 받을 수 있습니다(민사소송법 제408조, 제149조 참조).
4. 대한민국법원 앱(아래 QR코드)이나 대한민국법원 홈페이지(www.scourt.go.kr) '나의 사건검색'을 이용하시면 재판기일 등 각종 정보를 편리하게 열람할 수 있습니다.
5. 사건진행에 관하여 전화안내를 받고자 하는 경우에는 '(02)3480-1100[또는 031-639-1661]'을 이용하실 수 있습니다.

▶ 전자소송포털(http://ecfs.scourt.go.kr)에서 사건 진행상황을 쉽게 확인할 수 있고, 그 밖의 재판절차에 관하여 상세히 안내받을 수 있으며, 각종 서류(항소이유에 대한 답변서, 증거설명서, 증인신청서 등)의 양식도 내려받을 수 있습니다.
▶ 신체적, 정신적 장애로 인하여 불편한 사람은 장애인 사법지원(편의제공)을 신청하여 재판절차에서 필요한 편의를 제공받을 수 있으며, 법원에 전화하거나 종합민원실을 방문하여 안내를 받을 수 있습니다. 이와 관련하여 전자소송포털(http://ecfs.scourt.go.kr, 소송안내마당 → 장애인 사법지원)에서 안내및 신청서 양식을 내려받을 수 있습니다.

※문의사항 연락처: 수원고법 제7민사부 법원사무관 김은선
직 통 전 화: 031-639-1661
팩   스: 031-639-1706   e-mail:

(61) 2025. 8. 5. 준비서면(피고대리인 법무법인 도원 대표 홍명호)

개인정보유출주의 세출자:법무법인 도원, 세출일시:2025.08.05 17:21, 출력자:임찬용, 다운로드일시:2025.09.13 07:23

준 비 서 면

사　　건　　2025나12329　손해배상(기)

원　　고　　임찬용

피　　고　　류중일 외 22명

위 사건에 관하여 피고 1. 류중일, 2. 신미영, 3. 신혜선, 4. 이정호, 5. 유정민, 6. 고형민, 7. 이일래, 8. 임연진, 9. 정용수, 12. 유정현, 15. 정성현, 17. 허윤희, 18. 임용규, 19. 변제용, 20. 최미선, 21. 김정산, 22. 곽병수, 23. 강길주(피항소인, 이하 '피고들'이라 합니다)의 소송대리인은 다음과 같이 변론을 준비합니다.

- 다　　음 -

1. 본안 전 항변

본안 전 항변은 2025. 6. 26.자 준비서면 기재 내용을 원용하겠습니다.

2. 본안의 항변

피고들은, 원고의 2021. 10. 5.자 고소, 2022. 4. 20.자 고소, 2022. 5. 23.자 고소, 2023. 1. 5.자 고소, 2024. 2. 27. 고소 등에 대하여, 불송치 결정 또는 불기소 처분을 내린 **사법경찰관** 또는 **검사**입니다.

원고는 피고들이 쪼개기 불법수사, 불법 이송, 은폐·조작 수사, 수사 강요, 허위내용의 공문서 작성 등의 불법행위를 저질렀다고 주장합니다. 그러나, 피고들은 사법경찰관 또는 검사로서 각 사건별로 **적법한 직무집행**을 한 것에 불과하며, 원고는 본인이 고소한 사건들이 본인이 원하는 마대로 처리되지 않았음을 이유로 그에 관여된 모든 사법경찰관과 검사 총 23명을 상대로 손해배상을 구하는 이 사건 소를 제기한 것인바, 청구 내용 그 자체로 보아도 이유 없음이 명백합니다.

3. 결어

이 사건 항소는 부적법 할 뿐만 아니라 청구 내용 자체도 터무니 없는바, 원고의 항소를 조속히 각하하여 주시기 바랍니다.

2025. 8.

피고들의 소송대리인
법무법인 도원
담당변호사 홍 명 호

수원고등법원 제7민사부(다) 귀중

(62) 2025. 8. 6. 준비서면(원고 임찬용)

개인정보유출주의 제출자:임찬용, 제출일시:2025.08.06 11:31, 출력자:임찬용, 다운로드일시:2025.09.13 07:35

준비서면

사 건	2025나12329 손해배상(기)
원 고	임찬용
피 고	류중일 외 22명

위 사건에 관하여 다음과 같이 변론을 준비합니다.

다 음

이 사건 피고들 소송대리인 홍명호가 제출한 2025. 8. 5.자 준비서면 기재내용은 "원고의 항소이유에 대한 구체적 입장이 포함된 답변서를 2025. 8. 10.까지 제출하라"는 재판장 강은주 명의의 석명준비명령(도과기간확인)에 정면으로 위반하고 있을 뿐만 아니라, 더 나아가 그 준비서면 기재내용 또한 100% 허위사실로 채워져 있습니다.

원고는 이를 입증하기 위하여 2025. 8. 6.자 준비서면을 별첨과 같이 제출합니다.

첨부 : 2025. 8. 6.자 원고 준비서면(2025. 8. 5.자 소송대리인 홍명호의 준비서면 전면 반박) 1부. 끝.

입증방법

갑 제26호증: 2025. 8. 6.자 원고 준비서면(2025. 8. 5.자 피고들 소송대리인 홍명호의 준비서면(답변서)에 대한 반박)

2025. 8. 6.

원고(항소인) 임찬용

(63) 2025. 8. 6. 원고 준비서면 서증(갑26)

준 비 서 면
【2025. 8. 5.자 소송대리인 홍명호의 준비서면에 대한 반박】

[담당재판부 : 제7민사부]

사　　건　2025나12329 손해배상(기),(이하, '이 사건'이라고 합니다)

원　　고　임찬용
피　　고　류중일 외 22명

Ⅰ. 이 사건 항소심 재판 진행 경과

가. 2025. 6. 6.자 원고의 항소장 중 항소이유 '결론' 부분 기재내용

① 원심판사 도영오가 이 사건 각하 판결의 근거로 제시하고 있는 2건의 소송비용담보제공명령결정서 기재내용은 민사소송법 제117조(담보제공의무) 제1항의 규정에 단 1%도 적용될 수 없는 완벽한 허위내용으로 작성되어 있다는 사실[172]

② 이 사건 피고 23명은 이 사건 소장 부본을 송달받고도 이 사건

---

[172] 입증자료 : 2025. 2. 19.자 (제1차) 소송비용담보제공결정서 및 2025. 2. 27.자 원고 이의신청서(첨부서류 : 2025. 2. 19.자 이 사건 소송비용담보제공결정서에 대한 이의신청 및 제2차 이 사건 원고 승소판결 강력 재촉구), 2025. 4. 16.자 (제2차) 소송비용담보제공결정서 및 2025. 4. 17.자 원고 준비서면(원고는 판사 도영오의 중대 범죄행위를 강력하게 규탄합니다.)

소장 부본에 피고들의 불법행위를 입증해 주고 있는 증거자료들이 겹겹이 첨부되어 있었으므로 어느 누구도 2025. 5. 28. 이 사건이 불법적으로 각하 판결이 날 때까지 약 9개월 이상의 기간 동안 단 한 장의 답변서마저도 제대로 제출하지 못하였다는 사실[173]

③ 이 사건 피고 23명 중 유일하게 피고18 임용규는 2024. 9. 5.자 답변서를 제출하였으나, 그 답변서는 2024. 9. 6.자 원고 준비서면에 의해 허위사실로 확인되었다는 사실[174]

④ 이 사건 피고 18명의 소송대리인 홍명호는 2025. 4. 2.자 준비서면 형식을 취한 답변서를 제출하였으나, 그 답변서는 2025. 4. 3.자 원고 준비서면에 의해 민사소송법상 답변서로서의 기본적 성립 요건을 전혀 갖추고 있지 않았을 뿐만 아니라, 거기에 기재된 내용 역시 허위사실로 확인되어 변호사법 제24조(품위유지의무 등) 제2항의 규정(변호사는 그 직무를 수행할 때에 진실을 은폐하거나 거짓 진술을 하여서는 아니 된다)을 정면으로 위반하고 있음은 물론, 이 사건 피고 18명을 위한 소송사기 행각을 하고 있다는 사실입니다.[175]

위와 같은 사정에 비추어 이 사건 항소심 재판부에서는 허위 내용으로 작성된 원심 판결을 취소하고 이 사건 소장 부본을 송달받고도

---

[173] 입증자료 : 이 사건 소장 및 거기에 첨부되어 있는 갑 제1호증부터 갑 제24호증까지의 각 증거자료, 이 사건 전자소송 화면에 표시되고 있는 '(이 사건) 진행내용' 또는 그 출력물, 2025. 4. 2.자 소송대리인 홍명호 준비서면 및 이를 전면 부정하고 있는 2025. 4. 3.자 원고 임찬용 준비서면

[174] 입증자료 : 2024. 9. 5.자 피고18 임용규 답변서 및 이를 전면 부정하고 있는 2024. 9. 6.자 원고 임찬용 준비서면

[175] 입증자료 : 2025. 4. 2.자 소송대리인 홍명호 준비서면 및 이를 전면 부정하고 있는 2025. 4. 3.자 원고 임찬용 준비서면

답변서를 제출하지 않은 피고들에 대하여 무변론 판결 선고기일을 통하여 원고 승소 판결을 내려주시기 바랍니다.

나. 2025. 6. 26.자 소송대리인 홍명호의 준비서면 전면 기재
   (- 다 음 - 아래 기재 부분)

- 다 음 -

1. 원심판결의 요지

원심은 담보제공명령에도 불구하고 원고가 제1심 판결 선고시까지 담보제공명령에 따른 담보금을 공탁하지 않아 민사소송법 제124조 본문에 따라 변론없이 판결로 이 사건 소를 각하하였습니다.

2. 본안 전 항변 : 이 사건 항소의 부적법성

원고는 제1심 판결에 불복하여 항소장을 제출하였으나, 제1심 판결이 적절히 설시한 바와 같이 담보제공의무를 이행하지 않아 소 자체에 흠이 있고, 그 흠은 여전히 보정되지 않았습니다.

부적법한 소로서 그 흠을 보정할 수 없는 경우에 소송경제 및 당사자의 이익 보호라는 측면을 고려하여 변론 없이 판결로 소를 각하할 수 있음에도(민사소송법 제219조), 그 판결에 대한 항소심 절차에서는 무변론 소각하 판결의 사유인 흠이 보정되지 않더라도 반드시 변론을 열어 심리를 진행하여야 한다면 무변론 소각하 판결 제도의 취지가 몰각될 수 있습니다.(서울서부지방법원 2019. 2. 21. 선고 2018나35466 판결 등 참조)

무변론 소각하 판결의 근거 규정인 민사소송법 제219조는 민사소송법 제2편 '제1심의 소송절차' 부분이 아니라, 제1편 '총칙' 부분에 규정되어 있어 상소심 절차에서도 적용 또는 준용될 수 있는 바, 이 사건 항소는 흠을 보정할 수 없는 부적법한 항소에 해당하여, 민사소송법 제413조, 제219조에 따라 각하되어야 함이 마땅합니다.

3. 결어

이상과 같이 이 사건 항소는 부적법하므로 각하하여 주시기 바랍니다.

다. 2025. 6. 28.자 원고의 항소심 준비서면 '결론' 부분 기재내용 (위 '나. 항' 전면 반박)

- 소송대리인 홍명호가 제출한 위 '나. 항'의 2025. 6. 26.자 준비서면은 원고의 항소이유에 대한 답변서가 전혀 아닙니다.

따라서 소송대리인 홍명호는 민사소송법 제256조(답변서의 제출의무) 제1항(피고가 원고의 청구를 다투는 경우에는 소장의 부본을 송달받은 날부터 30일 이내에 답변서를 제출하여야 한다. 다만, 피고가 공시송달의 방법에 따라 소장의 부본을 송달받은 경우에는 그러하지 아니하다)의 규정을 지키지 않고 있으며, 항소장 부본을 받는 날로부터 30일이 지난 이후에는 민사소송법 제257조(변론 없이 하는 판결) 제1항(법원은 피고가 제256조제1항의 답변서를 제출하지 아니한 때에는 청구의 원인이 된 사실을 자백한 것으로 보고 변론 없이 판결할 수 있다. 다만, 직권으로 조사할 사항이 있거나 판결이 선고되기까지 피고가 원고의 청구를 다투는 취지의 답변서를 제출한 경우에는 그러하지 아니하다)의 규정을 적용받아야 합니다.

- 또 위 '가.항'에서 살펴본 바 있는 팩트 4개는 여전히 변경된 상황이 전혀 없으며, 특히 이 사건 피고 23명 중 피고18 임용규[176]를 제외한 나머지 피고 22명은 2024. 8. 중순경 이 사건 소장 부본을 송달받은 이래로 현재에 이르기까지 단 한 장의 답변서마저도 제출하지 않고 있습니다. 이 또한 앞서 살펴본 바와 같이 민사소송법 제257 제1항 및 제256조 제1항의 규정이 적용되어야 함은 물론입니다.

- 이 사건 항소심 담당 재판부에서는 위와 같은 사정을 두루 살피시어 허위내용으로 작성된 위 2건의 결정서를 근거로 삼은 원심 판결을 즉시 취소하고,

  원고의 항소이유에 대한 답변서를 제출하지 않고 있는 피고들 소송대리인 홍명호에 대하여 추후 민사소송법 제256조 제1항에서 규정하고 있는 이 사건 항소장 부본을 송달받은 날로부터 30일이 경과하거나, 2024. 8. 중순경 이 사건 소장 부본을 송달받고도 아직까지 답변서를 제출하지 않고 있는 피고 22명에 대하여 무변론 판결 선고기일을 통하여 원고 승소 판결을 내려주시기 바랍니다.

※ 이 사건 항소심 재판장 강은주는 소송대리인 홍명호가 제출한 위 2025. 6. 26.자 준비서면과 관련, 위 2025. 6. 28.자 원고 준비서면에 기재된 내용과 마찬가지로 원고 항소이유에 대한 답변서가 아니라고 판단하고, 2025. 7. 1.을 기하여 소송대리인 홍명호에게 "원고의 항소이유에 대한 구체적 입장이 포함된 답변서를 2025. 8. 10.까지 제출하라"는 취지의 석명준비명령(도과기간확인)을 내렸음.

---

[176] 2024. 9. 5.자 피고18 임용규의 답변서는 2024. 9. 6.자 원고 준비서면에 의해 100% 허위내용으로 작성되어 있다는 사실이 확인되었음

II. 위 석명준비명령에 의해 제출된 2025. 8. 5.자 소송대리인 홍명호의 준비서면 전면 기재

- 다 음 -

1. 본안 전 항변

본안 전 항변은 2025. 6. 26.자 준비서면 기재 내용을 원용하겠습니다.

2. 본안의 항변

피고들은, 원고의 2021. 10. 5.자 고소, 2022. 4. 20.자 고소, 2022. 5. 23.자 고소, 2023. 1. 5.자 고소, 2024. 2. 27.자 고소 등에 대하여, 불송치 결정 또는 불기소 처분을 내린 사법경찰관 또는 검사입니다.

원고는 피고들이 쪼개기 불법수사, 불법 이송, 은폐·조작수사, 수사 강요, 허위내용의 공문서 작성 등의 불법행위를 저질렀다고 주장합니다. 그러나 피고들은 사법경찰관 또는 검사로서 각 사건별로 적법한 직무집행을 한 것에 불과하며, 원고는 본인이 고소한 사건들이 본인이 원하는 바대로 처리되지 않았음을 이유로 그에 관여된 모든 사법경찰관과 검사 총 23명을 상대로 손해배상을 구하는 이 사건 소를 제기한 것인 바, 청구 내용 그 자체로 보아도 이유 없음이 명백합니다.

3. 결어

이 사건 항소는 부적법 할 뿐만 아니라, 청구내용 자체도 터무니없는 바, 원고의 항소를 조속히 각하하여 주시기 바랍니다.

III. 위 'II.항' 기재내용(2025. 8. 5.자 소송대리인 홍명호의 준비서면)에 대한 원고의 전면 반박

- 위 'II.항' 기재내용은 위 'I.나.항'의 기재내용처럼 원고의 항소이유에 대한 답변내용을 전혀 찾아볼 수 없으며, 이 사건 항소심 재판장 강은주 명의로 내려진 "원고의 항소이유에 대한 구체적 입장이 포함된 답변서를 2025. 8. 10.까지 제출하라"는 취지의 석명준비명령(도과기간확인)을 정면으로 위반하고 있습니다.

 즉, 소송대리인 홍명호는 원고의 항소이유라고 할 수 있는 위 'I.가.항' 기재 위 ①~④항의 팩트에 대해서는 증거자료를 제출하면서까지 적극적으로 항변하여야 함에도 불구하고, 오히려 이를 의도적으로 피하면서 아예 언급조차 하지 않고 있습니다.

 그 이유는 소송대리인 홍명호가 위 ①~④항의 팩트를 언급하는 순간 자신의 로비를 통한 원심 승소판결 사실이 만천하에 드러남은 물론, 그 소송 진행 과정에서 보여준 허위내용의 준비서면 제출 등 소송사기 행각까지 통째로 인정하는 꼴이 되어버리기 때문입니다.

- 또 소송대리인 홍명호는 2025. 8. 5.자 준비서면에서도 2025. 6. 26.자 준비서면 기재내용을 원용한다며 '1. 본안 전 항변'을 또다시 들먹이고 있습니다.

 그러나 소송대리인 홍명호는 '1. 본안 전 항변'을 주장하기 이전에 위 2건의 소송비용담보제공명령결정서가 허위내용으로 작성되었다는 원고의 주장을 반박하여야 하는데, 이를 전혀 하지 못하고 있습니다.

그 이유는 원고가 위 2건의 결정서가 허위내용으로 작성되었다며 그 근거를 제시하고 있는 반면, 소송대리인 홍명보는 이를 반박할 만한 증거자료가 전혀 없고 오로지 거짓말을 밥 먹듯 해대는 소송 사기 수행 태도를 보이고 있기 때문입니다.

- 또 소송대리인 홍명호는 2025. 8. 5.자 준비서면에서 '2. 본안의 항변'을 주장하고 나섰습니다.

그러나 위 '2. 본안의 항변' 기재내용은 소송대리인 홍명호가 자신의 컴퓨터에 저장되어 있던 2025. 4. 2.자 준비서면 중 '2. 원고주장에 대한 반박' 항목 기재내용을 복사하여 2025. 8. 5.자 준비서면 '2. 본안의 항변' 항목에 그대로 붙여넣기를 한 사실이 확인되었습니다.[177]

그런데 문제는 위 '2. 본안의 항변' 항목에 기재된 내용이 100% 허위사실[178]로 작성되어 있다는 점에 있습니다.

---

[177] 입증자료 : 이 사건 전자소송에 등재되어 있는 2025. 4. 2.자 소송대리인 홍명호의 준비서면 중 '2. 원고주장에 대한 반박' 항목 기재내용 및 2025. 8. 5.자 소송대리인 홍명호의 준비서면 중 '2. 본안의 항변' 항목 기재내용 각 참조

[178] 입증자료 : 이 사건 전자소송에 등재되어 있는 2025. 4. 2.자 홍명호의 준비서면 ('2. 원고 주장에 대한 반박' 항목 기재내용) 및 2025. 4. 3.자 원고 준비서면 ('Ⅱ.'항 중 소송대리인 홍명호의 '2. 원고 주장에 대한 반박' 항목을 반박하기 위한 【원고의 반박】 항목 기재 내용)

즉, 원고는 2025. 4. 3.자 원고 준비서면 'Ⅱ'항 중 소송대리인 홍명호의 '2. 원고 주장에 대한 반박' 항목을 반박하기 위한 【원고의 반박】 항목에서,

"원고는 이 사건 핵심 쟁점 부분으로서 피고 23명의 불법행위를 입증하고 있는 증거자료들을 이 사건 소장은 물론 이를 재차 정리하는 차원에서 이 준비서면 '주석 7'에서 겹겹이 특정해 놓았습니다. 그렇다면 피고 측 소송대리인 홍명호는 자신이 변론하기로 한 각 피고 개인별로 위 '주석 7'에 특정되어 있는 증거자료들에 대해 하나씩 하나씩 원고와의 다툼을 벌여 피고들의 불법행위가 성립되지 않는다는 사실을 입증시켜야 합니다. 그러나 피고 측 소송대리인은 이를 전혀 이행하지 않은 채 위와 같이 허공에 대고 새빨간 거짓 주장만 반복해서 외쳐대고 있습니다."라고 기재해 놓았습니다.

그럼에도 불구하고 소송대리인 홍명호는 원고가 제시한 피고들의 불법행위를 입증하고 있는 겹겹이 특정된 증거자료들에 대해서는 모르쇠로 일관한 채 마치 위 '2. 본안의 항변' (또는 위 '2. 원고주장에 대한 반박') 기재내용이 사실인 것처럼 포장하여 원심 재판부는 물론 항소심 재판부까지 각각 제출함으로써 변호사로서의 눈곱만큼 양심마저도 헌신짝처럼 내팽개친 채 눈에 훤히 보이는 소송사기 행각을 서슴없이 저지르고 있습니다.

IV. 결론

- 소송대리인 홍명호가 제출한 2025. 8. 5.자 준비서면 기재내용은 2025. 6. 26.자 준비서면 기재내용과 마찬가지로 이 사건 항소심 재판장 강은주 명의로 내려진 석명준비명령(도과기간확인)에서 요구하고 있는 원고의 항소이유에 대한 답변서가 전혀 아닙니다.

  즉, 이 사건 피고 23명 중 원심에서는 비록 허위내용이라고는 하지만 피고18 임용규 검사 외 다른 피고들은 답변서를 전혀 제출한 사실이 없으며, 이 사건 항소심에서는 단 한명도 예외 없이 모든 피고들이 답변서를 제출하지 않고 있습니다.

- 더 나아가, 소송대리인 홍명호가 제출한 2025. 8. 5.자 준비서면 기재내용 역시 원심에서 이미 100% 거짓말로 판명난 내용을 재차 항소심 재판부에도 제출한 것으로 확인되고 있습니다.

  이는 원심 재판부에 대한 로비를 통하여 허위내용의 승소 판결문을 받아낸 소송대리인 홍명호가 초등학생도 금방 알 수 있을 정도로 저급한 허위내용의 준비서면을 제출한 후 이를 빌미삼아 법조카르텔의 범주에 있는 이 사건의 특성을 십분 활용함과 동시에, 거기에 터 잡아 또다시 이 사건 항소심 담당 재판부에게까지 로비를 통하여 허위내용의 승소 판결을 받아보려는 더러운 속셈이 눈에 훤히 보입니다.

- 이 사건 항소심 재판부에서는 위와 같은 사정을 두루 살피시어 민사소송법상 소정의 규정 및 절차에 따라 원고에게 신속한 승소판결을 내려주시기 바랍니다.

☞ 원고는 사건조작 판결을 일삼는 조희대 사법부를 해체하고 법조카르텔 척결을 위하여 또 사법피해자분들의 한을 조금이라도 풀어드리기 위하여 조만간 이 준비서면을 소장 및 원심 판결문, 허위내용으로 작성된 소송대리인 홍명호의 준비서면 등과 함께 이 사건 갑 제1호증(책자 : 윤석열 대통령 탄핵론)의 경우처럼 책자로 발간하여 역사와 국민 앞에 내놓을 예정입니다.

2025. 8. 6.

원고   임 찬 용   (인)

수원고등법원 제7민사부 귀중

【제4부】

'관피모 사건' 주범 구수회와 그의 뒷배를 보호할 목적으로,
'법조카르텔'이 작동되고 있는 수원지방법원안양지원
2024가소126262 (항소심 : 수원지방법원 2025나57361) 사건에
대하여,

수원지방법원안양지원 판사 전호재의
사건조작 중대 범행

(중대범죄자 전호재가 위 '관피모 사건' 등을 은폐·조작 수사한
피고들에게 허위내용의 기각판결을 내리기까지의 재판기록 전면 공개)

① 2024. 7. 11. 소장(원고 임찬용)

소　　　장

원 고　임찬용
　　　　(우편번호 : 13112) 경기도 성남시 수정구 복정로96번길
　　　　20(복정동)

피 고　1. 오동운
　　　　(우편번호 : 13809) 경기도 과천시 관문로 47, 정부과천
　　　　종합청사(5동) 고위공직자범죄수사처

　　　　2. 윤상혁
　　　　(우편번호 : 13809) 경기도 과천시 관문로 47, 정부과천
　　　　종합청사(5동) 고위공직자범죄수사처

　　　　3. 이형열
　　　　(우편번호 : 13809) 경기도 과천시 관문로 47, 정부과천
　　　　종합청사(5동) 고위공직자범죄수사처

손해배상(기) 청구의 소

청 구 취 지

1. 원고에게, 피고 오동운, 윤상혁은 공동하여 금 7,481,420 원, 피고 오동운, 윤상혁, 이형열은 공동하여 금 5,212,690 원 및 이에 대한 이 사건 소장 부본 송달 다음 날로부터 다 갚는 날까지 연 12%의 비율에 의한 금원을 각 지급하라.
2. 소송비용은 피고들의 부담으로 한다.
3. 위 제1항은 가집행 할 수 있다.
라는 판결을 구합니다.

청 구 원 인

I. 당사자 관계

원고는 2024. 3. 21.경 다음 카페인 관청피해자모임(이하, '관피모') 사건 고소장[179] 등을 은폐·조작 수사한 서울서부지방검찰청 검사 이주훈 등 9명에 대한 고소장(이하, '이 사건 고소장')[180] 및 2024. 6. 10.경 수원고등검찰청 검사 임용규 등 3명에 대한 고소장(이하, '이 사건 (추가) 고소장')[181]을 고위공직자범죄수사처(이하, '공수처')에 각각 제출하였던 자이고,

피고 오동운은 공수처장, 피고 윤상혁은 공수처검사, 피고 이형열은 공수처 수사관으로서 위 각 사건에 대하여 은폐·조작 수사를 실시하였던 자들입니다.

---

179) 별권책자(갑 제1호증) 제78~104쪽(갑 제1호증의 1)
180) 후술하는 '갑 제2호증의 1'
181) 후술하는 '갑 제2호증의 3'

II. 피고들의 불법행위 (손해배상책임의 발생)[182]

가. 피고 오동운, 윤상혁의 '이 사건 고소장' 은폐·조작수사 불법행위

피고들은 우리나라 권력기관 중에서 유일하게 공수처법 규정에 의거 범죄 혐의가 있는 정치(비리)검사들을 수사할 수 있는 권한을 보유하고 있음은 물론, 그들의 범죄 혐의가 인정될 경우 기소 및 공소유지 권한까지 보유하고 있습니다.

이는 공수처법이 문재인 정부에서 검찰개혁의 일환으로 제정되었기 때문입니다.

그런데 피고들은 2024. 6. 18.경 공수처법 제정 취지를 심각하게 훼손하면서까지 피의자 이주훈 등 9명의 정치(비리)검사들에게 형사처벌을 면해 주기 위하여 피고 윤상혁 명의로 허위내용의 불기소결정서를 작성하는 수법을 통해 이 사건 고소장에 기재된 모든 범죄사실을 은폐해 버렸습니다.[183]

이로써 피고들은 이 사건 고소장에 대한 은폐 · 조작수사를 통하여 형사 고소인인 원고에게 엄청난 정신적 충격과 함께 정당한 공수처 수사를 받을 권리행사를 방해하는 등 큰 피해를 입혔습니다.

나. 피고 오동운, 윤상혁, 이형열의 '이 사건 (추가) 고소장' 은폐 · 폐기 불법행위

---

[182] 이를 입증하는 증거자료로서 2024. 6. 22.자 "윤 대통령은 사건은폐 · 조작범 오동운 공수처장을 당장 구속 수사하라!!"라는 제하의 KMS 신문기사(갑 제2호증) 및 그 첨부자료(갑 제2호증의 1~8)를 각각 제출합니다.

[183] 입증자료 : 2024. 6. 18.자 피의자 이주훈 외 8명에 대한 불기소결정서 1부. (갑 제3호증) 및 2024. 7. 8.자 피의자 이주훈 외 8명에 대한 재정신청서 1부. (갑 제4호증)

원고는 2024. 6. 10.경 '임찬용 고소장'[184]을 은폐·조작 수사한 수원고등검찰청 검사 임용규 등 3명의 정치(비리)검사를 이 사건 피고소인으로 추가하는 (추가) 고소장[185]을 작성하여 이를 등기우편을 통해 공수처에 송달하였습니다.[186]

그런데 피고들은 2024. 6. 11.경 피의자 임용규 등 3명의 정치(비리) 검사들에게 형사처벌을 면해 주기 위하여 '이 사건 (추가) 고소장'을 형사사법포털(KICS)에 정식 입건하여 이 사건 고소장과 함께 수사를 진행하지 아니하고 쓰레기통에 폐기처분하였습니다.[187]

이로써 피고들은 '이 사건 (추가) 고소장'을 정식 입건하여 수사하기는 커녕 쓰레기통에 폐기처분함으로써 형사 고소인인 원고에게 엄청난 정신적 충격과 함께 정당한 공수처 수사를 받을 권리행사를 방해하는 등 큰 피해를 입혔습니다.

III. 손해배상책임의 범위

가. 피고들의 불법행위로 인하여 원고가 입은 손해

(1) 피고들의 원고에 대한 민·형사적 책임

---

[184] 별권책자(갑 제1호증) 제438~472쪽 (갑 제1호증의 2)

[185] 갑 제2호증의 3

[186] 원고는 이 (추가) 고소장이 공수처에 송달된 사실을 확인하였습니다. 즉, 우체국에서 원고 핸드폰에 "고객님이 고위공직자범죄수사처님께 보내신 등기우편물(등기번호 1494-7011-26366)를 24년 6월 11일 (회사동료) 이아연님께 배달완료 하였습니다." 라고 통보해 주었습니다.

[187] 이의 입증자료 : 2024. 6. 20.자 형사사법포털 화면 '공수처사건조회' 1부. (갑 제2호증의 4)

○ 피고들은 원고가 제출한 2024. 3. 21.자 이 사건 고소장 및 2024. 6. 10.자 이 사건 (추가) 고소장에 대해 전혀 수사를 진행하지 않은 채 피의자 12명의 모든 범죄사실을 은폐해 버렸습니다.

○ 심지어 이 사건 (추가) 고소장에 대해서는 피의자들을 입건조차 하지 않은 채 아예 쓰레기통에 폐기처분해 버렸습니다. 이는 공산국가가 아니고서는 도저히 상상할 수 없는 매국행위에 해당합니다.

○ 피고들의 위와 같은 불법 행위들은 형법상 (고소인에게 정당한 공수처 수사를 받을 수 있는 권리행사를 방해함으로써) 직권남용권리행사방해죄, (허위내용의 불기소결정서를 작성하고 이를 행사함으로써) 허위공문서작성죄 및 허위작성공문서 행사죄, (이 사건 (추가) 고소장을 접수조차 하지 않고 폐기처분해 버림으로써) 재물손괴죄, 직무유기죄 등 중범죄의 죄책을 피할 수 없고, **민사적 책임 역시 국가는 물론 범죄 피해자인 원고에게도 상상을 초월할 정도의 손해배상금을 지급해야 할 것입니다.**

피고들에게 위와 같이 민·형사상 엄중한 책임을 묻는 이유는, 그들은 국민들로부터 국가수사권을 위임받아 사건을 조작해 대는 정치(비리)검사의 처벌을 통하여 검찰개혁을 완성하고 사법 불신을 해소하며 공정과 상식이 지배하는 나라다운 나라를 만들기 위한 마지막 보루로서의 역할을 수행해야 하는 고위공직자범죄수사처 소속 공무원들이기 때문입니다.

(2) 피고들은 수사권을 남용하여 원고의 고소사건을 은폐·조작하거나 입건조차 하지 않은 채 쓰레기통에 폐기 처분해 버림으로써, 원고는 그들의 수사권 오·남용으로 인해 정당한 공수처 수사를 받아야 할 권리행사를 방해

받았습니다.

(3) 또 피고들은 이 사건 고소장 및 이 사건 (추가) 고소장에 피의자들의 범죄사실을 입증하고 있는 명백한 증거자료들이 예외 없이 첨부되어 있음에도 불구하고, 모든 피의자들에게 단 1회의 소환조사마저도 실시하지 아니하고 오로지 은폐·조작수사로 일관하여 오면서 형사법상 치외법권 지위를 부여해 왔고, 그 반면에 피해자이자 고소인인 원고에게는 제대로 된 수사를 실시하겠다는 거짓말을 해가며 인간 이하의 취급을 함으로써 심한 모멸감과 자괴감을 심어주는 등 크나큰 정신적 충격을 안겨 주었습니다.

나. 피고들의 불법행위에 따른 손해배상금 산정내역

원고는 피고들이 자행한 이 사건 고소장에 대한 은폐·조작수사 및 이 사건 (추가) 고소장에 대한 은폐·폐기 처분과 관련하여, 그동안 각 고소장 작성 및 제출, 각 고소장 고소인 보충 진술조서 작성을 위한 '고소인 소환조사' 촉구 및 일정 문의, 공수처에서 요구한 2024. 5. 8.자 '고소장 첨부 추가자료'[188] 작성 및 제출, 피고 윤상혁이 작성한 2024. 6. 18.자 허위내용의 불기소결정서에 대응하기 위한 2024. 7. 8.자 재정신청서 작성 및 제출을 하여 왔으며, 특히 수시로 형사사법포털(KICS) 사이트에 들어가 이 사건 고소장에 대한 수사진행 상황 및 이 사건 (추가) 고소장에 대한 입건 여부를 확인하는 등 한 시도 쉬지 않고 조마조마한 심정으로 시간적·육체적·정신적 노동력을 집중 투입해 왔습니다.

따라서 피고들은 원고가 피고들의 이 사건 고소장에 대한 은폐·조작수사 및 이 사건 (추가) 고소장에 대한 은폐·폐기 처분에 시달려오면서 투입하여 온 정신적·육체적 노동력 및 소요시간 등 일체 비용을 손해배상금 명목으로 지급하여야 할 의무가 있다고 할 것입니다.

---

[188] 갑 제2호증의 2

이에 터 잡아 피고들이 원고에게 공동으로 지급하여야 할 손해배상금을 산출해 보면 다음과 같습니다.

(1) 피고 오동운, 피고 윤상혁이 이 사건 고소장 은폐 · 조작수사와 관련, 원고에게 공동으로 지급하여야 할 손해배상금 총액 : 7,481,420 원

《피고들이 공동으로 원고에게 지급하여야 할 손해배상금 2,481,420원 + 피고들이 공동으로 원고에게 지급하여야 할 정신적 위자료 5,000,000원》

- 피고들이 공동으로 원고에게 지급하여야 할 손해배상금 산정내역

【산출근거】

㉮ 원고가 검찰 퇴직 당시 직급인 검찰수사서기관(4급)의 2024년도 월급 (공안직 28호봉 적용) : 일체 수당을 제외한 순수한 월 급여 5,671,819 원

㉯ 원고가 2024. 3. 21.자 이 사건 고소장을 제출한 시점부터 피고들의 불법행위로 인하여 2024. 7. 8.자 피의자 9명에 대한 재정신청서를 작성한 날까지의 대응기간 : 약 3.5개월

㉰ 할인율 1/8적용 (공무원의 하루 정규 근무시간은 약 8시간이나, 원고는 이 사건의 경우 하루 대응 소요시간을 1시간으로 대폭 축소하여 최소한도로 적용하였음)

【산출결과】

㉮ 5,671,819원(월급) × ㉯ 약 3.5개월(이 사건 대응기간) × 1/8 (할인율) = 2,481,420원

- 피고들이 공동으로 원고에게 지급하여야 할 정신적 위자료 : 5,000,000원

(2) 피고 오동운, 피고 윤상혁, 피고 이형열이 이 사건 (추가) 고소장 은폐·폐기처분과 관련, 원고에게 공동으로 지급하여야 할 손해배상금 총액 : 5,212,690 원

《피고들이 공동으로 원고에게 지급하여야 할 손해배상금 212,693원 + 피고들이 공동으로 원고에게 지급하여야 할 정신적 위자료 5,000,000원》

- 피고들이 공동으로 원고에게 지급하여야 할 손해배상금 산정내역

【산출근거】

㉮ 원고가 검찰 퇴직 당시 직급인 검찰수사서기관(4급)의 2024년도 월급 (공안직 28호봉 적용) : 일체 수당을 제외한 순수한 월 급여 5,671,819 원
㉯ 원고가 2024. 6. 10.자 이 사건 (추가) 고소장을 제출한 시점부터 2024. 6. 18.자 이 사건 고소장에 대한 불기소결정서가 허위내용으로 작성되었다는 사실이 확인됨으로써 이 사건 (추가) 고소장 역시 입건조차도 되지 않은 채 폐기 처분되었다는 사실이 확인된 시점까지의 대응기간 : 약 0.3 개월
㉰ 할인율 1/8적용 (공무원의 하루 정규 근무시간은 약 8시간이나, 원고는 이 사건의 경우 하루 대응 소요시간을 1시간으로 대폭 축소하여 최소한도로 적용하였음)

【산출결과】

㉮ 5,671,819원(월급) × ㉯ 약 0.3개월(이 사건 대응기간) × 1/8 (할인율) = 212,693원

- 피고들이 공동으로 원고에게 지급하여야 할 정신적 위자료 : 5,000,000원

입 증 방 법

서증번호	서증명	서증명 위치·장소	비고
갑 제1호증	별권책자〔정치(비리)검사, 대통령 탄핵론〕1권		
갑 제1호증의 1	2021. 10. 5.자 '관피모사건' 고소장	제78~104쪽	
갑 제1호증의 2	2023. 1. 5.자 '임찬용 고소장'	제438~472쪽	
갑 제2호증	2024. 6. 22.자 "윤 대통령은 사건은폐·조작범 오동운 공수처장을 당장 구속 수사하라!!"라는 제하의 KMS 신문기사 1부.		
갑 제2호증의 1	2024. 3. 21.자 이 사건 고소장		
갑 제2호증의 2	2024. 5. 8.자 '고소장 첨부 추가자료 제출' 1부.		
갑 제2호증의 3	2024. 6. 10.자 이 사건 (추가) 고소장		
갑 제2호증의 4	2024. 6. 20.자 형사사법포털 화면 '공수처사건조회' 1부.		
갑 제2호증의 5	2024. 6. 17.자 공수처장 오동운에게 보낸 탄원서		

갑 제2호증의 6	2021. 6. 21.자 공수처장 김진욱 및 공수처검사 김수정에 대한 고소장 1부.		
갑 제2호증의 7	2024. 6. 18. 이성윤 민주당 의원에게 보낸 문자메시지 1부.		
갑 제2호증의 8	2024. 6. 18. 황운하 조국혁신당 원내대표에게 보낸 문자메시지 1부.		
갑 제3호증	2024. 6. 18.자 피의자 이주훈 외 8명에 대한 불기소결정서 1부		
갑 제4호증	2024. 7. 8.자 피의자 이주훈 외 8명에 대한 재정신청서		

첨 부 서 류

1. 위 입증방법
1. 납부서 1통
1. 소장 부본 3통

2024. 7. 11.

원고 임 찬 용 (인)

수원지방법원안양지원 귀중

위 소장에 첨부되어 있는 증거자료들, 즉 ② 2024. 7. 11. 소장 서증(갑1-1), ③ 2024. 7. 11. 소장 서증(갑1-2), ④ 2024. 7. 11. 소장 서증(갑2), ⑤ 2024. 7. 11. 소장 서증(갑2-1), ⑥ 2024. 7. 11. 소장 서증(갑2-2), ⑦ 2024. 7. 11. 소장 서증(갑2-3), ⑧ 2024. 7. 11. 소장 서증(갑2-4), ⑨ 2025. 7. 11. 소장 서증(갑2-5), ⑩ 2024. 7. 11. 소장 서증(갑2-6), ⑪ 2024. 7. 11. 소장 서증(갑2-7), ⑫ 2024. 7. 11. 소장 서증(갑2-8), ⑬ 2024. 7. 11. 소장 서증(갑3), ⑭ 2024. 7. 11. 소장 서증(갑4)의 증거자료에 대해서는 다른 항목 증거자료와 중복 및 이 책자 지면 확보를 위해 각 등재를 생략함

⑮ 2024. 11. 27. 석명준비명령(판사 최복규)

개인정보유출주의 등록자:최복규, 등록일시:2024.11.27 16:23, 출력자:임찬용, 다운로드일시:2025.09.13 09:26

수원지방법원 안양지원

석명준비명령

| 사 건 | 2024가소126262 손해배상(기)
[원고 임찬용 / 피고 오동운 외 2] |

피고1 오동운 (귀하)
피고2 윤상혁 (귀하)
피고3 이형열 (귀하)

소송관계를 분명하게 하기 위하여 다음 사항에 대한 보완을 명합니다. 이에 대한 답변을 적은 준비서면과 필요한 증거를 제출기한까지 제출하시기 바랍니다.
이 명령에 따르지 아니하는 경우에는 주장이나 증거신청이 각하되는 등 불이익을 받을 수 있습니다(민사소송법 제149조 제2항 참조). 제출기한 : 2024. 12. 18.

석명준비사항

피고들은, 원고의 소장 기재 청구취지와 청구원인에 대하여 그 인정여부 등을 구체적으로 밝히기 바랍니다.

2024. 11. 27.

판사 최 복 규

※문의사항 연락처 : 수원지방법원 안양지원 민사소액13단독 법원주사 이언옥
직 통 전 화 : 031-8086-1207. 1241(이행권고)
팩 스 : -

조희대 사법부 해체 483

⑯ 2024. 12. 12. 답변서(피고1 오동운)

개인정보유출주의 제출자:오동운, 제출일시:2024.12.12 13:29, 출력자:임찬용, 다운로드일시:2025.09.13 09:47

답 변 서

사　건　2024가소126262　손해배상(기)
원　고　임찬용
피　고　오동운 외 2

위 사건에 관하여 피고 오동운은 아래와 같이 답변합니다.

청구취지에 대한 답변

1. 원고의 청구를 기각한다.
2. 소송비용은 원고가 부담한다.
라는 판결을 구합니다.

청구원인에 대한 답변

1. 원고 청구의 요지

이 사건 원고 청구의 요지는, 원고가 고위공직자범죄수사처(이하 '공수처'라 합니다)에 고소장을 제출하였는데, 공수처에서 이에 대하여 수사를 진행하지 아니하고, 쓰레기통에 폐기처분 하는 불법행위를 하여, 원고가 정신적 손해를 입었으므로 공수처장인 피고 오동운에게 이에 대한 손해배상을 구한다는 것입니다.

2. 공수처의 사건 처리

공수처는 원고의 고소장 제출에 대하여 정식 사건번호로 입건하여, 수사를 진행한 후 적법하게 불기소 처분을 하였고, 고소장을 폐기처분한 사실이 전혀 없습니다.

원고가 제출한 갑 제2호증의 1(KICS 조회내역) 및 갑 제3호증(불기소이유 통지서)를 살펴보더라도, 공수처는 원고가 접수한 고소장을 2024년 공제 176호로 접수하여 수사를 진행한 후 적법하게 불기소(증거 불충분) 처분을 하였습니다.
[갑 제2호증의 4 및 갑 제3호증 각 이익으로 원용]

갑 제2호증의 4 KICS 조회 화면 출력물 발췌

공수처사건조회

갑 제3호증 불기소결정서 발췌

고위공직자범죄수사처

2024. 6. 18.

사건번호   2024년 공제176호.
제   목   불기소 결정서
  고위공직자범죄수사처 검사 유삼현은 아래와 같이 불기소 결정을 한다.

3. 원고의 고소사건에 대한 수사와 처분은 적법하였습니다.

국민이 공무원의 직무수행에 관하여 불법행위를 원인으로 공무원 개인에게 손해배상을 청구하기 위해서는 당해 공무원이 고의 또는 중과실이 있는 경우에 한정되고, 경과실뿐인 경우에는 손해배상책임을 부담하지 않습니다(대법원 1996. 2. 15. 선고 95다38677 전원합의체 판결 참조).

원고의 고소사건에 대한 공수처의 불기소 처분은 지극히 적법한 처분이었습니다. 원고는 고소인인 원고에 대한 소환조사를 진행하지 않은 것을 수사미진의 이유로 주장하고 있으나, 갑 제3호증 불기소결정서의 내용을 살펴보아도, **원고의 고소 내용이 그 자체로 법리적으로 성립할 수 없다는 충실한 법리검토 끝에 불기소 처분을 하였으므로**, 지극히 적법한 절차에 따른 수사 및 처분이었습니다.

이 사건 원고의 소송과 마찬가지로, 원고는 본인이 제기한 고소 사건에 대하여 불복하기 위한 수단으로서 항고 및 재정신청을 제기하여 절차를 진행하였고, **그 어떤 절차에서도 원고의 주장이 인정된 적이 없습니다.** 심찰과 공수처, 법원(재정신청)에서 반복적으로 원고 주장의 타당성을 인정하지 않았음에도, 원고는 아무런 근거도 없이 원고의 고소에 대한 불기소처분이 부적법하다고 일방적으로 주장하고 있을 뿐입니다.

4. 결론

이상과 같이 원고의 청구는 어느모로 보나 이유 없으므로, 이를 기각하여 주시길 바랍니다.

2024. 12. .

피고 오동운

수원지방법원 안양지원   귀중

⑰ 2024. 12. 14. 준비서면(원고 임찬용)

준 비 서 면

【2024. 12. 12.자 피고 오동운 답변서에 대한 원고의 반박 의견】

[담당재판부 : 민사소액 13단독]

사　　　건 : 2024가소126262 손해배상(기), (이하, '이 사건'이라고 합니다)

원　　　고 : 임찬용
피　　　고 : 오동운

Ⅰ. 피고의 의도적인 답변서 늦장 제출 및 허위내용 답변서 작성 이유

피고는 이 사건 소장의 부본을 송달받은 날부터 30일 이내에 답변서를 제출해야 합니다(「민사소송법」제256조제1항 본문).

또 법원은 피고가 이 사건 답변서를 제출하지 않은 경우 이 사건 청구의 원인이 된 사실을 자백한 것으로 보고 변론 없이 판결할 수 있습니다(「민사소송법」제257조제1항 본문).

이 사건 전자소송 사건진행내용 조회결과에 따르면, 이 사건 소장 부본이 피고에게 2024. 7. 23. 도달된 것으로 확인되고 있으므로, 피고는 늦어도 2024. 8. 23.까지 이 사건 답변서를 담당 재판부에 제출했어야 했습니다.

그런데 피고는 위와 같은 답변서 제출기한 규정을 지키지 않자, 담당 재판부 판사 최복규는 2024. 11. 27. 피고에게 2024. 12. 18.까지 이 사건 답변서를 제출하지 않을 경우 불이익을 주겠다는 석명준비명령을 발하자, 피고는 그때서야 부랴부랴 2024. 12. 12.자 허위내용의 답변서를 담당 재판부에 제출하였습니다.

그렇다면, 피고는 30일 이내에 이 사건 답변서를 자진해서 제출하여야 함에도 불구하고, 담당 재판부로부터 경고성 석명준비명령을 받아본 후 약 130일이 지난 시점에 이르러서야 이 사건 답변서를 제출한 이유는 무엇일까요?

이는 이 사건 소장 및 거기에 첨부된 증거자료들에 의해 피고의 불법행위(이 사건 소장 'Ⅱ-가'항 및 이 사건 소장 'Ⅱ-나'항)가 명명백백하게 확인되고 있기 때문에 이를 부인하는 답변서를 작성할 수 없었기 때문입니다.

또 피고는 왜 초등학생도 알아볼 수 있는 낮은 수준의 허위내용 답변서를 작성하여 이를 제출한 이유는 무엇일까요.

그 이유는 피고가 판·검사들의 비위를 수사할 수 있는 막강한 권력을 가진 현직 공수처장이라는 직분을 십분 활용하여 이 사건 담당재판부에 로비하고 거기에 터 잡아 담당 재판부로 하여금 허위내용의 판결문을 작성하게끔 소송사기 행각을 해보겠다는 마음을 굳혔기 때문입니다.

그렇지 않고서야 최고 법률전문가이자 국가최고 수사기관 공수처의 장인 피고가 자신의 부하 직원이자 이 사건의 또 다른 피고인 윤상혁 공수처검사, 이형열 수사관을 내팽개친 채 자신만 살겠다고 초등학생 마저도 알아볼 수 있는 최고 낮은 수준의 허위내용 답변서를 직접 작성하여 담당 재판부에 제출하여야 할 하등의 이유가 없기 때문입니다.

II. 피고 답변서 기재 내용 및 원고의 반박

1. 피고 답변서 기재내용

가. "2. 공수처의 사건 처리" 항목과 관련,

　　공수처는 원고의 고소장 제출에 대하여 정식 사건번호로 입건하여, 수사를 진행한 후 적법하게 불기소 처분을 하였고, 고소장을 폐기 처분한 사실이 전혀 없습니다.

　　원고가 제출한 갑 제2호증의 4 (kics 조회내역) 및 갑 제3호증(불기소이유 통지서)를 살펴보아도, 공수처는 원고가 접수[189]한 고소장을 2024년 공제 176호로 접수하여 수사를 진행한 후 적절하게 불기소(증거 불충분) 처분을 하였습니다. [갑 제2호증의 4 및 갑 제3호증 각 이익으로 원용]

나. "3. 원고의 고소사건에 대한 수사와 처분은 적법하였습니다." 항목과 관련,

　　첫 번째 문단 : 국민이 공무원의 직무수행에 관하여 불법행위를 원인으로 공무원 개인에게 손해배상을 청구하기 위해서는 당해 공무원이 고의 또는 중과실이 있는 경우에 한정되고, 경과실뿐인 경우에는 손해배상책임을 부담하지 않습니다. (대법원 1996. 2.

---

189) 피고 답변서에는 '접수'라고 기재되어 있으나, 이는 문맥상 오타로 판단되므로 '제출'로 바로 잡습니다.

15. 선고 95다38677 전원합의체 판결 참조)

두 번째 문단 : 원고의 고소사건에 대한 공수처의 불기소 처분은 지극히 적법한 처분이었습니다. 원고는 고소인인 원고에 대한 소환 조사를 진행하지 않는 것을 수사미진의 이유로 주장하고 있으나, 갑 제3호증 불기소결정서의 내용을 살펴보아도, 원고의 고소 내용이 그 자체로 법리적으로 성립할 수 없다는 충실한 법리검토 끝에 불기소 처분을 하였으므로, 지극히 적법한 절차에 따른 수사 및 처분이었습니다.

세 번째 문단 : 이 사건 원고의 소송과 마찬가지로, 원고는 본인이 제기한 고소 사건에 대하여 불복하기 위한 수단으로서 항고 및 재정신청을 제기하여 절차를 진행하였고, 그 어떤 절차에서도 원고의 주장이 인정된 적이 없습니다. 검찰과 공수처, 법원(재정신청)에서 반복적으로 원고 주장의 타당성을 인정하지 않았음에도, 원고는 아무런 근거도 없이 원고의 고소에 대한 불기소처분이 부적법하다고 일방적으로 주장하고 있을 뿐입니다.

2. 위 '1. 피고 답변서 기재내용'에 대한 원고의 반박

가. "2. 공수처의 사건 처리" 항목과 관련,

- 원고는 앞서 잠깐 살펴본 바와 같이 이 사건 소장 및 거기에 첨부된 증거자료들에 의해 피고의 불법행위(이 사건 소장 'Ⅱ-가'항 및 이 사건 소장 'Ⅱ-나'항)를 명명백백하게 입증시켜 왔음에도 불구하고[190], 피고는 이 사건 답변서에서 막무가내로 배 째라는 식의

---

[190] 원고는 피고가 저지른 "가. '이 사건 고소장' 은폐 · 조작수사 불법행위"와 "나. '이 사건 (추가) 고소장' 은폐 · 폐기 불법행위"를 입증시키기 위하여 갑 제1호증에서부터 갑

전면적인 부인으로 일관하고 있습니다.

- 피고의 위와 같은 소송 수행 태도는 이 사건 답변서가 동문서답, 유체이탈 화법을 동원한 알맹이 없는 허위내용으로 작성되었음을 의미합니다.

즉, 피고 답변서 기재내용이 피고 불법행위(이 사건 소장 'Ⅱ-가'항 및 이 사건 소장 'Ⅱ-나'항)를 입증시켜주고 있는 원고 명의의 모든 증거자료에 대하여 제대로 반박조차 하지 못하고 엉뚱한 내용으로 작성되어 있거나 허위내용으로 작성되어 있다면, 피고는 이 사건 담당 재판부를 상대로 소송사기 행각의 죄책을 피할 수 없다고 할 것입니다.

- 좀 더 구체적으로 특정하여 살펴보면, 피고는 이 항목 답변서에서 "원고가 제출한 갑 제2호증의 4(KICS 조회내역) 및 갑 제3호증 (불기소이유 통지서)를 살펴보더라도, 공수처는 원고가 제출한 고소장을 2024년 공제 176호로 접수하여 수사를 진행한 후 적법하게 불기소(증거 불충분) 처분을 하였습니다."라고 기재해 놓고 있습니다.

살펴보건대,

. 첫째, 위 '갑 제2호증의 4(KICS 조회내역)'는 이 사건 소장 입증방법 중의 하나인 원고의 증거자료로서 '2024. 3. 21.자 이 사건

제4호증에 이르기까지 총14개의 증거자료를 제출함과 동시에, 이를 피고에게 송달해 주었으나, 피고는 이 증거자료들 중 단 한 개도 자신의 의견을 제대로 제시하지 않은 채 모두 부인으로 일관하고 있습니다. 이는 피고의 답변서가 허위내용으로 작성되어 있음을 의미합니다. (이 사건 소장에 기재되어 있는 입증방법 참조)

고소장'(갑 제2호증의 1)에 기재된 피의자 이주훈 등 9명의 정치 (비리)검사들에 대한 입건(수리일자 : 2024. 3. 25. 사건번호 : 2024 공제 176호) 및 처분완료 상태만 확인시켜 주고 있을 뿐 이 사건 소장 입증방법 중의 하나인 '2024. 6. 10.자 이 사건(추가) 고소장'(갑 제2호증의 3)에 기재된 피의자 임용규 등 3명의 정치 (비리)검사들에 대한 입건 및 처분완료 상태에 대해서는 전혀 확인되고 있지 않습니다.

즉, 위 '갑 제2호증의 4(KICS 조회내역)'에 기재되어 있는 내용에 의하면, 피고는 '2024. 3. 21.자 이 사건 고소장'(갑 제2호증의 1) 만을 수리(입건)하고, 그 이후 제출된 '2024. 6. 10.자 이 사건 (추가) 고소장'(갑 제2호증의 3)에 대해서는 수리(입건)조차 하지 않은 채 쓰레기통에 폐기처분한 사실이 확인되고 있음에도 불구하고, 이를 전면 부인하는 허위내용의 답변서를 작성해 놓고 있습니다.

특히 피고는 이 사건 답변서에서 원고가 제출한 위 추가 고소장을 쓰레기통에 폐기처분한 사실을 숨기기 위해 위 '갑 제2호증의 4 (KICS 조회내역)'의 기재내용 중 앞쪽 "공수처사건조회"라는 제목 부분만을 복사하여 기재해 놓은 반면, 위 추가 고소장이 수리(입건) 조차 하지 않은 채 폐기처분되었다는 사실을 금방 확인할 수 있는 위 '갑 제2호증의 4(KICS 조회내역)'의 기재내용 중 중간 및 뒤쪽 부분에 대해서는 의도적으로 누락시켜 버렸습니다.

피고의 위와 같은 허위 답변서 기재내용 및 작성방식이 전형적인 소송사기꾼의 수법임에는 틀림없는 사실입니다.

거짓말을 밥 먹듯 해대는 이런 소송사기꾼인 피고가 판·검사의 비리를 척결하고 우리나라 사법정의를 실현시켜야 할 최고의 국가수사기관인 공수처의 장에 앉아 있으면서 평소 굵직한 사건에 대해서는 어김없이 은폐·조작수사를 해왔다고 생각하니 공정과 정의가 도도히 흐르고 살맛나는 대한민국은 아득한 먼 나라로만 보일 뿐입니다.

. 둘째, 피고는 원고가 제출한 '갑 제3호증(불기소이유 통지서)'에 대해서도 적법하게 불기소(증거 불충분) 처분을 하였다고 주장하고 있으나, 이 또한 새빨간 거짓말입니다. 이 점에 대해서는 다음 항목에서 더 자세하게 살펴보겠습니다.

나. "3. 원고의 고소사건에 대한 수사와 처분은 적법하였습니다." 항목과 관련,

- 첫 번째 문단에 대하여,

. 피고는 이 사건과 전혀 들어맞지도 않는 대법원 판례(1996. 2. 15. 선고 95다38677)를 끌고 와 자신의 불법행위에 억지로 꿰맞춰 면책사유 근거로 제시함으로써 사법부를 모독하고 있습니다.

피고의 불법행위는 2021. 10. 5.자 '관피모사건 고소장'[191] 및 이와 관련된 각 사건을 은폐·조작 수사해 왔던 정치(비리)검사 12명에게 형사처벌을 면해 주기 위하여 이 사건 소장 입증방법 중 '이 사건 고소장'(갑 제2호증의 1)에 대해서는 은폐·조작수사를 실시함과

---

[191] 이 '관피모 사건 고소장'에는 수십 년간 변호사법위반과 고도의 사기행각을 해 온 구수회의 범죄사실이 기재되어 있다. 별권책자(갑 제1호증) 제78~104쪽(갑 제1호증의 1)

동시에, 이 사건 소장 입증방법 중 '이 사건 (추가) 고소장'(갑 제2호 증의 3)에 대해서는 입건(수리)조차 하지 아니한 채 쓰레기통에 폐기 처분한 중대 범행을 저질렀습니다.[192]

피고의 위와 같은 불법행위에 대하여 구체적으로 굳이 형사법상 책임을 묻기로 한다면, ① (원고에게 정당한 공수처 수사를 받을 수 있는 권리행사를 방해함으로써) 직권남용권리행사방해죄, (허위내용의 불기소결정서를 작성하고 이를 행사함으로써) 허위공문서작성죄 및 허위작성공문서 행사죄, (이 사건 (추가) 고소장을 접수조차 하지 않고 폐기처분해 버림으로써) 재물손괴죄, 직무유기죄 등 중범죄의 죄책을 피할 수 없습니다.[193]

그런데 원고가 피고의 위와 같은 중대 범행에 대하여 당장 검찰에 고소하여 구속수사를 시키지 못한 이유는 윤석열 대통령부터 사건 은폐·조작을 일삼는 정치(비리)검사 출신인 데다 그의 휘하에 있는 윤석열 정부 검찰 역시 별권 책자(갑 제1호증) 전 지면을 통하여 확인되는 바와 같이 사건은폐·조작수사를 일삼는 검찰조직이어서 피고에 대한 형사책임 추궁을 잠시 보류해 두었던 것입니다.

원고가 오죽했으면 현직 윤석열 대통령을 특정하여 "정치(비리)검사, 대통령 탄핵론"이라는 책자까지 발간하여 그를 탄핵해야 한다고 역사와 국민들에게 외쳐왔겠습니까?

그러나 원고가 위 책자에서 역사와 국민 앞에 예견한 내용대로 조만간

---

[192] 입증방법 : 이 사건 소장 "피고들의 불법행위(손해배상책임의 발생)" 항목 기재내용 (제1~3쪽) 및 거기에 첨부된 각 입증자료 각 참조

[193] 이 사건 소장 중 "Ⅲ. 손해배상책임의 범위, 가. 피고들의 불법행위로 인하여 원고가 입은 손해, (1) 피고들의 원고에 대한 민·형사적 책임"(제3쪽) 참조

윤석열 대통령이 직권남용 및 내란죄 혐의로 탄핵되고, 그동안 선택적 수사를 일삼아 왔던 썩은 검찰 조직이 해체 수준의 개혁으로 탈바꿈 된다면 원고는 반드시 피고의 위와 같은 중대 범행을 고소하여 그에 대한 구속수사 등 형사적 책임을 반드시 물을 예정입니다.

사법정의는 내팽개치고 자신의 자리를 보전하기 위해 썩은 정치권을 상대로 아부해 대는 피고가 공수처장의 직에 버티고 있으니 현직 대통령이 탄핵되고 우리나라가 망해가고 있지 않습니까?[194]

. 위와 같은 사정에 비추어볼 때 이 사건 소장에 기재되어 있는 피고의 불법행위는 위 대법원 판례와는 전혀 관련이 없습니다.

결국 피고는 중대 범죄자라는 자신의 신분을 모면하기 위해 '경과실 뿐인 경우에는 (피해자에게) 손해배상책임을 부담하지 않는다'는 취지의 대법원 판례를 억지로 끌고 와 이 사건 피고 답변서에 제시하였고, 이는 전형적인 법꾸라지 소송수행 태도임은 물론 나아가 담당 재판부를 속여 승소해 보려는 소송사기꾼임은 두말할 나위가 없습니다.

- 두 번째 문단에 대하여,

. 피고는 이 사건 소장에 기재된 피고의 불법행위 ['이 사건 고소장' (갑 제2호증의 1) 은폐 조작수사 범행]와 관련,

---

[194] 검찰개혁을 제대로 이루기 위해서는 부패하고 썩은 정치인도 물갈이되어야 한다고 생각합니다. 이런 취지에서 피고처럼 검찰개혁 반역의 길을 걸어왔던 정치인 전해철 (문재인 정부 당시 국회의원 겸 행안부장관)과 관련된 2024. 8. 26.자 KMS 신문기사 보도내용을 이 사건 증거자료(갑 제5호증)로 제출합니다.

"① 원고의 고소사건에 대한 공수처의 불기소 처분은 지극히 적법한 처분이었습니다.", "② 갑 제3호증 불기소결정서의 내용을 살펴보아도, 원고의 고소 내용이 그 자체로 법리적으로 성립할 수 없다는 충실한 법리검토 끝에 불기소 처분을 하였으므로, 지극히 적법한 절차에 따른 수사 및 처분이었습니다."라고 항변하고 있습니다.

그러나 피고의 위와 같은 항변 내용은 그 근거자료를 전혀 제시하지 않은 채 뜬구름 잡듯 피고의 일방적인 주장만을 강요하다시피 허공에 외쳐대고 있습니다.

과연 이게 우리나라 최고의 국가 수사기관인 공수처장이 할 짓입니까? 지나가는 소가 웃을 일입니다.

공수처장의 직에 있는 피고가 위와 같이 어처구니없는 답변서를 작성할 수밖에 없었던 근본 이유는 2024. 6. 18.경 자신의 부하직원이자 또 다른 피고 윤상혁 공수처검사와 공모하여 피의자 이주훈 등 9명의 정치(비리) 검사들에게 형사처벌을 면할 목적으로 이 사건 소장 증거방법인 '이 사건 고소장'(갑 제2호증의 1)에 대해 단 한 차례의 피의자 소환조사도 없이 허위내용의 불기소결정서(갑 제3호증)을 작성해 버렸기 때문입니다.

. **이를 더 구체적으로 살펴보면,**

.. 피고는 원고가 제출한 이 사건 증거방법인 '이 사건 고소장'(갑 제2호증의 1)에 대한 불기소결정서(갑 제3호증)에 관하여 지극히 적법한 처분이라고 항변하고 있습니다.

.. 그에 반해 원고는 위 불기소결정서에 관하여 '이 사건 고소장'에 대한 수사를 전혀 진행하지 아니한 채 허위내용으로 작성되었다며 이를 입증하기 위해 2024. 7. 8.자 피의자 이주훈 등 9명의 정치(비리) 검사에 대한 재정신청서(갑 제4호증)를 담당 재판부에 제출해 놓고 있습니다.

.. 그렇다면. 피고가 위 ①항 및 ②항의 항변에 대한 정당성을 확보하기 위해서는 공수처검사 윤상혁 명의로 작성된 위 불기소결정서(갑 제3호증)와 이를 반박하고 있는 원고 임찬용 명의로 작성된 위 재정신청서(갑 제4호증)195)를 각각 비교·검토하여 위 2개의 수사서류(위 불기소결정서 및 재정신청서) 중 각 상이한 주장부분에 대하여 과연 어떤 수사서류가 실체적 진실에 부합하고 법리적으로도 타당한지 결론을 내었어야 했습니다.

.. 그러나 불행하게도 피고는 자신의 불법행위가 들통 날까 봐 위 항변에 대한 정당성 확보 절차를 생략해 버린 채 어떠한 근거를 제시하지 아니하고 일방적으로도 독단적으로 "이 사건 고소장(갑 제1호증의 2)'에 대한 공수처의 불기소처분은 지극히 적법하였다"는 허위내용만을 강요하듯이 허공에 외쳐대고 있습니다. 도대체 이게 피고의 소송사기 소송수행태도가 아니고 또 그 무엇이란 말입니까?

- 세 번째 문단에 대하여,

. 피고는 자신 명의로 작성된 이 사건 답변서가 허위내용이 아니라는

---

195) 원고가 작성해 놓은 2024. 7. 8.자 피의자 이주훈 등 9명에 대한 재정신청서(갑 제4호증)에는 이 사건 피고 윤상혁 공수처검사 명의로 작성된 2024. 6. 18.자 불기소결정서가 허위내용으로 작성되어 있다는 사실을 관련 증거자료를 제시해 가면서 철저하게 분석해 놓았음.

사실을 입증하기 위한 방편으로 이 사건 소장 기재내용에 대한 실체적 진실 여부를 밝히는데 직접적인 관련이 없는 아래사항을 주장하고 나섰습니다. 그 주장내용은 다음과 같습니다.

"① 이 사건 원고의 소송과 마찬가지로, 원고는 본인이 제기한 고소 사건에 대하여 불복하기 위한 수단으로서 항고 및 재정신청을 제기하여 절차를 진행하였고, **그 어떤 절차에서도 원고의 주장이 인정된 적이 없습니다.**", "② 검찰과 공수처, 법원(재정신청)에서 반복적으로 원고 주장의 타당성을 인정하지 않았음에도, **원고는 아무런 근거도 없이** 원고의 고소에 대한 불기소처분이 부적법하다고 일방적으로 주장하고 있을 뿐입니다."

. **살펴보건대,**

.. 위 "2, 가" 항목 및 위 "2, 나" 항목 중 첫 번째 문단 및 두 번째 문단에서 살펴본 바와 같이 피고는 이 사건 답변서를 아무런 근거 없이 허위내용으로 작성한 사실이 확인되고 있음에도 불구하고, 오히려 그 사실을 원고에게 뒤집어씌우기 위해 위 ①항 및 ②항을 주장하고 나섰습니다.

그러나 원고의 소장 작성 근거 및 피고의 답변서 작성 근거와 관련된 팩트체크를 해보면,

원고는 자신의 소장에 대한 실체적 진실을 입증하기 위해(또는 피고가 윤상혁 공수처검사와 공모하여 작성한 갑 제3호증인 불기소결정서는 허위내용으로 작성되었다는 사실을 입증하기 위해) 앞서 '주석 3'에서 살펴본 바와 같이 갑 제1호에서부터 제4호까지

총 14개의 증거자료를 이 사건 담당 재판부에 제출해 놓았으나, 피고는 자신의 답변서에 대한 실체적 진실을 입증하기 위해 단 한 개의 증거자료마저도 제출하지 못하고 있습니다.

이는 위 ②항 기재내용인 "**원고는 아무런 근거도 없이** 원고의 고소에 대한 불기소처분이 부적법하다고 일방적으로 주장하고 있을 뿐입니다."라는 피고의 주장내용이 오히려 허위임을 증명하고 있습니다.

원고는 피고의 위와 같은 허위 답변서 기재내용에 대하여 그 의도가 불량하고 소송사기꾼다운 소송수행 태도에 다시금 화가 치밀어 오릅니다.

.. 또 피고는 위 ②항에서 "검찰과 공수처, 법원(재정신청)에서 반복적으로 원고 주장의 타당성을 인정하지 않았다"는 주장을 이 사건 답변서에 기재해 놓고 있습니다.

그러나 피고의 위 주장 역시 전혀 사실이 아닙니다. 그 이유는 피고의 위 주장은 원고가 증거로 제출한 책자〔정치(비리)검사, 대통령 탄핵론', 2023. 12. 15. 발행, 총 511쪽, 갑 제1호증〕를 대충 한번 읽어본다면 허위내용이라는 사실을 금방 확인할 수 있기 때문입니다.

III. 결론

- 윤석열 대통령 탄핵사유 6개를 기재해 놓은 별권책자(갑 제1호증)에서 밝혀진 바와 같이, 정치(비리) 검사 출신 윤석열 대통령의 휘하에 있는 윤석열 정부 검찰은 수십 년간 변호사법위반과 고도의

사기행각을 해오고 있는 구수회의 범죄사실이 담긴 2021. 10. 5.자 '관피모사건 고소장'(별권책자 제78~104쪽)을 비롯한 관련 고소사건들에 대하여 하나도 예외 없이 은폐·조작수사를 실시해 왔습니다. 그 결과 구수회는 치외법권 지위를 누리게 된 반면 우리나라 형사사법시스템은 파괴되고 말았습니다.

- 또 피고는 자신의 부하직원인 공수처검사 윤상혁과 공모하여, 위 '관피모사건 고소장'을 비롯한 관련 고소사건들에 대하여 은폐·조작수사를 실시해 온 피의자 이주훈 등 정치(비리)검사 12명에게 형사처벌을 면해 주기 위하여, ㉮ 이 사건 소장 입증방법 중 '이 사건 고소장'(갑 제2호증의 1)에 대해서는 전혀 수사를 진행하지 않은 채 허위내용의 불기소결정서(갑 제3호증)를 작성하는 수법을 통해 은폐해 버렸고, ㉯ 이 사건 소장 입증방법 중 '이 사건(추가) 고소장' (갑 제2호증의 3)에 대해서는 입건조차 하지 않은 채 쓰레기통에 폐기 처분해 버리는 중대 범행을 저질렀습니다.

따라서 현직 공수처장의 직에 있는 피고는 윤석열 정부 검찰과 더불어 수십 년간 변호사법위반과 고도의 사기행각을 해오고 있는 구수회에게 치외법권 지위를 부여하기 위해 우리나라 형사사법시스템을 파괴해 버리는 공공의 역적이 되어 버렸습니다.

- 그럼에도 불구하고, 피고는 이 사건 답변서에서 자신의 위와 같은 중대 범행인 불법행위를 모면하기 위하여 위 구수회 및 그와 관련된 범죄사실을 은폐·조작 수사한 정치(비리)검사들의 수사결과가 마치 정당한 것처럼 "① 이 사건 원고의 소송과 마찬가지로, 원고는 본인이 제기한 고소 사건에 대하여 불복하기 위한 수단으로서 항고 및 재정신청을 제기하여 절차를 진행하였고, **그 어떤 절차에서도 원고의**

주장이 인정된 적이 없습니다.", "② 검찰과 공수처, 법원(재정신청)에서 반복적으로 원고 주장의 타당성을 인정하지 않았음에도, 원고는 **아무런 근거도 없이** 원고의 고소에 대한 불기소처분이 부적법하다고 일방적으로 주장하고 있을 뿐입니다."라는 허위 주장을 펼치고 있습니다.

- 더더욱 특이하고 놀라운 사실은 위 구수회가 원고를 상대로 제기한 이 사건과 관련된 민사소송(서울중앙지방법원, 2024가단5215651(본소) 손해배상(기)]변론준비과정에서 피고가 주장하는 위 ①항 및 ②항과 동일한 내용의 주장을 펼치고 있다는 것입니다.

이에 원고는 피고와 구수회가 한통속으로 움직이지 않나하는 의구심이 들어 온 몸에 심한 전율을 느꼈습니다.

원고는 이를 입증하기 위해 서울중앙지방법원에서 심리 중에 있는 위 사건과 관련된 '2024. 9. 19.자 피고 임찬용 준비서면'을 이 사건 증거자료(갑 제6호증)[196]로 제출코자 합니다.

2024. 12. 14.

원고 임 찬 용 (인)

---

196) 본 준비서면 중 "Ⅳ. 결론" 기재부분은 이 사건 피고가 주장하는 내용과 일치합니다.

입증서류

1. 2024. 8. 26.자 KMS 신문기사 보도내용 1부. **(갑 제5호증)**
2. 이 사건과 관련사건〔서울중앙지방법원, 2024가단5215651 (본소) 손해배상(기)〕'2024. 9. 19.자 피고 임찬용 준비서면' 1부. **(갑 제6호증)**

수원지방법원안양지원 민사소액 13단독 귀중

⑱ 2024. 12. 14. 준비서면 서증(갑5), (갑6) : 이 책자 지면 부족으로 생략

⑲ 2025. 1. 2. 석명기간연장신청서(피고3 대리인 권영심)

개인정보유출주의 재출자:권영심, 재출일시:2025.01.02 11:54, 출력자:임찬용, 다운로드일시:2025.09.13 11:30

석명기간연장신청서

사 건   수원지방법원 안양지원 2024가소126262 손해배상(기)
원 고   임 찬 용
피 고   오 동 운 외2

위 사건에 관하여 피고3 소송대리인은 2025. 01. 02.에 피고3 으로부터 소송 위임을 받았습니다. 이에 피고3 소송대리인은 본 사건의 2024. 12. 18.로 지정된 답변을 적은 준비서면 제출기한(석명준비명령기한)의 연장신청을 하오니 허가하여 주시기 바랍니다.

조속한 시일 내로 답변을 적은 준비서면을 제출하도록 하겠습니다.

- 첨 부 -

1. 소송위임장

2025. 01. .

피고3 소송대리인
변호사 권 영 심

수원지방법원 민사소액13단독 귀중

⑳ 2025. 1. 2. 석명기간연장신청서 첨부 (피고3 이형열의 소송위임장) : 생략

㉑ 2025. 1. 2. 청구취지 및 청구원인 변경신청서(원고 임찬용)

청구취지 및 청구원인 변경 신청서

사 건 : 2024가소126262 손해배상(기)
원 고 : 임찬용
피 고 : 오동운 외 2인

-변경된 청구취지-

1. 원고에게, 피고 오동운, 윤상혁은 공동하여 금 15,634,660 원, 피고 오동운, 윤상혁, 이형열은 공동하여 금 13,507,720 원 및 이에 대한 이 사건 소장 부본 송달 다음 날로부터 다 갚는 날까지 연 12%의 비율에 의한 금원을 각 지급하라.
2. 소송비용은 피고들의 부담으로 한다.
3. 위 제1항은 가집행 할 수 있다.
라는 판결을 구합니다.

-변경된 청구원인-

I. 당사자 관계

원고는 2024. 3. 21.경 다음 카페인 관청피해자모임(이하, '관피모') 사건 고소장[197] 등을 은폐·조작 수사한 서울서부지방검찰청 검사 이주훈 등 9명에 대한 고소장(이하, '이 사건 고소장')[198] 및 2024. 6.

---

197) 별권책자(갑 제1호증) 제78~104쪽(갑 제1호증의 1)

198) 후술하는 '갑 제2호증의 1'

10.경 수원고등검찰청 검사 임용규 등 3명에 대한 고소장 [이하, '이 사건 (추가) 고소장'] 199)을 고위공직자범죄수사처(이하, '공수처')에 각각 제출하였던 자이고,

피고 오동운은 공수처장, 피고 윤상혁은 공수처검사, 피고 이형열은 공수처 수사관으로서 위 각 사건에 대하여 은폐 · 조작 수사를 실시 하였던 자들입니다.

II. 피고들의 불법행위 (손해배상책임의 발생)200)

가. 피고 오동운, 윤상혁의 '이 사건 고소장' 은폐·조작수사 불법행위

피고들은 우리나라 권력기관 중에서 유일하게 공수처법 규정에 의거 범죄 혐의가 있는 정치(비리)검사들을 수사할 수 있는 권한을 보유 하고 있음은 물론, 그들의 범죄 혐의가 인정될 경우 기소 및 공소유지 권한까지 보유하고 있습니다.

이는 공수처법이 문재인 정부에서 검찰개혁의 일환으로 제정되었기 때문입니다.

그런데 피고들은 2024. 6. 18.경 공수처법 제정 취지를 심각하게 훼손 하면서까지 피의자 이주훈 등 9명의 정치(비리)검사들에게 형사처벌을 면해 주기 위하여 피고 윤상혁 명의로 허위내용의 불기소결정서를 작성

---

199) 후술하는 '갑 제2호증의 3'

200) 이를 입증하는 증거자료로서 2024. 6. 22.자 "윤 대통령은 사건은폐 · 조작범 오동운 공수처장을 당장 구속 수사하라!!"라는 제하의 KMS 신문기사(갑 제2호증) 및 그 첨부 자료(갑 제2호증의 1~8)를 각각 제출합니다.

하는 수법을 통해 이 사건 고소장에 기재된 모든 범죄사실을 은폐해 버렸습니다.201)

이로써 피고들은 이 사건 고소장에 대한 은폐 · 조작수사를 통하여 형사 고소인인 원고에게 엄청난 정신적 충격과 함께 정당한 공수처 수사를 받을 권리행사를 방해하는 등 큰 피해를 입혔습니다.

나. 피고 오동운, 윤상혁, 이형열의 '이 사건 (추가) 고소장' 은폐 · 폐기 불법행위

원고는 2024. 6. 10.경 '임찬용 고소장'202)을 은폐 · 조작 수사한 수원고등검찰청 검사 임용규 등 3명의 정치(비리)검사를 이 사건 피고소인으로 추가하는 (추가) 고소장203)을 작성하여 이를 등기우편을 통해 공수처에 송달하였습니다.204)

그런데 피고들은 2024. 6. 11.경 피의자 임용규 등 3명의 정치(비리)검사들에게 형사처벌을 면해 주기 위하여 '이 사건 (추가) 고소장'을 형사사법포털(KICS)에 정식 입건하여 이 사건 고소장과 함께 수사를 진행하지 아니하고 쓰레기통에 폐기처분하였습니다.205)

---

201) 입증자료 : 2024. 6. 18.자 피의자 이주훈 외 8명에 대한 불기소결정서 1부. (갑 제3호증) 및 2024. 7. 8.자 피의자 이주훈 외 8명에 대한 재정신청서 1부. (갑 제4호증)

202) 별권책자 (갑 제1호증) 제438~472쪽 (갑 제1호증의 2)

203) 갑 제2호증의 3

204) 원고는 이 (추가) 고소장이 공수처에 송달된 사실을 확인하였습니다. 즉, 우체국에서 원고 핸드폰에 "고객님이 고위공직자범죄수사처님께 보내신 등기우편물(등기번호 1494-7011-26366)를 24년 6월 11일 (회사동료) 이아연님께 배달완료 하였습니다." 라고 통보해 주었습니다.

205) 이의 입증자료 : 2024. 6. 20.자 형사사법포털 화면 '공수처사건조회' 1부. (갑 제2호증의 4)

이로써 피고들은 '이 사건 (추가) 고소장'을 정식 입건하여 수사하기는 커녕 쓰레기통에 폐기처분함으로써 형사 고소인인 원고에게 엄청난 정신적 충격과 함께 정당한 공수처 수사를 받을 권리행사를 방해하는 등 큰 피해를 입혔습니다.

III. 손해배상책임의 범위

가. 피고들의 불법행위로 인하여 원고가 입은 손해

(1) 피고들의 원고에 대한 민·형사적 책임

ㅇ 피고들은 원고가 제출한 2024. 3. 21.자 이 사건 고소장 및 2024. 6. 10.자 이 사건 (추가) 고소장에 대해 전혀 수사를 진행하지 않은 채 피의자 12명의 모든 범죄사실을 은폐해 버렸습니다.

ㅇ 심지어 이 사건 (추가) 고소장에 대해서는 피의자들을 입건조차 하지 않은 채 아예 쓰레기통에 폐기처분해 버렸습니다. 이는 공산국가가 아니고서는 도저히 상상할 수 없는 매국행위에 해당합니다.

ㅇ 피고들의 위와 같은 불법 행위들은 형법상 (고소인에게 정당한 공수처 수사를 받을 수 있는 권리행사를 방해함으로써) 직권남용권리행사방해죄, (허위내용의 불기소결정서를 작성하고 이를 행사함으로써) 허위공문서작성죄 및 허위작성공문서 행사죄, (이 사건 (추가) 고소장을 접수조차 하지 않고 폐기처분해 버림으로써) 재물손괴죄, 직무유기죄 등 중범죄의 죄책을 피할 수 없고, **민사적 책임 역시 국가는 물론 범죄피해자인 원고에게도 상상을 초월할 정도의 손해배상금을 지급해야 할 것입니다.**

피고들에게 위와 같이 민·형사상 엄중한 책임을 묻는 이유는, 그들은 국민들로부터 국가수사권을 위임받아 사건을 조작해 대는 정치(비리)검사의 처벌을 통하여 검찰개혁을 완성하고 사법불신을 해소하며 공정과 상식이 지배하는 나라다운 나라를 만들기 위한 마지막 보루로서의 역할을 수행해야 하는 고위공직자범죄수사처 소속 공무원들이기 때문입니다.

(2) 피고들은 수사권을 남용하여 원고의 고소사건을 은폐·조작하거나 입건조차 하지 않은 채 쓰레기통에 폐기 처분해 버림으로써, 원고는 그들의 수사권 오·남용으로 인해 정당한 공수처 수사를 받아야 할 권리 행사를 방해받았습니다.

(3) 또 피고들은 이 사건 고소장 및 이 사건 (추가) 고소장에 피의자들의 범죄사실을 입증하고 있는 명백한 증거자료들이 예외 없이 첨부되어 있음에도 불구하고, 모든 피의자들에게 단 1회의 소환조사마저도 실시하지 아니하고 오로지 은폐·조작수사로 일관하여 오면서 형사법상 치외법권 지위를 부여해 왔고, 그 반면에 피해자이자 고소인인 원고에게는 제대로 된 수사를 실시하겠다는 거짓말을 해가며 인간 이하의 취급을 함으로써 심한 모멸감과 자괴감을 심어주는 등 크나큰 정신적 충격을 안겨 주었습니다.

나. 피고들의 불법행위에 따른 손해배상금 산정내역

원고는 피고들이 자행한 이 사건 고소장에 대한 은폐·조작수사 및 이 사건 (추가) 고소장에 대한 은폐·폐기 처분과 관련하여, 그동안 각 고소장 작성 및 제출, 각 고소장 고소인 보충 진술조서 작성을 위한 '고소인 소환조사' 촉구 및 일정 문의, 공수처에서 요구한 2024. 5. 8.자 '고소장 첨부 추가자료'[206] 작성 및 제출, 피고 윤상혁이 작성한 2024.

---

[206] 갑 제2호증의 2

6. 18.자 허위내용의 불기소결정서에 대응하기 위한 2024. 7. 8.자 재정신청서 작성 및 제출을 하여 왔으며, 특히 수시로 형사사법포털 (KICS) 사이트에 들어가 이 사건 고소장에 대한 수사진행 상황 및 이 사건 (추가) 고소장에 대한 입건 여부를 확인하는 등 한 시도 쉬지 않고 조마조마한 심정으로 시간적 · 육체적 · 정신적 노동력을 집중 투입해 왔습니다.

따라서 피고들은 원고가 피고들의 이 사건 고소장에 대한 은폐 · 조작 수사 및 이 사건 (추가) 고소장에 대한 은폐 · 폐기 처분에 시달려오면서 투입하여 온 정신적 · 육체적 노동력 및 소요시간 등 일체 비용을 손해배상금 명목으로 지급하여야 할 의무가 있다고 할 것입니다.

그런데 피고들은 이 사건 소송 진행과정에서 의도적으로 답변서를 제출하지 않는 등 이 사건 재판을 지연시키고, 거기서 더 나아가 담당 재판부를 상대로 허위내용의 답변서를 작성하여 제출하는 등 소송사기 행각까지 한 사실이 확인되었습니다.

즉, 피고들은 2024. 7. 25. 송달된 바 있는 이 사건 소장 부본 및 거기에 첨부된 증거자료들에 의해 자신들의 불법행위(이 사건 소장 'Ⅱ-가'항 및 이 사건 소장 'Ⅱ-나'항) 사실이 명명백백하게 들통나게 되자, 어떻게 해서든지 이를 모면하기 위하여 담당 재판부를 상대로 이 사건 소송을 의도적으로 지체시킴과 동시에 답변서 등 모든 서면을 허위내용으로 작성하여 이를 제출함으로써 소송사기 행각을 하기로 마음먹었습니다.

이에 따라 피고들은 「민사소송법」 제256조제1항 본문의 규정에 따라 이 사건 소장 부본을 송달받은 날부터 30일 이내에 답변서를 제출하여야 함에도 불구하고, 의도적으로 약 120일이 지나도록 아무런 대응조차 하지 않고 있다가 2024. 11. 27. 판사 최복규 명의로 "2024. 12. 18.까지 원고의 소장 기재 청구취지와 청구원인에 대하여 그 인정여부 등을 구체적으로 밝히지 않을 경우 불이익을 주겠다"는 취지의 경고성 석명준비명령을 송달받고, 그때서야 피고들 중 오동운은 자신 명의로 2024. 12. 12.자 이 사건 답변서를 허위내용으로 작성하여 담당 재판부에 제출하였습니다.

더욱 기막힌 사실은 피고 오동운을 제외한 나머지 피고 윤상혁, 이형일은 위 석명준비명령 이행기간이 훨씬 지난 시점인 2025. 1. 2.에 이르러 소송대리인 권영심 명의로 '석명준비사항'인 답변서가 아닌 '석명기간 연장신청서'를 담당재판부에 제출하였다는 것입니다. 그렇다면, 도대체 답변서는 언제 제출하겠다는 말인가요?

원고는 피고들이 위와 같이 이 사건 소송 진행을 의도적으로 지체시키는 행위는 물론 그들의 소송사기 행각에 효과적으로 대응하기 위해서는 당초 손해배상금 산정내역 산출근거 항목 중 원고의 대응기간을 더 늘려야 할 필요성이 제기됨에 따라 그에 상응한 손해배상금액을 다음과 같이 재산정하기에 이르렀습니다.

이에 터 잡아 피고들이 원고에게 공동으로 지급하여야 할 손해배상금을 산출해 보면 다음과 같습니다.

(1) 피고 오동운, 피고 윤상혁이 이 사건 고소장 은폐·조작수사와 관련, 원고에게 공동으로 지급하여야 할 손해배상금 총액 : 15,634,660 원

《피고들이 공동으로 원고에게 지급하여야 할 손해배상금 10,634,660 원 + 피고들이 공동으로 원고에게 지급하여야 할 정신적 위자료 5,000,000 원》

- 피고들이 공동으로 원고에게 지급하여야 할 손해배상금 산정내역

【산출근거】

㉮ 원고가 검찰 퇴직 당시 직급인 검찰수사서기관(4급)의 2024년도 월급 (공안직 28호봉 적용) : 일체 수당을 제외한 순수한 월 급여 5,671,819 원

㉯ 원고가 2024. 3. 21.자 이 사건 고소장을 제출한 시점부터 피고들의 불법행위로 인하여 이 사건 소장이 제기된 후 제1심 판결이 내려지는 2025. 6. 30.(예정)까지의 대응기간 : 약 15개월

㉰ 할인율 1/8적용 (공무원의 하루 정규 근무시간은 약 8시간이나, 원고는 이 사건의 경우 하루 대응 소요시간을 1시간으로 대폭 축소하여 최소한도로 적용하였음)

【산출결과】

㉮ 5,671,819원(월급) × ㉯ 약 15개월(이 사건 대응기간) × 1/8 (할인율) = 10,634,660원

- 피고들이 공동으로 원고에게 지급하여야 할 정신적 위자료 : 5,000,000원

(2) 피고 오동운, 피고 윤상혁, 피고 이형열이 이 사건 (추가) 고소장 은폐 · 폐기처분과 관련, 원고에게 공동으로 지급하여야 할 손해배상금 총액 : 13,507,720원

《피고들이 공동으로 원고에게 지급하여야 할 손해배상금 8,507,720원 + 피고들이 공동으로 원고에게 지급하여야 할 정신적 위자료 5,000,000원》

- 피고들이 공동으로 원고에게 지급하여야 할 손해배상금 산정내역

【산출근거】

㉮ 원고가 검찰 퇴직 당시 직급인 검찰수사서기관(4급)의 2024년도 월급 (공안직 28호봉 적용) : 일체 수당을 제외한 순수한 월 급여 5,671,819 원

㉯ 원고가 2024. 6. 10.자 이 사건 (추가) 고소장을 제출한 시점부터 피고들의 불법행위로 인하여 이 사건 소장이 제기된 후 제1심 판결이 내려지는 2025. 6. 30.(예정)까지의 대응기간 : 약 12개월

㉰ 할인율 1/8적용 (공무원의 하루 정규 근무시간은 약 8시간이나, 원고는 이 사건의 경우 하루 대응 소요시간을 1시간으로 대폭 축소하여 최소한도로 적용하였음)

【산출결과】

㉮ 5,671,819원(월급) × ㉯ 약 12개월(이 사건 대응기간) × 1/8 (할인율) = 8,507,720원

- **피고들이 공동으로 원고에게 지급하여야 할 정신적 위자료 : 5,000,000원**

입 증 방 법

서증번호	서증명	서증명 위치·장소	비고
갑 제1호증	별권책자〔정치(비리)검사, 대통령 탄핵론〕1권		
갑 제1호증의 1	2021. 10. 5.자 '관피모사건' 고소장	제78~104쪽	
갑 제1호증의 2	2023. 1. 5.자 '임찬용 고소장'	제438~472쪽	
갑 제2호증	2024. 6. 22.자 "윤 대통령은 사건은폐·조작범 오동운 공수처장을 당장 구속 수사하라!!"라는 제하의 KMS 신문기사 1부.		
갑 제2호증의 1	2024. 3. 21.자 이 사건 고소장		
갑 제2호증의 2	2024. 5. 8.자 '고소장 첨부 추가자료 제출' 1부.		
갑 제2호증의 3	2024. 6. 10.자 이 사건 (추가) 고소장		
갑 제2호증의 4	2024. 6. 20.자 형사사법포털 화면 '공수처사건조회' 1부.		
갑 제2호증의 5	2024. 6. 17.자 공수처장 오동운에게 보낸 탄원서		
갑 제2호증의 6	2021. 6. 21.자 공수처장 김진욱 및 공수처검사 김수정에 대한 고소장 1부.		
갑 제2호증의 7	2024. 6. 18. 이성윤 민주당 의원에게 보낸 문자메시지 1부.		
갑 제2호증의 8	2024. 6. 18. 황운하 조국혁신당 원내대표에게 보낸 문자메시지 1부.		
갑 제3호증	2024. 6. 18.자 피의자 이주훈 외 8명에 대한 불기소결정서 1부		

갑 제4호증	2024. 7. 8.자 피의자 이주훈 외 8명에 대한 재정신청서		

첨 부 서 류

1. 위 입증방법
납부서 1통
1. 소장 부본 3통

                    2025. 1. 2.
                원고 임 찬 용 (인)

수원지방법원안양지원 귀중

㉒ 2025. 1. 14. 답변서 (피고3 소송대리인 권영심)

개인정보유출주의 재출자:권영심, 재출일시:2025.01.14 17:50, 출력자:임찬용, 다운로드일시:2025.09.13 11:57

2024가소126262

답 변 서

원 고   임찬용
피 고   이형열 외2

위 당사자간 귀원 2024가소126262 손해배상(기) 청구 사건에 관하여 피고3. 이형열의 소송대리인은 다음과 같이 답변합니다.

- 다   음 -

I. 청구취지에 대한 답변

1. 원고의 피고3.에 대한 청구를 기각한다.

2. 원고와 피고3. 사이에 발생한 소송비용은 원고의 부담으로 한다.

라는 판결을 구합니다.

II. 청구원인에 대한 답변

1. 원고 주장의 요지

원고는, 2024. 6. 10.경 수원고등검찰청 검사 임용규 등 3명에 대한 고소장(이하, '이 사건 추가 고소장'이라 합니다)을 고위공직자범죄 수사처에 등기우편으로 제출하였는데, 피고들은 2024. 6. 11.경 피의자 임용규 등 3명의 정치(비리)검사들에게 형사처벌을 면해주기 위하여 이 사건 추가고소장을 형사사법포털(KICS)에 정식 입건하여 이 사건 고소장과 함께 수사를 진행하지 않고 쓰레기통에 폐기처분 하였고, 이로 인해 원고에게 엄청난 정신적 충격과 함께 정당한 공수처 수사를 받을 권리행사를 방해하는 등의 피해를 입었다. 따라서 피고들은 공동으로 원고에게 재산상 손해배상금 10,634,660원과 위자료 5,000,000원을 지급할 의무가 있다고 주장합니다.

2. 손해배상책임의 발생여부

가. 관련법리

국가배상법 제2조 제1항 본문 및 제2항에 따르면, **공무원이 공무를 수행하는 과정에서 위법행위로 타인에게 손해를 가한 경우**에 국가 등이 손해배상책임을 지는 외에 **그 개인은 고의 또는 중과실이 있는 경우에는 손해배상책임을 지지만 경과실만 있는 경우에는 책임을 면한다**고 해석됩니다. 위 규정의 입법취지는 공무원의 직무상 위법행위로 타인에게 손해를 끼친 경우에는 변제 자력이 충분한 국가 등에 선임, 감독과 과실 여부에 불구하고 손해배상책임을 부담시켜 국민의 재산권을 보장하되, 공무원이 직무를 수행함에 있어 경과실로 타인에게 손해를 입힌 경우에는 그로 인하여 발생한 손해에 대하여 공무원 개인에게 배상책임을 부담시키지 아니하여 공무원의 공무집행의 안정성을 확보하려는 데에 있기 때문입니다. 여기서 공무원의 중과실이란 공무원에게 통상 요구되는 정도의 상당한 주의를 하지 않더라도 약간의 주의를 한다면 손쉽게 위법·유해한 결과를 예견할 수 있는 경우임에도 만연히 이를 간과한 경우와 같이, 거의 고의에 가까운 현저한 주의를 결여한 상태를 의미합니다(대법원 1996. 2. 15. 선고 95다28677 전원합의체 판결, 2014. 4. 24. 선고 2012다36340,36354판결, 2021. 11. 11. 선고 2018다288631판결등).

한편, 어떠한 행정처분이 결과적으로 위법한 것으로 평가될 수 있다 하더라도 그 행정처분이 곧바로 공무원의 고의 또는 과실로 인한 것으로서 불법행위를 구성한다고 단정할 수 없고, 객관적 주의의무를 위반함으로써 그 행정처분이 객관적 정당성을 상실하였다고 인정될 수 있는 정도에 이르러야 국가배상법 제2조가 정한 국가배상 책임의 요건을 충족하였다고 봄이 타당하며, 이 때 객관적 정당성을 상실하였는지 여부는 침해행위가 되는 행정처분의 태양과 목적, 피해자의 관여여부 및 관여정도, 침해된 이익의 종류와 손해의 정도 등 여러 사정을 종합하여 손해의 전보책임을 국가 또는 지방자치단체에 부담시킬 만한 실질적인 이유가 있는지 여부에 의하여 판단하여야 합니다(대법원 2013. 11. 14. 선고 2013다206368판결, 대법원 2000. 5. 12. 선고 99다70600판결 등 참조).

나. 본건의 경우

위와 같은 법리에 본건을 비추어 보면, 원고가 피고3. 이형열에게 본건 손해배상청구를 하려면, 다른 요건사실의 충족여부를 살펴보기 전에 이 사건 추가고소장을 접수 및 관리하는 것이 피고3. 이형열의 직무여야 합니다.

그런데, 피고3. 이형열은 이 사건 추가고소장을 접수 및 관리한 담당자가 아닌 바, 나머지 요건 사실을 살필 필요도 없이 원고의 피고3.에 대한 청구는 이유없다 할 것입니다.

3. 결론

위와 같은 이유로, 원고의 피고3.에 대한 청구를 기각하여 주시기 바랍니다.

2025. 1.

위 피고3.의 소송대리인

변호사 권 영 심

변호사 이 슬

안양지원 민사소액 13단독 귀중

- 4 -

㉓ 2025. 1. 14. 사실조회신청서(공수처), 신청자 : 피고3 대리인 권영심

개인정보유출주의 제출자:권영심, 제출일시:2025.01.14 17:51, 출력자:임찬용, 다운로드일시:2025.09.13 14:16

사실조회신청서

사 건	2024가소126262 손해배상(기) [담당재판부:민사소액13단독]
원 고	임찬용
피 고	오동운 외 2명

위 사건에 관하여 주장사실을 입증하기 위하여 다음과 같이 사실조회를 신청합니다.

사실조회촉탁의 목적

피고3. 이형열이 이 사건 추가고소장의 접수 및 관리 담당자가 아니라는 사실을 입증하고자 함

사실조회기관의 명칭 및 주소

명칭 : 공위공직자범죄수사처
주소 : (13809) 과천시 관문로 47 (중앙동, 정부과천청사) 5동

사실조회사항

1. 기초사실

피고3. 이형열(수사관)은 별첨1. 소장 기재와 같이 원고 임창용이 귀 처에 제출한 별첨2. 이 사건 추가고소장(갑2호증의 3)을 접수하지 않고 폐기처분하였다는 이유로 손해배상청구를 제기받았습니다. 이와 관련하여 피고3.은 이 사건 추가고소장의 접수 및 관리 담당자가 아니라고 주장하고 있는 바, 그 주장사실을 입증하고자 아래와 같은 사실조회를 하고자 합니다.

2. 사실조회 사항
별첨2. 이 사건 추가고소장을 접수하고 관리한 담당자가 피고3. 이형열이 맞는지요?

첨 부 서 류

1. 소장
2. 이 사건 추가고소장

2025.01.14

피고 소송대리인
변호사 권영심

안양지원 귀중

㉔ 2025. 1. 15. 사실조회서(공수처), 판사 최복규

개인정보유출주의 등북자:박서희, 등북일시:2025.01.15 23:59, 올려자:임찬용, 다운로드일시:2025.09.13 14:31

수원지방법원 안양지원
사실조회서

공위공직자범죄수사처 귀하

사　　건　　2024가소126262　　손해배상(기)

원　　고　　임찬용

피　　고　　1.오동운　2.윤상혁　3.이형열

위 사건의 심리를 위하여 민사소송법 제294조에 의거하여 다음 사항을 조회하오니 회보하여 주시기 바랍니다. 빠른 시일 내에 회보서가 도착되도록 배려하여 주시기 바랍니다.

조회사항 : 별지와 같음

※ 회보서에는 당원의 사건번호(2024가소126262)를 반드시 기재하여 주시기 바랍니다.
※ 사실조회회신은 "대법원 전자소송 홈페이지 → 서류제출 → 회신서 등 제출 → 사실조회회신서 선택 → 회신서 파일제출"의 방법으로 할 수 있습니다.

2025. 1. 15.

판　사　　최　복　규

```
※ 문의사항 연락처 : 안양지원 민사소액13단독 법원주사 이언욱
  전화 : 031-8086-1207, 1241(이행권고)
  팩스 : -    e-mail : -
  주소 : 안양시 동안구 관평로212번길 70 수원지방법원안양지원
```

㉕ 2025. 1. 24. 사실조회서(공수처), 판사 최복규

개인정보유출주 등복자:박서희, 등복일시:2025.01.24 23:59, 출력자:임찬용, 다운로드일시:2025.09.13 14:39

수원지방법원 안양지원

사실조회서

고위공직자범죄수사처 귀하

사 건	2024가소126262 손해배상(기)
원 고	임찬용
피 고	1.오동운 2.윤삼혁 3.이형열

위 사건의 심리를 위하여 민사소송법 제294조에 의거하여 다음 사항을 조회하오니 회보하여 주시기 바랍니다. 빠른 시일 내에 회보서가 도착되도록 배려하여 주시기 바랍니다.

조회사항 : 별지와 같음

※ 회보서에는 당원의 사건번호(2024가소126262)를 반드시 기재하여 주시기 바랍니다.
※ 사실조회회신은 "대법원 전자소송 홈페이지 → 서류제출 → 회신서 등 제출 → 사실조회회신서 선택 → 회신서 파일제출"의 방법으로 할 수 있습니다.

2025. 1. 24.

판사   최 복 규

※ 문의사항 연락처 : 안양지원 민사소액13단독 법원주사 이언옥
전화 : 031-8086-1207, 1241(이행권고)
팩스 : -   e-mail : -
주소 : 안양시 동안구 관평로212번길 70 수원지방법원안양지원

㉖ 2025. 3. 14. 준비서면 형식을 취한 답변서(피고2 대리인 송민선)

개인정보유출주의 제출자:법무법인 정세, 제출일시:2025.03.14 17:07, 출력자:임찬용, 다운로드일시:2025.09.13 14:48

준 비 서 면

사 건   2024가소126262 손해배상(기)
원 고   임찬용
피 고   오동운 외 2명

위 사건에 관하여 **피고2 윤상혁**의 소송대리인은 다음과 같이 준비서면을 제출합니다.

다 음

1. 피고 윤상혁에 대한 이 사건 소송 서류 송달 관련

  가. 피고 윤상혁은 2024. 10. 16. 고위공직자범죄수사처로부터 의원면직된 바 있으며, 소송대리인 선임시까지 이 사건 소송서류를 적법하게 송달받은 사실이 없습니다.

   피고 윤상혁은 2024. 10. 16. 고위공직범죄수사처(이하 '공수처'라고만 합니다) 검사의 직에서 의원면직되었습니다. 본건과 관련하여 '나의 사건검색'의 진행 내역을 통해 확인한 바에 따르면, 원고는 이 사건 소를 2024. 7. 11. 접수하였고, 귀원에서 2024. 7. 24. 소장 등 소송서류를 송달하시어 피고 윤상혁이 2024. 7. 25. '사무원(서무계원)'을 통해 송달받은 것으로 기재되어 있으나, **당시 공수처 관계 직원으로부터 이 사건 소송서류를 전달받거나 관련 내용을 전달받은 사실이 없습니다.**

특히, 귀원에서 2024. 11. 27. 석명준비명령등본을 송달하시어, 피고 윤상혁이 2024. 11. 29. 송달받은 것으로 위 '나의 사건검색'의 진행 내역에 기재되어 있으나, **위 시점은 피고 윤상혁이 이미 공수처 검사의 직에서 의원면직된 이후의 시점으로, 위 진행 내역에 기재된 바와 같이 '사무원(서무계원)'을 통해 송달받은 사실이 없습니다.**

다만, 피고 윤상혁은 2024. 12. 19. 공수처로부터 관련 내용을 전달받아 이 사건 소송이 접수된 사실을 처음 인지하게 되었습니다. 이후 공수처 관계자로부터 소송대리인 선임 절차에 대해 안내를 받는 과정에서, '공무원책임보험'등에 절차에 따른 소송대리인 선임이 지연되었고, 원고가 제출한 소송서류 등을 뒤늦게 확인하게 되었습니다.

나. 소결

위와 같은 사정으로 귀 재판부에 구체적인 준비서면에 대한 제출이 지연된 점에 대하여 대단히 송구스러운 말씀을 드리며, 향후 진행되는 변론절차에서 적극 변론하도록 하겠습니다.

2. 원고의 주장 요지 및 피고 윤상혁의 답변 요지

가. 원고 주장 요지

이 사건 손해배상청구와 관련된 청구원인을 살펴보면, 다음과 같은 것으로 이해됩니다. ① 공수처장 피고 오동운과 공수처 검사 윤상혁이 2024. 6. 18. 공동하여 원고가 공수처에 소외 이주훈 외 8명에 대하여 접수하였던 고소 사건(고위공직자범죄수사처 2024년 공제 176호, 이하 '1차 고소사건'이라고 합니다)을 불기소결정하여, 원고가 정당하게 공수처에서 수사를 받을 권리행사를 방해받아 손해가 발생하였다는 것과 ② 원고가 2024. 6. 10. 수원고등검찰청 검사 임용규 등 3명의 검사를 피고소인으로 하는 추가 고소장(이하 '추가 고소사건'이라고 합니다)을 공수처에 등기 우편으로 제출하였는데, 이 사건 피고들이 위 추가 고소장을 2024. 6. 11. 형사사법포털에 정식 입건하지도 않고 1차 고소사건과 함께 수사를 진행하지 아니하여 원고에게 손해가 발생하였다는 것으로 파악됩니다.

나. 피고 윤상혁의 답변 요지

피고 윤상혁은 2024. 6. 18. 1차 고소사건에 대하여 불기소결정한 사실이 있으나, **고소인이 제출한 서류 및 법리를 구체적으로 검토하여 적법하게 결정을 하였습니다.** 특히, 공무원의 직무 집행과 관련된 손해배상책임이 인정되기 위해서는 고의 또는 과실로 '법령을 위반'하여 타인에게 손해를 입힌 경우에 한하는데, **위 불기소결정의 경우 그러한 사정이 전혀 존재하지 않습니다.**

아울러 원고가 2024. 6. 10.에 한 추가 고소사건의 경우, **피고 윤상혁이 2024. 6. 18. 1차 고소사건에 대하여 불기소결정하고 원고에게 그 결과가 통보한 시점까지 피고 윤상혁에게 배당된 사실이 없으며, 앞서 의원면직 시점에 이르기까지도 배당된 사실이 없습니다.** 따라서 원고가 어떤 점을 근거로 피고 윤상혁이 해당 고소장을 은폐하거나 폐기하였다는 것인지 도무지 알 수 없습니다.

3. 피고 윤상혁의 2024. 6. 18.자 불기소결정은 적법합니다.

가. 공무원 개인에 대한 손해배상청구와 관련된 법원의 태도

대법원은 '국가배상법 제2조 제1항 본문 및 제2항의 입법 취지는 공무원의 직무상 위법행위로 타인에게 손해를 끼친 경우에는 변제자력이 충분한 국가 등에게 선임감독상 과실 여부에 불구하고 손해배상책임을 부담시켜 국민의 재산권을 보장하되, **공무원이 직무를 수행함에 있어 경과실로 타인에게 손해를 입힌 경우에는 그 직무수행상 통상 예기할 수 있는 흠이 있는 것에 불과**하므로, 이러한 공무원의 행위는 여전히 국가 등의 기관의 행위로 보아 그로 인하여 발생한 손해에 대한 배상책임도 전적으로 국가 등에만 귀속시키고 공무원 개인에게는 그로 인한 책임을 부담시키지 아니하여 공무원의 공무집행의 안정성을 확보하고, 반면에 **공무원의 위법행위가 고의·중과실에 기한 경우**에는 비록 그 행위가 그의 직무와 관련된 것이라고 하더라도 그와 같은 행위는 그 본질에 있어서 기관행위로서의 품격을 상실하여 국가 등에게 그 책임을 귀속시킬 수 없으므로 공무원 개인에게 불법행위로 인한 손해배상책임을 부담시키되, 다만 이러한 경우에도 그 행위의 외관을 객관적으로 관찰하여 공무원의 직무집행으로 보여질 때에는 피해자인 국민을 두텁게 보호하기 위하여 국가 등이 공무원 개인과 중첩적으로 배상책임을 부담하되 국가 등이 배상책임을 지는 경우에는 공무원 개인에게 구상할 수 있도록 함으로써 궁극적으로 그 책임이 공무원 개인에게 귀속되도록 하려는 것이라고 봄이 합당하다'고 판시하고 있습니다(대법원 1996. 2. 15. 선고 95다38677 전원합의체 판결 참조).

나. 검사의 결정 등에 대한 국가배상책임의 인정여부와 관련된 법원의 태도

법원은 '국가배상법 제2조는 공무원이 직무를 집행하면서 고의 또는 과실로 ' 법령을 위반'하여 타인에게 손해를 입힌 경우에 한하여 국가의 손해배상책임을 인정하고 있으므로, 국가배상책임이 인정되려면 공무원의 직무집행행위로 손해를 입었다는 사정만으로는 부족하고, 그러한 직무집행행위가 위법성이 있다고 인정되어야 한다고 하면서, 검사의 결정과 관련하여 아래와 같이 판시하였습니다.

> **대법원 2001. 6. 29. 선고 99다17302 판결**
>
> 검사가 기소 또는 불기소를 할 경우의 법률 판단은 유일하고 절대적인 해석만이 있는 것이 아니라 이를 행하는 사람에 따라 다양하게 견해가 나뉠 수 있는 작용이고, 인간 능력의 한계를 생각할 때 당해 판단작용이 일반의 법관념상 있을 수 없는 것이어서 위법하다고 평가되려면, **그 처분이 건전한 상식을 가진 일반인 누구에게도 명백히 비상식적인 판단이었다고 인정되는 경우, 즉 경험칙과 논리칙에 비추어 도저히 당해 판단의 합리성을 긍정할 수 없는 일견 명백한 하자가 있는 경우이어야 한다.**

법원의 판결과 관련하여서도, 법관이 행하는 재판사무의 특수성과 그 재판과정의 잘못에 대하여는 따로 불복절차에 의하여 시정될 수 있는 제도적 장치가 마련되어 있는 점 등에 비추어 보면, 법관의 재판에 법령의 규정을 따르지 아니한 잘못이 있다 하더라도 이로써 바로 그 재판상 직무행위가 국가배상법 제2조 제1항에서 말하는 위법한 행위로 되어 국가의 손해배상책임이 발생하는 것이 아니고, 그 국가배상책임이 인정되려면 당해 법관이 위법 또는 부당한 목적을 가지고 재판을 하였다거나 법이 법관의 직무수행상 준수할 것을 요구하고 있는 기준을 현저하게 위반하는 등 법관이 그에게 부여된 권한의 취지에 명백히 어긋나게 이를 행사하였다고 인정할 만한 특별한 사정이 있어야 합니다(대법원 2003. 7. 11. 선고 99다24218 판결 참조).

앞서 본 판례들에 아래의 사정들을 비추어 보면, 원고의 주장은 이유 없습니다.

다. 피고 윤상혁이 2024. 6. 18. 1차 고소사건에 대하여 한 불기소결정에는 명백한 하자가 없습니다.

이 사건 원고의 소제기는 공무원 개인을 피고로 한 손해배상청구입니다. 앞서 말씀드린 대법원 판례에 따르면, 공무원 개인을 피고로 한 손해배상청구는 공무원의 고의 또는 중과실에 의한 경우에 한정됩니다. 특히, 검사의 처분과 관련하여서는, "명백히 비상식적인 판단이었다고 인정되는 경우", "경험칙과 논리칙에 비추어 도저히 당해 판단의 합리성을 긍정할 수 없는 일건 명백한 하자가 있는 경우"여야 합니다.

원고는 1차 고소사건에 대한 불기소결정에 위와 같은 명백한 하자가 존재하는지 여부를 포함하여 어떠한 합당한 이유도 제대로 설시하지 못하고 있습니다.

원고는 검사가 불기소결정을 하는 과정에서 불기소결정서에 본인이 제출한 고소장의 고소사실을 그대로 타이핑하듯 기재하여야 하는 것처럼 주장하나, 피고 윤상혁은 고소인이 제출한 고소장의 고소사실 취지를 요약 및 정리하여 불기소결정서에 기재하였고, 이를 통해서도 원고의 고소 취지가 충분히 확인된다고 할 것입니다.

원고는 위와 같은 방식의 불기소결정서 작성을 아래와 같이 고소장의 은폐·조작이라고 표현하고 있습니다(갑 제3호증 참조). 원고의 주장대로라면, 본인이 이 사건 소장에 기재한 청구원인 사실을 판결서에 그대로 기재하지 않으면 은폐·조작이라고 주장하는 것과 무엇이 다른지 도무지 이해가 되지 않습니다.

<갑 제3호증>

1. 각 피의사실별 인정사실 및 고소인의 주장 요지

가. 피의자 이주훈(서울서부지방검찰청 2022년 형제7553호) 관련

  피의자 이주훈은 2022. 5. 경, 서울서부지방검찰청 검사로서, 고소인이 사건외 구수희로, 직무능력명이용 죽진및정보보호능에관한법률위반담에해등으로 고소한 사건을 기하건진 하이으로서 적관치결규리행사명해, 허위공문서작성, 허위작성공문서행사

  고소인의 사건외 구수희는, 고소할 사건에 대하여, 서울서대문경찰서 소속 사법경찰관 모길식은 2022. 3. 23. 불송치결정처분을 한 사실, 피의자 이주훈은 2022. 5. 경, 고소인의 이의신청에 따라 송치받은 건 사건을 사법경찰관 사실의 불송치결정시 적재 내용을 원용하여 처리결정을 것으로 확인됨.

  고소인은 사법경찰관 모길식이 위 사건을 수사하는 과정에서, 사건외 구수희에 대한 피의자신문 및 참고인진술 실시한 바 없어 소환수사는 진척하지 않고 본 불송치결정을 하여 위 고소회의 변론사실을 은폐하였고, 피의자 이주훈 또한 같은 방법으로 처하진실하여 고소인이 정당하게 검찰의 수사을 받을 수 없게 국리행사를 방해함으로써 직권남용권리행사방해, 허위공문서작성, 허위작성공문서행사죄를 범하였다고 주장함.

또한, 원고는 본인의 고소사건에 대하여 고소인 및 피고소인에 대한 진술조사를 실시하지 않은 사정을 지적하고 있습니다. **형사소송법 및 고위공직자범죄수사처 사건사무규칙에는 수사과정에서 고소인의 진술을 반드시 청취하여야 한다는 규정이 존재하지 않습니다.** 원고가 접수하였던 고소장의 경우 고소장의 기재 내용과 함께 제출하였던 증거서류를 통해서도 고소 취지를 충분히 이해할 수 있

으며, 위 고소장 및 증거서류의 내용에 따르더라도, 1차 고소사건은 피고소인들을 소환하여 진술을 청취하지 않더라도 불기소결정을 할 수 있는 사안이었습니다. 피고 윤상혁은 1차 고소사건에 대하여 충분한 법리 검토를 마치고 불기소결정을 하였는바, 이러한 결정에는 어떠한 명백한 하자도 존재하지 않습니다.

아울러 원고는 피고 윤상혁의 불기소결정 이후 고위공직자범죄수사처 설치 및 운영에 관한 법률에 따라 원고가 법원에 재정신청을 한 바 있고, 이에 대하여 이미 법원의 판단이 이루어진 것으로 알고 있습니다. 그럼에도 불구하고, 검사의 불기소결정에 대하여 본건과 같은 악의적인 주장을 하는 것은 온당치 못하다고 사료됩니다. 이미 **원고는 본인이 공수처에 접수하였던 본건 관련 고소 사건의 피고소인들 상대로 민사소송을 제기하였던 것으로 확인됩니다.** 위 사건의 재판부께서 위 피고소인들이 신청한 담보제공결정 신청에 대하여, 민사소송법 제117조 제1항, 제120조 제1항에 따라 이 사건 원고에게 13,000,000원을 공탁할 것을 명한 바 있사오니, 이를 참작하여 주시기 바랍니다1).

4. 피고 윤상혁은 추가 고소사건을 배당받은 사실이 없습니다.

피고 윤상혁은 1차 고소사건에 대하여 불기소결정을 한 사실이 있으나, 추가 고소사건은 피고 윤상혁이 재직하였던 검사실에서 배당받은 사실이 없습니다. 고위공직자범죄수사처 사건사무규칙에 따르면, 사건관리담당관이 사건을 수리한 때에는 수리입력항목에 따른 사항을 형사사법정보시스템에 입력하도록 되어 있는데, **피고 윤상혁은 1차 고소사건에 대하여 불기소결정을 처분완료하는 시점까지 추가 고소사건을 배당받은 사실이 없습니다.**

---
1) 원고는 2025. 3. 8.자 참고서면을 제출하는 과정에서, 위 소송비용담보제공결정서를 "입증방법5"로 제출하였습니다.

피고 윤상혁은 원고가 무엇을 근거로 본인이 제출하였던 추가 고소장을 은폐하고 폐기하였다는 것인지 이해가 되지 않습니다.

5. 결 론

이상과 같은 내용을 종합적으로 고려하시어, 원고의 청구를 조속히 기각하여 주시기 바랍니다.

2025. 3. 14.

피고 윤상혁의 소송대리인

법무법인 정세

담당변호사 송 민 선

수원지방법원 안양지원 민사소액13단독 귀중

㉗ 2025. 3. 17. 준비서면(원고 임찬용)

개인정보유출주의 제출자:임찬용, 제출일시:2025.03.17 08:56, 출력자:임찬용, 다운로드일시:2025.09.13 15:26

준비서면

사 건	2024가소126262 손해배상(기)
원 고	임찬용
피 고	오동운 외 2명

위 사건에 관하여 다음과 같이 변론을 준비합니다.

다 음

2025. 3. 14.자 피고2 윤상혁의 소송대리인 송민선이 작성한 이 사건 답변서(준비서면)에 대하여,
2025. 3. 17.자 원고의 반박의견을 담은 준비서면

입증방법

갑 제7호증: 2025. 3. 17.자 원고 준비서면(피고2 윤상혁 답변서에 대한 원고의 반박)

2025. 3. 17.

원고 임찬용

㉘ 2025. 3. 17. 원고 준비서면 서증(갑7)

준 비 서 면
【2025. 3. 14.자 피고2 윤상혁 답변서에 대한 원고의 반박 의견】

[담당재판부 : 민사소액 13단독]

사　　건 : 2024가소126262 손해배상(기), (이하, '이 사건'이라고 합니다)

원　　고 : 임찬용
피　　고 : 오동운 외 2명

Ⅰ. 검토 배경

　첫째, 피고2 윤상혁 공수처검사는 이 사건 공동 피고1 오동운 공수처장과 달리 로펌 소속 송민선 변호사를 소송대리인(이하, '피고2 변호인')으로 선임한 후 그로 하여금 이 사건 답변서를 대신 작성토록 하였습니다.

　그렇다면, 피고2 윤상혁이 이 사건 답변서를 직접 작성하지 아니하고 피고2 변호인으로 하여금 대신 작성토록 한 이유를 이 사건 핵심 쟁점 및 성격 등과 관련하여 살펴 볼 필요가 있습니다.

【이 사건의 핵심쟁점】

원고는 2024. 3. 21.경 다음 카페인 관청피해자모임(이하, '관피모') 사건 고소장[207] 등을 은폐 · 조작 수사한 서울서부지방검찰청 검사 이주훈 등 9명에 대한 고소장(이하, '이 사건 고소장')[208] 및 2024. 6. 10.경 수원고등검찰청 검사 임용규 등 3명에 대한 고소장(이하, '이 사건 (추가) 고소장')[209]을 고위공직자범죄수사처(이하, '공수처')에 각각 제출한 바 있습니다.[210]

이 사건 고소장 및 이 사건(추가) 고소장에 등장하고 있는 검찰청 검사 이주훈 등 12명의 검사들은 수십 년간 변호사법위반과 고도의 사기행각을 해오고 있는 주범 구수회의 뒷배로부터 부정한 청탁을 받고 '관피모 사건 고소장' 및 거기서 파생되어 나오는 각 사건 등에 대한 은폐 · 조작수사를 통하여 주범 구수회를 형사법상 치외법권 지위를 누리도록 하여 왔고, 위 이주훈 등 12명 검사들의 사건은폐 · 조작수사 방법은 자신들이 맡은 각 사건에 대하여 허위내용의 불기소결정서 또는 항고기각결정문을 작성하는 수법이었습니다.[211]

또 그 연장선에서 이 사건 공동피고인 윤상혁 공수처검사 및 오동운 공수처장은 위 이주훈 등 12명의 검사들에게 형사처벌을 면해 줌과 동시에 궁극적으로 '관피모 사건'의 은폐를 통하여 주범 구수회는 물론 '관피모

---

[207] 별권책자(갑 제1호증) 제78~104쪽(갑 제1호증의 1)
[208] '갑 제2호증의 1'
[209] '갑 제2호증의 3'
[210] 이 사건 소장 청구원인 중 'Ⅰ. 당사자 관계' (제2쪽) 참조
[211] 이들의 불법행위('관피모 사건' 및 거기서 파생되어 나오는 각 사건에 대한 은폐 · 조작 수사 범죄행위)와 관련, 원고가 수원지방법원 성남지원에 제기한 손해배상 청구의 소의 진행내용에 대해서는 이 사건 전자소송에 등재되어 있는 2025. 3. 6.자 '원고 임찬용 참고서면 및 그 첨부서류', 2025. 3. 8.자 '원고 임찬용 참고서면 및 그 첨부서류' 각 참조

사건'의 배후 세력을 보호하기 위하여 이 사건 고소장에 대하여 피고2 윤상혁 공수처검사 명의로 허위내용의 불기소결정서를 작성한 다음 이를 은폐해 버렸습니다.

따라서 이 사건의 핵심 쟁점은 이 사건 피고1 오동운 공수처장과 피고2 윤상혁 공수처검사가

① 이 사건 고소장 및 이 사건(추가) 고소장에는 피의자 이주훈 등 12명 검사들의 범죄사실을 입증할 수 있는 증거자료들이 겹겹이 특정되어 있음에도 불구하고[212], 왜 피의자들에 대한 소환조사 등 어떠한 수사를 실시하지 아니한 채 허위내용의 불기소결정서를 작성해버린 이유는 무엇인지?

② 이 사건 고소장 및 이 사건(추가) 고소장에 특정되어 있는 증거자료들을 근거로 ㉮ 공수처검사 윤상혁 명의로 작성된 2024. 6. 18.자 피의자 이주훈 외 8명에 대한 불기소결정서와 ㉯ 이 사건 원고 임찬용 명의로 작성된 2024. 7. 8.자 피의자 이주훈 외 8명에 대한 재정신청서 중 어느 수사서류가 실체적 진실에 부합하는지 등에 있습니다.

위와 같은 사정에 비추어 보면, 이 사건의 핵심 쟁점은 너무나도 간단

---

212) 이를 더 구체적으로 살펴보면, 이 사건 고소장 중 ① 피의자 이주훈의 범죄사실을 입증하고 있는 증거자료로는 이 사건 고소장 '주석 10' 및 '주석 11'에서 특정되어 있고, ② 피의자 이정호의 범죄사실을 입증하고 있는 증거자료로는 이 사건 고소장 '주석 12' 및 '주석 13'에서 특정되어 있으며, ③ 피의자 임연진의 범죄사실을 입증하고 있는 증거자료로는 이 사건 고소장 '주석 18' 및 '주석 19'에서 특정되어 있으며, ④ 피의자 정용수의 범죄사실을 입증하고 있는 증거자료로는 이 사건 고소장 '주석 20'에서 특정되어 있으며, ⑤ 피의자 유정현의 범죄사실을 입증하고 있는 증거자료로는 이 사건 고소장 '주석 24' 및 '주석 25'에서 특정되어 있으며, ⑥ 피의자 정성현의 범죄사실을 입증하고 있는 증거자료로는 이 사건 고소장 '주석 29' 및 '주석 30'에서 특정되어 있으며, ⑦ 피의자 이승영의 범죄사실을 입증하고 있는 증거자료로는 이 사건 고소장 '주석 31' 및 '주석 32'에서 특정되어 있으며, ⑧ 피의자 김한나의 범죄사실을 입증하고 있는 증거자료로는 이 사건 고소장 중 '주석36' 및 '주석 37'에서 특정되어 있으며, ⑨ 피의자 허윤희의 범죄사실을 입증하고 있는 증거자료로는 이 사건 고소장 '주석 39' 및 갑 제2호증의 2(2024. 5. 8.자 '고소장 첨부 추가자료 제출')에 특정되어 있습니다.

하고도 명백한 사안으로서 이를 가장 잘 아는 사람은 이 사건 고소장을 직접 수사하고 불기소 결정서를 작성한 피고2 윤상혁 공수처검사임은 두말할 필요가 없습니다.

따라서 피고2 윤상혁은 변호사 선임비용을 지급해가면서 변호인을 선임할 이유가 전혀 없으며 자신의 더 큰 돈을 지급해가면서까지 로펌인 법무법인 정세 소속 변호사를 변호인으로 선임할 이유는 더더욱 없습니다.

【이 사건의 성격】

㉮ 이 사건 고소장 및 이 사건(추가) 고소장에 등장하는 피의자 이주훈 등 12명의 검사들은 궁극적으로 '관피모 사건' 등을 은폐하고 이를 통하여 주범 구수회는 물론 그의 뒤를 봐주는 검찰 고위직 출신 변호사를 보호하기 위해 자신들이 맡은 각 사건에 대하여 허위내용의 불기소결정서 또는 허위내용의 항고기각결정문을 작성하는 수법을 통해 은폐·조작수사를 실시해 왔다는 점

㉯ 이 사건 공동 피고1 오동운 공수처장 및 피고2 윤상혁 공수처검사 역시 위 ㉮항 피의자 이주훈 등 12명의 검사들에 대한 형사처벌을 면해주기 위해 그들과 똑같은 사건은폐 방식을 취해 왔다는 사실 등으로 비추어볼 때

그 동안 우리나라 검찰 및 사법부가 대국민 불신으로 여겨져 왔던 전관예우, 유전무죄·무전유죄, 유권무죄·무권유죄, 법조카르텔이 혼재된 사건의 성격을 갖고 있습니다.

【피고2 윤상혁의 로펌 변호인 선임 및 답변서 대신 작성토록 한 이유】

위에서 살펴본 이 사건 핵심 쟁점 및 성격에 비추어 볼 때,

또 이 사건 공동 피고 중 피고1 오동운 공수처장은 2024. 12. 12. 자신이 직접 답변서를 작성하여 이 사건 담당재판부에 제출하였으나, 이는 2024. 12. 14. 원고 임찬용 준비서면에 의해 100% 허위내용으로 작성되었다는 사실이 확인된 상황에 비추어 볼 때, (입증자료 : 2024. 12. 12.자 피고1 오동운 답변서 및 2024. 12. 14.자 원고 임찬용 준비서면 각 참조)

피고2 윤상혁 공수처검사는 피고1 오동운 공수처장과 마찬가지로 자신의 명의로 허위내용의 답변서를 작성했다가는 이 사건 담당 재판부의 로비를 통한 승소판결은 영원히 물 건너갈 수 있다는 사실을 깨닫고, 이 사건 재판부에 대한 로비 창구로 활용하기 위하여 로펌인 법무법인 정세 소속 변호사 송민선을 변호인으로 선임한 후 그로 하여금 이 사건 답변서를 대신 작성토록 하였다는 의구심을 갖지 않을 수 없습니다.

따라서 피고2 윤상혁은 위와 같은 원고의 의구심을 해소하려는 마음을 조금이라도 갖고 있다면 다음과 같은 사항에 대해 원고에게 직접 석명해 주시기 바랍니다.

① 앞서 '주석 212'에서 살펴본 바와 같이 이 사건 고소장 및 이 사건 (추가) 고소장에 첨부되어 있는 피의자 이주훈 등 검사 12명의 범죄사실을 입증하고 있는 증거자료들이 겹겹이 특정되어 있으므로 피고2 윤상혁 명의로 작성된 2024. 6. 18.자 불기소결정서의 기재내용은 누가 보아도 명백하게 허위내용으로 작성되어 있다는 사실이 입증되고 있는 상황에서, 굳이 변호인을 선임할 필요가 없는데도 불구하고, 로펌인 법무법인 정세 소속 송민선 변호사로 하여금 이 사건 답변서를 허위내용으로 대신 작성토록 하면서까지 변호인으로 선임하여야 할 특별한 이유는 무엇인지?

② 앞서 살펴본 바와 같이 이 사건 성격이 그 동안 대국민 사법 불신으로 여겨져 왔던 전관예우, 유전무죄·무전유죄, 유권무죄·무권유죄, 법조카르텔이 혼재된 상황에서 로펌인 법무법인 정세 소속 송민선 변호사를 변호인으로 선임하게 된 경위 및 변호인 선임비 등에 대한 내역은 어떤지?

혹시 법무법인 정세가 '관피모 사건'의 배후세력이거나 그 배후세력을 돕기 위해 피고2 윤상혁을 무료 변론해 주는 것은 아닌지?

둘째, 피고2 변호인의 이 사건 답변서에 대한 총평

ㅇ 원고는 이 사건의 입증자료로서 갑 제1호증부터 갑 제6호증까지 총 16개의 서증을 제출해 놓고 있으나, 피고2 변호인은 이에 대하여 언급조차 하지 않고 있습니다. 이는 피고2 변호인이 원고가 제출한 모든 증거자료에 대하여 다툼이 없다는 사실을 인정한 셈입니다.

다만, 피고2 변호인은 이 사건 답변서 "2. 원고의 주장 요지 및 피고 윤상혁의 답변 요지" 항목 중 '가. 원고 주장 요지' 항목에서 갑 제2호증의 1 (2024. 3. 21.자 이 사건 고소장), 갑 제2호증의 3 (2024. 6. 10.자 이 사건(추가) 고소장)을 언급하고 있으나, 이는 원고가 제출한 위 2개의 고소장 내용에 대하여 구체적으로 다투겠다는 의미가 아니며 원고의 주장을 설시하는데 사용했을 뿐입니다.

더 나아가 피고2 변호인은 이 사건 답변서 "3. 피고 윤상혁의 2024. 6. 18.자 불기소결정은 적법합니다." 항목 중 '다. 피고 윤상혁이 2024. 6. 18. 1차 고소사건에 대하여 한 불기소결정에는 명백한 하자가 없습니다.' 항목에서는 이 사건 재판부를 상대로 아예 허위내용을 변론함으로써 전형적인 소송사기 행각을 하고 있습니다. 이는 다음 항목 부분에서 좀 더 자세히 살펴보겠습니다.

특히 피고2 변호인은 원고가 이 사건 핵심 쟁점 부분으로서 앞서 '주석 212'에서 살펴본 바와 같이 이 사건 고소장에 피의자 이주훈 등 9명의 검사들의 범죄사실을 입증할 수 있는 증거자료들을 겹겹이 특정해 놓았음에도 불구하고, 이에 대해 전혀 반박하지 못하고 있습니다.

이는 피고2 변호인의 답변서가 100% 허위내용으로 작성되어 있다는 사실을 증명하고 있음은 물론, 이 사건 답변서가 민사소송법 제150조(자백간주) 제1항(당사자가 변론에서 상대방이 주장하는 사실을 명백히 다투지 아니한 때에는 그 사실을 자백한 것으로 본다.)에 전적으로 부합하고 있음을 의미하기도 합니다.

ㅇ 또 피고2 변호인의 답변서에는 피고2 윤상혁의 승소판결을 위해 대법원 판례까지 끌고 와 허위 주장을 펼치고 있으며, 동문서답·유체이탈 화법을 동원하여 원고의 주장이나 증거자료를 근거 없이 폄훼하는 등 궤변으로 일관하고 있습니다.

피고2 변호인은 여기서 한걸음 더 나아가 원고가 제출해 놓은 증거자료들에 대해 사실관계를 왜곡시키는 것도 모자란 나머지 피고2 윤상혁의 중대 범행(이 사건 소장 청구원인)을 숨기기 위해 아예 허위사실을 지어내 이 사건 담당 재판부에 제출하는 등 추악한 소송 수행태도까지 보이고 있습니다.

피고2 변호인의 위와 같은 변론 수행 태도는 변호사법 제24조(품위유지의무 등) 제2항(변호사는 그 직무를 수행할 때에 진실을 은폐하거나 거짓 진술을 하여서는 아니 된다.)을 정면으로 위배하고 있을 뿐만 아니라, 피고2의 승소를 위한 소송 사기행각으로서 형사처벌을 받아 마땅합니다.

Ⅱ. 피고2 변호인의 답변서에 대한 원고의 구체적 반박

【피고2 변호인의 답변서 기재내용】 213)

1. 피고 윤상혁에 대한 이 사건 소송 서류 송달 관련

가. 피고 윤상혁은 2024. 10. 16. 고위공직자범죄수사처로부터 의원 면직된 바 있으며, 소송대리인 선임시까지 이 사건 소송서류를 적법하게 송달받은 사실이 없습니다.

피고 윤상혁은 2024. 10. 16. 고위공직자범죄수사처(이하, '공수처'라고만 합니다) 검사의 직에서 의원면직되었습니다. 본건과 관련하여 '나의 사건검색'의 진행 내역을 통해 확인한 바에 따르면, 원고는 이 사건 소를 2024. 7. 11. 접수하였고, 귀원에서 2024. 7. 24. 소장 등 소송서류를 송달하시어 피고 윤상혁이 2024. 7. 25. '사무원(서무계원)'을 통해 송달받은 것으로 기재되어 있으나, 당시 공수처 관계 직원으로부터 이 사건 소송서류를 전달받거나 관련 내용을 전달받은 사실이 없습니다.

특히, 귀원에서 2024. 11. 27. 석명준비명령등본을 송달하시어, 피고 윤상혁이 2024. 11. 29. 송달받은 것으로 위 '나의 사건검색'의 진행내역에 기재되어 있으나, 위 시점은 피고 윤상혁이 이미 공수처 검사의 직에서 의원면직된 이후의 시점으로, 위 진행 내역에 기재된 바와 같이 '사무원(서무계원)'을 통해 송달받은 사실이 없습니다.

다만, 피고 윤상혁은 2024. 12. 19. 공수처로부터 관련 내용을 전달받아 이 사건 소송이 접수된 사실을 처음 인지하게 되었습니다. 이후 공수처 관계자로부터 소송대리인 선임 절차에 대해 안내를 받는 과정

---

213) 피고2 변호인의 답변서를 이 곳에 그대로 옮겨 적습니다.

에서, '공무원책임보험' 등 절차에 따른 소송대리인 선임이 지연되었고, 원고가 제출한 소송서류 등을 뒤늦게 확인하게 되었습니다.

【원고의 반박 의견】

피고2 변호인은 이 사건 답변서에 대한 의도적인 늑장 제출과 관련, 전혀 근거를 제시하지 아니한 채 그 책임을 오로지 내 탓이 아닌 남 탓으로만 돌리고 있습니다.

즉, 피고2 변호인은 피고2 윤상혁이 이 사건 소장 부본을 2024. 7. 25. '사무원(서무계원)'을 통해 송달받은 것으로 확인되고 있는 상황에서, 약 8개월이 다가오는 시점인 2025. 3. 14. 이르러서야 이 사건 답변서를 제출하게 된 책임 문제와 관련, 피고2 윤상혁의 의도적인 잘못은 전혀 언급하지 아니한 채 오로지 그 책임을 공수처 관계직원에게만 돌리고 있습니다.

살펴보건대,

① 피고2 변호인의 주장대로 피고2 윤상혁이 2024. 10. 16. 공수처로부터 의원면직 되었다고 하더라도, 그 이전인 2024. 7. 25. 이 사건 소장 부본이 피고2 윤상혁과 함께 근무하고 있는 '사무원(서무계원)'에게 송달되었다면, 그 '사무원(서무계원)'이 이 사건 소장 부본을 보관하고 있으면서 약 3개월 지난 시점인 2024. 10. 16. 피고2 윤상혁의 사표가 수리되는 날까지는 물론 그 이후에도 계속 피고2 윤상혁에게 전달하지 않거나 심지어 그와 관련된 내용에 대해서도 단 한마디 전달하지 않는다는 사실이 사회 통념상 전혀 있을 수 없는 일입니다.

② 더군다나, 피고2 변호인은 이 사건 답변서에 "피고2 윤상혁이 2024. 12. 19. 공수처로부터 관련 내용을 전달받아 이 사건 소송이 접수된 사실을 처음 인지하게 되었습니다."라고 기재해 놓고서는 그로부터 약 3개월이 다가오는 2025. 3. 14.에 이르러서야 이 사건 답변서를 늦게 제출한 이유에 대해서는 피고2 윤상혁의 변호인 선임 지연으로 돌리고 있습니다.

그러나 피고2 윤상혁은 변호사 시험에 합격한 법률전문가일 뿐만 아니라, 특히 앞서 살펴본 바와 같이 이 사건 핵심 쟁점은 자신이 직접 작성한 2024. 6. 18.자 피의자 이주훈 외 8명에 대한 불기소 결정서(갑 제3호증)의 허위 여부와 관련되어 있었기 때문에 굳이 변호인을 선임할 하등의 이유가 없었습니다. 이는 피고2 변호인이 주장하고 있는 변호인 선임 지연 문제가 이 사건 답변서 늑장 제출 이유가 될 수 없다는 의미입니다.

피고2 변호인은 위 ①항 및 ②항에 대해 이 사건 담당 재판부를 상대로 허위 주장을 펼침으로써 소송사기 행각을 하고 있는 것입니다.

이는 결국 피고2 윤상혁이 앞서 '주석 212'에서 살펴본 바와 같이, 이 사건 고소장 및 이 사건(추가) 고소장에 첨부되어 있는 피의자 이주훈 등 검사 12명의 범죄사실을 입증하고 있는 증거자료들이 겹겹이 특정 되어 있었으므로 피고2 윤상혁 명의로 작성된 2024. 6. 18.자 불기소 결정서의 기재내용은 누가 보아도 명백하게 허위내용으로 작성되어 있다는 사실이 입증되고 있는 상황에서, 피고1 오동운 공수처장처럼 자신의 명의로 허위내용의 답변서를 직접 작성했다가는 이 사건 담당 재판부의 로비를 통한 승소판결은 영원히 물 건너 갈 수밖에 없음을 깨닫고, 어떻게 해서든지 이 사건 재판부에 대한 로비 창구 역할을 확보 하기 위해 로펌인 법무법인 정세 소속 변호사 송민선을 자신의 변호인으로 선임하였을 개연성이 점점 짙어지고 있습니다.

【피고2 변호인의 답변서 기재내용】

나. 소결

위와 같은 사정으로 귀 재판부에 구체적인 준비서면에 대한 제출이 지연된 점에 대하여 대단히 송구스러운 말씀을 드리며, 향후 진행되는 변론절차에서 적극 변론하도록 하겠습니다.

【원고의 반박 의견】

이 사건 전자소송 '진행내용' 기재내용과 원고가 담당 재판부에 제출한 각 증거자료들을 종합해 보면, 피고2 윤상혁은 이 사건 핵심 쟁점 사안을 가장 잘 알고 있는 위치에 있는 데다, 그 핵심 쟁점 사안 역시 가장 단순하고도 명백하여 변호인 선임이 전혀 필요 없는 상황에서, 자신이 직접 작성한 2024. 6. 18.자 피의자 이주훈 외 8명에 대한 불기소결정서(갑 제3호증)가 앞서 '주석 212'에서 살펴본 바와 같이 이 사건 고소장에 첨부된 피의자 이주훈 외 8명의 범죄사실을 입증하고 있는 증거자료들이 겹겹이 특정되어 있는 관계로 위 불기소결정서 기재내용이 허위내용으로 작성되어 있다는 사실이 금방 탄로 날 것이 두려워 이 사건 소장 부분을 2024. 7. 25. 자신의 부하직원이라고 할 수 있는 '사무원(서무계원)'을 통해 송달받은 이래로 2024. 11. 27.자 이 사건 재판부 판사 최복규 명의의 석명준비명령까지 어겨가면서까지 이 사건 답변서 한 장을 제출하지 못하고 있다가, 약 8개월이 다가오는 시점인 2025. 3. 14.에 이르러 앞서 '주석 212'에서 살펴 본 이 사건 핵심 쟁점에 대해서는 전혀 다투지 못함은 물론 100% 허위내용으로 작성된 이 사건 답변서를 자신의 변호인 송민선 명의로 제출한 사실이 명명백백하게 확인되고 있습니다.

따라서 이 사건 담당 재판부에서는 로펌인 법무법인 정세 소속 변호사 송민선을 변호인으로 선임한 후 그를 통하여 소송사기 행각을 펼치고 있는 피고2 윤상혁에 대해 민사소송법 제257조 제1항 및 제150조 제1항에 의거 변론 없이 원고에게 100% 승소판결을 내려주시기 바랍니다.

【피고2 변호인의 답변서 기재내용】

2. 원고의 주장 요지 및 피고 윤상혁의 답변 요지

가. 원고 주장 요지

이 사건 손해배상청구와 관련된 청구원인을 살펴보면, 다음과 같은 것으로 이해됩니다. ① 공수처장 피고 오동운과 공수처검사 윤상혁이 2024. 6. 18. 공동하여 원고가 공수처에 소외 이주훈 외 8명에 대하여 접수하였던 고소 사건 (고위공직자범죄수사처 2024년 공제 176호, 이하 '1차 고소사건'이라고 합니다)을 불기소결정하여, 원고가 정당하게 공수처에서 수사를 받을 권리행사를 방해받아 손해가 발생하였다는 것과, ② 원고가 2024. 6. 10. 수원고등검찰청 검사 임용규 등 3명의 검사를 피고소인으로 하는 추가 고소장 (이하, '추가 고소사건'이라고 합니다)을 공수처에 등기 우편으로 제출하였는데, 이 사건 피고들이 위 추가 고소장을 2024. 6. 11. 형사사법포털에 정식 입건하지도 않고 1차 고소사건과 함께 수사를 진행하지 아니하여 원고에게 손해가 발생하였다는 것으로 파악됩니다.

【원고의 반박 의견】

 피고2 변호인의 사건을 은폐 · 조작하는 수법이 참으로 놀랍고 무섭습니다. 원고는 피고2 변호인 역시 피고2 윤상혁이 쓰던 방식 그대로 '원고의 주장 요지' 핵심부분을 허위내용으로 작성해 놓았다는 사실에 경악을 금치 못하겠습니다. 이는 이 사건 답변서의 실제 작성자가 피고2 윤상혁이고, 다만 이 사건 담당 재판부에는 피고2 변호인의 명의로 제출한 개연성이 충분하다는 사실을 증명하고도 남음이 있습니다.

 원고는 약 28년간 검찰 조직에 몸담아 오면서 수많은 수사기록과 재판기록을 접해 왔지만, 아무리 사건 은폐 · 조작에 능숙한 검사나 판사라고 하더라도 검사의 불기소결정서상 고소장 기재부분이나 고소인의 주장 부분을 의도적으로 허위내용으로 기재해 놓거나 판사의 판결문상 인정되는 사실 부분을 의도적으로 허위내용으로 기재해 놓은 사실을 전혀 발견할 수 없었습니다.

 살펴보건대,

 원고는 2024. 7. 8.자 재정신청서(갑 제4호증)에서, 피고2 윤상혁이 2024. 6. 18.자 피의자 이주훈 외 8명에 대한 불기소결정서 "1. 각 피의사실별 인정사실 및 고소인의 주장 요지" 항목에서 '고소인의 주장 요지' 중 가장 핵심부분을 누락시키는 수법을 통해 '고소인의 주장 요지'를 허위내용으로 만들어 버렸다는 사실을 지적한 바 있습니다.[214]

 그런데 더욱 놀라운 사실은 피고2 변호인 역시 피고2 윤상혁이 쓰던 방식 그대로 위 '가. 원고 주장 요지'를 허위내용으로 기재해 놓았습

---

214) 갑 제4호증, 2024. 7. 8.자 원고가 제출한 재정신청서 제7쪽 이하 참조

니다.

즉, 피고2 변호인은 위 '가. 원고 주장 요지'에서, "① 공수처장 피고 오동운과 공수처검사 윤상혁이 2024. 6. 18. 공동하여 원고가 공수처에 소외 이주훈 외 8명에 대하여 접수하였던 제1차 고소 사건을 불기소결정 하여, 원고가 정당하게 공수처에서 수사를 받을 권리행사를 방해받아 손해가 발생하였다는 것과"라고 기재해 놓고 있습니다.

그러나 원고는 이 사건 피고들이 제1차 고소사건을 불기소결정하여 손해가 발생하였다고 주장해 오고 있는 것이 절대 아니며, "이 사건 피고들이 이 사건 고소장에는 피의자 이주훈 외 8명의 범죄사실을 입증하고 있는 증거자료들이 겹겹이 특정되어 있음에도 불구하고, 피의자에 대한 소환조사 등 어떠한 수사를 진행하지 않은 채 허위내용의 불기소결정서를 작성하는 수법을 통해 이 사건 고소장을 은폐해 버리는 바람에 공수처로부터 정당한 수사를 받을 권리행사를 방해받은 손해가 발생하였다'는 취지의 주장을 해오고 있는 것입니다.

【피고2 변호인의 답변서 기재내용】

나. 피고 윤상혁의 답변 요지

(1) 피고 윤상혁은 2024. 6. 18.. 1차 고소사건에 대하여 불기소 결정한 사실이 있으나, <u>고소인이 제출한 서류 및 법리를 구체적으로 검토하여 적법하게 결정을 하였습니다.</u> 특히, 공무원의 직무 집행과 관련된 손해배상책임이 인정되기 위해서는 고의 또는 과실로 '법령을 위반'하여 타인에게 손해를 입힌 경우에 한하는데, <u>위 불기소결정의 경우 그러한 사정이 전혀 존재하지 않습니다.</u>

(2) 아울러 원고가 2024. 6. 10.에 한 추가 고소사건의 경우, 피고 윤상혁이 2024. 6. 18. 1차 고소사건에 대하여 불기소결정하고 원고에게 그 결과가 통보한 시점까지 피고 윤상혁에게 배당된 사실이 없으며, 앞서 의원면직 시점에 이르기까지도 배당된 사실이 없습니다. 따라서 원고가 어떤 점을 근거로 피고 윤상혁이 해당 고소장을 은폐하거나 폐기하였다는 것인지 도무지 알 수 없습니다.

【원고의 반박 의견】

- 위 '나, (1)항'과 관련,

. 피고2 변호인이 전혀 근거를 제시하지 아니하고 위와 같이 허위사실로 답변하는 태도는 변호사법 제24조(품위유지의무 등) 제2항(변호사는 그 직무를 수행할 때에 진실을 은폐하거나 거짓 진술을 하여서는 아니 된다.)을 정면으로 위배하고 있을 뿐만 아니라, 피고2의 승소를 위한 소송 사기행각으로서 형사처벌을 받아 마땅합니다.

. 피고2 윤상혁이 작성한 2024. 6. 18.자 피의자 이주훈 외 8명에 대한 불기소결정서는 피의자들에게 형사처벌을 면해 주기 위해 전혀 수사를 진행하지 않은 채 100% 허위내용으로 작성되었다는 사실을 입증하고 있는 증거자료들은 차고 넘칩니다. 그 대표적인 증거자료들을 특정해 보면, 앞서 살펴본 '주석 212에서 특정한 증거자료들과 더불어 원고가 2024. 7. 8.자 피의자 이주훈 외 8명에 대한 재정신청서(갑 제4호증)를 이 사건 재판부에 제출한 바 있으니 이를 각각 참조해 주시기 바랍니다.

- 위 '나, (2)항'과 관련,

. 피고2 변호인은 피고2 윤상혁의 이 항목에 대한 불법 행위에 대하여 어떠한 근거를 제시하지 않은 채 동문서답·유체이탈 화법을 동원한 부인으로만 일관하고 있습니다.

피고2 윤상혁이 이 사건(추가) 고소장을 정식 입건하여 이 사건 고소장에 병합 처리하지 아니하고 쓰레기통에 폐기처분한 범죄행위와 관련, 피고2 변호인은 이를 아무런 근거 없이 막무가내로 부인만 할 것이 아니라, 그 부인에 대한 입증책임 역시 피고2 윤상혁에게 있음을 인식하시기 바랍니다.

. 특히, 피고2 변호인은 이 사건 답변서에 "원고가 어떤 점을 근거로 피고 윤상혁이 해당 고소장을 은폐하거나 폐기하였다는 것인지 도무지 알 수 없습니다"라고 기재해 놓고 있습니다.

그러나 원고는 2024. 7. 11.자 이 사건 소장 '주석 8' 항목에서 "원고는 이 (추가) 고소장이 공수처에 송달된 사실을 확인하였습니다. 즉, 우체국에서 원고 핸드폰에 '고객님이 고위공직자범죄수사처님께 보내신 등기우편물(등기번호 1494-7011-26366)를 24년 6월 11일 (회사동료) 이아연님께 배달완료 하였습니다.'라고 통보해 주었습니다."라고 기재해 놓았으며, 2024. 6. 10.자 이 사건 (추가) 고소장(갑 제2호증의 3) '주석 1' 항목에서 "이 (추가) 고소장은 2024. 6. 10. 현재 윤상혁 수사처검사가 수사 중인 2024공제176호 사건에 대한 추가 고소내용입니다. 따라서 이 (추가) 고소장을 윤상혁 수사처검사가 수사 중인 2024공제176호 사건과 병합해 주시기 바랍니다."라고 기재해 놓았습니다.

따라서 피고2 변호인이 이 사건 답변서에 동문서답·유체이탈 화법을 동원한 "원고가 어떤 점을 근거로 피고 윤상혁이 해당 고소장을 은폐하거나 폐기하였다는 것인지 도무지 알 수 없습니다"라고 기재해 놓은 내용은 허위라는 사실이 확인되었습니다.

【피고2 변호인의 답변서 기재내용】

3. 피고 윤상혁의 2024. 6. 18.자 불기소결정은 적법합니다.

가. 공무원 개인에 대한 손해배상청구와 관련된 법원의 태도
- 대법원 1996. 2. 15. 선고 95다38677 전원합의체 판결 소개

나. 검사의 결정 등에 대한 국가배상책임의 인정여부와 관련된 법원의 태도
- 대법원 2001. 6. 29. 선고 99다17302 판결, 대법원 2003. 7. 11. 선고 99다24218 판결 각 소개

【원고의 반박 의견】

- 이 사건은 피고2 윤상혁 공수처검사가 피고1 오동운 공수처장과 공동하여, 이 사건 고소장 및 이 사건(추가) 고소장에 기재되어 있는 피의자 이주훈 등 12명의 검사들에 대하여 형사처벌을 면해 주기 위해 이 사건 고소장에 대해서는 전혀 수사하지 않은 채 허위 내용의 불기소결정서를 작성하는 수법을 통해 은폐해 버렸고, 이 사건 (추가) 고소장에 대해서는 정식 입건조차 하지 않은 채 쓰레기통에 폐기처분해 버린 중대 범행을 저지른 사안으로서,

피고2 변호인이 소개하고 있는 위 대법원 판례 취지에 100% 적용이

가능하고도 남음이 있습니다.

- 그럼에도 피고2 변호인은 피고2 윤상혁이 이 사건과 관련하여 어떠한 잘못을 저지른 사실이 없다며 위 대법원 판례에 적용되어서는 안 된다는 억지 주장을 펼치고 있습니다.

【피고2 변호인의 답변서 기재내용】

다. 피고 윤상혁이 2024. 6. 18. 1차 고소사건에 대하여 한 불기소결정에는 명백한 하자가 없습니다.

(1) 이 사건 원고의 소 제기는 공무원 개인을 피고로 한 손해배상청구입니다. 앞서 말씀드린 대법원 판례에 따르면, 공무원 개인을 피고로 한 손해배상청구는 공무원의 고의 또는 중과실에 의한 경우에 한정됩니다. 특히, 검사의 처분과 관련하여서는, "명백히 비상식적인 판단이었다고 인정되는 경우", "경험칙과 논리칙에 비추어 도저히 당해 판단의 합리성을 긍정할 수 없는 일견 명백한 하자가 있는 경우"여야 합니다.

원고는 1차 고소사건에 대한 불기소결정에 위와 같은 명백한 하자가 존재하는지 여부를 포함하여 어떠한 합당한 이유도 제대로 설시하지 못하고 있습니다.

【원고의 반박 의견】

- 피고2 변호인은 원고의 주장에 대한 자신의 반박 논리가 부족한 탓인지 피고2 윤상혁의 승소판결을 위해서라면 더욱 더 노골적으로 이 사건에 100% 적용가능한 대법원 판례를 왜곡함은 물론, 아무런

근거를 제시하지 않은 채 막무가내로 모두가 백돌이라고 인식하고 있는데도 흑돌이라고 윽박지르면서 이 사건과 관련된 피고2 윤상혁의 중대 범행을 부인으로 일관하고 있고, 심지어 원고가 주장하지 않았던 내용마저도 거리낌 없이 허위로 꾸며대며 이 사건에 대한 실체적 진실을 전면 부인하고 있습니다.

더군다나 피고2 변호인은 위와 같이 이 사건 답변서를 작성하면서 자신의 변명이나 주장을 입증할 수 있는 증거자료를 단 한 건도 제출한 적이 없으며, 오로지 원고가 제출한 증거자료를 무시하면서 거짓진술과 근거 없는 부인으로만 일관하고 있습니다.

- **살펴보건대,**

. 피고2 변호인은 공무원 개인을 피고로 한 손해배상청구와 관련된 위 대법원 판례와 관련하여, 피고2 윤상혁이 1차 고소사건 불기소 결정서에는 명백한 하자가 없기 때문에 위 대법원 판례가 적용해서는 안 된다는 취지로 주장하고 있으나, 이는 새빨간 거짓말입니다.

그 이유는 피고2 윤상혁이 피고1 오동운과 공동하여, 피의자 이주훈 등 12명의 검사들에게 형사처벌을 면해 주기 위해 이 사건 고소장에 대해서는 전혀 수사하지 않은 채 허위내용의 불기소결정서를 작성하는 수법을 통해 은폐해 버렸고, 이 사건(추가) 고소장에 대해서는 정식 입건조차 하지 않은 채 쓰레기통에 폐기처분해 버린 중대 범행을 저지른 중대 범죄자 신분이기 때문입니다. [**입증자료 : 2024. 7. 11.자 이 사건 소장 및 거기에 첨부된 수많은 증거자료들, 2024. 3. 21.자 이 사건 고소장 및 거기에 첨부된 수많은 증거자료들(갑 제2호증의 1), 2024. 6. 10.자 이 사건(추가) 고소장 및 거기에 첨부된 수많은 증거자료들(갑 제2호증의 3), 2024. 7. 8.자 피의자**

이주훈 외 8명에 대한 재정신청서 및 거기에 첨부된 수많은 증거자료들(갑 제4호증)]

. 또 피고2 변호인은 "원고는 1차 고소사건에 대한 불기소결정에 위와 같은 명백한 하자가 존재하는지 여부를 포함하여 어떠한 합당한 이유도 제대로 설시하지 못하고 있습니다."라고 주장하고 있으나, 이 또한 새빨간 거짓말입니다. [입증자료 : 2024. 7. 11.자 이 사건 소장 및 거기에 첨부된 수많은 증거자료들, 2024. 3. 21.자 이 사건 고소장 및 거기에 첨부된 수많은 증거자료들(갑 제2호증의 1), 2024. 6. 10.자 이 사건(추가) 고소장 및 거기에 첨부된 수많은 증거자료들(갑 제2호증의 3), 2024. 7. 8.자 피의자 이주훈 외 8명에 대한 재정신청서 및 거기에 첨부된 수많은 증거자료들(갑 제4호증)]

그 이유는 앞서 살펴본 바와 같이 피고2 윤상혁은 피고1 오동운과 공동으로 중대 범행을 저지른 중대 범죄자이기 때문입니다.

【피고2 변호인의 답변서 기재내용】

(2) 원고는 검사가 불기소결정을 하는 과정에서 불기소결정서에 본인이 제출한 고소장의 고소사실을 그대로 타이핑하듯 기재하여야 하는 것처럼 주장하나, 피고 윤상혁은 고소인이 제출한 고소장의 고소사실 취지를 요약 및 정리하여 불기소 결정서에 기재하였고, 이를 통해서도 원고의 고소 취지가 충분히 확인된다고 할 것입니다.

원고는 위와 같은 방식의 불기소결정서 작성을 아래와 같이 고소장의 은폐·조작이라고 표현하고 있습니다(갑 제3호증 참조). 원고의 주장대로라면, 본인이 이 사건 소장에 기재한 청구원인 사실을 판결서에 그대로 기재하지 않으면 은폐·조작이라고 주장하는 것과 무엇이 다른지 도무지 이해가 되지 않습니다.

【원고의 반박의견】

- 피고2 변호인은 원고의 주장에 대한 자신의 반박 논리가 부족한 탓인지 피고2 윤상혁의 승소판결을 위해서라면 더욱 더 노골적으로 아무런 근거를 제시하지 않은 채 막무가내로 모두가 백돌이라고 인식하고 있는데도 흑돌이라고 윽박지르면서 이 사건과 관련된 피고2 윤상혁의 중대 범행을 부인으로 일관하고 있고, 심지어 원고가 주장하지 않았던 내용마저도 거리낌 없이 허위로 꾸며대며 이 사건 사실관계를 왜곡하고 있습니다.

피고2 변호인은 위와 같이 이 사건 답변서를 작성하면서 자신의 변명이나 주장을 입증할 수 있는 증거자료를 단 한 건도 제출한 적이 없으며, 오로지 원고가 제출한 증거자료를 무시하면서 거짓 진술과 근거 없는 부인으로만 일관하고 있습니다.

- **살펴보건대,**

. 피고2 변호인이 이 사건 답변서에 기재해 놓은 위 (2)항의 내용들은 100% 새빨간 거짓말입니다.

피고2 변호인은 원고가 이 사건 담당 재판부에 제출해 놓은 수많은 증거자료들에 대해 사실관계를 왜곡시키는 것도 모자란 나머지 피고2 윤상혁의 중대 범행(이 사건 소장 청구원인)을 숨기기 위해 아예 대놓고 허위사실을 만들어내 이 사건 담당 재판부에 제출한 소송 수행태도는 명백한 소송 사기 행위이며 반드시 법적 조치가 뒤따라야 한다고 생각합니다.

. 원고는 피고2 변호인이 이 사건 답변서에 기재해 놓은 위 (2)항의 내용들이 100% 새빨간 거짓말이라는 사실을 입증하기 위하여 2024. 7. 8.자 피의자 이주훈 외 8명에 대한 재정신청서(갑 제4호증) 제7~9쪽 기재부분을 다음과 같이 그대로 이 곳에 옮겨 적습니다.

- 다 음 -

『II. 이 사건 불기소결정서에 대한 허위 내용 고찰

1. 이 사건 불기소결정서 중 "1. 각 피의사실별 인정사실" 항목 기재부분과 관련하여,

가. 공수처검사가 각 피의자 중요 범죄사실(피의사실)을 의도적으로 누락시킨 현황

공수처검사는 이 사건 불기소결정서 중 "1. 각 피의사실별 인정사실 및 고소인의 주장 요지" 항목 기재내용과 관련, 이 사건 고소장에 기재된 각 피의자의 중요 범죄사실(피의사실)을 의도적으로 누락시켜 불법성을 제거한 다음, 이를 근거로 각 피의자에게 형사처벌을 면할 수 있게끔 이 사건 불기소결정서를 허위내용으로 작성해 버렸습니다.

이를 구체적으로 살펴보면 다음과 같습니다.

공수처검사가 이 사건 불기소결정서 제1항에 기재해 놓은 내용은 고소인이 작성한 이 사건 고소장 중 각 피의자들의 범죄사실(피의사실)을 요약해 놓은 것입니다.

그런데 공수처검사는 이 사건 피의자들에게 형사처벌을 면해 주기

위해 이 사건 불기소결정서 중 제1항 항목에서 각 피의자 범죄사실(피의사실)의 중요부분을 의도적으로 누락시켰습니다.

- 위 '1. 각 피의사실별 인정사실' 중 '가. 피의자 이주훈'과 관련,

공수처검사는 이 사건 불기소결정서에서,

(가) "○ 고소인이 사건외 구수회를 고소한 사건에 대하여, **서울서대문경찰서 소속 사법경찰관 문경석은 2022. 3. 22. 불송치결정(각하)을 한 사실,** 피의자 이주훈은 2022. 5. 27. 고소인의 이의신청에 따라 송치받은 위 사건을 사법경찰관 작성의 불송치결정서 기재 내용을 원용하여 각하 결정한 것으로 확인된다."라고 기재해 놓고 있습니다.

그런데 고소인이 작성한 이 사건 고소장의 기재내용을 살펴보면,

(나) "사법경찰관 문경석은 '관피모 사건'을 수사하면서 피의자 구수회에게 계좌추적 및 형사처벌을 면해 주기 위하여 단 한차례 소환조사도 실시하지 않은 채 2022. 3. 22.경 **'피의자 구수회에 대한 불송치(각하) 결정서'를 허위내용으로 작성하는 수법을 통해 구수회의 모든 범죄사실을 은폐해 버렸습니다.**215)"라고 기재해 놓고 있습니다.

살펴보건대,

공수처검사가 작성한 위 (가)항 기재내용과 고소인이 작성한 위 (나)항

---

215) 이 사건 고소장 '주석 10'에서는 이를 입증하는 증거자료까지 특정하여 제시하고 있습니다.

기재내용을 살펴보면, 공수처검사는 당초 고소인이 작성한 위 (나)항 범죄사실 중 사법경찰관 문경석이 저지른 불법내용, 이를테면 '**피의자 구수회에 대한 불송치(각하) 결정서를 허위내용으로 작성하는 수법을 통해 구수회의 모든 범죄사실을 은폐해 버렸습니다.**'라는 중요 범죄사실(피의사실)을 의도적으로 누락시킨 사실을 확인할 수 있습니다.

즉, 공수처검사는 자신의 명의로 작성한 이 사건 불기소결정서에서, 사법경찰관 문경석이 저지른 중요 범죄사실(피의사실)을 의도적으로 누락시킨 결과,

고소인이 작성한 이 사건 고소장에서는 사법경찰관 문경석은 물론 사법경찰관 문경석이 작성한 허위내용의 불송치결정서를 그대로 원용한 이 사건 피의자 이주훈 역시 (고소인에게 정당한 검찰수사를 받을 권리행사를 방해함으로써) 직권남용권리행사방해죄, (구수회에 대한 허위내용의 불기소결정서를 작성하고 이를 행사함으로써) 허위공문서작성죄 및 허위작성공문서행사죄를 각각 저지른 중대 범죄자의 신분이었으나 공수처검사가 작성한 이 사건 불기소결정서에서는 사법경찰관 문경석은 물론 이 사건 피의자 이주훈 역시 눈 깜작할 사이에 중대 범죄자의 신분에서 벗어날 수 있었습니다.

공수처검사가 이 사건 불기소결정서를 작성하면서 이 사건 고소장에 기재되어 있는 중요 범죄사실까지 의도적으로 누락시켜 이를 이 사건 피의자들에 대한 혐의없음(증거불충분) 결정에 근거자료로 활용하였다니, 이 사건 은폐·조작수법이 감히 상상을 할 수 없을 만큼 추악하고도 비겁하기 그지없습니다.

아무리 이 사건 피의자들에게 형사처벌을 면해 주기 위해 허위내용의

불기소결정서를 작성할 수밖에 없는 급박한 사정이 있었다고 치더라도, 고소인이 제출한 이 사건 고소장에 기재된 범죄사실(피의사실)까지 조작해 버릴 줄이야 어느 누가 상상이나 했겠습니까?

한마디로 말하면, 고소인은 공수처검사에게 이 사건 피의자들을 처벌해 달라며 범죄사실을 기재한 고소장을 제출했는데, 공수처검사는 그에 대한 수사는 전혀 하지 않은 채 오히려 고소장의 범죄사실(피의사실)을 임의대로 뜯어 고쳐 죄가 없는 것으로 만든 다음 고소인을 무고죄로 처벌하겠다며 우격다짐을 하는 형국입니다. 이게 법치주의 국가에서 있을 수 있는 일입니까?

공수처검사의 위와 같은 추악하고도 비겁하기 그지없는 이 사건 은폐·조작수법은 앞서 살펴본 피의자 이주훈 뿐만 아니라 그 나머지 8명의 피의자 전원에 대하여도 다음과 같이 똑같은 방법으로 이루어지고 있습니다. 이를 계속 검토해 나가겠습니다.』

【피고2 변호인의 답변서 기재내용】

(3) 또한, 원고는 본인의 고소사건에 대하여 고소인 및 피고소인에 대한 진술조사를 실시하지 않는 사정을 지적하고 있습니다. <u>형사소송법 및 고위공직자범죄수사처 사건사무규칙에는 수사과정에서 고소인의 진술을 반드시 청취하여야 한다는 규정이 존재하지 않습니다. 원고가 접수하였던 고소장의 경우 고소장의 기재내용과 함께 제출하였던 증거서류를 통해서도 고소 취지를 충분히 이해할 수 있으며, 위 고소장 및 증거서류의 내용에 따르더라도, 1차 고소사건은 피고소인들을 소환하여 진술을 청취하지 않더라도 불기소결정을 할 수 있는 사안이었습니다.</u> 피고 윤상혁은

1차 고소사건에 대하여 충분한 법리 검토를 마치고 불기소결정을 하였는 바, 이러한 결정에는 어떠한 명백한 하자도 존재하지 않습니다.

아울러 원고는 피고 윤상혁의 불기소결정 이후 고위공직자범죄수사처 설치 및 운영에 관한 법률에 따라 원고가 법원에 재정신청을 한 바 있고, 이에 대하여 이미 법원의 판단이 이루어진 것으로 알고 있습니다. 그럼에도 불구하고, 검사의 불기소결정에 대하여 본건과 같은 악의적인 주장을 하는 것은 온당치 못하다고 사료됩니다. 이미 <u>원고는 본인이 공수처에 접수하였던 본건 관련 고소 사건의 피고소인들 상대로 민사소송을 제기하였던 것으로 확인됩니다.</u> 위 사건의 재판부께서 위 피고소인들이 신청한 (소송비용) 담보제공결정 신청에 대하여, 민사소송법 제117조 제1항, 제120조 제1항에 따라 이 사건 원고에게 13,000,000원을 공탁할 것을 명한 바 있사오니, 이를 참작하여 주시기 바랍니다 .(원고는 2025. 3. 8.자 참고서면을 제출하는 과정에서, 위 소송비용담보제공결정서를 '입증방법 5'로 제출하였습니다.)

【원고의 반박 의견】

- 피고2 변호인은 원고의 주장 및 증거자료 제시에 대한 자신의 반박 논리가 부족한 탓인지 피고2 윤상혁의 승소판결을 위해서라면 더욱 더 노골적으로 아무런 근거를 제시하지 않은 채 막무가내로 모두가 백돌이라고 인식하고 있는데도 흑돌이라고 윽박지르면서 이 사건과 관련된 피고2 윤상혁의 중대 범행을 부인으로 일관하고 있고, 심지어 원고가 주장하지 않았던 내용마저도 거리낌 없이 허위로 꾸며대며 이 사건 실체관계를 왜곡하고 있습니다.

- 살펴보건대,

　　피고2 변호인이 이 사건 답변서에 기재해 놓은 위 (3)항의 내용들은 모두가 100% 새빨간 거짓말입니다.
　　이를 더 세부적으로 살펴보면,

. 피고2 변호인은 "위 고소장 및 증거서류의 내용에 따르더라도, 1차 고소사건은 피고소인들을 소환하여 진술을 청취하지 않더라도 불기소 결정을 할 수 있는 사안이었습니다"라고 기재해 놓고 있으나, 이는 새빨간 거짓말입니다.

　　그 이유는 앞서 '주석 212'에서 살펴본 바와 같이, 피고2 변호인이 지칭하는 1차 고소사건 고소장에는 피의자 이주훈 등 검사 9명의 범죄사실을 입증하고 있는 증거자료들이 겹겹이 특정되어 있었기 때문입니다.

. 또 피고2 변호인은 "원고는 피고 윤상혁의 불기소결정 이후 법원에 재정신청을 한 바 있고, 이에 대하여 이미 법원의 판단이 이루어졌음에도 본건과 같은 악의적인 주장을 하는 것은 온당치 못하다"는 취지의 주장을 펼치고 있으나, 이 또한 사실관계를 왜곡한 허위 주장에 불과합니다.

　　그 이유는 형사법상 재정신청 인용율이 최근 10년 평균 0%대로서 이미 사문화된 지 오래된 데다, 원고의 재정신청이 법원으로부터 인용되지 않았다는 핑계로 1차 고소사건에 대한 허위내용의 불기소 결정서를 작성한 피고2 윤상혁의 중대범죄 행위가 사라진 것은 아니기 때문입니다.

.. 또 피고2 변호인은 "원고는 본인이 공수처에 접수하였던 본건 관련 고소 사건의 피고소인들 상대로 민사소송을 제기하였던 것으로 확인된다.(수원지방법원 성남지원 2024가단231123)"며 위 사건의 재판부가 민사소송법 제117조 제1항, 제120조 제1항에 따라 이 사건 원고에게 1,300만원을 공탁할 것을 명한 바 있으니, 이 사건 재판부에서도 이를 참작해 달라는 취지의 글을 이 사건 답변서에 기재해 놓고 있습니다.

.. 이를 좀 더 세부적으로 들어가 살펴보면,

.. 원고는 피고2 변호인이 무슨 의도로 위와 같은 취지의 글을 이 사건 답변서에 기재해 놓고 있는지 정확하게 알 수는 없으나, 분명한 사실은 피고2 윤상혁에게는 도움을 주고 원고 임찬용에게는 불이익을 주기 위해 작성해 놓은 것은 분명합니다. 그 이유는 피고2 변호인은 피고2 윤상혁의 소송대리인인 데다, 지금까지 100% 허위사실을 들먹이며 피고2 윤상혁을 변론해 왔기 때문입니다.

.. 그러나 피고2 변호인의 위와 같은 의도는 번지수를 짚어도 한참 잘못 짚은 것으로 보입니다. 원고는 위 성남법원 사건 수행과정에서 허위내용의 소송비용담보제공결정서를 작성하여 원고에게 1,300만원을 공탁하라고 명령을 내린 판사 박상언에 대해서는 대법원장에게 법관 파면 및 공수처에 구속수사 조치의뢰를 해 놓은 상태입니다. 이는 원고가 추구하는 사법정의 실현 (유전무죄·무전유죄, 유권무죄·무권유죄, 전관예우, 법조카르텔 등에 대한 청산)을 위한 첫발에 불과합니다.
이 사건 소 제기 역시 피고2 윤상혁에게 손해배상금을 받기 위한 목적이 아니며, 큰 틀에서 보면 판·검사들의 사건 은폐·조작에 철

퇴를 가하고 전관변호사를 포함한 법조카르텔의 청산을 통해 사법정의를 실현해 보겠다는 원고의 큰 포부가 담겨 있습니다. 원고는 약 28년의 검찰 퇴직 이후 이 일을 10년 이상 해오고 있습니다.

피고2 변호인 역시 허위 내용으로 이 사건 답변서를 작성하는 등 실체적 진실에 바탕을 두지 않는 변호사 생활을 계속 해간다면 조만간 원고의 청산 대상 표적이 될 수 있으니 조심하시기 바랍니다.

【피고2 변호인의 답변서 기재내용】

4. 피고 윤상혁은 추가 고소사건을 배당받은 사실이 없습니다.

피고 윤상혁은 1차 고소사건에 대하여 불기소결정을 한 사실이 있으나, 추가 고소사건은 피고 윤상혁이 재직하였던 검사실에서 배당받은 사실이 없습니다. 고위공직자범죄수사처 사건사무규칙에 따르면, 사건관리담당관이 사건을 수리한 때에는 수리입력항목에 따른 사항을 형사사법정보시스템에 입력하도록 되어 있는데, <u>피고 윤상혁은 1차 고소사건에 대하여 불기소결정을 처분완료하는 시점까지 추가 고소사건을 배당받은 사실이 없습니다.</u> 피고 윤상혁은 원고가 무엇을 근거로 본인이 제출하였던 추가 고소장을 은폐하고 폐기하였다는 것인지 이해가 되지 않습니다.

【원고의 반박 의견】

. 피고2 변호인은 피고2 윤상혁이 이 사건 (추가) 고소장을 정식 입건하여 이 사건 고소장에 병합 처리하지 아니하고 쓰레기통에 폐기 처분한 범죄행위와 관련, 이를 아무런 근거 없이 막무가내로 부인만 할 것이 아니라, 그 부인에 대한 입증책임 역시 피고2 윤상혁에게 있음을 인식하시기 바랍니다.

특히, 피고2 변호인은 이 사건 답변서에 "원고가 어떤 점을 근거로 피고 윤상혁이 해당 고소장을 은폐하거나 폐기하였다는 것인지 도무지 알 수 없습니다"라고 기재해 놓고 있습니다.

그러나 원고는 2024. 7. 11.자 이 사건 소장 '주석 8' 항목에서 "원고는 이 (추가) 고소장이 공수처에 송달된 사실을 확인하였습니다. 즉, 우체국에서 원고 핸드폰에 '고객님이 고위공직자범죄수사처님께 보내신 등기우편물(등기번호 1494-7011-26366)를 24년 6월 11일 (회사동료) 이아연님께 배달완료 하였습니다.'라고 통보해 주었습니다."라고 기재해 놓았으며, 2024. 6. 10.자 이 사건 (추가) 고소장 (갑 제2호증의 3) '주석 1' 항목에서 "이 (추가) 고소장은 2024. 6. 10. 현재 윤상혁 수사처검사가 수사 중인 2024공제176호 사건에 대한 추가 고소내용입니다. **따라서 이 (추가) 고소장을 윤상혁 수사처검사가 수사 중인 2024공제176호 사건과 병합해 주시기 바랍니다.**"라고 기재해 놓았습니다.

따라서 피고2 변호인이 이 사건 답변서에 동문서답·유제이탈 화법을 동원한 "원고가 어떤 점을 근거로 피고 윤상혁이 해당 고소장을 은폐하거나 폐기하였다는 것인지 도무지 알 수 없습니다"라고 기재해 놓은 내용은 허위라는 사실이 확인되었습니다.

【피고2 변호인의 답변서 기재내용】

5. 결론
이상과 같은 내용을 종합적으로 고려하시어, 원고의 청구를 조속히 기각하여 주시기 바랍니다.

【원고의 반박 의견】

원고는 피고2 윤상혁을 위한 피고2 변호인 송민선의 이 사건 답변서 기재내용이 이미 살펴본 바와 같이 머리끝에서 발끝까지 100% 허위내용으로 작성되어 있음을 확인하였습니다.

이는 피고2 윤상혁이 원고가 이 준비서면 앞부분에서 주장한 것처럼 피고2 변호인 송민선을 선임한 이유가 이 사건 담당 재판부에 로비 창구로 활용하기 위한 목적이라는 사실이 입증되었음을 의미합니다.

그러나 피고2 윤상혁은 피고2 변호인의 로비를 통한 이 사건 승소 판결 기대를 접으시기 바랍니다.

그 내용은 차츰 알게 될 것이기 때문입니다.

이 사건 담당 재판부에서는 위와 같은 사정을 두루 살핌과 동시에 피고2 윤상혁이 이 사건 소장 부본을 송달받은 후 아무런 이유 없이 약 8개월이라는 기나긴 기간 동안 이 사건 답변서를 제출하지 않았다는 점, 그리고 피고2 변호인이 작성한 이 사건 답변서 기재 내용 역시 100% 허위내용으로 작성되어 있는 데다, 이 사건 핵심 쟁점부분으로서 이 준비서면 '주석 212'에 기재된 피의자 이주훈 외 9명의 범죄사실을 입증하고 있는 증거자료들이 겹겹이 특정되어 있음에도 불구하고 이에 대해 전혀 다투고 있지 않다는 점을 감안하여 피고 2 윤상혁에 대해 민사소송법 제257조 제1항 및 제150조 제1항에 의거 변론 없이 원고에게 100% 승소판결을 내려주시기 바랍니다.

2025. 3. 17.

원고 임 찬 용 (인)

수원지방법원안양지원 민사소액 13단독 귀중

㉙ 2025. 3. 29. 구석명신청서 (대상자 : 피고3 이형열, 신청자 : 원고 임찬용)

구석명신청서

【담당재판부 : 민사소액 13단독】

사　　건 :　2024가소126262 손해배상(기), (이하, '이 사건'이라고 합니다)

원　　고 :　임찬용
피　　고 :　오동운 외 2명

【구석명신청 대상자】 피고3 이형열 (소송대리인 권영심)

【사실관계 정리】

. 이 사건 전자소송에 기재된 '진행내용'에 따르면,

.. 이 사건 소장 부본이 2024. 7. 24. 피고3 이형열에게 송달된 것으로 확인되고 있습니다.

.. 그런데 피고3 이형열은 민사소송법 제256조 제1항에 의거 30일 이내에 답변서를 제출하여야 함에도 불구하고 이를 지키지 아니하고 의도적으로 재판을 지연시키려는 태도를 보이자, 판사 최복규는 피고3 이형열에게 이 사건 소장 부본을 송달받은 지 약 4개월이 지난 시점인 2024. 11. 27.에 이르러 "이 사건 답변서를 2024.

12. 18.까지 제출하라"는 취지의 석명준비명령(도과기간확인)까지 발동하기에 이르렀습니다.

.. 그러나 피고3 이형열은 위 석명준비명령마저도 어겨가며 답변서를 제출하지 않고 있다가 한참 이후인 2025. 1. 2.에 이르러 변호사 권영심을 소송대리인으로 선임함과 동시에, 소송대리인 권영심 명의로 답변서가 아닌 석명기간연장신청서를 이 사건 담당 재판부에 제출하였습니다.

.. 또 피고3 소송대리인 권영심 역시 이 사건 소장 부본을 송달받은 지 무려 6개월이 다가오는 시점인 2025. 1. 14.에 이르러서야 이 사건 답변서를 늑장 제출하면서, 그 답변서 기재내용에는 아무런 근거나 증거자료를 제시하지 아니한 채 **"피고3 이형열은 이 사건 추가고소장을 접수 및 관리한 담당자가 아니다"**며 이 사건 청구원인을 전면 부인함과 동시에, 이 사건 담당 재판부를 통하여 "이 사건 추가고소장 접수 및 관리 담당자를 확인해 달라"는 취지의 사실조회를 공수처에 의뢰하였으나, 공수처는 이를 의도적으로 회피하고 있습니다.

. **원고가 이 사건 소장에 피고3 이형열을 특정하게 된 경위**

원고는 2024. 6. 10.경 '이 사건 (추가) 고소장'을 공수처에 등기속달로 붙인 다음, 약 일주일이 지난 시점에도 kics 형사사법포털상 피의자 임용규 등 3명의 검사들이 추가 입건이 되지 않는 사실을 확인하고 그 진행상황을 알아보기 위해 공수처에 전화를 걸어 교환원에게 "제가 추가 고소장을 우편으로 발송하였는데 그 진행상황을 알아보고 싶다. 추가 고소장을 접수하여 배당까지 한 담당 직원을 바꿔 달라"고 요청하였더니, 그 교환원은 담당 직원과는 직접 통화

할 수 없고, 민원인과의 통화 내용을 직접 전달해 주겠다며 담당 직원과의 통화 연결을 거절하였습니다.

이에 원고는 "나중에 추가 고소장 처리와 관련하여 법적 문제가 발생할 경우 그 책임을 물어야 하는데, 고소장 접수 및 주임검사에게 배당을 담당하는 직원이 누구냐"라고 물어보았더니, 교환원이 이마저도 보안사항이라며 알려주지 않고 머뭇거리기에, 원고가 소리를 고래고래 지르며 지금 당장 공수처에 쳐들어가겠다며 화를 벌컥 내자, 교환원은 마지못해 "공수처에서 사건 접수 및 주임검사에게 배당을 담당한 직원은 '수사관 이형열'입니다."라고 대답해 준 사실이 있습니다.

. 피고3 이형열과 관련된 이 사건의 핵심쟁점

이 사건 소장 기재내용 및 위 답변서 기재내용에서 살펴본 바와 같이, 피고3 이형열과 관련된 핵심 쟁점은 '이 사건 (추가) 고소장'에 대한 접수 및 주임검사에게 배당을 담당한 직원은 피고3 이형열이 맞는지, 그렇지 않으면 다른 직원인지의 여부입니다. 그만큼 설명이 필요 없는 아주 간단하고도 명백한 사안입니다.

실제로 앞서 살펴본 바와 같이 피고3 이형열의 소송대리인 권영심 명의의 답변서에서도 "피고3 이형열은 이 사건 추가고소장을 접수 및 관리한 담당자가 아니다"는 단 한 줄이 고작이었습니다.

【구석명 신청 요청 내용】

- 피고3 이형렬과 관련된 이 사건의 핵심쟁점은 앞서 살펴본 바와

같이 아주 간단하고도 명백한 사안이기 때문에 전혀 법률적 도움이 필요 없음에도 불구하고 굳이 변호사를 소송대리인으로 선임한 이유는 무엇인가요?

- 피고3 이형열은 이 사건 소장 부본이 2024. 7. 24. 피고3 이형렬에게 송달된 이래로 2024. 11. 27. 판사 최복규가 석명준비명령을 내리기까지 약 4개월간 답변서를 제출하지 않았던 이유는 무엇인가요?

- 또 피고3 이형열은 2024. 11. 27. 판사 최복규 명의의 석명준비명령을 통하여 "2024. 12. 18.까지 답변서를 제출하라"는 지시를 받았음에도 불구하고, 소송대리인 권영심 명의로 달랑 **"피고3 이형열은 이 사건 추가고소장을 접수 및 관리한 담당자가 아니다"**는 단 한 줄의 답변서를 제출하는 마당에 위 지시를 어겨가며 2025. 1. 14.에 이르러서야 답변서를 제출한 이유는 무엇인가요?

- 또 피고3 이형열은 답변서 기재내용과 관련, **"피고3 이형열은 이 사건 추가고소장을 접수 및 관리한 담당자가 아니다"**는 사실을 입증하기 위해서는 당시 공수처 업무분장표 등 관련 자료를 제출하면 간단하게 해결되는 일을 가지고, 굳이 이를 확인받기 위하여 이 사건 담당재판부를 통하여 공수처에 사실조회를 한 이유는 무엇인가요?

지금이라도 당시 이 사건 (추가) 고소장 접수 및 주임검사에게 배당하는 담당자가 피고3 이형열이 아니고 다른 직원이었다면, 그 직원을 특정할 수 있는 업무분장표 등 관련 자료를 제출할 수 있는가요?

【본건 구석명신청의 필요성】

- 피고3 이형열은 2025. 1. 14. 소송대리인 권영심 명의로 사실조회 기관을 공수처로 하는 **"피고3 이형열은 이 사건 추가고소장을 접수 및 관리한 담당자가 아니다"**는 사실을 입증하기 위해 사실조회신청서를 이 사건 담당재판부에 제출하였고, 판사 최복규는 2025. 1. 15. 및 2025. 1. 24. 두 차례 걸쳐 위 사실조회신청서를 첨부한 사실조회서를 공수처에 송부하였으나, 공수처에서는 이를 의도적으로 회신하지 않고 있습니다.

- 설사 공수처가 위 사실조회서에 대한 회신을 해주더라도 위 사실조회신청서에 기재된 내용대로 이 사건 (추가) 고소장의 접수 및 배당 담당 직원이 '피고3 이형열'이 아니라는 사실만 확인해 줄 뿐 '피고3 이형열'을 대체할 담당 직원을 특정해 줄 리가 만무합니다.

- 따라서 이 사건 소송관계를 분명하게 하고 신속한 재판 진행을 위하여 본건 구석명신청이 반드시 필요하다고 하겠습니다.

2025. 3. 29.
원고   임 찬 용 (인)

수원지방법원안양지원 민사소액 13단독 귀중

㉚ 2025. 3. 29. 구석명신청서(대상자 : 피고2 윤상혁, 신청자 : 원고 임찬용)

구석명신청서

【담당재판부 : 민사소액 13단독】

사　　건 :　2024가소126262 손해배상(기), (이하, '이 사건'이라고 합니다)

원　　고 :　임찬용
피　　고 :　오동운 외 2명

【구석명신청 대상자】 피고2 윤상혁 (소송대리인 송민선)

【사실관계 정리】

. 이 사건 전자소송에 기재된 '진행내용'에 따르면,

.. 이 사건 소장 부본이 2024. 7. 24. 피고2 윤상혁에게 송달된 것으로 확인되고 있습니다.

.. 그런데 피고2 윤상혁은 민사소송법 제256조 제1항에 의거 30일 이내에 답변서를 제출하여야 함에도 불구하고 이를 지키지 아니하고 의도적으로 재판을 지연시키려는 태도를 보이자, 판사 최복규는 피고2 윤상혁이 이 사건 소장 부본을 송달받은 지 약 4개월이 지난 시점인 2024. 11. 27. "이 사건 답변서를 2024. 12. 18.까지 제출

하라"는 취지의 석명준비명령(도과기간확인)까지 발동하기에 이르렀습니다.

.. 그러나 피고2 윤상혁은 위 석명준비명령마저도 어겨가며 답변서를 계속 제출하지 않고 있다가 그로부터 한참 이후인 2025. 2. 7.에 이르러 로펌인 법무법인 정세 소속 변호사 송민선을 소송대리인으로 선임함과 동시에, 소송대리인 송민선 명의로 빈껍데기 답변서[216]만 이 사건 담당 재판부에 제출하였습니다.

※ 판사 최복규가 내린 위 석명준비명령 이행여부와 관련, 피고3 이형열은 비록 늦게나마 2025. 1. 2. '석명기간연장신청서'를 제출하여 그에 대한 허가를 받은 사실이 있으나, 피고2 윤상혁은 피고3 이형열 보다 훨씬 늦게 답변서를 제출하면서도 그에 대한 허가를 받지 않는 등 정상적인 소송 절차를 심각하게 위반하였습니다.

.. 또 피고2 윤상혁의 소송대리인 송민선 역시 피고2 윤상혁이 이 사건 소장 부본을 송달받은 지 무려 8개월이 다가오는 시점인 2025. 3. 14.에 이르러서야 이 사건 답변서(준비서면 형식)를 늑장 제출하면서, 그 답변서 기재내용에는 아무런 근거나 증거자료를 제시하지 아니한 채 모두 허위사실을 주장하거나 부인으로만 일관하고 있습니다. (입증자료 : 2025. 3. 14.자 피고2 윤상혁의 소송대리인 송민선 명의의 답변서 및 이를 전면적으로 반박하는 2025. 3. 17.자 원고 임찬용 명의의 준비서면 각 참조)

. 피고2 윤상혁과 관련된 이 사건의 핵심쟁점

---

[216] 이 빈껍데기 답변서에는 "위 피고 소송대리인(송민선)은 조속한 시일내에 청구원인에 대한 구체적인 답변을 제출하겠습니다"라고 기재되어 있습니다.

원고는 2024. 3. 21.경 다음 카페인 관청피해자모임(이하, '관피모') 사건 고소장[217] 등을 은폐·조작 수사한 서울서부지방검찰청 검사 이주훈 등 9명에 대한 고소장(이하, '이 사건 고소장')[218] 및 2024. 6. 10.경 수원고등검찰청 검사 임용규 등 3명에 대한 고소장〔이하, '이 사건 (추가) 고소장')[219]을 고위공직자범죄수사처 (이하, '공수처')에 각각 제출한 바 있습니다.[220]

이 사건 소장 중 이 사건 고소장 및 이 사건(추가) 고소장에 등장하고 있는 검찰청 검사 이주훈 등 12명의 검사들은 수십 년간 변호사법 위반과 고도의 사기행각을 해오고 있는 주범 구수회의 뒷배로부터 부정한 청탁을 받고 '관피모 사건 고소장' 및 거기서 파생되어 나오는 각 사건 등에 대한 은폐·조작수사를 통하여 주범 구수회를 형사법상 치외법권 지위를 누리도록 하여 왔고, 그들의 사건은폐·조작수사 방법은 자신들이 맡은 각 사건에 대하여 허위내용의 불기소결정서 또는 항고기각결정문을 작성하는 수법이었습니다.[221]

또 그 연장선에서 이 사건 공동피고인 윤상혁 공수처검사 및 오동운 공수처장은 위 이주훈 등 12명의 검사들에게 형사처벌을 면해 줌과 동시에 궁극적으로 '관피모 사건'의 은폐를 통하여 주범 구수회는 물론 '관피모 사건'의 배후 세력을 보호하기 위하여 이 사건 고소장에 대하여 피고2 윤상혁 공수처검사 명의로 허위내용의 불기소결정서를 작성한 다음 이를 은폐해 버렸습니다.

---

217) 별권책자(갑 제1호증) 제78~104쪽(갑 제1호증의 1)
218) '갑 제2호증의 1'
219) '갑 제2호증의 3'
220) 이 사건 소장 청구원인 중 'Ⅰ. 당사자 관계' (제2쪽) 참조
221) 이들의 불법행위('관피모 사건' 및 거기서 파생되어 나오는 각 사건에 대한 은폐·조작 수사 범죄행위)와 관련, 원고가 수원지방법원 성남지원에 제기한 손해배상 청구의 소의 진행내용에 대해서는 이 사건 전자소송에 등재되어 있는 2025. 3. 6.자 '원고 임찬용 참고서면 및 그 첨부서류', 2025. 3. 8.자 '원고 임찬용 참고서면 및 그 첨부서류' 각 참조

따라서 이 사건의 핵심 쟁점은 이 사건 피고1 오동운 공수처장과 피고2 윤상혁 공수처검사가 이 사건 고소장 및 이 사건(추가) 고소장에는 피의자 이주훈 등 12명 검사들의 범죄사실을 입증할 수 있는 증거자료들이 겹겹이 특정되어 있음에도 불구하고[222], 왜 피의자들에 대한 소환조사 등 어떠한 수사를 실시하지 아니한 채 허위내용의 불기소결정서를 작성해버렸냐는 점에 있습니다.

즉, 이 사건의 핵심쟁점은 피고1 오동운 공수처장과 피고2 윤상혁 공수처검사가 2024. 6. 18.경 이 사건 소장 중 이 사건 고소장에 대한 불기소처분을 결정할 당시 피의자 이주훈 등 9명 검사들의 범죄사실을 입증하고 있는 증거자료들(이 구석명신청서 '주석 222')의 존재 여부에 있습니다.

---

[222] 이를 더 구체적으로 살펴보면, 이 사건 고소장 중 ① 피의자 이주훈의 범죄사실을 입증하고 있는 증거자료로는 이 사건 고소장 '주석 10' 및 '주석 11'에서 특정되어 있고, ② 피의자 이정호의 범죄사실을 입증하고 있는 증거자료로는 이 사건 고소장 '주석 12' 및 '주석 13'에서 특정되어 있으며, ③ 피의자 임연진의 범죄사실을 입증하고 있는 증거자료로는 이 사건 고소장 '주석 18' 및 '주석 19'에서 특정되어 있으며, ④ 피의자 정용수의 범죄사실을 입증하고 있는 증거자료로는 이 사건 고소장 '주석 20'에서 특정되어 있으며, ⑤ 피의자 유정현의 범죄사실을 입증하고 있는 증거자료로는 이 사건 고소장 '주석 24' 및 '주석 25'에서 특정되어 있으며, ⑥ 피의자 정성현의 범죄사실을 입증하고 있는 증거자료로는 이 사건 고소장 '주석 29' 및 '주석 30'에서 특정되어 있으며, ⑦ 피의자 이승영의 범죄사실을 입증하고 있는 증거자료로는 이 사건 고소장 '주석 31' 및 '주석 32'에서 특정되어 있으며, ⑧ 피의자 김한나의 범죄사실을 입증하고 있는 증거자료로는 이 사건 고소장 중 '주석36' 및 '주석 37'에서 특정되어 있으며, ⑨ 피의자 허윤희의 범죄사실을 입증하고 있는 증거자료로는 이 사건 고소장 '주석 39' 및 갑 제2호증의 2(2024. 5. 8.자 '고소장 첨부 추가자료 제출')에 특정되어 있습니다.

【구석명신청 요청 내용】

- 피고2 윤상혁은 이 사건 소송절차와 관련 다음과 같이 민사소송법상 중대한 적법절차를 위반하였습니다.

. 2024. 7. 24. 이 사건 소장 부본을 송달받은 지 무려 8개월이 다가오는 시점인 2025. 3. 14.에 이르러서야 소송대리인 송민선 명의로 이 사건 답변서(동 답변서 기재내용이 모두 허위내용이거나 부인으로만 일관된 사실은 2025. 3. 17.자 원고 준비서면에서 이미 살펴본 바와 같습니다, 다만, 이는 별론으로 합니다)를 늑장 제출함으로써 민사소송법 제256조 제1항을 정면으로 위반하였습니다.

※ 제256조(답변서의 제출의무) ① 피고가 원고의 청구를 다투는 경우에는 소장의 부본을 송달받은 날부터 30일 이내에 답변서를 제출하여야 한다. 다만, 피고가 공시송달의 방법에 따라 소장의 부본을 송달받은 경우에는 그러하지 아니하다.

. 피고3 이형열과 달리 2024. 11. 27. 판사 최복규가 내린 석명준비명령(도과기간확인)을 아무런 이유 없이 이행하지 않음으로써 민사소송법 제137조를 정면으로 위반하여 동법 제149조 제1항의 처분대상자가 되고 말았습니다.

※ 제149조(실기한 공격·방어방법의 각하) ① 당사자가 제146조의 규정을 어기어 고의 또는 중대한 과실로 공격 또는 방어방법을 뒤늦게 제출함으로써 소송의 완결을 지연시키게 하는 것으로 인정할 때에는 법원은 직권으로 또는 상대방의 신청에 따라 결정으로 이를 각하할 수 있다.

. 구석명신청 내용

.. 피고2 윤상혁은 위와 같이 민사소송법상 적법 절차를 위반한 점에 대해 그 치유가 가능하다고 보는지요?
.. 피고2 윤상혁의 위와 같은 논리대로 치유가 가능하다면 법관의 석명준비명령(도과기간확인)까지 무시하면서 이 사건 채권 소멸시효 기간 내 언제든지 답변서를 제출할 수 있다는 의미로 해석해도 되는 가요?

- 피고2 윤상혁과 관련된 이 사건의 핵심쟁점에 대하여.

. 앞서 살펴본 이 사건 핵심쟁점 부분으로서,

피고2 윤상혁은 "이 사건의 핵심쟁점은 피고1 오동운 공수처장과 피고2 윤상혁 공수처검사가 2024. 6. 18.경 이 사건 소장 중 이 사건 고소장에 대한 불기소처분을 결정할 당시 피의자 이주훈 등 9명 검사들의 범죄사실을 입증하고 있는 증거자료들(이 구석명신청서 '주석 222')의 존재 여부에 있습니다."라는 기재부분과 관련하여, 2025. 3. 14.자 소송대리인 송민선 명의의 답변서(준비서면)에서는 어떠한 언급조차도 하지 않고 있습니다.

. 구석명신청 내용

.. 피고2 윤상혁은 이 사건 핵심쟁점 부분으로서 "이 사건 소장 중 이 사건 고소장에 대한 불기소처분을 결정할 당시 피의자 이주훈 등 9명 검사들의 범죄사실을 입증하고 있는 증거자료들(주석 222)의 존재 여부"와 관련, 그 존재를 인정하고 있는지요? 이를 도저히 인정

하지 못하겠다면 그 이유는 무엇인가요?

.. 피고2 윤상혁은 위와 같이 이 구석명신청서 '주석 222'에 기재된 증거자료들의 존재를 인정한다면, 피고2 윤상혁이 직접 작성한 2024. 6. 18.자 피의자 이주훈 등 9명에 대한 불기소결정서(이 사건 갑 **제3호증**)가 허위내용으로 작성되었다는 사실을 자인한 셈인데, 그에 대한 의견은 어떤지요?

【본건 구석명신청의 필요성】

피고2 윤상혁이 소송대리인 송민선 명의로 작성된 2025. 3. 14.자 피고 답변서(준비서면 형식)에서 명확하게 드러내지 않았던 의사를 확인하고, 이를 통해 이 사건 소송관계를 더욱 분명하게 함과 동시에 이 사건에 대한 실체적 진실을 더욱 더 명명백백하게 규명하고자 함에 있습니다.

2025. 3. 29.
원고 임 찬 용 (인)

수원지방법원안양지원 민사소액 13단독 귀중

㉛ 2025. 4. 19. 기일변경신청서(신청자 : 피고1 오동운 대리인 법무법인 고원)

개인정보유출주의 재줄자:법무법인 고원 ,법무법인 고원. 제출일시:2025.04.18 16:24, 출력자:임찬용, 다운로드일시:2025.09.13 1

변 론 기 일 변 경 신 청

사　건　　2024가소126262　　손해배상(기)
원　고　　임 찬 용
피　고　　오 동 운 외 2명

　　　　위 사건에 관하여 변론기일이 2025. 4. 29. 14:40으로 지정되었으나, 피고1의 소송대리인은 같은 날 전주지방법원 (2024가단14246), 서울중앙지방법원 (2024가단5504412) 변론기일과 중복되어 참석에 촉박한 사정이 있는바, 금번 기일에 대하여 변경 신청을 하오니 이를 허가하여 주시기 바랍니다.

*희망 기일 : 2025. 6. 24. 오후

첨 부 서 류

1. 대법원 나의 사건기록 검색(전주지방법원 2024가단14246)
2. 대법원 나의 사건기록 검색(서울중앙지방법원 2024가단5504412)
3. 기일변경신청 동의서(피고2)
4. 기일변경신청 동의서(피고3)

주소 : 서울 서초구 서초대로60길 18, 2층(서초동, 교대 정인빌딩) (06632)
전화 : (02) 598-5300　　전자우편 : desk@gowonlaw.co.kr　　1 / 2
팩스 : (02) 598-5303

2025. 4.   .

피고1의 소송대리인

법무법인 고원

담당변호사 김 수 민

김 수 환

성 해 윤

박 지 은

이 영 규

이 영 빈

수원지방법원 민사소액13단독   귀중

㉜ 2025. 4. 20. 준비서면(원고 임찬용)

개인정보유출주의 제출자:임찬용, 제출일시:2025.04.20 15:54, 출력자:임찬용, 다운로드일시:2025.09.13 16:08

준비서면

사 건	2024가소126262 손해배상(기)
원 고	임찬용
피 고	오동운 외 2명

위 사건에 관하여 다음과 같이 변론을 준비합니다.

다 음

- 원고는 피고1 오동운 소송대리인들의 기일변경신청서를 단호히 거부합니다.-

① 원고는 2025. 4. 18.자 피고 1 오동운의 소송대리인 법무법인 고원 김수민, 이영규, 김수환, 성해윤, 박지은, 이명빈 명의로 제출된 기일변경신청서(이하, '이 사건 기일변경신청서')에 대하여 이를 단호히 거부합니다.

② 원고는 오히려 담당 재판부에 의해 예정되어 있는 2025. 4. 29. 14:40. 이 사건 변론기일을 취소하고, 그 대신 이 사건 무변론 판결 선고기일로 변경해 줄 것을 강력하게 촉구합니다.

입증방법 : 2025. 4. 20.자 원고 준비서면

입증방법

갑 제8호증: 2025. 4. 20.자 준비서면(피고 오동운 외 2명)

㉝ 2025. 4. 20. 준비서면 서증(갑8)

준 비 서 면
[원고는 피고 오동운 소송대리인들의 기일변경신청서를 단호히 거부합니다]

[담당재판부 : 민사소액 13단독]

사　　　건 : 2024가소126262 손해배상(기), (이하, '이 사건'이라고 합니다)

원　　　고 : 임찬용
피　　　고 : 오동운 외 2명

① 원고는 2025. 4. 18.자 피고 1 오동운의 소송대리인 법무법인 고원 김수민, 이영규, 김수환, 성해윤, 박지은, 이명빈 명의로 제출된 기일변경신청서(이하, '이 사건 기일변경신청서')에 대하여 이를 단호히 거부합니다.

② 원고는 오히려 담당 재판부에 의해 예정되어 있는 2025. 4. 29. 14:40. 이 사건 변론기일을 취소하고, 그 대신 이 사건 무변론 판결 선고기일로 변경해 줄 것을 강력하게 촉구합니다.

Ⅰ. 검토배경

- 이 사건의 성격을 살펴보면,

㉮ 이 사건 소장 중 '이 사건 고소장' 및 '이 사건(추가) 고소장'에

등장하는 피의자 이주훈 등 12명의 검사들은 궁극적으로 '관피모 사건' 등을 은폐하고 이를 통하여 주범 구수회는 물론 그의 뒤를 봐주는 검찰 고위직 출신 변호사를 보호하기 위해 자신들이 맡은 각 사건에 대하여 허위내용의 불기소결정서 또는 허위내용의 항고기각결정문을 작성하는 수법을 통해 은폐·조작수사를 실시해 왔다는 점, 이 사건 공동 피고1 오동운 공수처장 및 피고2 윤상혁 공수처검사 역시 위 피의자 이주훈 등 12명의 검사들에 대한 형사처벌을 면해주기 위해 그들과 똑같은 사건 은폐 방식을 취해 왔다는 사실 등으로 비추어볼 때

그 동안 우리나라 검찰 및 사법부가 대국민 불신으로 여겨져 왔던 전관예우, 유전무죄·무전유죄, 유권무죄·무권유죄, 법조카르텔이 혼재된 사건의 성격을 갖고 있습니다.

㉯ 위에서 살펴본 바와 같이 이 사건 성격상 전형적인 법조카르텔이 작동되고 있는 관계로 이 사건과 관련 있는 모든 사건 역시 이미 사건이 조작되거나 불법적인 재판운영이 전개되고 있는 실정에 있습니다.

그 실례로, 이 사건과 관련 있는 서울중앙지방법원 2024가단5215651 사건의 재판을 담당해 왔던 판사 한나라는 '관피모 사건'의 주범이자 위 관련 사건의 원고 구수회에게 승소 판결을 내려주기 위해 구수회의 뒷배로부터 부정한 청탁을 받고 100% 허위내용의 판결문을 작성한 중대 범행으로 인하여 2025. 2. 24.경 대법원에 법관 파면 및 구속수사 의뢰를 촉구하는 원고 명의의 제1차 진정서가 접수되었고,

또 이 사건과 관련이 있는 수원지방법원 성님지원 2024가단231123 사건의 재판을 담당해 왔던 전임 판사 박상언 및 후임 판사 도영오 역시 위 관련 사건 소장의 각하를 통하여 사법경찰관 및 검사들로 구성된 피고 23명에게 승소판결을 내려주기 위해 허위내용의 소송비용담보

결정서를 작성하여 이를 원고에게 송달하는 등 원고 임찬용을 상대로 사기재판 · 협박재판을 실시해 옴은 물론 2025. 4. 16. 예정된 무변론 판결 선고기일을 아무런 근거나 사유 없이 일방적으로 추후 기약 없는 훗날로 변경해 버린 중대 범행으로 인하여 2025. 3. 7. 및 2025. 4. 18. 대법원에 법관 파면 및 구속수사 의뢰를 촉구하는 원고 명의의 제2차 진정서 및 제3차 진정서가 각각 접수된 바 있습니다. **(입증자료 : 이 사건 전자소송에 등재되어 있는 2025. 2. 20.자 원고 참고서면 및 그 첨부자료, 2025. 2. 25.자 원고 참고서면 및 그 첨부자료, 2025. 3. 8.자 원고 참고서면 및 그 첨부자료, 2025. 4. 18.자 원고 참고서면 및 그 첨부자료 각 참조)**

- 위 ㉮항 및 ㉯항의 사실로 미루어 볼 때, 이 사건 피고1 오동운의 소송대리인들이자 로펌인 법무법인 고원 소속 변호사들 역시 이 사건 성격에서 움터 나오는 법조카르텔을 작동시켜 이 사건 담당 재판부를 로비의 대상으로 삼고, 불법적인 재판 운영이나 허위내용의 판결문 작성에 개입할 개연성이 어느 때보다 더 높다고 봐야 할 것입니다.

II. 판사 최복규가 이 사건 변론기일 결정을 내리기까지의 재판 진행 절차 및 내용에 대한 고찰
 (재판진행 절차는 이 사건 전자소송 '진행내용' 기재에 의함)

- 2024. 7. 11. 소장접수

- 2024. 7. 24. 각 피고에게 소장 부본 송달

- 2024. 8. 20. 원고 임찬용 사실조회신청서(고위공직자범죄수사처) 제출

- 2024. 11. 27. 판사 최복규 명의의 석명준비명령(도과기간확인)

※ 이 사건 소장에 대한 답변을 적은 준비서면과 필요한 증거를 2024. 12. 18.까지 제출하시기 바람. (특히) 피고들은, 원고의 소장 기재 청구 취지와 청구원인에 대하여 그 인정여부 등을 구체적으로 밝히기 바람.

- 2024. 12. 12. 피고 오동운 답변서 제출

※ 피고1 오동운의 답변서는 위 석명준비명령 취지와는 전혀 부합하지 않고 있습니다.

이를 더 구체적으로 살펴보면,

㉮ 피고1 오동운의 답변서 기재내용은 100% 허위내용인 데다, 전혀 증거를 제시하지 아니하고 동문서답, 유체이탈 화법을 동원한 부인으로 일관하고 있다는 점[223],

㉯ 특히, 이 사건 청구원인 핵심쟁점부분으로서 피고1 오동운 및 피고2 윤상혁의 불법행위를 입증시켜주고 있는 증거자료들[224]에 대해

---

[223] 입증자료 : 2024. 12. 12.자 피고1 오동운 답변서 및 이를 전면 반박하고 있는 2024. 12. 14.자 원고 임찬용 준비서면

[224] 피고1 오동운 및 피고2 윤상혁은 공모하여 이 사건 소장 중 '2024. 3. 21.자 이 사건 고소장'(갑 제2호증의 1)에 피의자 이주훈 검사 등 9명 검사들의 범죄사실을 입증시켜 줄 증거자료들이 다음과 같이 특정되어 있음에도 불구하고 2024. 6. 18.자 피고2 윤상혁 명의의 불기소결정서를 허위내용으로 작성한 수법을 통하여 이를 몽땅 은폐시켜 버렸습니다. 피고1 오동운 및 피고2 윤상혁이 공동으로 은폐해 버린 피의자 이주훈 검사 등 9명 검사들의 범죄사실 입증을 위한 증거자료들을 구체적으로 특정해 보면, 이 사건 고소장 중 ① 피의자 이주훈의 범죄사실을 입증하고 있는 증거자료로는 이 사건 고소장 '주석 10' 및 '주석 11'에서 특정되어 있고, ② 피의자 이정호의 범죄사실을 입증하고 있는 증거자료로는 이 사건 고소장 '주석 12' 및 '주석 13'에서 특정되어 있으며, ③ 피의자 임연진의 범죄사실을 입증하고 있는 증거자료로는 이 사건 고소장 '주석 18' 및 '주석 19'에서 특정되어 있으며, ④ 피의자 정용수의 범죄사실을 입증하고 있는 증거자료로는 이 사건 고소장 '주석 20'에서 특정되어 있으며, ⑤ 피의자 유정현의 범죄사실을 입증하고 있는 증거자료로는 이 사건 고소장 '주석 24' 및 '주석 25'에서 특정되어 있으며, ⑥ 피의자 정성현의 범죄사실을 입증하고 있는 증거자료로는 이 사건 고소장 '주석 29' 및 '주석 30'에서 특정되어 있으며, ⑦ 피의자 이승영의 범죄사실을 입증하고 있는 증거자료로는 이 사건 고소장 '주석 31' 및 '주석 32'에서 특정되어 있으며, ⑧ 피의자

서는 언급조차 하고 있지 않다는 점에 있습니다.

이를 종합해 보면, 피고1 오동운이 담당 재판부에 제출한 답변서는,

위 ㉮항과 관련하여 무늬만 답변서 명칭을 사용했을 뿐 실질적으로는 민사소송법상 요구되고 있는 답변서의 성립요건을 전혀 갖추지 못하고 있습니다.

즉, 이 사건 소장 청구원인 중 "가. 피고 오동운, 윤상혁의 '이 사건 고소장' 은폐·조작수사 불법행위"에 대해서는 앞서 살펴본 바와 같이 원고가 이미 제출한 명백한 증거자료들이 이 사건 소장 중 '이 사건 고소장' 주석란에 겹겹이 특정되어 있음에도 불구하고 오로지 부인으로 일관한 채 그 부인을 입증할만한 어떠한 근거나 증거자료를 제시하지 못하고 있으며, "나. 피고 오동운, 윤상혁, 이형열의 '이 사건 (추가) 고소장' 은폐·폐기 불법행위"에 대해서는 피고1 오동운의 부인을 정당화하기 위해 아예 원고가 이미 제출한 증거자료(갑 제2호증의 4)까지 조작하여 제출하고 있습니다.

이는 이 사건 담당 재판부를 상대로 100% 거짓말을 함으로써 명백한 소송사기 행각에 해당함은 두말할 필요가 없습니다.

또, 위 ㉯항과 관련하여 민사소송법 제150조(자백간주) 제1항 (당사자가 변론에서 상대방이 주장하는 사실을 명백히 다투지 아니한 때에는 그 사실을 자백한 것으로 본다)의 규정에 그대로 부합되고 있습니다.

김한나의 범죄사실을 입증하고 있는 증거자료로는 이 사건 고소장 중 '주석36' 및 '주석37'에서 특정되어 있으며, ⑨ 피의자 허윤희의 범죄사실을 입증하고 있는 증거자료로는 이 사건 고소장 '주석 39' 및 갑 제2호증의 2(2024. 5. 8.자 '고소장 첨부 추가자료 제출')에 특정되어 있습니다.

이는 결국 이 사건 재판부가 당초 예정된 2025. 4. 29. 14:40. 변론기일을 취소하고, 그 대신 민사소송법 제257조 제1항에 의거 무변론 판결 선고기일로 변경하여야 한다는 정당성만을 한층 더 부각시켜 주고 있습니다.

- 2024. 12. 14. 원고 임찬용 준비서면 제출(2024. 12. 12.자 피고1 오동운 **답변서 전면 반박함**)

- 2025. 1. 2. 피고3 이형열 소송대리인 권영심 석명기간연장신청서 제출

- 2025. 1. 2. 원고 임찬용 청구취지 및 청구원인 변경신청서 제출

- 2025. 1. 14. 피고3 이형열 소송대리인 권영심 답변서 제출
※ 피고3 이형열 소송대리인 권영심의 답변서 역시 위 석명준비명령 취지와는 전혀 부합하지 않고 있습니다.

이를 더 구체적으로 살펴보면,

㉮ 피고3 소송대리인 권영심은 비록 2025. 1. 2. 담당 재판부에 석명기간연장신청서를 제출하였다고는 하나, '2024. 12. 18.까지 답변서를 제출하라'는 석명준비명령을 위반한 것은 분명한 사실이며, 또 판사 최복규가 위 석명기간연장신청서를 허가해 주었다는 문서를 이 사건 전자소송 어디에서도 찾아볼 수 없습니다.

더군다나, 위 석명기간연장신청서에는 "조속한 시일 내로 답변을 적은 준비서면을 제출하도록 하겠습니다."라는 답변을 해놓고는 그로부터 약 2주가 지난 2025. 1. 14.에 이르러서야 답변서를 제출하였고, 그 답변서 내용 역시 "피고3 이형열은 이 사건 추가고소장을

접수 및 관리한 담당자가 아니다"는 달랑 한 줄짜리 변명이 고작이었습니다. 그마저도 그 입증책임을 공수처에 떠 넘겨버렸습니다.

이는 소송대리인 권영심이 답변서와 동시에 담당재판부에 제출한 사실조회신청서가 공수처로부터 회신이 오지 않는 점으로 미루어 볼 때 피고3 이형열과 공수처가 사전에 공모하지 않았나하는 냄새가 풍기는 대목이기도 합니다.

결국 피고3 이형열은 위 석명준비명령 위반 여부를 떠나 자신의 소송대리인 권영심을 통하여 달랑 한 줄짜리 답변서를 제출하는데 걸린 소요기간을 살펴보면 2024. 7. 24.경 이 사건 소장 부본이 송달된 지 약 6개월이 걸린 셈입니다.

원고는 피고3 이형열의 위와 같은 재판 지연 전략이 원고가 피고들의 불법행위를 입증하고 있는 핵심 증거자료들을 모두 제출해 놓고 있는 상황에서, 이 사건이 가장 단순하고 명백한 사안인 데다 소액 재판인 점을 감안할 때 "모든 국민은 신속한 재판을 받을 권리를 가진다"는 헌법 제27조 제3항 규정에 부합하는지 되묻지 않을 수 없습니다.

㈏ 원고는 위 ㈎항에서 제기된 문제점을 일거에 해결하기 위하여, 2025. 3. 29.자 피고3 이형열에 대한 구석명신청서를 통해 다음과 같은 답변을 요구하였습니다.

. 피고3 이형열과 관련된 이 사건의 핵심쟁점은 앞서 살펴본 바와 같이 아주 간단하고도 명백한 사안이기 때문에 전혀 법률적 도움이 필요 없음에도 불구하고 굳이 변호사를 소송대리인으로 선임한 이유는 무엇인지?

. 피고3 이형열은 이 사건 소장 부본이 2024. 7. 24.경 피고3 이형렬에게 송달된 이래로 2024. 11. 27. 판사 최복규가 석명준비명령을 내리기까지 약 4개월간 답변서를 제출하지 않았던 이유는 무엇인지?

. 또 피고3 이형열은 2024. 11. 27. 판사 최복규 명의의 석명준비명령을 통하여 "2024. 12. 18.까지 답변서를 제출하라"는 지시를 받았음에도 불구하고, 소송대리인 권영심 명의로 달랑 "피고3 이형열은 이 사건 추가고소장을 접수 및 관리한 담당자가 아니다"는 단 한 줄짜리 답변서를 제출하는 마당에 위 지시를 어겨가며 2025. 1. 14.에 이르러서야 답변서를 제출한 이유는 무엇인지?

. 또 피고3 이형열은 답변서 기재내용과 관련, "피고3 이형열은 이 사건 추가고소장을 접수 및 관리한 담당자가 아니다"는 사실을 입증하기 위해서는 당시 공수처 업무분장표 등 관련 자료를 제출하면 간단하게 해결되는 일을 가지고, 굳이 이를 확인받기 위하여 담당재판부를 통하여 공수처에 사실조회를 촉탁한 이유는 무엇인지?

지금이라도 당시 이 사건 (추가) 고소장 접수 및 주임검사에게 배당하는 담당자가 피고3 이형열이 아니고 다른 직원이었다면, 그 직원을 특정할 수 있는 업무분장표 등 관련 자료를 제출할 수 있는지 등을 물었으나, 피고3 이형열은 물론 그의 소송대리인 권영심은 의도적으로 원고의 구석명신청서에 대한 답변을 거부하고 있습니다.

이는 결국 민사소송법 제149조(실기한 공격·방어방법의 각하) 제2항(당사자가 제출한 공격 또는 방어방법의 취지가 분명하지 아니한 경우에, 당사자가 필요한 설명을 하지 아니하거나 설명할 기일에 출석하지 아니한 때에는 법원은 직권으로 또는 상대방의 신청에 따라 결정으로 이를 각하할 수 있다)에 의거 피고3 이형열의 답변서 등 모든 주장이나 방어방법 등에 대해 각하하여야 함을 의미합니다.

- 2025. 1. 14. 피고3 이형열 소송대리인 권영심 사실조회신청서 (고위공직자범죄수사처) 제출

- 2025. 1. 16. 공수처에 피고3 이형열 소송대리인 권영심이 신청한 사실조회서 송달 **(회신 없음)**

- 2025. 1. 24. 공수처에 피고3 이형열 소송대리인 권영심이 신청한 사실조회서 재송달 **(재차 회신 없음)**

- 2025. 2. 20. 원고 임찬용 참고서면 제출 [서울중앙지방법원 판사 한나라의 '관피모 사건' 은폐·조작을 위한 허위 판결문 작성 범죄 발생과 관련, 이 사건(안양지원 2024가소126262)에 대한 신속한 원고 승소판결 이행 촉구]

- 2025. 2. 25. 원고 임찬용 참고서면 제출('관피모 사건'을 은폐하기 위해 100% 허위내용의 판결문을 작성한 판사 한나라에 대한 파면 및 공수처에 구속수사 형사고발 조치 의뢰)

- 2025. 3. 6. 원고 임찬용 참고서면 제출 [(제2차) 이 사건 원고 승소판결 강력 촉구]

  ※ 이 사건을 심리 중이신 판사 최복규는 별첨 관련사건 [수원지방법원 2024가단1957 손해배상(기)] 참고서면을 참조하시어, 이 사건 판결과 관련하여 전관예우 및 법조카르텔에서 완전히 벗어나 외부의 압력으로부터 추호의 흔들림 없이 법관으로서의 양심과 증거에 따라 지금 당장 민사소송법 제257조 제1항 및 제150조 제1항에 의거 변론 없이 원고에게 100% 승소판결을 내려주시고, 그 판결문에는 집행력이 담보될 수 있도록 피고들의 주소지나 주민등록번호를 기재해 주시기 바람.

- 2025. 3. 8. 원고 임찬용 참고서면 제출(제목 : 조희대 사법부는 이미 죽었습니다.!!)

    ※ '관피모 사건'을 은폐하고 주범 구수회에 대하여 윤석열 정부 경찰, 검찰, 공수처에서 누려왔던 치외법권 지위를 사법부에서도 계속 누리도록 하기 위하여 서울중앙지방법원 판사 한나라는 2025. 2. 12. 2024가단5215651 사건을 처분하면서 허위내용의 판결문을 작성하는 수법을 통해 원고 구수회에게 승소판결을 내리고, 수원지방법원성남지원 판사 박상언 역시 2025. 2. 19. 2024가단231123 사건을 심리하면서 구수회 측 배후세력이거나 그 배후세력의 도움을 받고 있는 법무법인 도원 대표 홍명호로부터 부정한 청탁을 받고 허위내용의 소송비용담보제공결정서를 작성하는 수법을 통해 별론 없이 위 사건 소를 각하처분 하려다가 원고 임찬용에 의해 들통나고 말았음.

- 2025. 3. 14. 피고2 윤상혁 소송대리인 법무법인 정세 송민선 답변서 (준비서면 형식) 제출
    ※ 피고2 윤상혁 소송대리인 송민선의 답변서 역시 위 석명준비명령 취지와는 전혀 부합하지 않고 있습니다.

    이를 구체적으로 더 살펴보면, 앞서 살펴본 피고1 오동운 답변서에서 지적한 ㉮항 및 ㉯항을 그대로 원용합니다.

    다만, 위 ㉮항과 관련하여 이 사건 소장 청구원인 중 "나. 피고 오동운, 윤상혁, 이형열의 '이 사건 (추가) 고소장' 은폐·폐기 불법행위"에 대하여 피고1 오동운은 자신의 부인을 정당화하기 위해 아예 원고가 이미 제출한 증거자료를 조작하여 제출한 반면, 피고2 윤상혁 소송대리인 송민선은 근거나 증거자료를 전혀 제시하지 아니한 채 오로지 부인으로만 일관하고 있습니다.[225)]

또, 이 사건 답변서 제출 등과 관련된 소송절차적 측면에서 살펴볼 때 피고2 윤상혁은 이 사건 피고들 중에서 가장 중대하게 민사소송법상 적법절차를 위반하고 있습니다.

즉, 피고2 윤상혁은 2024. 7. 24.경 이 사건 소장 부본이 송달된 이래로 2024. 3. 14. 소송대리인 송민선 명의로 답변서를 제출하기까지 무려 8개월가량 소요하였습니다.

이는 '2024. 12. 8.까지 답변서를 제출하라'는 2024. 11. 17.자 판사 최복규 명의의 석명준비명령(도과기간확인)은 물론 민사소송법 제256조(답변서의 제출의무) 제1항(피고가 원고의 청구를 다투는 경우에는 소장의 부본을 송달받은 날부터 30일 이내에 답변서를 제출하여야 한다)의 규정을 정면으로 위반하였음을 의미합니다.

이에, 원고는 위와 같은 문제점을 일거에 해결하기 위하여, 피고3 이형열과 마찬가지로 피고2 윤상혁을 상대로 2025. 3. 29.자 구석명 신청서를 통해 다음과 같은 답변을 요구하였습니다.

. 피고2 윤상혁은 위와 같이 민사소송법상 적법 절차를 위반한 점에 대해 그 치유가 가능하다고 보는지

. 피고2 윤상혁은 위와 같은 논리대로 적법절차 위반에 대한 치유가 가능하다면 법관의 석명준비명령(도과기간확인)까지 무시하면서 이 사건 채권 소멸시효 기간 내 언제든지 답변서를 제출할 수 있다는 의미로 해석해도 되는 것인지

---

225) 입증자료 : 2025. 3. 14.자 피고2 윤상혁 소송대리인 송민선 명의의 답변서(준비서면 형식)와 이를 전면 반박하고 있는 2025. 3. 17.자 원고 임찬용 준비서면

. 피고2 윤상혁은 이 사건 핵심쟁점 부분으로서 이 사건 소장 중 '이 사건 고소장'(갑 제2호증의 1)에 대한 불기소처분을 결정할 당시 피의자 이주훈 등 9명 검사들의 범죄사실을 입증하고 있는 증거자료들의 존재를 인정하고 있는지, 이를 도저히 인정하지 못하겠다면 그 이유는 무엇인지

. 피고2 윤상혁은 이 구석명신청서상 위와 같은 증거자료들의 존재를 인정한다면, 이는 피고2 윤상혁이 직접 작성한 2024. 6. 18.자 피의자 이주훈 등 9명에 대한 불기소결정서(갑 제3호증)가 허위내용으로 작성되었다는 사실을 자인한 셈인데, 그에 대한 의견은 어떤지 등을 물었으나, 피고2 윤상혁은 물론 그의 소송대리인 송민선은 의도적으로 원고의 구석명신청서에 대한 답변을 거부하고 있습니다.

이는 결국 민사소송법 제149조(실기한 공격·방어방법의 각하) 제2항(당사자가 제출한 공격 또는 방어방법의 취지가 분명하지 아니한 경우에, 당사자가 필요한 설명을 하지 아니하거나 설명할 기일에 출석하지 아니한 때에는 법원은 직권으로 또는 상대방의 신청에 따라 결정으로 이를 각하할 수 있다)에 의거 피고2 윤상혁의 답변서 등 모든 주장이나 방어방법 등에 대해 각하하여야 함을 의미합니다.

- 2025. 3. 17. 원고 임찬용 준비서면 제출(2025. 3. 14.자 피고2 윤상혁 소송대리인 송민선 답변서 전면 반박함)

- 2025. 3. 29. 원고 임찬용 구석명신청서 제출(피고3 이형열 및 그의 소송대리인 권영심은 의도적으로 구석명신청서에 대한 답변을 거부함)

- 2025. 3. 29. 원고 임찬용 구석명신청서 제출(피고2 윤상혁 및 그의 소송대리인 송민선은 의도적으로 구석명신청서에 대한 답변을

거부함)

- 2025. 4. 18. 원고 임찬용 참고서면 제출 [수신 : 조희대 대법원장, 참조 : 최진수 윤리감사관, 제목 : 제3차 진정서 (수원지법성남지원 판사 도영오에 대한 파면 및 공수처에 구속수사 형사고발 조치 의뢰)]

- 2025. 4. 18. 피고1 오동운 소송대리인 법무법인 고원 김수민, 이영규, 김수환, 성해윤, 박지은, 이영빈 기일변경신청서 제출

III. 결론

- 이 사건 소장 청구원인 중 "가. 피고 오동운, 윤상혁의 '이 사건 고소장' 은폐·조작수사 불법행위" 항목에서는 피고 오동운, 윤상혁이 공동정범의 관계에 있고, "나. 피고 오동운, 윤상혁, 이형열의 '이 사건 (추가) 고소장' 은폐·폐기 불법행위" 항목에서는 피고 오동운, 윤상혁, 이형열이 공동정범의 관계에 있습니다. 이는 피고 3명이 자신들의 불법행위와 관련 어떤 방법을 써서라도 패소 판결을 막기 위해 공동으로 움직일 수밖에 없다는 사실을 의미입니다.

- 그런데 이 사건 소장이 제기된 이래로 피고 3명에 대한 소송 진행 절차 및 그에 대한 구체적 내용을 살펴본 결과에 따르면, 이 사건 담당 재판부는 위 **II항의 기재 내용에 터 잡아** '법조카르텔'이라는 외부의 압력으로부터 완전히 벗어나 추호의 흔들림 없이 법관으로서의 양심과 증거에 따라 지금 당장 민사소송법 제257조 제1항 및 제150조 제1항에 의거 변론 없이 판결 선고 기일을 지정해야 합니다.

- 위와 같은 정당한 재판진행이 전제된다면, 피고1 오동운 측 소송

대리인들의 '이 사건 기일변경신청서'는 위 'Ⅰ. 검토배경' 항목에서 살펴본 바와 같이 법조카르텔을 작동시키기 위한 꼼수에 불과하다는 사실을 금방 확인할 수 있습니다.

이는 또한 2025. 4. 18.차 원고 참고서면에서 살펴본 바와 같이 이 사건 피고3명이 공동 피고의 신분에 있는 만큼 그들의 소송대리인들로 하여금 이 사건 소송사기 행각의 행동반경을 넓혀주고, 이 사건 소송 진행을 지연시키며 궁극적으로 이 사건 담당 재판부에게 로비하여 허위내용 판결문 작성을 통해 승소판결을 받아보겠다는 더러운 의도가 숨어 있음을 의미합니다.

- 따라서 원고는 담당 재판부를 상대로 위와 같은 사정을 십분 부각시켜 2025. 4. 29. 14:40. 예정되어 있는 이 사건 변론기일과 관련하여, 피고1 오동운 측 소송대리인들이 제출한 '이 사건 기일변경신청서'를 단호히 거부하며, 그 대신 위 변론기일을 무변론 판결선고기일로 변경해 주실 것을 강력하게 촉구합니다.

2025. 4. 20.
원고   임 찬 용   (인)

수원지방법원안양지원 민사소액13단독 귀중

㉞ 2025. 4. 21. 사실조회회신 독촉신청서(피고3 대리인 권영심)

개인정보유출주의 제출자:권영심, 제출일시:2025.04.21 17:34, 출력자:임찬용, 다운로드일시:2025.09.13 17:10

사실조회회신 독촉 신청서

사 건 수원지방법원 안양지원 2024가소126262 손해배상(기)

원 고 임 찬 용

피 고 오 동 운 외2

피고3 소송대리인은 피고3 이형열이 이 사건 추가고소장의 접수 및 관리 담당자가 아니라는 사실을 입증하기 위하여 2025. 01. 14.자 공위공직자범죄수사처에 사실조회를 신청하였고, 25. 01. 17. 자에 도달되었으나, 현재까지 회신서가 도달하지 않아 사실확인이 되고 있지 않는바, 재판의 지연 등을 예방하고자 위 공위공직자범죄수사처로 회신서 제출에 대하여 독촉하여 주실 것을 신청합니다.

2025. 04. .

피고3 소송대리인

변호사 권 영 심

수원지방법원 안양지원 민사소액13단독 귀중

㉟ 2025. 4. 22. 사실조회에 따른 독촉(대상기관 : 공수처)

개인정보유출주의 등북자:박서희, 등북일시:2025.04.22 23:59, 출력자:임찬용, 다운로드일시:2025.09.13 17:16

수원지방법원 안양지원
사실조회에 따른 독촉

고위공직자범죄수사처 귀하

사 건	2024가소126262 손해배상(기)
원 고	임찬용
피 고	1.오동운 2.윤상혁 3.이형열

평소 우리 법원의 업무에 적극 협조하여 주시고 있는 데 대하여 감사드립니다.
위 사건에 관하여 사실조회를 의뢰하였는바, 그 회신이 도착하지 아니한 관계로 재판이 오래 지연되고 있습니다.
여러 업무에 바쁘신 줄은 잘 알고 있으나, 사실조회에 대한 회신서를 가능한 한 조속히 송부하여 주실 것을 부탁드립니다.
아울러 빠른 시일 내에 회신서의 송부가 불가능할 경우에는 그 이유 및 송부 가능한 시기를 알려주시기 바랍니다.
※※※ 우리 법원이 발송한 사실조회서가 귀하에게 도착된 일자는 2025. 1. 31. 입니다.

2025. 4. 22.

판사 전 호 재 전자서명완료

※ 이 법원에 제출하는 서면에는 사건번호(2024가소126262)를 반드시 기재하여 주시기 바랍니다.

※ 문의사항 연락처: 수원지법 안양지원 민사소액13단독 법원주사 이언옥
전   화: 031-8086-1207
팩   스: -   e-mail: -

㊱ 2025. 6. 20. 준비서면(피고3 소송대리인 권영심)

개인정보유출주의 제출자:권영심, 제출일시:2025.06.20 16:19, 출력자:임찬용, 다운로드일시:2025.09.13 17:27

2024가소126262

준 비 서 면

원 고   임찬용
피 고   이형열 외2

위 당사자간 귀원 2024가소126262 손해배상(기) 청구 사건에 관하여 피고3. 이형열의 소송대리인은 다음과 같이 변론을 준비합니다.

- 다 음 -

1. 본안전 항변

원고의 청구는 피고 이형열을 포함한 피고들이 공무원으로서 직무를 집행하는 과정에서 발생한 행위에 대한 손해배상을 구하는 것입니다. 그러나 국가배상법 제2조 제1항에 따르면, 공무원이 직무를 집행하면서 고의 또는 과실로 법령을 위반하여 타인에게 손해를 입힌 경우에는 국가나 지방자치단체가 그 손해를 배상할 책임이 있습니다.

따라서, 원고의 청구는 국가를 상대로 제기되어야 하며, 개인인 피고 이형열을 상대로 한 청구는 부적법하므로 각하되어야 합니다.

2. 손해배상책임 부존재

가. 불법행위 부존재

공수처는 고소·고발 사건에 대해 내부규정과 절차에 따라 수사개시여부를 결정하고, 수사결과에 따라 기소 또는 불기소 처분을 하는 것이며, 이는 법령에 근거한 정당한 직무수행입니다. 원고가 제출한 고소장에 대해서도 적법한 절차에 따라 처리되었을 것으로 보이고, 원고가 주장하는 바와 같이 고소장을 폐기하거나 은폐 조작 수사한 사실이 없습니다.

게다가 피고 이형열은 추가고소장의 담당자가 아니므로(을다 제1호증), 원고의 피고 이형열에 대한 청구는 그 자체로 이유없다 할 것입니다.

나. 직무행위에 대한 개인책임 부존재

설령 원고 주장과 같이 고소장 처리 과정에서 어떠한 하자가 있었다 하더라도, 이는 피고 이형열의 개인적 행위가 아닌 공수처의 공무 집행 과정에서 발생한 것으로서, 그 책임은 국가에 귀속되는 것이지 개인 피고 이형열에게 귀속되는 것은 아닙니다.

대법원 "공무원이 직무수행 중 불법행위로 타인에게 손해를 입힌 경우 국가 또는 지방자치단체가 그 손해를 배상할 책임이 있고, 공무원개인은 고의 또는 중대한 과실이 있는 경우에 한하여 국가 등으로부터 구상당할 수 있을 뿐" 이라고 판시하고 있습니다.

다. 손해발생의 부존재

원고가 주장하는 손해는 실제 발생하지 않았거나 법적으로 보호받을 수 있는 손해에 해당하지 않습니다.

원고는 "정당한 공수처 수사를 받을 권리" 가 침해되었다고 주장하나, 이러한 권리는 법적으로 인정되는 권리가 아닙니다. 고소인은 수사기관에 범죄 사실을 신고할 수 있을 뿐, 특정한 방식이나 결과로 수사를 받을 권리를 가지고 있지 않습니다. 수사의 개시, 진행, 종결은 수사기관의 재량에 속하는 사항입니다.

또한, 원고가 주장하는 정신적 손해 역시 구체적으로 입증되지 않았으며, 단순히 수사결과에 대한 불만이나 실망감은 법적으로 배상 가능한 손해에 해당하지 않습니다.

라. 손해배상액 산정의 부당성

원고가 주장하는 손해배상액 산정방식은 법적 근거가 없고 비합리적입니다. 원고는 자신의 과거 공무원 월급을 기준으로 손해배상액을 산정하고 있으나, 이는 손해배상액 산정의 적절한 기준이 될 수 없습니다. 또한 원고가 주장하는 정신적 위자료 역시 그 근거와 산정방식이 불분명하고 과도합니다.

3. 결론

위와 같은 이유로, 원고의 청구는 국가배상법상 개인 피고에 대한 청구로서 부적법할 뿐만 아니라, 피고 이형열은 원고가 제기한 추가고소사건의 담당자가 아니고, 원고에게 법적으로 보호받을 수 있는 손해가 발생하지 않았으므로 이유없어 기각되어야 합니다.

입 증 방 법

1. 을다 제1호증   사실확인서

2025. 6. 20.

위 피고3.의 소송대리인

변호사   권 영 심

안양지원 민사소액 13단독 귀중

㊲ 2025. 6. 20. 준비서면 서증(을다1)

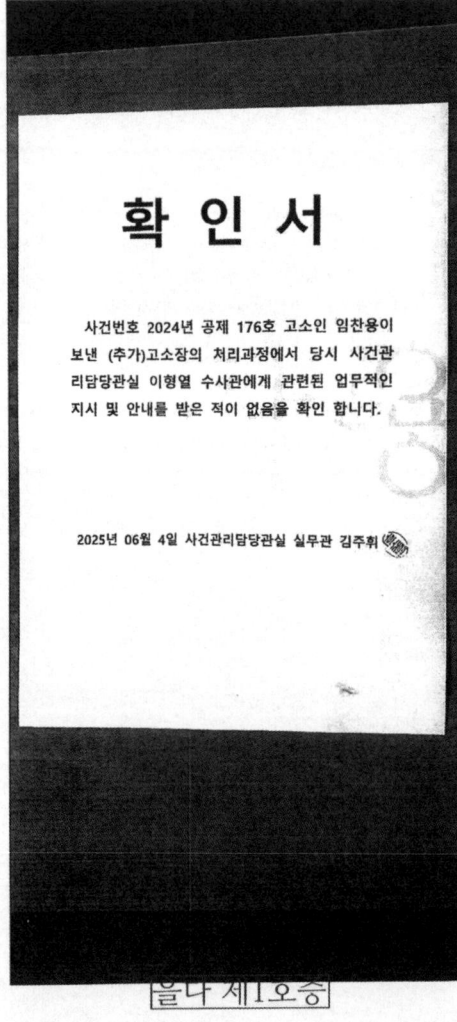

㊳ 2025. 6. 20. 준비서면(원고 임찬용)

개인정보유출주의 제출자:임찬용, 제출일시:2025.06.20 23:57, 출력자:임찬용, 다운로드일시:2025.09.13 17:51

준비서면

사 건		2024가소126262 손해배상(기)
원 고		임찬용
피 고		오동운 외 2명

위 사건에 관하여 다음과 같이 변론을 준비합니다.

다 음

2025. 6. 20.자 피고3 소송대리인 권영심의 준비서면에 대한 반박 의견

입증방법

갑 제9호증: 2025. 6. 20.자 준비서면(피고3 이형열의 소송대리인 권영심에 대한 반박의견)

2025. 6. 20.

원고   임찬용

㊴ 2025. 6. 20. 원고 준비서면 서증(갑9)

준 비 서 면

【2025. 6. 20.자 피고3 소송대리인 권영심의 준비서면에 대한 반박 의견】

[담당재판부 : 민사소액 13단독]

사　　　건 :　2024가소126262 손해배상(기), (이하, '이 사건'이라고 합니다)

원　　　고 :　임찬용
피　　고3 :　이형열

1. 이 사건 핵심쟁점 부분 및 이와 관련된 피고3 이형열의 소명 의무

이 사건 피고3 이형열의 중대범죄 행위는 이 사건 소장 청구원인 "Ⅱ. 피고들의 불법행위 (손해배상책임의 발생)226)" 중 "나. 피고 오동운, 윤상혁, 이형열의 '이 사건 (추가) 고소장' 은폐·폐기 불법행위"에 대하여,

"원고는 2024. 6. 10.경 '임찬용 고소장'227)을 은폐·조작 수사한 수원고등검찰청 검사 임용규 등 3명의 정치(비리)검사를 이 사건 피고소인으로 추가하는 (추가) 고소장228)을 작성하여 이를 등기우편을 통해

---

226) 이를 입증하는 증거자료로서 2024. 6. 22.자 "윤 대통령은 사건은폐 · 조작범 오동운 공수처장을 당장 구속 수사하라!!"라는 제하의 KMS 신문기사(갑 제2호증) 및 그 첨부자료(갑 제2호증의 1~8)를 각각 제출합니다.

227) 별권책자 (갑 제1호증) 제438~472쪽 (갑 제1호증의 2)

공수처에 송달하였습니다.229)

그런데 피고들은 2024. 6. 11.경 피의자 임용규 등 3명의 정치(비리) 검사들에게 형사처벌을 면해 주기 위하여 '이 사건 (추가) 고소장'을 형사사법포털(KICS)에 정식 입건하여 이 사건 고소장과 함께 수사를 진행하지 아니하고 쓰레기통에 폐기처분하였습니다.230)

이로써 피고들은 '이 사건 (추가) 고소장'을 정식 입건하여 수사하기는커녕 쓰레기통에 폐기처분함으로써 형사 고소인인 원고에게 엄청난 정신적 충격과 함께 정당한 공수처 수사를 받을 권리행사를 방해하는 등 큰 피해를 입혔습니다."라는 기재부분입니다.

또 원고는 이 사건 담당 재판부의 사전 허가를 받아 2025. 3. 29.자 피고3 이형열에 대한 구석명신청서를 송달한 사실과 관련, 이 사건 핵심 쟁점 부분에 대하여,

『이 사건 소장 기재내용 및 위 답변서 기재내용에서 살펴본 바와 같이, 피고3 이형열과 관련된 핵심 쟁점은 '이 사건 (추가) 고소장'에 대한 접수 및 주임검사에게 배당을 담당한 직원은 피고3 이형열이 맞는지, 그렇지 않으면 다른 직원인지의 여부입니다. 그만큼 설명이 필요 없는 아주 간단하고도 명백한 사안입니다.

---

228) 갑 제2호증의 3

229) 원고는 이 (추가) 고소장이 공수처에 송달된 사실을 확인하였습니다. 즉, 우체국에서 원고 핸드폰에 "고객님이 고위공직자범죄수사처님께 보내신 등기우편물(등기번호 1494-7011-26366)를 24년 6월 11일 (회사동료) 이아연님께 배달완료 하였습니다." 라고 통보해 주었습니다.

230) 이의 입증자료 : 2024. 6. 20.자 형사사법포털 화면 '공수처사건조회' 1부. (갑 제2호증의 4)

실제로 앞서 살펴본 바와 같이 피고3 이형열의 소송대리인 권영심 명의의 답변서에서도 "**피고3 이형열은 이 사건 추가고소장을 접수 및 관리한 담당자가 아니다**"는 단 한 줄이 고작이었습니다." 라는 사실을 적시하면서,

① 피고3 이형열과 관련된 이 사건의 핵심쟁점은 앞서 살펴본 바와 같이 아주 간단하고도 명백한 사안이기 때문에 전혀 법률적 도움이 필요 없음에도 불구하고 굳이 변호사를 소송대리인으로 선임한 이유는 무엇인가요?

② 피고3 이형열은 이 사건 소장 부본이 2024. 7. 24. 피고3 이형열에게 송달된 이래로 2024. 11. 27. 판사 최복규가 석명준비명령을 내리기까지 약 4개월간 답변서를 제출하지 않았던 이유는 무엇인가요?

③ 또 피고3 이형열은 2024. 11. 27. 판사 최복규 명의의 석명준비명령을 통하여 "2024. 12. 18.까지 답변서를 제출하라"는 지시를 받았음에도 불구하고, 소송대리인 권영심 명의로 달랑 "**피고3 이형열은 이 사건 추가고소장을 접수 및 관리한 담당자가 아니다**"는 단 한 줄의 답변서를 제출하는 마당에 위 지시를 어기가며 2025. 1. 14.에 이르러서야 답변서를 제출한 이유는 무엇인가요?

④ 또 피고3 이형열은 답변서 기재내용과 관련, "**피고3 이형열은 이 사건 추가고소장을 접수 및 관리한 담당자가 아니다**"는 사실을 입증하기 위해서는 당시 공수처 업무분장표 등 관련 자료를 제출하면 간단하게 해결되는 일을 가지고, 굳이 이를 확인받기 위하여 이 사건 담당재판부를 통하여 공수처에 사실조회를 한 이유는 무엇인가요?

지금이라도 당시 이 사건 (추가) 고소장 접수 및 주임검사에게 배당

하는 담당자가 피고3 이형열이 아니고 다른 직원이었다면, 그 직원을 특정할 수 있는 업무분장표 등 관련 자료를 제출할 수 있는가요?"』라는 답변을 요구한 바 있습니다.

2. 피고3 소송대리인 권영심 준비서면에 대한 반박 의견

- 소송대리인 권영심은 위 1항과 관련된 이 사건 핵심쟁점 부분과 관련, 동문서답, 유체이탈 화법을 동원하여 교묘하게 물타기 수법을 쓰고 있으며, 이 사건과 전혀 들어맞지도 않는 법리를 내세워 전형적인 법꾸라지 소송수행태도를 취하고 있습니다.

  거두절미하고 피고3 이형열이 이 사건 소장에 기재된 내용과 증거에 따라 원고에게 중대한 범죄행위를 저질렀는데 이게 민법 제750조에서 말한 불법행위가 아니라면, 그 불법행위의 실체는 무엇입니까? 꼭 사람을 죽여야만 불법행위입니까? 소송대리인 권영심은 도대체 어느 나라 변호사입니까?

  소송대리인 권영심의 위와 같은 궤변에 찬 주장은 전적으로 허위사실에 근거한 변론에 불과합니다.

- 소송대리인 권영심이 진정으로 피고3 이형열을 위한 변론을 하겠다고 마음을 먹었다면, 금방 거짓말로 판명되고 있는 위와 같은 허위사실에 입각한 법꾸라지 소송수행 태도를 견지할 것이 아니라, 이미 피고3 이형열에게 송달된 위 석명신청서에 대한 성실한 답변에 임하는 것이 변호사법에 규정된 변호사다운 변호사의 임무가 아닌가 생각합니다.

- 특히, 소송대리인 권영심이 증거로 제출한 '을다 제1호증'의 사실

확인서에는,

"사건번호 2024년 공제 176호 고소인 임찬용이 보낸 (추가) 고소장의 처리과정에서 당시 사건관리담당관실 이형열 수사관에게 관련된 업무적인 지시 및 안내를 받은 적이 없음을 확인 합니다.

2025년 06월 4일 사건관리담당관실 실무관 김주휘(날인)"라고 기재되어 있습니다.

. **살펴보건대,**

.. 평소 모든 고소장 처리업무와 관련 이형열 수사관의 지시를 받아 그의 보조 역할을 수행했던 실무관 김주휘는 이 사건 (추가) 고소장과 관련해서는 지시나 안내를 받은 적이 없다는 사실을 확인해 주고 있습니다. 이는 역설적으로 평소에는 이 사건 (추가) 고소장 외 다른 고소장은 이 사건 피고3 이형열의 지시나 안내를 받아 그의 보조 역할을 해온 사실을 확인해주고 있는 셈입니다.

.. 그렇다면, 평소 모든 고소장에 대한 접수나 배당 등 관리책임을 맡고 있는 이형열 수사관은 이 사건 (추가) 고소장에 대해서만큼은 김주휘 실무관에게 위 사실확인서에 기재된 바와 같이 업무 지시나 안내를 할 필요가 전혀 없음은 당연합니다.

그 이유는 피고3 이형열이 이 사건 (추가) 고소장을 김주휘 실무관에게 업무지시나 안내를 하기 이전에 그의 상사인 피고2 윤상혁 공수처검사 및 피고1 오동운 공수처장의 지시를 받고 쓰레기통에 폐기처분해 버렸기 때문입니다.

.. 이 사건 소장에서도 밝혔듯이 일개 수사관 직책에 불과한 피고3 이형열이 그의 상사인 피고2 윤상혁 공수처검사 및 피고1 오동운 공수처장의 지시 없이 독단적으로 이 사건 (추가) 고소장을 쓰레기통에 폐기처분하였다는 사실은 상상할 수도 없는 일입니다. 그 이유는 이는 워낙 중대 범죄행위인 데다, 추후 공수처 내에서도 파면 등 중징계가 불을 보듯 뻔한 일이기 때문입니다.

그런데 여기에서 추가적인 범죄혐의를 더 살펴볼 필요가 있습니다. 이 사건 소장이 제기되자 피고1 공수처장을 비롯한 피고 3명이 공수처 예산 등 혈세로 변호사 비용을 대납하면서 어떠한 일이 있더라도 거짓 변론과 부인으로 일관하기로 약속을 해왔다는 점입니다.

그 이유는 피고3 이형열이 위 석명신청서에 대한 답변을 거부하고 있다는 점, 그의 소송대리인 권영심마저도 허위내용의 변론을 계속 수행하고 있다는 점, 공수처가 소송대리인 권영심이 이 사건 재판부를 통하여 의뢰한 사실조회서에 대한 답변을 계속 거부하고 있다는 점에 있습니다.

원고는 피고 3명이 이 사건 소 제기에 따른 변호사 비용으로 자신들의 개인적 비용이 아닌 국가 예산을 유용한 사실이 정보공개청구 등을 통하여 확인된다면, 이 또한 공금 횡령 등으로 반드시 법적 책임을 물을 것입니다.

3. 결론

피고3 이형열의 소송대리인 권영심이 작성한 2025. 6. 20.자 이 사건 준비서면은 변호사법 제24조(품위유지의무 등) 제2조의 규정 (변호사는 그 직무를 수행할 때에 진실을 은폐하거나 거짓 진술을 하여서는 아니 된다)에 정면으로 위반하고 있을 뿐만 아니라 이 사건 피고3 이형열을 위한 소송사기 행각을 하였음을 입증시켜 주고 있습니다.

2025. 6. 20.
원고 임 찬 용 (인)

입증방법(이 사건 전자소송 등재 순에 의함)

1. 2024. 7. 11.자 이 사건 소장 및 그 증거서류 일체
2. 2024. 11. 27.자 석명준비명령(도과기간확인) 1부.
3. 2024. 12. 12.자 피고 오동운 답변서 1부.
4. 2024. 12. 14.자 원고 임찬용 준비서면(2024. 12. 12.자 피고 오동운 답변서 반박) 1부.
5. 2025. 1. 14.자 피고3 소송대리인 권영심 답변서 1부.
6. 2025. 1. 14.자 피고3 소송대리인 권영심 사실조회신청서(공수처) 1부.
7. 2025. 3. 6.자 원고 참고서면(이 사건 원고 승소판결 강력 촉구) 1부.
8. 2025. 3. 29.자 원고 임찬용의 피고3 이형열에 대한 구석명신청서 1부.
9. 2025. 6. 20.자 피고3 소송대리인 권영심의 준비서면 1부. 끝.

수원지방법원안양지원 민사소액 13단독 귀중

㊵ 2025. 6. 24. 변론조서(1회), 참여 이언옥

개인정보유출주의 등록자:이언옥, 등록일시:2025.06.24 16:30, 올려자:임찬용, 다운로드일시:2025.09.13 18:01

수원지방법원 안양지원
변 론 조 서

1차

사 건	2024가소126262 손해배상(기)
판 사 전 호 새	기 일: 2025. 6. 24. 16:30
법 원 주 사 이 언 옥	장 소: 제407호 법정
	공개 여부: 공 개
	고지된 선고 기일: 2025. 7. 22. 10:00

사건과 당사자의 이름을 부름

원고 임찬용	출석
피고1 소송대리인 법무법인 고원 담당변호사 박지은	출석
피고2 소송대리인 법무법인 정세 담당변호사 송민선	출석
피고3 소송대리인 변호사 최권득	출석

원고 임찬용

    소장, 2024. 12. 14.자 준비서면, 2025. 1. 2.자 청구취지 및 청구원인 변경신청서, 2025. 2. 20.자, 2025. 2. 25.자, 2025. 3. 6.자, 2025. 3. 8.자 참고서면, 2025. 3. 17.자 준비서면, 2025. 4. 18.자 참고서면, 2025. 4. 20.자 준비서면, 2025. 5. 5.자 참고서면(2부), 2025. 6. 20.자 준비서면 각 진술

피고 1. 대리인

    2024. 12. 12.자 답변서 진술

피고 2. 대리인

    2025. 2. 7.자 답변서, 2025. 3. 14.자 준비서면 각 진술

피고 3. 대리인

2025. 1. 14.자 답변서, 2025. 6. 20.자 준비서면 각 진술
증거관계 별도목록과 같음(쌍방 서증등)
쌍방
    더 이상 제출할 증거 및 주장이 없다고 진술
변론종결

법 원 주 사	이 언 옥	전자서명완료
판 사	전 호 재	전자서명완료

㊶ 2025. 6. 24. 공수처 사실조회회신서

개인정보유출주의 제출자:담당자, 제출일시:2025.06.24 18:12, 출력자:임찬용, 다운로드일시:2025.09.13 18:13

사 실 조 회 회 보 서

사　　건　　2024가소126262 손해배상(기)
원　　고　　임찬용
피　　고　　1. 오동운 2. 윤상혁 3. 이형열

위 사건의 2025. 1. 14.자 사실조회사항에 관하여 고위공직자범죄수사처는 다음과 같이 회신합니다.

공수처 사건관리담당관실은 운영지원담당관실을 거쳐 2024. 6. 20. 이 사건 추가 고소장(2024. 6. 10.자)을 접수하였고, 사건관리담당관실 소속 실무관은 2024. 7. 2. KICS(형사사법정보시스템)를 통해 사건관리담당관실 과장에게 기록대출 신청 결재를 올렸으며 당일 과장이 승인 결재를 하였습니다. 그리고 2024공제176호 사건 기록을 대출한 다음 위 기록에 이 사건 추가 고소장을 편철한 후 2024. 7. 4. 위 기록을 기록물관리실에 보관시킨 것으로 확인됩니다.

2025. 06. 24.
고위공직자범죄수사처장

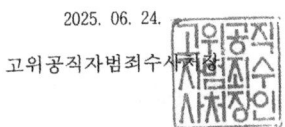

수원지방법원 안양지원 민사소액13단독 귀중

㊷ 2025. 6. 25. 원고 입증서면 제출

공수처는 2025. 6. 24.자 '사실조회회보서'라는 허위내용의 공문서를 작성하여 이를 이 법원에 회신한 중대 범죄 행위를 저질렀습니다.

【담당재판부 : 민사소액 13단독】

사　　건 ：　2024가소126262 손해배상(기), (이하, '이 사건'이라고 합니다)

원　　고 ：　임찬용
피　　고 ：　1. 오동운　2. 윤상혁　3. 이형열

I. 이 법원이 공수처로부터 위 사실조회회보서를 회신받기까지의 경과

- 2025. 1. 14. 피고3 이형열의 소송대리인 권영심은 공수처를 상대로 사실조회신청서를 작성하여 이를 촉탁해 줄 것을 이 법원에 요구함.

* 사실조회 사항 : 이 사건 (추가) 고소장을 접수하고 관리한 담당자가 피고3 이형열이 맞는지요?

- 2025. 1. 15. 판사 최복규는 위 사실조회신청서를 첨부한 사실조회서를 작성하여 이를 공수처에 송부함.

- 2025. 1. 24. 판사 최복규는 공수처로부터 위 사실조회서에 대한 회신이 없자 재차 송부함.

- 2025. 3. 29. 원고는 피고3 이형열을 상대로 한 구석명신청서에서,

 "피고3 이형열은 답변서 기재내용과 관련, '**피고3 이형열은 이 사건 추가고소장을 접수 및 관리한 담당자가 아니다**'는 사실을 입증하기 위해서는 당시 공수처 업무분장표 등 관련 자료를 제출하면 간단하게 해결되는 일을 가지고, 굳이 이를 확인받기 위하여 이 사건 담당재판부를 통하여 공수처에 사실조회를 한 이유는 무엇인가요?

 지금이라도 당시 이 사건 (추가) 고소장 접수 및 주임검사에게 배당하는 담당자가 피고3 이형열이 아니고 다른 직원이었다면, 그 직원을 특정할 수 있는 업무분장표 등 관련 자료를 제출할 수 있는가요?" 라는 답변을 요구하였으나, 피고3 이형열은 그 답변을 끝내 거부함.

- 2025. 4. 21. 피고3 소송대리인 권영심은 원고가 제출한 2025. 3. 29.자 구석명신청서에 대한 답변을 거부한 채 위 사실조회 사항에 대하여 이 법원에 '사실조회회신 독촉 신청서'를 제출함.

- 2025. 4. 22. 판사 전호재는 2차례 걸친 사실조회에 대한 회신서를 조속히 송부해 줄 것을 부탁드린다는 취지의 독촉 공문을 공수처에 발송함.

- 2025. 6. 20. 피고3 소송대리인 권영심은 자신의 준비서면에서,

 "피고3 이형열은 원고가 제기한 추가고소사건의 담당자가 아니다"라는 사실을 입증하기 위해 2025. 6. 4.자 사건관리담당관실 소속

실무관 김주휘 명의의 사실확인서(을다 제1호증)을 이 사건 담당 재판부에 제출함.

* 위 사실확인서에는 "사건번호 2024년 공제 176호 고소인 임찬용이 보낸 (추가) 고소장의 처리과정에서 당시 사건관리담당관실 이형열 수사관에게 관련된 업무적인 지시 및 안내를 받은 적이 없음을 확인합니다."라고 기재되어 있음.

- 2025. 6. 20. 원고 임찬용은 자신의 준비서면에서,

"평소 모든 고소장 처리업무와 관련 이형열 수사관의 지시를 받아 그의 보조 역할을 수행했던 실무관 김주휘는 이 사건 (추가) 고소장과 관련해서는 지시나 안내를 받은 적이 없다는 사실을 확인해 주고 있습니다. 이는 역설적으로 평소에는 이 사건 (추가) 고소장 외 다른 고소장은 이 사건 피고3 이형열의 지시나 안내를 받아 그의 보조 역할을 해온 사실을 확인해주고 있는 셈입니다.

그렇다면, 평소 모든 고소장에 대한 접수나 배당 등 관리책임을 맡고 있는 이형열 수사관은 이 사건 (추가) 고소장에 대해서만큼은 김주휘 실무관에게 위 사실확인서에 기재된 바와 같이 업무 지시나 안내를 할 필요가 전혀 없음은 당연합니다.

그 이유는 피고3 이형열이 이 사건 (추가) 고소장을 김주휘 실무관에게 업무지시나 안내를 하기 이전에 그의 상사인 피고2 윤상혁 공수처검사 및 피고1 오동운 공수처장의 지시를 받고 쓰레기통에 폐기처분해 버렸기 때문입니다.

이 사건 소장에서도 밝혔듯이 일개 수사관 직책에 불과한 피고3

이형열이 그의 상사인 피고2 윤상혁 공수처검사 및 피고1 오동운 공수처장의 지시 없이 독단적으로 이 사건 (추가) 고소장을 쓰레기통에 폐기처분하였다는 사실은 상상할 수도 없는 일입니다. 그 이유는 이는 워낙 중대 범죄행위인 데다, 추후 공수처 내에서도 파면 등 중징계가 불을 보듯 뻔한 일이기 때문입니다."라는 논거와 주장을 펼치고 있음.

- 2025. 6. 24. 제1차 변론기일 (변론종결, 2025. 7. 22. 판결선고기일 지정)

- 2025. 6. 24. 공수처는 이 사건 판결선고기일이 지정되자마자 기다렸다는 듯이 부랴부랴 위 사실조회회보서를 이 법원에 회신함.

II. 공수처가 이 법원에 회신한 위 '사실조회회보서' 기재내용

① 공수처 사건관리담당관실은 운영지원담당관실을 거쳐 2024. 6. 20. 이 사건 추가 고소장(2024. 6. 10.자)을 접수하였고,

② 사건관리담당관실 소속 실무관은 2024. 7. 2. KICS (형사사법정보시스템)를 통해 사건관리담당관실 과장에게 기록대출 신청 결재를 올렸으며, 당일 과장이 승인 결재를 하였습니다.

③ 그리고 2024공제176호 사건 기록을 대출한 다음 위 기록에 이 사건 추가 고소장을 편철한 후 2024. 7. 4. 위 기록을 기록물관리실에 보관시킨 것으로 확인됩니다.

Ⅲ. 원고는 위 '사실조회회보서' 기재내용이 허위내용으로 작성되어 있다는 사실을 다음과 같이 입증함

- 위 ①항 기재내용과 관련,

. 공수처 사건관리담당관실은 2024. 6. 20. 이 사건 추가 고소장을 접수하였다는 사실을 확인해 주고 있습니다.

그러나 사실은 원고가 이 사건 추가 고소장을 등기 속달을 통해 공수처에 발송한 시점은 2024. 6. 10.이며, 우체국에서는 2024. 6. 11. 이 사건 추가 고소장을 (회사동료) 이아연님께 배달완료 하였다는 문자메시지를 원고에게 통보해 주었습니다. (입증자료 : 이 사건 소장 '주석 8' 참조)

따라서 이 사건 추가 고소장이 공수처에 접수된 시점은 위 사실조회회보서에 기재된 2024. 6. 20.이 아니라, 그보다 9일이 앞당겨진 2024. 6. 11.입니다.

. 그렇다면, 공수처에서는 왜 위 사실조회회보서에 이 사건 추가 고소장 접수 일시를 2024. 6. 11.로 기재하지 아니하고, 장장 9일을 늦춰 2024. 6. 20.로 허위 기재하였을까요?

그 이유는 이 사건 고소장의 불기소 처분날짜가 2024. 6. 18.인 점에 있습니다.

즉, 이 사건 추가 고소장 접수 일자를 이 사건 고소장 불기소 처분 날짜 이후로 잡아 놓아야만 (실무관이 자신의 임의대로) 위 사실 조회회보서에 기재된 내용대로 이 사건 추가 고소장에 대해 KICS에

정식 입건 절차를 생략함은 물론 피고2 윤상혁 공수처검사에게 배당 및 처분, 그리고 피고1 오동운 공수처장까지의 결재과정을 거치지 아니한 채 2024. 6. 18. 이미 불기소 처분한 이 사건 고소장 기록에 편철하면 된다는 시나리오에 맞추려고 하였기 때문입니다.

그러나, 사건관리담당관실 소속 실무관이 위 시나리오대로 업무를 처리를 하였다고 하더라도 이 또한 불법행위를 저지른 점은 마찬가지입니다. 그 이유는 다음 항목에서 더 자세하게 살펴보겠습니다.

- 위 ②항 기재내용과 관련,

. 피고3 이형열의 소송대리인 권영심은 2025. 6. 20자 자신의 준비서면에서, 평소 피고3 이형열 수사관의 보조역할을 수행해 오고 있는 실무관 김주휘가 "사건번호 2024년 공제 176호 고소인 임찬용이 보낸 (추가) 고소장의 처리과정에서 당시 사건관리담당관실 이형열 수사관에게 관련된 업무적인 지시 및 안내를 받은 적이 없음을 확인합니다."라고 작성한 2025. 6. 4.자 사실확인서(을다 제1호증)를 제출한 바 있습니다.

즉, 사건관리담당관실 소속 실무관 김주휘는 이 사건 (추가) 고소장 처리과정에서 피고3 이형열 수사관으로부터 업무적인 지시 및 안내를 받은 적이 없다는 사실을 확인해 주었음에도 불구하고 위 사실조회 회보서에서는 자신이 이 사건 (추가) 고소장을 처리하였다는 상반된 진술을 하고 있습니다.

- 위 ②항 및 ③항 기재내용과 관련,

(관련규정 검토 : 공수처 사건사무규칙)

제11조 (사건의 수리 사유) 사건사무담당직원은 "2. 검사가 고소·고발 또는 자수를 받은 경우"에는 공직범죄사건으로 수리한 다음, 별지 제1호서식의 공직범죄사건부에 해당 사항을 기록한다.

제14조(수리한 사건의 전산입력 등) ① 사건사무담당직원은 제11조에 따라 사건을 수리한 때에는 수리입력항목에 따른 사항을 형사사법정보시스템에 입력한다. 다만, 형사사법정보시스템을 통하여 사건정보를 전송받은 경우에는 해당 전자문서를 조회하여 이첩한 수사기관, 이첩번호, 피의자 인적사항, 죄명 등을 확인하여 수리하는 것으로 전산입력을 갈음할 수 있다.

② 사건사무담당직원은 범죄인지서, 고소장, 고발장, 자수서, 고소인·고발인·자수인 진술조서, 사건이첩서, 불기소사건재기서 등에 사건번호를 기재한다.

③ 사건번호는 제11조에 따른 수리사건의 전산입력진행번호로서 사건마다 일련번호를 붙이되, 연도별로 접수연도와 접수번호를 "ㅇ년 공제 ㅇ호"로 표시한다.

제27조(사건의 결정) ① 검사가 사건을 종결할 때에는 처장의 지휘·감독에 따라 다음 각 호의 구분에 따른 결정을 한다. 〈개정 2023. 2. 14.〉

1. 공소제기, 2. 공소제기요구, 3. 불기소 〔가. 기소유예, 나. 혐의없음 (범죄인정안됨, 증거불충분), 다. 죄가안됨, 라. 공소권없음,

마. 각하), 4. 기소중지, 5. 참고인중지, 6. 이첩

이 사건 (추가) 고소장에 대한 정상적인 업무처리 절차는 공수처 사건사무규칙 제11조(사건의 수리) 제2호, 제14조(수리한 사건의 전산입력 등), 제27조(사건의 결정)의 규정이 순차적으로 이행되어야 합니다.

그런데 위 사실조회회보서에 기재된 내용에는 이 사건 (추가) 고소장에 대하여 위와 같은 공수처 사건사무규칙 규정들이 제대로 이행되었다는 흔적조차 발견할 수 없습니다.

특히 사건관리담당관실 소속 실무관이 이 사건 (추가) 고소장을 2024공제176호 사건기록(2024. 3. 21.자 이 사건 고소장 기록)에 편철하기 위해서는 피고2 윤상혁 공수처검사가 공수처 사건사무규칙 제27조에 따라 '사건의 결정' 과정을 거쳐야 하는데, 이 또한 흔적조차 발견할 수 없습니다.

공수처 사건사무규칙 제27조 규정에 의하면, 이 사건 (추가) 고소장에 대한 종결 처분과 관련, 공수처검사만이 처장의 지휘·감독에 따라 사건의 결정을 할 수 있습니다.

그럼에도 불구하고, 위 사실조회회보서 기재내용을 살펴보면, 평소 피고3 이형열 수사관의 보조역할을 수행해온 사건관리담당관실 소속 실무관이 위와 같은 업무처리 절차나 규정을 완전히 무시한 채 자신의 임의대로 이 사건 (추가) 고소장에 대해 불기소처분 결정한 다음 이를 2024공제176호 사건기록에 편철하였다는 것입니다. 과연 이게 상상이나 할 수 있는 일입니까?

이는 한마디로 위 사실조회회보서가 명백하게 100% 허위내용으로 작성되었음을 증명하고도 남음이 있습니다.

- 기타

. 위 사실조회회보서에는 공수처장 직인만 찍혀 있고, 외형적으로 결재 과정이 전혀 드러나지 않게끔 기안 작성자나 결재자의 실명을 모두 감추고 있습니다.

. 이는 위 사실조회회보서가 허위내용으로 작성되어 있다는 사실을 스스로 자인한 셈이며, 추후 허위내용의 공문서 작성과 관련 법적 책임에서 빠져나갈 수 있는 탈출구를 미리 마련하기 위함으로 보입니다.

Ⅳ. 피고1 오동운, 피고2 윤상혁의 '이 사건 (추가) 고소장' 은폐 · 폐기 불법행위 인정 여부

- 피고 오동운은 2024. 12. 12.자 자신의 답변서 '2. 공수처의 사건 처리' 항목에서,

이 사건 (추가) 고소장에 대하여 정식 사건번호로 입건하여 수사를 진행한 후 적법하게 불기소 처분을 하였고, 고소장을 폐기처분한 사실이 전혀 없다고 항변하면서 그 증거자료로서 '갑 제2호증의 4' (KICS 조회화면 출력물 발췌)를 제출하였습니다.

그러나 위 증거자료는 피고 오동운이 주장하는 바와 전혀 다른 허위 내용이라는 사실이 2024. 12. 14.자 원고 준비서면 "Ⅱ. 피고 답변서

기재 내용 및 원고의 반박" 항목에서 들통이 나고 말았습니다.

즉, 피고 오동운이 제출한 위 '갑 제2호증의 4(KICS 조회내역)'에 기재되어 있는 내용에 의하면, 피고 오동운은 '2024. 3. 21.자 이 사건 고소장'(갑 제2호증의 1)만을 수리(입건)하고, 그 이후 제출된 '2024. 6. 10.자 이 사건(추가) 고소장'(갑 제2호증의 3)에 대해서는 수리(입건)조차 하지 않은 채 폐기처분한 사실이 확인되고 있음에도 불구하고, 이를 전면 부인하는 허위내용의 답변서를 작성해 놓고 있습니다.

특히 피고 오동운은 이 사건 답변서에서 원고가 제출한 이 사건 (추가) 고소장을 쓰레기통에 폐기처분한 사실을 숨기기 위해 위 '갑 제2호증의 4(KICS 조회내역)'의 기재내용 중 앞쪽 "공수처사건 조회"라는 제목 부분만을 복사하여 기재해 놓은 반면, 이 사건 (추가) 고소장이 수리(입건)조차 하지 않은 채 폐기처분되었다는 사실을 금방 확인할 수 있는 위 '갑 제2호증의 4(KICS 조회내역)'의 기재내용 중 중간 및 뒤쪽 부분에 대해서는 의도적으로 누락시켜 버렸습니다.

- 피고 윤상혁은 자신의 소송대리인 송민선이 작성한 2025. 3. 14.자 준비서면 형식의 답변서 "4. 피고 윤상혁은 추가 고소사건을 배당받은 사실이 없습니다."라는 항목에서,

"피고 윤상혁은 1차 고소사건에 대하여 불기소결정을 한 사실이 있으나, 추가 고소사건은 피고 윤상혁이 재직하였던 검사실에서 배당받은 사실이 없습니다. 고위공직자범죄수사처 사건사무규칙에 따르면, 사건관리담당관이 사건을 수리한 때에는 수리입력항목에 따른 사항을 형사사법정보시스템에 입력하도록 되어 있는데, 피고

윤상혁은 1차 고소사건에 대하여 불기소결정을 처분완료하는 시점까지 추가 고소사건을 배당받은 사실이 없습니다."라는 주장을 펼치고 있습니다.

살펴보건대,

피고 윤상혁은 이 사건 (추가) 고소장에 대해 배당받은 사실이 없는 것은 당연합니다. 그 이유는 이 사건 (추가) 고소장이 피고 윤상혁에게 배당되기 이전에 이미 폐기처분되었기 때문입니다.

문제는 이 사건 (추가) 고소장을 KICS에 정식 입건하지 아니하고 폐기처분함에 있어 피고2 윤상혁이 관여했는지의 여부에 있습니다.

앞서 위 사실조회회보서 기재내용에서 살펴본 바와 같이, 사건접수 및 배당 담당 직원인 피고3 이형열의 보조역할을 수행해 오고 있던 사건관리담당관실 소속 실무관 김주휘가 피고3 이형열의 지시나 안내를 받지 아니하고, 더군다나 공수처 사건사무규칙 제27조의 규정에 의거 이 사건 (추가) 고소장에 대한 종결 처분권을 갖고 있는 피고2 윤상혁 공수처 검사 및 최종 지휘 · 감독권을 가지고 있는 피고1 오동운 공수처장의 지시나 사전 허가 없이 이 사건 (추가) 고소장을 2024공제176호 사건 기록(2024. 3. 21.자 이 사건 고소장 기록)에 편철해 버렸다는 자체는 업무처리지침상으로나 경험칙상 도저히 발생할 수 없는 불법행위이기 때문입니다.

V. 결론

　　이미 살펴본 바와 같이 공수처가 이 법원에 송부한 2025. 6. 24.자 위 사실조회회보서는 100% 허위내용으로 작성되어 있으므로 이를 피고들을 위한 증거로 채택할 수 없음은 너무나도 당연합니다.

　　　　　　2025. 6. 25.
　　　　　원고　임 찬 용　(인)

수원지방법원안양지원 민사소액 13단독 귀중

㊸ 2025. 7. 22. 판결문

수원지방법원 안양지원

판 결

사 건		2024가소126262 손해배상(기)
원 고		임찬용
		성남시 수정구 복정로96번길 20 (복정동) 203호
피 고		1. 오동운
		소송대리인 법무법인 고원, 담당변호사 박지은
		2. 윤상혁
		소송대리인 법무법인 정세, 담당변호사 송민선
		3. 이형열
		피고들 주소 과천시 관문로 47, 5동, 고위공직자범죄수사처
		(중앙동, 정부과천청사)
		소송대리인 변호사 권영심, 소송복대리인 변호사 최권득
변론종결		2025. 6. 24.
판결선고		2025. 7. 22.

주 문

1. 원고의 피고들에 대한 청구를 모두 기각한다.
2. 소송비용은 원고가 부담한다.

청 구 취 지

원고에게, 피고 오동운, 윤상혁은 공동하여 15,634,660원, 피고들은 공동하여 13,507,720원과 위 각 금원에 대하여 이 사건 소장 송달 다음 날부터 갚는 날까지 연 12%의 비율로 계산한 돈을 지급하라.

판사   전호재   **전자서명완료**

※ 소액사건의 판결서에는 소액사건심판법 제11조의2 제3항에 따라 이유를 기재하지 아니할 수 있습니다.

㊹ 2025. 7. 25. 항소장

개인정보유출주의 제출자:임찬용, 제출일시:2025.07.25 11:38, 출력자:임찬용, 다운로드일시:2025.09.13 18:47

항소장

사 건	2024가소126262 손해배상(기)
항 소 인 (원고)	임찬용 성남시 수정구 복정로96번길 20(복정동) 203호
피 항 소 인 (피고)	1. 오동운 과천시 관문로 47(중앙동, 정부과천청사) 5동, 고위공직자범죄수사처 2. 윤상혁 과천시 관문로 47(중앙동, 정부과천청사) 5동, 고위공직자범죄수사처 3. 이형열 과천시 관문로 47(중앙동, 정부과천청사) 5동, 고위공직자범죄수사처

위 사건에 관하여 수원지법 안양지원에서 2025. 7. 22.에 선고한 판결정본을 2025. 7. 00. 송달 받았으나 이에 불복이므로 항소를 제기합니다.

원판결의 표시

1. 원고의 피고들에 대한 청구를 모두 기각한다.
2. 소송비용은 원고가 부담한다.

항소취지

1. 원심 판결을 취소한다.
2. 원고에게, 피고 오동운, 윤상혁은 공동하여 15,634,660 원, 피고들은 공동하여 13,507,720 원과 위 각 금원에 대하여 이 사건 소장 송달 다음 날부터 갚는 날까지 연 12%의 비율로 계산한 돈을 지급하라.
3. 소송비용은 제1심, 2심 모두 피고가 부담한다.
4. 제2항은 가집행할 수 있다.

항소이유

Ⅰ. 원심 판사 전호재는 피고1 오동운의 소송대리인들이자 법조카르텔의 한 축인 법무법인 고원 (로펌) 소속 담당변호사들 김수환, 박지은, 성해윤, 이영규, 이영빈으로부터 피고들이 승소할 수 있도록 이 사건 판결문을 조작해 달라는 청탁을 받고[231], 2025. 7. 22. 이 사건 판결문을 허위내용으로 작성하였습니다.

이는 당연히 승소 판결을 받아야 할 원고에게 패소 판결을 안겨줌은 물론 신속하고도 공정한 재판을 받아야 할 원고의 헌법상 권리까지 침해하는 결과에 이르고 말았습니다.

그 내막을 살펴보면 다음과 같습니다.

- 원심 판사 전호재는 2025. 7. 22. 이 사건이 소액사건에 해당된다는 이유로 소액사건심판법 제11조의2 제3항(이하, '**이유 미기재 근거**

---

[231] 이에 대한 근거는 다음과 같습니다.
첫째, 원심 판사 전호재는 후술하는 바와 같이 피고들이 이 사건 재판에서 승소할 확률이 0%에 가까운 상황에 있었음에도 불구하고, 소액사건심판법 제11조의 2 제3항을 악용하여 이 사건 판결문상 이유나 판단 부분을 기재하지 아니한 채 주문 기재만으로도 허위내용의 판결문을 작성할 수 있었다는 점, 둘째, 로펌 소속 피고1 소송대리인 변호사들은 원고의 강력한 반대(그 이유에 대해서는 2025. 4. 20.자 원고 준비서면 참조)에도 불구하고, "이 사건 변론기일이 2025. 4. 29. 14:40으로 지정되었으나, 같은 날 다른 사건 변론기일과 중복되어 참석에 촉박한 사정이 있는 바, 금번 기일을 2025. 6. 24. 오후로 변경해 달라"는 취지의 2025. 4. 18.자 '변론기일변경신청서'를 원심 판사 전호재에게 제출하여 이를 허가받은 다음, 그 시점부터 2027. 7. 22. 이 사건 판결이 원심 판사 전호재에 의해 허위내용으로 내려지기까지 약 3개월 동안 피고1 오동운을 위한 준비서면 작성 등 변론 활동을 전혀 하지 않았다는 점, 셋째, 피고1 오동운은 자신을 포함한 자신의 부하직원인 피고들이 이 사건 소장 청구원인 중 "나. 피고 오동운, 윤상혁, 이형열의 '이 사건 (추가) 고소장' 은폐 · 폐기 불법행위"에 대한 법적 책임을 져야할 명백한 상황에서, 원심 판사 전호재로 하여금 오판을 갖도록 하기 위하여 2025. 6. 24.자 '사실조회 회보서'라는 공문서를 허위로 작성하여 이를 원심 판사 전호재에게 송부하였다(입증자료 : 2025. 6. 24.자 공수처장 명의 '사실조회 회보서' 공문 및 이를 허위내용으로 작성되었다는 근거를 제시하면서 반박하고 있는 2025. 6. 25.자 원고 임찬용의 입증서면)는 점에 있습니다.

조항')을 근거로 삼아 이 사건 판결문상 "이유" 기재 부분의 작성을 생략하고 '원고의 피고들에 대한 청구를 모두 기각한다.'라는 주문만을 작성해 놓았습니다.

- 그러나 원심 판사 전호재가 이 사건 판결문을 작성함에 있어서 위 '이유 미기재 근거 조항'을 적용하면서 피고들에게 승소 판결을 내리기 위해서는 법과 양심에 따라 이 사건을 제대로 심리하고 판단하였다는 전제 조건이 뒤따라야 합니다.

즉, 입법자가 위 '이유 미기재 근거 조항'을 둔 이유는 해당 판사로 하여금 소액사건심판의 특성을 고려하여 일반 사건 보다 더 신속하고도 공정한 재판을 진행해 달라는 취지의 표현이지 위 '이유 미기재 근거 조항'을 악용하여 허위내용의 판결문을 작성하고 이에 터 잡아 피해 당사자에게 헌법상 부여되는 신속하고도 공정한 재판을 받을 권리를 침해하라는 취지의 표현은 아니기 때문입니다.

- 그런데 원심 판사 전호재는 이 사건 재판을 진행해 오면서 당사자들로부터 제출받은 소장 및 각 증거자료, 답변서 및 준비서면 등 각종 서면자료를 통해 피고들이 승소할 가능성이 전혀 없다는 사실을 명백하게 인식하고 있는 상황에서, 이를 뒤집기 위해 위 '이유 미기재 근거 조항'을 악용하여 이 사건 판결문상 '이유' 기재부분을 생략한 채 어떠한 근거를 제시하지 아니하고 '원고의 피고들에 대한 청구를 모두 기각한다'라는 허위 내용의 판결문을 작성해 버렸습니다.

- 더군다나 원심 판사 전호재는 이 사건 허위 내용의 판결문 작성을 통해 피고들에게 승소 판결을 안겨주기 위한 방법으로 국회에서 제정한 법률인 위 '이유 미기재 근거 조항'을 악용하였다는 점에서 그 죄질 또한 극히 불량합니다.

Ⅱ. 원고는 원심 판사 전호재가 이 사건 재판에서 원고에게 100% 승소 판결을 내려야 할 상황에 있었음에도 불구하고 피고들에게 승소 판결을 안겨주기 위해 위 '이유 미기재 근거 조항'을 악용하여 허위내용의 판결문을 작성하였다는 근거를 다음과 같이 제시합니다.

- 이 사건 소장 청구원인 [가. 피고 오동운, 윤상혁의 '이 사건 고소장' 은폐 · 조작수사 불법행위, 나. 피고 오동운, 윤상혁, 이형열의 '이 사건 (추가) 고소장' 은폐 · 폐기 불법행위] 과 관련,

원고는 위 청구원인을 입증하기 위하여 갑1, 갑1-1, 갑1-2, 갑2, 갑2-1, 갑2-2, 갑2-3, 갑2-4, 갑2-5, 갑2-6, 갑2-7, 갑2-8, 갑3, 갑4, 갑5, 갑6, 갑7, 갑8, 갑9의 증거자료를 제출한 반면, 피고들 중 피고3 이형열의 소송대리인 권영심은 위 '청구원인 나.항'을 부인하기 위하여 '을다1'(사실확인서)의 증거자료를 제출하였을 뿐입니다.

그런데 피고들 중 피고3 소송대리인 권영심이 제출한 위 '을다1' (사실확인서)는 위 '청구원인 나.항'을 부인하려는 당초 의도와 달리 오히려 위 '청구원인 나.항'을 시인하는 증거자료로 확인되고 말았습니다.[232]

따라서 원고는 관련 증거자료를 제시해 가면서 위 청구원인을 완벽하게 입증하고 있는 반면, 피고들은 위 청구원인을 반박하기 위한 어떠한 증거를 제출한 사실이 없고, 자신들의 답변서 또는 준비서면을

---

[232] 입증자료 : 2025. 6. 20.자 피고3 소송대리인 권영심의 준비서면 및 이를 전면 반박하고 있는 동일자 원고 임찬용의 준비서면 각 참조

통하여 오로지 부인으로 일관하거나, 추측에 기한 허위 주장만을 반복적으로 허공에 외쳐대고 있습니다.

특히, 위 '청구원인 가.항'과 관련,

- 원고는 이 사건 소장 청구원인 중 "가. 피고 오동운, 윤상혁의 '이 사건 고소장' 은폐 · 조작수사 불법행위"를 명명백백하게 입증하기 위하여 2024. 3. 21.자 '이 사건 고소장'(갑 제2호증의 1)에 기재된 피고소인 이주훈 검사 외 8명의 범죄사실에 대한 입증자료를 '주석'란에 겹겹이 특정해 놓았음에도[233], 피고 오동운, 윤상혁은 이를 전혀 수사하지 아니하고 2024. 6. 18.자 피의자 이주훈 검사 외 8명에 대한 불기소결정서(갑 제3호증)을 허위내용으로 작성하는 수법을 통해 몽땅 은폐해 버렸습니다.

피고 오동운, 윤상혁은 원고가 '이 사건 고소장'(갑 제2호증의 1)에 피고소인 이주훈 검사 외 8명의 범행 입증자료를 위와 같이 '주석'란에 겹겹이 특정해 놓았음에도 이를 전혀 수사하지 않는 사실이 확인되고 있는 이상 피고들의 어떠한 변명이나 주장들은 아무런 소용이 없으며 위 '청구원인 가.항'은 100% 인정되고도 남음이 있습니다.

---

[233] 이를 구체적으로 살펴보면, ① 피고소인 이주훈 검사의 범행 입증자료는 '주석 10', '주석 11'에 겹겹이 특정해 놓았고, ② 피고소인 이정호 검사의 범행 입증자료는 '주석 12', '주석 13'에 겹겹이 특정해 놓았으며, ③ 피고소인 임연진 검사의 범행 입증자료는 '주석 18', '주석 19'에 겹겹이 특정해 놓았으며, ④ 피고소인 정용수 검사의 범행 입증자료는 '주석 20'에 겹겹이 특정해 놓았으며, ⑤ 피고소인 유정현 검사의 범행 입증자료는 '주석 24', '주석 25'에 겹겹이 특정해 놓았으며, ⑥ 피고소인 정성현 검사의 범행 입증자료는 '주석 29', '주석 30'에 겹겹이 특정해 놓았으며, ⑦ 피고소인 이승영 검사의 범행 입증자료는 '주석 31'. '주석 32'에 겹겹이 특정해 놓았으며, ⑧ 피고소인 김한나 검사의 범행 입증자료는 '주석 36', '주석 37'에 겹겹이 특정해 놓았으며, ⑨ 피고소인 허윤희 검사의 범행 입증자료는 '주석 39', '주석 40'에 겹겹이 특정해 놓았음

그렇다면, 피고 오동운, 윤상혁은 이 사건 소송을 수행해 오면서 위 '주석'란에 특정되어 있는 피의자 이주훈 검사 외 8명의 범행 입증자료에 대하여 '왜 이를 수사하지 않았는지', 또 자신들이 작성한 2024. 6. 18.자 피의자 이주훈 외 8명에 대한 불기소결정서에는 '왜 이를 기재하지 않았는지' 그 내막을 소상히 밝히기는커녕 언급 조차 하지 못하는 이유는 뭘까요?

그 이유는 피고 오동운 윤상혁이 위 '주석'란에 특정된 피의자 이주훈 검사 외 8명의 범행 입증자료가 존재하고 있다는 사실만 인정하더라도, 그들 스스로 위 '청구원인 가.항'을 인정하는 꼴이 되어 버리기 때문입니다.

또 위 '청구원인 나항'과 관련,

- 피고1 오동운은 자신의 부인을 입증한다는 명분하에 원고가 제출한 **갑 제2호증의4**(2024. 6. 20.자 형사사법포털화면 '공수처사건조회')의 증거자료에서 허위내용만을 편집하여 이를 담당 재판부에 제출한 바 있으며,[234]

- 공수처에서는 2025. 6. 24. 피고2, 피고3 등이 소송사기 행각을 펼칠 수 있도록 '사실조회 회보서'라는 공문서를 허위내용으로 작성하여 이를 담당 재판부에 송부한 바 있습니다.[235]

또 원심 판사 전호재가 2025. 6. 24.자 변론조서에 기재해 놓은

---

[234] 입증자료 : 2024. 12. 12.자 피고1 오동운의 답변서 및 이를 전면 반박하고 있는 2024. 12. 14. 원고 임찬용 준비서면 각 참조

[235] 입증자료 : 2025. 6. 24.자 공수처장 명의의 '사실조회 회보서' 공문 및 이를 전면 반박하고 있는 2025. 6. 25.자 원고 임찬용의 입증서면 각 참조

내용 중 당사자들이 제출한 각 서면의 기재내용의 확인을 통하여 이 사건의 실체적 진실을 규명해 보자면,

- 원고 임찬용이 제출한 서면 중에서

. 소장 : 앞서 살펴본 바와 같이, 소장에 첨부된 피고들의 불법행위를 입증하고 있는 증거자료들에 의해 이 사건 청구원인 가.항 및 나.항을 100% 입증시켜 주고 있을 뿐만 아니라, 피고들 역시 이에 대한 반박을 전혀 하지 못하고 근거 없이 허위사실을 주장하거나 부인으로 일관하고 있음.

. 2024. 12. 14.자 원고 준비서면 : 2024. 12. 12.자 피고1 오동운의 답변서는 전혀 근거 없이 허위사실을 주장하거나, 부인으로 일관하고 있다는 사실을 명백하게 입증시켜 주고 있음. 특히, 위 '청구원인 나.항'과 관련 피고1 오동운이 허위내용의 증거자료를 제출하고 있다는 사실까지도 밝혀냄.

. 2025. 1. 2.자 청구취지 및 청구원인 변경신청서 : 피고들이 답변서를 의도적으로 제출하지 않는 등 이 사건 소송기간이 길어짐에 따라, 원고는 거기에 따른 청구금액을 확장하겠다는 취지인 바, 이는 담당 재판부에 의해 확정 인용됨

. 2025. 2. 20.자 원고 참고서면 : 서울중앙지법 판사 한나라의 '관피모 사건' 은폐 · 조작을 위한 허위 판결문 작성 범죄발생과 관련, 이 사건(안양지원 2024가소126262)에 대한 신속한 원고 승소판결 이행을 촉구함

. 2025. 2. 25.자 원고 참고서면 : 원고는 조희대 대법원장에게 '관피모

사건'을 은폐하기 위해 100% 허위내용의 판결문을 작성한 서울중앙지법 판사 한나라에 대한 파면 및 공수처에 구속수사 형사고발을 해달라는 조치를 의뢰하였다는 내용임

. 2025. 3. 6.자 원고 참고서면 : 원고는 (제2차) 이 사건 원고 승소 판결을 강력 촉구함

. 2025. 3. 8.자 원고 참고서면 : 원고가 "조희대 사법부는 이미 죽었습니다!!"라는 제목으로 작성한 서면으로, 이 사건과 관련 있는 '관피모 사건'을 은폐하기 위해 자신에게 맡겨진 사건을 조작한 서울중앙지법 판사 한나라 및 수원지법성남지원 판사 박상언을 규탄하고 있는 내용임

. 2025. 3. 17.자 원고 준비서면 : 원고는 2025. 3. 14.자 피고2 윤상혁 소송대리인 송민선의 답변서 기재내용과 관련, 위 청구원인의 법적 책임을 면탈하기 위해 100% 허위사실 주장을 하거나 증거를 제시하지 않은 채 부인으로 일관하고 있다는 사실을 입증해 놓았음

. 2025. 4. 18.자 원고 참고서면 : 원고가 대법원 윤리감사관실에 접수시킨 제3차 진정서 (수원지법성남지원 판사 도영오에 대한 파면 및 공수처에 구속수사 형사고발 조치 의뢰)

. 2025. 4. 20.자 원고 준비서면 : 원고는 피고1 오동운 소송대리인들의 기일변경신청서를 단호히 거부하며, 오히려 담당 재판부에 의해 예정되어 있는 2025. 4. 29. 14:40. 이 사건 변론기일을 취소하고, 그 대신 이 사건 무변론 판결 선고기일로 변경해 줄 것을 강력하게 촉구하면서, 그와 관련된 근거자료 및 민사소송법상 소정의

규정들을 제시함

. 2025. 5. 5.자 원고 참고서면 (2건) : 원고는 이 사건과 관련 있는 서울중앙지법 2025나6135(본소)호와 관련, 2025. 4. 28.자 원고 구수회 답변서 및 이를 반박한 2025. 5. 1.자 피고 임찬용 준비서면, 동 일자 원고 구수회에 대한 피고 임찬용의 구석명신청서 등 각 1부를 제출함

. 2025. 6. 20.자 원고 준비서면 : 원고는 2025. 6. 20.자 피고3 소송대리인 권영심의 준비서면 기재내용과 관련, 위 '청구원인 나.항'의 법적 책임을 면탈하기 위해 이 사건에 적용될 수 없는 관련 법률을 제시하거나 100% 허위 사실을 기재해 놓거나 엉뚱한 증거(을다1, 사실확인서)를 제시하면서 부인으로 일관하고 있다는 사실을 입증해 놓았음

- 피고1 오동운의 2024. 12. 12.자 답변서

. 2024. 12. 14.자 원고 준비서면에 의하여, 피고1 오동운이 허위사실을 주장하거나 어떠한 근거를 제시하지 아니한 채 부인으로 일관하고 있다는 사실이 확인됨

. 특히, 위 '청구원인 나.항'에 대한 법적 책임을 면탈하기 위하여 허위내용의 증거자료까지 제출되었다는 사실도 밝혀짐

- 피고2 소송대리인 송민선의 2025. 2. 7.자 답변서 및 2025. 3. 14.자 준비서면

. 2025. 2. 7.자 답변서는 그 답변서 기재내용이 없는 양식만 제출해

놓고 있음

. 2025. 3. 14.자 준비서면의 기재내용에 대해서는 2025. 3. 17.자 원고 준비서면에 의해, 소송대리인 송민선이 피고2로 하여금 위 청구원인의 법적 책임을 면탈하도록 하기 위하여 허위 사실을 주장하거나 근거 없이 부인 진술로 작성되어 있다는 사실이 확인됨

- **피고3 소송대리인 권영심의 2025. 1. 14.자 답변서 및 2025. 6. 20.자 준비서면**

. 2025. 1. 14.자 답변서 기재내용에 대해서는 "피고3 이형열은 이 사건 추가 고소장을 접수 및 관리하는 담당자가 아니다"며 이를 확인받기 위해 공수처에 사실조회를 신청하였음.

그런데 피고3 소송대리인의 위와 같은 사실조회 소송 행위는 사전에 피고1 오동운 공수처장과 피고2 윤상혁 공수처검사, 피고3 이형열 이 사건 추가 고소장 접수 및 관리 담당자 간 각본에 의한 소송사기 행위임이 확인되고 있음.

그 근거와 이유는 피고1 공수처장이 피고3 소송대리인의 위 사실조회 신청에 대하여 2025. 6. 24.자 '사실조회 회보서'라는 공문서를 허위내용으로 작성하여 이를 원심 판사 전호재에게 송부하였기 때문임.

. 2025. 6. 20.자 피고3 소송대리인 준비서면 기재내용에 대해서는 2025. 6. 20.자 원고 준비서면에 의하여, 피고3 소송대리인 권영심이 피고3으로 하여금 위 '청구원인 나.항'의 법적 책임을 면탈토록 하기 위해 이 사건에 적용될 수 없는 관련 법률을 제시하거나 허위 사실을

기재해 놓거나 엉뚱한 증거(을다1, 사실확인서)를 제시하면서 부인 진술을 기재해 놓았다는 사실이 확인됨.

III. 결론

- 앞서 살펴본 바와 같이 이 사건 원고와 피고들이 제출한 증거자료로 보나, 이 사건 소송 수행 기간 중 제출한 준비서면 등 각종 서면의 기재내용으로 보나, 피고들이 승소할 확률은 0%에 가깝고 원고가 승소할 확률은 100%에 이른다는 사실은 명명백백합니다.

특히, 피고1 오동운은 위 '청구원인 나.항'에 대한 법적 책임을 면탈하기 위하여 허위내용이 기재된 증거자료를 담당재판부에 제출한 행위는 명백한 소송사기 범죄행위이며, 2025. 6. 24.자 '사실조회 회보서'라는 공문서를 허위로 작성하여 이를 담당 재판부에 송부한 행위 역시 제2, 제3피고를 위한 소송사기 범죄행위에 해당합니다.

또 피고2 소송대리인 송민선은 2025. 3. 14.자 준비서면에서, 피고3 소송대리인 권영심은 2025. 6. 20.자 준비서면에서, 위 청구원인에 대한 답변과 관련하여 명백한 사실마저도 허위내용으로 포장하여 담당 재판부에 제출한 행위는 변호사법 제24조(품위유지의무 등) 제2조의 규정 (변호사는 그 직무를 수행할 때에 진실을 은폐하거나 거짓 진술을 하여서는 아니 된다)에 정면으로 위배되고 있을 뿐만 아니라 피고2, 피고3을 위한 소송사기 범죄행위에 해당합니다.

- 원심 판사 전호재는 이 사건 재판 상황이 위와 같이 진행되어 왔음에도 불구하고 로펌인 법무법인 고원 소속 담당변호사들로부터 피고들에게 승소할 수 있게끔 이 사건 판결문을 조작해 달라는

부정한 청탁을 받고, 2025. 7. 22. 이 사건 판결문에 대해 피고들의 승소를 위하여 허위내용으로 작성하여 버렸다는 사실은 이미 앞에서 살펴본 바와 같습니다.

【입증방법】

1. 이 사건 소장 및 이 사건 전자소송 기록에 등재된 갑1, 갑1-1, 갑1-2, 갑2, 갑2-1, 갑2-2, 갑2-3, 갑2-4, 갑2-5, 갑2-6, 갑2-7, 갑2-8, 갑3, 갑4, 갑5, 갑6, 갑7, 갑8, 갑9의 증거자료 각 1부.
2. 2024. 12. 12.자 피고1 오동운의 답변서 1부.
3. 2024. 12. 14.자 원고 임찬용의 준비서면 1부.
4. 2025. 1. 14.자 피고3 소송대리인 권영심의 답변서 1부.
5. 2025. 2. 7.자 피고2 소송대리인 송민선의 답변서 1부.
6. 2025. 2. 20.자 원고 임찬용의 참고서면 1부.
7. 2025. 2. 25.자 원고 임찬용의 참고서면 1부.
8. 2025. 3. 6.자 원고 임찬용의 참고서면 1부.
9. 2025. 3. 8.자 원고 임찬용의 참고서면 1부.
10. 2025. 3. 14.자 피고2 소송대리인 송민선의 준비서면 1부.
11. 2025. 3. 17.자 원고 임찬용의 준비서면 1부.
12. 2025. 3. 29.자 피고3 이형열에 대한 구석명신청서 1부.
13. 2025. 3. 29.자 피고2 윤상혁에 대한 구석명신청서 1부.
14. 2025. 4. 18.자 원고 임찬용의 참고서면 1부.
15. 2025. 4. 20.자 원고 준비서면 1부.
16. 2025. 5. 5.자 원고 참고서면(2개) 각 1부.
17. 2025. 6. 20.자 피고3 소송대리인 권영심의 준비서면 1부.
18. 2025. 6. 20.자 원고 임찬용의 준비서면 1부.
19. 2025. 6. 24.자 변론조서 1부.

20. 2025. 6. 25.자 공수처 '사실조회 회보서'의 허위내용을 밝히는 원고의 입증서면 1부.
21. 2025. 7. 22.자 판결문 1부. 끝.

첨부서류

1. 납부서
2. 항소장 부본

2025. 7. 25.

항소인(원고)   임 찬 용   서명 또는 날인

항소심 법원 귀중

☞ 원고는 사건조작 판결을 일삼는 조희대 사법부를 해체하고 법조카르텔 척결을 위하여 조만간 이 항소장을 소장 및 변론조서, 판결문과 함께 이 사건 갑 제1호증(책자 : 윤석열 대통령 탄핵론)의 경우처럼 책자로 발간하여 역사와 국민 앞에 내놓을 예정입니다.

조희대 사법부 해체

초판 1쇄 인쇄 2025년 10월 25일
초판 1쇄 발행 2025년 10월 30일

지은이 임찬용
펴낸이 임찬용
펴낸곳 정의로운 세상
신고번호 제379-2025-000148호

주소 13112 경기도 성남시 수정구 복정로96번길 20, 203호(복정동)
전화 010-5313-7538

값 18,000원
ISBN 979-11-956582-1-3 (03360)

* 잘못 만들어진 책은 구입하신 서점에서 친절하게 바꿔드립니다.